CREFYDD A CHYMDEITHAS

CREFYDD A CHYMDEITHAS

ASTUDIAETHAU AR HANES Y FFYDD BROTESTANNAIDD YNG NGHYMRU *c.*1559–1750

gan

J. Gwynfor Jones

Gwasg Prifysgol Cymru
Caerdydd
2007

Gwefan: *www.cymru.ac.uk/gwasg*

ISBN 0-7083-1950-5

Mae cofnod catalogio'r gyfrol hon ar gael gan y Llyfrgell Brydeinig.

Argraffwyd gan Wasg Dinefwr, Llandybïe.

Er cof am yr Athro Syr Glanmor Williams (1920–2005)

CYNNWYS

DIOLCHIADAU

Carwn ddiolch i olygyddion y cylchgronau a roddodd imi eu caniatâd parod a charedig i gyhoeddi nifer dda o'r ysgrifau a gynhwysir yn y gyfrol hon. Er imi addasu, newid ac ychwanegu yma ac acw y mae sylwedd y penodau yn parhau fel y cyhoeddwyd yr ysgrifau hyn gyntaf. Gan mai fel cyfraniadau annibynnol mewn cylchgronau hanes gwahanol y cyhoeddwyd naw ohonynt, y mae'n anorfod fod peth gor-gyffwrdd rhwng rhai ohonynt. Addaswyd y cynnwys lle teimlwyd bod angen am hynny a chynhwyswyd croes-gyfeiriadau. Daw'r ysgrifau o'r cylchgronau a ganlyn: *Llên Cymru*, XVI (1989–91), 69–87, XIX, (1996), 41–69 [II a III]; *Trafodion Cymdeithas Hanes Sir Gaernarfon*, 49 (1988), 27–86 [IV]; *Ysgrifau Beirniadol*, XXI (Llandysul, 1996), 51–72 [V]; *Trafodion Cymdeithas Hanes Sir Ddinbych*, 23 (1974), 126–46 [VI]; *Y Cofiadur*, 55, (Mai 1990) 4–26 [IX]; *Y Traethodydd*, CXLI (1986), 214–41 [X]; *Cylchgrawn Hanes y Methodistiaid Calfinaidd*, 16–17 (1992), 49–99; 24 (2000), 5–34 [XI a XII]. Ni chyhoeddwyd rhifau I, VII a VIII yn eu ffurf bresennol o'r blaen. Carwn ddiolch i Wasg Prifysgol Cymru am gyhoeddi'r astudiaethau hyn, ac yn benodol i Dr Dafydd Jones am ei gymorth parod, Ms Ruth Dennis-Jones am ei gofal manwl wrth olygu'r testun, Mrs Sue Charles am ymdrin â'r lluniau ac i'm merch, Mrs Eleri Melhuish, am ei diwydrwydd yn teipio'r fersiwn gwreiddiol a pharatoi'r cyfan ar y we ar gyfer y wasg.

BYRFODDAU

A&O	*Acts and Ordinances of the Interregnum*
AC	*Archaeologia Cambrensis*
Add. MS.	*Additional Manuscript*
APC	*Acts of the Privy Council*
BBGC	*Bwletin y Bwrdd Gwybodau Celtaidd*
BC	*Y Bywgraffiadur Cymreig*
CH	*Trafodion Cymdeithas Hanes Methodistiaid Calfinaidd Cymru*
CHC	*Cylchgrawn Hanes Cymru*
CLlGC	*Cylchgrawn Llyfrgell Genedlaethol Cymru*
CSPD	*Calendar of State Papers Domestic* (London, 1886–)
CTL	*Calendar of Trevecka Letters,* goln B. S. Schlenther ac E. M. White (Aberystwyth, 2003)
CWP	*Calendar of Wynn (of Gwydir) Papers, 1515–1690,* gol. J. Ballinger (Cardiff, 1926)
DNB	*Dictionary of National Biography*
GAG	Gwasanaeth Archifau Gwynedd
HHRS	T. Beynon (gol.), *Howell Harris: Reformer and Soldier (1714–1773)* (Caernarfon, 1958)
HMC	Historical Manuscripts Commission
HMGC	G. M. Roberts (gol.), *Hanes Methodistiaeth Galfinaidd Cymru,* Cyf. I, *Y Deffroad Mawr* (Caernarfon, 1973)
JHSChW	*Journal of the Historical Society of the Church in Wales*
LlB	Llyfrgell Brydeinig
LlC	*Llên Cymru*
LlGC	Llyfrgell Genedlaethol Cymru
LlSC	Llyfrgell Sir Caerdydd
ODNB	*Oxford Dictionary of National Biography*
PRO	Public Record Office
STL I/II	G. M. Roberts (gol.), *Selected Trevecka Letters,* 2 gyfrol (Caernarfon, 1956/1962)
TCHChSF	*Trafodion Cymdeithas Hanes a Chofnodion Sir Feirionnydd*
TCHNM	*Trafodion Cymdeithas Hanes a Hynafiaethau Môn*
TCHSDd	*Trafodion Cymdeithas Hanes Sir Ddinbych*
TCHSG	*Trafodion Cymdeithas Hanes Sir Gaernarfon*
Traf. Cymmr	*Trafodion Anrhydeddus Gymdeithas y Cymmrodorion*

RHAGARWEINIAD

Amcan y gyfrol hon, sy'n cynnwys cyfres o erthyglau, yw trafod rhai o'r prif agweddau ar fywyd crefyddol Cymru yng nghyfnod y Diwygiad Protestannaidd, yn ymestyn yn ôl i flynyddoedd canol yr unfed ganrif ar bymtheg ac o hynny ymlaen hyd at ganol y ddeunawfed. Cesglir ynghyd ddeuddeg o erthyglau a luniwyd yn benodol ar y thema hon. Ac eithrio'r gyntaf, y seithfed a'r wythfed cyhoeddwyd y cyfan gyda rhai ychwanegiadau a newidiadau, mewn nifer o gylchgronau dros rai blynyddoedd o 1988 hyd y flwyddyn bresennol. Ystyriwyd bod modd eu dwyn ynghyd i lunio cyfrol ar thema ganolog lle y rhoddir pwyslais ar ddatblygiadau oddi mewn ac oddi allan i'r Eglwys wladol yng Nghymru a chanolbwyntio ar gyflwr yr eglwys honno a thwf Protestaniaeth o'i mewn ac ar ei chyrion. Rhoir ystyriaeth lawn i rai o esgobion amlwg Cymru y cyfnod, yn arbennig i'w perthynas â'r wladwriaeth a'r clerigwyr dan eu gofal, ynghyd â'r dulliau a ddefnyddiwyd ganddynt i oresgyn problemau sylfaenol yr Eglwys fel sefydliad gwleidyddol a chrefyddol. Trafodir twf araf y ffydd newydd yn esgobaeth Llandaf, un o'r tlotaf yn y deyrnas, cyn ac wedi Ardrefniant Eglwysig Elisabeth I (1559) cyn symud ymlaen i fwrw golwg ar gyflwr a safle'r Eglwys yng Nghymru yn ystod teyrnasiad y frenhines honno. Olrheinir gyrfa ac arwyddocâd William Morgan, nid yn unig fel clerigwr a chyfieithydd yr ysgrythurau ond hefyd fel amddiffynnydd pybyr y sefydliad eglwysig yng Nghymru. Yn gyfochrog â hynny, mantolir cyfraniad llenyddol Maurice Kyffin a Huw Lewis, dau Brotestant amlwg yn eu dydd, at wella dealltwriaeth o ddiwinyddiaeth y ffydd ac i hyrwyddo llwyddiant yr Eglwys a gynhaliai'r ddiwinyddiaeth honno. Yn y cyd-destun hwnnw eir ati ymhellach i drafod y problemau a lesteiriai ddatblygiad yr Eglwys, yn arbennig trwy drafod sylwadau deifiol a charlamus John Penry ar ei threfniadaeth a diffygion ei chenhadaeth, ac er na chafodd Penry, hyd y gwyddom, ddylanwad o gwbl ar Gymru ei ddydd, yn ddiamau creodd gryn anesmwythyd ymhlith rhai o'r uwch-glerigwyr ac, yn fwy na hynny, gosododd sylfaen i'r meddylfryd anghydffurfiol a ddatblygodd yn ystod degawdau cynnar y ganrif ddilynol. A'r thema honno yw testun y cyfraniad dilynol, sef dylanwad Piwritaniaeth gynnar yng Nghymru ar lafur llenyddol rhai Anglicaniaid amlwg yn yr ail ganrif ar bymtheg, megis Lewis Bayly, Robert Llwyd a Rhys Prichard. Cydoeswr i'r tri ohonynt oedd Richard Parry, esgob Llanelwy, ac eir ati i ymdrin â'i gyfraniad ef at dwf y ffydd ac, er gwaethaf bygythiadau Pabyddol i hygrededd yr Eglwys yn ei esgobaeth, yn arbennig i'r gorchwyl o gyhoeddi fersiwn ddiwygiedig o'r Beibl Cymraeg yn negawdau cynnar yr ail ganrif ar bymtheg.

Er cymaint fu'r cynnydd yn y ffydd newydd ym mlynyddoedd cynnar yr ail ganrif ar bymtheg, parhau a wnâi llecynnau Pabyddol mewn rhannau o Gymru, a'r un pryd cafwyd cynnydd bychan ymhlith Anghydffurfwyr Protestannaidd. Hynny a arweiniodd, yn 1639 at sefydlu'r eglwys annibynnol gyntaf yng Nghymru yn Llanfaches yng Ngwent, pwnc yr astudiaeth sy'n dilyn, ynghyd â chyfraniad William Wroth a'i gyd-arweinwyr at dwf yn nifer yr ymlynwyr crefyddol y tu allan i'r sefydliad eglwysig gwladwriaethol. Gyda chynnydd yn y cynulleidfaoedd bychain hynny a chyfraniad Piwritaniaeth at natur y gymdeithas yng Nghymru adeg y Rhyfeloedd Cartref y mae'n ddiddorol sylwi ar y goleuni a deflir gan gofnodion llywodraeth leol i ddealltwriaeth yr hanesydd o bolisi crefyddol yn ystod y degawd cythryblus pan oedd Oliver Cromwell a'i swyddogion mewn grym (1649–60). Bwrir ati i archwilio'r maes cymharol newydd a hynod ddadlennol hwn yn hanes crefydd yng Nghymru trwy gyfrwng dogfennau cyfreithiol a gweinyddol. Gan mai cofnodion llys y sesiwn chwarter yn sir Gaernarfon yn unig sydd wedi goroesi fel corff o archifau yng Nghymru yn y cyfnod hwn, canolbwyntir ar yr ymateb i'r drefn newydd oddi mewn i'w ffiniau hi gan osod y rheini mewn cyd-destun ehangach. Er mai aflwyddiannus fu'r drefn Biwritanaidd yn ystod y degawd hwnnw, cafodd ddylanwad nid bychan ar dwf meddylfryd crefyddol ymhlith Anglicanwyr ac Anghydffurfwyr cymedrol fel ei gilydd yn negawdau olaf yr ail ganrif ar bymtheg a'r blynyddoedd wedi hynny hyd at y Diwygiad Methodistaidd, a dyna'r thema a drafodir yn yr erthygl olaf ond un ar dduwioldeb ac ufudd-dod dinesig. Pwysleisir yn barhaol y bywyd crefyddol duwiolfrydig a hyrwyddwyd gan gymdeithasau yn Llundain ac ar y Cyfandir pan roddwyd y sylw pennaf i ddyngarwch a phietistiaeth mewn cyfnod, o'i gymharu â'r blynyddoedd cyn hynny, pryd y bu cynnydd sylweddol ym marchnad cyhoeddi llyfrau Cymraeg duwiol eu cynnwys, yn gyfrolau gwreiddiol, yn adargraffiadau ac yn gyfieithiadau o weithiau clasurol yn Saesneg. O gofio am eu dulliau tanbaid ac anghonfensiynol o efengylu, cloir y gyfrol gyda thrafodaeth ar y dulliau y bu i'r Methodistiaid drin a thrafod gofynion y gyfraith wladol mewn cyfnod pan leisiwyd gwrthwynebiad di-ildio a pharhaol iddynt yng nghenhedlaeth gyntaf y mudiad oddi mewn i'r Eglwys.

Prif amcan y cyfrol hon yw llunio unoliaeth ffurf a chynnwys ar thema benodol. Defnyddir amrywiaeth o ffynonellau, rhai llenyddol a barddol yn bennaf, i enghreifftio ac ymestyn y dadleuon, a rhoddir i'r gyfrol fframwaith thematig gronolegol. O grynhoi'r pynciau yr ymdrinnir â hwy, sylfaen y trafod yw ystyried hygrededd yr Eglwys Brotestannaidd yng Nghymru mewn cyfnod o newid, ynghyd â'r her a'i hwynebai, ei chyflwr dan bwysau'r newidiadau, ac ymateb arweinwyr yr Eglwys iddynt. Cyfeirir hefyd at swyddogaeth unigolion a charfanau anghydffurfiol yng Nghymru a'u cyfraniad at sefydlu traddodiad Protestannaidd newydd; gweddau ar y sefydliad eglwysig yn rhan gyntaf yr ail ganrif ar bymtheg; ei hymateb i'r her gyfoes, ei harweinyddiaeth genedlaethol a'i hymlyniad wrth gyfraith a deddf gwlad. Ynghlwm wrth hyn oll ceir yr ymdriniaethau ar barhad Protestaniaeth ond, y tro hwn, dan oruchwyliaeth Biwritanaidd eithafol; elfennau o ddyngarwch, duwiolfrydedd a dinasyddiaeth eglwysig yn yr hanner canrif cyn y Diwygiad Methodistaidd; a dylanwadau eglwysig ac Anghydffurfiol ar y Methodistiaid cynnar a'r graddau y bu iddynt ddod i delerau â'r gyfraith a'r awdurdodau a'i gweithredai.

Fel y dangoswyd eisoes gan haneswyr blaenllaw, er nad oedd y Diwygiad Protestannaidd yng Nghymru yn fudiad a lwyddodd, fel yn Lloegr a gwledydd eraill Ewrop, i ennill cymeradwyaeth trwch y boblogaeth, efallai bod lle i ddadlau bod y ffydd newydd a'r ymdrech i'w chynnal yn elfen ganolog mewn unrhyw astudiaeth o ffurfiant a phriodoleddau'r gymdeithas. Nid gadael i ddatblygiadau gymryd eu cwrs yn ôl yr amgylchiadau a wnâi'r arweinwyr, eithr yn hytrach aethpwyd ati, er cymaint y rhwystredigaethau a'r gwendidau, i hybu'r ffydd a'i gosod yn gonglfaen i'r diwylliant cynhenid yng Nghymru.

Oni bai am ymdrechion Anglicanwyr ac Anghydffurfwyr ym mhriod feysydd eu gweithgaredd, tybed a fyddai'r traddodiadau crefyddol newydd, a dyfodd i fod yn greiddiol yn hanes y genedl fodern oddi mewn ac oddi allan i'r Eglwys, wedi ennill eu plwyf i'r graddau y gwnaethant.

I

ESGOBION LLANDAF CYFNOD Y DIWYGIAD PROTESTANNAIDD, *c.*1545–1601

Pur druenus oedd cyflwr esgobaeth Llandaf yng nghyfnodau cynharaf y Diwygiad Protestannaidd yn y blynyddoedd o tua 1530 hyd 1553, ac o ddiwedd teyrnasiad Mari Tudur i ddiwedd yr unfed ganrif ar bymtheg pan gafwyd newidiadau ffurfiol a rhy gyflym i drwch y boblogaeth allu deall eu harwyddocâd. Yn ychwanegol at y statudau a'r datganiadau swyddogol achosodd yr ymosodiadau parhaol ar fuddiannau'r Eglwys a'r camddefnyddio mynych ar y swyddi clerigol ddifrod anfesuradwy i'w henw da, a chynyddodd y beichiau a osodwyd ar ei harweinwyr Protestannaidd newydd pan oedd angen gweithredu'n ymosodgar i geisio gwrthbwyso'r gwrthwynebiad i'r ardrefniant crefyddol newydd a osodwyd ar Loegr a Chymru yn 1559. Safai'r esgobaeth ymhlith y distatlaf yn y deyrnas. Ni olygai hynny, fodd bynnag, fod yr esgobaethau eraill yng Nghymru lawer yn fwy ffyniannus oherwydd, yn y *Valor Ecclesiasticus* (1535), cofnodwyd mai Llandaf, agosaf at Bangor, oedd y lleiaf gwaddoledig yn eu plith gydag incwm prin o £154 14s. 0c. y flwyddyn.[1] Yr oedd drwgeffeithiau amfeddu tiroedd a degymau eglwysig a'r mynych lechfeddiannu ar ran yr uchelwyr yn amlwg i'w gweld yn y prinder offeiriaid a'r camarferiadau a oedd yn rhy gyffredin o lawer yn y dyddiau hynny ac yn waddol y gorffennol. Yr oedd yr esgobaeth hon, mewn un cyfeiriad, yn unigryw am ei bod, yn ei hanfod, yn rhanbarth eglwysig mewn rhan o'r wlad a reolwyd yn yr Oesoedd Canol gan arglwyddi'r Mers. Sefydlodd ei hesgobion gysylltiadau agos ag arglwyddi ffiwdal a fu'n llywodraethu Morgannwg a Gwent ac yn gweithredu, yn y canrifoedd wedi'r goresgyniad Normanaidd, y tu allan i reolaeth mân arglwyddi annibynnol eraill Cymru. Yn aml iawn, yn fwy na dim, edrychwyd ar Landaf fwy fel esgobaeth Seisnig dlawd ar ffiniau gorllewinol esgobaethau Caerwrangon a Henffordd. Am tua thri chan mlynedd cyn y 1560au ni phenodwyd esgob Cymreig i'r esgobaeth er bod llawer ohoni, yn ddaearyddol, yn cynnwys cymunedau hollol Gymraeg eu hiaith, yn arbennig ym mharthau'r ucheldir. Yr oedd Llandaf, meddid, wedi llithro bron i safle fel na ellid gwahaniaethu rhyngddi a'r esgobaethau tlotaf yn Lloegr. Dangosodd ei lleoliad a'i chyflwr yn 1559 yn eglur pa mor wan ydoedd ac fe'i gwnaed yn fwy agored i eraill fanteisio ar ei buddiannau.[2]

Bu i'r esgob hirhoedlog a mympwyol Anthony Kitchin (neu Dunstan fel y gelwid ef), a ddaeth i'r esgobaeth yn 1545 ac a wasanaethodd yno dan bedwar o'r Tuduriaid, achosi creithiau dwfn iddi, a chafodd yr eglwys hi'n anodd i'w hadfer ei hun ac i adennill ei henw da. Bu cyfnod Kitchin yn Llandaf (1545–63) yn argyfyngus yn hanes y Diwygiad Protestannaidd yn Lloegr a Chymru, ond ni ellir honni mai hollol ddiwerth oedd ei gyfraniad fel arweinydd crefyddol ac amddiffynnydd breintiau eglwysig. O'i gymharu â'i ragflaenwyr, yr absenolion George de Athequa (1517–37), brawd Sbaenaidd, a Robert Holgate (1537–45), y mynach Gilbertaidd, gellir dweud o'i blaid iddo drigo y rhan fwyaf o'i amser yn yr esgobaeth honno. Ef oedd yr esgob preswyl cyntaf yn yr esgobaeth am dros ganrif, ac ef hefyd oedd yr olaf o esgobion Cymru cyn dyfod Elisabeth I i'r orsedd a goroesodd am bron i bum mlynedd o'i theyrnasiad. Y mae Kitchin wedi cael ei feirniadu i raddau'n annheg, a'i ddisgrifio fel cynffonnwr ac esgob a ddihysbyddodd adnoddau'r Eglwys ('a miserable impoverisher'), ac fel un nad oedd ganddo'r ddawn na'r dyhead i arwain offeiriaid ei esgobaeth i gyfnod newydd a heriol o newid crefyddol yn yr esgobaeth honno. Er cymaint y pwysau a ddioddefasai, dangosodd ei yrfa gynnar yn yr eglwys ei fod yn hollol wasaidd i'r Goron. Yn ei swydd yn Brior Eynsham ger Rhydychen, llofnododd Ddatganiad Uchafiaeth Harri VIII yn 1534 a'r Deg Erthygl yn 1536 a ddiffiniodd am y tro cyntaf athrawiaeth yr Eglwys dan yr uchafiaeth honno. Ildiodd yr abaty'n ddi-stŵr yn 1539, derbyniodd bensiwn sylweddol ac fe'i penodwyd yn gaplan brenhinol. Wedi iddo gael ei ddyrchafu'n esgob Llandaf, gwadodd yn gyhoeddus uchafiaeth y Pab a derbyniodd Edward VI yn frenin y deyrnas wedi marw ei dad yn 1547. Drachefn, ar ddydd ei choroni yn 1553, cydnabu Kitchin Mari, hanner-chwaer Edward, yn olynydd iddo, a chymerodd lw teyrngarwch ar esgyniad Elisabeth yn 1558,. er iddo wrthod ymwneud â deddfau adferiad a diwygio crefyddol yn Nhŷ'r Arglwyddi.[3]

Bu i farwolaeth Kitchin yn 1563 adael yr esgobaeth mewn cyflwr adfydus oherwydd dangosodd atebion esgobaethol i holiadur yr Archesgob Matthew Parker yn union wedi esgyniad Elisabeth gyflwr enbyd cabidyldy'r gadeirlan. Yr oedd chwech o dri ar ddeg, yn cynnwys yr archddiacon, yn absenolwyr. Ymhlith canonwyr Llandaf cafwyd 4 lleygwr, 37 yn absennol ac 11 yn ddibreswyl. Eto, er hynny, datganwyd bod yna fwy o offeiriaid yn yr esgobaeth yn barod i gynnal lletygarwch nag mewn unrhyw un arall o esgobaethau Cymru. Sut bynnag, dangosodd y newidiadau cyflym a osodwyd ar y deyrnas wedi marwolaeth Mari brif wendidau'r esgobaethau. Lleihaodd nifer y gwaddoliadau ac yr oedd arweinwyr yr esgobaeth yn analluog i gynnal enw da'r Eglwys. Yn 1563 seiliwyd yr Eglwys Brotestannaidd newydd ar y Deugain Erthygl Namyn Un a dderbyniwyd gan y Confocasiwn yn yr un flwyddyn y deddfwyd i gyfieithu'r ysgrythurau i'r Gymraeg gyda'r bwriad o esmwytháu'r broses o gyflwyno newidiadau crefyddol. Canolbwyntiodd y ddau ddatblygiad ar bolisi llywodraethol i sicrhau undod ac unffurfiaeth oddi mewn i'r deyrnas dan reolaeth brenhines Brotestannaidd newydd.

Mewn rhai cyfeiriadau yr oedd Anthony Kitchin yn ŵr hynod i'r graddau mai ef oedd yr unig un ymhlith esgobion Mari Tudur a gymerodd lw uchafiaeth ac unffurfiaeth yn 1559 a hynny, y mae'n debyg, ar sail cyfaddawd yn unig. Bu i'w hyblygrwydd yn y cyfeiriad hwn ddangos ei wendid gan na allai sefyll yn gadarn o gwbl ar fater egwyddor grefyddol. Yn y cyd-destun hwnnw yr oedd yn wan ac ansefydlog, yn analluog i wrthsefyll y pwysau gwleidyddol cynyddol arno mewn cyfnod o argyfwng ar ddiwedd teyrnasiad Mari. Yr oedd yn rhy barod o lawer i gydsynio ag anghenion y Goron os mynnai amgylchiadau hynny, ac os byddai'n debygol o elwa o ganlyniad. Gresynai sylwebyddion ymhlith Catholigion Rhufeinig ei ddydd oherwydd ei ymatebion di-asgwrn-cefn i her ymrwymiadau crefyddol a gwleidyddol. Tra diraddiwyd neu difuddiwyd neu difreintiwyd offeiriaid Catholig ar esgyniad Elisabeth i'r orsedd, a hwythau wedi hynny'n ddibynnol ar berthnasau a chyfeillion am eu cynhaliaeth, ymostyngodd Kitchin i bwysau a goroesodd. Y mae'r hen ŵr barus, meddid yng Ngorffennaf 1559, 'yn siglo, ac ofnir ei fod am dyngu llw am ei fod eto'n ddiweddar yn gwisgo dillad esgob' ('. . . is wavering and it is feared he may take the oath as he is wearing a bishop's garb again lately').[4] Y mae'n amlwg fod ei enw drwg wedi mynd o'i flaen gan nad ystyrid ei fod yn deilwng o'i swydd, hyd yn oed ym marn arweinwyr Catholigaidd diffuant a gonest gan mai ef ei hun, ymhlith yr esgobion, a wrthododd dderbyn bedydd-esgob gan y Pab. Meddid ymhellach: 'No wonder therefore, if he yield to schism and consecrate pseudo-bishops outside the church; nor does his defection tarnish the glory of that holy company of bishops in so much as he was never a lawful bishop.' Fe'i disgrifiwyd fel un trachwantus – 'a greedy old man with but little learning' – nad oedd ganddo lawer o ddysg, a chredwyd gan lawer fod ei oroesiad fel esgob Llandaf wedi dibynnu'n bennaf ar nawdd a dylanwad brenhinol ac nid ar allu a chryfder cymeriad.[5] Gall hynny, i raddau, fod yn wir ond ni ddylid dyfarnu'n rhy llym ar yrfa arweinydd crefyddol mewn esgobaeth nad oedd ganddi'r adnoddau priodol i roi iddi safle o bwys ymhlith sefydliadau eglwysig eraill yn y deyrnas.

Ni chyfrannodd Kitchin yn ei ddyddiau olaf at ymrysonau crefyddol; nid oedd, mewn gwirionedd, y math o eglwyswr a fyddai'n croesawu'r amgylchiadau a fyddai'n ei osod ynghanol ymryson a dadl. Oblegid yr hinsawdd gwleidyddol ym mlynyddoedd cynnar Elisabeth ymostyngodd yn raslon i'r Goron ar y mwyafrif o bynciau eglwysig. Daethai'r llywodraeth i fod yn fwy ymwybodol o'r peryglon a ymddangosodd wedi i'r ardrefniant crefyddol newydd gael ei osod ar y deyrnas, yn arbennig mewn perthynas â diogelwch a chreu undod oddi mewn i'r deyrnas honno. Pan fynnodd yr Archesgob Matthew Parker fanylion am niferoedd yr offeiriaid trigiannol ac anhrigiannol yn esgobaeth Llandaf yn 1561, ynghyd â chyfrif y bywiolaethau, trwyddedau pregethu a'r wybodaeth ynglŷn â lletygarwch ymhlith uwch-offeiriaid, cytunodd Kitchin i gydweithredu'n eiddgar. Pan ddaeth i'w archesgobaeth yr oedd Parker yn awyddus i arolygu cyflwr materion eglwysig yn y deyrnas fel y gallai gyflwyno diwygiadau mewn cyfnod byr er mwyn ceisio osgoi unrhyw fygythiadau difrifol i'r ardrefniant newydd. Ddwy flynedd yn ddiweddarach gorchmynnodd y Cyfrin Gyngor y dylid cynnal arolwg manwl pellach ym mhob esgobaeth oherwydd y cynnydd mewn gweithrediadau Catholigaidd. Ac eithrio'r manylion ynglŷn â nifer y deiliaid tai yn Llandaf, adroddodd Kitchin yn ddigon bodlon fod plwyfi, bywiolaethau ac offeiriaid wedi cynyddu a bod curadaethau gwag wedi lleihau mewn nifer.[6] Sut bynnag, y mae'n anodd dweud ai Kitchin ei hun oedd yn bennaf cyfrifol am welliant mor amlwg, ond yr hyn sy'n eglur yw mai ef, yn anad neb arall, oedd yn gyfrifol am weinyddu esgobaeth dlawd iawn, baich yr oedd ef yn gwbl ymwybodol ohoni ar y pryd. Yr oedd ef ei hun wedi cynorthwyo i leihau incwm esgobol mor gynnar â 1553 pan roddwyd pwysau arno i roi prydles maenor sylweddol Llandaf i Syr George Mathew o Radur y bu i'w gysyllt-iadau priodasol agos â Herbertiaid Tŷ'r Brodyr yng Nghaerdydd ddangos yn eglur pa ffordd y dylai'r esgob weithredu.[7] Efallai fod Kitchin wedi ymateb yn brydlon wedi 1559 i ddatganiad Parker i'r esgobion y dylent sicrhau bod gweinidogion i gael bywiolaethau o fewn eu hesgobaethau, ond nid yw'r dystiolaeth ar gael i brofi beth yn union oedd ei gymhellion ar yr achlysur hwnnw.

Nid yw'n syndod fod Parker, ar farwolaeth Kitchin, wedi mynegi ei bryder am fod yr esgobaeth heb olynydd, a chredai y dylid penodi esgob arall yn fuan. Yr oedd yr archesgob newydd yn ŵr duwiol ac eto'n ymarferol, rhinweddau a arddangoswyd yn ei fwriad i gynyddu niferoedd yr offeiriaid a gwella eu safonau, lleihau absenoliaeth ac, yng Nghymru, penodi esgobion trigiannol a Chymraeg eu hiaith. Yr oedd yn ymwybodol o'r angen i gynnal a diogelu cyllidoedd Llandaf a sicrhau bod plas yr esgob ym Matharn yn cael ei adfer fel canolfan gydnaws ar gyfer cynnig lletygarwch. Yn 1551 prydlesodd Kitchin i Syr William Lewis o Sain Pŷr 'his mansion, a dwelling place of his manor a lordship of Mathern . . . with all the site and circuit of the same mansion' am gyfnod o gant namyn un o flynyddoedd am 53s. 4c. y flwyddyn, esiampl nodweddiadol o'r seciwlareiddio a ddiodd-efodd yr Eglwys yn y dyddiau hynny ac o'r duedd gref ymhlith esgobion ac uwch-offeiriaid yr hierarci i ildio eu heiddo mwyaf gwerthfawr.[8] Wedi dweud hynny, nid aeth ati i werthu eiddo eglwysig i leygwyr trahaus a fanteisiai ar bob cyfle i ymestyn eu perchenog-aeth ar dir, ac i'r graddau hynny o leiaf, achubodd ei enw da.

Credai Matthew Parker yn gryf mewn sefydlu esgobion ac offeiriadaeth drigiannol. 'That how little so ever they did severally in their dioceses,' meddid, 'it was a good stay in diverse respects to the insolent affection of the people.'[9] Cododd ei bryder yn rhannol yn unig o'i ofid naturiol am les cyffredinol y bywyd eglwysig. Yr oedd hefyd, y mae'n debyg, yn awyddus i sefydlu esgob yn Llandaf a fyddai'n gwella delwedd yr esgobaeth a chryfhau'n barhaol ei chysylltiad â'r drefn grefyddol newydd. Yr oedd Kitchin wedi ennyn dicter pawb y deuai i gysylltiad â hwy, a'r tebyg yw fod ei farwolaeth wedi codi calon archesgob Caer-gaint. Yr oedd Parker hefyd yn awyddus i weld y darpariaethau a wnaed yn y Senedd yn 1563 ar gyfer cyfieithu'r ysgrythurau a'r Llyfr Gweddi Gyffredin i'r Gymraeg yn cael eu gweithredu. Cyfeiriodd un cymal yn y ddeddf (5 Elisabeth I *c*.28) yn benodol fod esgob Llandaf, ynghyd â'i gyd-esgobion yng Nghymru a'r Esgob John Scory o Henffordd, i ymgymryd â threfnu'r gorchwyl:

> shall take such Order amongst themselves for the Souls Health of the Flocks committed to their Charge within Wales, that the whole Bible . . . be truly and exactly translated into the British or Welsh Tongue, and that the same so translated, being by them viewed, perused and allowed, be imprinted . . . [in] the said Dioceses where that Tongue is commonly spoken or used . . .[10]

Am resymau gwleidyddol gorchmynnwyd bod y gweithiau hyn i gael eu paratoi a'u cyhoeddi cyn 1 Mawrth 1567. Efallai y byddai oedi cyn y penodi i Landaf yn rhwystr i'r gwaith gael ei gyflawni, a gallai cymal arall yn y statud yn gorchymyn y dylid darllen yr epistol a'r efengylau, ynghyd â Gweddi'r Arglwydd, erthyglau'r ffydd Gristnogol, y Deg Gorchymyn a'r Litani yn Gymraeg – cynnyrch Syr John Price a William Salesbury – hefyd gael ei esgeuluso hyd nes byddai arweinyddiaeth effeithiol yn cael ei sefydlu yn yr esgobaeth.

Oblegid y camau a gymerwyd gan y llywodraeth i wella ar ansawdd bywyd crefyddol ac amodau yng Nghymru trwy gyfrwng deddfwriaeth ffurfiol ymddangosai gyrfa anwadal Kitchin yn gwbl amherthnasol. Ni fyddai ymdrin â'r broblem grefyddol mewn dull radicalaidd ddeinamig wedi apelio ato, a bu i un o'i olynwyr yn Llandaf, fodd bynnag, ddatgelu ei anfodlonrwydd. Yn ei weithiau llenyddol aeth Francis Godwin (1601–17) ati i ategu safbwyntiau blaenorol am gymeriad Kitchin a'i gyhuddo o esgeulustod a chamweinyddu difrifol; 'fundi nostri calamitas' ('y drychineb a ddigwyddodd i'n heiddo' sef y sefydliad eglwysig) oedd ei ddisgrifiad cyhoeddus ohono.[11] Meddai'r Deon Conybeare o Landaf yn ddiweddarach:

> He clung firmly to his see like the ivy to the oak, and for the same purpose – of abstracting and exhausting its vital nourishment; for the one great employment of his episcopate appears to have been the alienation, for his own benefit, of the episcopal property.[12]

Geiriau llym, ac annheg efallai, am ŵr eglwysig yr ystyrid, gan feirniaid o'r fath, mai ef oedd yr unig un a oedd yn gyfrifol am gyflwr difrifol ei esgobaeth. Y mae'n hollol eglur fod Kitchin, i raddau pell, yn gaeth i'w oes ac i'r amgylchiadau a lywodraethai ac a amodai ymatebion a gweithrediadau unigolion fel ef mewn safleoedd swyddogol.

Yr oedd tlodi ei hun wedi gwanhau adnoddau'r Eglwys, a dyna hefyd a wnaeth tirfeddianwyr lleyg rheibus a oedd yn eiddgar i chwilio am y cyfle gorau i ymestyn eu meddiant ar eiddo eglwysig. Datblygodd nodweddion esgobyddiaeth Kitchin yn bennaf o'r amodau hynny a arweinasai at newid crefyddol ac ansadrwydd economaidd a'u canlyniadau naturiol, sef yr anrheithio diegwyddor ar yr Eglwys. Codai ei ansicrwydd gymaint o'i awydd i wasanaethu'r Eglwys fel sefydliad ag a wnaeth o'i ymlyniad petrusgar wrth egwyddor grefyddol. Kitchin, mewn gwirionedd, oedd yr olaf mewn olyniaeth faith o esgobion di-Gymraeg yn Llandaf.[13] Bu i'w flynyddoedd diwethaf weld nid yr ymosod beiddgar a didostur ar yr Eglwys yn unig ond hefyd, yn fwy penodol, ymddangosiad cenhedlaeth newydd o ysgolheigion Protestannaidd brwdfrydig ac egnïol, rhai ohonynt wedi dychwelyd o ganolfannau Calfinaidd ar y Cyfandir ac yn eiddgar i ddal swyddogaethau dan Elisabeth i hybu'r ardrefniant eglwysig newydd. Yr oeddynt bron i gyd o gefndir hollol Gymraeg ac yn ddigon uchelgeisiol i hybu'r Eglwys a'u buddiannau personol hwy eu hunain yr un pryd. Dangosent ymwybyddiaeth bendant o'r angen i ddiwygio ac i daenu'r athrawiaeth newydd ymhlith y Cymry cyffredin, yn bennaf trwy ddarparu'r ysgrythurau yn yr iaith frodorol. Erbyn diwedd ei yrfa ymddangosai Kitchin fel pe bai ei weithrediadau'n croesdynnu; er iddo barchu a chynnal rhai agweddau teilwng ar ei fagwraeth fynachaidd mewn cymeriad a dysg, mewn ysbryd, fodd bynnag, collodd olwg ar lawer o'r egwyddorion y byddai'r math hwnnw o fywyd ymneilltuedig wedi ei ddysgu i'w meithrin. Beth bynnag oedd ei wendidau gosodir mwy o bwys bellach ar y farn fod ei gomisiynwyr lleyg gymaint i'w beio ag ef am amddifadu'r esgobaeth o'i chyfoeth.[14] Yr oedd yn oroeswr o gyfnod terfysglyd ac yr oedd lawn mor anfedrus ag ydoedd yn anghymwys wrth geisio wynebu her herfeiddiol oes wleidyddol a chrefyddol newydd.

Gyda sefydlu Eglwys newydd Elisabeth wynebodd arweinwyr esgobol, wedi marwolaeth Kitchin, y dasg lafurus o adfywio ac ailgyfeirio bywyd crefyddol yn Lloegr a Chymru. Cyflwynodd y blynyddoedd wedi 1559 broblemau newydd, ac yr oedd Matthew Parker yn ymwybodol ohonynt wrth ymdrin â'r taleithiau eglwysig. Dangosai ddiddordeb mawr yng nghyflwr yr offeiriadaeth, eu hannigonolrwydd ac o'r angen i sbarduno'r esgobion mwyaf ceidwadol i weithredu'n llymach ac yn fwy effeithiol. Ei nod oedd gosod sylfeini sefydliad, a feddai ar adeiladwaith gadarn, ac a fyddai'n hybu buddiannau trefn wleidyddol a chrefyddol newydd. Ceisiai sicrhau ufudddod ymhlith yr offeiriadaeth a oedd wedi profi cyfnodau crefyddol ansefydlog yn y gorffennol, a chryfhau teyrngarwch y bobl i'r drefn newydd. Yn Llandaf, ni chredai fod y bwlch o dair blynedd rhwng marwolaeth Kitchin a phenodi esgob newydd yn sefyllfa dderbyniol. Nid oedd yr esgob wedi gwanhau adnoddau'r Eglwys yn unig trwy osod prydlesoedd dros hir dymor ond hefyd trwy fynnu dirwyon trwm. Eto, bu farw mewn dyled i'r Siecr am beidio â rhoi cyfrif am drethi a dderbyniodd fel degfedau (*tenths*) oddi wrth yr offeiriaid.[15] Gallai diffyg arweinyddiaeth effeithiol mewn cyfnod argyfyngus gynyddu tyndra, creu dryswch, oedi cyflwyno'r Eglwys Brotestannaidd a galluogi pwerau adweithiol i'w sefydlu eu hunain yn gadarnach yn yr Eglwys fel sefydliad.

Am gyfnod o dair blynedd ni phenodwyd esgob yn Llandaf wedi Kitchin a hynny'n bennaf am nad oedd ymgeisydd cymwys ar gael. Cyhuddodd Parker ef yn ormodol o fod yn 'monstrous dilapidator' yr esgobaeth honno,[16] ac ymhellach, yn 1565, mynegodd ei anfodlonrwydd eto â chyflwr esgobaethau Llandaf a Bangor, y ddwy ohonynt yn wag ar y pryd. 'The great dilapidation had so impoverished that see', meddai am Landaf, 'that few that were honest and able would be pursuaded to meddle with it.'[17] Yn fuan wedyn, yn 1566, ffafriwyd Hugh Jones, prebendari Llandaf a ficer Banwell yng Ngwlad yr Haf, offeiriad a oedd fwy neu lai yn anadnabyddus yn y cylchoedd eglwysig ond, yn ôl y dystiolaeth brin amdano, yn ymwybodol o brif ddyletswyddau'r Eglwys yng Nghymru ac yn awyddus i'w cyflawni. Y mae cefndir Hugh Jones braidd yn niwlog ond credir iddo ddod o deulu Cymraeg ym Mhenrhyn Gŵyr. Ef oedd esgob cyntaf Cymraeg ei iaith yn Llandaf am gyfnod o dros dri chan mlynedd. Efallai mai hynny oedd ei unig hawl i enwogrwydd oherwydd nid oedd ei yrfa yn Llandaf mewn unrhyw ffordd yn drawiadol. Yr oedd ei gyfraniad at arweinyddiaeth eglwysig i bob pwrpas yn ddigon cyffredin, a dangosodd ychydig iawn o flaenoriaeth wrth geisio datrys problemau ar y pryd.[18] Mewn cyfnod pan oedd gan bersonoliaeth ac arweinyddiaeth fywiog gymaint i'w gynnig yr oedd yr esgob newydd yn gyndyn i'w osod ei hun ar y blaen fel amddiffynnydd y drefn newydd. Fe'i hargymhellwyd i'r esgobaeth gan Dr David Lewis, brodor o'r Fenni, mab Lewis Wallis, ficer y Fenni a Llandeilo Bertholau a chomisiynydd yr esgobaeth, i osgoi achosi cywilydd am fod yr esgobaeth wedi bod yn wag dros gyfnod rhy faith. Yr oedd Lewis hefyd yn gyfreithiwr ac yn Farnwr yr Uchel Forlys ac yn ffigur o bwys mawr yn ei ardal frodorol. Bu i'w bryder am dor-cyfraith ac anhrefn yn hen ardaloedd y Mers ymhen amser ei arwain i gondemnio'r Cyngor yn y Mers yn 1576 oherwydd ei aneffeithiolrwydd honedig yn lleihau nifer y troseddau yn ne-ddwyrain Cymru pan oedd Syr Henry Sidney yn Arglwydd Lywydd. Y tebyg yw fod ei bryder ar y pryd wedi ei arwain, ddegawd yn gynharach, i enwebu Hugh Jones i'r esgobaeth.[19]

Daeth Hugh Jones i'w swydd pan oedd gwrthwynebiad Catholigaidd i'r Eglwys newydd yn cynyddu ac yn fygythiad digon milain i'r ffydd Brotestannaidd a diogelwch y deyrnas. Nid ymddangosai o'r cychwyn fel pe bai'n addas i'r swydd y disgwylid iddo ymgyrchu'n barhaol a chyson ynddi yn erbyn cefnogwyr yr hen ffydd. Mynegodd Richard Davies, esgob Tyddewi, yn ddiau y mwyaf galluog o'i gyd-esgobion yng Nghymru, beth amheuaeth ynglŷn ag addasrwydd ac anallu ymgeisydd brwd arall heblaw Hugh Jones am yr esgobaeth, sef William Hughes, aelod o blaid iarll Caerlŷr a hyrwyddodd y gred heresïaidd am ddisgyniad Crist i uffern (y *Descensus*) pan yn gaplan dug Norfolk. Ni chredai Davies y gallai Hughes wynebu her y swydd, ac mewn llythyr at Syr William Cecil (a ddyrchafwyd yn arglwydd Burghley yn 1571) anghymeradwyodd yn gryf unrhyw ymdrech i'w orseddu:

> Pleaseth it your honour to be advertised both bishops my neighbours, the bishop of Llandaff on the one side, and the bishop of Bangor on the other, are departed this miserable world, I have continual care rooted in my heart, and my prayer unto God is that such men be appointed to their rooms that by preaching the Word of God and living according to the same, may set forth the glory of God and show light in these places of extreme darkness; for I have heard that one mr Hughes sueth for Llandaff, a man to me unknown, but by diverse I have heard of him that

> he is utterly unlearned in divinity and not able to render a reason of his faith. If it be so what service shall he be able to do for God and the Queen's Majesty in that place that of all places in England hath of long time most lacked good doctrine and true knowledge of God and wherein matters of religion no reformation or redress hath been since the time of the Queen's Majesty.[20]

Llythyr llym a rhybuddiol yn wir. Petrusodd Matthew Parker cyn penodi Hugh Jones ond, yn Chwefror 1565, wedi iddo gael ei argyhoeddi fod ei benderfyniad yn gywir, hysbysodd Cecil ei fod wedi ymgymryd â'r cyfrifoldeb o'i benodi i Landaf: 'For I yet hear better of the party,' meddai, 'since which time I have conferred with some wise men partly of the same country.'[21]

Ar ddyfod Hugh Jones i Landaf yr oedd y sefyllfa wleidyddol beryglus yn y deyrnas yn araf gynyddu. Bu i weithrediadau Mari Frenhines yr Alban, ei chysylltiadau Ffrengig a'i dychweliad i'w theyrnas yn 1561, ynghyd â gwrthryfel pendefigion gogledd Lloegr rai blynyddoedd yn ddiweddarach, ysgogi'r llywodraeth i sicrhau bod gweinyddwyr lleol yn tanysgrifio i Ddeddf Unffurfiaeth fel y gallent ddifa yr hyn a elwid yn 'such sects and factions as be the very seeds and roots of sedition'.[22] O fewn esgobaeth Llandaf gwrthododd Syr Thomas Stradling, y tirfeddiannwr Catholigaidd grymus, a hybodd y gred yng 'ngwyrth Sain Dunwyd', danysgrifio i'r llw hwnnw. Trwy ei gyfaddefiad ei hun yr oedd wedi mynychu'r Eglwys ar ei newydd wedd ond ni allai, â chydwybod ddiogel, lofnodi'r ddogfen fel y disgwylid iddo wneud.[23] Yn wir, bu'r newid mewn teyrngarwch crefyddol yn ddiau yn fater o bryder ac ansicrwydd i sawl un o blith y boneddigion a ardystiodd eu teyrngarwch i'r goron Duduraidd ond, yr un pryd, a gasâi cael eu galw'n hereticiaid gan y Pab. Dyna oedd barn Syr Edward Stradling yn 1569 pan wrthododd arwyddo ei enw ar y datganiad o Gyngor y Mers y dylai swyddogion lleol gydnabod a derbyn y Ddeddf Unffurfiaeth yn y flwyddyn honno am yr un rhesymau.[24]

Magodd teuluoedd reciwsantaidd pybyr megis Morganiaid Llantarnam a Thwrbiliaid Morgannwg yn y de-ddwyrain ymdeimlad o ymlyniad cynyddol wrth yr hen ffydd yn yr esgobaeth. Gan nad ystyriai Hugh Jones y canlyniadau i fygythiadau o'r fath yn ddigon difrifol nid ymddangosai ei fod yn ymboeni'n ormodol ynglŷn â'r sefyllfa.[25] Ni chymerodd gamau ychwaith i chwilio beth oedd natur a graddau'r broblem, ac er y cyfeirio mynych at y bygythiad Catholigaidd a chyflwr egwan y bywyd crefyddol yn gyffredinol yn yr esgobaeth ni ddechreuwyd ymosod ar reciwsantiaid o ddifrif hyd at tua 1581. Yn Nhachwedd 1568 datganodd aelodau Cyngor Gogledd Lloegr yng Nghaerefrog eu pryder fod pregethu'n brin mewn ardaloedd oddi mewn i'w hawdurdod ac nad oedd gweinidogion yn gallu hyfforddi eu plwyfolion, ac ychwanegwyd bod eu diffygion yn codi o'u hanwybodaeth yn hytrach na'u hystyfnigrwydd neu eu hanufudddod bwriadol.[26] Yn ôl pob tystiolaeth, nid oedd y sefyllfa'n wahanol yng Nghymru. Ymatebodd y frenhines yn gyflym gan feirniadu'r esgobion am fethu ag ymdrin â materion pwysig o'r fath. Mynnwyd bod atebion yn cael eu dychwelyd o bob esgobaeth yn y deyrnas yn datgan i'r llywodraeth beth oedd cyflwr crefydd ac ansawdd yr offeiriadaeth ym mhob un ohonynt, tra cwynai Richard Davies am 'the spiritual sores and diseases' yn ei esgobaeth.[27] Hysbysodd Hugh Jones y llywodraeth am sefyllfa obeithiol ei esgobaeth ef gan addef na fu iddo erioed gael unrhyw broblem a bod ei esgobaeth yn rhydd o fygythiadau reciwsantiaid diwyro. Ychwanegodd iddo gywiro unrhyw anhrefn y bu iddo'i ddarganfod, ond fe'i gorfodwyd i gyfaddef mai ar gyfer pedwar pregethwr trwyddedig yn unig y darparwyd a bod pregethwyr o esgobaethau eraill wedi cael eu defnyddio i bregethu'r efengyl mewn rhai plwyfi.[28] O'r deuddeg canon trigai pedwar y tu allan i'r esgobaeth; yr oedd goddef yr anheddwyr lleyg, meddai, yn wendid difrifol yr oedd y llywodraeth ganolog yn bennaf cyfrifol amdano. Yn sicr, nid oedd y sefyllfa'n foddhaol. Adlewyrchai'r gwendid yr amgylchiadau dros hir dymor y sylwebodd Nicholas Robinson, esgob Bangor, arnynt yn ei lythyr enwog at Cecil dair blynedd ynghynt pan ddisgrifiodd y werin bobl dlawd fel rhai nad oeddynt yn wrthnysig nac yn analluog i ddeall ond, oherwydd diffyg gwybodaeth, wedi eu harwain ar gyfeiliorn ers amser maith ('poor people not obstinate to hear nor dull to understand . . . but for want of knowledge now a long time seduced').[29]

Yn ôl pob adroddiad, yr oedd cyflwr ysbrydol plwyfolion yn gyffredinol yn llesg. Oherwydd yr anllythrennedd a'r anwybodaeth enfawr, yr ofergoeliaeth a'r difaterwch yr oedd ansawdd bywyd crefyddol, a amddifadwyd o arweinyddiaeth a hyfforddiant priodol, yn arswydus. Er na leisiwyd nemor ddim gwrthwynebiad i newidiadau'r Diwygiad Protestannaidd mewn unrhyw ffordd eglur cafwyd atseiniau amlwg o anfodlonrwydd ym marddoniaeth y cwndidwyr, beirdd y mesurau rhydd a oedd yn boblogaidd ym Morgannwg yr unfed ganrif ar bymtheg. Rhoddwyd amlygrwydd i'r problemau cymdeithasol, economaidd a chrefyddol a effeithiai ar yr haenau isaf, a mynegwyd gwrthwynebiad gan rai beirdd i'r ffurfwasanaeth Protestannaidd newydd. Er enghraifft, gresynnai Tomas ap Ieuan ap Rhys fod y mynachlogydd wedi'u hysbeilio ym Morgannwg mewn cenhedlaeth gynharach, a digiodd yn arw am fod safonau'r Eglwys wedi eu difrodi gan foneddigion lleyg a chlerigol fel ei gilydd. Cyflwynodd ei gyfeiriadau at ddiddymu'r hen ffydd ddarlun digon trist a digalon o werin bobl anwybodus a dryslyd a esgeuluswyd:

fo aeth dy ffydd di ar goll
y ddyni oll yn ddoillion,
ac heb greddy dim yn jawn
cosb a gawni weithon.

ny ni droyson gan ffydd sayson,
ni ddaw yn kalone ni byth yn y lle.[30]

O safbwynt Protestannaidd y canodd 'Syr' Thomas Jones, ficer Llandeilo Bertholau yng ngogledd Gwent, gerdd faith i William Morgan a'i Feibl yn 1588 yn disgrifio anwybodaeth a dallineb ysbrydol ei blwyfolion cyn cyhoeddi'r ysgrythurau:

Hir, gwyr Duw, bu'r Pab ar waith
Mewn estroniaith i'n twyllo
Trwy hudoliaeth yn ddi baid
Yn dallu llygaid Cymro![31]

Nid oes sicrwydd mai ar gyfer esgobaeth Llandaf yn unig y cyfansoddwyd y cerddi hyn yn benodol ond gwyddys i'r cwndidwyr a beirdd lleol eraill ganu'n uniongyrchol o'u profiadau eu hunain a rhoi mynegiant i'w teimladau personol.

Hen ddefodau a oroesai o drefn eglwysig a bywyd crefyddol yr Oesoedd Canol oedd yr ofergoelion, fel y dengys y cosbau a osodwyd ar offeiriaid a droseddai.[32] Yn ei ymholiad i sgandalau a fuasai'n nodweddion cyffredin yn yr Eglwys dros y canrifoedd rhoddodd y Cyfrin Gyngor sylw arbennig i foesoldeb offeiriaid yn yr esgobaeth. Yn 1582 datganwyd am anfoesoldeb a chamarfer difrifol ar benydau a defodau eglwysig:

> incontinence of life is more increased and born with amonge other defaultes of the Bishopps and clergie in that Principalitie then heretofore it hathe ben, by reason of certaine commutacions of penaunces into a money matter, which afterwardes are said to be by them employed to their owne proper and private uses.[33]

Gorchmynnwyd esgobion i ddifa'r arfer anghyfreithlon o gymudo penydau i arian, sef arfer yr Oesoedd Canol a elwid yn 'sacrament y penyd'. Ymhellach, yn 1580, bu i gyhuddiadau o anfoesoldeb a dducpwyd gan blwyfolion Tre-lech yn sir Gaerfyrddin, fwrw amheuaeth ar yr offeiriaid lleol, a gorchmynnwyd John Aylmer, esgob Llundain, tua'r un amser, i gosbi anlladrwydd a chysegr-fasnach y cyhuddwyd un o gaplaniaid esgob Llandaf ohonynt.[34] Yn gynharach, yn 1576, cyflwynodd William Bleddyn, olynydd Hugh Jones, enwau nifer o bobl i lys y Sesiwn Fawr a oedd, am wahanol resymau, wedi eu hesgymuno ond a barhâi i fod yn weithredol yn yr eglwys.[35] Adroddwyd bod Walter Powell, yr offeiriad reciwsantaidd a elwid yn 'brif offeiriad seminari yng Nghymru' ac yn 'esgob Llandaf', wedi ei lochesu ymhlith herwyr ac ysgymunwyr eraill yn sir Fynwy.[36] Cymaint oedd reciwsantiaeth yn rhan annatod o fywyd crefyddol esgobaeth Llandaf fel bod y newid i'r ffydd Brotestannaidd, ym mhob haen gymdeithasol, yn araf a llafurus.

Anfonwyd llythyrau gan y Cyfrin Gyngor yn Nhachwedd 1573 yn gorchymyn yr esgobion i sefydlu unffurfiaeth yn eu taleithiau yn ôl cynnwys y Llyfr Gweddi Gyffredin, ond ymddangosai mai siomedig oedd effeithiau hynny.[37] Yn y 1570au cynnar wynebodd Eglwys Elisabeth gyfnod newydd o wrthwynebiad ffyrnig ar ran y Catholigion Rhufeinig a oedd yn fwy niferus yn esgobaeth Llandaf nag mewn unrhyw esgobaeth arall yng Nghymru. Yr oedd ymdrechion Hugh Jones i wrthsefyll y perygl hwn yn wanllyd iawn; yn wir, yr oedd angen mwy o sêl nag yr oedd ef yn barod i'w ddangos, a dangosodd ei olynydd William Bleddyn, brodor o Lys y Drenewydd Gelli-farch yng Ngwent ac, fel Hugh Jones, yn Gymro Cymraeg, fwy o symbyliad, gwydnwch a phendantrwydd yn ei ymdrechion i adfer trefn mewn llywodraeth eglwysig a difa reciwsantiaeth.[38] Disgrifiwyd Bleddyn fel Cymro ac eglwyswr o gymwysterau da, ac fe'i hargymhellwyd i'r swydd gan Parker. Olrheiniai ei ach i Hywel Dda, Iestyn ap Gwrgant ac Einion Sais o'r Deheubarth a hen dylwythau'r cyndadau cynnar.[39] Cyfansoddwyd cerddi mawl i'w anrhydeddu ac, yn wahanol i'w ragflaenydd, bu'n gefnogwr brwd i'r traddodiad barddol yng Nghymru.[40] Yn wir, Bleddyn oedd yr esgob olaf i'w gysegru gan Parker, a roddodd drwydded iddo i ymarweddu fel esgob o fraint na allai ei esgobaeth fyth fforddio ei roi iddo.[41] Wedi ei gysegru yn Ebrill 1575, golygai hynny iddo barhau i feddiannu *in commendam* archddiaconiaeth Brycheiniog, prebend Sant Dyfrig yn Llandaf ynghyd â rheithoriaethau Rogiet yng Ngwent a Sunningwell yn Wiltshire, enghraifft dda, yn wir, o'r amlblwyfydd diwyd.

Cymerodd Matthew Parker olwg oleuedig ar anghenion yr uwch-offeiriadaeth mewn esgobaethau tlawd. Y mae amgylchiadau Thomas Davies, a benodwyd yn esgob Llanelwy yn 1561, yn enghraifft dda. Fe ymddengys iddo fwynhau ei diroedd *in commendam* heb unrhyw drwydded gyfreithiol ond fe'i cefnogwyd gan Parker a gredai fod angen y rheini arno i gynnal ei letygarwch.[42] Amfeddiadau o fath oedd y breiniau a fwynhâi'r esgobion ond, fel y dywed John Strype, yr hanesydd eglwysig enwog, yr oedd tlodi'n llai o anghymwyster nag anallu gweinidogion Duw i gynnal anghenion eu swyddogaeth ('that inconvenience [sef tlodi] might be thought less than the order of godly ministers in that function should be brought to contempt for lack of reasonable necessities').[43] Barnai Parker y dylai esgobion gynnal safonau byw parchus; yr oedd ymarweddu'n briodol yn bwysig iddynt fel y gallent ymddwyn yn urddasol yng ngolwg y byd: 'the port of a bishop must be preserved for his better countenance in the world, which is apt to dispose the function when those that are of it are poor and live meanly'.[44]

Mewn esgobaethau a dyrchafiadau bychain credai Parker fod bywiolaethau *in commendam* ac amlbwyfaethau yn llai o anghyfleustra na cholli lletygarwch ac enw da yr offeiriadaeth. Ni charai roi'r argraff fod yr Eglwys yn ddieithr ac mai amcan y llywodraeth, am resymau gwleidyddol, oedd cadw'r offeiriadaeth mewn amgylchiadau tlodaidd. Yr oedd yr Eglwys, meddai ymhellach, eisoes wedi cael ei darostwng; nid oedd angen ychwanegu mwy o galedi trwy wadu i breladiaid teilwng y cyfle i gynnal eu hurddas. Gyda'r bwriad hwnnw mewn golwg y bu i Parker adael i Bleddyn gadw ei fywiolaethau. Yn ddiweddarach yn y ganrif, yn ystod cyfnod Gervase Babington yn esgob Llandaf, rhoddwyd y caniatâd i ddal tiroedd *in commendam* gan y Frenhines.[45] Gwnaeth gais i Syr Edward Stradling o Sain Dunwyd, noddwr persondy Sain Tathan, am berchenogaeth y fywoliaeth yn 1592, ac meddai:

> I made bold in the behalf of myself, in that my living is small and my charge great and that it hath pleased Her Majesty . . . under Her Highness's broad seal to authorize me for the better maintenance to take *in commendam* any helps which conveniently I might attain unto, to pray you to bestow the same on me.

Bu ei gysylltiadau parhaol â Stradling yn rhai dymunol, ac oherwydd diddordebau llenyddol yr yswain goleuedig hwnnw teimlodd reidrwydd i anfon ato rai o'i weithiau er mwyn iddo eu darllen. Yn 1592 fe ymddangosodd argraffiad cyntaf o'i nodiadau ar Lyfr Genesis ynghyd â rhai pregethau, ac anfonodd Babington gopïau ohonynt at Stradling a werthfawrogai'n fawr ei bamffledi bychain.[46] Felly, disgrifiwyd yr ysgolhaig a'r hynafiaethydd o Sain Dunwyd yn golofn i'w wlad ac i deyrnas Dduw. Er gwaethaf ei enillion materol gwnaeth Babington ymdrech lew i ailsefydlu enw da ei esgobaeth a chadw llygad barcud ar brydlesu tiroedd ac eiddo eglwysig.

Gwnaeth Bleddyn yr hyn y credai ef oedd yn angenrheidiol i gynnal lles ei esgobaeth dlawd. Yr un pryd achubodd ei gyfle i hybu ei fuddiannau ei hun. Prynodd faenor ac ystad Bisham ger Caer-went, a phriododd, yn wraig gyntaf iddo, Ann, merch Robert Young o sir Benfro, nith Thomas Young, esgob Tyddewi ac archesgob Efrog wedi hynny.[47] Bu ei gysylltiadau yn fanteisiol iawn iddo, ac yn ddiamau fe'u cynorthwyodd i gryfhau ei safle yn yr eglwys. Fe'i profodd ei hun i fod yn weinyddwr galluog ac yn ddisgyblwr llym, gwrthwynebydd cadarn i reciwsantiaeth ac esgob eiddgar i ddiwygio ei offeiriadaeth a'i dalaith. Yn wir, arweiniodd ei ymroddiad at ei gyfraniad gweithredol ac egnïol at drin a thrafod nifer helaeth o faterion esgobaethol. Bu ei swyddogaethau gweinidogaethol cyn ei ddyrchafiad yn fanteisiol iawn iddo yn y cyswllt hwnnw. Yr oedd yn ymwybodol fod ei ragflaenwyr, Anthony Kitchin a Hugh Jones, wedi gadael yr Eglwys yn adfeiliedig ac yn amddifad o ofal bugeiliol. Oblegid y cyflwr truenus hwn anerchodd a cheryddodd y prebendariaid yn nghabidyldy Llandaf yn hwyr yn Ionawr 1576, naw mis yn unig wedi iddo gael ei gysegru i'w swydd newydd. Pryderai'n fawr am ddibrisiad materol yr eglwys, y dyledion, rhenti annigonol ac, yn fwy na dim, diystyrwch a difaterwch y prebendariaid. Rhoddodd sylw i ffyniant yr esgobaeth yn yr Oesoedd Canol a mawrygodd y traddodiadau a oedd yn gysylltiedig â'i hanes cynnar. I leihau dipyn ar faich y treuliau parlysol awgrymodd y dylid lleihau niferoedd y ficeriaid corawl, offeiriaid a dderbyniai dâl i anrhydeddu unigolion ymadawedig (*annualarii*) a chantorion. Yr un pryd, gresynodd wrth atgoffa'r cabidyldy am y dulliau a ddefnyddiwyd gan yr aelodau i'w galluogi i ffynnu ar draul yr Eglwys. Yn sicr, cydiodd ei eiriau hallt yng ngwraidd y broblem yn Llandaf:

> to whom have you not granted large manors, many lordships and farms? And it is not without reason that you are called lords only in name, without property. You have wasted everything, sweet-toned books, precious vestments, golden vessels, unknown treasures; to nothing all things are reduced . . .You have left . . . no house remaining adjacent to the church. Horses graze and, alas, pigs are fattened in the houses once dedicated to God!, which it was not lawful for you to transfer to secular uses and which the ministers of Christ and stewards of God should always inhibit. If you had governed the church according to the ancient ordinances and laudable customs . . . how easily might we have met the ruins, the debts, the poverty and the contempt.[48]

Atseiniai ei eiriau blediadau nifer o'i gyfoedion mwyaf ystyriol a diffuant yn yr Eglwys, megis Richard Davies yn Nhyddewi.[49] Yr oedd yn amlwg mai budrelwa ymhlith haenau uchaf yr hierarci oedd prif achos tlodi ac a gyfrifai am annigonolrwydd clerigol oddi mewn i'r Eglwys ei hun. Yr oeddynt wedi ysbeilio'r Eglwys gymaint ag a wnaethai amfeddwyr lleyg; ac yr oedd yr anrheithio yn ymosodgar, er gwaethaf penderfyniad rhai esgobion, a'r dulliau a gymerwyd i'w atal. Aeth y Senedd ati yn 1571 a 1576 i roi terfyn ar gyflwyno prydlesoedd maith am arian parod a chamarferion tebyg eraill, ond ymddengys mai aneffeithiol, i bob pwrpas, oedd canlyniadau'r math hwnnw o ddeddfwriaeth. Pwysleisiodd Bleddyn yn gadarn eu problemau mwyaf dyrys a chyhuddodd yn llym y rhai agosaf ato.

Er cymaint oedd ymdrech lew a chadarn William Bleddyn i ddatrys ei broblemau ar y pryd a chyflwyno'i raglen ddiwygio nid oedd yn gallu arolygu a rheoli'r Eglwys mor effeithiol ag y carai. Yr oedd y pwysau trwm a oedd arno yn rhy ddyrys hyd yn oed i'r esgob cadarnaf. Er nad oedd ganddo gydymgeisydd eglwysig grymus i gydgystadlu ag ef, fel a gafwyd yn yr Oesoedd Canol, wynebodd er hynny wrthwynebiad cryf ymhlith y boneddigion lleyg, ac fe'i rhwystrwyd yn barhaol gan ddiofalwch ymhlith swyddogion mewn llysoedd seciwlar. O ganlyniad, profodd ei ymdrechion i gynnal safonau parchus i fod yn rhannol llwyddiannus yn unig. Parhawyd i werthu eiddo'r gadeirlan a gorfodwyd Bleddyn ei hun, yn erbyn ei ewyllys y mae'n debyg, i ganiatáu ffermio degymau'r gadeirlan a gwerthu adfowsynau a berthynai i'r cabidyldy i leygwyr ynghyd â gosod prydlesoedd dros hir dymor ar eiddo eglwysig i lawer, yn cynnwys aelodau o'i deulu ei hun.[50] Ymdrechodd rhyw gymaint i atal dadfeiliad yn adeiladwaith y gadeirlan ac fe'i gorfodwyd i ddefnyddio'i ddylanwad ymhlith boneddigion lleol i sicrhau dyrchafiadau i rai o'i offeiriaid. Cyn gynted ag y cyrhaeddodd Llandaf cysylltodd â Syr Edward Stradling i'w gymell i gyflwyno bywoliaeth eglwysig Sili i Andrew Vaen, prebendari Llandaf ac Archddiacon Brycheiniog.[51] At hynny, yn 1582, ceisiodd ffafr Stradling i gyflwyno bywoliaeth Sain Tathan hefyd i Vaen a oedd yn bregethwr cyhoeddus cyfreithlon.[52]

Beth bynnag oedd diffygion William Bleddyn yr oedd yn rhaid iddo ddod i delerau â chyflwr argyfyngus ei esgobaeth, ac ymdrechodd i reoli a gweithredu ordinhadau a defodau'r hierarci. Plediodd â'r uwch-glerigwyr yn ei esgobaeth i wynebu eu cyfrifoldebau a thanlinellodd realaeth llym y sefyllfa, gyda'r bwriad o ddiwygio'r esgobaeth ac ailsefydlu ei awdurdod. Bu i'w bryder ei arwain i gyfraith er mwyn amddiffyn ei safle'i hun a diogelu hawliau'r Eglwys. Mewn blynyddoedd ansicr ynglŷn â materion mewnol a thramor yn Lloegr, bu ei gyfnod maith yn ei swydd yn arwydd o wthio pynciau rhanbarthol llosg yn y byd crefyddol led y pen, yn bennaf am eu bod, yn y bôn, yn bryderon a wynebai'r Eglwys wladol. Bu i'w agwedd heriol a'i graffter ei wneud yn gynrychiolydd defnyddiol yn y frwydr yn erbyn pŵerau adweithiol a difrïol a fwriadwyd i ddifa neu ddwyn anfri ar yr Eglwys newydd. Mynegwyd a chofnodwyd ei gredoau mewn datganiadau ffurfiol, cadarn a di-ildio. 'Therefore, let us awake,' meddai wrth gabidyldy Llandaf, 'it is time to rise from sleep . . . I will willingly defend you and all your things as far as in my power, otherwise, with the help of God, I will extirpate you by the roots.'[53] Mynnodd roi'r pwyslais ar hyrwyddo'r Eglwys yn filwriaethus, a golygai hynny gynnal rheolaeth lem ar yr offeiriadaeth yn ogystal â sicrhau meistrolaeth ar bopeth a ymddangosai iddo ef yn ffiaidd yn y sefydliad a wasanaethai.

Daethai bygythiadau i undod cyfundrefn yr Eglwys newydd, nid o achos dirywiad mewnol yn ei rheolaeth a'i threfniadaeth yn unig ond hefyd, ar raddfa gynyddol, o blith ei gwrthwynebwyr dibaid. Trafferthwyd esgobyddiaeth William Bleddyn yn ddirfawr gan dwf mewn reciwsantiaeth Gatholigaidd. Yn 1577 deffrowyd yr esgobion i'r angen i ddifa pob arwydd o grefydda ofergoelus, a hysbyswyd Syr William Cecil gan John Whitgift, erlidiwr diarbed yr Anghydffurfwyr, a oedd y pryd hwnnw'n esgob Caerwrangon ac yn Ddirprwy Lywydd y Cyngor yn y Mers, fod Pabyddiaeth yn rhemp yng Nghymru, ac y dylid ei difa.[54] Yr oedd yn awyddus i ddiwygio, a phlediodd am weithredu effeithiol ar eu rhan fel y gellid atal arferion ofergoelus a bygythiadau gwrthnysig. Canlyniad cyfnod cynnar Syr Henry Sidney fel Arglwydd Lywydd y Cyngor yn Llwydlo, cyn iddo ymadael am Iwerddon yn 1577, oedd oedi cyn gweithredu deddfau yn erbyn reciwsantiaeth. Aeth Whitgift ymlaen i gydgasglu adroddiadau ffurfiol o esgobaethau Cymru ar reciwsantiaid Catholigaidd, ac o Landaf adroddodd Bleddyn i'r Cyngor fod nifer o ysgymunwyr yn ei dalaith – dau ym Morgannwg ac un ar ddeg yng Ngwent – y dylai'r Cyngor yn y Mers eu cosbi.[55] Pan oedd yn bur wael ymddangosodd ei adroddiad a luniwyd y pryd hwnnw i ddangos gwerth eiddo a nwyddau reciwsantiaid hysbys.[56] Mynegodd bryder mawr am dueddiadau Pabyddol ymhlith y tirfeddianwyr hynny, megis Thomas Lewis o'r Fan, Caerffili, ac Edward Kemeys o Gefnmabli – siryf Morgannwg yn 1574–5 – a gefnogai ac a lochesai offeiriaid cenhadol. Yn haf 1579 comisiynwyd y Cyngor unwaith eto i holi faint o reciwsantiaid oedd ar gael yng Nghymru a'r gororau, ac i ddefnyddio ei rym i'w trechu. Fe'i deffrowyd i weithredu'n fwy effeithiol dair blynedd yn ddiweddarach wedi i'r Cyfrin Gyngor gwyno fod aneffeithiolrwydd llywodraeth leol wedi arwain at gynnydd yn nialedd y Catholigion tuag at y llywodraeth a'r Eglwys.[57] Aeth Bleddyn ati hefyd i ymdrin ag offeiriaid a ddeuai i'w esgobaeth a chydymdeimlwyr â Chatholigion a orfodwyd i symud iddi o siroedd gororau Lloegr, ond cyflawnodd ei dasg gyda llawer mwy o frwdfrydedd a gwydnwch, am resymau amlwg, na'i gyfoedion yn esgobaethau eraill Cymru. Fe'i hwynebwyd gan reciwsantiaid ystyfnig ynghyd ag ymlynwyr lleyg wrth yr hen ffydd a oedd yn gyson barod i warchod offeiriaid rhag yr awdurdodau. Canfu ei broblemau mwyaf ym Mro Morgannwg a'r cyffiniau – Llancarfan, yr Eglwys Wen ac Eglwysilan yn neoniaeth Llandaf yn arbennig – lle y canfuwyd y nifer fwyaf o weithrediadau Catholigaidd. Ei fwriad oedd canfod, adnabod a chosbi reciwsantiaid, ac er gwaethaf yr anawsterau a oedd bron yn anorchfygol, a gyfrifai am barhad yr hen ffydd yn yr esgobaeth, ymddangosai fod y dasg o ddifa wedi mynd rhagddi cyn ei farwolaeth yn 1590.[58]

Wedi dweud hynny, yr oedd y twf mewn gwrthwynebiad reciwsantaidd yn esgobaeth Llandaf yn her y canfu William Bleddyn hi'n anodd mynd i'r afael â hi. Yn swyddogol yr oedd y cynnydd wedi bod yn hynod – o 13 yn 1577 hyd at 381 yn 1603[59] – ond y mae'r ystadegau hynny'n annigonol ac yn cynrychioli grym argyhoeddiad crefyddol yn y cyfnod hwnnw. Hyfforddwyd deuddeg o offeiriaid o'r esgobaeth yn Douai yn yr Iseldiroedd rhwng 1580 a 1603, a pharhaodd llawer na allent dalu dirwyon i fod yn weithgar dros yr hen ffydd er na chofnodwyd eu henwau. Cynyddodd y broblem oherwydd bod eglwyswyr a lleygwyr, fel ei gilydd, tra oeddynt yn barod i ddangos unffurfiaeth allanol a theyrngarwch i'r Eglwys newydd, yn bersonol yn arddel tueddiadau Catholigaidd cryf. I'r graddau hynny yr oedd y dasg o'u cosbi yn un rwystredig, a dangosodd gohebiaeth Bleddyn yn fynych ei ymdeimlad craff o gyfrifoldeb wrth iddo gyfeirio at ei ymdrechion parhaol i ddal reciwsantiaid ac offeiriaid a weinyddai'r offeren yn ddirgel.[60] Ynghyd â Henry Herbert, ail iarll Penfro, ac eraill ar ran cymdogaethau sir Fynwy, arwyddodd a seliodd Bleddyn, yn ei swydd yn ustus heddwch, Rwymyn y Gymdeithas (1584) er diogelu person y frenhines ar drothwy rhyfel â Sbaen a chynllwynio Catholigaidd brwd.[61] Ar ei farwolaeth yr oedd y rhyfel Eingl-Sbaenaidd ar ei anterth, a'r amgylchiadau gwleidyddol a ddaeth yn sgil hwnnw'n rhwystr i'r Eglwys gyflawni'n effeithiol ei gorchwylion yn y wladwriaeth. Bygythiai amseroedd peryglus undod a diogelwch y deyrnas ac yr oedd Bleddyn yn ymwybodol o hynny. Fe'i cydnabyddir yn ŵr eglwysig trefnus a disgybledig. Gofalai am fuddiannau gorau ei esgobaeth, yn arbennig rhai'r eglwys gadeiriol a'r cabidwl. Er ei wendidau bu i'w farwolaeth adael bwlch na allai ond amddiffynnydd sefydlog i'r ffydd Brotestannaidd ei lenwi'n llwyddiannus.

Olynydd William Bleddyn yn Llandaf oedd Gervase Babington, a wasanaethodd yn llys iarll Penfro. Fe'i penodwyd yn drysorydd yr esgobaeth yn 1589 ac, yn y flwyddyn ganlynol, fe'i dyrchafwyd i'r esgobaeth. Ni fwriadwyd i Babington barhau'n hir yn Llandaf; yr oedd yn sylwebydd gwleidyddol craff a'i lygaid ar ddyrchafiad pellach yn yr Eglwys.[62] Yn sicr, nid oedd ei esgobaeth ymhlith y mwyaf deniadol. Nid yn unig yr oedd yn dlawd ond hefyd cyflwynwyd diwygiadau iddi'n rhy araf a digyffro. Ar wahân i fygythiadau'r reciwsantiaid yr oedd yn ddiau'n ymwybodol fod ganddo eglwys gadeiriol a oedd mewn cyflwr truenus. Yn gynharach, yn ei *Morganiae Archaiographia* yn 1578, cyflwynodd Rhys Meurig (neu Merrick), yr hynafiaethydd a'r yswain o'r Cotrel, Sain Nicolas, wedd ddigalon yr adeiladwaith:

> I know not whether this city was at any time of any beauty or estimation, but now it is in ruin which the rather came to pass . . . by the absence of the bishop's dwelling at Mathern and the canons or prebendaries sometime having fair houses and dwelling there, become non-resident and their houses almost in utter decay.[63]

Dyna gondemniad llym o gabidyldy'r gadeirlan yn wir ac arwydd eglur o broblem arall a wynebai esgobion oes Elisabeth. Mor ddifrifol oedd y sefyllfa yn amser Babington fel y bu i archddiacon a chabidylwyr Llandaf, trwy weithred, roi i blymyddion o Fryste flwydd-dâl am fywyd am £6 ar yr amod eu bod yn cynnal ac atgyweirio'r holl blwm yn yr eglwys gadeiriol a hefyd yn gosod plwm newydd yn ei le. Daethpwyd i gytundeb ar yr amod na ddifrodwyd y plwm ac na fyddai dŵr yn gollwng o gwbl.[64] Wrth ganiatáu hawliau claddu i deulu Mathew o Landaf yn 1594 yn ystlys ogleddol y seintwar, datganwyd bod y teulu i gynnal a chadw'r rhan honno o'r eglwys mewn cyflwr da. Dangosodd ymateb Babington i gyflwr gwael ei eglwys ('ruins and decayed estate') y pryd hwnnw beth yn union oedd y sefyllfa: 'More like a desolate and profane place than a house of prayer and holy exercises, and no way able with the revenues left unto that church to repair and amend as they wish.' Cytunodd William Mathew i balmantu, atgyweirio a chynnal rhan ddwyreiniol yr ystlys ogleddol lle y claddwyd ei hynafiaid, ar yr amod na chleddid neb yno byth eto ac eithrio aelodau o'i deulu.[65] Apeliwyd am gymorth ariannol i ailadeiladu'r eglwys gadeiriol mewn cyfnod pan adawyd adeiladau yn adfeilion gan y cabidylau. Nid Llandaf, wrth gwrs, oedd yr unig esgobaeth ag adeiladau adfeiliedig ynddi; beichiwyd esgobaethau eraill Cymru â'r un broblem, a chwynodd eu hesgobion yn arw am sefyllfa druenus eu heiddo eu hunain, ac yr oeddynt yn ymwybodol o effeithiau enbyd esgeulustod a difaterwch ar ansawdd y bywyd ysbrydol yn gyffredinol.[66]

Ar wahân i ymwneud ag atgyweirio adeiladau ceisiodd Babington, fel ei ragflaenydd, ymdrin â phroblem y reciwsantiaid. Etifeddodd dasg anodd a bron yn anorchfygol, yn arbennig gan fod ymlynwyr yr hen ffydd yn cynyddu ar ffiniau dwyreiniol yr esgobaeth. Deffrowyd y Cyngor yn y Mers i'w ddyletswydd yn y cyfeiriad hwn yn 1592 a gweithredodd pan anfonwyd comisiynau ato i'w alluogi i'w cosbi'n llymach.[67] Cymerwyd camau pellach yn 1593 i restio troseddwyr ystyfnig, gan fod yr awdurdodau erbyn hynny'n fwy ymwybodol o'r bygythiad ac o'r cynnydd ymhlith Catholigion i bron dair mil ar ororau Cymru.[68] Yn ôl yr Arglwydd Zouch, Arglwydd Lywydd y Cyngor yn y Mers, yr oedd yr ardaloedd hynny yn 'stuffed up with papists, those not of the meanest condition, who possess plenty of arms and money'.[69] Parhaodd aelodau blaenllaw o deulu'r Twrbiliaid ym Mro Morgannwg, a oedd yn Gatholigion pybyr, i boeni'r esgobion a oedd yn benderfynol o ddifa Anghydffurfiaeth. Rhybuddiwyd y Cyngor gan y Cyfrin Gyngor yn 1601 i fod ar ei wyliadwriaeth oherwydd y cynnydd mewn reciwsantiaeth ar y ffin rhwng esgobaethau Llandaf a Henffordd:

> there is great backsliding in religion in these parts, and especially in the confines of the shires between England and Wales, as Monmouth Hereford and Shropshire, and the skirts of the shires of Wales abounding upon them . . . and many runners abroad and carriers of mass books, super altars, all kind of massing apparel, singing bread, of wafers, and all other things used at or in the saying of mass . . . I, seeing the daily backsliding, do fear it will increase if some severer course be not taken in this Parliament for repressing them.[70]

Dangosodd Rholiau Siecr y reciwsantiaid yn derfynol pa mor brysur oeddynt yn rhannau dwyreiniol yr esgobaeth ar drothwy'r ail ganrif ar bymtheg. Fel eraill tebyg iddo, dangosodd Babington ddiddordeb gonest yn yr angen i ddatrys problemau mwyaf dyrys yr Eglwys, a mynegodd bryder am analluogrwydd ei offeiriadaeth a'r gwendidau cyffredinol a darfai ar y bywyd ysbrydol. Er holl esgeulustod Marmaduke Middleton o Dyddewi, a gollodd ei esgobaeth am ei ymddygiad ysgeler, dangosodd ddigon o ddiddordeb yn 1583, pan ddaeth i'w swydd, i sylweddoli pa mor ddifrifol oedd y sefyllfa yno. 'Very few sufficient men occupied the indigent benefices,' meddai, 'and the people were greatly infected (by want of preaching) with atheism and wonderfully given over to vitious life.'[71] Yn Llandaf hefyd tynnodd Francis Godwin, un o olynwyr Babington, ddarlun trist yn ei Orchmynion yn 1603, pan gyfeiriodd at 'certain notorious abuses . . . not reformable by ordinary courses' yr oedd yn rhaid eu difa â chosbau anarferol.[72] Er cymaint fu ymdrechion William Bleddyn i ddiwygio, ymddengys nad oedd polisïau Gervase Babington a'i olynydd William Morgan i wrthsefyll llygredd, llacrwydd a theyrnfradwriaeth yn yr esgobaeth, yn llwyddiant.

Ychydig iawn o amser a gafodd William Morgan, cyfieithydd yr ysgrythurau i'r Gymraeg, yng nghyfnod ei swydd yn esgob Llandaf, o 1595 hyd at 1601, i wneud argraff barhaol ar lywodraeth ei esgobaeth. Ychydig iawn o wybodaeth sydd ar gael amdano ac am ei weithrediadau tra fu yno gan nad yw'r cofnodion esgobol sydd wedi goroesi yn cyfeirio fawr ddim ato. O ganlyniad i'w gamp hynod yn 1588, yn bennaf, y dyrchafwyd ef i esgobaeth Llandaf wedi iddo wasanaethu am gyfnod maith yn ficer Llanrhaeadr-ym-Mochnant a Llanarmon Mynydd Mawr, rheithor Llanfyllin a pherson Pennant Melangell yn rhannau isaf esgobaeth Llanelwy.[73] Cymeradwywyd Richard Vaughan, archddiacon Middlesex, ac un o gyfeillion agosaf Morgan, i esgobaeth Bangor (a oedd yn wag wedi i Hugh Bellot gael ei symud oddi yno i Gaer) ac nid, fel y disgwylid, i Landaf. Yn ei le penodwyd William Morgan i'r esgobaeth ddeheuol.[74] Ystyriwyd y ddau ohonynt yn 'two very worthy men and the worthiest for these two small bishoprics'. Cefnogwyd Morgan gan wŷr grymus, yn cynnwys Syr John Wynn o Wedir yn Nyffryn Conwy, y bu i'w ragflaenwyr ef roi addysg iddo ('brought him up in learning').[75] Yn ystod ei ymrafael ffyrnig â Morgan yn 1602–3, wedi iddo symud i Lanelwy, atgoffodd Wynn ef pa mor frwd y cymeradwyodd ei ddyrchafiad i Landaf. 'Was it not I', meddai'n drahaus, 'that first dealt with Mr Boyer [cynrychiolydd yr archesgob] to make him bishop and made the bargain?' 'If that had not been,' meddai ymhellach, 'he had continued still vicar of Llanrhaeadr.'[76] 'If I had not pointed you the way with my finger (whereof I have yet good testimony),' meddai drachefn ar achlysur arall, 'you had been still vicar of Llanrhaeadr.' Ymddangosai fod Morgan, er gwaethaf ei gydnabyddiaeth o'i ddyled i Wynn a'i hynafiaid, wedi tanbrisio cefnogaeth yr yswain y pryd hwnnw: 'He remembered no more thereof', maentumiodd Wynn, 'than that I had lent him my geldings to go to Llandaff . . . which is to strain a gnat and swallow a camel.' Ymatebodd Morgan yn gyflym i'w amddiffyn ei hun a chynnal anrhydedd yr Eglwys yr un pryd.[77] 'How much he is deceived herein,' meddai'n eofn am Syr John. 'I had testimonials enough besides that which he procured, and I had prevailed if I had none as my Lord of Canterbury and my Lord Treasurer believed.'[78] Cawsai esgob newydd Llandaf gefnogaeth Whitgift a Syr Robert Cecil, a chyflwynodd rodd blwyddyn newydd i'r ddau ohonynt yn 1600 i hybu ei gyfle i dderbyn dyrchafiad pellach yn yr Eglwys.[79]

Er yr holl gymeradwyaeth a gafodd William Morgan ar ei ddyfod i Landaf y mae'n amlwg fod yn rhaid iddo, yn ystod ei gyfnod yno, weithredu'n annibynnol a cheisio datrys rhai o brif broblemau'r Eglwys ar y pryd. Yn ddiau, y rhai pwysicaf a mwyaf dirdynnol oedd y sefyllfa ynglŷn â Chatholigion, amfeddu tiroedd a degymau eglwysig ynghyd â chyflwr cyffredinol yr offeiriadaeth. Yn ychwanegol at hynny, ymboenai ynglŷn â chyflwr adeilad y gadeirlan. Cyfeiriodd Francis Godwin, olynydd Morgan, yn 1603 ei bod mewn cyflwr gwael ac ar fin dymchwel: '[it has] fallen into such decay . . . so that it needs in short time fall to the ground without some extraordinary relief.'[80] Oherwydd diffyg tystiolaeth y mae'n anodd asesu beth oedd cyfraniad William Morgan i'r Eglwys yn ystod ei gyfnod byr yn Llandaf. Yr oedd y dalaith yn ddieithr iddo ac yr oedd yn dechrau adfer ymddiriedaeth ynddo'i hun wedi'r cwerylon a'r achosion llys, yn arbennig pan oedd yn Llanrhaeadr. Er mai yn 1588 y cyflawnodd ei gamp fwyaf clodwiw parhaodd i ymddiddori mewn adolygu'r Beibl.[81] Yn 1599 ymddangosodd ei argraffiad newydd o'r Llyfr Gweddi Gyffredin, a ddangosodd, er gwaethaf ei arddull gonfensiynol, fwriad Morgan, fel y dangosodd ei gyfieithiad o'r Beibl, i ddiwygio orgraff a chystrawen. Credir ei fod, tra oedd yn Llandaf, wedi cynllunio i gyhoeddi ailargraffiad o'r Testament Newydd, a chred rhai ysgolheigion fod rhai o'i addasiadau ieithyddol ar gyfer y gwaith hwnnw wedi eu cynnwys yn y Llyfr Gweddi. Ni welodd y gwaith hwnnw olau dydd, fodd bynnag, oherwydd bod Thomas Salisbury, y cyhoeddwr o Lundain, wedi colli'r cyfan o'i lawysgrifau mewn tân trychinebus yn 1603.[82]

Yn ystod cyfnod William Morgan yn Llandaf y penodwyd Edward James yn ficer Caerllïon-ar-Wysg yn 1596, a symudodd i reithoriaeth y Drenewydd Gelli-farch (1597), Llangatwg (1598) a ficeriaeth Llangatwg Feibion Afel (1599). Ef, yn 1606, a gyfieithodd *Llyfr yr Homilïau* i'r Gymraeg. Gan fod arddull y cyfieithiad llafurus hwnnw'n dangos dylanwad ieithwedd y Beibl y mae'n debygol fod James a William Morgan wedi cyd-drafod y dull yr aeth ati i baratoi'r gwaith.[83] Y mae'n bosibl mai ymddangosiad y Llyfr Gweddi Gyffredin a'i ysgogodd i ymgodymu â'r gwaith. Dengys peth tystiolaeth fod y Dr John Davies, ysgolhaig hynod a benodwyd yn rheithor Mallwyd, yn esgobaeth Bangor, wedi trigo am beth amser yn Llandaf, efallai fel ysgrifennydd i William Morgan. Yn ei ragarweiniad i'w ramadeg Cymraeg mewn Lladin dan y teitl *Antiquae Linguae Britannicae . . . Rudimenta* yn 1621 cyfeiriodd at ei arhosiad byr yn ne Cymru ac at y cymorth a gafodd gan gyfieithwyr yr ysgrythurau.[84] Mewn llythyr at Syr Owen Wynn, trydydd barwnig Gwedir, sawl blwyddyn yn ddiweddarach, trafododd Dr John Davies gasgliad o gerddi Dafydd ap Gwilym yr oedd yn berchen arnynt. Rhoddodd sylw i gopi o lawer o'r cerddi hynny a oedd ym meddiant William Mathew o Landaf yr oedd wedi ei weld yn y de ('when I dwelt in those parts').[85] Yn ôl tystiolaeth y bardd Huw Machno, mewn cywydd mawl i Davies, ceir cyfeiriad at ei symud o Lanrhaeadr-ym-Mochnant i Landaf ac oddi yno i Lanelwy (yn dilyn ôl traed Morgan y mae'n debyg), ac wedi hynny i Fallwyd.[86] Sut bynnag, y mae'n eglur fod y Dr John Davies wedi ymsefydlu am gyfnod yn Llandaf lle, gellir casglu, y cafodd swydd, o bosibl yn yr eglwys gadeiriol. Cafwyd cyfeiriad hefyd yn y rhagarweiniad i *Dictionarium Duplex*, ei eiriadur Cymraeg–Lladin a Lladin–Cymraeg a gyhoeddwyd yn 1632, at William Morgan, fel a ganlyn:

> William Morgan, Doethor mewn Diwinyddiaeth o brifysgol Caergrawnt, cyfieithydd ffyddlon yr Ysgrythur Lan i'r iaith Frytaneg, Esgob tra gofalus Llandaf i ddechrau, ac yna Llanelwy, gŵr y mae ei enwi bob amser yn fwyaf melys ar fy ngwefusau, gan imi gael fy addysgu wrth ei draed ef a oedd fel Gamaliel imi.[87]

Yn ôl y datganiad hwn ymddengys fod Davies, ar un adeg, tra oedd yn Llanrhaeadr y mae'n debyg, wedi ei addysgu gan Morgan, ffaith a eglurir ymhellach gan Huw Machno yn ei gywydd iddo:

Mawr ei enw y mawr wanar,
Mab Dafydd a genfydd gâr;
I Lanrhaeadr len rhowiawc,
Ac i Landaf helaf hawc.[88]

Y mae'n bosibl fod 'câr' yn y cyd-destun hwn yn cyfeirio at William Morgan fel cyfaill i wrthrych y gerdd, a bod y cyfeillgarwch hwnnw wedi datblygu ers y dyddiau cyn iddo symud o Lanrhaeadr. Y mae'n amlwg, fodd bynnag, fod y Dr John Davies yn Llandaf am gyfnod pan oedd William Morgan yn esgob yno, a'i fod o bosibl wedi ei gynorthwyo i adolygu'r Llyfr Gweddi Gyffredin. Ar 18 Medi 1595, yn ei safle fel esgob, cyflwynodd Morgan gopi o'r Beibl Hebraeg yn rhodd i Davies, arwydd efallai eu bod yn adnabod ei gilydd yn dda erbyn hynny, a bod Morgan am gydnabod y cymorth a roddasai'r ysgolhaig iddo.[89] Y mae'n rhaid cyfeirio hefyd at y cysylltiad rhwng Morgan a James Rhys Parry, sef 'Eos Ewyas', tirfeddiannwr a ddisgynnai o deulu Parry o Poston, sir Henffordd, a oedd, yn ôl ei fab George Parry, lleygwr amlwg yn Ewyas Lacy, yn noddwr beirdd ac yn fardd o bwys ei hun. Ef a luniodd gopi llawysgrif o'r salmau cân, ac yn fersiwn ei fab o'r salmau hyn cynhwysir llythyr Lladin i'r darllenydd, ac ynddo, o'i gyfieithu, ceir yr adran a ganlyn:

> Condescending more humbly than he should have done to the capacity of the populace and humouring it, turned the Psalms into common measure . . . he presented his MS to Morgan, that truly admirable translator of the Bible who was then Bishop of Llandaff, afterwards of St Asaph. He most graciously accepted the MS and sent my father seven gold pieces as a proof of his affection. This was an incentive to Archdeacon Price (his Chaplain if I mistake not), the first rather rough sketch of his own more finished composition.[90]

Yn y geiriau hyn ymddengys fod gan Edmwnd Prys yn ei feddiant y fersiynau cynharaf hyn o'r salmau yr adeg pan gyfansoddodd ei fersiynau ei hun a'u cyhoeddi, ynghyd â'r *Llyfr Gweddi, dan y teitl Llyfr y Psalmau, wedi eu cyfieithu, a'i cyfansoddi ar fesvr cerdd* yn 1621. Y tebyg yw fod Morgan wedi dechrau ymestyn ei ddiddordebau diwylliannol ymhlith rhai o'i *genre* yn yr esgobaeth. Yn ddiamau, yr oedd yn berson a fyddai'n denu llenorion a beirdd, ac yr oedd ei gysylltiadau yn ne-ddwyrain Cymru o fudd mawr iddo. Yn ogystal â'r gefnogaeth a roddodd i ysgolheigion a chyfieithwyr yr oedd Morgan ei hun yn noddwr twymgalon i sawl bardd Cymraeg proffesiynol a ymwelodd â llys yr esgob ym Matharn, ac y mae cywyddau gan Huw Machno, Lewis Dwnn a Siôn Mawddwy ar gael o hyd i ddangos pa mor raslon y derbyniwyd hwy a pha mor hael oedd y lletygarwch.[91] Er nad oes tystiolaeth gadarn i brofi hynny, gellir awgrymu bod Morgan yn llawer iawn mwy bodlon ei fyd nag yn ystod yr ychydig flynyddoedd a dreuliasai yn Llanelwy. Fel yr oedd y beirdd yn ddigon parod i gydnabod, byddai ei gefnogaeth gadarn i'r ffydd Brotestannaidd, ynghyd â'i apêl ysbrydoledig i eraill a rannai ei ddiddordebau, wedi ei wneud yn ŵr i'w barchu. Mewn cywydd iddo yn gofyn am rodd o gapel anwes ar ran Siors Wiliam o Flaen Baglan, yr oedd Siôn Mawddwy, a ddisgrifiodd ei gamp yn 'grwndwal i Gred', yn dueddol o roi sylw i frwdfrydedd a chefnogaeth i bopeth Cymreig, a mynegodd ymhellach gymaint o anrhydedd oedd hi i Landaf fod brodor o Wynedd a chyfieithydd yr ysgrythurau wedi'i ddyrchafu i'r swydd eglwysig aruchelaf yno:

Anrhydedd o Wynedd wych
I holl gred yn Lloegr ydych.
Goleunod, awdur glanwaith,
Goleuaist, noddaist ein iaith,
O Roeg ag Ebriw hygwbl,
A Lladin call, dawn y cwbl,
Troist y ddau Destament trostynt
Yn Gymräeg, hoywdeg hynt . . .
I'n dwyn i gyd, enwog Iôn,
O dywyllwch, rai deillion.[92]

O safbwynt ei enw da fel ysgolhaig a gŵr unionfryd y mae'n ddiau fod William Morgan yn dra chymwys ar gyfer ei swydd yn esgob Llandaf. Mewn rhai cyfeiriadau yr oedd ei arhosiad byr yno'n llesol.[93] Sut bynnag, mewn cyfeiriadau eraill, mwy ymarferol, nid ymddengys iddo ymsefydlu yno o gwbl, er bod ei seibiant ym Matharn yn egwyl ddymunol iddo wedi trafferthion Llanrhaeadr. O ystyried oedran a thymor maith William Hughes yn Llanelwy a'r rhagolwg y gallai Morgan ei olynu yno, efallai nad oedd hi'n fwriad ganddo aros yn hir yn yr esgobaeth. Eto, o gofio am y gorchwylion beunyddiol a gysylltid â gweithredu polisi eglwysig a llywodraethu esgobaeth nid ymddangosai y byddai Morgan gydradd â'r dasg a'i wynebai, yn Llandaf neu unrhyw esgobaeth arall. Oblegid ei arhosiad byr yno cyflawnodd ychydig iawn yn Llandaf, yn arbennig i geisio gwrthsefyll y cynnydd mewn reciwsantiaeth mewn cyfnod pan oedd y rhyfel â Sbaen yn parhau i fygwth amddiffynfeydd y deyrnas a phan oedd angen cryfhau ymhellach y berthynas rhwng yr Eglwys a'r wladwriaeth. Ysgrifennodd at Syr Robert Cecil yn Rhagfyr 1600 yn eidduno ei gefnogaeth am gael ei drosglwyddo i esgobaeth arall, o bosibl Llanelwy, pe bai'r cyfle'n dod.[94] Yn Nhachwedd y flwyddyn honno bu farw William Hughes, a'r tebyg yw mai bwriad Morgan oedd cynnig am honno gan iddo deimlo ei fod yn gymwys. Yn ei lythyr caredig at Syr John Wynn o Wedir ym Mai y flwyddyn ganlynol fe'i hysbysodd y gallai gael ei symud i Lanelwy: 'My Lord of Canterbury [sef John Whitgift]', meddai, 'is more willing to have me where you wish me than ever he was for any.' Yr oedd y pryd hwnnw yn ymwybodol o'r gwrthwynebiad i'r symudiad hwnnw: 'the gentlemen of north Wales', meddai ymhellach, 'are very unwilling that I should be an ordinary there the which I do firmly believe to be most untrue'; 'some of my best friends', meddai drachefn, 'would have me procure some certificates from the country but I had rather be beholding for them than a craver of them.'[95] Dangosodd datganiad gonest o'r fath y cwynion a leisiwyd yn erbyn Morgan a'r gwrthwynebiad i'w symudiad (a anogwyd, y mae'n debyg, gan blaid teulu Lloran Uchaf yn Llansilin) cymaint â'i unionfrydedd a'i gymeriad cadarn. Cyfeirio at y cyfnod hwn yng ngyrfa Morgan a wnaeth Syr John Wynn yn ei sylw dirmygus amdano ef a'i wraig pan yn Llanrhaeadr oherwydd y berthynas dirdynnol a fuasai rhyngddynt ag eraill yn yr ardal honno. Meddai wrth Thomas Martin, cyfreithiwr o Lundain a oedd yn wybyddus i Wynn a Morgan: 'I know you do not forget what was objected against him and his wife to stop his last translation [h.y. i Landaf] and how that my certificate and my friends quitted him of that imputation and so made him prevail.'[96] Bu i gefnogaeth Wynn i Morgan yn 1601 ar ei drosglwyddiad i Lanelwy, meddai drachefn, sarnu ei enw da ymhlith ei gyd-uchelwyr: 'for the which both they and I were worse thought of by those we have good cause highly to respect'.[97] Cyfeiriodd John Whitgift at y gwrthdystiadau yn erbyn Morgan mewn llythyr at Cecil ym Mehefin 1601 ond, yr un pryd, ffafriodd y gefnogaeth frwd a gafodd. Yr oedd yn ymwybodol o'r cynllwynio yn ei erbyn ond credai ei fod yn 'man of integrity, gravity and great learning' a thystiodd iddo gael atebiad i hynny 'both from the best of that country where he now remains and of that also where he wished him to be placed that he never received of any man'.[98]

Yn ychwanegol at wrthdaro personol canfu Morgan ei hun hefyd mewn trafferthion ariannol. Y mae ei dystiolaeth ei hun, ynghyd â sylwadau a wnaeth Syr John Wynn, yn dangos yn eglur ei fod yn llwm iawn ei amgylchiadau. Bu i'w symudiad i Lanelwy yn 1601, meddid, roi pwysau mawr arno.[99] Ar ei ddyfodiad i Landaf yn 1595 apeliodd, fel y gwnaeth llawer o'i gyfoedion, am gael adfer meddiannau tymhorol yr esgobaeth 'for the revenue is very small and the charge very great'.[100] Chwenychwyd esgobaeth Llanelwy gan y Dr Griffith Lewis, prebendari Westminster (1577–1607), caplan y frenhines a deon Caerloyw (1594–1607), a geisiai sicrhau cefnogaeth Cecil gan ei fod yn frodor o sir Ddinbych;[101] ond pan ddeallodd fod Whitgift a Cecil yn cefnogi Morgan teimlodd y carai gael ei ystyried ar gyfer esgobaeth Llandaf, 'that poor and small seat' chwedl yntau. Ymhellach, wedi iddi glywed am symudiad Morgan i Lanelwy, adnewyddodd Anne Herbert o'r Brodordy yng Nghaerdydd ei bwriad i hybu cais rhyw Dr Williams i Landaf, ond aflwyddiannus fu ei hachos.[102] A barnu oddi wrth dystiolaeth y Dr Gabriel Goodman, deon Westminster, cyfaill a chefnogwr brwd i Morgan, yr oedd ei ddyrchafiad yn sicr. Tystiodd i gymhwyster Morgan mewn llythyr at Cecil gan gyfeirio, yr un pryd, braidd yn ddirmygus, at farwolaeth William Hughes, esgob Llanelwy:

> Almighty God, having called my Lord Bishop of St Asaph (I hope) to his mercy, my Lord Bishop of Llandaff is made known to be the most sufficient man in that country both for his learning, government and honesty of life, and hath also best deserved of our country for the great pains and charges in translating of the Bible into our vulgar tongue with such sufficiency as deserveth great commendation and reward.[103]

Nid oedd gan Francis Godwin, olynydd Morgan yn Llandaf, ond y gair gorau i'w ddweud amdano: 'irrita eius industria me ad annitendum excitavit' – sy'n awgrymu'n gryf fod yr esgob duwiol wedi cael cryn argraff arno er i'w ymdrechion fod yn aneffeithiol.[104] Ymddengys fod ei ymarweddiad disgybledig yn esiampl i bawb, ond parhaodd i lynu wrth y buddiannau a fwynhawyd gan ei gyd-glerigwyr yn yr eglwys. Cadwodd iddo'i hun fywoliaeth Llanfyllin hyd at 1601 a gorfu iddo gydnabod bod yr esgobaeth yn llygredig a thlawd. Sut bynnag, er gwaethaf y cynnydd bygythiol mewn reciwsantiaeth ym mlynyddoedd olaf y ganrif nid oes amheuaeth fod Morgan ymhlith y gorau y gallai Eglwys Elisabeth ei gynnig y pryd hwnnw i gynnal ei hurddas a'i hygrededd.

* * *

I gloi: ceisiodd esgobion y Diwygiad Protestannaidd yn Llandaf wedi 1559 addasu fframwaith eglwysig a oedd yn ei hanfod yn geidwadol i ateb gofynion y ffydd Brotestannaidd newydd. Llesteiriwyd eu dyletswyddau gan annigonolrwydd mewn sawl cyfeiriad. Yr oedd y fframwaith hynafol yn gwegian, a'i sefydliadau'n farwaidd a than awdurdod cymhlethdod o gyfreithiau. Wynebodd yr esgobion y dasg enfawr o greu Eglwys ddiwygiedig fwy deinamig a choeth, trwy sefydlu offeiriadaeth Brotestannaidd, dysgu athrawiaeth Anglicanaidd, cyfyngu ar ddylanwad Catholigion ac, yn fwy na dim, gwneud yr Eglwys yn symbol o undod organig yn y deyrnas.

Erbyn y cyfnod yr oedd y llywodraeth a'r Eglwys yn barod i wrthsefyll pŵerau crefyddol ceidwadol yr oedd y gwrthwynebiad iddi wedi tyfu i fod yn fwy ymosodgar ac yn ehangach. Yn sicr, yr oedd angen gweinidogaeth bregethu fwy effeithiol i ddyfnhau ysbrydolrwydd a theyrngarwch ymhlith y werin bobl, dadl a gyflwynwyd yn gryf iawn gan John Penry, yr ymwahanwr ffyrnig, yn yr 1580au diweddar. Fe ymddengys fod pryder Penry ynglŷn â newid y strwythur eglwysig a'i feirniadaeth ddidostur ar yr esgobyddiaeth, wedi cymylu dipyn ar yr hyn a gyflawnwyd gan esgobion Llandaf.[105] Yr oedd William Morgan, fel y tystiodd ef ei hun, yn hollol ymwybodol o'r angen am weinidogaeth bregethu effeithiol a chwbl ddiogel. Y mae'n bosibl fod ei sêl wedi sbarduno Edward James i ymroi i'w lafur gwerthfawr o gyflwyno'r homilïau i iaith y bobl oherwydd, yn ei ragarweiniad, sylwodd ar yr union ystyriaeth honno: 'Fel y gallai y rhai ni chlywant lafar pregethwr ond yn ambell . . . am fod pregethwyr mor anaml ynddi ni ewyllysiodd Duw i ni gael neb o'r Homiliau hyn na'r fath eraill yn yr iaith Gymraeg hyd yr amser hyn.'[106] Yn ddiamau, gorliwiodd ymosodiadau deifiol John Penry y gwendidau yn arweinyddiaeth a sefyllfa'r Eglwys yn bennaf am resymau gwleidyddol. Y mae angen rhoi mwy o ganmoliaeth i esgobion Llandaf mewn cyfnod pan oedd eu beirniad llymaf yn eu hystyried yn ddim mwy, fel y dywed Penry, na gormeswyr hunanol a thrachwantus: '[they who] feed themselves [and] eat of the fat and clothe [themselves] in the wool but . . . feed not the flock'.[107] Ni ellid sefydlu Eglwys Crist ar y ddaear yn ei wlad frodorol, meddai drachefn, nes byddai'r esgobion wedi eu claddu yn uffern o ble y daethant. Yn ei farn ef hwy oedd y rhai a wrthsafai'n erbyn diwygiad, y genhedlaeth aflan, y cigyddion a llindagwyr eneidiau ei annwyl gyd-Gymry.[108] Geiriau llym a ffiaidd yn wir wedi'u hanelu at ddinoethi annuwioldeb yn ei ffurf fwyaf eithafol yn y drefn eglwysig. Beth bynnag oedd ei gwendidau, ni ddylai condemniad llwyr o swydd esgob, fodd bynnag, dynnu sylw'r hanesydd oddi wrth werth y cyflawniadau unigol. Pa mor feirniadol, tybed, fyddai sylwadau Penry pe byddent wedi cael eu mynegi yn y tymor byr pan oedd Morgan yn Llandaf? O gofio'i brif gymhelliad i ddifa'r ardrefniant crefyddol fel y safai ar y pryd a'i safle ef ei hun yn y mudiad Piwritanaidd, go brin y byddai achosion unigol yn ei rwystro rhag parhau â'i ymgyrch. I Penry, safai'r achos moesol uwchlaw pob un arall; yn ei farn ef ni fyddai swyddogaeth gwŷr duwiol yn lleihau'r angen am ddiwygio radicalaidd.

Ymhellach, pa nodweddion a reolodd ac a osododd amodau ar weithgarwch esgobion Llandaf yn y cyfnod tyngedfennol hwn, a beth a gyflawnwyd ganddynt? Yn y lle cyntaf y mae'n rhaid cydnabod eu bod yn gynrychiolwyr eu cenhedlaeth a'r gyfundrefn a etifeddwyd ganddynt. Achoswyd eu prif anawsterau oherwydd y cysylltiad â sefydliad a oedd, dros y canrifoedd, wedi dioddef o'r ymelwa niweidiol a'r tanseilio a fu arni. Er prinned y rhinweddau a feddai Anthony Kitchin fe'i beirniadwyd oherwydd y troeon gwael a wnaeth â'r Eglwys. Y tebyg yw nad oedd yn waeth na'i gyfoedion: yr oedd William Bleddyn, er enghraifft, un o'i olynwyr mwyaf parchus, yn euog o gamweithredu ac amddifadu'r Eglwys o'i heiddo. Mewn cenedlaethau gwahanol yr oedd Kitchin a Bleddyn, mewn gwirionedd, yn ebyrth i'w hoes ac fe'u caethiw-wyd ganddi. Er cymaint oedd teyrngarwch Bleddyn i'r Eglwys Brotestannaidd, darparodd yn hael ar gyfer ei blant, a gwerthodd ac estroneiddiodd diroedd eglwysig i'r graddau fel y credwyd iddo wneud mwy o niwed i'r Eglwys nag a wnaeth Kitchin. Dyna'r farn hefyd a fynegodd Francis Godwin yn ei

Catalogue of the Bishops of Welsh Sees, lle y cyfeiriodd at Kitchin fel esgob a brofodd yr holl newidiadau tymhestlog ond heb fod yn gyfan gwbl ar fai am achosi tlodi pan ystyrir bod rhai is eu gradd nag ef yn yr Eglwys lawn mor rheibus.[109]

Trwy ddefnyddio pa adnoddau bynnag a feddent cyfrannodd esgobion Llandaf, erbyn diwedd y ganrif, yn arbennig tuag at ail-lunio'r Eglwys. Aeth William Bleddyn rhagddo i'r gyfraith i amddiffyn ei buddiannau.[110] Mewn cywydd aeth Dafydd Benwyn, bardd amlwg ym Morgannwg, ati i geisio cymod rhwng yr esgob a Syr William Herbert o Sain Silian yn sir Fynwy, a hynny, y mae'n debyg, o ganlyniad i ddadl rhyngddynt ynglŷn ag eiddo.[111] Mynegodd y bardd bryder mawr am fod dau deulu bonheddig ar fin torri eu cyfeillgarwch mewn amser pan oedd cynnal undod a chytgord yn angenrheidiol er eu lles eu hunain a'u cymdeithas.

Ffactor arall, a oedd yn fwy calonogol, oedd y gwelliant graddol yn ansawdd yr offeiriadaeth. Parhaodd yr amgylchiadau truenus mewn sawl un o'r plwyfi mwyaf diarffordd, y mae'n wir, ond ceir tystiolaeth sy'n awgrymu bod safonau'n graddol wella.[112] Trwyddedwyd nifer gynyddol o offeiriaid graddedig i bregethu, a dangosodd y clerigwyr mwyaf goleuedig eu talentau diwylliannol. Y mwyaf nodedig, yn ddiau, oedd William Evans, canghellor yr esgobaeth am ddeugain mlynedd a chanon a thrysorydd y gadeirlan o 1558 hyd at ei farwolaeth yn 1589.[113] Yr oedd yr yswain clerigol hwn lawn mor fentrus ac uchelgeisiol ag unrhyw un ymhlith ei gyfoedion yn yr Eglwys, ac yr oedd ef yn rhannol gyfrifol am gyflwr adfeiliedig adeiladau'r gadeirlan. Yr oedd yn nodedig hefyd fel gweinyddwr a noddwr beirdd a gynhaliai letygarwch cyson yn Llandaf. Pe byddai wedi byw yn hwy byddai ef a William Morgan yn sicr o fod wedi mwynhau cwmni ei gilydd. Daeth y llys esgobol ym Matharn, yn amser Hugh Jones, Bleddyn a Morgan, i fod yn ganolfan letygar a theilwng. Er nad ymddangosai fod nawdd Hugh Jones i'r beirdd mor nodedig â'r hyn a gynigiodd ei olynwyr, eto fe'i hedmygwyd yn fawr gan Ddafydd Benwyn mewn cerdd lle yr ystyriwyd ef yn arweinydd eglwysig cywir a chymeradwy:

> llyna avrwalch llen araf
> llawn dysg yw esgob llan daf;
> dyn ydiw di wann adail
> Di ofer gamp, dyfrig ail.[114]

Yng ngolwg y bardd, rhoddodd y cysylltiad â Dyfrig, yn ôl traddodiad sylfaenydd yr esgobaeth, safle urddasol i Hugh Jones yn ei dalaith.

Adlewyrchai cysylltiadau Cymreig y rhan fwyaf o esgobion Llandaf bolisi ymwybodol i roi i Gymru benaethiaid eglwysig a chanddynt berthynas agos â'u pobl eu hunain. I'r graddau hynny hwyluswyd cwrs datblygiad y Diwygiad Protestannaidd ac ehangwyd ei ddylanwad trwy'r gofal a weithredwyd gan arweinwyr a oedd yn trigo yn yr esgobaeth ac yn ymroddedig i'w gorchwylion. Fe'u cymhellwyd i greu traddodiad crefyddol newydd seiliedig ar deyrngarwch ac unffurfiaeth mewn ffydd a gweithred. Yr amcan yn y wladwriaeth genedlaethol newydd oedd i sefydlu cadarnle Protestannaidd a allai wrthsefyll rhwygiadau mewnol a bygythiadau allanol. Gwthiwyd y genedl wleidyddol tuag at unffurfiaeth yn hytrach na chael ei gorfodi i wrthwynebu'n ystyfnig. Yn ei hanfod, cysylltwyd yr ardrefniant crefyddol ag awdurdod ac ufudd-dod; yn ganolog i'r cysyniad o undod organig rhoddwyd parch i safle a swyddogaeth y Goron, cyfle iddi weithredu ei hawdurdod, a rhyddid i ddatblygu ffurfioldeb a phrosesu dylanwad a nawddogaeth yr Eglwys Brotestannaidd. Nodweddion sylfaenol o'r fath a luniodd y cyflawniad Anglicanaidd. Yn ail hanner yr unfed ganrif ar bymtheg ystyriwyd trefn, ufudd-dod a chydweithredu yn brif golofnau teyrnas gyfiawn ei llywodraeth wedi'i sancsiynu gan ewyllys ddwyfol. Gyda'r fath egwyddorion cyffredinol mewn golwg chwiliodd y llywodraeth am y dulliau mwyaf addas i sicrhau bod ffiniau gorllewinol y deyrnas yn cydnabod ei hawdurdod. Yr oedd penodi esgobion Cymreig yn ddiau yn benderfyniad hanfodol ac, ynghyd â chyfieithu'r ysgrythurau, ymhen amser daeth Protestaniaeth i fod yn fwy derbyniol i bobl Cymru nag a fyddai pe bai amgylchiadau'n wahanol.[115]

Beth felly oedd cyfraniad esgobion Llandaf yn ystod teyrnasiad Elisabeth i sefydlu'r ardrefniant Protestannaidd, a pha mor gryf oedd y ffydd newydd yn yr esgobaeth wedi dyfod William Morgan iddi? A elwodd yr Eglwys o gwbl o gyflwyno pedwar esgob a oedd wedi'u hymrwymo i hybu'r ffydd newydd? Y mae'n rhaid mesur a dehongli eu cyfraniad mewn dwy ffordd, sef ystyried y dull a'r graddau y camddefnyddiwyd defodau eglwysig a'r rhan a gymerwyd ganddynt yn y broses honno. Hefyd, dylid gwerthuso eu swyddogaeth bendant yn ceisio gwella safonau ysbrydol yr offeiriaid a'r plwyfolion. Yn y cyd-destun hwnnw, mewn cyfnod pur bryderus, fe ymddengys mai William Bleddyn oedd y mwyaf cynrychioliadol wrth geisio dyrchafu enw da'r Eglwys dan y drefn newydd, er gwaethaf yr anawsterau. Fel y dengys ei yrfa, meddiannai'r rhinweddau arbennig hynny y byddai unrhyw esgob parchus yn awyddus i'w meithrin. Yn ei flynyddoedd olaf ymddangosodd yr ysgrythurau yn y Gymraeg a beirniadaeth lem John Penry – dau ddull hollol wahanol o geisio hybu diwygio yn yr Eglwys a'r ddau ddull, o wahanol safbwyntiau, yn cyflwyno her am fod y Beibl yn arwydd o'r angen i ddyfnhau ysbrydolrwydd trwy gyhoeddi'r efengyl. Pwysleisiodd Penry hefyd yr angen i hyrwyddo'r Gair, gan roi pwyslais cydradd ar ddiwygio'r Eglwys o ran ei fframwaith a'i disgyblaeth. Ni allai Bleddyn fyth gystadlu â'i gyd-esgobion William Hughes a Marmaduke Middleton y bu i'w camweithredoedd, yn ddiau, ysgogi Penry i gystwyo'r sefydliad a wasanaethent. Yr oedd parch Bleddyn tuag at yr Eglwys a'i hegwyddorion yn fwy cywir na hynny a'i ymarweddiad yn fwy graslon.

Y mae'n rhaid ystyried cyfraniad esgobion Llandaf, ac eithrio Gervase Babington, yng nghyd-destun yr hunaniaeth ddiwylliannol y perthynent iddi. Yn ddiau, eu cefnogwyr mwyaf brwd oedd y beirdd proffesiynol, a chyrchodd llawer ohonynt i Landaf a Matharn i fwynhau lletygarwch hael a moethus. Ystyriwyd William Evans gan Ddafydd Benwyn yn 'Ifor Hael Llandaf', a chadwyd bardd teulu ganddo. Oddi mewn i'w gylch diwylliannol ceid Siôn Mawddwy, Meurig Dafydd, Tomos Brwynllys a Wiliam Dyfi. Yn ôl Sils ap Siôn, bardd o Forgannwg, llywyddodd y canghellor, ynghyd â William Lewis o'r Fan, ar gynulliad o feirdd yn Llandaf. Dyna, yn ôl pob sôn, yr eisteddfod gyntaf i'w chynnal ym Morgannwg. Cyhoeddwyd ei drigfan yn unfrydol yn 'llys i'r beirdd', yn 'llys i roi bwyd' ac yn 'galon diwylliant'.[116]

Yn nheyrnasiad Elisabeth sefydlwyd traddodiad newydd o benodi esgobion yn fwy o rengoedd canolig y gymdeithas yn hytrach nag o blith y bendefigaeth neu'r bonedd uwch. Mewn llawer cyfeiriad dangosodd y duedd honno ddirywiad yn statws cymdeithasol esgobion, a chafodd effeithiau niweidiol ar fywyd crefyddol yn y deyrnas yn gyffredinol pan ystyrir y byddai llai o gysylltiadau dylanwadol ganddynt i'w meithrin a llai o annibyniaeth economaidd i'w mwynhau. Yng Nghymru, sut bynnag, cafodd dyrchafiad Cymry i safleoedd esgobol effeithiau llesol yn aml. Yn ogystal â'u cysylltiadau diwylliannol a'u trigiannaeth dangosasant hefyd ymrwymiad cadarn i'w swyddi, a heriodd bob bygythiad a rhwystrau. Cyfunodd esgobion Cymru eu teyrngarwch i'r Goron Duduraidd â hoffter mawr o'u treftadaeth genedlaethol. Er gwaethaf canlyniadau'r demtasiwn i ysbeilio ac anrheithio ymdaflodd yr esgobion i'r frwydr i wrthsefyll yr hyn a ystyrient y rheswm sylfaenol am y gwendid a niweidiodd yr Eglwys, sef esgeulustod clerigol, dirywiad ysbrydol a phrinder offeiriadaeth bregethu. Baich ychwanegol oedd y trafferthion cyson a barai reciwsantiaid Catholigaidd i arweinwyr eglwysig, ac fe'u hystyrid yn gymaint o broblem wleidyddol ag yr oeddynt o broblem grefyddol. Cododd y gwendid sylfaenol yn yr Eglwys, fodd bynnag, o'i chyfansoddiad bregus y disgwylid i esgobion y ffydd newydd bwyso eu hawdurdod arno, a thrwy hynny osod conglfaen trefn eglwysig newydd a pharhaol. Erys y paradocs, sef bod arweinwyr eglwysig ar y naill law yn ymdrechu i osod sylfaen foesol gadarn ac, ar y llaw arall, yn ceisio ffafr a nawdd ymhlith y rheini is eu safle na hwy a fanteisiai ar yr hyn a oedd gan yr Eglwys i'w gynnig iddynt. Ni olygai rhoi cefnogaeth i achos crefyddol o angenrheidrwydd fod y defnydd a wnaed ohono i amcanion personol yn difa'r safle a roddwyd i'r sefydliad fel cadarnle yn y 'genedl wleidyddol'. Parhâi grym yn bennaf ym meddiant y tirfeddianwyr a lwyddasant i reoli'n ddeheuig ac ymdrin â'u materion eu hunain yn ogystal â chynnal eu teyrngarwch i'r wladwriaeth yr un pryd. Gwelodd William Bleddyn y cyfuniad mewn teyrngarwch mewn cyd-destun arall pan anerchodd y cabidwl yn Llandaf yn nyddiau cynnar ei esgobyddiaeth. Meddai'n hy ar yr achlysur hwnnw:

> But since this stormy ship your church has been entrusted to me of which you have chosen me the master, receive the necessary sails prepared for it . . . Then if you give your swelling sails to the whispering winds and are of good and unfailing mind you will navigate into harbour.[117]

Yn y geiriau dramatig hyn y cynghorodd Bleddyn uwch-offeiriadaeth ei gadeirlan. Ychydig a wyddai ar y pryd y byddai'r 'stormy ship', fel y galwai'r Eglwys, yn parhau dan fygythiad ac y byddai Godwin, un o'i olynwyr, yn cael ei orfodi yn 1603 i restru'n gyhoeddus y nodweddion mwyaf gwrthun a niweidiodd enw da ei esgobaeth.

Sut bynnag, er yr holl ofidiau a'r pryderon, cryfhaodd y ffydd Brotestannaidd ei gafael yn raddol ar draul y bygythiad Catholigaidd. Dangosodd hynny arwyddion fod arweinwyr yr hen ffydd yn araf golli gafael ac yn peidio â bod yn elynion llawn mor fygythiol ag y buont yn y blynyddoedd cyn hynny, er i olion y ffydd honno ddal ei gafael mewn rhai rhannau o'r esgobaeth am gryn amser eto i ddod. O fewn hanner canrif i farwolaeth Bleddyn y mae'n amlwg fod grym crefyddol arall ar fin cael effeithiau o fewn yr esgobaeth, grym a oedd, yng nghwrs yr ail ganrif ar bymtheg, i gael dylanwad llawer ehangach a phellgyrhaeddol na Chatholigiaeth yng Ngwent a Morgannwg ac, ymhen amser, yn natblygiad cenedlaethol Cymru.

Nodiadau

[1] Am y cefndir gw. Glanmor Williams, *Renewal and Reformation: Wales c.1415–1642* (Oxford, 1993), tt. 279–304; *idem* (gol.), *Glamorgan County History*, IV, *Early Modern Glamorgan* (Cardiff, 1974), tt. 223–39; *idem*, 'The Elizabethan settlement of religion in Wales and the Marches, 1559–60' yn *idem*, *Welsh Reformation Essays* (Cardiff, 1967), tt. 141–53; *idem*, 'Landlords in Wales: the Church' yn J. Thirsk (gol.), *The Agrarian History of England and Wales*, IV, *1500–1640* (Cambridge, 1967), tt. 381–95; L. Thomas, *The Reformation in the Old Diocese of Llandaff* (Cardiff, 1930), penodau 1–4, tt. 1–79.

[2] J. Caley (gol.), *Valor Ecclesiasticus Temp. Hen. VIII* (London, 1821), IV, tt. 345–78; Browne Willis, *A Survey of the Cathedral Church of Llandaff* (London, 1719), tt. 194–211; Glanmor Williams, 'The royal visitation of the diocese of Llandaff 1559', *CLlGC*, IV (1945–6), 189–97; M. Gray, 'The diocese of Llandaff in 1563', *Journal of Welsh Religious History*, II (1994), 31–95.

[3] Willis, *Survey of Llandaff*, t. 64; Thomas, *Old Diocese of Llandaff*, tt. 80–112. Am gefndir a gyrfa Kitchin gw. *ODNB*, 31, tt. 836–7; J. le Neve (gol.), *Fasti Ecclesiae Anglicanae*, 3 cyfrol, II (Oxford, 1854), t. 251; A. Wood, *Athenae Oxonienses*, 4 cyfrol, gol. P. Bliss, (London, 1813–20), II, tt. 796–7.

[4] *Calendar of State Papers Venetian, 1558–80*, XCI, t. 117; *Calendar of State Papers Spanish, 1558–67*, XLVI. t. 86; *Calendar of State Papers Rome, 1558–71*, CXXXI, t. 64.

[5] *Calendar of State Papers Spanish, 1558–67*, XLVI, t. 86; Williams, *Welsh Reformation Essays*, t. 149.

[6] Thomas, *Old Diocese of Llandaff*, tt. 117–18; LlB Llsgr. Harleian 7049 f. 288; E. Owen (gol.), *A Catalogue of the Manuscripts Relating to Wales in the British Museum* (London, 1903), II, t. 514; Willis, *Survey of Llandaff*, tt. 194–211; J. Strype, *The Life and Acts of Matthew Parker* (London, 1711), tt. 128–9; T. J. Prichard, 'The Reformation in the deanery of Llandaff: a study of changes in its personnel, 1534–1609', *Morgannwg*, XIII (1969), 38–42.

[7] Strype, *Life and Acts of Matthew Parker*, t. 203.

[8] E. T. Davies, *A History of the Parish of Mathern* (Chepstow, 1950), tt. 26–8.

[9] Strype, *Life and Acts of Matthew Parker*, t. 148.

[10] Statud 5 Elisabeth I c.28, I. Bowen (gol.), *The Statutes of Wales* (London, 1908), tt. 149–51.

[11] W. de Gray Birch, *Memorials of the See and Cathedral of Llandaff* (Neath, 1912), tt. 306–11.

[12] Ibid., t. 361. Am arolwg o'r cefndir gw. T. B. Pugh (gol.), *Glamorgan County History*, III, *The Middle Ages* (Cardiff, 1971), tt. 87–106; D. Walker, 'The medieval bishops of Llandaff', *Morgannwg*, VI (1962), 15–32.

[13] F. Godwin, *A Catalogue of the Bishops of England* (London, 1615), t. 533; Davies, *History of Mathern*, tt. 16–18.

[14] J. A. Bradney, *A History of Monmouthshire* (London, 1904–33), IV, rhan I, t. 64. Am astudiaeth amddiffynnol o yrfa Kitchin yn Llandaf gw. M. Gray, 'The cloister and the hearth: Anthony Kitchin and Hugh Jones, two Reformation bishops of Llandaff', *Journal of Welsh Religious History*, III (1995), 15–23. Gw. hefyd J. D. Evans, 'Kitchin's Return (1563)', *Gwent Local History*, rhif 67 (1989), 14–15.

[15] Strype, *Life and Acts of Matthew Parker*, t. 203.

[16] Ibid.

[17] Thomas, *Old Diocese of Llandaff*, tt. 123–31; Willis, *Survey of Llandaff*, t. 65; *CSPD, 1547–80*, XXXIX, t. 272.

[18] LlB Llsgr. Lansdowne 8 f. 193; Owen, *Catalogue of Manuscripts*, I, t. 44; Gray, 'The cloister and the hearth', 23–9; *Fasti Ecclesiae Anglicanae*, II, tt. 251–2. Yng Nghymru, yr esgob Cymraeg cyntaf yng nghyfnod cynnar y Diwygiad Protestannaidd oedd Arthur Bulkeley, brodor o Fiwmares, ac esgob Bangor (1541–52/3). N. M. W. Powell, 'Arthur Bulkeley, Reformation Bishop of Bangor, 1541–1552–3', *Journal of Welsh Religious History*, 3 (cyfres newydd 2003), 23–52.

[19] LlB Llsgr. Lansdowne, ff. 195, 199, 202. Gweler hefyd AC, 4edd gyfres, VIII (1877), 71–2.

[20] Strype, *Life and Acts of Matthew Parker*, t. 203; le Neve, *Fasti Ecclesiae Anglicanae*, tt. 251–2; AC, VIII (cyfres 4), 1877, 71; Willis, *Survey of Llandaff*, t. 65; Penry Williams, *The Council in the Marches of Wales under Elizabeth I* (Cardiff, 1958), tt. 259–60; W. P. Griffith, 'William Hughes and the *Descensus* controversy of 1567', *BBGC*, XXXIV (1987), 185–99; J. G. Jones, 'Thomas Davies and William Hughes: two Reformation bishops of St Asaph', *BBGC*, XXIX (1981), 330–1; D. R. Thomas, 'A discoverie of the present estate of the Byshoppricke of St Asaphe', *AC*, 5ed gyfres, I (1884), 53–8. Yn y ddogfen honno ceir y disgrifiad canlynol o Hughes: 'He . . . nev'r kept house in all his life, and is an unfitt man for that place and callinge'. Gw. pennod II, t. 61.

[21] Strype, *Life and Acts of Matthew Parker*, t. 203.

[22] R. Flenley (gol.), *A Calendar of the Register of the Queen's Majesty's Council in the Dominions and Principality of Wales and the Marches of the Same*, 1569–91 (London, 1916), tt. 58–9; J. Strype, *Annals of the Reformation* (London, 1725–8), II, Atodiad XXXII, t. 203.

[23] D. Mathew, 'Further Elizabethan documents', *BBGC*, VI, rhan 2 1933, 162–3; Glanmor Williams, *Wales and the Reformation* (Cardiff, 1997), t. 232; *idem*, 'The Stradling family' yn R. Denning (gol.), *St Donat's Castle and Atlantic College* (Cowbridge, 1983), tt. 23–9; D. Williams, 'The miracle of St Donat's', *The Welsh Review*, VI, rhif 1 (1947), 33–8; R. A. Griffiths, 'The Stradlings of St Donat's', *Morgannwg*, VII (1963), 34–7.

[24] Thomas, *Old Diocese of Llandaff*, tt. 129–31; E. G. Jones, *Cymru a'r Hen Ffydd* (Caerdydd, 1951), t. 4.

[25] *CSPD*, *1547–80*, LXVI (29), t. 362.

[26] Ibid.

[27] Ibid., LXVI (26), t. 362.

[28] Ibid., *1547–80*, LXVI (29), t. 362.

[29] Ibid., XLIV (27), t. 301; D. Mathew, 'Some Elizabethan documents', *BBGC*, VI, rhan 1, 1933, 78.

[30] L. J. Hopkin James a C. Evans (goln), *Hen Gwndidau, Carolau a Chywyddau* (Bangor, 1910), tt. 33, 40. Gw. hefyd Glanmor Williams, 'Yr hanesydd a'r canu rhydd cynnar' yn *idem*, *Grym Tafodau Tân: Ysgrifau Hanesyddol ar Grefydd a Diwylliant* (Llandysul, 1984), tt. 140–63.

[31] *Hen Gwndidau*, t. 188.

[32] Am gefndir pellach gw. Glanmor Williams, *The Welsh Church from Conquest to Reformation* (Cardiff, 1962), t. 521 ymlaen.

[33] *APC*, XIII, *1581–2*, t. 428.

[34] Ibid.

[35] Archifdy Morgannwg, Gaol Files, 19 Elisabeth I 1576 (Ionawr).

[36] *CSPD*, *1581–90*, CXCVII (rhif 44), t. 383; HMC, *Report on the Manuscripts of Wells Cathedral*, II (London, 1885), t. 249. Am y cefndir crefyddol yn ôl tystiolaeth esgobion gw. M. Bateson, 'Original letters from the bishops to the Privy Council 1564', *Camden Miscellany*, IX (*Camden Society*, 1895), tt. 11–23; Thomas, *Old Diocese of Llandaff*, t. 156.

[37] *APC*, VIII, *1571–5*, t. 140.

[38] *ODNB*, 6, tt.199–200; Bradney, *Monmouthshire*, IV, rhan I, t. 66; Strype, *Life and Acts of Matthew Parker*, IV, t. 491; Thomas, *Old Diocese of Llandaff*, tt. 132–6; Willis, *Survey of Llandaff*, tt. 65–6; *Fasti Ecclesiae Anglicanae*, II, t. 252.

[39] Bradney, *Monmouthshire*, IV, rhan II, t. 151.

[40] Gw. cywyddau mawl Dafydd Benwyn iddo ef a'i deulu. Coleg Iesu, Rhydychen, Llsgr. 13.21a, 75b, 112a. Gw. hefyd D. H. Evans, 'The Life and Work of Dafydd Benwyn' (Traethawd D. Phil., Prifysgol Rhydychen, 1982), II, CC–CCIII, tt. 503–9.

[41] Strype, *Life and Acts of Matthew Parker*, IV, t. 491.

[42] Ibid., t. 148.

[43] Ibid.

[44] Ibid.

[45] Willis, *Survey of Llandaff*, tt. 66, 85.

[46] J. M. Traherne (gol.), *Stradling Correspondence* (London, 1840), CCXVII, tt. 276–8, CCXX, t. 280, CCXXII, tt. 282–3. Gw. C. W. Lewis, 'Syr Edward Stradling (1529–1609), y "marchog disgleirlathr" o Sain Dunwyd' yn J. E. Caerwyn Williams (gol.), *Ysgrifau Beirniadol*, XIX (Dinbych, 1993), t. 167 ymlaen.

[47] Bradney, *Monmouthshire*, IV(i), t. 66. Canodd Dafydd Benwyn ei marwnad yn 1589. LlSC. Llsgr. 2.277,52. Gw. Evans, 'Life and Work of Dafydd Benwyn', II, CCIV, tt. 510–11.

[48] *Idem*, 'The speech of William Blethin, bishop of Llandaff, and the customs and ordinances of the church of Llandaff', *Y Cymmrodor*, XXXI (1921), 257–8; Traherne, *Stradling Correspondence*, LXXII, tt. 84–5.

[49] *CSPD, 1547–80*, LXVI, t. 362.

[50] Yn cynnwys ei neiaint a'i fab ei hun, Morgan Bleddyn. Yr oedd ei frawd Philemon yn ficer Caer-went, rheithor y Drenewydd Gelli-farch a chanon Warthacwm. Willis, *Survey of Llandaff*, t. 91–2; Prichard, 'Reformation in the deanery of Llandaff', 43.

[51] Traherne, *Stradling Correspondence*, LXXI, tt. 83–4; LXXIV, tt. 86–7; LXXVII, tt. 90–1; Glanmor Williams, 'The ecclesiastical history of Glamorgan (1527–1642)' yn *idem* (gol.), *Glamorgan County History*, IV, tt. 228–9.

[52] Traherne, *Stradling Correspondence*, LXXIV, tt. 86–7.

[53] Bradney, 'Speech of William Blethin', 258.

[54] *CSPD, 1547–1580*, CXVII (ii), t. 564; HMC, *Calendar of Salisbury Manuscripts* (Hatfield Collection), II (London, 1906), tt. 203–4.

[55] *CSPD, 1547–80*, CXXII (31), t. 583.

[56] Ibid.

[57] Penry Williams, *The Council in the Marches of Wales under Elizabeth I* (Cardiff, 1958), tt. 88–9, 93.

[58] Thomas, *Old Diocese of Llandaff*, tt. 150–2.

[59] LlB Llsgr. Harleian 280 f. 163B.

[60] *CSPD, 1547–80*, CXXIX (30), t. 617; Prichard, 'Reformation in. the deanery of Llandaff', 28–30.

[61] *CSPD, 1581–90*, CLXXIV, t. 212.

[62] Gray Birch, *Memorials of Llandaff*, t. 364; *Fasti Ecclesiae Anglicanae*, II, t. 252; Willis, *Survey of Llandaff*, t. 66.

[63] Rhys Meurig (Merrick), *Morganiae Archaiographia*, gol. B. Ll. James (Barry, 1983), t. 94.

[64] J. H. Matthews (gol.), *Cardiff Records* (Cardiff, 1898–1911), V, t. 8.

[65] Ibid., tt. 2, 10.

[66] Ibid., tt. 105, 110–11, 113, 116.

[67] Williams, *Council in the Marches*, tt. 98–9.

[68] Ibid.

[69] HMC *Salisbury MSS*, XI, tt. 460, 498; XIII, tt. 673, 680; XV, t. 17.

[70] Ibid., XI, t. 460; Jones, *Cymru a'r Hen Ffydd*, tt. 34–5.

71 Strype, *Annals*, III, t. 171.

72 R. G. Gruffydd, 'Bishop Francis Godwin's injunctions for the diocese of Llandaff, 1603', *JHSChW*, IX (1954), 17.

73 Glanmor Williams, 'Bishop William Morgan and the First Welsh Bible' yn *idem*, *The Welsh and their Religion* (Cardiff, 1991), tt. 187–90; Willis, *Survey of Llandaff*, tt. 66–7; J. Strype, *The Life and Acts of John Whitgift* (London, 1718), XIX, t. 487; *CSPD*, *1595–7*, CCLI, t. 14.

74 HMC *Salisbury MSS*, V, t. 18.

75 J. G. Jones (gol.), *The History of the Gwydir Family and Memoirs* (Llandysul, 1990), t. 63.

76 *Idem*, 'Bishop William Morgan's dispute with John Wynn of Gwydir in 1603–4', *JHSChW*, XXVII (1972), 71–2.

77 Ibid., 72.

78 Ibid., 74.

79 HMC *Salisbury MSS*, X, t. 430.

80 Gruffydd, 'Bishop Francis Godwin', 19.

81 J. G. Jones, 'Bishop William Morgan's dispute', 49–66; R. G. Gruffydd, 'William Morgan' yn G. Bowen (gol.), *Y Traddodiad Rhyddiaith* (Llandysul, 1970), tt. 156–60.

82 Ibid.

83 Glanmor Williams, 'Edward James a Llyfr yr Homilïau' yn *idem*, *Grym Tafodau Tân*, tt. 180–98.

84 '. . . vtrique SS. Bibliorum interpreti Br. indignus fui administer'; J. Davies, *Antiquae Linguae Britannicae . . . Rudimenta* (London, 1621), Praefatio, d.2; C. Davies (gol.), *Rhagymadroddion a Chyflwyniadau Lladin, 1551–1632* (Caerdydd, 1980), t. 121; *idem*, *John Davies o Fallwyd* (Caernarfon, 2001), tt. 35–42. Gw. hefyd *idem* (gol.), *Dr John Davies of Mallwyd: Welsh Renaissance Scholar* (Cardiff, 2004).

85 LlGC, Llsgr. 14529E.

86 LlGC, Llsgr. 5269B, 417.

87 J. Davies, *Antiquae Linguae Britannicae et Linguae Latinae Dictionarium Duplex* (London, 1632), Praefatio, [i]; Davies, *Rhagymadroddion a Chyflwyniadau Lladin*, t. 127.

88 Rh. Ff. Roberts, 'Y Dr John Davies o Fallwyd', *LlC*, II (1952), 24–7.

89 LlGC, Llsgr. 13181B.

90 W. Ll. Davies, 'Welsh metrical versions of the Psalms', *Journal of the Welsh Bibliographical Society*, II (1923), 287.

91 LlGC Llsgr. Llanstephan 30.85 (Siôn Mawddwy); R. G. Gruffydd (gol.), *'Y Beibl a droes i'w bobl draw': William Morgan yn 1588* (Llundain, 1988), tt. 51–61.

92 Gruffydd, *William Morgan yn 1588*, tt. 55–6.

93 Gw. pennod IV am astudiaeth lawnach o Forgan yn ei swydd fel esgob, tt. 142–59.

94 HMC *Salisbury MSS*, X, t. 430.

[95] LlGC Llsgr. 9052E.220.

[96] J. G. Jones, 'Bishop William Morgan's dispute', 72.

[97] Ibid.

[98] HMC *Salisbury MSS*, XI, t. 232.

[99] J. G. Jones, 'Bishop William Morgan's dispute', 72.

[100] HMC *Salisbury MSS*, V, tt. 290–1.

[101] Ibid., XI, tt. 20–1; J. le Neve, *Fasti Ecclesiae Anglicanae*, I, t. 443; III, tt. 354–5.

[102] HMC *Salisbury MSS*, V, t. 251.

[103] Ibid., XIV, t. 144. Gw. hefyd XI, t.153; Strype, *Life and Acts of John Whitgift*, XXVIII, t. 553.

[104] 'Bu i'w ymdrechion aneffeithiol fy nghyffroi i ymegnïo mwy' yw'r cyfieithiad llythrennol. C. Ashton, *Bywyd ac Amserau yr Esgob Morgan* (Treherbert, 1891), t. 193.

[105] J. Penry, *Three Treatises Concerning Wales*, gol. D. Williams (Cardiff. 1960), rhagarweiniad, xii–xxi; Strype, *Life and Acts of John Whitgift*, t. 295.

[106] E. James, *Pregethau a osodwyd allan . . . i'w darllein ymhob Eglwys blwyf* (Llundain, 1606), [ii–iii].

[107] Penry, *Three Treatises*, t. 65.

[108] Ibid.

[109] Godwin, *Catalogue of the Bishops*, t. 533; Davies, *History of Mathern*, tt. 26–7.

[110] I. ab O. Edwards (gol.), *Star Chamber Proceedings Concerning Wales* (Cardiff, 1929), tt. 102, 108, 114.

[111] Coleg Iesu Rhydychen, Llsgr. 13.75b; J. K. Fletcher, *The Gwentian Poems of Dafydd Benwyn* (Cardiff, 1909), tt. 48–51. Am holl gerddi Dafydd Benwyn i Syr William Herbert gw. 'Life and Work of Dafydd Benwyn', II, CXCII, tt. 480–2; CXCIII, tt. 483–4; CXCIV, tt. 486–8; CXCV, tt. 489–90.

[112] Prichard, 'Reformation in the deanery of Llandaff', 5–46.

[113] Willis, *Survey of Llandaff*, tt. 196, 198, 207; Thomas, *Old Diocese of Llandaff*, tt. 119, 134 ymlaen; G. J. Williams, *Traddodiad Llenyddol Morgannwg* (Caerdydd. 1948), tt. 88–9; *Glamorgan County History*, IV, tt. 546–7, 549.

[114] Bradney, *Monmouthshire*, IV(i), t. 64.

[115] P. Williams, *The Tudor Regime* (Oxford, 1981), tt. 264–9; Williams, *Wales and the Reformation*, tt. 397–401.

[116] G. J. Williams, *Traddodiad Llenyddol Morgannwg*, tt. 88–9; LlGC Llsgr. 13068.40a; C. W. Lewis, 'The literary history of Glamorgan from 1550 to 1770' yn Glanmor Williams (gol.), *Glamorgan County History*, IV, tt. 546–7, 549; Evans, 'Life and Work of Dafydd Benwyn', I, CXXXVI, t. 336.

[117] Bradney, 'Speech of William Blethin', 258. Am enghreifftiau o'r cynnyrch barddol i William Evans gw. LlGC Llsgr. Llanstephan 164, 92; LlSC, Llsgr. 2.277,16,183.

II

YR EGLWYS ANGLICANAIDD YNG NGHYMRU, 1559–1603

Sylfaenwyd hanes crefydd cyfnod y Diwygiad Protestannaidd yn Lloegr a Chymru ar dri digwyddiad o bwys, sef penderfyniad y Brenin Harri VIII, gyda chydweithrediad ei Senedd yn 1534, i'w ddyrchafu ei hun yn 'Oruchaf Bennaeth' ar yr Eglwys oddi mewn i'w deyrnas; esgyniad ei fab, Edward VI, a'r cyfnewidiadau athrawiaethol cyflym a ddilynodd hynny, ynghyd â chyhoeddi'r Llyfr Gweddi Gyffredin yn 1549 a 1552; a sefydlu Eglwys Anglicanaidd y Frenhines Elisabeth I a'i llywodraeth yn 1559 yn gymharol fuan wedi ei hesgyniad i'r orsedd. O fewn cwmpas y blynyddoedd 1534–59 profwyd tueddiadau cymdeithasol ac economaidd tra arwyddocaol yn hanes Lloegr a Chymru ac, yr un pryd, unwyd y ddwy wlad. Canlyniad hynny fu creu'r deyrnas sofran unedig a'r brenin yn bennaf awdurdod ar faterion ysbrydol a seciwlar. Amcan pennaf y ddeddfwriaeth yn y deyrnas honno oedd cynnal a chryfhau undod y wladwriaeth, yn rhannol trwy bwysleisio'r angen i lynu wrth ffurf ar grefydd a benderfynwyd ac a weithredwyd yn enw'r frenhiniaeth.

Yn groes i lif y dylanwadau crefyddol a gafwyd y pryd hwnnw, ym mlynyddoedd olaf Harri VIII, gosodwyd ar y deyrnas Eglwys a oedd yn Babyddol ei chyfansoddiad a'i hathrawiaeth ond a gydnabu'r brenin yn hytrach na'r Pab yn ben goruchaf arni. Cylchdroai'r syniad o awdurdod yn y byd eglwysig yng nghyfnod cynnar y Diwygiad Protestannaidd o amgylch y camau tyngedfennol a gymerodd Martin Luther o 1517 ymlaen i wrthod hawl y Pab i'w gondemnio ar faterion athrawiaethol. Yr adeg honno adfywiwyd rhai agweddau ar y gwahanol ddadleuon a barodd iddo herio grym cyfreithiol y Pab, ei *potestas jurisdictionis*, sef ei allu i weithredu fel prif farnwr eglwysig a chanddo'r hawl i fynnu bod ei farnedigaethau yn cael eu cydnabod yn llawn yn Lloegr. Meddiannai'r Eglwys ei llysoedd ei hun, a thrwyddynt, mewn achosion crefyddol, gellid apelio at yr archesgobion a'r Pab yn unig. Yn y llysoedd seciwlar, fodd bynnag, yr awdurdod brenhinol a ystyrid uchaf a therfynol. Yr hyn a wnaeth Harri VIII oedd gwladoli yr Eglwys yn Lloegr a chreu'r *Anglicana Ecclesia* fel y darostyngid pob awdurdod a fu gynt gan yr Eglwys ryngwladol yng ngwledydd Cred iddo ef bellach o fewn ffiniau ei *jurisdiction*, ei lywodraeth a'i awdurdod. Cyflawnodd hynny'n bennaf trwy dorri'r cysylltiadau arferol rhwng y llysoedd eglwysig yn Lloegr a Rhufain yn y Ddeddf Apeliadau yn 1533, a hefyd trwy gyfyngu ar hawl yr Eglwys i ddeddfu'r gyfraith ganon trwy osod y ddau Gonfocasiwn archesgobaethol yng Nghaer-gaint a Chaerefrog dan ei awdurdod gweinyddol, a daeth hynny i fod yn ymostyngiad ffurfiol y glerigaeth iddo yn 1532. Mynegwyd sylfaen y wladwriaeth Henricaidd yn eglur yn y rhagair i'r Ddeddf Apeliadau: 'Y mae teyrnas Lloegr yn Ymerodraeth,' meddid, o'i gyfieithu, 'ac fe'i llywodraethir gan un brenin a phennaeth goruchel . . . ac ynddi ceir corff y wladwriaeth . . . a rennir rhwng y byd ysbrydol a'r byd materol.'[1] Canlyniad hynny fu sefydlu gwladwriaeth genedlaethol sofran, yr *imperium* neu'r goruwchawdurdod lleyg – a ddeilliai gymaint o Dduw ag y gwnâi o awdurdod y Pab. Ystyr hynny yn hanes cyfansoddiad Lloegr y pryd hynny oedd gosod llywodraeth mewn un deyrnas gyflawn heb orfod plygu i unrhyw awdurdod daearol arall, pa mor uchel bynnag ydoedd, y tu allan iddi. Parodd y Diwygiad yng nghyfnod Harri, ynghyd â'r uchafiaeth frenhinol a grëid oblegid hynny, newid arwyddocaol yn sefydliad yr Eglwys yn Lloegr a'i throi'n Eglwys Loegr – yr *Anglicana Ecclesia* – ac ystyrir bod y pwyslais newydd hwnnw'n arwydd o newid sylfaenol yn y berthynas ag Eglwys y gorffennol. Rhoddwyd iddi awdurdod newydd ac undod dan y frenhiniaeth; mewn geiriau eraill, digwyddodd chwyldro cyfreithiol yn hytrach na chwyldro crefyddol.[2]

Bu'r ail ddigwyddiad mawr, sef llwyddiant y Diwygwyr Protestannaidd brwd o'r Cyfandir yng nghyfnod teyrnasiad Edward VI, yn gyfrwng i ddyfnhau dylanwad yr athrawiaethau pwerus newydd. Ceisiai ei dad, Harri, ddifa'r gwahaniaethau barn a geid yn yr Eglwys, ond ni allai ei ymdrechion, pa more nerthol bynnag oeddynt, atal llif y syniadau diwygiadol treiddgar rhag cael dylanwad enbyd ar yr ysgolheigion dyneiddiol yn yr Eglwys a'r prifysgolion. Dylifai

Lutheriaid a Chalfiniaid, ynghyd â dilynwyr Ulrich Zwingli, i Loegr o'r Cyfandir a cheid dadleuon manwl a thanbaid ar egwyddorion athrawiaethol a threfn eglwysig. Yn dilyn diddymu'r tai crefydd yn 1536 aethpwyd ati, dan lywodraeth Dug Somerset, yr Arglwydd Amddiffynnydd, i ddiddymu'r siantrïau a sefydliadau crefyddol yr urddau trefol rhwng 1547 a 1549, a meddiannwyd eu gwaddoliadau. Ymosodwyd hefyd ar greiriau a symbolau'r hen Eglwys Babyddol. Symudwyd ymlaen wedyn i weithredu'n fwy pendant a sylfaenol trwy ffurfio Llyfr Gwasanaeth i Eglwys Loegr, ac yn 1549 cyhoeddwyd Llyfr Gweddi cyntaf Thomas Cranmer, archesgob Caer-gaint, a nodweddwyd gan arddull Saesneg o'r radd flaenaf. Ei brif amcan oedd creu cyfaddawd rhwng y ddwy brif garfan grefyddol a pherthynai iddo naws geidwadol a chymedrol. Bu'n llawer llai anturus ei gynnwys na'r Ail Lyfr Gweddi, a ymddangosodd yn 1552, ac a dueddai'n gryf tuag at Brotestaniaeth Galfinaidd. Yn unol â datblygiadau ym myd crefydd ei ddydd, aeth Cranmer rhagddo i ddiwygio'r Llyfr Gweddi cyntaf, a'r canlyniad fu iddo ddiffinio athrawiaeth yn fwy manwl: defnyddiwyd y termau 'gweinidog' yn lle 'offeiriad' a 'bwrdd' yn lle 'allor', a gwrthodwyd athrawiaeth ganolog trawssylweddiad. Yn unol â'r Ddeddf Unffurfiaeth a ddaethai'n sgil yr Ail Lyfr Gweddi, gorfodwyd lleygwyr i ddilyn y ffurfwasanaeth newydd, a honno oedd yr ymgais gyntaf mewn cyfres o ddeddfau i roi pwysau ar y deiliad unigol i dderbyn a gweithredu'r dull o addoli a bennid ar ei gyfer gan y wladwriaeth. Yn 1553 cytunwyd ar y Ddwy Erthygl a Deugain a reolai athrawiaethau crefyddol. Fe'u hystyrid yn eang eu cynnwys a'u hapêl, er iddynt gondemnio gwendidau mwyaf difrifol yr Eglwys Babyddol: derbyniwyd egwyddor ewyllys rydd ac athrawiaeth sylfaenol Luther ar gyfiawnhad trwy ffydd, ac osgowyd diffinio 'gweithredoedd' yn y cyd-destun Pabyddol. Ymgais lew eto gan Cranmer oedd honno i ddilyn trywydd tueddiadau'r oes ond, yr un pryd, trawodd gywair cymod a chanfod *via media* mewn cymdeithas lle yr ystyrid crefydd ac athrawiaeth yn ffactorau o'r pwys mwyaf. Yn ychwanegol at awdurdod goruchaf y frenhiniaeth o safbwynt athrawiaeth, tueddai'r Eglwys, ar derfyn teyrnasiad byr Edward VI, i symud yn fwyfwy tuag at Brotestaniaeth gymedrol cysylltiedig â'r Cyfandir. Er grymused ymdrechion ei hanner-chwaer Mari Tudur, a'i dilynodd ar yr orsedd, i ailsefydlu Pabyddiaeth lawn fel y bu cyn 1529, parhaodd dylanwad y Brotestaniaeth a sefydlwyd yn gadarn eisoes, ac fe'i hamlygwyd unwaith eto mewn materion crefyddol a pholiticaidd ar esgyniad Elisabeth I i'r orsedd yn 1558.[3]

Y trydydd digwyddiad pwysfawr yn nhwf Protestaniaeth fu Ardrefniant Eglwysig y frenhines newydd, conglfaen crefydd gyfundrefnol y wladwriaeth. O ganlyniad, adferwyd yr *Anglicana Ecclesia* a sefydlwyd gan Harri VIII mewn cyfnod ansefydlog a heriol. Nid oedd ei hesgyniad hi i'r orsedd yn argoeli'n rhy dda i barhad llinach y Tuduriaid, a hynny oblegid diffygion llywodraethol sylfaenol, tlodi'r coffrau brenhinol a'r cysylltiadau simsan a bygythiol â gwledydd tramor; 'the realm disordered, all things dear,' cwynai'r Cyfrin Gyngor yn ffurfiol, 'the French bestriding the realm, one foot in Scotland and one foot in Calais; certain enemies and no certain friends.'[4] Ei phroblem gyntaf, fodd bynnag – o gofio am y cyfnewidiadau crefyddol dryslyd a gafwyd o fewn y deyrnas dros gyfnod o chwarter canrif cyn hynny – oedd rhoi trefn ar faterion crefydd, ffurfio fframwaith eglwysig a fyddai'n dderbyniol i'r mwyafrif cymedrol yn rhinwedd ei ehangder, a chysylltu'r fframwaith hwnnw â llywodraeth dda ac ymdeimlad o annibyniaeth genedlaethol. Trwy gyfrwng hynny gosodwyd sylfaen gadarn i Eglwys Anglicanaidd sefydlog er mai yn y blynyddoedd wedi tua 1570 y canfu'r Eglwys honno'r gallu i genhadu'n effeithiol, a hynny mewn gwlad geidwadol ei ffydd.[5] Yr oedd un peth yn sicr: ni ellid, ac ni fynnid, dychwelyd at yr hen ffydd yn ei chyflawnder, fel y dymunai Mari. Cawsai'r cenhadon Protestannaidd o'r Cyfandir effeithiau annileadwy erbyn hynny ar y meddylfryd crefyddol yn y deyrnas, yn arbennig yng nghanolfannau mwyaf poblog a'r sefydliadau addysgol yn y de-ddwyrain. Ni allai'r frenhines ar ei hesgyniad fwrw'i choelbren o blaid unrhyw eithafedd Pabyddol na Phrotestannaidd, a'i hunig gwrs rhesymol fyddai chwilio am gyfaddawd. Canfu ei thasg mewn cyd-destun gwleidyddol: iddi hi, lles a pharhad y genedl neu'r deyrnas sofran oedd bwysicaf, a meddai ar feddwl a chymhellion seciwlar. Yr oedd ei chefndir cythryblus wedi dysgu iddi sut i ddisgyblu ei theimladau, ac yr oedd ei deallusrwydd a'i chraffter cynhenid yn peri iddi ymwrthod â delfrydiaeth neu deimladau cryf ar faterion a allai droi'r fantol yn ei herbyn. Ei hamcan, meddai, ydoedd sicrhau ac uno ei deiliaid dan drefn unedig unffurf er gogoniant i Dduw a heddwch cyffredinol. O gofio am ei hamgylchiadau ar y pryd, a'r elyniaeth y gorfu iddi ei hwynebu y tebyg yw mai'r ateb hawsaf i'w phroblem fyddai derbyn Pabyddiaeth. Yn ddiamau, roedd trwch poblogaeth y deyrnas yn Babyddol o ran cred a gogwydd. Gwrthwynebwyd Mari gan lawer am iddi gysylltu ei ffydd yn bendant â buddiannau Sbaen ac awdurdod clerigol. Dan Elisabeth gellid bod wedi uno'r deyrnas pe byddai'r Pab yn barod i gydnabod cyfreithlonrwydd ei statws brenhinol. Ni feddai'r Protestaniaid ar unrhyw ymgeisydd cryf am y Goron, a byddai derbyn yr hen ffydd wedi rhoi terfyn ar elyniaeth Ffrainc a Sbaen. Er hynny, mynnai'r frenhines ymgymryd â chyfrifoldeb newydd yn rhinwedd y ffaith ei bod yn ferch i Anne Boleyn, symbol o'r rhwyg rhwng Harri VIII a'r Pab, a'r ffaith hefyd ei bod yn sylweddoli, mewn cyfnod pan sefydlwyd gwladwriaethau cenedlaethol ar gyfandir Ewrop, mor bwysig oedd gwarchod buddiannau'r deyrnas ynysol, hunangynhaliol a etifeddasai. Ar ben hynny, yr oedd hi hefyd yn ymwybodol o hawliau gwleidyddol brenhinoedd seciwlar a wrthodai dra-arglwyddiaeth y Fatican mewn materion aneglwysig.

Yn fuan wedi ei hesgyniad daeth yn amlwg i ba gyfeiriad y carai'r frenhines fynd. Cafwyd nifer o Brotestaniaid pybyr ymhlith ei chynghorwyr, ac ni chollodd 'bleiddiaid' Genefa a Frankfurt, fel y gelwid hwy, ddim amser cyn dychwelyd i Loegr i ledaenu eu hathrawiaethau eithafol. Oblegid ehangder ei meddwl ar faterion ysbrydol ni weinyddwyd yr offeren yn seremoni ei chysegru, a dirmygai'r frenhines fanylion defodol y ffurfwasanaeth Pabyddol. Pan gyfarfu Tŷ'r Cyffredin yn Ionawr 1559, cyflwynwyd rhaglen ger ei fron yn ymwneud â threfn crefydd. Ystyrid mai mater i'r wladwriaeth ac nid i uwchlysoedd yr Eglwys oedd sicrhau cytundeb ar faterion o'r fath. Cadwai'r Eglwys at rigol geidwadol, a'r un pryd parhaodd y Confocasiwn, dan ddylanwad polisïau Mari, i lynu wrth athrawiaeth traws-sylweddiad yng ngwasanaeth yr offeren ac uchafiaeth Rhufain. Ni dderbyniwyd argymhellion y llywodraeth yn frwdfrydig o gwbl gan y Senedd; cafwyd dadleuon chwerw a chyflwynwyd tri drafft o'r Ddeddf Uchafiaeth gerbron y Tŷ cyn iddi gael ei derbyn yn gyfreithiol. Adfywiwyd deddfwriaeth eglwysig Harri VIII yn ei ffurf derfynol a gorfodwyd offeiriaid, a feddai ar swyddi dan y Goron, i gydnabod y frenhines yn 'bennaf Llywodraethwr y deyrnas' mewn materion ysbrydol ac eglwysig yn ogystal â materion tymhorol.[6] Ail statud Senedd gyntaf Elisabeth oedd y Ddeddf Unffurfiaeth a osododd ffurfwasanaeth yr Ail Lyfr Gweddi yn swyddogol ar y deyrnas.[7] Nid gorchwyl hawdd oedd sicrhau llwyddiant y mesurau hynny yn Nhŷ'r

Arglwyddi. Methiant y Cardinal Reginald Pole, archesgob Caer-gaint dan Mari Tudur a'i phrif gynghorwyr, yn penodi esgobion Pabyddol, ynghyd â'r ffaith fod pum esgobaeth yn wag ar farw'r frenhines honno, a gyfrifai'n bennaf am hynny. O drwch blewyn yn unig y derbyniwyd y Ddeddf Unffurfiaeth yn y Tŷ hwnnw, ac arwyddai hynny nad oedd y sefyllfa'n hollol eglur nac yn gwbl dderbyniol. Ni dderbyniai arweinwyr yr Eglwys y drefn newydd, ac nid oedd y Senedd mor ffafriol ag y tybid i'r cynlluniau. Y ffaith ganolog, fodd bynnag, yw mai ewyllys bendant y llywodraeth – y wladwriaeth sofran newydd fel y datblygasai yn y cyfnod hwnnw – trwy weithred cynghorwyr y frenhines a fu'n gyfrifol am hybu buddiannau'r Ardrefniant ac am reoli hanes eglwysig, gwleidyddol a chymdeithasol Lloegr a Chymru o hynny ymlaen.

Pwysleisiwyd cyfaddawd unwaith yn rhagor. Gwnaed mân gyfnewidiadau geiriol yn y ffurfwasanaeth, cadwyd gwenwisgoedd, croesau a chanhwyllau, a thrwy hynny ceisiwyd ennill teyrngarwch y Pabyddion mwyaf cymedrol. Ar ben hynny, er iddi gael ei chydnabod yn 'Uchaf Llywodraethwr', ni fwynhâi Elisabeth y grym na'r awdurdod a oedd ymhlyg yn nheitl mawrfrydig ei thad i gyflawni gweithredoedd ysbrydol na thra-arglwyddiaethu arnynt. Ar faterion athrawiaethol ni chynhwyswyd y Gyfeireb Ddu (1552), sef ychwanegiad i Lyfr Gweddi 1552 a ddatganodd na ddylid derbyn bod y ddefod o benlinio yn y Cymundeb Sanctaidd i olygu credu ym mhresenoldeb real Crist yn y sacrament. Ni wadwyd y Gwir Bresenoldeb mewn unrhyw ran ohono ychwaith, ac ychwanegwyd rhai ymadroddion Pabyddol at y geiriad Zwinglïaidd a geid yn Llyfr Gweddi Cranmer yn 1549.

Dyna sylfaen yr Ardrefniant: dwy ddeddf, y naill a'r llall yn gorfodi ar y deyrnas Brotestaniaeth nad oedd mor feiddgar ei naws â'r hyn a gynigiwyd yn 1552 ond a oedd, yr un pryd, yn fwy eithafol na'r hyn a geid yn 1549. Pwysicach o lawer na chyfaddawd rhwng Protestaniaid a Phabyddion oedd natur y cyfaddawd a gafwyd rhwng y frenhines a'r Protestaniaid yn y Senedd. Lluniwyd fframwaith ar gyfer sefydlu crefydd genedlaethol. Apwyntiwyd Matthew Parker, gŵr cymedrol a dysgedig a ddaethai'n drwm dan ddylanwad y Dadeni, yn archesgob Caer-gaint, y pennaeth cyntaf ar yr Eglwys Brotestannaidd wladol, ac yr oedd hwnnw'n deall natur ac ehangder y problemau a'i hwynebai. Credai mai ei brif dasg ar y cychwyn oedd ceisio dyfnhau'r ymwybyddiaeth o Brotestaniaeth ymhlith clerigwyr a lleygwyr fel ei gilydd. Byddai hynny, yn ei olwg ef, yn ennill teyrngarwch i ffydd newydd a olygai fwy ymhen amser na chydymffurfio â'r drefn swyddogol. Aeth rhagddo yn 1560 i amddiffyn eiddo eglwysig rhag cael ei anrheithio, ac yn 1562 cyhoeddodd gyfrol o homilïau a bwysleisiai ymarweddiad a pharchusrwydd moesol, ac osgowyd trafod materion athrawiaethol. Y flwyddyn ganlynol rhoddwyd i'r Eglwys newydd gorff o athrawiaeth pan gytunodd y Confocasiwn ar y Deugain Erthygl Namyn Un a seiliwyd ar erthyglau Cranmer yn 1553 ac a hepgorai elfennau Zwinglïaidd. Nid ymddiddorai'r frenhines gymaint mewn manylion dogma ag y gwnâi mewn sicrhau cydbwysedd crefyddol, trefn a gweddustra ynghyd â theyrngarwch i'r wladwriaeth. Yn 1566 cyhoeddodd Parker ei *Book of Advertisements*, a osododd y ddeddf ar faterion yn ymwneud â chyfeireb yr Eglwys ar unffurfiaeth a disgyblaeth. Eglwys geidwadol a sefydlwyd yn 1559, i bob pwrpas, a bu hynny'n niweidiol iddi o sawl cyfeiriad, o gofio am fygythiadau cynyddol eithafwyr ar bob ochr. Methiant llwyr fu ymdrech llywodraeth Elisabeth I i osod sylfaen grefyddol a fyddai'n boddhau Protestaniaid a Phabyddion, a pharodd hynny gryn ofid iddi. Dyna un o'r diffygion mwyaf ym mholisïau brenhines sofran a'i bryd ar sefydlu undod oddi mewn i'w thiriogaeth.[8]

Sefyllfa bur ansefydlog a gafwyd felly mewn bywyd crefyddol yn ystod degawd cyntaf teyrnasiad brenhines na phlygai i fympwyon na rhagfarn ymhlith diwinyddion nac eglwyswyr. Cadwasai'r drefn newydd yr hen fframwaith canoloesol, ac amlygid yn ei hathrawiaethau elfennau Pabyddol, Lutheraidd a Zwinglïaidd. Sut bynnag, cyfrifid bod craidd ei diwinyddiaeth yn Galfinaidd a phriodolid iddi gan ei hamddiffynwyr o hynny ymlaen awdurdod patristaidd ac apostolaidd. Trosglwyddwyd ei gweinyddiad yn gyfan gwbl i ddwylo'r llysoedd eglwysig a'r awdurdodau archesgobol ac esgobol. Yr hyn a gyflawnwyd yn 1559 oedd sefydlu trefn eglwysig a oedd yn Brotestannaidd ei hathrawiaeth, yn draddodiadol ei threfniadaeth ac yn ddarostyngedig i uchafiaeth frenhinol yn y Senedd. Ynghyd â'r frenhiniaeth, cyfraith gwlad a'r Senedd, ystyrid yr Eglwys Anglicanaidd yn brif gonglfaen undod ac annibyniaeth o fewn y deyrnas sofran genedlaethol.

Beth oedd effaith y datblygiadau hyn oll ar y sefyllfa yng Nghymru? Buasai'r Eglwys yno, o gyfnodau cynnar y Normaniaid yn y ddeuddegfed ganrif, yn rhan o drefniadaeth grefyddol gwledydd

Cred, ac fe'i gosodid, gyda'i phedair esgobaeth diriogaethol, dan awdurdod archesgob Caer-gaint. Yr un fframwaith, i bob pwrpas, a gafwyd yn yr Eglwys yng Nghymru ac a gafwyd mewn rhannau eraill o'r deyrnas. Yn hanesyddol, unwyd Cymru a Lloegr yn eglwysig yn gynharach lawer nag yn wleidyddol. Ni ddigwyddasai'r uniad politicaidd tan 1536, pan ddiddymwyd arglwyddiaethau'r Mers. Y pryd hynny, cyflwynwyd cyfraith gwlad Lloegr i Gymru a chrëwyd system o weinyddu a uniaethid, hyd y gellid, â'r drefn weinyddol yn Lloegr. Ni ddylid tybio, fodd bynnag, i'r Deddfau Uno gael eu llunio'n unig i hybu buddiannau'r cyfnewidiadau crefyddol yn Senedd y Diwygiad.[9] Mae'n wir i hynny ddigwydd ond, o safbwynt awdurdod, cawsai'r brenin, o 1534 ymlaen, yr hawl i dra-arglwyddiaethu ar yr Eglwys ac i ad-drefnu bywyd crefyddol Cymru a'r Mers. Ystyrid bod sefydlu'r Eglwys Brotestannaidd yng Nghymru yn rhan annatod o'r un polisi ag a weithredid yn Lloegr, sef cadarnhau undod y wladwriaeth. Erbyn 1559 cawsai Cymru'r profiad o fod bron chwarter canrif dan awdurdod seciwlar. O safbwynt materion tymhorol estynnid i Gymru yr un drefniadaeth ag a geid yng ngweddill y deyrnas. Ystyriwyd bod yr Eglwys yn arf bwysig yn yr ymdrechion a wnaed i gadarnhau'r wladwriaeth. Cyfrifwyd bod amddiffyn yr Eglwys yn gyfystyr â gwarchod gwerthoedd seciwlar, a phwysleisiwyd yn aml y ddolen gyswllt rhwng yr hawliau bydol ac ysbrydol. 'I most humbly beseech your Lordships', meddai Richard Davies, esgob Tyddewi, wrth y Cyfrin Gyngor yn 1570, 'of your Christian care to God's religion and service, and for furtherance of the Queen's Majesty's most Godly zeal to become protectors and defenders of the Church in my diocese that it be no further troubled, spoiled or impoverished.'[10] Cyfeiriodd at gyflwr gwan ei esgobaeth, ond tanlinellodd hefyd warchodaeth y pwerau seciwlar dros sefydliadau'r Eglwys. Mynegodd yr esgob ddyhead a ystyriwyd yn fwy arwyddocaol na manion trefniadau gweinyddol. Yn ei farn ef, gosodwyd cyfrifoldeb ar y llywodraeth i amddiffyn ei gwerthoedd mewn teyrnas lle y ceid gwendidau cymdeithasol a achosai anwybodaeth, difaterwch ac ofergoeledd. Pwysleisiodd ddyletswyddau'r wladwriaeth yn y gorchwyl o adfer a chadarnhau cyfraith a threfn a disgyblaeth.[11]

Gellir trafod hynt a helynt yr Eglwys Anglicanaidd yng Nghymru yn ystod ei degawdau cynnar dan dri phennawd: yr ad-drefnu gweinyddol; yr anawsterau sylweddol y bu raid eu hwynebu; a'r arweinyddiaeth a fwynhawyd ganddi yn y cyfnod allweddol hwnnw. O gymhwyso'r ffactorau hynny a nodi eu harwyddocâd, saif un ffaith yn amlwg, sef fod yr Eglwys yng Nghymru wedi gorfod ymateb i her gymdeithasol fawr. Oblegid tlodi'r adnoddau ysbrydol a materol yng nghefn gwlad Cymru, ni allai'r plwyfolion syml wrthod na derbyn y drefn eglwysig newydd. Ystyriwyd bod yr ad-drefnu sylfaenol yn ffactor bwysig i ddeall natur ac amcan y llywodraeth yn y broses o gynllunio technegion y ffydd a'i gweinyddiad, ac addasu'r cwbl i'r amgylchiadau gwleidyddol newydd.

Un o brif broblemau'r byd crefyddol yng Nghymru wedi 1559 oedd arafwch yr Eglwys yn ennill teyrngarwch mewn tiriogaethau anghysbell a mynyddig. Er cymaint yr her, fodd bynnag, aeth yr awdurdodau gwladwriaethol ati rhag blaen i sicrhau unffurfiaeth ymhlith poblogaethau tenau a gwasgaredig. Ni ellid esgeuluso'r dasg o gyflwyno'r ffydd Brotestannaidd newydd oblegid daethai pryderon difrifol i fygwth undod y deyrnas ynysol. Ar y pryd, rhoddwyd pwyslais cyson ar amddiffyniad milwrol ac nid yw'n syndod fod y corff llywodraethol wedi gweithredu'n ddiflino i gryfhau arfordiroedd Lloegr a Chymru a phwysleiso annibyniaeth y deyrnas. Yn 1569, er enghraifft, anfonwyd datganiad gan y Cyngor yn y Gororau at ustusiaid Cymru yn mynegi gofid fod rhai o swyddogion y Goron yn gwrthod cydnabod y drefn eglwysig: 'thereby seeking to breed and bring forth such sects and factions', meddid, 'as be the very seeds and roots of sedition amongst Her Majesty's people and leaving full of danger to the common quiet and peace of the country'.[12] Cysylltid amddiffyniaeth filwrol â gwarchodaeth genedlaethol. Cyfeiriai'r ymadrodd 'the defence of the country' at holl gyfansoddiad gwladwriaethol y deyrnas, a thrwy gydol blynyddoedd olaf yr unfed ganrif ar bymtheg ystyrid yr Eglwys Anglicanaidd yn un o sylfeini cadarnaf sofraniaeth genedlaethol.

Sut yr aethpwyd ati i gyflwyno'r deddfau newydd i Gymru yn ystod haf 1559? Apwyntiwyd pymtheg o gomisiynwyr i ymweld ag esgobaethau Cymru, Henffordd a Chaerwrangon – cylchdaith y gorllewin – ac yn eu plith gweithredodd Richard Davies, Protestant pybyr ac un a oedd wedi dychwelyd o'r Cyfandir, Thomas Young o Hodgeston, sir Benfro, esgob newydd Tyddewi, a Rowland Meyrick, aelod o deulu amlwg ym Môn ac esgob apwyntiedig Bangor yn y flwyddyn honno.[13] Cydnabyddir y cyntaf ohonynt yn un o brif arweinwyr y ffydd Brotestannaidd yng Nghymru, ac roedd y ddau arall yn gyfreithwyr clerigol ac yn wŷr o ddylanwad mewn cylchoedd gweinyddol. Nid oedd eu gorchwylion yn hawdd na phleserus mewn esgobaethau gwan a thlawd ac, ar ben hynny, buasai'r esgobion a weithredai yn ystod teyrnasiad Mari yn gyndyn iawn yn cydnabod y ffydd Brotestannaidd a'r awdurdod a gysylltwyd â hi. O'u plith yn y deyrnas gyfan, Anthony Kitchin, esgob Llandaf – cyfaddawdwr digon deheuig, mae'n wir – yn unig a fu'n barod i dderbyn uchafiaeth y Goron mewn materion eglwysig. Cawsai agwedd meddwl yr esgobion eraill, yn ddiau, ddylanwad cryf ar ymateb clerigwyr lleol. Llugoer fu eu hagwedd meddwl hwythau a chawsant gryn anhawster wrth geisio ymgodymu â phroblemau ynglŷn â chydnabod yr awdurdod newydd. Ar wahân i weinyddu'r ddwy ddeddf ymhlith yr offeiriaid, bu i'r comisiynwyr, yn ôl y dystiolaeth, ddiswyddo clerigwyr, yn bennaf oblegid eu hymlyniad wrth yr hen ffydd, ac arolygu penodiadau newydd. Y pryd hwnnw, hefyd, dyrchafwyd Rowland Meyrick i gadeirlan Bangor, Thomas Young i Dyddewi a Richard Davies i Lanelwy. Ystyrid y tri yn wŷr cadarn yn y ffydd, a bu eu dyrchafiad yng Nghymru'n gyfle iddynt i ddal eu gafael ar yr awenau eglwysig a hybu achos Protestaniaeth.

Nid aeth y llywodraeth y pryd hynny i eithafion i fygwth clerigwyr am eu hymlyniad wrth yr hen ffydd, ac y mae'r ffaith mai ychydig iawn o'r offeiriaid a wrthododd gymryd llw o deyrngarwch ac unffurfiaeth yn dangos yn glir na chafwyd unrhyw wrthwynebiad difrifol i'r drefn newydd. Ymhlith y rhai a ddiswyddwyd neu a ffodd i'r Cyfandir, cafwyd rhai o ysgolheigion Pabyddol pennaf eu cyfnod yng Nghymru, yn cynnwys Gruffydd Robert, archddiacon Môn, Morys Clynnog, rheithor segur Corwen yn esgobaeth Llanelwy a darpar esgob Pabyddol Bangor, a Morgan Phillips, cyn-brifathro Neuadd Fair yn Rhydychen a chantor Tyddewi. Canlyniad hynny fu colli adnoddau ysgolheigaidd o'r radd flaenaf yng Nghymru; amddifadwyd y genedl o wasanaeth gwŷr a allai fod wedi cyfrannu'n helaethach pe baent wedi penderfynu aros yn eu gwlad.[14]

O safbwynt ei chyfansoddiad, cadwodd yr Eglwys ei ffurf ganoloesol, a than awdurdod archesgob Caer-gaint a'r awdurdodau gwladwriaethol gweithredai'r esgobion newydd o fewn fframwaith nad oedd yn wahanol, i bob pwrpas, i'r hyn a gafwyd eisoes dan y drefn Babyddol. Ac eithrio athrawiaeth a natur awdurdod eglwysig, cedwid yr un drefniadaeth. Pwysleisiwyd rheolaeth esgobol gyflawn a phriodolwyd iddi yr olyniaeth apostolaidd. Etifeddodd yr esgobion system nad oedd yn hollol effeithiol oblegid dibynnwyd ar barodrwydd y rhai a oedd yn aelodau o'r cabidyldai – sef cyrff llywodraethol yr esgobaethau – a'r weinidogaeth barhaol i geisio hyrwyddo'r ffydd Brotestannaidd. Cafodd William Bleddyn, esgob Llandaf, gryn drafferth yn sicrhau bod hawliau'r Eglwys yn ei dalaith yn cael eu cydnabod a'u parchu am fod y prebendariaid – deiliaid bywiolaethau eglwysi cadeiriol – yn mynnu manteisio ar hen arferion eglwysig ac elwa'n drwm arnynt trwy reoli sawl ffynhonnell ariannol. Apeliodd ar y swyddogion i amddiffyn hanes a thraddodiadau'r gadeirlan hynod honno yn Llandaf, a chyfeiriodd at yr angen i'w hadnewyddu trwy ddiwygio ei gweinyddiad. 'If you had governed the church according to the ancient ordinances and laudable customs,' meddai mewn llythyr manwl at y prebendariaid, 'how easily might we have met the ruins, the debts, the poverty and the contempt.'[15] Mynegodd ei siom fod swyddogion yr eglwys gadeiriol wedi esgeuluso'r dasg o gynnal gwerthoedd sylfaenol y sefydliad; oni wneid hynny, meddai ymhellach, ni allai'r eglwys honno amddiffyn ei safle na chwrdd â'i gofynion mewn cymdeithas a lethid gan helbulon tlodi ac anwybodaeth. Nid bod Bleddyn ei hun goruwch cael ei demtio i fanteisio ar fuddiant eglwysig pan ddeuai i'w ran, a chyhuddwyd ef o simoniaeth, sef gwerthu breintiau a swyddi eglwysig, a nepotistiaeth, sef rhoi bywiolaethau i berthnasau agos. Pwysicach o lawer yn y cyswllt hwnnw, fodd bynnag, oedd pwyslais yr esgob ar amcanion sylfaenol ei eglwys. Ni chafwyd gan unrhyw un arall o blith esgobion Cymru yng nghyfnod Elisabeth apêl mor daer mewn un ffynhonnell a ysgrifennwyd i osod parch ar fframwaith gweinyddol a safonau moesol yr Eglwys Anglicanaidd.

O edrych ar raddfa stipendiau clerigol, gwelir bod enillion yng Nghymru dipyn yn is nag yn Lloegr. Dibynnai cymaint ar amgylchiadau lleol, ynghyd â maint a natur ymyrraeth o'r tu allan – gwaddoliadau, gwerth degymau, nawddogaeth fywiolaethol a galluoedd materol clerigwyr unigol. Deuai nifer dda ohonynt o blith y mân foneddigion ac nid gorchwyl hawdd yw ceisio cyffredinoli na phenderfynu beth oedd cyfanswm incwm offeiriad unigol. Yn ôl y *Valor Ecclesiasticus* (1535), yr oedd tua saith bywoliaeth allan o bob deg yn werth llai na £10 y flwyddyn, a llawer ohonynt dan £5. Ildiwyd tiroedd ac eiddo ysbrydol a thymhorol ar brydles i dirfeddianwyr a fuasai eisoes wrthi'n brysur yn crynhoi meddiannau'r mynachlogydd, a pharodd hynny gryn dyndra rhwng y glerigaeth seciwlar a'r grymusterau hynny.[16] Cwynai'r esgobion am ormes uchelwyr a ddefnyddiai bob dyfais i grafangu mwy o diroedd a'u hychwanegu at eu hystadau. Daeth yr Esgob Richard Davies, er enghraifft, i wrthdrawiad ffyrnig ag ieirll Caerlŷr a Phenfro ynglŷn â hawliau adfowswn, sef apwyntio offeiriad plwyf, ym mywoliaeth Llanddewibrefi: 'great earls and courtiers,' meddai amdanynt, 'greedy for church spoils and contemptuously intolerant of the church's rulers'.[17] Ffermiwyd degymau plwyfi, a bu raid i esgobion ildio hawliau eglwysig, er mwyn gallu dal dau ben llinyn ynghyd. Hynny sy'n cyfrif am y *commendams*, yr amlbwyfaeth a'r absenoliaeth ymhlith rheithoriaid a feddai ar segurswyddi ac ymhlith ficeriaid a phrebendariaid yr eglwysi cadeiriol. 'Most of the great livings within the diocese,' meddid mewn adroddiad swyddogol am Lanelwy yn 1587, 'some with cure of souls and some without cure, are either holden by the Lord Bishop himself *in commendam* or else they are in the possession of such men as do dwell out of the country.' Nid oedd y sefyllfa fawr gwell yn esgobaeth Llandaf ym mlynyddoedd cynnar yr ail ganrif ar bymtheg, oblegid tystiodd Francis Godwin, olynydd William Morgan yn yr esgobaeth honno, fod dros hanner y bywiolaethau wedi cael eu hamfeddu a bod prinder a thlodi ymhlith y clerigwyr a Phabyddiaeth yn rhemp – ffactorau a gyfrifid ganddo ymhlith y mwyaf niweidiol i enw da'r Eglwys.[18]

Er cymaint y gwendidau, lluniwyd fframwaith gweinyddol pur gadarn o fewn y drefn Anglicanaidd yn ei degawdau cynnar. Ni fethodd ei harweinwyr â chadw cysylltiad â'r llywodraeth a'i gofynion, a cheisiodd Parker yntau ofalu am ei buddiannau, yn arbennig y gorchwyl o apwyntio esgobion addas ac ymroddgar, ac yn y cyddestun hwnnw cychwynnwyd ar gyfnod newydd a theilwng ymhlith arweinwyr yr Eglwys yng Nghymru. Cymerwyd cryn ddiddordeb gan ambell brelad yng Nghymru hefyd yn yr apwyntiadau i swyddi uchaf y sefydliad. Cwynodd Richard Davies, er enghraifft, am gyflwr gwael Llandaf, a dirmygai ef William Hughes (esgob Llanelwy wedi hynny) – 'a man to me unknown,' meddai, '. . . utterly unlearned in divinity and not able to render a reason of his faith' – a oedd yn ymgeisydd am y swydd dair blynedd wedi marw Anthony Kitchin.[19] Ceisiodd Davies hefyd hyrwyddo penodiad Thomas Huet, cantor Tyddewi a chyfieithydd Llyfr y Datguddiad i'r Gymraeg, i esgobaeth Bangor wedi marw Rowland Meyrick, ond ofer fu ei gefnogaeth. Drachefn, pan gyfeiriodd Gervase Babington, esgob Llandaf, at gyflwr adfeiliedig ei eglwys a'i disgrifio, yn ei eiriau ei hun, 'more like a desolate and profane place than a house of prayer and holy exercise', mae'n ddiau mai at wendidau ei ragflaenydd, William Bleddyn, y cyfeiriai.[20] Beirniadodd Marmaduke Middleton, yr esgob ansefydlog hwnnw o Dyddewi, ei ragflaenydd yntau, Richard Davies, am gyflwr torcalonnus bywyd ysbrydol yr esgobaeth. Beth bynnag a ddywedir am eu cymhellion a natur y feirniadaeth a fynegwyd ganddynt, mae'n ddigon amlwg eu bod yn ymwybodol o'r angen am ddiwygio cyson ac eang.

Yn ddiau, penodwyd esgobion galluog. Fe'u hystyrid, yn esgobaethau Lloegr a Chymru fel ei gilydd, yn wŷr trwyadl eu teyrngarwch a chwbl ymroddedig i'w gorchwylion gweinyddol. 'And thus was the Church replenished with a new set of bishops', meddai John Strype, hanesydd hynod y Diwygiad Protestannaidd yn Lloegr, 'professors of the Gospel . . . men of good learning and true godliness.'[21] Teimlwyd bod angen sicrhau trefn a pheirianwaith esmwyth cyn y gellid lledaenu athrawiaeth arbennig ac ymdrafferthu â phroblemau bugeiliol. Er mai byr iawn fu arhosiad Richard Davies yn Llanelwy, yn unol â gorchmynion Parker cyflwynodd adroddiad ystadegol manwl yn 1560 ar holl swyddogion ac offeiriaid ei esgobaeth, ac yn y dalaith honno fe'i dilynwyd gan Thomas Davies, gŵr cadarn ei deyrngarwch i'w swydd a roddodd fwy o'i amser i addrefnu eglwysig na dim arall yng nghyfnod allweddol y 1560au.[22] Prelad o'r un anian oedd Rowland Meyrick ym Mangor; brwydrodd yn gyson yn ystod ei yrfa dros hawliau'r sefydliad a wasanaethai ynghyd â'i fuddiannau ei hun, fel y dangosodd ei amddiffyniad o fywoliaeth Llanddewibrefi – a bu hefyd yn oruchwyliwr manwl ar weinyddiad ei esgobaeth.

Gweithredwyd trwy gyfrwng fframwaith gweinyddol unffurf, fel y dengys y ffynonellau, ac ystyrid y synod esgobaethol, llys yr esgob, neu Ordinari, a'r llysoedd consistori'n ganolog i drefn a disgyblaeth. Yn achlysurol, ceid ymweliadau esgobol ffurfiol, er mwyn i'r preladiaid gael ymgydnabod â'r holl blwyfi ac offeiriaid a oedd dan eu hawdurdod. Ar frig y fframwaith gosodwyd y Confocasiwn, ac wedi tua 1580 sefydlwyd Llys y Comisiwn Uchel, a wrandawai achosion o bwys megis heresi a theyrnfradwriaeth ar dir crefyddol. Ceir arwyddion pendant o'r modd y gweithredwyd yr awdurdod eglwysig uchaf yng Nghymru oblegid cadwai Parker a'i olynwyr, yn arbennig John Whitgift, lygad barcud ar y sefyllfa yno. Wedi marw Anthony Kitchin, yn Hydref 1563, gadawyd esgobaeth Llandaf yn wag am dair blynedd, a bu hynny'n destun pryder i'r archesgob a'r Cyfrin Gyngor. Mewn cyfnod allweddol teimlwyd na ddylid esgeuluso'r cyfle i lenwi'r swydd mewn esgobaeth na chawsai'r arweiniad ysbrydol a haeddai gan ei chyn-esgobion. Oedodd, fodd bynnag, cyn penodi Hugh Jones, oblegid carai wybod mwy amdano. 'Loth I could be', meddai wrth Syr William Cecil, 'after so long tarrience for Llandaff that the Queen's Majesty should be deceived and her good people not well-appointed.'[23] Mewn materion yn ymwneud â ffurfwasanaeth eglwysig aeth Thomas Davies rhagddo yn 1561 i roi gorchmynion pendant i'w offeiriaid, a hysbysodd Cecil, yn agos i ddeng mlynedd wedi hynny, iddo orffen trefnu ei esgobaeth o safbwynt gweinyddiad ac athrawiaeth a'i fod yn dymuno i'r llywodraeth anfon comisiynwyr eglwysig yno i wastrodi'r rhai na chydymffurfient. Tystir hefyd i William Morgan, ar ei ddyfod i esgobaeth Llanelwy yn 1601, geisio diwygio'r trethiant a gofalu am y weinidogaeth bregethu mewn synod a gyfarfu i drafod rhai o broblemau mwyaf dyrys yr esgobaeth honno wedi marw William Hughes.[24]

Y Cyfrin Gyngor a chomisiwn a sefydlwyd ganddo a oedd yn gyfrifol am ymddangosiad y ddogfen drist honno yn 1587 yn disgrifio cyflwr esgobaeth Llanelwy. Gosodwyd ar ysgwyddau'r esgobion y cyfrifoldeb o gasglu trethiannau esgobaethol, darparu gwasanaeth milwrol o blith tenantiaid eglwysig, gofalu am drefniadaeth fywiolaethol eu taleithiau, difa pob arwydd o wrthwynebiad i'r drefn newydd, a chyflwyno enwau reciwsantiaid Pabyddol ynghyd â chymryd rhan yn llywodraeth leol y siroedd o fewn eu hesgobaethau. Cyflwynwyd iddynt fframwaith y gellid ei ystyried yn ddigon cadarn i allu cynnal gweinyddiad a fyddai'n sail i'r ffydd Brotestannaidd newydd a'r wladwriaeth a'i cynhaliai. Ceid nifer o Ddiwygwyr pybyr ymhlith aelodau'r Cyfrin Gyngor, a phenodwyd rhai esgobion i gydweithio ag ef mewn achosion arbennig. Gweithredodd Richard Davies, er enghraifft, yn ddirprwy ar ran y Cyngor ynglŷn â môrladrad a difa Pabyddiaeth.[25] Fe'i cydnabuwyd yn llywodraethwr llym a sylwebydd hallt ar gamarferion swyddogion y llywodraeth yn Nghymru:

> Can ys beth yw swydd ynghymru heddiw ond bach i dynu cnu a chnwd ey gymydoc attaw? . . . Amyl ynghymru ir nas craffa cyfraith, i ceir neuadd y gwr bonheddig yn noddfa lladron . . . Am hynny y dywedaf, oni bai fraych ac adain y gwr bonheddig ni bydday ond ychydig ladrad ynghymru . . .[26]

Bu cryn ymrafael rhyngddo a Fabian Phillips, y cyfreithiwr unplyg a'i cyhuddodd o anghyfiawnder a phleidgarwch.[27] Yn wir, aeth rhai o'r esgobion rhagddynt i ddefnyddio eu galluoedd gweinyddol yn bur effeithiol. Yng Nghonfocasiwn 1571 pleidleisiodd Nicholas Robinson, esgob Bangor, ar ran ei gyd-esgobion yng Nghymru, dros dderbyn canonau disgyblaeth. Ymwelodd yn swyddogol â'i esgobaeth yn 1576 ac fe'i penodwyd ddwy flynedd wedi hynny ar ddau gomisiwn i ddifa arferion ofergoelus yn siroedd Dinbych a Fflint, ac i ymchwilio i gysylltiadau Hugh Owen, y ffoadur Pabyddol o Fôn, â Sir Gaernarfon.[28] Cafwyd enghreifftiau tebyg o esgobion Cymru yn negawdau olaf canrif y Tuduriaid yn ceisio defnyddio eu hadnoddau prin i amddiffyn eu statws a'u buddiannau, a golygai hynny gydweithrediad agos rhyngddynt ag awdurdodau'r wladwriaeth.

Codai anawsterau difrifol o'r drefn eglwysig a chyfeiriwyd at hynny'n aml yn ymatebion cyhoeddus yr esgobion i ddiffygion crefyddol mewn cymdeithas wledig lle nad oedd plwyfolion syml ac anllythrennog yn deall fawr ddim ar athrawiaethau'r hen ffydd, heb sôn am yr un newydd. Soniodd Richard Davies am wendidau mawr ei esgobaeth yn 1570 wrth y Cyfrin Gyngor – 'the spiritual sores and diseases of the diocese' – gan bwysleisio annigonolrwydd swyddogion, dirywiad eglwysi, a'r adfeddiannu cyson ymhlith swyddogion y tu mewn a'r tu allan i'r sefydliad.[29] Ychwanegodd at hynny, rai blynyddoedd yn ddiweddarach, ym mhregeth angladdol Iarll Essex yn 1577, pan ddisgrifiodd ddiffeithwch ysbrydol ei esgobaeth a chyfraniad swyddogion llwgr i sefyllfa o'r fath:

> And what shall become of them that in their dooings will neuer consider what the will of God is? but contrarie unreasonably walke after the pleasures and riches of thys worlde, applye all their power to further and continue the kingdome of Antichrist, defende papisterie, supersticion

> and Idolatrie, pilgrimages to Welles and blinde Chappelles, procure the wardens of churches in tyme of visitacion to periurie, to conceale images, rood loftes and aulters. This is lamentable, that Gods chosen officers in this blessed time of light & knowledge of the gospel of Christ, will neither enter themselues to the kingdome of Heauen, nor suffer them that would, for as the ruler of the citie is, so be the inhabitance of the same.[30]

Tebyg fu ymateb ei olynydd, Marmaduke Middleton, a ymwelodd yn swyddogol â'r esgobaeth yn 1583. Anelodd ef ei sylwadau'n bennaf at y diffygion yng nghyflwr ysbrydol yr offeiriadaeth a chyfeiriodd yn sobr at 'spiritual destitution' a phrinder pregethwyr graddedig ynddi i ddifa parhad yr hen ffydd ymhlith y werin bobl. Yn ddiau, cythryblwyd yr Eglwys gan nifer o wendidau a darddai o'r Eglwys Babyddol yng nghyfnod ei dirywiad yn yr Oesoedd Canol diweddar.[31] Er nad oedd Middleton yn esgob o'r radd flaenaf ceisiodd egluro pam y ceid cymaint o geidwadaeth grefyddol yn ei esgobaeth. Yn ei adroddiad i Syr Francis Walsingham ym Medi 1583, cyfeiriodd at anffyddiaeth a llygredigaeth ymhlith plwyfolion ac ymdrechion Pabyddion i gynnal neu ennill eu teyrngarwch i'r 'hen ffydd', ac mae'n ensynio mai ei ragflaenydd Richard Davies oedd yn gyfrifol am gyflwr adfydus yr esgobaeth.[32]

Drych o'r hen Eglwys ganoloesol, i bob pwrpas, oedd y sefydliad Protestannaidd newydd; cafwyd ynddi dlodi mawr ymhlith haenau isaf yr offeiriadaeth ac, yn ôl tystiolaeth y *Valor Ecclesiasticus*, canfuwyd bod tair o bedair esgobaeth Cymru'n dlotach nag unrhyw esgobaeth yn Lloegr. Nid oedd y sefyllfa wedi gwella fawr ddim erbyn diwedd y ganrif, a thasg enbyd yr esgobion oedd sicrhau bod y plwyfi yn eu gofal yn manteisio ar yr adnoddau oedd wrth law, a phrin iawn oedd y rheini mewn gwlad anghysbell lle y cafwyd poblogaeth wasgaredig ac anllythrennog, arferion ofergoelus a difaterwch, ynghyd ag offeiriadaeth wan ei galluoedd a'i chymhellion. 'In the people little popery,' meddai Middleton ar ei ddyfod i Dyddewi, 'but greatly infected (by want of preaching) with atheism and wonderfully given over to vicious life.'[33] Rai blynyddoedd ynghynt, yn 1567, cwynodd Nicholas Robinson am gyflwr truenus ei esgobaeth yntau ym Mangor, ac apeliodd ar yr awdurdodau i gymryd sylw o'r trafferthion a fygythiai ei waith yno:

> But touching ye Welsh people's receiving of ye gospel, I find by my small

> experience among them that ignorance continueth, many in the dregs of superstition, which did grow chiefly upon the blindness of the clergy joined with greediness of getting in so bare a country, and also upon ye closing up of God's Word from them in an unknown tongue.[34]

Tanlinellodd rai o brif wendidau'r Eglwys: parhau ohoni i lynu wrth arferion Pabyddol, diffygion y glerigaeth, eiddgarwch teuluoedd bonheddig a swyddogion uwch yr Eglwys i feddiannu ac ysbeilio ei heiddo, a'r ffaith nad oedd yr ysgrythurau – prif sylfaen dysgeidiaeth y ffydd Brotestannaidd – ar gael i'r plwyfolion yn eu hiaith eu hunain. Dros bymtheg mlynedd yn ddiweddarach cwynodd Robinson ymhell-ach am brinder pregethwyr ac analluawer o'r ficeriaid plwyf i ddefnyddio'r Gymraeg yn eu gwasanaethau. Pwysleisiodd John Penry, y Piwritan eofn hwnnw, y gwendidau sylfaenol pan gyfeiriodd at brinder pregethwyr cymwys. Am bob plwyf lle y traddodid pregeth unwaith bob chwarter, meddai, ceid ugain ohonynt heb bregethwyr o gwbl. Aeth rhagddo i sylwi ar gyndynrwydd clerigwyr i ddefnyddio'r Gymraeg, ac awgrymir yn gryf ganddo mai eu hanallu i ymgyfarwyddo â theithi'r iaith a gyfrifai am hynny:

> But why can we not haue preaching in our owne toung? Because the minister is not able to vtter his mind in welshe. He maie. For wee haue as manie words as in any vulgar toung whatsoeuer and we might borrow from the latine etc. The straunge words would become familiar thorough custom. They that defend the contrary are slow bellies and not well minded to doe their countrie any good.[35]

'Raise vp preaching euen in Welsh,' meddai drachefn yn argyhoeddedig, '& the vniformity of the language wil bee sooner attained.'[36]

Yn ôl y gyfraith ganon, caniatawyd i bob offeiriad bregethu, ond dan y drefn newydd gorfodwyd pregethwyr i dderbyn trwydded arbennig gan eu hesgobion. Heb drwydded ni chaent ond darllen y llithoedd a'r homilïau ffurfiol. Yn esgobaeth Llanelwy yn 1587 tri phregethwr yn unig ymhlith yr offeiriaid a drigai yn eu bywiolaethau, sef y Dr David Powel, Rhiwabon, y Dr William Morgan, Llanrhaeadr-ym-Mochnant, a Thomas Powell, person Llanfechain, ger Llanfyllin. Dehonglodd Morgan gamp Richard Davies a William Salesbury yn cyfieithu'r Testament Newydd a'r Llyfr Gweddi yng ngoleuni'r posibilrwydd y byddai hynny'n darparu mwy o bregethwyr ym mhlwyfi Cymru: 'sicrhawyd inni fodd cael llawer mwy o bregethwyr,' meddai, 'a'r rheini wedi eu paratoi yn well, a hefyd wrandawyr sy'n fwy cymwys i ddysgu.'[37] Credai'n gryf fod darparu'r ysgrythurau'n foddion ymarferol i wella cyflwr ac ansawdd y weinidogaeth barhaol yn esgobaethau Cymru ac y byddai hynny'n foddion hefyd i atgyfnerthu cenhadaeth yr Eglwys Brotestannaidd. Yng ngolwg Huw Lewys, cyfieithydd *A Spyrytuall and moost Precious Pearle* gan Miles Coverdale yn 1595, fodd bynnag, esgeulustod yr offeiriadaeth yn bennaf a gyfrifai am ddiffyg llyfrau crefyddol addas yn y Gymraeg ac am wendidau'r bywyd ysbrydol ymhlith y Cymry:

> Yrawrhon y diffig hwnn o lyfreu . . . (gida bod y Preladieit ar gwyr eglwysig hwythau yrhann fwyaf yn ddiog yn ei swydd ai galwedigaeth, heb ymarddel a phregethu ac a deongl dirgelwch gair duw i'r bobl, eythr byw yn fudion, ac yn aflafar, fal cwn heb gyfarth, clych heb dafodeu, ne gannwyll dan lestr) yw yr achos paham y mae cymeint o anwybodaeth mewn pethau ysprydawl in mysc.[38]

Mynegwyd y farn honno'n huawdl rai blynyddoedd wedi i'r Beibl ymddangos, ac nid diffyg dysg yn unig a gyfrifai amdani. Wrth edrych yn fanwl dros restrau'r offeiriaid yn esgobaethau Cymru yng nghyfnod Elisabeth, canfyddir nifer dda a allai fod yn gaffaeliad iddi ond a ddaliai segurswyddi ac a oedd yn absenolwyr. Effeithiai'r gwendid hwnnw ar bob haen o'r gymdeithas eglwysig; fe'i hetifeddwyd o draddodiad a ymestynnai dros ganrifoedd lawer, ond beirniadwyd y drefn fwyfwy dan yr oruchwyliaeth newydd. Cydnabu Penry fod 'many worthy men in the Church of England, that nowe exercise not their publicke ministry' a'u bod yn amddifadu eu doniau trwy ddilyn gyrfa eglwysig yn Lloegr.[39]

Bu William Morgan yntau'n ddigon parod i geisio adfer lle'r weinidogaeth bregethu yn ystod ei gyfnod yn Llanelwy.[40] Ar ei ddyfod yno yn 1601, trefnodd fod 44 pregeth i'w traddodi'n flynyddol gan aelodau o gabidyldy'r gadeirlan ac, yn ystod un o'i ymrafaelion â boneddigion pwerus ei esgobaeth, plediodd yn ffyrnig achos a hawliau cynhenid yr Eglwys mewn materion yn ymwneud ag eiddo a darparu pregethwyr. 'My conscience reclaymed agaynst me the grauntynge of thys thynge,' meddai yn 1603 wrth gyfeirio at ddegymau bywoliaeth a fygythiwyd gan leygwyr amlwg, 'being so preiudiciall to preachers . . . & to the church ytself which wanteth competent mayntenance for preachers.'[41] Mynegodd Richard Davies yntau'r un dyhead dros chwarter canrif ynghynt pan ddymunai weld penodi offeiriadaeth o well ansawdd nag a geid yn ei dalaith: 'that such men be appointed to their rooms,' meddai, 'that by preaching of the Word of God and living according to the same may set forth the glory of God and show light in these places of extreme darkness.'[42] Dengys tystiolaeth o'r fath mor ymwybodol o wendidau sylfaenol yr Eglwys oedd esgobion Cymru ac mor barod i roi sylw cyhoeddus iddynt, er mwyn ceisio lleddfu rhyw gymaint ar ymateb y llywodraeth i'r fath amgylchiadau.

Ychydig iawn o dystiolaeth sydd ar gael am gynnwys a dylanwad pregethu yng Nghymru'r cyfnod hwnnw. Nid edrychai'r beirdd Pabyddol, caeth a rhydd, yn garedig ar yr offeiriaid Protestannaidd, a mynegwyd eu teimladau yng ngherddi Tomas ab Ieuan ap Rhys a Siôn Brwynog, ymhlith eraill. Mae'r ffaith fod beirdd gwlad, yn nhraddodiad y Ficer Prichard a'i debyg, wedi ceisio symleiddio hanfodion y ffydd Gristnogol a'u cynnwys mewn penillion ar gyfer plwyfolion annysgedig yn profi nad oedd cenhadaeth bregethu'r Eglwys wedi cyrraedd ei hamcan. Cwynai Huw Lewys drachefn nad oedd y Beibl newydd, er cymaint fu'r gamp o'i gyfieithu, o fewn gafael y werin bobl am ei fod 'yn gloedic yn yr Eglwysi, lle nid oes cyrchfa atto namyn vnwaith yn yr wythnos'.[43] Sut bynnag, ceisiai'r esgobion mwyaf blaengar danlinellu'r gwendidau sylfaenol yn eu datganiadau cyhoeddus, er eu bod yn brin eu hadnoddau i geisio diwygio'r sefyllfa'n llwyr.

Wynebai'r Eglwys Anglicanaidd hefyd broblemau enfawr mewn perthynas â'i heiddo. Fe'i hysbeiliwyd dros y canrifoedd ac y mae'n amlwg fod y tueddiadau economaidd a ddaethai yn sgil y Diwygiad Protestannaidd wedi cyflymu'r broses o seciwlareiddio tiroedd a hawliau'r sefydliad. Dibynna'r Goron a'r llywodraeth gymaint ar deyrngarwch a gwasanaeth y tirfeddianwyr lleyg fel na ellid anwybyddu eu buddiannau na'u gwahardd rhag ymgiprys am dir a daear a fyddai'n cryfhau eu statws a sefydlogi eu hymlyniad wrth linach frenhinol a fu'n gymaint budd iddynt. Bu'r holl lafur o amfeddu tir a daear eglwysig yn foddion i amlygu'r gwendidau mwyaf difrifol; yr un pryd ysgogwyd rhai esgobion i feiddio herio'r unigolion ysbeilgar ac eofn a fu'n gyfrifol am y llesgedd hwnnw. Amlygwyd hynny mewn sawl ymrafael a fu rhwng clerigwyr a boneddigion lleol a feddai ar lesoedd ac a gâi hawliau adfowswn. Ochneidiai Richard Davies, yn ei

'Epistol at y Cembru' yn 1567, oblegid 'trachwant y byd heddiw i tir a dayar, y aur, ac arian, a chywaeth . . . Trais a lladrad, anudon, dichell, ffalster, a thraha', ac ategwyd hynny'n glir gan Huw Lewys yn ei ragarweiniad yntau i *Perl Mewn Adfyd*.[44] Pwysleisiwyd ganddo dwf anllywodraeth a thorcyfraith oblegid diffygion gwybodaeth o air Duw, a chyfeiriodd hefyd at dueddiadau mwyaf twyllodrus yr oes ynglŷn ag eiddo eglwysig. Prin y gellid gwahaniaethu rhwng y 'greediness of getting', chwedl Nicholas Robinson, a'r gŵr a ystyrid gan William Morgan yn 'sacrilegiouse robber of my church' a 'perfydiouse spoyler of my diocesse and an unnaturall hinderer of preachers & good Scholers' gryn ddeng mlynedd ar hugain a mwy wedi hynny.[45] Crafangwyd am diroedd y tai crefydd, gwaddoliadau'r siantrïau a buddiannau tymhorol eglwys a phlwyf, a thrwy hynny fanteisio ar fethiant y drefn newydd i ddarparu gweinidogaeth gyflawn.[46]

Er cymaint y rheibio a'r adfeddiannu, cafwyd ymhlith uchelwyr Cymru'r oes honno rai o gymwynaswyr mwyaf y ffydd Brotestannaidd mewn sawl cylch. Ac ymhlith y glerigaeth hithau canfuwyd gwŷr o bwys a sylwedd a gyfunai ansawdd y gwir ysgolhaig a'r ysbeiliwr craff a ymgyfoethogai ar draul y sefydliad a wasanaethai. Nid oedd pob bywoliaeth ychwaith yn dlawd a heb gynhaliaeth ddigonol. Gwelwyd arwyddion clir o gynnydd mewn buddiant tymhorol mewn nifer ohonynt. Yn y rhan fwyaf o'r bywiolaethau deuai'r incwm, i bob pwrpas, o diroedd yr eglwys ynddynt (tir *glebe*) a degwm mewn nwyddau, ac mewn cyfnod o gynnydd mewn prisiau bu hynny'n ffafriol i'r offeiriad. Yn ôl tystiolaeth Middleton, cynyddodd incwm y glerigaeth deirgwaith o fewn ei esgobaeth rhwng 1535 a 1583, a bu'r cynnydd mewn prisiau'n fanteisiol, yn arbennig os ychwanegid enillion amaethu at yr incwm. Ceir tystiolaeth yn ewyllysiau gwŷr eglwysig y cyfnod a ddengys pa mor llewyrchus y gallai meibion iau y boneddigion fod yn eu swyddi, a bu ambell esgob, fel Thomas Davies (Llanelwy), Nicholas Robinson (Bangor), Gervase Babington (Llandaf) a Henry Rowland (Bangor), farw'n ddigon sylweddol eu byd. Bu'r olaf ohonynt yn flaenllaw mewn materion nawdd ac elusen, oblegid gadawodd £20 yn ei ewyllys tuag at atgyweirio adeilad yr eglwys gadeiriol; sefydlodd ysgoloriaethau yng Ngholeg Iesu, Rhydychen, a chymynroddi tiroedd i'w defnyddio i sefydlu ysgol ym Mellteyrn, sef Ysgol Botwnnog, ac elusendai ym

Mangor.[47] 'He was sufficiently learned,' meddid amdano, '. . . a good and provident Governor of his Church and Diocese, a great repairer of his decayed Cathedral Church . . . in housekeeping and hospitality, both to rich and poor, the greatest that hath been in our time.' Tystiolaeth glodwiw, yn sicr, i esgob a roddai o'i wirfodd i hybu buddiannau'r Eglwys fel sefydliad dyngarol ac ymddwyn fel perchentywr hael.[48]

Er hynny, ni ellir diystyru tlodi cyffredinol yr Eglwys yng Nghymru ym mlynyddoedd olaf yr unfed ganrif ar bymtheg. Apeliodd y buddiannau brasaf at feibion y bonedd a'r rhydd-ddeiliaid mwyaf cefnog, mae'n wir, ond parhawyd i ddal mwy nag un fywoliaeth yn aml a chynyddai'r segurswyddi ymhlith esgobion a chlerigwyr. 'Non-residencies haue cut the throte of our Church,' meddai John Penry; '. . . it is the very desolation of the Church, the vndoing of the common wealth, and a demonstratiue token, that the lorde will watch ouer vs to euill, and not to good.'[49] Yn ychwanegol at eu tiroedd esgobol, mwynhâi'r preladiaid enillion o diroedd a feddiannwyd *in commendam*. Fe'i hystyriwyd yn bwysig iddynt allu cynnal a chadw urddas trwy gyfrwng adnoddau materol o'r fath. Rhoddodd Matthew Parker, er enghraifft, drwydded i Thomas Davies er mwyn iddo allu dal dau ben llinyn ynghyd a chynnal statws ei swydd. Tebyg fu ymateb yr archesgob i broblemau William Bleddyn, esgob Llandaf: caniatawyd yn ffurfiol iddo yntau ddal tiroedd a swyddi yn ychwanegol at ei eiddo esgobol oblegid tlodi'r dalaith. Y mwyaf beiddgar ymhlith esgobion Cymru'r cyfnod hwnnw'n ddiau oedd William Hughes, esgob Llanelwy am dros chwarter canrif. Yr oedd yn ŵr hynod mewn sawl ffordd ond enillodd enw drwg iddo'i hun yn ystod ei yrfa am drawsfeddiannu bywiolaethau a manteisio ar adnoddau prin ei esgobaeth. Amlygwyd hynny yn y ddogfen allweddol honno yn 1587 yn disgrifio cyflwr ei gweinyddiad. Ar wahân i'r manylion am segurswyddi ac absenoliaeth, cofnodwyd bod yr esgob, gyda thrwydded archesgobol, wedi meddu *in commendam* 16 bywoliaeth gwerth £150 y flwyddyn, ond ar adegau gwahanol y mae'n wir. Cyhuddwyd ef mewn ffynonellau eraill o esgeulustra mawr, gormes a nepotistiaeth.[50] Beirniadodd John Penry yr esgobion yn hallt flwyddyn wedi i'r adroddiad hwnnw ymddangos, a'u cyhuddo o besgi'n fras ar weddillion eu plwyfolion. 'Therefore wo be to the shepheards of Wales,' meddai, '. . . which feede themselues, should not the shepheards feed their flocks, you eat the fat and cloath you with the wooll, but you feede not the flocke'.[51] Y mae'n debyg mai camweddau William Hughes a ddeuai i'w gof, ond manteisiai esgobion eraill Cymru hefyd ar fannau gwan yr Eglwys. Gwyddai Penry'n ddiau am yrfa Robinson ym Mangor; fe'i cyhuddwyd o fod yn Babydd cudd ac fe'i hadnabuwyd fel amlblwyfydd a nepotistydd amlwg. Cadwodd ei holl fuddiannau ar ei ddyrchafiad a thebyg oedd hanes Richard Davies a Middleton yn Nhyddewi. Diswyddwyd yr olaf tua 1590 am nifer o gamarferion, er iddo ef ei hun fod yn hallt iawn ei feirniadaeth o'i ragflaenydd am ei drachwant. Er mor ymroddedig fu William Bleddyn yn Llandaf, yn ôl ei dystiolaeth ei hun, ni chollodd unrhyw gyfle i elwa ar diroedd, a chwynodd ei olynydd, Gervase Babington, am gyflwr digalon yr esgobaeth ar ei ddyfod i'w swydd yn 1590.

Nid materion tirol yn unig a achosai helbulon, oblegid ceid trafferthion yn aml gyda chyflwr yr adeiladau, yn arbennig yr eglwysi cadeiriol, a cheir mwy o dystiolaeth amdanynt hwy. Tasg ddrudfawr oedd ceisio eu hadnewyddu neu eu hatgyweirio a'u haddasu i gwrdd ag anghenion y ffydd Brotestannaidd newydd. Ofnwyd yn fynych na ellid talu treuliau'r ailadeiladu, a mynegwyd pryderon am hynny yn achlysurol, a rhoddodd rhai o'r esgobion o'u gwirfodd i geisio cadw urddas yr adeiladau. Gwnaethai Thomas Skeffington, esgob Bangor yng nghyfnod Harri VIII, waith da yn y cyfeiriad hwnnw ynghyd â Babington yn Llandaf a Morgan yn Llanelwy mewn blynyddoedd diweddarach. Disgrifiodd Rhys Meurig o'r Cotrel amgylchiadau truenus Llandaf tua 1578 fel pe bai'r esgobion wedi esgeuluso'r fan yn gyfan gwbl: 'now it is in ruin, which . . . came to pass . . . by the absence of the bishops dwelling at Mathern, and the canons or prebendaries, sometime having fair houses and dwelling there, became non-resident, and their houses almost in utter decay'.[52] Cafwyd adroddiadau tebyg o esgobaethau eraill; dirywiai Tyddewi o'r 1540au ymlaen wedi i'r esgobion ddechrau trigo yn Abergwili, ger Caerfyrddin, a symudodd esgobion Llanelwy i fyw i dŷ'r archddiacon yn Niserth.

Ni allai'r Eglwys ychwaith osgoi bygythiad parhad y ffydd Babyddol i ffyniant y drefn newydd. Ceir digon o dystiolaeth ddogfennol i brofi bod plwyfolion cyffredin yn glynu wrth hen arferion, ac nid yw ystadegau swyddogol 1603 yn arweiniad cywir o bell ffordd i ddangos pa faint o deyrngarwch a oedd i gyffes ac offeren. Yn ôl y ffigurau bras hynny sydd wedi'u cofnodi'n fynych erbyn hyn, cafwyd 808 o reciwsantiaid rhwng y pedair esgobaeth, y rhan fwyaf ohonynt yn y ddwy agosaf at y ffin â Lloegr, yn arbennig esgobaeth Llandaf. O'u cymhwyso, ceid 47 y cant ohonynt yno, 31 y cant yn Llanelwy, 18 y cant yn Nhyddewi a 4 y cant yn unig ym Mangor. Nid yw'r ffigurau hynny, fodd bynnag, yn adlewyrchu'r ffaith fod llawer mwy yng Nghymru yn glynu wrth yr hen ffydd heb ddatgan hynny'n gyhoeddus. Mor ddiweddar â 1618 cofnodir bod pererinion yn tyrru i ffynnon enwog Gwenfrewi yn Nhreffynnon, a gwnaed ymdrech arbennig yn y flwyddyn honno i weithredu'n fwy pendant yn erbyn Pabyddiaeth, a'r Cyngor yn y Gororau oedd yn gyfrifol am hynny. Yn gynharach yn 1591 rhybuddiwyd y Cyngor hwnnw gan y Cyfrin Gyngor i weithredu'n fwy pendant yn siroedd de-ddwyrain Cymru – 'there is great backsliding in religion in these parts,' meddid yn bryderus, 'and especially in the confines of the shires between England and Wales as Monmouth, Hereford, Shropshire and the skirts of the shires of Wales bounding upon them.'[53] Cafodd esgobion Llandaf a Llanelwy fwy o drafferthion na'r gweddill yn y gorchwyl o ddifa'r hen ffydd. Blinwyd William Bleddyn gan yr holl bwysau a roddwyd arno, gan Gatholigion yn arbennig ym Morgannwg a rhannau neilltuol o Went, megis Llanfihangel Llantarnam a pharthau gogledd-ddwyreiniol y sir.[54]

Ofnai John Penry'n fawr ddylanwad Pabyddiaeth pe byddai'r Eglwys yn methu â'i hatal rhag gorlifo'r wlad. Dilornai'r 'forces of Rhomish Caine' a'r 'vnsatiable blood-suckers', a'r tebyg yw y byddai'n cymeradwyo polisi eithafol Nicholas Robinson yn erlid dilynwyr Eglwys Rufain. 'I am termed by letters from my country-men beyond the seas a persecutor,' meddai wrth Syr Francis Walsingham, ac aeth ymlaen i ddangos pam y ceid cyn lleied o ymwrthodwyr o fewn ei dalaith. Er cymaint yr ymdrechion a wnaed gan arweinwyr eglwysig a'r awdurdodau gwladwriaethol i leihau grym Pabyddiaeth, cynyddu a wnâi'r niferoedd erbyn diwedd oes Elisabeth.[55] Yr oedd siroedd ar ffin Cymru, meddai'r Arglwydd Zouch, Arglwydd Lywydd newydd Cymru yn 1603, yn llawn o Gatholigion pur sylweddol eu byd – 'who possess plenty of arms and money'. O gofio am y rhan a chwaraeodd rhai Cymry amlwg mewn cynllwynion i ddymchwell y drefn Brotestannaidd ac ailsefydlu Pabyddiaeth, gellid deall pryder y Cyngor yn y

Mers a chyrff cyhoeddus eraill ynghylch y broblem honno. O 1577 ymlaen, y flwyddyn y penodwyd John Whitgift, esgob Caerwrangon, yn ddirprwy i Syr Henry Sidney yn Llwydlo, cyflymwyd yr ymgyrch i ymosod ar reciwsantiaid gyda sêl bendith y Cyfrin Gyngor. Bu rhai teuluoedd bonheddig yn gefn iddynt, megis Plas-du, Penrhyn Creuddyn, Plasnewydd, Llantarnam a Thwrbiliaid Bro Morgannwg.[56] Creai'r grefydd newydd gryn helbul i deuluoedd o'r fath, oblegid disgwylid i aelodau ohonynt, yn rhinwedd eu statws cymdeithasol, ymgymryd â dyletswyddau gwladwriaethol, a cheisient hwythau hefyd fanteisio ar hynny. Nid penderfyniad hawdd i'r boneddigion yn gyffredinol oedd bwrw eu coelbren o blaid y frenhines a ddaethai i'r orsedd yn 1558. Gweithred derfynol y Pab yn ei hesgymuno yn 1570 a'u gorfododd naill ai i barhau'n ffyddlon i Rufain neu i'r llinach Duduraidd. Yn ystod y blynyddoedd wedi hynny cafodd y Cyngor yn y Mers anawsterau wrth erlid Pabyddion dan arweiniad Sidney, oblegid credid bod ei fryd ar sicrhau rheolaeth lawnach ar yr esgobion a'r offeiriadaeth. Canlyniad hynny fu llesteirio'r ymgyrch dros dro, ond wedi i Iarll Penfro ddod i'w swydd yn 1586 aethpwyd ati'n eiddgar i erlid, a'r pryd hwnnw yr oedd yr esgobion yn eu hystyried eu hunain yn rhan allweddol o'r polisi i gryfhau adnoddau'r wladwriaeth sofran mewn cyfnod o ryfel yn erbyn Sbaen. Yn y 1580au hefyd, bygythiwyd amddiffynfeydd y deyrnas gan nerthoedd y Diwygiad Catholigaidd, ac arwydd pendant o hynny oedd gorchymyn y Cyfrin Gyngor i Iarll Penfro ar iddo ymgymryd â'r dasg o holi hynt a helynt meibion bonedd a hyfforddwyd ar y Cyfandir gyda'r bwriad o ddarganfod pa faint yn eu plith a ffafriai'r ffydd Rufeinig.[57] Mewn cyfnod cythryblus ceisiodd y llywodraeth dynhau ei gafael ar deyrnas a fygythid gan nerthoedd allanol.[58]

Sut arweinyddiaeth a geid o fewn yr Eglwys Brotestannaidd newydd yng Nghymru? Y symbol lawnaf ohoni'n ddiau oedd yr awdurdod esgobol nad ystyriai John Penry a'i debyg y gellid ei gyfiawnhau ar dir politicaidd na diwinyddol. Ymdrechid, fodd bynnag, i apwyntio esgobion cymwys o safbwynt eu safonau ysgolheigaidd, glendid eu ffydd a'u cefndir diwylliannol. Dibynnai llwyddiant y drefn newydd ar barodrwydd yr arweinwyr hynny i weinyddu a bugeilio'n effeithiol. 'What more exact search is made by our bishops for worthy men to be admitted to the cure of souls?', gofynnodd awdur *Discourse of the Common Weal* yn 1549. 'Yea, what better hospitality, residence or ministrations, either of the Word or of other duties, do our prelates and bishops give than they did before?'[59] Awgrymwyd nad oedd na safon nac ansawdd yr esgobion cystal ag y gellid disgwyl; tanlinellwyd lletygarwch a nawdd, bugeiliaeth ac esiampl wiw i'r offeiriadaeth. Yng Nghymru amharwyd ar lwyddiant y Diwygiad gan benodiadau estron, absenoliaeth a budrelwa ar fuddiannau'r Eglwys, ac ystyrid Anthony Kitchin yn enghraifft dda o brelad a gafodd effaith druenus ar ei esgobaeth trwy gamweinyddu dros gyfnod o 21 mlynedd. Fe'i disgrifiwyd gan Parker yn 'adfeiliwr anferthol',[60] a chan iddo anwybyddu unrhyw fath o ddiwygio, dirywiodd ei lywodraeth a'i gysylltiadau â'i offeiriadaeth.

O gymryd holl esgobion Cymru yng nghyfnod Elisabeth I i ystyriaeth, gellir dweud iddynt feddu ar nodweddion clodwiw o safbwynt cefndir eu haddysg a'u hagwedd tuag at yr awdurdodau seciwlar. Dyrchafwyd Thomas Davies i Lanelwy yn bennaf oblegid ei alluoedd gweinyddol a chyfreithiol; ystyriwyd Nicholas Robinson, erbyn diwedd ei gyfnod ym Mangor, yn un a erlidiai Babyddion yn eithafol; a chafodd William Morgan ei swyddi yn Llandaf a Llanelwy yn rhinwedd ei ysgolheictod ysgrythurol. Pa briodoleddau bynnag a feddiannwyd ganddynt, mae'n amlwg iddynt wynebu'n eofn her y ffydd Brotestannaidd a bu eu hymdrechion, i raddau pell, yn gyfryw i greu a sefydlogi adeiladwaith eglwysig newydd yng Nghymru. O'r deunaw esgob a benodwyd i'r pedair cadeirlan yng nghyfnod Elisabeth I, yr oedd o leiaf dri ar ddeg ohonynt yn Gymry Cymraeg eu hiaith ac yn hanfod o deuluoedd lleol. Er gwanned oedd arweiniad William Hughes yn Llanelwy, fe'i cydnabuwyd yn ysgolhaig clasurol da a bu'n gymorth i William Morgan yn y gorchwyl o gyfieithu'r Beibl. Pa wendidau bynnag a lesteiriai yrfa Middleton yn Nhyddewi, daeth i'w esgobaeth gyda brwdfrydedd afieithus i'w glanhau o'r hyn yr oedd ef yn ei ystyried yn aflendid Pabyddol. Cafodd Morgan gymorth gan Hugh Bellot a Richard Vaughan – ill dau yn esgobion Bangor yn eu tro, a'r olaf yn gydymaith coleg iddo ac yn ŵr a gydnabuwyd ymhlith y mwyaf urddasol yn y swydd esgobol. Ceir tystiolaeth i sawl un o'r esgobion hynny ac eraill fod yn hael eu lletygarwch a'u nawdd, a'r amlycaf ohonynt, yn ddiau, oedd Richard Davies yn Abergwili, lle bu plas yr esgob yn ganolfan bwysig i ddiwylliant ar ei ehangaf.[61]

Gorchwyl anodd yw ceisio mesur dylanwad esgobion Cymru ar eu hoffeiriadaeth. Yn sicr, nid oedd y farn gyfoes am ansawdd gwŷr eglwysig yn or-garedig. Ar wahân i ddatganiadau deifiol John Penry, cafwyd sylwadau craff gan eraill ar eu gwendidau addysgol a'u hanallu i gyflwyno'r ffydd Brotestannaidd newydd i'r plwyfolion. Yn ei ragair i *Deffynniad Ffydd Eglwys Loegr* beirniadodd Maurice Kyffin yr offeiriaid hynny a elwai ar draul y rhai a ddisgwyliai hyfforddiant ganddynt. Cyfeiriodd at 'wŷr Eglwysig cymreig yn byw ar bris eneidieu dynion, a bagad eraill o Gymry yn cymeryd arnynt eulun dysc a goruchafiaeth, heb genthynt fri'n y byd a'r iaith eu gwlad . . . rhag ofn iss-hau ar eu gradd a'u cymeriad'.[62] Sut bynnag, cafwyd nifer dda o glerigwyr galluog a gweithgar a chynyddodd rhif y graddedigion a wasanaethai yn y pedair esgobaeth, ac yn eu plith Edmwnd Prys, Humphrey Prichard, Huw Lewys, Jasper Gryffyth, Thomas Huet, Edward James a'r Dr David Powel. Er cymaint oedd gwendidau William Evans, canghellor, canon a thrysorydd esgobaeth Llandaf yn ei dro, bu ei ddylanwad yn fawr ar weinyddiad yr Eglwys ac ar barhad nawdd i'r beirdd ym Morgannwg. Gwnaed ymdrechion i geisio gwella safonau clerigol oblegid, yn 1560 rhoddwyd canllawiau pendant i'r esgobion i beidio ag ordeinio gwŷr annysgedig.[63] Yn 1571 drachefn pwysleisiwyd mewn canonau eglwysig y dylai ymgeiswyr am y weinidogaeth dderbyn hyfforddiant trwyadl mewn dysg a gwybodaeth ysgrythurol. Yn 1576 hefyd mynnwyd bod y rhai a ordeiniwyd yn gallu cyfiawnhau eu ffydd yn yr iaith Ladin ac, erbyn hynny, bu'r cynnydd mewn ymgeiswyr yn gyfle i godi safonau. Yn y rhan fwyaf o esgobaethau'r deyrnas tyfodd nifer y graddedigion yn araf hyd tua 1580, ac wedi hynny cyflymodd yn arw. Ni olygai hynny, fodd bynnag, fod y llywodraeth wedi datrys holl broblemau cyflwyno Protestaniaeth i'r esgobaethau, oblegid yn fynych yn y ganrif ddilynol atseiniwyd y gri am fwy o 'learned ministry' gan Richard Parry, esgob Llanelwy. Mewn llythyr Lladin yn 1610 cyfeiriodd yn drist at gyflwr ei dalaith, gan nad oedd ynddi glerigaeth barhaol a dysgedig.[64]

Beth, felly, oedd amgylchiadau'r Eglwys Brotestannaidd newydd ar drothwy canrif y Stiwartiaid, a pha lwyddiant a gawsai yng nghyfnod y sefydlogi? O gofio am yr holl beryglon a fygythiai'r Frenhines Elisabeth yn ystod ei theyrnasiad, gellir yn deg honni i'r sefydliad eglwysig newydd fod yn gyfrwng yn y pen draw i gynnal a chryfhau undod y deyrnas sofran genedlaethol. Yng Nghymru rhoddodd ganllawiau pellach i'r hyn a gyflawnwyd rai cenedlaethau ynghynt yn y byd gwleidyddol a seciwlar pan unwyd Cymru a Lloegr. Yn 1536–43 crëwyd Cymru'n undod gweinyddol unigryw o fewn y deyrnas gyflawn a rhoddodd yr Eglwys Brotestannaidd newydd hefyd i'r genedl fframwaith arbennig gyda'i nodweddion a'i broblemau arbennig ei hun. Cadarnhawyd Cymru'n uned neilltuol o fewn y deyrnas, rhoddwyd i'w Heglwys hynodrwydd a'i clymai â thraddodiadau cyntefig y cyfnod cyn-Babyddol, ac ohoni y daeth y ffrydiau ysbrydoledig a fu'n sylfaen i barhad yr iaith, y grefydd Brotestannaidd a'r ymwybyddiaeth genedlaethol ymlaen i'r dyfodol.[65] Yn rhinwedd ei swydd fel gwarcheidwad cadarn y sefydliad crefyddol newydd hwn, er cymaint ei hansefydlogrwydd a'r bygythiadau enbyd iddi, yng nghefndir hynod ddisglair ei chyfnodau cynharaf y disgrifia Siôn Tudur, bardd a chanddo brofiad o'r llys brenhinol, y Frenhines Elisabeth I ym mlynyddoedd olaf ei theyrnasiad:

> Wyd biler, hyder yrhawg
> I'r Efengyl grafangawg.
> Caid enw cryf yn cadw'n crefydd,
> Ceidwad, amddiffyniad ffydd.[66]

Yn ôl datblygiadau gwladwriaethol yr oes mewn sawl gwlad yng ngorllewin Ewrop y grym a'r awdurdod seciwlar brenhinol a safai goruwch pob sefydliad arall, yn cynnwys yr Eglwys.[67] Yn ei chyfnod cynnar, yn ail ran yr unfed ganrif ar bymtheg uniaethwyd yr Eglwys honno â gwerthoedd gwleidyddol yr oes ac fe'i hystyrid yn gadarnle trefn, disgyblaeth ac undod gwladwriaethol ac yn ddrych o'r 'pennaf Llywodraethwr' a'i 'sêl fwyaf eiddgar dros ledaenu ac amddiffyn gwir grefydd'.

Nodiadau

1 Statud 24 Harri VIII c.12, *Statutes of the Realm*, III, 1509–45 (London, 1963), tt. 427–9.

2 Gw. y cefndir yn G. R. Elton, *England under the Tudors* (London, 1974); R. Ashton, *Reformation and Revolution, 1558–1660* (London, 1985); A. G. Dickens, *The English Reformation* (London, 1964).

3 G. R. Elton, *Reform and Reformation*, 1509–58 (London, 1977), tt. 353–75; J. Loach a R. Tittler, *The Mid-Tudor Polity, 1540–1560* (London, 1980), tt. 50–95; S. E. Lehmberg, 'Supremacy and Vicegerency', *English Historical Review*, LXXXI (1966), 225–35. Am yrfa Cranmer a'r ddau Lyfr Gweddi

Gyffredin gw. D. MacCulloch, *Thomas Cranmer: A Life* (New Haven/London, 1996), tt. 410–21, 504–12, 524–9.

[4] *CSPD, 1547–1580*, VII (73), t.144.

[5] C. Haigh, 'The continuity of Catholicism in the English Reformation' yn *idem* (gol.), *The English Reformation Revised* (Cambridge, 1990), tt. 176–208; *idem*, 'From monopoly to minority: Catholicism in early modern England', *Transactions of the Royal Historical Society* (cyfres 5), XXXI (1981), 129–47. Am y deimensiwn Cymreig gw. Glanmor Williams, *Wales and the Reformation* (Cardiff, 1999), tt. 216–22.

[6] Statud 1 Elisabeth I c.1, *Statutes of the Realm*, IV (Rhan 1), tt. 350–5.

[7] Statud 1 Elisabeth I c.2, ibid., tt. 355–8.

[8] N. L. Jones, *Faith by Statute: Parliament and the Settlement of Religion, 1559* (London, 1982); W. K. Jordan, *Edward VI: The Threshold of Power* (London, 1970), tt. 335–61; C. Cross, *The Royal Supremacy in the Elizabethan Church* (London, 1969), tt. 19–67.

[9] Glanmor Williams, 'Wales and the Reformation' yn *idem*, *Welsh Reformation Essays* (Cardiff, 1967), tt. 14–15, 17–18. Yn ddiau, Glanmor Williams yw'r prif hanesydd ar bwnc y Diwygiad Protestannaidd yng Nghymru. Yn ychwanegol at y gweithiau o'i eiddo y cyfeirir atynt yn y bennod hon dylid nodi *The Reformation in Wales* (Bangor, 1991); *The Welsh and their Religion* (Cardiff, 1991); *Renewal and Reformation: Wales c.1415–1642* (Oxford, 1993); 'Cymru a'r Diwygiad Protestannaidd' yn *idem*, *Grym Tafodau Tân: Ysgrifau Hanesyddol ar Grefydd a Diwylliant* (Llandysul, 1984), tt. 87–101; 'Wales and the reign of Mary I', *CHC*, X (1981), 334–58, ac 'Y Diwygiad Protestannaidd yng Nghymru' yn *idem*, *Cymru a'r Gorffennol: Côr o Leisiau* (Llandysul, 2000), tt. 102–32.

[10] D. R. Thomas, *The Life and Work of Bishop Davies & William Salesbury* (Oswestry, 1902), t. 44; *CSPD, 1547–1580*, LXVI (26), t. 362.

[11] Am Richard Davies gw. Glanmor Williams, *Bywyd ac Amserau'r Esgob Richard Davies* (Caerdydd, 1953); *idem*, 'Yr Esgob Richard Davies (?1501–1581)' yn *idem*, *Grym Tafodau Tân*, tt. 102–17.

[12] R. Flenley (gol.), *A Calendar of the Register of the Queen's Majesty's Council in the Dominions and Principality of Wales and the Marches of the Same* [1535] 1569–1591 (London, 1916), t. 58; Glanmor Williams, 'The Elizabethan settlement of religion in Wales and the Marches, 1559–60' yn *idem*, *Welsh Reformation Essays*, tt. 141–53. Gw. hefyd *idem*, *Renewal and Reformation*, tt. 305–31.

[13] Williams, 'Elizabethan settlement', tt. 220–5.

[14] E. G. Jones, *Cymru a'r Hen Ffydd* (Caerdydd, 1951), tt. 1–12; Williams, *Welsh Reformation Essays*, tt. 54–62; Penry Williams, *The Council in the Marches of Wales under Elizabeth I* (Cardiff, 1958), tt. 90–9. Am agweddau ar weithgaredd yr arweinwyr Pabyddol gw. G. Bowen, 'Morys Clynnog (1521–1580–1', *Trafodion Cymdeithas Hanes Sir Gaernarfon*, XXVII (1966), 73–97; A. Price, 'Ar drywydd y "bigel phyrnig" – golwg ar fywyd a gwaith Morys Clynnog', ibid., LXIV (2003), 15–32; M. P. Bryant–Quinn, *'Cymaint*

Serch i Gymru': Gruffydd Robert, Morys Clynnog a'r Athrawaeth Grist–nogawl (1568) (Canolfan Uwchefrydiau Cymreig a Cheltaidd, Aberystwyth, 1998).

15 J. A. Bradney, 'The speech of William Blethin, bishop of Llandaff, and the customs and ordinances of the church of Llandaff', *Y Cymmrodor*, XXXI (1921), 258.

16 Glanmor Williams, 'Landlords in Wales: the Church' yn J. Thirsk (gol.), *Agrarian History of England and Wales*, IV, *1500–1640* (Cambridge, 1967), tt. 381–92. Gw. y cefndir yn F. Heal a R. O'Day (gol.), *Church and Society in England: Henry VIII to James I* (London, 1977), tt. 99–118; A. T. Hart, *The Country Clergy in Elizabethan and Stuart Times, 1558–1660* (London, 1958), tt. 24–58; J. E. C. Hill, *Economic Problems of the Church from Archbishop Whitgift to the Long Parliament* (Oxford, 1956), tt. 199–244.

17 Williams, *Bywyd ac Amserau*, tt. 56–81; *idem*, 'The Church' yn Thirsk (ed.), *Agrarian History*, t. 390; *DNB*, XIV, t. 151.

18 J. Strype, *Annals of the Reformation*, II (London, 1725), tt. 62–4; R. G. Gruffydd, 'Bishop Francis Godwin's injunctions for the diocese of Llandaff in 1603', *JHSChW*, IV (1954), 14–22. Am astudiaeth drylwyr o esgobion a chlerigwyr yr esgobaethau yng Nghymru yng nghyfnod cynnar y Diwygiad Protestannaidd hyd 1642 gw. B. Williams, *The Welsh Clergy, 1558–1642*, 2 gyfrol (Open University, 1999).

19 Ibid., t. 64.

20 J. H. Matthews (gol.), *Cardiff Records* , 6 chyfrol (Cardiff, 1899–1911), V, 9–10; *CSPD, 1581–1590*, CLXV (1), t. 143.

21 Strype, *Annals*, I, tt. 156–7.

22 J. G. Jones, 'Thomas Davies and William Hughes: two Reformation bishops of St Asaph', *BBGC*, XXIX (1980–2), 320–8; *idem*, 'The Reformation bishops of St Asaph', *Journal of Welsh Ecclesiastical History*, VII (1990), 17–40.

23 L. Thomas, *The Reformation in the Old Diocese of Llandaff* (Cardiff, 1930), t. 124; J. Bruce a T. T. Perowne (gol.), *Correspondence of Matthew Parker* (Parker Society, 1853), CXCVIII, t. 257.

24 D. R. Thomas, *History of the Diocese of St Asaph*, I (Oswestry, 1908), tt. 92, 95–102.

25 Williams, *Welsh Reformation Essays*, tt. 167–8.

26 G. H. Hughes (gol.), *Rhagymadroddion*, 1547–1659 (Caerdydd, 1951), tt. 32–3; *CSPD, 1547–80*, CXXVI (40), t. 604, (52), t. 606; CXVIII (11i), t. 594; R. Davies, *A Funerall Sermon Preached the XXVI day of November . . . md lxxvi in the Parishe Church of Caermerthyn by . . . [the] Bishoppe of Saint Davys at the buriall of . . . [the] Earle of Essex* (1577), [Diii]; Williams, *Bywyd ac Amserau*, t. 75.

27 *CSPD, 1547–1580*, CXXXI (42–3), t. 627; Williams, *Bywyd ac Amserau*, tt. 78–81.

28 Am Nicholas Robinson gw. *ODNB*, 47, tt. 388–9; Strype, *Annals*, II, t. 141, *Life and Acts of Matthew Parker* (London, 1711), II, tt. 54, 60; *BC*, tt. 832–3;

A. I. Pryce, *The Diocese of Bangor in the Sixteenth Century* (Bangor, 1923), tt. xxvii–xxviii; *CSPD, 1547–1580*, CXXIII (11), t. 586.

29 Thomas, *Life and Work*, t. 37.

30 Davies, *Funerall Sermon*, [Diii].

31 *CSPD, 1547–1580*, LXVI (26), t. 362; ibid., 1581–1590, CLXV (1), t. 143; Thomas, *Life and Work*, t. 37; Williams, *Welsh Reformation Essays*, tt. 172–4; W. P. M. Kennedy (gol.), *Elizabethan Episcopal Administration* (Alcuin Club, 1925), II, t. 145.

32 *CSPD, 1581–1590*, CLXII (29), t. 119; CLXV (1), t. 143.

33 Strype, *Annals*, III (London, 1728), t. 171; *CSPD, 1581–90*, CLXII (29), t. 119.

34 D. Mathew (gol.), 'Some Elizabethan documents', *BBGC*, VI rhan 1 (1931–3), 78; *CSPD, 1547–1580*, XLIV (27), t. 301; ibid., *1581–1590*, CLXV (3), t. 143.

35 J. Penry, *Three Treatises Concerning Wales*, gol. D. Williams (Cardiff, 1960), t. 37.

36 Ibid.

37 C. Davies (gol.), *Rhagymadroddion a Chyflwyniadau Lladin, 1551–1632* (Caerdydd, 1980), t. 66.

38 Hughes, *Rhagymadroddion*, t. 101.

39 Penry, *Three Treatises*, t. 38.

40 R. G. Gruffydd, 'William Morgan' yn G. Bowen (gol.), *Y Traddodiad Rhyddiaith* (Llandysul, 1970), tt. 163–8; N. M. W. Powell, 'Agweddau ar fywyd William Morgan a'i gyfnod', *Y Traethodydd*, CXLIII (1988), 118–34. Gw. ei ohebiaeth â John Wynn o Wedir yn J. G. Jones, 'Bishop William Morgan's Dispute with John Wynn of Gwydir in 1603–4', *JHSChW*, XXII (1972), 67–78. Gw. pennod IV, tt. 144–6, 148–50.

41 LlGC Llsgr, 465E.276; Jones, 'Bishop William Morgan's dispute', 74.

42 Strype, *Annals*, II, t. 64 (atodiad).

43 Hughes, *Rhagymadroddion*, t. 100.

44 Ibid., tt. 32, 101.

45 Jones, 'Bishop William Morgan's dispute', 68; LlGC Llsgr. 465E.268.

46 Jones. 'Bishop William Morgan's dispute', 68.

47 J. G. Jones, 'Henry Rowlands, Bishop of Bangor, 1598–1616', *JHSChW*, XXVI (1979), 34–47.

48 *Idem*, (gol.), *The History of the Gwydir Family and Memoirs* (Llandysul 1990), t. 59.

49 Penry, *Three Treatises*, t. 40.

50 Jones, 'Thomas Davies and William Hughes', 325–35; *idem*, 'The Reformation bishops of St Asaph', 31–5; D. R. Thomas, 'A discoverie of the present estate of the byshoppricke of St Asaphe', *AC* (1884), tt. 53–8.

51 Ibid., t. 65.

52 R. Meurig (Merrick), *Morganiae Archaiographia: A Book of the Antiquities of Glamorganshire*, gol. B. Ll. James (Barry, 1983), t. 94.

53 HMC, *Calendar of Salisbury Manuscripts* (Hatfield Collection), XI (London,

1906), t. 460. Am wybodaeth gefndirol i weithgarwch y reciwsantiaid ar y Cyfandir gw. G. Bowen, *Welsh Recusant Writings* (Cardiff, 1999).

54 *CSPD, 1547–1580*, CXXII (31), t. 583; Jones, *Cymru a'r Hen Ffydd*, tt. 32–3.

55 Penry, *Three Treatises*, t. 27; *CSPD, 1581–90*, CLIII (66), t. 56.

56 Jones, *Cymru a'r Hen Ffydd*, tt. 13–40; *Salisbury MSS*, XII, t. 673.

57 Am drafodaeth bellach ar amddiffyniad y deyrnas yn y cyfnod hwn gw. J. G. Jones, 'The defence of the realm: regional dimensions *c.*1559–1604' yn *idem*, *Conflict, Continuity and Change in Wales c.1500–1603: Essays and Studies* (Aberystwyth, 1999), tt. 113–53.

58 *APC*, XXV, 1595–6, t. 515; *CWP*, rhif 144.

59 'A Discourse of the Common Weal of this Realm of England', gol. E. Lamond (London, 1893), t. 133; F. Houlbrooke, 'The Protestant episcopate 1547–1603: the pastoral contribution' yn F. Heal a R. O'Day, *Church and Society in England*, tt. 78, 86, 95.

60 Strype, *Life and Acts of Matthew Parker*, t. 203.

61 Williams, *Bywyd ac Amserau*, tt. 82–5; *idem*, *Welsh Reformation Essays*, tt. 180–2.

62 Hughes, *Rhagymadroddion*, tt. 90–1. Diweddarwyd yr orgraff yn y dyfyniad hwn.

63 *BC*, tt. 1049–50; G. J. Williams, *Traddodiad Llenyddol Morgannwg* (Caerdydd, 1948), tt. 61, 80, 88–90; Thomas, *Old Diocese of Llandaff*, tt. 49, 134.

64 PRO. SP 14 61/10; J. G. Jones, 'Richard Parry, bishop of St Asaph: some aspects of his career', *BBGC*, XXVI (1974–6), 190.

65 S. Lewis, *Meistri'r Canrifoedd: Ysgrifau ar Hanes Llenyddiaeth Gymraeg*, gol. R. G. Gruffydd (Caerdydd, 1973), tt. 116–39; Williams, *Welsh Reformation Essays*, tt. 207–19; *idem*, 'Bishop Sulien, Bishop Richard Davies and Archbishop Parker', *CLlGC*, V (1947–8), 214–19; R. Flower, 'William Salesbury, Richard Davies and Archbishop Parker', ibid., II (1941–2), 7–14. Am safle sefydliadol a diwylliannol yr Eglwys yng Nghymru yng nghyfnod Elisabeth I gw. cyfraniadau sylweddol P. R. Roberts, yn arbennig 'The union with England and the identity of "Anglican" Wales', *Transactions of the Royal Historical Society*, XXII (1972), 49–70; *idem*, 'The Welsh language, English law and Tudor legislation', *Traf. Cymmr.* 1989, 19–75; *idem*, 'Deddfwriaeth y Tuduriaid a statws gwleidyddol "yr iaith Frytanaidd"' yn G. H. Jenkins (gol.), *Y Gymraeg yn ei Disgleirdeb: Yr Iaith Gymraeg cyn y Chwyldro Diwydiannol* (Caerdydd, 1997), tt. 121–50.

66 E. Roberts (gol.), *Gwaith Siôn Tudur*, 2 gyfrol (Caerdydd, 1980), I, XCVI, t. 380. Gw. hefyd gywydd moliant Edwart ap Raff i'r frenhines Elisabeth, R. A. Charles, 'Gwaith Edwart ap Raff' (casgliad teipiedig, LlGC 1970), 51, 104.

67 Williams, *Wales and the Reformation*, tt. 397–404; S. Doran, *Elizabeth I and Religion, 1558–1603* (London, 1994), 64–70.

III

JOHN PENRY: PIWRITAN A CHYMRO*

Yn ei ragymadrodd i *Perl Mewn Adfyd* (1595) y mae Huw Lewys, ficer Llanddeiniolen yn Arfon, yn dra beirniadol o'i gyd-offeiriaid yn Eglwys Loegr am eu hesgeulustod yn darparu'n ysbrydol ar gyfer plwyfolion anwybodus ac ofergoelus. Y mae'n ymwybodol o'r amgylchiadau cymdeithasol a diwylliannol a oedd yn llethu apêl a chynnydd yr Eglwys Brotestannaidd ar drothwy ei hail genhedlaeth. Un rheswm a rydd dros gyfieithu *A Spyrytuall and moost Precious Pearle* (1550) gan Miles Coverdale yw prinder llyfrau Cymraeg a roddai 'iachusawl, ac ysprydawl ddiddanwch' i'r plwyfolion tlawd. O safbwynt hyfforddi'r werin yn gyson yn egwyddorion y ffydd Brotestannaidd gwêl yr anfantais o gael Beibl cloëdig mewn eglwysi plwyf, a beirniada'r 'preladiaid' a'r gwŷr eglwysig eraill am eu diymadferthedd a'u hanallu i ddehongli Gair Duw i'r bobl. Yn ei farn ef, eu hesgeulustod a barai fod y bobl mor anwybodus a bod yr offeiriaid hwythau'n 'byw yn fudion, ac yn aflafar, fal cwn heb gyfarth, clych heb dafodeu, neu gannwyll dan lestr'. Y gwendid hwn, meddai, oedd yn gyfrifol fod pobl mewn oedran teg yn methu â rhoi cyfrif am 'bynciau yr ffydd, a'r crefydd Cristnogaidd, mwy na phlant bychain newydd eni'. Hynny, meddai ymhellach, a barai fod ofergoeledd truenus ymhlith y bobl gyffredin, ynghyd â 'gaudduwiaeth' a achosai falchder a rhodres, cybydd-dod, chwant, usuriaeth, anfoesoldeb, ymgyfreithio ac ati, nodweddion, ym marn Huw Lewys, a greai gymdeithas drachwantus ac anystyriol o'i phriod ddyletswyddau ysbrydol.[1] Tebyg oedd ymateb Maurice Kyffin yn ei ragymadrodd i *Deffynniad Ffydd Eglwys Loegr*, sef cyfieithiad o *Apologia Ecclesiae Anglicanae* (1562), gan John Jewel, esgob Caersallog. Ynddo, beirniadodd yn llym anwybodaeth y Cymry: 'Druain gwerin,' meddai, 'ychydig a wyddant, llai a welsant, ag nid gwiw sôn am ddysgu iddynt.' Credai yntau hefyd fod diffyg llyfrau, ac eithrio'r Beibl, 'i ddyscu ag i hyfforddi yr rhai annyscedig' ac, yn ei farn ef, yr oedd llawer o'r farddoniaeth a gyfansoddwyd yn ddiffygiol mewn dysg a duwioldeb ac yn 'anrheithio llawer enaid dyn drwy'r fath erchyll ynfydrwydd'.[2]

Yn ei ragymadrodd i *Y Drych Cristianogawl* (*c.*1584–7), sef traethawd Pabyddol maith ar garu Duw a'r 'Pedwar Peth Olaf', aeth Robert Gwyn, yr offeiriad a'r awdur reciwsantaidd o Benyberth, Llŷn, rhagddo i fwrw ei lid ar uchelwyr Cymru, rhagor na'u tebyg yn Lloegr, oherwydd eu difaterwch a'u hamharodrwydd, fel arweinwyr naturiol yn eu cymunedau, i roi esiampl i'r tlodion. Nid eu hesgeulustod yn unig a'i gofidiai eithr hefyd eu hanallu i ddarllen ac ysgrifennu Cymraeg, a gwnâi hynny eu hiaith, yn ogystal â'u crefydd, yn ddibris yng ngolwg y Saeson.[3] Y mae'r dystiolaeth hon, fel y dangosodd Glanmor Williams, yn pwysleisio'r gwendidau sylfaenol yn y gymdeithas yng Nghymru yn y blynyddoedd cynnar wedi sefydlu Eglwys Loegr yn nheyrnasiad Elisabeth I, ac y mae'n adlewyrchu llawer o'r sylwadau a oedd gan John Penry (neu Penri) i'w cynnig yn ei draethodau angerddol ar Gymru yn y 1580au diweddar.[4] Canolbwyntir y sylwadau ar un gwendid sylfaenol, sef y diffygion cymdeithasol ac economaidd yn y blynyddoedd pan geisiodd arweinwyr eglwysig yng Nghymru yn y 1560au a'r 1570au sefydlu'r Eglwys newydd ar sylfeini cadarn. Nid oedd yr amgylchiadau'n foddhaol o bell ffordd oblegid, yn y lle cyntaf, yr oedd fframwaith yr Eglwys yn parhau i fod yn ganoloesol ac etifeddodd lawer o'i gwendidau o'r gorffennol. Y mae'r corff o dystiolaeth weinyddol sydd wedi goroesi yn tanlinellu ei thlodi a'i diymadferthedd mewn sawl cyfeiriad oherwydd hynny. Gwnaed ymdrechion gan rai o esgobion Cymru i geisio rhoi delwedd newydd iddi, ac y mae eu datganiadau'n aml yn canolbwyntio ar aneffeithiolrwydd amlwg yr offeiriaid. Cyfaddefodd Richard Davies, esgob Tyddewi (1561–81), er enghraifft, mai prin oedd gwasanaethau mewn rhai plwyfi yn ei esgobaeth, yn arbennig y rhai amfeddedig,[5] ac, yn 1583, cwynodd ei olynydd, Marmaduke Middleton, mai dim ond tua hanner yr offeiriaid a drigai yn eu bywiolaethau. Yn yr esgobaeth honno y pryd hwnnw trigai naw pregethwr graddedig a dau heb raddio; yno hefyd gweithredai 21 o raddedigion heb drwyddedau pregethu, 42 o offeiriaid 'dysgedig' a 99 gyda rhyw gymaint o ddysg ynghyd â nifer heb fywiolaethau.[6] Yn wyneb y sefyllfa hon, beirniadodd Davies amlblwyfaeth, amfeddu tiroedd a degymau eglwysig, safonau isel ymhlith clerigwyr cyffredin ac 'anghredin-iaeth' ymhlith plwyfolion.

Rywbryd yn 1586, cwta blwyddyn cyn i John Penry gyhoeddi ei draethawd maith cyntaf ar gyflwr y bywyd crefyddol yng Nghymru, ysgrifennwyd arolwg o wendidau'r Eglwys Brotestannaidd newydd yn archddiaconiaeth Aberhonddu gan sylwedydd anhysbys. Y mae'n bosibl mai Penry ei hun oedd yr awdur, gan ei fod yn frodor o sir Frycheiniog ac ar fin ysgrifennu ei draethawd cyntaf ar Gymru y pryd hwnnw. Y mae'n ddogfen fer a diddorol sy'n cofnodi diffygion sylfaenol yn yr archddiaconiaeth wedi Ardrefniant Eglwysig Elisabeth I yn 1559. Cyfeiria'r arolwg yn benodol at brinder gweinidogion i gynnal gwasanaethau yn yr eglwysi plwyf. Mewn mannau y mae'r awdur yn eithaf llym ei sylwadau ar amgylchiadau yn y plwyfi:

> In all Breconshire are very few spiritual livings or parsonages but are impropriate, and in those few not one preacher. But ignorant and unlearned stipendiary curates do serve two, some three parishes. So that in most country parishes if upon Sundays and high holy days, some part of the morning prayer be said (and that in such posting manner that the hearers are little or nothing the better for it) seldom or never is there any evening prayer: neither in the week (no, not in Lent) is any service said at all; and many times for want of a minister the parishioners are fain to bury the dead themselves.[7]

Y mae'r darlun yn un trist ac yn adleisio llawer o'r hyn a ddadlennodd Richard Price, mab iau i Syr John Price, y dyneiddiwr a'r hynafiaethydd o Aberhonddu, yn ei lythyr at yr arglwydd Burghley dros ddeng mlynedd ynghynt. Cyfeiriodd yntau hefyd at drueni'r Eglwys yn yr esgobaeth, at ddiffygion amlwg yn ei threfniadaeth ac at ansawdd wael ei chlerigaeth. Fel ei dad, yr oedd Price yn ŵr amlwg yn ei sir: fe'i dyrchafwyd yn siryf yn 1565–6 a 1571–2, a chynrychiolodd fwrdeistref Aberhonddu yn y Senedd yn 1571. Yr oedd hefyd yn dirfeddiannwr grymus ac, fel Syr John Price, ymddiddorodd mewn hynafiaethau. Yn 1573, flynyddoedd wedi marwolaeth ei dad, cyhoeddodd *Historiae Britannicae Defensio*, sef amddiffyniad Syr John Price o'r traddodiadau a gysylltir â Sieffre o Fynwy yn dilyn y beirniadu llym a fu arnynt gan yr Eidalwr Polydore Vergil ac eraill.[8] Yn ei lythyr dywedodd na allai'r werin bobl ddweud Gweddi'r

Arglwydd nac Erthyglau'r Ffydd, a ddarparwyd gan ei dad yn Gymraeg yn *Yny lhyvyr hwnn* (1546).[9] Yr oedd sylw o'r fath yn cymharu'n dda â'u hanallu hefyd i ddeall Testament William Salesbury a'r Llyfr Gweddi Gyffredin.

Er gwaethaf beirniadaeth Marmaduke Middleton ar gyflwr esgobaeth Tyddewi wedi marwolaeth ei ragflaenydd, Richard Davies, yn 1581, fe'i cydnabyddir yn un o'r dyneiddwyr Protestannaidd mwyaf a gynhyrchodd yr Eglwys yng Nghymru yn y dyddiau hynny. Y tebyg yw iddo gefnogi ei offeiriaid mwyaf cydwybodol yn eu gorchwyl yn cryfhau'r ffydd newydd trwy gyfrannu addysg a gweinidogaethu'n ddiwyd yn eu plwyfi yn ne-orllewin Cymru. Nid oes tystiolaeth i brofi hynny ond, er ei holl anawsterau yn yr esgobaeth a'i duedd, fel esgobion eraill, i fanteisio ar ei hadnoddau prin, yr oedd yn awyddus i sicrhau gweinidogaeth bregethu ynddi a'i gwarchod rhag cael ei gorlygru. Sut bynnag, ei brif genadwri oedd fod gwendidau'r Eglwys yn llesteirio apêl Protestaniaeth ac yn peri nad oedd digon o bregethu'r Gair i blwyfolion, ac amlygwyd hynny yn ei adroddiadau a'i ohebiaeth.

Y mae'n ddiddorol sylwi pa mor debyg yw'r adroddiadau ar gyflwr yr Eglwys ym mhedair esgobaeth Cymru yn y cyfnod hwnnw, a chadarnheir hynny'n bennaf gan Richard Davies yn ei adroddiadau a'i sylwadau ar safon gyffredinol ei esgobaeth, yn arbennig ei arolwg swyddogol o'r esgobaeth honno yn 1569–70. Ynddo cwynodd yn arw am ddiffyg adnoddau i wella cyflwr ysbrydol ei offeiriaid a'u praidd.[10] Un o brif wendidau'r Eglwys oedd rhaib a thrachwant amfeddwyr lleyg a oedd yn eiddgar i ehangu ffiniau eu hystadau. Mynegodd Davies a'i gyd-esgobion eu pryder hefyd ynglŷn ag ansawdd y weinidogaeth bregethu yn eu hesgobaethau, ac yn eu cywyddau moliant iddo cyfeiriodd Siôn Tudur a Wiliam Llŷn at ei alluoedd fel esgob a phregethwr. Nododd Siôn Tudur ei ddymuniad ar bob achlysur i bregethu ac i annog ei glerigwyr hefyd i draethu'r Gair:

> Nid aud i fan, diwad fu
> Heb roi gwth ar bregethu.[11]

Ac meddai Wiliam Llŷn yntau wrth gymeradwyo ei alluoedd bugeiliol:

A difeth bregeth mewn bri
Aml i Dduw'n nheml Ddewi
Chwithau 'mhob talm fal Salmon,
Gŵr wyd yn hau Gair Duw n hon.[12]

Er ei bod yn wir fod Davies wedi defnyddio'r Eglwys i'w amcanion ei hun a'i fod yn euog o'r un camarferion a nodweddai ei gyd-esgobion, yn bennaf i gadw dau ben llinyn ynghyd, yr oedd yn awyddus i hyrwyddo llwyddiant yr Eglwys newydd. Meddai yn 1569–70 yn ei apêl at y Cyfrin Gyngor ar ddiwedd ei arolwg:

> [So that] that smale patrymony [sef Tyddewi] of the church which is yet remayning to the maintenance of goddes s'vice, may so styll co'tinue to the sustentacon (as I trust) of preachers and teachers, after that the Incu'bents now beinge no preachers shall happen to depart.[13]

Ei ateb i'r broblem oedd rhoi bywiolaethau sylweddol i bregethwyr fel Gruffydd Toy o Gaerfyrddin, a gafodd brebend Llan-gain a Llan-gamarch yn ogystal â rheithoriaethau St Florence a Llan-gwm.[14] Ychydig a allai bregethu yn yr iaith Gymraeg, ond gwendid sylfaenol yr Eglwys yng Nghymru cyn y Diwygiad Protestannaidd ac wedi hynny oedd ei thlodi a beiddgarwch trachwantus tirfeddianwyr lleyg a fanteisiai ar eu galluoedd i grafangu tiroedd eglwysig. Pwysleisiodd Richard Davies fod angen mwy o bregethwyr, a'r rheini o'r safon uchaf posibl, i weinidogaethu yn y plwyfi i wrth-weithio yn erbyn camarferion o'r fath. Yr oedd prinder a chyflwr gwael addysg gyffredinol yr offeiriaid yn destun gofid mawr iddo, a'r unig ffordd y gallai sicrhau pregethwyr oedd trwy gynnig bywiolaethau eithaf sylweddol i rai ohonynt ac, yn ôl ei dystiolaeth, dim ond deg pregethwr (yn cynnwys yr esgob) a weithredai yn yr esgobaeth yn 1570, a hyd yn oed erbyn 1583 yr oedd y cynnydd yn fach, sef i dri ar ddeg.[15]

Dyna'r cefndir, yn fras, i fywyd crefyddol esgobaeth Tyddewi ym mlynyddoedd cynnar teyrnasiad Elisabeth I. Er bod yr Eglwys Brotestannaidd yn oes Elisabeth eisoes wedi cael ei chydnabod yn swyddogol a ffurfiol dan ddeddfwriaeth, nid gorchwyl hawdd oedd ei chynnal a'i hamddiffyn, ac yr oedd yr hinsawdd wleidyddol a chrefyddol yn peri anesmwythyd cynyddol i'r llywodraeth. Yr oedd y blynyddoedd o tua 1569 hyd at 1590 yn rhai cynhyrfus iawn, cyfnod pryd y cafwyd newidiadau hynod ar gyfandir Ewrop yn y byd gwleidyddol ac economaidd yn ogystal â chrefyddol. Yn Lloegr, yn 1534, gwrthododd Harri VIII awdurdod y Pab a'i ddyrchafu ei hun, gyda chefnogaeth y Senedd, yn Oruchaf Bennaeth ar yr Eglwys yn Lloegr, Cymru ac Iwerddon. Yn nheyrnasiad ei fab Edward VI cyflwynwyd athrawiaeth y grefydd Brotestannaidd i'r deyrnas, ac yn 1552 lluniodd Thomas Cranmer, archesgob Caer-gaint, ei ail Lyfr Gweddi Gyffredin, a oedd yn llawer mwy Protestannaidd ei gynnwys na'r cyntaf yn 1549 ac a ddaeth yn ddiweddarach yn sail i gredo'r Eglwys newydd a sefydlwyd yn 1559. Wedi marw Edward VI, daeth y Babyddes frwd Mari Tudur i'r orsedd. Ei bwriad oedd ailsefydlu'r hen ffydd fel y ceid hi cyn 1529, blwyddyn cwymp Thomas Wolsey, pan ddaeth i ben gyfnod o geisio dwyn perswâd ar y Pab i ddiddymu priodas Harri VIII a Catherine o Aragon. Er i Fari losgi tua thri chant o Brotestaniaid – yn cynnwys tri o Gymru – methiant llwyr fu ei pholisi i adfer yr hen ffydd er iddi gynnal eiddgarwch ymlynwyr wrthi ymlaen i gyfnod ei holynydd.

Elisabeth, merch Anne Boleyn – ail wraig Harri VIII – a hannerchwaer Mari, a ddaeth i'w holynu. Yr oedd hi'n dra gwahanol ei thueddiadau: i raddau'n llai crefyddol ac yn fwy gwleidyddol ei hanian, a'i bryd ar greu a diogelu gwladwriaeth Brotestannaidd gyflawn dan ei hawdurdod. Mabwysiadodd safle ei thad ac fe'i dyrchafwyd yn 'Bennaf Llywodraethwr' ar yr Eglwys dan Ardrefniant Eglwysig 1559. Yn y flwyddyn honno cafwyd Deddf Uchafiaeth, a gadarnhaodd safle newydd y frenhines, a Deddf Unffurfiaeth, a gyfreithlonodd yr Ail Lyfr Gweddi a gorchymyn ei ddefnyddio ym mhob eglwys yn y deyrnas. Yn 1563, derbyniodd y Confocasiwn Eglwysig y Deugain Erthygl Namyn Un (sef fersiwn llai o'r Deugain Erthygl a Dwy a luniwyd yn 1553) yn sail i athrawiaeth a threfn eglwysig y ffydd Brotestannaidd.[16]

Yr oedd hi'n angenrheidiol i'r llywodraeth hyrwyddo buddiannau'r ffydd newydd ac, yn groes i ddeddfwriaeth 1536, penderfynwyd caniatáu defnyddio'r iaith Gymraeg i ddibenion crefyddol. Gan fod cyflwr yr Eglwys yng Nghymru yn wael a chan fod angen hyfforddi'r plwyfolion anllythrennog yn egwyddorion y ffydd Brotestannaidd, deddfwyd eto yn 1563 i gyfieithu'r ysgrythurau a'r Llyfr Gweddi Gyffredin i'r Gymraeg. Canlyniad hynny oedd ymddangosiad y Testament Newydd a'r Llyfr Gweddi yn 1567 mewn cyfnod pan oedd Piwritaniaeth yn Lloegr yn cryfhau ei gafael mewn byd ac eglwys a phan gynyddai bygythiadau Pabyddol o'r Cyfandir, yn arbennig o Ffrainc a Sbaen, i annibyniaeth wleidyddol a chrefyddol y deyrnas. Cyfrannodd Cymru nifer fechan o Babyddion blaenllaw i'r ymgyrch i geisio adfer eu ffydd, rhai ohonynt yn gweithredu ar y Cyfandir ac eraill yn offeiriaid Iesuaidd yn Lloegr ac, ar raddfa lai, yng Nghymru. Yn Wrecsam, yn 1584, crogwyd yr ysgolfeistr Richard Gwyn, brodor o Lanidloes, cyfoeswr John Penry a'r merthyr Pabyddol Cymreig cyntaf. Er mai bach oedd dylanwad y Diwygiad Pabyddol ar Gymru yn y blynyddoedd hyd at 1588, pan hwyliodd Armada Sbaen i gyfeiriad Lloegr, bu'r bygythiadau o blith offeiriaid a theuluoedd blaenllaw a'u hymlynwyr yn rhwystr i'r llywodraeth rhag sefydlu unffurfiaeth grefyddol. Yr oedd y ddau fudiad – Pabyddol a Phiwritanaidd – yn peri bod bygythiad i'r drefn eglwysig newydd. Yn Lloegr, cynyddodd carfan o Bresbyteriaid, sef Protestaniaid eithafol, i fynnu diwygio'r Eglwys a'i phuro o ddefodau Pabyddol a sefydlu ynddi drefniadaeth yn seiliedig ar y Testament Newydd. Yr oedd yr adain chwith hon yn ymrannu'n nifer o garfanau, a gelwid ei hymlynwyr yn aml yn 'Precisians' oherwydd eu culni ar faterion eglwysig. Yn eu plith cafwyd pendefigion megis ieirll Warwig, Bedford a Chaerlŷr, Syr Francis Knollys, llyswr a chynghorwr agos i'r frenhines, a Syr Francis Walsingham, ysgrifennydd y wladwriaeth. Hefyd, gweithredai nifer o foneddigion Piwritanaidd eraill mwy eithafol, yn arbennig Syr Richard Knightley a Job Throckmorton o swydd Northampton, ynghyd â Walter Travers a John Field, Presbyteriaid gwrthesgobol, a Thomas Cartwright, yr arch-Bresbyteriad a deiliad Cadair yr Arglwyddes Margaret mewn Diwinyddiaeth yng Nghaer-grawnt.[17] Ymddangosodd esgobion â'u bryd ar ddiwygio hefyd ymhlith y Piwritaniaid, megis Edmund Grindal, archesgob Caer-gaint, Thomas Bentham, esgob Coventry a Chaerlwytgoed, a William Hutton, arch-esgob Caerefrog, ac, yn y pegwn eithaf, cafwyd Ymwahanwyr megis Henry Barrow a John Greenwood a adawodd yr Eglwys i sefydlu eglwysi 'cynulledig' a gynhwysai'r rhai a ystyrid ganddynt yn 'etholedig Duw' ac a bwysai am ddiwygio'n ddi-oed. Er bod y Piwritaniaid hyn yn amrywio o ran natur eu diwinyddiaeth a'u cynlluniau eglwysig, fe'u hunwyd yn eu gwrthwynebiad di-ildio i gamarferion eglwysig yr oedd esgobion a chlerigwyr mwy cymedrol yn tueddu i'w goddef, er nad oedd pawb yn eu plith yn llwyr gytuno â hwy.

Beth oedd cysylltiad John Penry â hyn oll? Y mae ei yrfa yn gyfraniad allweddol at ddatblygiad rhai agweddau canolog ar Biwritaniaeth yn Lloegr ei gyfnod, ac yn y cyd-destun hwnnw gellir trin a thrafod ei weithgarwch yn fras dan dri phennawd, sef ei gefndir, ei gymhellion a'i gyfraniad i'r bywyd crefyddol yn ei ddydd.

Y mae cefndir gyrfa John Penry yn adlewyrchu rhai o'r tueddiadau sylfaenol yn hanes twf Piwritaniaeth. Eto, nid y Biwritaniaeth gymedrol a mewnblyg a nodweddai ambell offeiriad plwyf, megis Robert Powell, ficer Llangatwg, ger Castell-nedd, neu'r Ficer Prichard, Llanymddyfri, a feddai Penry oherwydd, fel lleygwr, cymerodd ef ei safle y tu allan i'r Eglwys a mynnodd yn gyson mai neges bersonol ar gyfer yr awdurdodau a'i gyd-Gymry a oedd ganddo. Yn fuan cyn ei farwolaeth gwelir y nodwedd honno ar ei hamlycaf, ac meddai yn un o'i apeliadau olaf ychydig cyn ei farwolaeth:

> I am a poor young man borne and bredd in the mountaynes of Walles. I am the first . . . that publicly laboured to have the blessed seed therof sowen in those barrayne mountaynes . . . In the earnest desire I had to se the Gospel planted in my native country . . . I might wel . . . forget mine own danger.[18]

Un o ddatganiadau dwysaf John Penry oedd hwn rai dyddiau cyn ei ddienyddio ar 29 Mai 1593 yn Southwark yn ne Llundain. Ymddengys ei fod yn Gymro twymgalon a'i fod yn pryderu am fuddiannau ysbrydol ei gydwladwyr. Sut bynnag, dywed ei gyffes iddo gael ei fagu dan amgylchiadau digon cyffredin ac, yn ôl pob tebyg, yng nghefn gwlad sir Frycheiniog. Fe'i ganwyd tua 1563 – blwyddyn deddf cyfieithu'r Beibl i'r Gymraeg – y mae'n bur debyg yng Nghefn-brith ar lethrau gogleddol mynyddoedd Epynt, ardal lle y trigai nifer o dylwyth y Penrïaid.[19] Dywedir bod ei dad, Meredydd Penry, yn disgyn o gyff Elystan Glodrydd o'r rhanbarth a elwid Rhwng Gwy a Hafren, sylfaenydd pumed llwyth brenhinol Cymru, a'i fod yn rhydd-ddeiliad digon sylweddol ei fyd. Y mae'n bosibl fod y mab wedi derbyn ei addysg gynharaf yng Ngholeg Crist, Aberhonddu, a symudwyd yno o Abergwili gan yr Esgob William Barlow yn 1541. Neilltuwyd cyfraniad o bensiwn prebendari plwyf Llangamarch i ddarparu addysg ar gyfer plant – 'scholars, exhibitioners in the said College' – ac yn ôl rheolau'r ysgol honno, darparwyd £20 i roi addysg yn rhad ac am ddim i 20 o ysgolheigion.[20] Ynddi, fel yn ysgolion gramadeg eraill y cyfnod, hyfforddwyd y disgyblion yn y Clasuron, hyfforddiant a osododd sylfaen bwysig i addysg Penry ym Mhrifysgol Caer-grawnt yn ddiweddarach. Yn ôl Cofnodion eglwysig 1569, yr oedd Walter Jones, y 'prebendari-bregethwr', fel yr oedd yn arferol y dyddiau hynny, yn absennol o'i fywoliaeth yn Llangamarch. Nid oes sicrwydd a ddarparwyd curad i weithredu'n ei le, ond gwyddys bod Gruffydd Toy, y prebendari a feddai'r fywoliaeth yn 1576 ac aelod o deulu blaenllaw yn nhref Caerfyrddin, wedi gosod Thomas Howell, tad James Howell, yr awdur a'r anturiaethwr enwog, yn gurad yno ac, yn ôl traddodiad, y mae'n bosibl mai ef neu efallai Gruffydd Toy ei hun – a oedd yn gyfeillgar â'r Esgob Richard Davies – a roddodd i Penry ei addysg gynnar.[21] Y mae'n ddiddorol sylwi bod Thomas Huet, prif gantor Tyddewi'n ddiweddarach a chyfieithydd Llyfr y Datguddiad, wedi'i benodi'n brebendari absennol Llangamarch yn 1556, ond ni ellir sefydlu unrhyw gysylltiad penodol rhyngddo ef a theulu John Penry.[22]

Y gwir yw nad oes gwybodaeth bendant am addysg gynnar John Penry, ond y mae'n amlwg ei fod yn llanc galluog a'i fod wedi'i addysgu naill ai'n lleol gan offeiriad neu yn ysgol Aberhonddu. At hynny, gellir dweud iddo, yn ôl tueddiadau'r oes honno, gael y cyfle fel lleygwr ifanc i fynychu un o'r prifysgolion. Gwawriodd cyfnod llawer mwy llewyrchus yn hanes lleygwyr a meibion uchelwyr yn y dyddiau hynny, yn bennaf o ganlyniad i dwf delfrydau'r Dadeni Dysg a'r pwyslais a roddwyd ar gyfrannu addysg ddyneiddiol ar raddfa eang, ac yn ystod y cyfnod rhwng 1540 a 1640, yn fras, cynyddodd nifer y Cymry a aeth i Rydychen (yn arbennig) a Chaer-grawnt, ac i Ysbytai'r Brawdlys yn Llundain. Amcangyfrifir bod tua 2,000 o fyfyrwyr o Gymru wedi mynychu'r ddwy brifysgol rhwng 1570 a 1642. Yn ystod y cyfnod hwn, ac eithrio'r 1550au, cynyddodd y nifer yn sylweddol a chyrraedd ei binacl yn y 1580au.[23] Yn sgil y cynnydd yng ngrym a dylanwad gwŷr lleyg datblygodd nerthoedd cymdeithasol ac addysgol newydd, a chawsant ddylanwad mawr ar yr Eglwys a'r wladwriaeth. Darparwyd addysg ar gyfer haenau proffesiynol, a chanlyniad hynny fu lledu gorwelion eu diwylliant a meithrin cysylltiadau cymdeithasol rhwng y gwŷr ifainc dawnus hynny ac eraill o gyffelyb anian dros Glawdd Offa. Tueddiadau graddol oedd y rheini a fu'n niweidiol i'w diwylliant cynhenid Gymraeg mewn rhai cyfeiriadau yn y cyfnod hwnnw.[24]

Aeth John Penry i Peterhouse, Caer-grawnt, yn 1580, pan oedd yn 17 mlwydd oed, ac y mae'n ddigon posibl ei fod yn Brotestant yr adeg honno. Sut bynnag, er bod trefn eglwysig Elisabeth wedi ei sefydlu dair blynedd cyn ei eni, nid yw'n debygol fod trigolion plwyf Llangamarch – a'r Penrïaid yn eu plith – er iddynt dderbyn athrawiaeth yr Eglwys newydd, wedi ei llwyr ddeall, yn fwy na phlwyfolion anllythrennog mewn sawl rhan arall o Gymru. Deuai Penry o ardal geidwadol lle y tlodwyd bywyd crefyddol gan anwybodaeth arswydus a gwendidau'r offeiriadaeth. Os addysgwyd Penry yn Aberhonddu, y mae'n dilyn iddo dderbyn yno ryw gymaint o hyfforddiant Protestannaidd, ac nad oedd yn anwybodus am gredo'r Ffydd Newydd. Y mae'n debyg fod ei rieni – a'i fam yn arbennig – yn ddigon cefnog i allu ei gynnal yn Peterhouse, ac y mae'r ffaith iddo deithio mor bell – dros gant a hanner o filltiroedd – yn dangos ei eiddgarwch am addysg uwch.[25] Dywed yn y rhannau dechreuol o'r *Supplication* fod ei rieni wedi rhoi iddo'r cyfle i gael addysg: '[I was] brought vp in both the vniuersities of this land', meddai, gyda'r bwriad o weithredu er lles ei gyd-Gymry.[26] Ymhellach, yn ei lythyr at ei bedair merch ifanc ar 10 Ebrill 1593, ychydig cyn ei farwolaeth, apeliodd atynt i ofalu am eu mam, ac ychwanegodd mai ei fam ef oedd 'the only means of my stay for me in my beginning up at my studies, whereby I have come unto the knowledge of that most precious Faith in Christ Jesus', sy'n awgrymu mai hi oedd yn bennaf cyfrifol am ei gynnal yn ariannol yng Nghaer-grawnt.[27]

Dan arolygiaeth Andrew Perne yr oedd Peterhouse yn goleg hynod yn y dyddiau hynny, oblegid caniatawyd i'r myfyrwyr ddal syniadau crefyddol eang, rhai ohonynt yn eithafol. Mewn awyrgylch Piwritanaidd yno, y mae'n debyg, y daeth Penry i gredu nad oedd yr Eglwys sefydledig wedi cyflawni'r hyn a ddisgwylid ganddi, nad oedd y Diwygiad Protestannaidd ynddi wedi'i gwblhau'n llwyr ac nad oedd modd 'achub eneidiau' onid ad-drefnid yr Eglwys honno a'i 'phuro'. Yn sicr, o 1580 hyd at 1584, y flwyddyn y graddiodd Penry yng Nghaer-grawnt, cynyddodd ei ymlyniad wrth y blaid Bresbyteraidd oddi mewn i'r Eglwys. Daeth i gysylltiad â rhai o gyffelyb anian ag ef yn Northampton – prif ganolfan Piwritaniaeth yng nghanolbarth Lloegr – yn esgobaeth gymharol newydd Peterborough, gwŷr megis Job Throckmorton o Haseley, a ddaeth yn gyfeillgar â Penry ac a gyflwynodd ei draethawd cyntaf i Dŷ'r Cyffredin yn 1587 gydag

Edward Dunn Lee, a Syr Richard Knightley o Fawsley. Dychwelodd i Peterhouse yn Hydref 1585, ac wedyn symudodd i Neuadd St Alban, Rhydychen, yn gynnar yn y flwyddyn ddilynol, lle'r enillodd ei radd MA. Yr oedd Knightley yn ŵr sylweddol ei fyd, yn berchen ar ystad gwerth £13,000 y flwyddyn, yn siryf ei sir yn 1567–8 a 1580–1, ac yn aelod seneddol dros dref Northampton yn 1584 a 1586, a thros y sir yn 1589 a 1597.[28] Yr oedd Throckmorton hefyd yn dirfeddiannwr cefnog ac yn ŵr cyhoeddus, gan iddo wasanaethu fel aelod seneddol East Melford (1572–83) a Warwig (1586–7).[29]

Yn ystod plentyndod John Penry y ganwyd y mudiad Piwritanaidd yn Lloegr. Prin y meddyliai'r llanc o fryniau Epynt y byddai amgylchiadau ei fywyd cynnar yn gyfrwng i ddylanwadu'n fawr arno fel diwygiwr crefyddol. Y datblygiadau mwyaf arwyddocaol ym myd crefydd oedd y dadleuon ynghylch y Deugain Erthygl Namyn Un a'r urddwisgoedd, a darlith enwog Thomas Cartwright yng Nghaergrawnt yn gynnar yn 1570 yn ymosod ar lywodraeth eglwysig ac yn datgan ei gefnogaeth i Bresbyteriaeth. Yn 1572, cyhoeddwyd *First Admonition to the Parliament* gan John Field a Thomas Wilcox yn galw am ddiwygio eithafol a gosod cyfundrefn lem Genefa ar yr Eglwys. Ymhellach, prin y dychmygai y gelwid arno i amddiffyn ei safiad ac, ymhen amser, i aberthu ei fywyd ar allor egwyddor grefyddol. Arweiniodd anghydweld ynglŷn â materion megis urddwisgoedd a gwrthwynebiad i arferion Pabyddol eraill yn yr Eglwys i dwf y mudiad Presbyteraidd a oedd yn seiliedig ar y cysyniadau oligarchaidd yn hytrach na democrataidd am lywodraeth eglwysig. Lleisiwyd gwrthwynebiad i bob math o arferion Pabyddol ac i'r gyfundrefn esgobol, a beirniadwyd gwendidau'r offeiriadaeth a'r weinidogaeth bregethu. Ni wrthodwyd yn gyfan gwbl rai o'u syniadau gan Eglwyswyr cymedrol, gan gynnwys esgobion a ystyriai y gellid diwygio'r sefydliad o fewn y fframwaith eglwysig a luniwyd yn 1559. Yr oedd ymosodiadau'r Presbyteriaid ar yr esgobion yn llym; gwadwyd bod ganddynt unrhyw awdurdod ysgrythurol a chredwyd y dylai gweinidogion rannu awdurdod yn yr Eglwys.

Ochr yn ochr â Phresbyteriaeth ymddangosodd carfanau bychain o Ymwahanwyr yn Llundain yn y 1560au. Ymhlith yr arweinwyr amlycaf cafwyd Thomas Cartwright, Walter Travers a John Field, pob un ohonynt yn Bresbyteriaid gwrthesgobol amlwg. Enciliodd Ymwahanwyr fel Henry Barrow a John Greenwood i sefydlu 'eglwys gynulledig', a gynhwysai 'etholedig Duw', a phrysuro i ddiwygio 'heb ddisgwyl am yr ynad'. Yn 1581, ffodd Robert Browne i Middelburgh yn yr Iseldiroedd i osgoi erledigaeth. Yr oedd yn ddisgybl i Henry Barrow, a grogwyd yn 1593, ac yr oedd ganddo gryn ddylanwad mewn cylch bychan o ddilynwyr yn y brifddinas. Wedi penodi John Whitgift – gelyn Thomas Cartwright yng Nghaer-grawnt – i archesgobaeth Caer-gaint yn 1583, mabwysiadwyd polisi o erlid Piwritaniaid yn llymach. Trwy gyfrwng Llys y Comisiwn Uchel aeth ati i ddifa'r 'Proffwydon' a oedd yn sail i'r *classis* lleol dan arweiniad John Field a roddodd, fel eraill megis Throckmorton, gymorth ariannol i John Penry.[30] Cafwyd gwrthdynnu o fewn rhengoedd y Presbyteriaid a chynyddodd y gwrthwynebiad iddynt wedi cyhoeddi traethodau Marprelate a'r enllibio a fu ar esgobion yn 1588. Erbyn hynny, ac yn arbennig wedi marwolaeth yr iarll Caerlŷr yn y flwyddyn honno a Syr Francis Walsingham yn 1590, lleihaodd dylanwad y Piwritaniaid yn y Cyfrin Gyngor. Cyrhaeddodd ymgyrch y Presbyteriaid ei huchafbwynt yn 1586–7, pan gyflwynodd Syr Anthony Cope o Hanwell, sir Rydychen, ei ail 'bill and book' i'r Senedd yn argymell defnyddio ffurf Genefa o addoli a diddymu'r Llyfr Gweddi Gyffredin.[31] Cymerodd rhai o'r arweinwyr Piwritanaidd ran amlwg yn y datblygiadau hynny, yn arbennig Throckmorton a Peter Wentworth, dadleuwr brwd dros y 'rhyddid i lefaru' yn Nhŷ'r Cyffredin.[32] Yr oedd y *classis*, sef cynlluniadau o glerigwyr Piwritanaidd i ystyried a thrafod yr angen i ddiwygio'r Eglwys, yn ganolog i'r cynllun o ethol gweinidogion, a gwnaed pob ymdrech yn y Senedd a chan Whitgift i ddifa'r ymosodiad ar y drefn ac ar oruwchawdurdod y frenhines.

Er bod Piwritaniaid yn amrywio yn eu barnau ynghylch i ba raddau y dylid diwygio'r drefn, yr oeddynt yn unedig yn eu gwrthwynebiad di-ildio i gamarferion yn yr Eglwys. Sefydlwyd gwasg ddirgel yng nghanolbarth Lloegr, ac wedi iddi gael ei symud, yn Chwefror 1588, i gartref Knightley yn Norton, fe'i cyhuddwyd gerbron Llys Siambr y Seren o gynnal personau terfysglyd a chadw llyfrau athrodus. Y mae'n bosibl mai cysylltiadau Piwritanaidd a yrrodd John Penry i'r canolbarth ond, yn sicr, ni chymerodd urddau eglwysig fel y disgwylid y byddai'n gwneud a hynny, y mae'n debyg, am ei fod yn feirniad llym ar yr Eglwys ac yn argyhoeddedig o gyfiawnder ei ddadleuon ac o'i allu i weithredu dros yr hyn a alwai'n 'Eglwys Dduw' y tu allan i urddau eglwysig.

Yn y cyfnod rhwng gadael Caer-grawnt yn 1584 a dychwelyd i Rydychen yn 1585 bu Penry gartref yng Nghymru. Ni wyddom ddim o'i hanes yn ystod y cyfnod byr hwnnw, ond tystiodd yn ei draethawd cyntaf i'r caledi a ddioddefodd y Cymry wedi cynhaeaf gwael y flwyddyn honno.[33] Y mae'n bosibl mai ei fwriad oedd casglu gwybodaeth am gyflwr yr Eglwys – yn arbennig archddiaconiaeth Aberhonddu ac esgobaeth Tyddewi – ar gyfer ysgrifennu ei draethawd maith cyntaf ar gyflwr yr Eglwys yng Nghymru, a ymddangosodd ar ffurf deiseb i'r frenhines a Thŷ'r Cyffredin yn Chwefror 1587.

Y mae gweddill gyrfa John Penry yn ymwneud â'i berthynas â Phresbyteriaid ac Ymwahanwyr yn Lloegr a'r Alban. Fel y cyfeiriwyd eisoes, cadwodd gysylltiad agos â Northampton, ac yn 1588 priododd ag Eleanor Godley, merch Piwritan amlwg a oedd yn swyddog yn y dref honno.[34] Gydag eraill, yr oedd Penry hefyd yn rheoli gwasg ddirgel a fu'n gyfrifol am gyhoeddi'r *Marprelate Tracts* enllibus gan awdur anhysbys a ddefnyddiai'r ffugenw Martin Marprelate. Er bod rhai ysgolheigion, fel yr Americanwr Donald McGinn, wedi dadlau mai John Penry oedd awdur y tractau ymfflamychol hynny, nid yw'n debygol bellach mai ef a'u cyfansoddodd. Yn y lle cyntaf, nid oedd arddull y ddau awdur yn debyg. Hefyd, cyfeiria'r awdur sawl gwaith at Penry fel un ymhlith nifer o ysgrifwyr Piwritanaidd y gwyddai amdanynt, a gwadodd Penry'n gyhoeddus mai ef oedd Martin Marprelate. Yr hyn y gellir ei ddweud yw mai Penry a oedd yn gyfrifol am drefniadaeth y wasg ddirgel a gynhyrchodd y gweithiau deifiol hyn, yn arbennig yr *Epistle* a'r *Epitome*, dau o weithiau gwrthesgobol llymaf Marprelate a ymddangosodd yn 1588, a thrwy hynny peryglodd ei fywyd. Credai Syr John Neale mai Job Throckmorton – Piwritan galluog a dadleuydd craff yn Nhŷ'r Cyffredin – oedd Marprelate, gan fod ei areithiau yn debyg iawn o ran eu harddull a'u natur i ddull chwim, bywiog a dychanol Marprelate o ysgrifennu, a dichon fod y farn honno'n gywir.[35] Pwy bynnag oedd Martin Marprelate, ymosodwyd yn ffiaidd arno mewn ysgrifau gan Thomas Nashe, awdur anhysbys Tractau Pasquil ac eraill, ac yr oedd hi'n amlwg fod ei farn ef a barn Penry yn debyg ar y sefyllfa grefyddol a'u bod ill dau o'r un anian a'r un mor feirniadol o brif wendidau'r Eglwys.[36]

Yr oedd cysylltiad John Penry â rhannau dwyreiniol canolbarth Lloegr yn allweddol bwysig yn hanes twf ei yrfa fer fel Presbyteriad, oherwydd yno daeth i gysylltiad ag un o brif fagwrfeydd Piwritaniaeth yn esgobaeth Peterborough. Yr oedd ei gyfeillion a'i gydnabod yn gyfrwng i hybu ei weinidogaeth, am fod nifer ohonynt yn bobl ddylanwadol ac amlwg mewn bywyd cyhoeddus, megis Knightley a Throckmorton, y cyfeiriwyd atynt eisoes, ynghyd â George Carleton, Roger Wigston a'i wraig o Briordy Walston, rhwng Coventry a Rugby; Henry Sharpe, rhwymwr llyfrau o Northampton a dystiodd yn ddiweddarach yn erbyn Penry yn y llys; John Udall, gweinidog Kingston upon Thames a Newcastle upon Tyne wedi hynny, a ysgrifennodd *The State of the Church of England* . . . (neu *Diotrephes*) yn 1588 ac a gollodd ei fywoliaeth fel canlyniad i'w bregethu eithafol; John Field, gweinidog Aldermanbury a chyd-awdur (gyda Thomas Wilcox) yr *Admonition* cyntaf yn 1572; Giles Wiggington o Oundle, swydd Northampton, ficer Selbergh, a ddifuddiwyd am ei syniadau eithafol yn 1586; John Hales o White Friars, Coventry; a Robert Waldegrave, argraffydd prysur y *Marprelate Tracts* enwog. Yr oedd pob un ohonynt yn arweinydd ymhlith eithafwyr crefyddol yn yr ardaloedd hynny.

Tyfodd Piwritaniaeth yn swydd Northampton a swydd Nottingham, ac yn nhref Northampton yn 1587 sefydlwyd 'henaduriaeth', a daeth Penry yn aelod ohoni. Bu'r cyfathrachu â Phresbyteriaid y dref a'r cylch yn foddion i gryfhau ei gysylltiadau ag eraill o'r un tueddfryd ag ef. Rhoddodd ei gyfnod byr yn y canolbarth gyfle iddo i gyhoeddi ei draethodau a'u dosbarthu, i ddod i adnabod swyddogion rhwydwaith trefniadol y mudiad Piwritanaidd ac i osgoi'r llywodraeth drwy gynnal ei weithrediadau mewn man digon pell o Lundain. Hefyd, cydrannodd brofiadau ac, yn y 'Proffwydon' ('Prophesyings'), sef cyfarfodydd o glerigwyr (yn cynnwys lleygwyr ar brydiau) ar gyfer astudio'r ysgrythurau a gwella moesau ysbrydol. Mynychodd gynulliadau Piwritanaidd eraill; daeth i wybod am anghenion yr Eglwys, magodd fwy o hyder yn ei waith ei hun a dyfnhau ei argyhoeddiadau yng nghwmni eraill tebyg iddo. Mewn awyrgylch o'r fath cododd John Penry i fod yn flaenllaw yn ei gymdeithas, er na chawsai'r cyfle i arddangos ei alluoedd fel y gallasai mewn oes fwy goddefgar.

Er bod sefyllfa Penry'n argyfyngus, erbyn diwedd haf 1588 parhaodd i ysgrifennu a beirniadu'r drefn yn llymach. Gyda chymorth Job Throckmorton ffodd i'r Alban ac i Gaeredin – canolfan Presbyteriaeth – yn Hydref 1589, ac ar y ffordd yno galwodd heibio i'w gyfaill John Udall, a gawsai swydd pregethwr yn Newcastle upon Tyne ac a sefydlodd gysylltiadau agos â Phresbyteriaid yr Alban. Gyda Penry yr oedd ei wraig Eleanor Godley a Robert Waldegrave, a gyhoeddodd yno ddau o'i draethodau, sef *A Briefe Discovery* . . . a *Reformation no Enemie* . . ., y ddau yn 1590. Arhosodd yng Nghaeredin hyd at Awst 1592 ac ysgrifennodd yno rai traethodau beirniadol. Yn yr Alban hefyd cydymdeimlai â syniadau crefyddol mwy eithafol a oedd wedi dechrau corddi ynddo, y mae'n debyg, cyn iddo fynd yno, a dechreuodd dderbyn safbwyntiau'r Ymwahanwyr a oedd wedi ymadael â'r Eglwys. Nid yw'n hawdd olrhain yn fanwl ddatblygiad ei syniadau newydd ar natur Eglwys a'i chenhadaeth a phryd yn union y newidiodd gyfeiriad, ond credai y dylai fod yn rhydd, heb ei llyffetheirio gan drefniadaeth ffurfiol.[37]

Dychwelodd Penry i Lundain yn 1592 ac ymgartrefu ymhlith Ymwahanwyr yn y brifddinas. Sefydlodd eglwys gynulleidfaol yno yn St Nicholas's Lane rhwng Stryd Lombard a Stryd Cannon, a phenodwyd Francis Johnson yn weinidog, cyfoeswr i Penry yng Nghaer-grawnt, a dilynydd i Cartwright a ddychwelodd o'r Iseldiroedd i ymgymryd â'r swydd. Yr oedd Henry Barrow (er iddo gael ei garcharu'r pryd hwnnw) a John Greenwood yn gysylltiedig â hi. Yn eu plith hefyd yr oedd John Edwards, cydymaith i Penry ar ei daith o'r Alban i Lundain, a Robert Browne, arloeswr Cynulleidfaol-iaeth a gŵr y daeth John Penry'n drwm dan ei ddylanwad. Yn Llundain daeth Penry i gysylltiad â gwŷr fel y rhain o gyffelyb anian, rhai ohonynt yn raddedigion ac, fel ef ei hun, yn arweinwyr sicr eu hargyhoeddiad, dewr a phenderfynol. Parhaodd i bregethu ac ysgrifennu ond nid oedd ef na'i gydnabod bellach yn ddiogel ac, ym Mawrth 1593, fe'i cymerwyd i'r ddalfa, ei ddwyn gerbron llys yr Old Bailey ac wedyn gerbron Llys Mainc y Frenhines a'i gyhuddo dan Ddeddf Unffurfiaeth 1559 o gyflawni trosedd ddifrifol, sef 'cyhoeddi ysgrifau enllibus yn erbyn yr Eglwys'. Tystiwyd yn ei erbyn ar sail datganiadau bradwrus honedig a ysgrifennodd yn ei bapurau preifat a'i bamffled *Reformation no Enemie* . . . (1590), a gyhoeddwyd tra oedd yn yr Alban. Gellid dadlau nad oedd y cyhuddiad na'r ddedfryd eithaf yn deg, ond nid oedd awdurdodau'r gyfraith yn barod i oddef gwrthwynebiad mor gadarn a di-ildio i'r sefydliad eglwysig, a chredid yn gryf mewn rhai cylchoedd mai ef oedd Martin Marprelate.[38]

Diddymwyd y Senedd ar 27 Mawrth 1587 a phrysurodd Penry ymlaen i gyflwyno ei draethawd cyntaf i Dŷ'r Cyffredin. Ni allai John Whitgift oddef unrhyw ymosodiad ar esgobyddiaeth fel swydd heb sail ysgrythurol iddi nac ar ei safle ei hun yng Nghaer-gaint. Yr oedd gan Whitgift bwerau cryf o'i blaid: ymosododd yn hallt ar lenyddiaeth fradwrus, rhoddodd y pwyslais mwyaf ar sefydlu unffurfiaeth mewn arferion crefyddol a defnyddiodd Lys y Comisiwn Uchel yn gyson i gosbi gwrthwynebwyr i'r drefn eglwysig. Fe'i cynorthwywyd gan Richard Bancroft, esgob Llundain, Matthew Sutcliffe, deon Caer-wysg, Thomas Cooper, esgob Caer-wynt, y Dr Robert Some, meistr Peterhouse (o 1589 ymlaen), y Dr John Bridges, deon Sarum, a Richard Hooker, a osododd seiliau deallusol awdurdod yr Eglwys Brotestannaidd yn y gwaith sylweddol *Of the Laws of Ecclesiastical Polity* (1594). Apeliodd ar Biwritaniaid i barchu traddodiad eglwysig ac ymatal rhag creu rhwyg crefyddol a allai ddifrodi undod y deyrnas.[39]

Mewn cyfnod argyfyngus yr oedd yn angenrheidiol i John Penry a'i gyd-Biwritaniaid gyflwyno cymhellion cryf sy'n ffurfio'r ail agwedd ar ei yrfa. Y mae'n amlwg eu bod wedi cyd-drafod yn fanwl natur a chynnwys y rheini ynghyd â'u dadleuon fel na allai'r awdurdodau eu collfarnu ar faterion canolog eu hymresymiadau a'u beirniadaeth. Gwyddai Penry'n dda mai gwisgo ffeithiau â rhethreg rymus fyddai'r unig ffordd effeithiol o drosglwyddo ei neges ac nid oes amheuaeth iddo drafod hynny gyda Job Throckmorton ac eraill ymhlith ei gymheiriaid cyn llunio ei draethodau ar Gymru. Yn ôl y dystiolaeth a geir yn y traethodau hynny, gellir ystyried amcanion John Penry dan dri phennawd. Yn gyntaf, dengys gyflwr gwael yr Eglwys a phwysleisia'r angen am ddiwygiad llwyr ynddi er budd y wladwriaeth a lles eneidiau unigol. Yr oedd yn ŵr penderfynol, cryf ei argyhoeddiadau, yn berson dwys ac, ar brydiau, ffôl o fyrbwyll. Yr oedd *The Aequity of an Humble Supplication* (1587), a argraffwyd gan Joseph Barnes ac a werthwyd, fel y dywedir ar yr wynebddalen, 'in Pauls Church-yard at the signe of the Tygers-head', yn fwy tyner ei gynnwys o'i gymharu â'r ail draethawd, sef *An Exhortation unto the Governors . . . of Wales* (1588), a gyflwynwyd i Henry Herbert, ail iarll Penfro o'r ail greadigaeth, mab yr enwog Syr William Herbert ac Arglwydd Lywydd y Cyngor yn y Mers. Yr oedd hefyd yn llai ymosodol na'r trydydd, sef y *Supplication* (1588), a oedd i bob pwrpas yn atodiad i ail argraffiad yr *Exhortation*. Yn yr *Aequity* apeliodd yn daer ar y frenhines a'i Senedd i ddiwygio cyflwr yr Eglwys a'i hierarchi yng Nghymru cyn iddi fynd yn rhy hwyr. Yn yr ail a'r trydydd traethawd aeth rhagddo i chwipio'r awdurdodau am eu methiannau. Yr *Aequity* yw'r gorau ohonynt o ran deall beth oedd barn Penry am ddiffygion yr Eglwys yng Nghymru. Cyfeiriodd at dair problem yr oedd angen eu datrys, sef, yn gyntaf, yr angen am fwy o offeiriaid a phregethwyr yng Nghymru. Argymhellodd y dylid defnyddio pregethwyr Cymraeg eu hiaith i oleuo'r werin uniaith yn y ffydd lle'r oeddynt yn angenrheidiol, ond credai y dylid defnyddio'r Saesneg lle y gellid. Yn ail, gofidiodd oherwydd ansicrwydd ymhlith offeiriaid, mewn cyfnod pan geid amfeddu cyson ymhlith tirfeddianwyr lleyg, a gaent ffermio'r bywiolaethau amfeddedig yn uniongyrchol oddi wrth y frenhines. Yn drydydd, cwynai am y diffygion mewn cynnal offeiriadaeth ar gyfer dysgu yn y plwyfi oherwydd yr amfeddu parhaol a'r absenoliaeth ymhlith segurswyddwyr yn yr Eglwys. Wrth drafod yr agweddau hyn amlygodd Penry y gwendidau sylfaenol yn Eglwys Brotestannaidd Elisabeth, llawer ohonynt wedi parhau o ddyddiau'r hen ffydd.[40]

Gwelodd Penry rai gwendidau amlwg eraill hefyd a ddeilliai o'r rhai uchod, megis anallu'r offeiriaid i ddiwallu anghenion ysbrydol eu plwyfolion, prinder pregethwyr o wir safon, anawsterau cyfathrebu, ofergoeledd ac anwybodaeth plwyfolion, amlblwyfaeth, absenoliaeth, a'r angen am gyfieithiad cyflawn o'r Beibl. Yn yr ail a'r trydydd traethawd pwysleisiodd oferedd y swydd esgobol. Nid oedd ganddo ef na'i gyd-Biwritaniaid air da am esgobion am eu bod, yn eu barn hwy, yn offerynnau yn nwylo'r wladwriaeth ac nid yn weision Duw. Amcan y Presbyteriaid oedd dileu'r esgobyddiaeth a gosod trefn eglwysig debyg i'r hyn a gafwyd yng Ngenefa, sef gweinidogion a henuriaid etholedig ynghyd â chyfres o synodau yn ymestyn o'r gymanfa genedlaethol ar y brig hyd at y sefydliadau eglwysig lleol.

Geiriau tra angharedig a ddefnyddiodd Penry i ddisgrifio aneffeithiolrwydd yr esgobion a'r offeiriaid plwyf: 'rogues, and vacabounds', meddai am yr offeiriaid a dderbyniwyd gan yr esgobion i weinidogaethu yn eu hesgobaethau, 'gadding about the countrey, vnder the names of schollers, spendthrifts, and seruing men, that made the ministerie their last refuge'. Yr oeddynt yn wrthun yng ngolwg Duw, meddai, eu gweithrediadau'n llygredig a hwythau'n ddihirod a chrwydriaid yn rhodianna o amgylch y wlad dan esgus bod yn ysgolheigion; yn oferwyr a gwŷr taeogaidd a ymgymerodd â'r weinidogaeth fel eu lloches olaf. Y mae'r fath ymosodiad enllibus yn cymharu'n dda â'r hyn a ddywedodd Martin Marprelate, ond bod hwnnw'n fwy sinigaidd a difyr ei arddull. Rhydd Penry ddarlun o'r esgobion yng Nghymru, ond heb eu henwi:

> I speake vnto you all euen vnto you that will be accounted Lord-Bishops . . . let the cursse of damned soules cleaue no longer vnto you . . . you are one day to giue a reckoning for your mercilesse dealing with pore soules . . . Take this from me also, that vnlesse you forsake your idlenes, those personages and those chaires of pestilence wherein you sit, I mean your Bishops seas will spue you out.[41]

Atseinir y geiriau hyn ymhellach yng ngherdd ddychan Siôn Tudur i amgylchiadau ei oes oherwydd ceir ynddi'r pennill dychanol a ganlyn i'r offeiriadaeth:

> Gwŷr yr eglwys lwys a lysir am chwant,
> Arian a gadwant ac a'i gwedir.
> Bugeiliaid enaid, ni 'stynnir rhoddion
> Angylion, person tyn y pyrsir.
> Curadiaid llawnaid llenwir y ddiriaid,
> Defaid buarthaid a ddrwg borthir,
> A'i bugail di-sail dwys holir am hyn,
> Eu cnu a ofyn ac a'i cneifir.[42]

Pwysleisir cybydd-dod a thrachwant mewn sefydliad a ddefnyddiai ei adnoddau tymhorol prin i gyfoethogi'r rhai uchaf eu safle ynddi. Cyn trafod esgobion unigol yng Nghymru yn y cyfnod hwn teg yw cydnabod bod y camarferion a oddefwyd ganddynt, yn arbennig amlblwyfaeth a segurswyddi, yn deillio'n bennaf o dlodi'r Eglwys ac o'u hanallu i gynnal safonau byw cydradd â'u cyd-esgobion yn Lloegr. Yr oedd Richard Davies a William Morgan, dau o'r esgobion a ystyrid y mwyaf parchus yng nghyfnod y Frenhines Elisabeth, wedi defnyddio'u hadnoddau prin, i raddau, i geisio cynnal ac amddiffyn eu buddiannau personol eu hunain.[43] Yr oedd ganddynt dasg anodd oherwydd disgwylid iddynt osod sylfeini cadarn i'r Eglwys Brotestannaidd newydd mewn blynyddoedd pan fygythid annibyniaeth y deyrnas, ac ni ddylid diystyru'r hyn a gyflawnwyd ganddynt yn y cyfeiriad hwnnw. Yng ngolwg Penry, fodd bynnag, gelynion Duw oeddynt am eu bod yn cynrychioli cyfundrefn eglwysig hollol annerbyniol a 'gwrth-Grist' yn ei dyb ef. Er gwaethaf holl wendidau'r Eglwys, dangosodd safonau academaidd yr esgobion hyn, eu defnydd cyson o'r iaith Gymraeg a'u gofal am fuddiannau eu hesgobaethau fod y sefydliad yn dechrau bwrw gwreiddiau cadarnach ym mlynyddoedd olaf yr unfed ganrif ar bymtheg.

Er yr holl feirniadu a fu ar ansawdd yr offeiriadaeth, ystyrir bellach ei bod yn gwella'n raddol. Parhaodd yr Eglwys i apelio at feibion iau'r teuluoedd bonheddig, a chawsai nifer ohonynt segurswyddi ynddi.[44] Ni ddylid diystyru galluoedd clerigwyr unigol yn y cyd-destun hwnnw ychwaith. Yn yr arolwg swyddogol o esgobaeth Bangor yn 1603, er enghraifft, haerwyd bod nifer ohonynt wedi eu hepgor o'r ystadegau am eu bod yn bregethwyr ac am nad oeddynt wedi cael eu trwyddedu'n gyhoeddus. Eto, fe'u hystyrid yn ddigon cymeradwy fel offeiriaid plwyf 'of which sorte there are very many'.[45] Yn ychwanegol at gofnodi gweinidogaeth raddedig, datgenir yn arolwg 1603 eu bod oll yn ddidwyll, yn cynghori ac yn cateceisio'u preiddiau'n breifat, ond eu bod hefyd yn ddiffygiol yn 'the guifte of utterance, and audacitie to preache in the pulpitt'.[46]

Pwy oedd esgobion Cymru y pryd hwnnw pan enllibiai John Penry yr arweinwyr eglwysig? Yr oedd y pedwar ohonynt yn amrywio yn eu galluoedd i gynnal gweinidogaeth gymeradwy yn eu hesgobaethau – Hugh Bellot ym Mangor, William Hughes yn Llanelwy, Marmaduke Middleton yn Nhyddewi a William Bleddyn yn Llandaf. Ychydig o'i ôl a adawodd Bellot, brodor o Moreton, sir Gaer, ar fywyd crefyddol ei esgobaeth ac eithrio cefnogi a chymeradwyo'n ffurfiol Feibl William Morgan.[47] Cymro o'r Drenewydd Gelli-farch, ger Cas-gwent, yn sir Fynwy oedd William Bleddyn a geisiodd, yn ofer, annog prebendarïaid eglwys Llandaf i'w diwygio'u hunain, a rhoddodd yntau hefyd sêl ei fendith ar gamp Morgan. Saif y ddau arall, sef Hughes a Middleton, y cyfeirir atynt yn unigol gan Martin Marprelate, yn ôl traddodiad, ymhlith y gwaethaf yn y deyrnas am eu drwgweithredu. Disgrifiwyd Hughes – brodor o rannau isaf Dyffryn Conwy ac un a ddisgynnai o gyff Marchudd ap Cynan – er enghraifft, fel yr 'amlblwyfydd mwyaf a welodd yr Eglwys erioed'.[48] O safbwynt ei ysgolheictod y mae'n ddiamau ei fod yn ŵr galluog, ac er bod peth amheuaeth wedi'i fwrw ar ei gefnogaeth i'r gwaith o gyfieithu'r Beibl yn y dyddiau cynnar, bu'n gymorth i William Morgan fel y tystia hwnnw yn ei Gyflwyniad i'r Beibl. O gofio am arferion eglwysig y dyddiau hynny ac am anallu esgobion i gynnal safonau byw cydradd ag esgobion Lloegr, nid oedd gweithrediadau Hughes yn crafangu tiroedd eglwysig a'u meddiannu *in commendam* yn anarferol nac yn hynod.[49] Esgob mwy amheus oedd Marmaduke Middleton – aelod o deulu o Westmorland yng ngogledd-orllewin Lloegr a ymsefydlodd yng Ngheredigion – a gawsai enw drwg am ei gamarferion yn Iwerddon, pan oedd yn esgob Waterford a Lismore, yn ogystal â phan oedd yn Nhyddewi, er iddo, yn 1590, fynegi cryn bryder am gyflwr ysbrydol ei esgobaeth. Fe'i cyhuddwyd, ymhlith pethau eraill, o gam-ddefnyddio ei awdurdod eglwysig, cadw dwy wraig (fel y cyfeiria Marprelate) a ffugio ewyllys. Sut bynnag, er na chyfeiriodd ato'n bersonol, ni fyddai Middleton, a ddiswyddwyd yn 1593, yn gymer-adwy yng ngolwg Penry, a'r tebyg yw mai ef a Hughes a gystwywyd fwyaf ganddo yn ei draethodau.

Yn ei ddadleuon dros ddiwygio'r Eglwys pryderai John Penry yn ei ddau draethawd cyntaf am nad oedd yr ysgrythurau ar gael yn llawn yn Gymraeg. Yr oedd hynny'n un o'r themâu canolog yn ei ddadleuon dros wella cyflwr y weinidogaeth bregethu yng Nghymru. Cyfeiriodd fwy nag unwaith atynt ac at yr angen brys amdanynt. Deddfwyd dros chwarter canrif ynghynt ar gyfer y cyfieithu a'r Testament Newydd yn unig oedd wedi ymddangos. Apeliodd yn daer ar y frenhines i sicrhau bod y gwaith o gyfieithu'n cael ei gwblhau ar fyrder a bod y Beibl cyflawn yn cael ei ddarparu cyn gynted â phosibl. Ymateb gor-hyderus, yn sicr, ond gymaint oedd ei eiddgarwch nes ei fod yn barod i argymell y dulliau mwyaf effeithiol dros dymor byr i sicrhau gwell darpariaeth yn yr eglwysi plwyf. Y mae'n wir iddo, yn ei *Exhortation*, fynegi ei lawenydd fod yr Hen Destament ar fin cael ei gyhoeddi, ond ni rydd fwy o fanylion am y modd y dylid dosbarthu'r Beibl cyflawn ymhlith clerigwyr ym mhob un o esgobaethau Cymru.[50] Yng ngolwg Penry, y delfryd, yn hytrach na chyflawni'r dasg o fewn plwyfi diar-ffordd, oedd bwysicaf. Y mae ei sylwadau ar y pwnc yn aml yn foel, a chyfyd hynny peth amheuaeth ynglŷn â pha faint o wybodaeth fanwl a oedd ganddo mewn gwirionedd am gefndir cyfieithu'r Beibl ac am y sefyllfa grefyddol mewn rhannau eraill o Gymru y tu allan i archddiaconiaeth Aberhonddu.

Anfodlonrwydd Penry ynglŷn â diffygion yr Eglwys a'i harweiniodd yn ei ail draethawd i feirniadu ieithwedd Testament William Salesbury, er na chyfeiria at yr ysgolhaig hwnnw'n benodol. Honna nad oedd un o blith deg o'r plwyfolion yn gallu ei ddeall, a hynny am dri rheswm, sef anllythrennedd y bobl, diffyg addysg ymhlith yr offeiriaid plwyf, a'r defnydd a wnaeth Salesbury o'r gwraiddeiriau Lladin yn ei gyfieithiad, er nad yw Penry'n sylwi'n benodol ar hynny.[51] Er iddo roi'r pwyslais mwyaf ar y weinidogaeth fel y prif gyfrwng i baratoi'r werin i ddeall a derbyn Gair Duw, cyfeiriodd hefyd at yr angen sylfaenol am y Gair fel y gellid ei ddarllen yn gyhoeddus.

Y mae'r ail agwedd ar waith John Penry, i bob pwrpas, yn deillio o'r un gyntaf, sef ei alwadau mynych am weinidogaeth bregethu deilwng ac effeithiol i ddiwallu anghenion dyfnaf plwyfolion tlawd Cymru. Ym marn Penry, sefydlu gweinidogaeth bregethu gyflawn, yn Saesneg ac yn Gymraeg, oedd yr unig ateb; credai mai mewn 'gwir Eglwys' y gallai gweinidogaeth ddilys weithredu a dwyn ffrwyth. 'To be a member of the true Church is one thing,' meddai, 'and to be a true member of the Church is another thing': gosodiad pendant oedd hwn mewn traethawd arall o'i eiddo, sef *A Defence of that which hath bin written* . . . (1588), lle yr ymosododd ar amddiffyniad y Dr Robert Some, Caer-grawnt, o'r offeiriadaeth a'r sacramentau.[52] Adfer y 'wir Eglwys' a chyfoethogi ysbrydolrwydd ymhlith ei haelodau oedd y gorchwyl pennaf iddo. Dengys ei bryder hefyd ynglŷn â pharhad Pabyddiaeth mewn sawl ardal yng Nghymru, yr angen am yr ysgrythurau cyflawn, a phryderon offeiriaid ynglŷn â'r ansicrwydd a allent aros yn eu bywiolaethau ai peidio. Y mae ei archwiliad yn drefnus ond yn llafurus, ac wedi'i fwriadu i amlygu prif ddiffygion yr Eglwys yng Nghymru. Y mae'r *Exhortation* yn dadlau'n fwy ffyrnig yn erbyn y drefn esgobol ac yn argymell ffurf Bresbyteraidd. Yn y gwaith hwnnw amlygir ei ddiffiniad o brif nodweddion yr Eglwys. Wrth drafod hynny gesyd y wir offeiriadaeth, yn ôl ei ddehongliad ef ohoni, yn ei chyd-destun priodol a rhydd ystyr newydd i bregethu'r Gair a gweinyddu'r sacramentau.

O ddadansoddi'r *Aequity* yn fanwl, canfyddir mai ymosodiad uniongyrchol ar beirianwaith eglwysig a diffyg ymroddiad i'w ddiwygio yw'r nodwedd bennaf. Ynddo, galwodd Penry am gyfieithiad llawn o'r Beibl a beirniadodd yn hallt brinder y darllen cyhoeddus ar Air Duw. Yr oedd yn ymwybodol o wendidau sylfaenol y gymdeithas ac anallu'r offeiriaid i gyflawni eu dyletswyddau angenrheidiol. Ni chyfeiria o gwbl at y ffaith fod yr Hen Destament yn cael ei gyfieithu nac at y cyfieithydd, er ei bod yn amlwg, yn ôl yr hyn a ddywedir ganddo, ei fod yn gwybod bod y gorchwyl ar waith. Darllenwyd y llith gyntaf, yr oedd dylanwad yr offeren Gatholig arni, meddai, yn Saesneg mewn sawl plwyf lle na ddeallwyd fawr ddim ohoni. Gallai un person, meddai ymhellach, gyfieithu'r gwaith cyfan mewn dwy flynedd a byddai rhoi mwy o gymorth iddo yn cyflymu'r cyfieithu, ac yn y cyfamser gellid darparu'r 'proffwydi bach' yn Gymraeg ar gyfer y gwasanaethau.[53] Gymaint oedd ei eiddgarwch dros y cyfieithu fel nad oedd yn sylweddoli maint y baich ac mai ar ysgwyddau un ficer o Ddyffryn Tanad y gosodwyd y baich hwnnw. Rhoddodd Penry bwyslais ar dair agwedd ar y brif thema hon, sef yr ymgyrch i sicrhau 'iachawdwriaeth' ei bobl, amlygu gwendidau'r Eglwys, a cheryddu'r llywodraeth am beidio ag ymdrin â hwy. Ymosododd yn llym ar yr 'offeiriadaeth ddarllen' a datganodd ei farn am aneffeithiolrwydd hynny ac am natur galwad 'allanol' y weinidogaeth: 'Be a man therefore neuer so godly, neuer so learned, endued with neuer so liuelye faculties of the ministerie, yet he is no minister in deed, vnlesse he haue the ordinaunce of his God vpon him by his outward calling.'[54] Yng ngolwg Penry, disgwylid i'r offeiriad feddu ar briodoleddau ysbrydol y 'gweinidog' a theimlo iddo gael ei alw gan Dduw i gyflawni ei ddyletswyddau. Nid cydnabyddiaeth o'i swydd ar ran yr Eglwys sy'n nodweddu'r gwir weinidog oherwydd, er mwyn iddo allu cyflawni'r swydd honno'n drylwyr, byddai'n rhaid iddo sefydlu'r cydbwysedd rhwng y bywyd a roddai Duw iddo a'i alwad allanol. Y mae'r *Aequity* yn ymdrin yn bennaf â'r trueni a ddioddefwyd yng Nghymru wedi deng mlynedd ar hugain o deyrnasiad Elisabeth. Cyfeiria'n benodol at absenoliaeth, bywiolaethau amfeddedig, amlblwyfaeth a pharhad delw-addoliad. Cwyna hefyd am nad oedd gweinidogaeth bregethu Gymraeg ar gael ac am yr amgylchiadau a oedd yn rhwystr i hynny. Yr oedd gwendidau o'r fath, ynghyd â'r angen am yr Hen Destament yn y Gymraeg, ym marn Penry, yn cryfhau Pabyddiaeth a'i hymlynwyr, ac yn eu plith cafwyd dwy garfan, y rhai ystyfnig di-ildio a'r gweddill diniwed a diaddysg y gellid eu diwygio a'u troi at y ffydd newydd ond iddynt gael yr hyfforddiant priodol. Ymhlith y rhai mwyaf pybyr cafwyd y 'swarmes of southsaiers, and enchanters' a gawsai ddylanwad drwg ar werin anwybodus ac a amddiffynnai'r purdan a thraws-sylweddiad a gweithredoedd eraill – 'defending of Purgatory & the Real presence, praying vnto images &c. with other infinit monsters'.[55] O'r un safbwynt, canfu Siôn Tudur aneffeithiolrwydd yr Eglwys oblegid iddi gael ei llesteirio gan Babyddiaeth:

'Sgrythur lân lydan ni chofleidir hon . . .
Pregeth dda'i 'styriaeth a ddi'styrir.
Llygrwyd ein crefydd, llygrir yn wastad
Llygriad hwyr fendiad o'r Rhufeindir. [56]

Rhydd bwyslais ar fethiant yr offeiriaid i gyfrannu gwybodaeth o'r ysgrythurau'n ddigonol i'r bobl yn eu hiaith eu hunain, diffygion yn y weinidogaeth bregethu a bygythiad Pabyddiaeth. Yng ngolwg Penry ac arweinwyr Protestannaidd llai eithafol yng Nghymru, yr oedd gwendidau a etifeddwyd o'r gorffennol lawn mor beryglus a bygythiol â thrafferthion yr Eglwys yn eu cenhedlaeth hwy. Eto, yn ei farn ef, er mor llipa oedd gwaddol y gorffennol yr oedd yna sail gadarn i'r Eglwys ddiwygiedig a oedd mewn ffasiwn y dyddiau hynny ynghylch tarddiad yr Eglwys Brotestannaidd:

> It might greeue vs the lesse to be denied the gospel, vnlesse the same were the inheritance which our forefathers the Cymbrûbrittons many hundred yeares agoe possessed in this lande. For although at this daie wee cannot cal true religion by the right name, yet are not our superstitious obseruations the blossoms of that auncient truth our forefathers professed and sealed with their blood. [57]

Y mae'n ddiamau fod John Penry'n gyfarwydd â hanfodion y ddamcaniaeth hon a'i fod, o bosibl, yn gyfarwydd â chynnwys *Epistol at y Cembru* gan Richard Davies, sef y rhagarweiniad i'r Testament Newydd. Llygrwyd yr Eglwys a'i chredoau i'r fath raddau gan Awstin o Rufain a'r 'brutish stock of Rome', meddai, fel y collwyd gafael ar y wir ffydd, ac yn y cyd-destun hwnnw galwodd ar y llywodraeth i adfer treftadaeth cyndadau'r Cymry. Sylfeinir ei ble ar dair agwedd hanfodol bwysig, sef ei gred ddiysgog yn y traddodiad 'Protestannaidd' hanesyddol, ei deimlad mai ar sylfeini'r gorffennol y dylid diwygio'r Eglwys, ac mai prif ddyletswydd y frenhines a'i llywodraeth, a hithau'n ddisgynnydd hynod o gyff y Brytaniaid, oedd glanhau'r Eglwys yr oedd hi'n ben arni o'i holl feiau.[58]

Cyflwynwyd yr *Exhortation* i Henry Herbert, ail iarll Penfro a Llywydd Cyngor Cymru a'r Mers, gweinyddwr â'i fryd ar wella safon llywodraeth leol yng Nghymru ac a reolai'r wlad a'i gororau dan awdurdod y Cyfrin Gyngor rhwng 1586 a 1601. O'i gymharu â'r gwaith cyntaf, sef yr *Aequity*, nid yw'r ymdriniaeth â chyflwr yr Eglwys ac â'r gwendidau arferol mor eang. Yr oedd Herbert yn fab i William Herbert, yr iarll cyntaf, ac yn gyn-fyfyriwr o Peterhouse. Yr oedd hefyd yn gyfeillgar â Robert Dudley, Iarll Caerlŷr, Piwritan amlwg yn y llys brenhinol.[59] Ymddengys, fodd bynnag, mai neges Penry i brif lywodraethwr Cymru oedd y dylai ddiogelu buddiannau'r bobl a oedd dan ei ofal. Nid unrhyw ymdrech ar ei ran i elwa ar ei gysylltiadau â'r llys neu'r teulu brenhinol a'i cymhellodd i gyfarch Herbert a'r Cyngor. Apêl ydoedd at 'the governors and people of Wales', yn cynnwys swyddogion llywodraeth leol, yr uchelwyr ac arweinwyr eglwysig, i sicrhau y byddent yn diwygio'r Eglwys. Llediodd â'r iarll i hwyluso'r gwaith fel y gallai Duw weithio trwy gyfrwng dynion:

> vnlesse it shall please God to worke in the heartes of all men there liuing, acording vnto their seuerall callings, and especiallie in yours, (right Honorable) and the rest in publicke authoritie . . . a conscience, to haue the woorde of reconciliation, planted among you and your people.[60]

Anogaeth oedd hon i Herbert ddefnyddio ei rym i hybu diwygio crefyddol fel rhan gynhenid o'i ddyletswyddau gweinyddol. Ystyriai fod gan un sy'n dal swydd lywodraethol ran allweddol yn y gorchwyl o sefydlu gweinidogaeth bregethu. Heriodd Herbert i ymroi i'r dasg yr ystyriai Penry ei bod yn un sylfaenol bwysig i'w gomisiwn fel Arglwydd Lywydd ar Gymru:

> Hath the Lord called you to be lorde president of Wales vnder her Maiestie, to the ende, you shoulde sit still when you see your people runne vnto hell, and the Lord so notably dishonoured vnder your gouernement? . . . So, my Lord, with reuerence be it spoken vnto your Honour, if it lie not in you to bring Wales vnto the knowledge of God, or if your leisure will not serue thereto, then bee not the Lorde president thereof.[61]

Cydiodd y geiriau yng ngwreiddiau awdurdod Herbert. Pwysleisiodd ei ddyletswyddau moesol yn ogystal â'r rhai gwleidyddol, a nododd y cysylltiad hanfodol a oedd rhyngddynt: 'gouernors, my Lorde,' meddai, 'must gouerne vnder God', ac aeth rhagddo i'w gynghori mai swydd lywodraethol aneffeithiol dan awdurdod Satan a fyddai ganddo pe gwrthodai gydnabod bod Gair Duw wedi cyffwrdd â'i enaid, ac ychwanegodd y byddai llywodraethwyr gwladwriaethol (*magistrates* yw gair Penry amdanynt) yn gwadu Duw ped esgeulusent eu dyletswyddau i ddileu dallineb ac anwybodaeth yn llwyr.[62] Yng nghyddestun yr elfen lywodraethol hon pwysleisiai'r Piwritaniaid a'r Anglicaniaid ran allweddol y penteulu (*paterfamilias*) o fewn yr uned deuluol. Pwrpas hynny oedd creu a chynnal uned y teulu Cristnogol yn y gymdeithas sifil. Dysgwyd i aelodau'r teulu bwysigrwydd dyletswydd, gostyngeiddrwydd, sobrwydd, hunanymwadiad ac, yn arbennig, ufudd-dod. Y teulu ac nid yr unigolyn oedd yr elfen sylfaenol yn yr hierarchaeth gymdeithasol. Golygai addysg deuluol fwy na pharatoi ar gyfer ymddwyn mewn cymdeithas barchus oherwydd, drwy hyfforddiant, bu hefyd yn gyfrwng creu cyflwr o dduwioldeb. Fel canlyniad, rhoddwyd pwyslais ar wrando ar y Gair ac ar fyfyrdod, gweddi a chateceisio fel dyletswyddau hanfodol yn y teulu Cristnogol. Er cymaint y pwyslais a roddai Penry ar wendidau'r Eglwys yn gyffredinol, yn y bôn y mae'n amlwg fod ei sylwadau'n treiddio'n ddyfnach. Pryderai am y camddefnydd a wnaed o grefydd mewn teuluoedd lle y dysgwyd, yn ôl hen draddodiadau Pabyddol, weddïau cableddus, ac meddai: 'I know masters of families that teach these vnto their housholds. If they meete with any who can write and read, they wil demand of him whether he can teach them euer a good praier against such a disease in man or beast.'[63] Ychydig o gyfeiriadau sydd gan Penry at y rhan a chwaraeai'r teulu yn y gorchwyl o ddiwygio'r bywyd ysbrydol ond, yn yr *Aequity*, canolbwyntia ar safle'r tad fel hyfforddwr moesol ei deulu ar yr aelwyd:

> the Lord should enioine, more vnto a father, or maister in the gouernment of his family . . . For a father and so a maister, is not only bound to see, that his sonne bee no Idolatour, or swearer . . . but also to bring them vppe, in instruction and information of the Lord.[64]

Y mae ei gyfraniad i drafod lle'r teulu mewn duwioldeb yn ymhlyg yng nghefndir ei yrfa gynnar ei hun ac yn ei bwyslais ar ddisgyblaeth. At hynny, y mae'n elfen gyfarwydd yn ei neges am fod y diwygio'n effeithio, nid ar sefydliadau'n unig, ond hefyd ar unigolion o fewn y teulu neu'r gymuned leol. Amlygir hynny yng ngweithiau beirdd a llenorion eraill y cyfnod; y 'darllennydd Christnogaidd' i Huw Lewys, i bob pwrpas, oedd y penteulu,[65] ac yn *Carwr y Cymru* (1631) amcan Oliver Thomas oedd creu a chynnal undod teuluol Cristnogol oherwydd, fel y gofynna, 'oni fedr vn lywodraethu ei dy ei hûn yn dda pa fodd y gofala efe am Eglwys Dduw?'[66]

Nid oedd pob awdurdod, fodd bynnag, yn apelio at John Penry a'i gyd-Biwritaniaid. Dengys yn eglur fod popeth a ysgrifennodd am gyflwr yr Eglwys yng Nghymru yn atseinio barn y Piwritaniaid yn Lloegr am y sefydliad hwnnw yno. Ni ellir osgoi ei ddull a'i nodweddion arbennig o gyflwyno ei genadwri: rhethreg ei ddatganiadau, ei arddull bwysfawr ac ailymadroddus i greu argraff o ddifrifoldeb, ei gyfoeth o gyfeiriadau a chymariaethau beiblaidd, dygnwch ei ddadleuon ynghyd â'i ddychan miniog a ddefnyddiwyd yn achlysurol i gyflwyno ei resymu'n fwy effeithiol. Amlygir hynny yn y pedair enghraifft a ganlyn, y ddwy gyntaf yn dod o'r *Aequity* a'r ddwy olaf o'r *Exhortation* a'r *Supplication* yn olynol:

> The diligence beloued which I hope you learned Bishoppes, Doctors and other great Diuines men of famous report haue taken in England, cannot suffer you to be ignorant in these pointes. [67]
>
> I would some of them [sef gelynion gwirionedd Duw] did not slaunderously cast abroade amongst our people, that she careth not whether the gospel be preached or not preached . . . Because I see this most notably detracteth from hir, I cannot in duety but repell and gainsay this slander, and with as loud a voice as ynck and paper can sound, affirme and publish that she would haue the truth made knowen vnto al her people, and wish al of them to be prophets. [68]
>
> Woe be vnto me if I offende, because also I liue vnder hir highnes a Christian Magistrate, whose sacred aucthoritie I subiect my selfe vnto, & reuerence as the royall ordinance of gods owne maiestie, and whose positiue lawes and procedings, as far as I may with a good conscience tollerate their imperfections . . . [69]
>
> . . . if he [sef Duw] neuer do, your good endeuours, and encouragement vnto students and others, not being wanting to bring this to passe, he cannot in justice punish you, though your people be not taught. [70]

Mewn arddull ddychanol â Penry ati yn y pedair enghraifft hyn i gyflwyno agweddau gwahanol ar ei gŵynion. Y mae'r gyntaf yn cyfeirio at ddihidrwydd esgobion yn esgeuluso eu cyfrifoldeb i ddarparu a pharatoi pregethwyr ar gyfer cyflwyno gwirioneddau'r ffydd Brotestannaidd. Y mae'r ail yn amddiffyn uniondeb y frenhines oherwydd ei bwriad i hyrwyddo diwygiadau yn yr Eglwys. Y mae'r drydedd yn arddangos parch yr awdur tuag ati a'i pholisïau crefyddol cyn belled ag y byddai'r rheini'n cyrraedd y nod. Amcan y darn olaf a ddyfynnwyd yw esgusodi'r frenhines, pe methai â darparu digon o weinidogion, er y golygai hynny y byddai'r bobl yn dioddef yn ysbrydol. Ceir yn ei waith hefyd wrthddywediadau sydd i raddau'n cymylu ei ddadleuon. Ar brydiau, y mae ei sylwadau ar y sefyllfa grefyddol yng Nghymru'n cael eu hehangu ganddo i gynnwys yn ei draethodau adrannau trymaidd ar y cysyniad o drefn mewn gwladwriaeth Gristnogol sy'n seiliedig ar theocratiaeth Genefa. Condemniodd yr union sefydliadau a ddylai, yn ei farn ef, hybu'r diwygio a oedd mor agos at ei galon. A chaniatáu y sefydlid gweinidogaeth bregethu effeithiol ar sail ei ddaliadau yng Nghymru, o gofio am ei ddiffiniad cyfyng o'i hansawdd ysbrydol, prin y byddai unrhyw offeiriad yn cyrraedd y safonau aruchel a ddisgwylid ganddo oherwydd, ym marn Penry, nid oedd yr Eglwys mewn sefyllfa i ddarparu gweinidogaeth o'r radd orau na'i chynnal. Er ei fod yn obeithiol y byddai'r Cymry yn gwella safonau moesol, pe rhoddai'r llywodraeth ei bryd ar y dasg a osodwyd iddi, yr oedd prinder Presbyteriaid ac Ymwahanwyr yng Nghymru ei ddydd a'r diffyg cefnogaeth i'w argyhoeddiadau ymhlith ei bobl ei hun yn milwrio'n ddifrifol yn ei erbyn. Er na chyfeirir yn benodol at Bresbyteriaeth, is-thema gyson yn yr *Aequity* yw'r angen am gyfundrefn o'r fath yn lle'r drefn esgobaethol. Pan gyfeiriai at weinidogion a oedd yn dysgu ac yn pregethu, yr oedd trefn Genefa ganddo mewn golwg, ac ystyriai y dylai'r 'ynadaeth sifil' ('civil magistracy') gydnabod pwerau'r henaduriaeth.[71]

Beth bynnag a ddywedir am bryder John Penry ynglŷn â chyflwr moesol Cymru, y mae'n ddiau mai ei brif amcan oedd cynorthwyo ei gyd-Biwritaniaid i sefydlu Eglwys Galfinaidd.[72] Gwêl yr angen am bartneriaeth rhwng yr Eglwys honno a'r wladwriaeth. Dylai'r ynadon seciwlar (neu sifil) gael eu harwain gan egwyddorion moesol am fod llywodraeth seciwlar o ddwyfol ordinhad. Deuai'r cysylltiadau rhwng yr Eglwys a'r wladwriaeth ynghyd pan ystyrid hwy yng nghyd-destun sofraniaeth y wladwriaeth dan awdurdod y frenhiniaeth a'i sefydliadau llywodraethol. Ni ellir gweithredu gorchmynion eglwysig heb ganiatâd y llywodraethwr, a rhoddwyd iddo'r cyfrifoldeb i ddeddfu'n gyfiawn er lles y wladwriaeth. O ganlyniad, y mae'n rhaid deddfu ynglŷn â threfn ac athrawiaeth eglwysig yn ôl y gyfraith, ac y mae'n rhaid i'r deddfu hwnnw gynnal undod y wladwriaeth seciwlar. Disgwylir i'r llywodraethwr weithredu'n ôl ordinhadau Duw, ac ar y pwynt sylfaenol hwnnw y gwrthwynebodd Penry y frenhines a'i Senedd. Ni ellir sicrhau perffaith undod rhwng Eglwys a gwladwriaeth onid yw'r grym sofran, neu'r frenhiniaeth, yn gweithredu ei goruwchawdurdod trwy gyfrwng y Senedd i osod cyfraith Duw ar ddeiliaid y deyrnas. Y mae ystyriaethau o'r fath yn tra-rhagori ar unrhyw gymhellion eraill a feddai Penry. Yr hyn y ceisiai ef a'i gydarweinwyr Piwritanaidd ei gyflawni (cyn iddo droi'n Ymwahanwr) oedd cymell y llywodraeth i ddiwygio'r Eglwys yn hytrach na sefydlu Eglwys annibynnol newydd a sicrhau y byddai Presbyteriaeth yn cael ei derbyn yn ffurfiol yn yr Eglwys ddiwygiedig a'i lledaenu dros y deyrnas. Yn y cyd-destun hwnnw efallai fod ei bryder am Gymru wedi cymylu llawer ar ei brif amcan, sef sefydlu trefn o'r fath a dileu esgobyddiaeth.[73]

O ganlyniad i gyhoeddi'r *Exhortation* gosodwyd Penry mewn safle peryglus. Argraffwyd y traethawd yn ddirgel ac ynddo cafwyd ymosodiadau mileinig ar yr esgobion a ddisgrifiwyd, ymhlith pethau eraill, fel 'cormorants' ac 'vsurpers'. Dadleuodd, fel y gwnaeth Marprelate, yn erbyn parhau cyfundrefn yr esgobion ac argymhellodd y dylid sefydlu trefn Bresbyteraidd, gan bwysleisio tair agwedd ysbrydol ar y diwygio a ystyriai ef yn angenrheidiol: 'The marks of a true church, out of our sauiour Christs owne wordes, are gathered to be three, the woord preached, the right administration of the Sacramentes, and the outwarde forme of gouernement.'[74] Yn ôl natur a chyfeiriad ei sylwadau, y mae'n amlwg fod John Penry'n ymwybodol o'r bygythiadau difrifol a allai ddinistrio'r wladwriaeth Brotestannaidd dan lywodraeth Elisabeth, a'r peryclaf ohonynt oedd Pabyddiaeth. Ofnai y byddai grym Sbaen yn goresgyn y wlad ac yn ei meddiannu oni fyddai'r frenhines a'i chynghorwyr yn ymgymryd â'r gorchwyl o ddiwygio crefydd. 'If the Spaniard, French, or anie the forces of Rhomish Caine haue their desire vpon vs,' meddai,

'. . . how shall pluralities of impropriations, & other Churchliuings &c. defend vs and ours from their furie?'[75] Golygai ymosodiad bygythiol Sbaen ar Loegr yn haf 1588 fod ymdeimlad o undod ac ymateb cenedlaethol i'w gael yn y deyrnas a bod hwnnw'n gryfach o lawer nag undod crefyddol. Os na wyddai Penry am y 'Chwedl Ddu' a'r senoffobia a nodweddai drigolion y deyrnas y pryd hwnnw mewn cyfnod o argyfwng gwleidyddol, yn sicr ysgrifennodd yn ddirdynnol yn ystod cyfnod o wrthwynebiad cadarn i Sbaen a'r Brenin Philip II. Ystyrid bod hwnnw'n ffanaticaidd, yn gul ei ddaliadau crefyddol ac yn erlidiwr di-ildio ar Brotestaniaid. Chwedl oedd hon a ymddangosodd gyntaf yn *Apologia* (1581) o waith Gwilym Dawel a *Relacións* (1594) gan Antonio Pérez, ysgrifennydd y Brenin Philip II. Lledodd y traddodiad hwn – nad yw hyd yma wedi cael y sylw a haedda – i Ffrainc, yr Iseldiroedd a Lloegr, ac y mae'n bwysig ei ystyried mewn unrhyw astudiaeth o deimlad senoffobig yn Lloegr ac, i raddau, yng Nghymru yn negawdau olaf yr unfed ganrif ar bymtheg.[76] Gwelir cyfeiriadau ato ym mhenillion 'Syr' Thomas Jones, ficer Llanfair Cilgedin, ger Llanofer yng Ngwent, yn diolch am y waredigaeth a 'gâdd y Brytaniaid o law y Spaeniaid cynhennys' adeg yr Armada, ac yng nghywydd moliant Edwart ap Raff i Iarll Essex yn 1596, 'pan fu yn Andalusia', lle y cyfeiria'r bardd at y 'dynion duon'.[77] Er mor syml yw penillion Thomas Jones, gwelir bod ynddynt nodweddion sy'n adlewyrchu teimladau cenedlaethol mewn cyfnod o argyfwng. Pwysleisir cadwedigaeth a diogelwch y deyrnas ganddo a'r bygythiad i hynny oherwydd 'brad a thwyll' y gelynion, eu cryfder milwrol a llyngesol, eu hymffrost a'u disgwyliadau pe goresgynnid yr ynys ganddynt. Wedi iddynt gael eu trechu, mynega Thomas Jones ei ddiolchgarwch am warchodaeth Duw a ddangoswyd drwy hyfedredd y Llyngesydd Charles Howard, yr Arglwydd Effingham, Iarll Nottingham a Syr Francis Drake ynghyd â'r drefn amddiffynnol a weithredwyd ym mhob sir, yn arbennig y rhai ar yr arfordiroedd. Er hynny, gwêl yr angen i barhau'n wyliadwrus a rhwystro ystryw y 'bradwyr' a'r 'bleiddiaid blin twyllodrus' Pabyddol a theyrngar i Rufain a Sbaen a drigai yn y deyrnas:

> Pwyswch i weddïo nghyd
> Yn awr mai'n fyd peryglys
> Gormodd fradwyr hyn sydd chwith
> Medd rhai sy'n plith yn yr ynys.[78]

I raddau, y mae Thomas Jones yn cyfeirio at yr un perygl ag a wna John Penry, sef y gallai grym Sbaen godi eto oni ddinistrid y rhai a fygythiai undod y deyrnas o'r tu mewn. Pwysleisia'r ficer yr angen i amddiffyn 'Eglwys Crist', yr 'ynys' a'i 'brenhines brydnerth' ac, iddo ef, golygai hynny ddiogelu'r Goron, y ffydd Brotestannaidd a threfn wladwriaethol unffurf. Ceir undod diddorol yng ngwead mydryddol y gerdd a'r syniadaeth wleidyddol ynddi. Safai'r 'ynys', y cyfeirir ati ym mhob pennill, dros annibyniaeth a hygrededd cynhenid y *natio* yn yr ystyr a roddwyd iddi pan ystyrid y 'genedl wleidyddol' yn y cyfnod hwnnw. Er nad yw Thomas Jones mor eithafol ei ddehongliad o'r sefyllfa ag yw Penry, gwêl yntau'r perygl y gallai'r deyrnas golli ei pharch a'i hannibyniaeth ynysol oni warchodid ei buddiannau gorau.

Gellid cyfeirio at enghreifftiau eraill o'r casineb ysol tuag at Sbaen mewn rhyddiaith a barddoniaeth yn y cyfnod hwn, ac y mae'r dystiolaeth yn bennaf yn tanlinellu nawdd Duw a grym a chadernid y Goron yn nheyrnasiad Elisabeth yn hytrach na chanolbwyntio ar y gwrthwynebiad mewnol ac allanol iddi. William Morgan, cyfieithydd y Beibl, sy'n crisialu'r teimladau hynny orau yn y rhan ddechreuol o'i gyflwyniad Lladin i'r Beibl yn 1588. Wedi iddo ddatgan dyled y Frenhines i Dduw am Ei raslonrwydd tuag ati, cyfeiriodd at yr heddwch a fwynhâi yn ei theyrnas 'rhagor eich cymdogion'. Ac meddai ymhellach, o'i gyfieithu: 'a'r modd y bu i'r heddwch hwnnw gael ei amddiffyn – peth na ellir fyth ei edmygu'n ddigonol – pan yrasoch eich gelynion creulon ar ffo yn ddiweddar, a hefyd bob tro y cawsom ddihangfa lwyddiannus oddi wrth y llu peryglon mawrion a'ch amgylchynai.'[79] Yr heddwch a'r sefydlogrwydd a ddeilliai o'r frenhiniaeth rasol a roddodd i'r Frenhines Elisabeth y cyfle, drwy ddeddfwriaeth, i ddarparu'r ysgrythurau i'r Cymry; ni ellid bod wedi cyflawni hynny pe byddai'r Sbaenwyr wedi goresgyn y tir. Yn ôl Penry, sefydlogrwydd o'r fath, wedi methiant Sbaen, a ddylai ysgogi'r frenhines i ymgymryd â'r hyn yr ystyriai ef oedd ei phrif ddyletswydd i'w phobl.

Ym marn John Penry yn ei *Supplication* cynrychiolai tri digwyddiad fygythiadau difrifol i undod ysbrydol y deyrnas, a phob un ohonynt, yn ei dro, yn cwmpasu cylchoedd ehangach a mwy bygythiol na materion yng Nghymru, sef argraffu *Y Drych Cristianogawl* yn ogof Rhiwledyn, y Gogarth Fach yn Llandudno –

gwaith y credai Penry fod esgobion, yn annheg yn ei farn ef, yn rhoi mwy o bwyslais arno nag ar ei waith ef, Cynllwyn Thomas Babington (1586), a'r Armada ddwy flynedd yn ddiweddarach.[80] Yr oedd peryglon ymosodiadau Sbaen ar Loegr yn 1588 a'r blynyddoedd dilynol yn creu ymdeimlad o wladgarwch cenedlaethol yn hytrach na chrefyddol, sef bod yr Eglwys yn rhan o'r undod hwnnw. Y pryd hwnnw, yr oedd Pabyddion, yn ogystal â Phrotestaniaid, yn eiddgar dros amddiffyn y deyrnas a'i brenhiniaeth. Mewn cyfnodau o argyfwng cenedlaethol gallai ymdeimlad o genedligrwydd fod yn gryfach nag argyhoeddiad crefyddol a theyrngarwch i Rufain. O'r safbwynt hwnnw wynebodd Philip II deyrnas unedig. Edrychai arno'i hun fel olynydd i Fari, Brenhines y Sgotiaid, a'r grym goruchaf yng ngwledydd Cred. Yn ei hanfod, cenedlaetholwr Sbaenaidd ydoedd a chredai fod Protestaniaeth yn fygythiad enbyd i wareiddiad Cristnogol byd-eang. Yr oedd Philip yn awyddus i weld Pabyddiaeth – fel y dehonglai ef y ffydd honno – yn ennill, a phe digwyddai unrhyw wrthdaro rhwng buddiannau Sbaen a hawliau'r Eglwys Gatholig, nid ymddangosai mai i Rufain y rhoddai'r flaenoriaeth oblegid, yn ei yrfa ef, ildiodd ymlyniad crefyddol bob tro i'w gymhellion seciwlar. Prif nodweddion cymeriad Philip II oedd ei deyrngarwch i'w wlad, ei deulu, ei ymerodraeth, ei ffydd grefyddol ac, yn arbennig, ei hunanymddiriedaeth yn ei alluoedd gwleidyddol. Dangosodd yr ymroddiad mwyaf, mewn cyfnod pan oedd gwledydd Cred yn dadfeilio, i'r gorchwyl o uno Ewrop dan awdurdod Sbaen, ac oherwydd hynny yr oedd yn fygythiad enbyd i'r gwledydd Protestannaidd newydd.

Yn y cyd-destun hwnnw aeth John Penry rhagddo i rybuddio'r llywodraeth o ganlyniadau posibl i'w hamharodrwydd i ddiwygio crefydd yn y deyrnas. Y mae'n chwarae'n aml yn ei drydydd traethawd ar wrthddywediadau effeithiol a gyfoethogir gan ei arddull rethregol – y ffydd grefyddol lwgr yn trechu'r ffydd grefyddol ddihalog; Duw'r waredigaeth yn troi'n Dduw dialgar; buddugoliaeth yn arwain at drychineb; cadernid yn datguddio gwendid; balchder yn creu gofid; ac annibyniaeth yn esgor ar gaethiwed. Y mae effeithiau seicolegol grym Sbaen yn troi'n hunllef ac, yng ngolwg y Piwritaniaid, yn arwydd o fethiant llywodraeth y deyrnas i gwrdd â gofynion Duw, a'r Duw hwnnw'n cosbi oherwydd anedifeirwch a darostyngiad ei bobl. Nid yw Penry'n ymatal rhag mynegi ei bryderon yn y dull mwyaf dirdynnol. Yn ei neges canfyddir elfennau eglur o'r 'Chwedl Ddu' ar ei grymusaf fel yr ymddengys mewn llenyddiaeth grefyddol yn ei pherthynas â Chymru ym mlynyddoedd olaf teyrnasiad Elisabeth.

Methiant fu'r Armada yn 1588, ond ni pheidiodd Penry â tharanu a rhybuddio yn ei *Supplication* nad oedd y Sbaenwyr wedi cael eu trechu'n llwyr. Er iddynt gael eu llesteirio'n filwrol, meddai, gallent ailymosod eto'n fuddugoliaethus. Yr oedd hyn oll yn bosibl oni ddiwygid yr Eglwys ac oni sefydlid pregethwyr y Gair: 'because the hand of the Lord wil be against vs for our sinns. It is not therefore the Spanish furniture and preparations: but the sins within the land, which we are most of all to feare.' [81]

Byddai'r wlad yn dioddef, meddai, am na phrysurai'r llywodraeth i gyflawni'r hyn a ystyrid yn angenrheidiol. Pryderai Penry hefyd ynglŷn â bygythiad Pabyddion oddi mewn i'r deyrnas; oni bai fod Duw, yn Ei drugaredd, wedi difodi Babington a'i gyd-gynllwynwyr, byddai'r hyn a ystyrid yn anrhydeddus yn cael ei ddifenwi:

> Howe likely was it, had not he in mercy choked with their owne raiging spirits, these vnsatiable blood-suckers, Babington, and his adherentes, that we should haue had in this kingdome the hand of the vile, against the honorable, the base against the noble, the indigne against the woorthiest of the land? [82]

Yn y geiriau hynny ystyria Penry effeithiau crefyddol bygythiad y Sbaenwyr a'r reciwsantiaid yn Lloegr a Chymru. Mewn cyfnod o argyfwng gallai ef a'i gyd-Biwritaniaid apelio at egwyddor foesol a chryfhau'r ymdeimlad o 'genedlaetholdeb' a ddatblygasai yn y deyrnas erbyn hynny. Erbyn y 1580au, fodd bynnag, collodd Piwritaniaeth lawer o'i grym ac fe'i herlidiwyd yn ffyrnig gan yr Archesgob John Whitgift. Hefyd, cafwyd gwahaniaeth barn rhwng Piwritaniaid â'i gilydd ynglŷn â sut y dylid gwrthwynebu'r esgobyddiaeth, ac nid oedd ymosodiadau dychanol Marprelate na chyhuddiadau herfeiddiol Penry yn fanteisiol i'r mudiad yn y tymor hir. Ar ben hynny, collodd eu dadleuon eu grym yn 1588, pan drechwyd yr Armada a phan welodd yr Eglwys wawr cyfnod ychydig mwy sefydlog yn ei hanes.

Thema bwysig yng ngyrfa John Penry yw'r drydedd agwedd ar ei yrfa, sef natur ei gyfraniad at fyd crefydd yn ei ddydd. I raddau, gellir egluro hynny mewn ychydig eiriau, sef hyrwyddo Piwritaniaeth a'r wir Eglwys, yn ei farn ef, ond nid yw hynny'n ddigonol o gofio am ei gymhellion yn ei berthynas â Phiwritaniaid eraill yn Lloegr a'r Alban. Gellir rhannu'r safbwynt hwnnw hefyd yn dair adran, a'r gyntaf yw cyfraniad John Penry at Biwritaniaeth yn gyffredinol. Er ei fod yn pledio achos Cymru'n fynych, o ystyried ei holl weithiau, y mae'n ddiamau mai ei brif amcan oedd hybu buddiannau'r mudiad radicalaidd yn gyffredinol mewn cyfnod o ddirywiad. Pe tynnid o'i waith y cyfeiriadau at Gymru, gellid cymhwyso gweddill ei sylwadau a'i argymhellion yn ddigon rhwydd at unrhyw esgobaeth neu ranbarth bron, yn Lloegr. Ceisiodd ddarbwyllo sefydliadau'r llywodraeth mai mater brys oedd 'achub' Cymru rhag pechod a 'gormes'. Polisi John Whitgift a Llys y Comisiwn Uchel oedd difa Anghydffurfiaeth, a methodd Piwritaniaeth â chael y llaw uchaf ar yr Eglwys; methiant fu Presbyteriaeth ymosodgar a dirywio a wnaeth y 'Proffwydon' a'r *classis*, er cymaint yr ymdrechion a wnaed i'w cynnal, yn arbennig mewn canolfannau poblog. Sut bynnag, er nad oedd dylanwad yr agwedd Bresbyteraidd ar gredo Penry mor amlwg ag y gellid disgwyl yn ei draethodau, ymunodd ag eraill, megis Throckmorton, i ymosod yn chwerw ar y llywodraeth a'r Eglwys. Nid yw'n syndod ei fod wedi cyflwyno ei draethawd cyntaf tua'r un pryd ag y cyflwynodd Syr Anthony Cope ei 'bill and book', sef ei gywiriad ef o'r Llyfr Gweddi Gyffredin, a'i fesur i ddiddymu'r gyfraith ganon.[83]

Yn ail, barn haneswyr bellach yw fod Penry, mewn ffordd anuniongyrchol, wedi sicrhau bod y Beibl Cymraeg cyflawn yn ymddangos yn y flwyddyn ar ôl iddo gyhoeddi ei draethawd cyntaf. Y mae'n bosibl fod William Morgan wedi gorffen y cyfieithu erbyn haf 1587 a'i fod, yn fuan wedyn, wedi mynd i Lundain am flwyddyn i oruchwylio'r argraffu. Yn y cyd-destun hwnnw ymddengys fod cyflwyniad Morgan i'r Beibl yn gyfrwng i ymwrthod â dadleuon John Penry yn ei *Aequity* ac eto'n sylfaen i'r math o weinidogaeth gyflawn y dadleuai ef o'i phlaid. Yn sicr, yr oedd sylwadau byr, ond pwrpasol, Penry ar y diffyg sylfaenol yn ddrwg i enw da'r Eglwys. Sut bynnag, ymddengys ei fod wedi ysgogi Whitgift i weithredu ac wedi prysuro ymddangosiad y Beibl cyflawn.

Yn drydydd, y mae'n rhaid edrych ar yrfa John Penry fel Cymro ac asesu ei gyfraniad i'w famwlad. Ychydig iawn o sylw a gafodd yng Nghymru yn ei ddydd ac wedi hynny. Yr unig Gymro cyfoes a gyfeiriodd ato, a hynny'n ddifrïol, oedd George Owen o'r Henllys, sir Benfro, a'i galwodd yn 'shameless man' a ysgrifennodd ei 'Sclaunderouse Pamphelett', sef yr *Aequity*, yn beirniadu, a hynny'n annheg yn ei farn ef, ddiffyg gweinidogaeth gymwys yng Nghymru.[84] O'i blaid, yr oedd Vavasor Powell yn yr ail ganrif ar bymtheg, a'i galwodd yn 'dad yn y ffydd', ond ychydig o gyhoeddusrwydd a gafodd hyd at ail hanner y ganrif ddiwethaf. Cyfrol John Waddington, *John Penry: The Pilgrim Martyr* (1854), oedd y cofiant cyntaf a ysgrifennwyd iddo a dilynwyd hwnnw, yn 1923, gan y gyfrol safonol gyntaf ar ei yrfa, ei waith llenyddol a'i gyfraniad, sef *John Penry: His Life, Times and Writings* gan William Pierce. Erbyn hynny, yr oedd wedi dechrau ennill ei blwyf fel un o arwyr anghydffurfiol y Cymry a merthyr dros ryddid cydwybod.[85]

Y mae ysgolheigion wedi ymrannu yn eu barn ar natur a phwysigrwydd yr ymdeimlad o wladgarwch a ddangosai John Penry o bryd i'w gilydd yn ei weithiau'n ymwneud â Chymru. Fel y cyfeiriwyd eisoes y mae barn Donald McGinn yn ddigon eglur, sef mai Penry oedd Martin Marprelate ac mai clog i guddio ei ddaliadau Presbyteraidd yn Lloegr yn unig oedd ei ymddangosiad o wladgarwch. Yn ôl R. Tudur Jones, ei Gymreictod a amlygir bennaf yn ei waith. Rhoddai'r pwyslais mwyaf ar yr angen am iachawdwriaeth trwy gyfrwng gweinidogaeth bregethu gymwys, a dyry bwyslais ar anghenion cenedl y Cymry. Sicrhau'r iachawdwriaeth honno i'w bobl ei hun, meddid, oedd ei brif fwriad, ac y mae'n rhaid dehongli ei 'genedlaetholdeb' yng nghyd-destun pobl gyfunrhyw o'r un hil ac yn y ffordd y pwysleisid 'cenedl' yn yr Hen Destament ac yn ysgrifeniadau Piwritaniaid yr ail ganrif ar bymtheg.[86] Cyfeiriodd, er enghraifft, at gynhaeaf gwael 1585 ac at farn Duw ar ei bobl etholedig gynt yn yr anialwch ac, mewn cymhariaeth, y dioddefaint a ddaeth i ran y Cymry am iddynt esgeuluso Gair Duw. Y mae'n debyg ei fod gartref yn paratoi ei draethawd cyntaf yn ystod cyfnod y cyni hwnnw, ac y mae'r cyfeiriadau byr sydd ganddo'n sylwebaeth gymdeithasol o bwys; ac ychwanega'n rhybuddiol: 'This famine is for our sinnes, the Lord without our repenaunce saith it shal continue . . . As long as the Lords house lieth wast in our land, we shal sow but meere salt.'[87] Mewn sefyllfa druenus o'r fath, teimlad Penry oedd na allai'r Cymry fyth osgoi mynd i golledigaeth oni ddiwygid yr Eglwys, a chyfrifoldeb pennaf awdurdodau'r wladwriaeth oedd hynny. Y mae'n ddiamheuol mai sicrhau iachawdwriaeth y Cymry oedd prif amcan y Piwritan digyfaddawd hwn a bod eu ffawd hwy, fel cenedl Israel gynt, yn ddibynnol ar drugaredd Duw. Dehonglir hanes ganddo yng nghyd-destun yr Achub, fel y cyhoeddwyd ef yn y Beibl. 'Iachawdwriaeth y Cymry oedd ar flaen rhaglen Penry,' meddai R. Tudur Jones, '[a] moddion i hwyluso hynny oedd Presbyteriaeth a'i waith yn Lloegr.'[88] Yn ôl yr hyn a gynhwysir yn ei draethodau ar Gymru, y mae'n amlwg fod ei genadwri wedi'i llunio ar gyfer rhoi cyhoeddusrwydd i gyflwr ysbrydol ei gydwladwyr ac ni ellir derbyn safbwynt mwy sinigaidd McGinn. Er hynny, y mae'n rhaid gofyn beth oedd nodweddion cenedlgarwch y dyddiau hynny, mewn cyfnod o fygythiad enbyd ar ran pwerau Pabyddol Ewrop. Hefyd, mewn blynyddoedd o weithgarwch mawr ymhlith y Piwritaniaid, pam na weithredodd Penry, yn arbennig o 1585 ymlaen, yn barhaol ymhlith ei bobl a pham na chafwyd cysylltiad rhyngddo a charfanau bychain o'r un tueddfryd ag ef, dyweder, yng ngogledd-ddwyrain Cymru? Ymhellach, faint o wybodaeth a oedd ganddo am gyflwr yr Eglwys ym mhob esgobaeth yng Nghymru? Ac eithrio rhai adrannau ffeithiol yn y traethawd cyntaf, ychydig o wybodaeth fanwl a geir, yn yr *Aequity* er enghraifft, am y sefydliad yng Nghymru. Ymddengys mai 'Llef yn y diffeithwch' ydoedd, fel ei gyd-Bresbyteriaid ac, yn ei wlad ei hun, llyffetheiriwyd unrhyw ymgyrch i ddiwygio gan wendidau sylfaenol yn y gymdeithas.

Â Glanmor Williams gam ymhellach. Nid yw'n anwybyddu pryder Penry dros ei wlad ond, gan na chawsai Piwritaniaeth afael ar Gymru ei gyfnod, fe'i gwêl fel cennad dros y mudiad yn Lloegr. Yn y 1580au yr oedd yr eglwysi diwygiedig yn wynebu argyfwng ac yr oedd angen dwysáu'r ymgyrch dros ddiwygio'r Eglwys, yn arbennig trwy ddeisebu'r frenhines a'r Senedd. A dyna a wnaeth John Penry, meddai, sef defnyddio ei wybodaeth o'r sefyllfa yng Nghymru i hybu buddiannau Piwritaniaeth yn y deyrnas gyflawn. Defnyddiodd ei genedlgarwch, meddai Glanmor Williams ymhellach, i hybu ei amcanion ysbrydol yn union fel y gwnaeth ysgolheigion y Dadeni yng Nghymru o safbwyntiau eraill: 'ei Biwritaniaeth', meddai ymhellach, 'oedd yn esgor ar ei genedlgarwch ac nid ei genedlgarwch ar ei Biwritaniaeth'. Fel y dyneiddwyr, gwelodd fod ei wladgarwch yn elfen hanfodol yn ei frwydr dros sefydlu 'delfrydau ysbrydol' yn ôl dull ei gyfnod ei hun o feddwl. Yn y cyd-destun hwnnw, ni all dim fod yn fwy llesol i genedl na chael ei meithrin yn ffydd ddiwygiedig ei chyndadau.[89]

Dyna'r ddwy farn. O'u trin a'u trafod, ceir bod gwirionedd yn y ddwy ac, o'r herwydd, efallai nad oes testun dadl yma wedi'r cyfan. Saif un ffaith yn glir, sef bod gan Penry y galluoedd a'r dyhead a'i gwnâi'n Gymro pybyr a Phiwritan cadarn. Y mae crefydd erioed wedi bod yn gyfrwng i fagu ymwybyddiaeth genedlaethol ac i ysgogi'r ymdeimlad o berthyn i draddodiad diwylliannol neilltuol. Y gwir yw fod John Penry, oblegid ei argyhoeddiad, ei gysylltiadau crefyddol a'i alluoedd llenyddol, wedi defnyddio ei wladgarwch i bwrpas amddiffyn ei argyhoeddiadau crefyddol ac er mantais i'r mudiad ar ei ehangaf. I'r gwrthwyneb, y mae'n ddiau fod ei bwyslais ar yr angen am iachawdwriaeth wedi deffro ynddo'r ymwybod o berthyn i wlad a chenedl a feddai ar draddodiadau, a ddangosai fod ganddi'r gorffennol mwyaf ysblennydd a chyfoethog, ond bod ei phobl mewn perygl o golli'r dreftadaeth honno. Yr oedd ganddo ddigon o dystiolaeth y gallai gnoi cil arni yng nghyflwr truenus yr Eglwys sefydledig i brofi hynny. Byddai hynny, yn ei olwg ef, o gofio am wreiddiau crefyddol hyglod y genedl honno, yn achosi'r drychineb fwyaf arswydus a allai ddigwydd, yn arbennig pe gwaherddid hynny gan frenhines yr honnwyd iddi ddisgyn o hiliogaeth aruchel y Brytaniaid.[90]

Ond pa faint o ddylanwad a gafodd Penry ar Gymru ei ddydd? Ni chafodd fawr ddim, y mae'n debyg, gan mai ychydig iawn o amser a dreuliodd yn ei famwlad wedi iddo ymadael am Gaer-grawnt. Nid oes tystiolaeth bendant o gwbl iddo bregethu ynddi yn yr iaith Gymraeg, er iddo gael ei fagu mewn ardal a oedd yn hollol Gymreig. Nid ymddengys fod ganddo ddigon o wybodaeth am y cefndir eglwysig yng Nghymru i allu ymdeimlo'n angerddol â'r angen i ddiwygio'r Eglwys, ac eithrio o safbwynt cyflwyno propaganda. Ysgrifennai'n wrthrychol fel pe na bai cysylltiad agos rhyngddo a'r byd eglwysig yng Nghymru, a'r tebyg yw nad oedd ganddo gyfeillion yno o'r un tueddfryd ag ef. Y mae'n wir iddo arddangos ei wladgarwch o bryd i'w gilydd y tu allan i'w gynnyrch llenyddol, yn arbennig yn ei ddyddiau adfydus olaf pan geisiai achub ei fywyd. Yn sicr, fe'i cyfrifai ei hun ymhlith y Cymry a amddifadwyd o gynhysgaeth ysbrydol a disgwyliai'n ffyddiog y byddai rhai'n codi ar ei ôl i gyflawni'r gwaith a arfaethwyd ganddo.

Er bod arwyddion o Biwritaniaeth i'w gweld yng Nghymru ei gyfnod, er enghraifft yn Wrecsam yn y 1580au ac ymhlith ambell glerigwr yng Nghymru a'r gororau, nid oedd crefydd lem a chyfyng ei hapêl yn debygol o ddylanwadu ar genedl geidwadol ac ofergoelus.[91] Y mae'n wir mai Edward Dunn Lee, aelod seneddol dros fwrdeistref Caerfyrddin, ynghyd â Job Throckmorton a gyflwynodd ei draethawd cyntaf i'r Senedd, ond y mae'n dra thebyg mai cysylltiadau Piwritanaidd Dunn Lee â swydd Buckingham – lle y ganwyd ef – yn hytrach na'i gysylltiadau teuluol â sir Gaerfyrddin, a chysylltiadau Throckmorton â swydd Northampton, a oedd yn bennaf cyfrifol am hynny. Nid oedd yr amodau cymdeithasol yn addas i hau had Piwritaniaeth, ac mewn gwlad fynyddig ac anghysbell tasg anodd oedd ceisio argyhoeddi pobl gyffredin o'u hanghenion ysbrydol a cheisio dileu arwyddion o Babyddiaeth.[92]

Sut bynnag, ni ddylid diystyru John Penry yn ei berthynas â Chymru. Er nad oedd yn gyfrifol yn uniongyrchol am hybu Anghydffurfiaeth, o safbwynt ei honiadau a'i safiad ac yng nghyd-destun datblygiadau crefyddol mewn cyfnodau diweddarach, gellid ei osod yn llinach arweinwyr Anghydffurfiol Cymru. Gwelodd yn yr Eglwys yr un gwendidau ag a welodd Edward Kyffin, Maurice Kyffin a Huw Lewys ynddi ac, o edrych i'r dyfodol, y diffygion y ceisiodd y Methodistiaid cynnar eu cywiro drwy hybu gweinidogaeth efengylaidd gref;[93] a thrwy ei apêl daer am gael gweld y Beibl Cymraeg ymhlith y bobl – ac ymateb yr awdurdodau eglwysig i hynny – cyfrannodd tuag at greu Cymru'n wlad Brotestannaidd. Wedi dweud hynny, ystyriai fod ei deyrngarwch yn gyntaf i Dduw ac, wedi hynny, i'w Eglwys, i'w Frenhines ac i'w famwlad, yn y drefn honno.[94]

Ychydig ddyddiau wedi i John Greenwood a Henry Barrow gael eu crogi am ysgrifennu'n fradwrus, crogwyd John Penry yntau am deyrnfradwriaeth ar 29 Mai 1593 yn St Thomas a Watering yn Llundain, ac yntau tua 30 mlwydd oed. Gadawodd ar ei ôl weddw a phedair merch ieuanc, ac enwau pob un ohonynt, sef Deliverance, Comfort, Safety, a Sure Hope, yn dangos ôl y traddodiad ymhlith Piwritaniaid o enwi eu plant yn ôl y rhinweddau moesol yn hytrach na dilyn y dull arferol. Ger y fan lle y crogwyd ef safai carreg goffadwriaethol ar fur allanol capel Marlborough a wynebai'r Old Kent Road gerllaw'r 'ffrwd yn ymyl yr ail garreg filltir . . . a elwir St Thomas a Watering'.[95] Ysywaeth, dinistriwyd y cyfan gan fomiau'r gelyn yn yr Ail Ryfel Byd. Ar ôl cofnodi ei enw a dyddiad ei farwolaeth cafwyd yr ychydig eiriau a ganlyn ar yr arysgrif honno: 'Bu farw dros ryddid cydwybod.' O gofio am ei ragfarnau, ei safbwyntiau di-ildio a'i yrfa fer a chythryblus, efallai fod y datganiad hwnnw'n llawer mwy dadleuol na maint Cymreictod John Penry. Y mae hynny'n agor y maes ymhellach i ystyried agweddau eraill ar ei yrfa sy'n ehangach ac yn bellgyrhaeddol.

Nodiadau

* Am yrfa John Penry a thrafodaethau ar ei gefndir, gw. J. Waddington, *John Penry: The Pilgrim Martyr* (London, 1854); W. Pierce, *John Penry: His Life, Times and Writings* (London, 1923); Glanmor Williams, 'John Penry a'i genedl' yn *Grym Tafodau Tân: Ysgrifau Hanesyddol ar Grefydd a Diwylliant* (Llandysul, 1984), tt. 118–39; R. Tudur Jones, 'Mantoli cyfraniad John Penri', *Y Cofiadur*, LVIII (1993), 4–42; *ODNB*, 43, tt. 617–19; J. G. Jones, 'John Penry: the early Brecknockshire Puritan firebrand', *Brycheiniog*, XXXVII (2005), 23–44.

1 G. H. Hughes (gol.), *Rhagymadroddion, 1547–1659* (Caerdydd, 1951), tt. 100–2. Am astudiaeth o gyflwr yr Eglwys yng Nghymru yn y cyfnod hwn gw. Glanmor Williams, 'Landlords in Wales: the Church', yn J. Thirsk (gol.), *Agrarian History of England and Wales*, IV, *1500–1640* (Cambridge, 1967), tt. 381–95. Am y cefndir ehangach gw. J. E. C. Hill, *Economic Problems of the Church from Archbishop Whitgift to the Long Parliament* (Oxford, 1956), tt. 199–244.

2 Hughes, *Rhagymadroddion*, tt. 90–2.

3 Ibid., tt. 52–4, 57–62. Ysgrifennwyd llawysgrif wreiddiol *Y Drych* yn 1584, a'r tebygrwydd yw iddo gael ei argraffu tua diwedd Chwefror 1587. Gw. R. G. Gruffydd, 'Gwasg ddirgel yr ogof yn Rhiwledyn', *Journal of the Welsh Bibliographical Society*, IX, rhif I (1958), 10–11; *idem*, *Argraffwyr Cyntaf Cymru: Gwasgau Dirgel y Catholigion adeg Elisabeth* (Caerdydd, 1972), tt. 8, 10.

4 Glanmor Williams, 'Dadeni, Diwygiad a diwylliant Cymru', a 'Cymru a'r Diwygiad Protestannaidd', yn *Grym Tafodau Tân*, tt. 63–86, 87–101.

5 D. R. Thomas, *The Life and Work of Bishop Davies & William Salesbury* (Oswestry, 1902), t. 42.

6 *CSPD*, *1581–90*, d.d., CLXV (1), t. 143. Am wybodaeth ar gyflwr ysbrydol yr esgobaeth y pryd hwnnw, gw. hefyd CLXII (29), t. 119.

7 *CSPD*, *1581–1590*, CXCI (17) (14 Gorffennaf 1586), t. 339; Glanmor Williams, *Bywyd ac Amserau'r Esgob Richard Davies* (Caerdydd, 1953), t. 56 (n.3).

8 C. Davies, 'Syr John Prise ac amddiffyn hanes Prydain', *Y Traethodydd*, CLVIII (2003), 164–85.

[9] LlB Llsgr. Lansdowne 21, ff. 65b; H. Ellis (gol.), *Original Letters Illustrative of English History* (ail gyfres, 4 cyfrol, London, 1827), III, 43–4. Gw. R. G. Gruffydd, '*Yny lhyvyr hwnn* (1546): the earliest Welsh printed book', *BBGC*, XXIII (1969), 105–16; *idem*, 'Y print yn dwyn ffrwyth i'r Cymro: *Yny lhyvyr hwnn*, 1546', *Y Llyfr yng Nghymru*, I (1998), 1–20; Glanmor Williams, 'Sir John Pryse of Brecon', *Brycheiniog*, XXXI (1998–9), 49–63; N. R. Ker, 'Sir John Prise', *The Library*, 5ed gyfres, X (1955), 1–24.

[10] Thomas, *Life and Work*, tt. 37–44.

[11] E. Roberts (gol.), *Gwaith Siôn Tudur* (2 gyfrol, Caerdydd, 1978), I, CXX, t. 470.

[12] R. Stephens, 'Gwaith Wiliam Llŷn' (Traethawd Ph.D. anghyhoeddedig, Prifysgol Cymru, 1983), I, t. 231.

[13] Thomas, *Life and Work*, t. 44.

[14] Ibid., t. 39; T. Jones, *A History of the County of Brecknock* (3 cyfrol, Brecknock, 1909–11), II, t. 249.

[15] Thomas, *Life and Work*, t. 38; *CSPD, 1581–1590*, CLXV (1), t. 143.

[16] C. Cross, *Church and People, 1450–1660: The Triumph of the Laity in the English Church* (London, 1976), pennod VI, tt. 124–52.

[17] Am gefndir Piwritaniaeth yn gyffredinol yn y cyfnod hwn gw. P. Collinson, *The Elizabethan Puritan Movement* (London, 1967), Rhan I, tt. 21–55; A. F. Scott Pearson, *Thomas Cartwright and Elizabethan Puritanism, 1535–1603* (Cambridge, 1925); P. Collinson, 'John Field and Elizabethan Puritanism' yn S. T. Bindoff, J. Hurstfield a C. H. Williams (goln), *Elizabethan Government and Society: Essays Presented to Sir John Neale* (London, 1961), tt. 127–62.

[18] LlB Llsgr. Lansdowne 109, ff. 35–6; Pierce, *John Penry*, t. 457; Waddington, *John Penry: The Pilgrim Martyr*, t. 188; Glanmor Williams, 'John Penry: Marprelate and patriot?', *CHC*, III (1967), 373, 379–80.

[19] Jones, *History of Brecknock*, I, tt. 117–18; II, tt. 244, 266, 269.

[20] Gw. W. P. Griffith, 'Schooling and Society' yn J. G. Jones (gol.), *Class, Community and Culture in Tudor Wales* (Cardiff, 1989), tt. 79–84, 87.

[21] Thomas, *Life and Work*, t. 40; Jones, *History of Brecknock*, II, 249; L. S. Knight, 'Welsh Schools from A.D. 1000 to A.D. 1600', *AC*, 6ed gyfres, XIX (1919), 13–15; Glanmor Williams, 'Bishop Richard Davies (?1501–81)' yn *idem*, *Welsh Reformation Essays* (Cardiff, 1967), VII, tt. 170–5.

[22] Jones, *History of Brecknock*, I, t. 118: II, t. 249.

[23] Am fwy o wybodaeth am fyfyrwyr diwinyddol Cymru yn y prifysgolion, gw. astudiaeth gynhwysfawr W. P. Griffith, *Learning, Law and Religion: Higher Education and Welsh Society c.1540–1640* (Cardiff, 1996), tt. 235–326; *idem*, 'Addysg brifysgol i'r Cymry yn y Cyfnod Modern Cynnar' yn G. H. Jenkins (gol.), *Cof Cenedl: Ysgrifau ar Hanes Cymru*, VI (Llandysul, 1991), tt. 35–65. Am addysg yn Lloegr yn gyffredinol gw. K. Charlton, *Education in Renaissance England* (Oxford, 1965), pennod V, tt. 131–68; J. Simon, *Education and Society in Tudor England* (Cambridge, 1967), pennod XVI, tt. 333–63.

[24] D. J. Bowen, 'Y cywyddwyr a'r dirywiad', *BBGC*, XXIX, rhan III (1981), 453–96; *idem*, 'Canrif olaf y cywyddwyr', *LlC*, XIV (1981–2), 3–51.

25 F. Caspari, *Humanism and the Social Order in Tudor England* (Chicago, 1954), tt. 6–8 ymlaen.

26 J. Penry, *Three Treatises Concerning Wales*, gol. D. Williams (Cardiff, 1960), t. 111; Pierce, *John Penry*, t. 419.

27 Pierce, *John Penry*, t. 419.

28 *ODNB*, 31, tt. 937–9; P. W. Hasler (gol.), *The History of Parliament: The House of Commons, 1558–1603* (3 cyfrol, London, 1981), II, tt. 405–6; PRO, *List of Sheriffs for England and Wales* (Lists and Indexes no. IX, London, 1963), t. 94; W. Pierce, *An Historical Introduction to the Marprelate Tracts*, I (London, 1908).

29 *ODNB*, 54, tt. 691–2; Hasler, *History of Parliament*, III, tt. 492–4.

30 P. Collinson, 'The early Presbyterian movement' yn *idem*, *Elizabethan Puritan Movement*, tt. 131–45.

31 *ODNB*, 13, tt. 309–11.

32 Ibid., 54, tt. 690–2, 58, tt. 133–5; Williams, 'Marprelate and patriot?', 374–5.

33 Penry, *Three Treatises*, tt. 41–2.

34 Pierce, *John Penry*, tt. 75, 207, 214; J. C. Cox (gol.), *The Records of the Borough of Northampton* (Northampton, 1898), II, tt. 139–40; R. M. Serjeantson, *History of the Church of St Peter, Northampton* (Northampton, 1904), t. 35. Gw. hefyd W. J. Sheils, *The Puritans in the Diocese of Peterborough, 1588–1610* (Northamptonshire Record Society, 1979).

35 J. E. Neale, *Elizabeth I and her Parliaments*, 1584–1601 (London, 1957), t. 220; Penry, *Three Treatises*, xxii (n. 1).

36 *The Marprelate Tracts* [1588–1589] (Scolar Press, Menston, 1970); Pierce, *Introduction to the Marprelate Tracts*, I, t. 239; J. Dover Wilson, 'The Marprelate controversy' yn *The Cambridge History of English Literature*, gol. A. W. Ward ac A. R. Waller (Cambridge, 1909), III, tt. 374–98. Gw. hefyd Williams, 'Marprelate and patriot?', 361–72.

37 Pierce, *John Penry*, tt. 249–308.

38 Am gefndir y pwnc hwn a'r ffynonellau gw. A. Peel (gol.), *The Notebook of John Penry, 1593, Camden Miscellany* (y drydedd gyfres), LXVII (1944), tt. 53–95.

39 Penry, *Three Treatises*, tt. 11–12, 36–41. Am Whitgift gw. P. M. Dawley, *John Whitgift and the English Reformation* (New York, 1954) ac am Bancroft gw. S. B. Babbage, *Puritanism and Richard Bancroft* (London, 1962).

40 D. J. McGinn, *John Penry and the Marprelate Controversy* (Rutgers University Press, 1966), tt. 89–90, 174–81, 195–9.

41 Penry, *Three Treatises*, tt. 64–5.

42 Roberts, *Gwaith Siôn Tudur*, I, CXLVI, 583.

43 Williams, *Bywyd ac Amserau*, tt. 54–81; J. G. Jones, 'Bishop William Morgan's dispute with John Wynn of Gwydir in 1603–4', *JHSChW*, XXII (1977), 49–78.

44 Williams, *Welsh Reformation Essays*, tt. 22–3.

45 M. Gray, 'The diocese of Bangor in the late sixteenth century', *Journal of Welsh Ecclesiastical History*, V (1988), 38.

46 Ibid.

47 *ODNB*, 5, tt. 30–1; 6, tt. 199–200; 38, tt. 72–3; 39, tt. 152–5; 28, tt. 686–8; Browne Willis, *A Survey of the Cathedral Church of Bangor* (London, 1721), tt. 107–8; 'Articles for St David's diocese' yn W. P. M. Kennedy (gol.), *Elizabethan Episcopal Administration* (Alcuin Club, 1924), III, rhif XXVI, tt. 141–2; XXVII, tt. 146–7; J. A. Bradney, 'The speech of William Blethin, Bishop of Llandaff, and the customs and ordinances of the church of Llandaff (1575)', *Y Cymmrodor*, XXXI (1921), 257–8. Gw. tt. 16–18.

48 Hill, *Economic Problems of the Church*, t. 26; D. R. Thomas, *History of the Diocese of St Asaph* (Oswestry, 1908), I, tt. 97–100, 225–6; J. G. Jones, 'The Reformation bishops of St Asaph', *Journal of Welsh Religious History*, VII (1990), 30–5.

49 Gw. *Marprelate Tracts [1588–1589]: To the right puisante and terrible Priests*, tt. 2, 46, 50; *The Epistle to the terrible Priests*, t. 2; J. G. Jones, 'Thomas Davies and William Hughes: two Reformation bishops of St Asaph', *BBGC*, XXIX (1981), 325–32.

50 Penry, *Three Treatises*, t. 56.

51 Ibid., tt. 40–1.

52 Ibid., t. 67; *idem*, *A Defence of that which hath bin written in the questions of the ignorant ministerie, and the communicating with them* (1588), t. 13; McGinn, *John Penry and the Marprelate Controversy*, tt. 79–88, a phennod XII, tt. 133–43; Pierce, *John Penry*, tt. 202, 488.

53 Penry, *Three Treatises*, t. 56. Gw. hefyd t. 40.

54 Ibid., t. 83.

55 Ibid., t. 33

56 Roberts, *Gwaith Siôn Tudur*, I, CXLVI, 584.

57 Penry, *Three Treatises*, t. 30.

58 Ibid. Am fwy o wybodaeth am gefndir y ddamcaniaeth hon gw. S. Lewis, 'Y ddamcaniaeth eglwysig Brotestannaidd' yn R. G. Gruffydd (gol.), *Meistri'r Canrifoedd: Ysgrifau ar Hanes Llenyddiaeth Gymraeg gan Saunders Lewis* (Caerdydd, 1973), XIII, tt. 116–39; Glanmor Williams, 'Cipdrem arall ar y "ddamcaniaeth Brotestannaidd"', *Y Traethodydd*, XVI (1948), 49–57.

59 Am Syr Henry Herbert gw. ODNB, 26, tt. 686–9; P. Williams, *The Council in the Marches of Wales under Elizabeth I* (Cardiff, 1958), pennod XIII, tt. 276–311.

60 Penry, *Three Treatises*, t. 50.

61 Ibid., tt. 59–60.

62 Ibid., tt. 60–1.

63 Ibid., t. 34; J. Morgan, 'The godly household' yn *idem*, *Godly Learning: Puritan Attitudes towards Reason, Learning and Education, 1560–1640* (Cambridge, 1986), tt. 142–71. Am y cefndir ehangach gw. C. Hill, 'The spiritualization of the household' yn *idem*, *Society and Puritanism in Pre-Revolutionary England* (London, 1964), tt. 443–81.

64 Penry, *Three Treatises*, t. 20.

65 Hughes, *Rhagymadroddion*, t. 97.

66 M. Morgan (gol.), *Gweithiau Oliver Thomas ac Evan Roberts: Dau Biwritan Cynnar* (Caerdydd, 1981), t. 16.

67 Penry, *Three Treatises*, t. 7.

68 Ibid., t. 29.

69 Ibid., t. 97.

70 Ibid., t. 154.

71 Ibid., tt. 22–4, 59–61, 65–6, 77, 87–8, 116–23.

72 Williams, 'Marprelate and patriot?', 377–80.

73 McGinn, *John Penry and the Marprelate Controversy*, tt. 48–55 ymlaen.

74 Penry, *Three Treatises*, t. 67.

75 Ibid., t. 27.

76 Am y thema bwysig hon gw. W. S. Maltby, *The Black Legend in England: The Development of Anti–Spanish Sentiment, 1558–1669* (London, 1971), yn arbennig pennod VI, tt. 76–87; R. T. Davies, *The Golden Age of Spain, 1501–1621* (London, arg. 1956), t. 118; G. A. Williams, *Madoc: The Making of a Myth* (Oxford, 1987), pennod III, tt. 31–67.

77 J. H. Davies (gol.), *Hen Gerddi Gwleidyddol, 1588–1660* (Cymdeithas Llên Cymru, II, Caerdydd, 1901), rhif I, tt. 7–11; LlGC, Llsgr. Llanstephan 124,159.

78 *Hen Gerddi Gwleidyddol*, t. 10.

79 C. Davies (gol.), *Rhagymadroddion a Chyflwyniadau Lladin, 1551–1632* (Caerdydd, 1980), t. 64.

80 Penry, *Three Treatises*, tt. 157–8; Gruffydd, *Argraffwyr Cynnar Cymru*, tt. 8, 10; *idem*, 'Gwasg ddirgel yr ogof yn Rhiwledyn', 10–11.

81 Penry, *Three Treatises*, tt. 162–3.

82 Ibid., t. 27.

83 Collinson, *Elizabethan Puritan Movement*, tt. 303–16, a Rhan VII, tt. 333–82; Williams, 'Marprelate and patriot?', 375.

84 George Owen, 'The dialogue of the government of Wales' yn H. Owen (gol.), *The Description of Penbrokshire*, Cymmrodorion Record Series, III (London, 1906), tt. 98–9.

85 Am y cefndir gw. Glanmor Williams, 'John Penry a'i genedl', tt. 118–39; *idem*, 'John Penry a Phiwritaniaeth gynnar' yn J. G. Jones (gol.), *Agweddau ar Dwf Piwritaniaeth yng Nghymru yn yr Ail Ganrif ar Bymtheg* (Lewiston, Efrog Newydd, 1992), tt. 8–15; R. Tudur Jones, *Hanes Annibynwyr Cymru* (Abertawe, 1966), tt. 25–33; *idem*, 'Mantoli cyfraniad John Penri', 4–10.

86 R. Tudur Jones, 'John Penri, 1563–1593' yn G. H. Jenkins (gol.), *Cof Cenedl: Ysgrifau ar Hanes Cymru*, VIII (Llandysul, 1993), tt. 57–67.

87 Penry, *Three Treatises*, t. 42.

88 Jones, 'Mantoli cyfraniad John Penri', 26.

89 Jones, *Agweddau ar Dwf Piwritaniaeth*, tt. 13–14.

90 Penry, *Three Treatises*, tt. 11–12, 27–8.

91 D. A. Thomas (gol.), *The Welsh Elizabethan Catholic Martyrs: The Trial Documents of Saint Richard Gwyn and of the Venerable William Davies* (Cardiff, 1971), t. 93.

[92] Penry, *Three Treatises*, rhagymadrodd, tt. xiv–xv; Pierce, John Penry, tt. 173–227; Hasler, *History of Parliament*, I, 48; III, 492–4; W. R. Williams, *The Parliamentary History of Wales*, 1541–1895 (Brecknock, 1895), t. 52.

[93] Hughes, *Rhagymadroddion*, tt. 94–6, 100–2, 105–7.

[94] Williams, 'Marprelate and patriot?', 372–80; Glanmor Williams, *The Welsh and their Religion* (Cardiff, 1991), tt. 207–9.

[95] Am wybodaeth am gyfnod olaf bywyd Penry gw. Pierce, *John Penry*, tt. 405–81.

IV

CEFNDIR WILLIAM MORGAN A'I GYFRANIAD I BROTESTANIAETH YNG NGHYMRU

Dywedir yn fynych fod pob gŵr yn gynnyrch ei oes a'i gyfnod ei hun, a'i fod hefyd, i bob pwrpas, yn adlewyrchu nodweddion byw a bywyd amlycaf y cyfnod hwnnw. Ein tuedd fel Cymry yw delfrydu ein harwyr cenedlaethol – ac y mae hynny'n ddigon naturiol o gofio am natur ein hanes dros y canrifoedd – a gosodir William Morgan, cyfieithydd yr ysgrythurau, a rhai tebyg iddo a gyfrannodd yn dra chymeradwy i'n hymwybyddiaeth genedlaethol, mewn safle ar wahân, fel petai, a'u darlunio fel cewri mewn gwagle hanesyddol. Edrychir arno fel person a fyddai wedi creu argraff ddofn ym mha gyfnod a than ba amgylchiadau bynnag y trigai ynddynt. Gor-gyffredinoli diystyr fyddai tybio hynny oblegid, yn y bôn, addesir cyfraniad yr unigolyn oddi mewn i gyd-destun ei oes ac, yn aml, yng nghefndir ei genhedlaeth ei hun yn unig y gellir mesur ei faintioli a'i werthfawrogi fwyaf.

Trigai William Morgan yng nghyfnod cythryblus y Diwygiad Proestannaidd.[1] I'w adnabod fel clerigwr, y mae'n rhaid ystyried a thrafod ymhellach rai o nodweddion sylfaenol y gymdeithas y cododd ac yr aeddfedodd ynddi ac, yng ngoleuni hynny, asesu natur ei safle fel clerigwr a'i gyfraniad yng Nghymru, yn arbennig fel cynrychiolydd yr Eglwys Anglicanaidd newydd yn ei ddydd. Cysylltir Morgan yn gyffredinol â'i gamp yn cyfieithu'r ysgrythurau i'r Gymraeg, digwyddiad o'r pwys mwyaf yn ddiau yn hanes cenedlaethol Cymru. Y mae'n rhaid edrych arno hefyd fel offeiriad – ac esgob wedi hynny – a ddangosai yn ei gefndir, ei agwedd meddwl a'i weithredoedd cyhoeddus y sefydliad eglwysig newydd ar waith yn un o'i gyfnodau mwyaf cynhyrfus ac ansicr. Bu i fframwaith y gymdeithas yng Nghymru filwrio'n enbyd yn erbyn llwyddiant effeithiol y Diwygiad Protestannaidd a'r cyfan a olygai mewn cyd-destun ysbrydol, a manteisiodd teuluoedd bonheddig Cymreig ar eu prifiant, â'u llygaid craff ar ffyniant personol. Bu iddynt elwa hefyd ar y llesgedd economaidd a darfai ar hierarchaeth yr eglwys o'r brig i'r gwaelod, trwy feddiannu tiroedd eglwysig.[2] Ar ben hynny bu i arweinyddiaeth o fath newydd yn yr Eglwys Brotestannaidd, dan yr Archesgob John Whitgift, gyflwyno agwedd fwy deinamig ymhlith y glerigaeth fwyaf ystyriol a chydwybodol mewn ymdrech i geisio datrys problemau sylfaenol a ddinistriai undod a delwedd y sefydliad crefyddol newydd. O gofio am y bygythiadau enbydus i'w statws fel clerigwr ac esgob, rhan yn unig o gyfraniad William Morgan i drefniadaeth a gorchwylion yr Eglwys oedd cyfieithu'r ysgrythurau.

O gymryd ei yrfa yn ei chyfanrwydd ystyrir mai prif gyfraniad William Morgan fu ei ymateb eofn i rai o broblemau mwyaf dyrys y byd a'r bywyd eglwysig yn ei ddydd a'i safiad diwyro dros weithredu egwyddor yn yr Eglwys honno. Er iddo, yn rhinwedd ei swydd, wynebu'r un amgylchiadau â sawl un o'i gyd-offeiriaid yng Nghymru a orfodid i weithredu dan amodau digon anfoddhaol, cyfrifir bod ganddo rai priodoleddau cynhenid a'i dyrchafai – o safbwynt ei amlygrwydd yn hanes llên Cymru – i safle amlycach na'r gweddill o eglwyswyr a fuasai'n fwy parod i ymostwng i'r drefn. Ac nid camp y cyfieithu'n unig a gyfrifai am hynny eithr y nodweddion personol a'i gwnâi'n ddadleuydd grymus a digyfaddawd dros iawnderau'r Eglwys Anglicanaidd a ystyrid ganddo'n sefydliad cwbl angenrheidiol i'r gorchwyl o sefydlu undod gwladwriaethol a diwygio safonau moes a buchedd. Amlygid cadernid ei gymeriad, mewn cyfnod pan niweidiwyd yr Eglwys yn ddifrifol gan rymusterau oddi mewn ac oddi allan iddi, yn ei frwydr dros iawnderau eglwysig a'i amddiffyniad parhaol o swyddogaeth yr offeiriadaeth.[3] Pwysleisid hynny'n fynych yn ei ohebiaeth ac, i raddau, yn y dystiolaeth farddol, yn arbennig yn ystod y degawd y bu'n esgob yn ei dro mewn dwy o bedair esgobaeth Cymru.

Pa oleuni y gellir ei roi ar gefndir yr offeiriad hynod hwn, a pha mor bwysig oedd hwnnw i'n dealltwriaeth ohono ac o'i waith? Credir iddo gael ei eni yn y flwyddyn 1545, ddwy flynedd cyn marw'r Brenin Harri VIII, ac mewn cyfnod pan geid datblygiadau cyffrous yn hanes Cymru a Lloegr.[4] Erbyn hynny, gosodwyd y

Deddfau Uno rhwng y ddwy wlad ar lyfr statud y deyrnas yn 1536 a 1543. Golygai hynny uno pobl Cymry o hynny ymlaen i fod yn gydradd â'r Saeson o ran statws a sicrhau bod cyfreithiau Lloegr i gael eu gweithredu yng Nghymru. Rhoddodd y deddfau hynny rym pellach yn nwylo'r uchelwyr gan eu bod yn dal swyddi dan y Goron mewn llywodraeth leol a rhanbarthol ac yn adeiladu stadau tiriog yr un pryd. Yr oedd yr hen fframwaith gymdeithasol a sylfaenid ar gyfreithiau Cymru wedi hen golli tir ac ystyrid bod y Deddfau Uno'n garreg filltir dra phwysig yn nhwf y drefn gyfalafol newydd a oedd eisoes ar ei phrifiant yng Nghymru. Erbyn hynny cawsai'r wlad ei hun yn y broses o gael ei haddasu i anghenion y deyrnas unedig sofran a ddaethai i fodolaeth yn y 1530au ac wedi hynny ymlaen i ail hanner y ganrif pan ganolwyd awdurdod gwladwriaethol yn y Goron a'i phrif sefydliadau.[5]

Un o brif gyflawniadau'r Ddeddf Uno gyntaf oedd dileu'r arglwyddiaethau Normanaidd yn y Mers ar ororau Cymru fel unedau gwleidyddol, a chreu siroedd newydd ohonynt. Ganwyd William Morgan o fewn ffiniau dwyreiniol hen dywysogaeth Gogledd Cymru heb fod nepell o arglwyddiaeth Dinbych. Man ei eni oedd y Tŷ Mawr, tyddyn yn yr Wybrnant ym mhlwyf Penmachno, ar gyrion plwyf Dolwyddelan ac yn un o'r llecynnau mwyaf pellennig ac unig yng nghwmwd Nanconwy. Dywed Syr John Wynn o Wedir iddo gael ei eni yn nhrefgordd Dolwyddelan, a gallai hynny fod yn gywir oblegid ni chyfatebai ffiniau unedau gweinyddol seciwlar â rhai o'r un enw eglwysig bob amser.[6] I'r dwyrain, ceid sir Ddinbych a grëwyd o'r arglwyddiaeth yn 1536. Buasai ardal Ysbyty Ifan yn ucheldiroedd bro Hiraethog yn y bymthegfed ganrif a rhan gyntaf y ganrif ddilynol yn dra therfysglyd oblegid gweithrediadau herwyr a throseddwyr ynghyd â'r symud anghyfreithlon a ddigwyddai'n fynych rhwng y dywysogaeth a'r hen arglwyddiaeth i osgoi'r gyfraith.[7] Parhaodd bygythion haid o derfysgwyr – 'a wasp's nest' chwedl Syr John – yn Ysbyty Ifan i fod yn destun gofid i lywodraethwyr y Goron yng nghwmwd Nanconwy, a disgwylid i rai teuluoedd bonheddig yn yr ardal honno – Wynniaid Gwedir a theulu Plas Iolyn yn fwyaf arbennig – ym-gymryd â'r cyfrifoldeb yn negawdau cynnar canrif y Tuduriaid o osod trefn ar y wlad a'i heddychu.[8] John Wyn ap Maredudd, ail berchennog ystad Gwedir – gŵr y byddai William Morgan yn ei adnabod yn dda yn ei ddyddiau cynnar – a fu'n bennaf cyfrifol am sefydlu llywodraeth yng nghwmwd Nanconwy. Ystyrid ef yn un o'r bonheddwyr grymusaf eu dylanwad yn y blynyddoedd yn union wedi'r Deddfau Uno, a gweithredodd ei awdurdod fel swyddog gweinyddol dan y Goron yn ddeheuig iawn i ddifa olion amlwg o'r hen fygythion a greai gymaint o ansefydlogrwydd ar y ffiniau rhwng y dywysogaeth a'r hen Fers. Fel ei dad, Maredudd ap Ieuan, a hanai o Eifionydd, fe'i cymeradwywyd gan feirdd y cyfnod am ei alluoedd cynhenid yn ymlid a difa herwyr. Clodforodd y bardd Morus Dwyfech ei egni a'i ddewrder yn difa nythaid o ladron a dihirod yn Nanconwy a'r cyffiniau, a thrwy hynny greu sefydlogrwydd mewn rhanbarth hynod am ei thor-cyfraith.[9] Mewn cyfnod o undod cyfansoddiadol, pwysleisiwyd yr angen mawr am heddwch a threfn wleidyddol, a thebyg fu tystiolaeth Lewys Daron a Lewys Môn i drefn a osodid ar gymdogaeth wasgarog a diarffordd gan filwr o fri fel Maredudd.

Llai treisir gywir a gwan,
Llai draw nyth lladron weithian.[10]

Nid bod gorchwyl Maredudd na'i fab John Wyn yn hawdd o bell ffordd. Tra gwelai'r naill yr angen i hwyluso ei amcanion ei hun yn ei ymdrech i sefydlu ystad diriog yng nghyffiniau Nanconwy aethai'r llall rhagddo, wrth gadarnhau'r ystad honno, i wylio buddiannau gweinyddol a threthiannol y Goron a wasanaethai'n swyddogol. Ymhell wedi marw John Wyn cwynai ei ŵyr, Syr John Wynn, ei fod yntau wedi cael trafferthion mawr, yn rhinwedd ei swydd fel ustus heddwch ar ffiniau gorllewinol sir Ddinbych, i gadw trefn mewn ardal mor fynyddig, a hynny ym mlynyddoedd cynnar yr ail ganrif ar bymtheg.[11]

Yn y cwmwd anhygyrch hwnnw y magwyd William Morgan, ac mewn cymdeithas lle gwelid olion parhaol o hen drefn gymdeithasol y taeogion a arferid yn yr Oesoedd Canol. Yn Nanconwy, dwy drefgordd rydd yn unig a geid ac nid oedd Penmachno na Dolwyddelan yn eu plith.[12] Erbyn diwedd y bymthegfed ganrif, fodd bynnag, ychydig iawn o'r hen deuluoedd caeth a barhâi i fyw ar y tiroedd hynny oblegid bu effeithiau'r Pla Du ynghyd â gwrthryfel Glyndŵr a helbulon economaidd eraill yn gyfrifol am iddynt ffoi oddi yno neu drengi yn y fan a'r lle. Cyfeiriodd Syr John Wynn at greithiau rhyfel Glyndŵr a'r gwrthdaro enbyd a fuasai rhwng pleidiau Iorc a Lancaster a oedd i'w gweld yn ei ddyddiau ef ar ddiwedd yr unfed ganrif ar bymtheg, a rhoddodd ddisgrifiad graffig o ardal goediog Nanconwy bryd hynny – 'You are to understand', meddai, 'that in those days the country of Nanconwy was not only wooded, but also all Caernarfonshire, Merionethshire and Denbighshire seemed to be but one forest and wood, having few inhabitants'.[13] A barnu oddi wrth dystiolaeth o blith papurau teuluol Gwedir sy'n cyfeirio at natur amaethu a dal tir yn y mannau hynny, nid ymddengys i'r sefyllfa fod lawer gwell ym mlynyddoedd canol canrif y Tuduriaid.

Oblegid y gwasgaru a'r difodiant ymhlith y teuluoedd caeth denwyd eraill i'r ardaloedd hynny, yn bennaf gan Faredudd ap Ieuan, sylfaenydd teulu Gwedir, i drigo mewn trefgorddau heb fawr o drigolion ynddynt, a daethant yn denantiaid ar ystad Gwedir.[14] Parhâi rhai o'r hen deuluoedd i ddal tiroedd y Goron yn rhannau isaf trefgorddau Dolwyddelan a Phenmachno, yn eu plith tylwyth William Morgan. Fel eraill tebyg iddynt fe'u cyfrifid yn gynnar yn yr unfed ganrif ar bymtheg yn denantiaid i Faredudd, ond nid ymddengys iddynt hanu o gyff taeogaidd. Yn wir, gwrthbrofir hynny'n amlwg ym moliant y beirdd i Morgan, yn eu cyfeiriadau mynych at ei ach fonheddig. 'Da'r hanoedd . . . Da ei ryw', meddai Huw Machno amdano wrth restru gyda balchder ei gyndadau urddasol.[15] Ar ochr ei dad, disgynnodd John ap Morgan o Nefydd Hardd a Hedd Molwynog, dau o sylfaenwyr pymtheg llwyth Gwynedd, a'i fam o Farchudd ap Cynan, un arall ohonynt. Mewn perthynas â hynny gellir deall ystyr y sen a fwriwyd ar Morgan gan Syr John Wynn o Wedir pan ddywedodd iddo ddisgyn o ach gaeth – 'of the race of the bondmen' – yn nhrefgorddau Penmachno a Dolwyddelan.[16] Yr oedd Wynn yn hynafiaethydd ac achyddwr rhy graff o lawer i beidio â chofio bod Nefydd Hardd, pen y chweched llwyth, wedi cael ei ddiraddio am ei fod – yn ôl traddodiad – yn gyfrifol am ladd un o feibion Owain Gwynedd yn y ddeuddegfed ganrif a'i orfodi i fyw bywyd caeth gyda'i deulu yn Nanconwy.[17] Hynny, y mae'n debyg, a gyfrifai am ei gyfeiriad dirmygus at ei ach rai blynyddoedd wedi marw Morgan. O safbwynt tirfeddiannwr balch ac enillgar y ffaith mai ar dir caeth y trigai hynafiaid Morgan a hefyd mai tir o'r fath oedd yr Wybrnant a'r tiroedd o amgylch, ac nid eu hach freiniol, oedd bwysicaf i Wynn ei gofnodi a dim arall. Oblegid gafael teulu Gwedir ar y tiroedd hynny aeth Wynn ati'n frwdfrydig i gadarnhau ei hawliau arnynt a thramgwyddo'r tenantiaid yr un pryd, yn arbennig yn nhrefgordd Dolwyddelan.[18] Nid rhyfedd i Morgan gyfeirio mewn llythyr at y cyfreithiwr Thomas Martin yng ngwanwyn 1603 at ei ymddygiad gorthrymus tuag atynt. 'I pray God forgeve Mr Wyn,' meddai, 'hys harde dealynge with these tenantes whose tenementes he could not covett withoute impiety.'[19] Ysgrifennodd Wynn ei *Memoirs* mewn cyfnod rhwystredig yn ei hanes fel tirfeddiannwr pan deimlai finiogrwydd gwrthwynebiad tenantiaid Dolwyddelan i'w hawliau. Ymrafaelodd yn barhaus â hwy oblegid credent eu bod wedi sicrhau rhydd-ddaliadaeth ar eu tiroedd yn rhinwedd siartr ragorfreiniol a roddasai Harri VII iddynt yn 1507 a'u rhyddhaodd o statws caeth eu hynafiaid. Yng nghyd-destun yr ymrafael hwnnw, y mae'n debyg, y dirmygwyd Morgan gan Wynn. 'Hitt shall leson me', meddai'n gynhyrfus wrth Morgan ym Mawrth yr un flwyddyn, 'to expect noe sweete fruite of a sower stocke.'[20] Sut bynnag, ffermwyr tenant oedd hynafiaid agos cyfieithydd yr ysgrythurau, a disgwylid iddynt gyflawni rhai dyletswyddau cydnabyddedig i'r meistr tir fel y gallent fwynhau'r telerau arbennig ar eu daliadau. Credir i John ap Morgan ddal tiroedd Hafod Fraith, Llechwedd Hafod a Thalar Gerwin ynghyd â Glyn Lledr a physgodfa'r afon yno, a'r Waun Ddofn yn Nanconwy.[21] Y tebyg yw iddo fod yn denant digon sylweddol ei fyd, a bu i'w fab barhau i ddal tiroedd ar les yn yr Wybrnant, yn nhrefgordd Dolwyddelan, a thiroedd cyfagos pan oedd yn glerigwr, ond ar delerau rhent llawer mwy ffafriol i'r tirfeddiannwr nag iddo ef.[22] Ynghanol ei holl drafferthion â Syr John Wynn gwyddai William Morgan fod ganddo asgwrn arall i'w grafu yn ogystal, sef ynglŷn â mater bywoliaeth Llanrwst, a chyfyd hynny i'r wyneb yn achlysurol yn ei ohebiaeth ag ef.

Daeth William Morgan i'r byd mewn cyfnod pan oedd y bonedd neu'r uchelwyr yn codi i amlygrwydd ym mhob agwedd ar y bywyd cyhoeddus trwy Gymru benbaladr. Rhoddasai'r Deddfau Uno iddynt yr ysgogiad angenrheidiol i gadarnhau eu gafael ar dir ac eiddo, seciwlar ac eglwysig, i grafangu pa swyddi cyhoeddus bynnag a gynigid iddynt ac i gryfhau eu hymlyniad wrth ddiwylliant a moesau'r llys brenhinol a'r prifysgolion yn Lloegr.[23] Manteisiodd cenhedlaeth newydd ohonynt – y tro hwn gyda grym ffurfiol statudau seneddol y tu cefn iddynt – ar y datblygiadau a nodweddai fywyd a gorchwylion eu hynafiaid trwy fwrw ymlaen i greu iddynt eu hunain y ddelwedd o'r gweinyddwr cyhoeddus dan awdurdod llywodraeth y Tuduriaid cynnar. Teuluoedd megis Wynniaid Gwedir a godai i'r brig yng nghyfnod bore Morgan, ac fe'i cynrychiolwyd pan oedd yn llanc ifanc gan John Wyn ap Maredudd a gyflawnodd ei ddyletswyddau fel aelod seneddol a siryf dros ei sir a hefyd fel ustus heddwch blaenllaw.[24] Gweithredodd yn ogystal ar nifer o gomisiynau brenhinol yn ymwneud â sefydlu heddwch a threfn, gofalodd am adnoddau amddiffynnol y sir rhag bygythiadau tramor, a gweithredodd bolisïau'r llywodraeth ynglŷn â chrefydd a chrefydda.[25] Gŵr nodweddiadol o'i oes oedd John Wyn ym myd gweinyddiaeth mewn llywodraeth leol a rhanbarthol. Ymhelaethodd adeilad plas Gwedir, a adeiladwyd yn wreiddiol gan ei dad Maredudd ap Ieuan ap Robert, a'i wneud yn gyrchfan deniadol i feirdd a bonedd, a chadarnhaodd ei feddiannau tiriog mewn sawl rhan o ogledd Cymru.[26] Er cynhesed y cyfeillgarwch rhwng Syr John Wynn a Morgan, mewn rhai cyfeiriadau bu ffyniant y teulu hwn yn faen tramgwydd i'r esgob, yn arbennig ym mlynyddoedd olaf ei fywyd.

Erbyn y 1540au diweddar hefyd daethai newidiadau enfawr i fod ym myd crefydd. Ddegawd ynghynt ymwrthododd y brenin Harri VIII awdurdod y Pab Rhufeinig a'i osod ei hun yn ben goruchaf ar yr eglwys a bywyd ysbrydol y deyrnas. Trwy hynny creodd yr *Anglicana Ecclesia* – yr Eglwys Gatholig Seisnig o fewn gwladwriaeth Loegr.[27] Proses araf oedd sicrhau teyrngarwch cyffredinol i'r awdurdod newydd hwn, ond nid oedd perygl ymhlith gwerin bobl Cymru iddynt ymwrthod ag ef. Ar ben hynny diddymwyd y mynachlogydd – y prif arwydd gweledol o rym y Pab – yn 1536, ac un ohonynt oedd abaty Aberconwy ym Maenan, yn Nyffryn Conwy, heb fod nepell o blas Gwedir. Nid oes unrhyw sail hanesyddol i gredu'r hen stori mai un o fynaich y fangre honno a roddodd i William Morgan ei addysg fore.[28] Ceir tystiolaeth bendant, fodd bynnag, fod yr abaty hwnnw, er ei dlodi, yn parhau hyd y diwedd i gynnal nawdd a lletygarwch. 'I keep 40 persons besides poor people and strangers', meddai'r abad, Richard ap Robert, brawd y Dr Ellis Prys o Blas Iolyn, cyn y diddymu, 'at no small cost this dear year when corn is so scant in these parts.' O ystyried hynny, y mae'n ddigon posibl mai un o'r mynaich yno a fu'n gyfrwng i addysgu Morgan rai blynyddoedd wedi i'r lle orfod cau ei ddrysau.[29] Ond tybiaeth yn unig yw honno.

Er cymaint ceidwadaeth Harri VIII mewn materion athrawiaethol ni ellid rhwystro llif y dylanwadau crefyddol newydd rhag dod i mewn i'r deyrnas mewn byd nac eglwys. Yn nheyrnasiad Edward VI cynyddodd dylanwadau Protestannaidd a newidiodd gwedd fewnol ac allanol eglwysi wedi i'r llywodraeth ymwrthod â'r creiriau a'r symbolau a gysylltid â Phabyddiaeth. Newidiwyd athrawiaeth yr Eglwys hefyd, ac yn 1549 a 1552 ymddangosodd yn olynol fersiynau Thomas Cranmer, archesgob Caer-gaint, o'r Llyfr Gweddi Gyffredin a bu'r ail yn sail i athrawiaeth yr Eglwys Anglicanaidd newydd. Mewn cyfnod mor ddyrys a chyfnewidiol y mae'n ddiamau mai glynu wrth yr hen ffydd a wnaeth mwyafrif llethol pobl Cymru y pryd hynny. Nid oedd cymhelliad digon cryf ymhlith trwch y boblogaeth anllythrennog i beri iddynt feddwl yn ddwys am gyflwr eu heneidiau.[30] Araf iawn fuont i droi at Brotestaniaeth dros weddill y ganrif, ac y mae'n dra thebyg mai parhau'n Babyddion hefyd a wnaeth teulu'r Tŷ Mawr am flynyddoedd i ddod. Y mae'n wir i John Wyn ap Maredudd, ynghyd ag eraill o'r rhyw bonheddig, gynrychioli'r newid agwedd sylfaenol a ddigwyddasai mewn perthynas â chrefydd ym mywyd nifer gynyddol o'r uchelwyr, ac yn fynych byddent mewn cyfyng-gyngor wrth geisio boddhau'r llywodraeth ar y naill law a pharchu eu cydwybod eu hunain ar y llaw arall. Mewn cyd-destun ehangach achoswyd tyndra crefyddol ac adnewyddwyd bygythiadau tramor o Ffrainc, prif elyn Lloegr ar y pryd.[31] Gorchmynnwyd sgweiar Gwedir a'i gymheiriaid i gadw llygad barcud ar amddiffynfeydd Gwynedd, ac ofnwyd y byddai llynges Ffrainc yn bygwth ei glannau: 'all the coasts of England are full of the King's enemies ships which cannot be numbered,' meddid yn 1544, 'the Privy Council sit day and night'.[32] Dan amgylchiadau cythryblus ac argyfyngus bygythiwyd annibyniaeth y deyrnas ynysol sofran y rhoddwyd cymaint pwys arni o gyfnod y 1530au ymlaen.

Yn ychwanegol at ofidiau'r llywodraeth daethai teyrnasiad Mari Tudur â phroblemau eraill i'w ganlyn. Trodd y Babyddes selog honno ar ei sawdl o safbwynt crefydd a phenderfynu'n ddi-ildio ailgyflwyno'r hen ffydd a'i gorfodi ar fonedd a gwreng fel ei gilydd. Priododd Philip II o Sbaen yn 1554, uniad na fu'n llwyddiant, a chanlyniad hynny fu iddo ef geisio, eto'n aflwyddiannus, uniaethu buddiannau gwleidyddol a chrefyddol y ddwy wlad. Plentyn oedd William Morgan y pryd tyngedfennol hwnnw, ac fel mab i denant dangosodd awydd am addysg yn gynnar iawn yn ei fywyd. Y mae'n amlwg ei fod yn fachgen galluog ac addawol ond trigai mewn cyfnod pan nad oedd fawr o ysgolion ar gael yng Nghymru i'w addysgu. Caewyd drysau abaty Aberconwy yn 1536 ac nid oedd cyfleusterau addysg ffurfiol eraill o fewn cyrraedd i Nanconwy ar y pryd. Sefydlwyd rhai ysgolion gramadeg erbyn hynny, y mae'n wir, yng Nghroesoswallt, Aberhonddu a Chaerfyrddin, ond yr oeddynt yn rhy bell o lawer i fod o wasanaeth i fab tenant ar ystad Gwedir. Yng Ngwynedd agorwyd yr ysgol ramadeg gyntaf ym Mangor yn 1557, trwy waddol Sieffre Glyn, Doethur mewn Cyfraith Sifil a Chanllaw yn Llys y Bwâu, 'for the better education and bringing up of poor men's children'.[33] Y tebyg yw i William Morgan gael ei amddifadu o addysg glasurol ffurfiol cyn iddo fynychu un o golegau Caer-grawnt, ond nid ymddengys fod hynny wedi peri unrhyw ofid iddo. Yn ôl pob tystiolaeth, derbyniodd ei addysg gynnar naill ai ym mhlas Gwedir gan gaplan cyflogedig y teulu neu yng Nghwm Penamnen, cartref gwreiddiol y Wynniaid, yn nhrefgordd Dolwyddelan. Nid oes sicrwydd pendant ymhle, ond etifeddasai John Wyn ap Maredudd diroedd yn Nolwyddelan a Gwedir a cheir tystiolaeth iddo fyw yn y ddau le. Cyfeirir at y ddau gartref yng ngwaith y beirdd ac at yr ychwanegiadau pensaernïol a geid yng Ngwedir. Tybir iddo fyw ei flynyddoedd olaf yn ei gartref, Tai Penamnen, a throsglwyddodd yr etifeddiaeth yno i'w weddw Elin ferch Morus ap Siôn o'r Clenennau, a pharhaodd hi i gyfrannu elusen yn y gymdeithas. O gofio am agosrwydd daearyddol yr Wybrnant i Benamnen ynghyd â pharodrwydd John Wyn ap Maredudd i gadw cartref yno dichon nad yno yr hyfforddwyd William Morgan yn ei ddyddiau cynnar. Yn sicr, parhawyd i gynnal lletygarwch yno, a thystiwyd gan y beirdd i nawddogaeth Elin yn ei phlas: 'Gwelais feirdd . . . a lles yn llys Dolwyddelan,' meddai Wiliam Llŷn yn ei awdl farwnad iddi, wrth ganmol cynhesrwydd y croeso a geid yno dan ei chronglwyd.[34]

O edrych ar y posibilrwydd arall mai ym mhlas Gwedir yr addysgwyd Morgan ni ellir amau y byddai mwy o gyfleusterau yno lle y trigai'r caplan teuluol. Byddai tai'r bonedd yn gweithredu fel canolfannau addysgol anffurfiol ar gyfer y plant cyn iddynt symud i sefydliadau prifysgol yn Lloegr. Hwn oedd y cyfnod pan roddwyd mwy o fanteision i leygwyr ym myd addysg a'r gyfraith. Cyfeiriodd Syr John Wynn at ei hen-daid, Maredudd ap Ieuan ap Robert, yn derbyn hyfforddiant clasurol yn nhref Caernarfon yn ail hanner y bymthegfed ganrif.[35] Ystyrid mab Maredudd, John Wyn, hefyd yn ŵr deallus. Tystir yng ngwaith y beirdd ei fod yn ŵr a feddai ar 'dysg, natur, dawn',[36] a disgrifiodd Rhisiart Gele ef yn 'athro' iddo.[37] Sonnid mewn ffynhonnell arall amdano fel hyfforddwr i gydnabod iddo, a throsglwyddodd y doniau cynhenid hynny i'w fab hynaf, Morus Wynn, a etifeddodd Gwedir wedi ei farw yn 1559.[38] Ni chawsai yntau addysg ffurfiol ychwaith, yn ôl pob tystiolaeth, ond disgrifiwyd ef fel 'carwr Lladin'.[39] Sefydlodd ysgoloriaeth flynyddol yn ysgol Bangor – 'the Free Grammar schoole' – er budd i un ysgolor addawol o blwyf Beddgelert 'to be taught and brought upp in learning'.[40] Er na chawsai John Wyn addysg ffurfiol rhoddodd y cyfle'n llawn i'w feibion ledu eu hadenydd mewn sefydliadau o bwys. Yr hynotaf ohonynt o'r safbwynt hwnnw oedd y Dr John Gwynn, y mab ieuengaf, a fynychodd Goleg y Drindod, Caer-grawnt ac a etholwyd yn Gymrawd Coleg Sant Ioan yno.[41] Ar ei farwolaeth, yn 1572, gwaddolodd renti o'i diroedd ym Maenan i gynnal ysgolheigion a chymrodyr yn y coleg hwnnw – ond lawer iawn yn rhy ddiweddar i Morgan allu manteisio arnynt. Sut bynnag, ym mlynyddoedd canol canrif y Tuduriaid cynyddai'r ymdeimlad o ehangu gorwelion dysg ac ysgolheictod – yn ôl tueddiadau deallusol yr oes – ac yng Ngwedir, erbyn cyfnod Syr John Wynn, ym mlynyddoedd olaf y ganrif, daethai'n arferol i'w feibion oll gael yr addysg orau posibl. Dyna'r ganrif a welodd y gymdeithas leyg yn dod i'w llawn dwf, fel petai, ym myd dysg a hyfforddiant addysgol, a llifodd nifer gynyddol ohonynt i'r prifysgolion ac Ysbytai'r Brawdlys. Trwy gyfrwng hynny byddent yn lledu gorwelion eu diddordebau, cryfhau eu buddiannau materol, a chynyddu eu gwybodaeth o'r gyfraith, y byd gwleidyddol ehangach, masnach a gweinyddiaeth. Ar ben hynny cyflwynwyd i'r sefydliadau hynny ac i dai'r uchelwyr briodoleddau'r byd a'r bywyd grasusol a bonheddig. Pwysleisiwyd confensiynau cymdeithasol y Dadeni Dysg, a rhoddwyd y lle blaenaf i'r rhinweddau cydnabyddedig yng nghymeriad y bonheddwr, yn cynnwys cyfiawnder, duwioldeb a mawrfrydigrwydd.[42]

Yn yr ysbryd hwnnw, y mae'n debyg, y derbyniodd William Morgan ei hyfforddiant yng nghyfnod John Wyn ap Maredudd a'i fab Morus Wynn. Yno hefyd, gellir tybio, yr addysgwyd ei gyfoed Edmwnd Prys – archddiacon Meirionnydd yn ddiweddarach, a mydryddwyr y salmau ar gân. Yr oedd yntau hefyd yn fab i denant a drigai yn Llanrwst, a hanai o gyff Marchudd ap Cynan ac Ednyfed Fychan.[43]

Y mae'n rhesymol i gredu bod y ddau ohonynt wedi cael eu haddysgu gyda'i gilydd neu o leiaf tua'r un cyfnod. Ni cheir unrhyw dystiolaeth i brofi hynny, a chan fod y ddau ohonynt hefyd wedi mynychu Coleg Sant Ioan yng Nghaer-grawnt yr un pryd y mae hynny i'w ryfeddu. Syndod pellach yw na chyfeirir at Edmwnd Prys ymhlith gwŷr amlwg gogledd Cymru yn *Memoirs* Syr John Wynn, gan iddo nodi, yn ddirmygus y mae'n wir, gysylltiadau addysgol Morgan â Gwedir. Sut bynnag, cyfeiriwyd ym mawl y beirdd i aelodau o'r teulu at y plas yn ganolfan dra phwysig ym myd addysg a diwylliant yn gyffredinol. Gwelsai Siôn Phylip rinweddau dysg yno, ac meddai'n afieithus:

Bu lawn dras, bu lân drwsiad,
Bu ysgol rinweddol rad.[44]

Cyfyd un nodwedd dra diddorol wrth drafod cysylltiad William Morgan â phlas Gwedir yn ei ddyddiau cynnar. Dim ond y teuluoedd bonheddig mwyaf sylweddol eu byd a allai fforddio cynnig addysg, ac ni ddylid dibrisio'r lle a roddid ynddynt, yn arbennig yn ardaloedd Cymreiciaf Cymru, i feithrin llythrenogrwydd yn yr iaith Gymraeg. O gofio am gysylltiadau diwylliannol y teulu a'r ffaith mai Cymro uniaith oedd William Morgan, y mae'n dra thebyg iddo gael ei addysgu trwy gyfrwng ei famiaith er gwaethaf y tueddiadau Seisnig a geid ym mhlas Gwedir. Meithrinodd ei ddawn i ysgrifennu yn y Gymraeg yn gynnar iawn a bu hynny, flynyddoedd yn ddiweddarach, yn fantais o bwys mawr iddo wrth ymgodymu â'r gorchwyl o gyfieithu'r Beibl. Oni bai am hynny y mae'n amheus a fyddai gan y clerigwr ddigon o feistrolaeth ar iaith a mynegiant i'w alluogi i gyfieithu mewn dull mor gymen.[45]

O Nanconwy aeth William Morgan yn 1565 i Goleg Sant Ioan yng Nghaer-grawnt a'i fryd ar gymryd urddau eglwysig. Efallai iddo'n gyntaf fynychu Ysgol Westminster yn Llundain yn 1564 pan oedd Dr Gabriel Goodman, ysgolhaig ac addysgwr, yn ganon Sant Paul (1560), yn ddeon Westminster (1561) a hefyd yn arolygydd rhestri'r disgyblion a dderbyniwyd i'r ysgol honno. Nid oes tystiolaeth bendant iddo fod yn Westminster, y mae'n wir, ac er bod cyfeiriad yn rhestri'r ysgol yn chwarter y Nadolig 1564 at ryw Morgan *maior*, a oedd yn ddisgybl yno y pryd hynny ac y disgwylid iddo fynd oddi yno i'r brifysgol, ni chyfeirir mewn unrhyw ffynhonnell arall at y posibilrwydd iddo fod yno. Ar y llaw arall, ceir peth tystiolaeth o safbwynt teulu Gwedir fod cysylltiad rhyngddynt â'r sefydliad addysgol hwnnw. Yno yr addysgwyd Ellis Wynn, brawd iau Syr John Wynn, ac oni bai am yr haint a ofnid, i'r ysgol honno y byddai Owen a Robert Wynn, meibion eraill i Wynn, wedi cael eu hanfon. Y mae'n amlwg fod Morus Wynn, tad yswain Gwedir, a fuasai'n gyfrifol am roi addysg i William Morgan, yn parchu sefydliadau addysgol ac y mae'n bosibl ei fod wedi ei gynorthwyo'n ariannol yno ac yng Ngholeg Sant Ioan. Wedi i Morgan dderbyn addysg elfennol yn y clasuron dan hyfforddiant caplan Gwedir byddai'n ddigon naturiol iddo gael ei annog i aeddfedu mewn ysgol fonedd cyn symud ymlaen i'r brifysgol. Pwysleisiodd Syr John Wynn fwy nag unwaith garedigrwydd ei ragflaenwyr yng Ngwedir tuag at y llanc o'r Wybrnant, ac yn y cyd-destun hwn, ni ellir anwybyddu'r cymorth a roddwyd gan uchelwyr Gwedir i ysgolheigion eraill megis John Williams, câr iddynt, yng Nghaer-grawnt.[46]

Sut bynnag, ni ellir rhoi gormod o sylw i'r posibilrwydd i William Morgan gael peth o'i addysg yn Ysgol Westminster. Yr hyn sy'n sicr yw iddo fynychu un o golegau enwocaf Caer-grawnt. Y mae'n wir mai Rhydychen, nid Caer-grawnt, oedd y brifysgol fwyaf poblogaidd ymhlith ieuenctid bonedd Cymru, ond yn y cyswllt hwn y mae'n ddigon posibl mai cyngor a dylanwad Dr John Gwynn, a oedd erbyn hynny'n gymrawd Coleg Sant Ioan ac wedi graddio'n ddoethur yn y gyfraith yno, a fu'n bennaf cyfrifol am ei fynediad yno. Fe'i hystyrid gan ei nai, Syr John Wynn, yn 'learned and a wise man and a bountiful housekeeper', gŵr, y mae'n debyg, a gawsai ddylanwad ar eraill o'r un anian â Morgan.[47] I'r un coleg hefyd yr anfonwyd Robert Wynn, brawd arall iddo, wedi iddo dderbyn addysg yn y Faenol, cartref y teulu Williams a hanai o gyff y Penrhyn. I Goleg Sant Ioan yr aeth Dr Owen Wynn, nai i Dr John Gwynn, ac fe'i dyrchafwyd yn Ddeunawfed Meistr y coleg hwnnw yn 1612.[48] Pan chwiliai Syr John am goleg addas i rai o'i feibion yn gynnar yn yr ail ganrif ar bymtheg cafodd gyngor buddiol gan William Holland, câr iddo, ac aelod o'r coleg hwnnw. 'For my part,' meddai, 'I hold St John's College to be *omni exceptione majus*; not inferior to any college for the bringing up of young gentlemen, but the fittest and best house that you can send your sons unto.'[49] Nid oes amheuaeth fod y coleg hwnnw, a ystyrid yn feithrinfa amlwg i ddysg y Dadeni, yn ffafriol ymhlith rhai o aelodau'r teulu, a than ddylanwad hynny, y mae'n debyg, yr anfonwyd Morgan – ac Edmwnd Prys efallai – yno.

Cawsai William Morgan addysg wrth fodd ei galon yng Ngholeg Sant Ioan. Fel llawer o'i gyfoedion a drwythwyd yn yr ieithoedd beiblaidd y mae'n debyg fod ei fryd ar fynd i'r Eglwys.[50] Er bod yr hyfforddiant a dderbyniai yn rhoi pwyslais ar y traddodiad Clasurol paganaidd cyfunwyd hynny ag astudiaethau yn y traddodiad Cristnogol. Rhoesai ei bwyslais ar astudio'r ieithoedd beiblaidd, gweithiau Tadau'r Eglwys a syniadaeth Brotestannaidd gyfoes ar faterion diwinyddol. Buasai hyn oll yn rhan hanfodol o'i gyrsiau gradd, ac y mae'n amlwg iddo ymgydnabod yn helaeth â'r dylanwadau crefyddol newydd a ddeuai o'r Cyfandir i Gaer-grawnt y dyddiau hynny. Dichon iddo ymgyfeillachu â myfyrwyr eraill a ddaethai dan ddylanwad y tonnau cyson o syniadau diwygiadol a wreiddiai mewn mangreoedd addysg o'r fath. Yno hefyd yr ymgydnabu Morgan â gwahanol destunau o'r Beibl ac y daeth i gysylltiad ag ysbryd y Dadeni Dysg yn ei wedd Brotestannaidd. Yn ystod ei gyfnod cynnar yng Nghaer-grawnt y gorffennodd William Salesbury a Richard Davies, ynghyd â Thomas Huet, Cantor Tyddewi, y gwaith o gyfieithu'r Testament Newydd a'r Llyfr Gweddi Gyffredin i'r Gymraeg.[51] Y tebyg yw iddo fod yn ymwybodol o'r hyn a ddigwyddasai ym myd darparu'r ysgrythurau i'r Cymry yn eu hiaith eu hunain, ac y mae'n ddigon posibl mai yng Nghaer-grawnt y bu iddo feddwl gyntaf am barhau'r gwaith. Nid oes amheuaeth iddo gyflawni campau academaidd nodedig tra oedd yno. Pwysleisiwyd yn gyson ei alluoedd cynhenid mewn sawl ffynhonnell, a gorfu i Syr John Wynn o Wedir, er gwaethaf ei ddirmyg, gydnabod rai blynyddoedd wedi ei farw, ei fod yn 'good scholar, both a Grecian and Hebrician'.[52]

Y tebyg yw mai yng Ngholeg Sant Ioan y daeth y darparglerigwr dan ddylanwad Protestaniaeth. Yno, yn ei gyfnod ef, y cododd gwrthwynebiad eithafol yr adain Biwritanaidd dan arweiniad Thomas Cartwright, a oedd yn athro diwinyddiaeth yno, i drefn sefydliad yr Eglwys. Parai ymrafael o'r fath hollt ddifrifol yn rhengoedd y Protestaniaid a chreodd ddifrod mawr yn fframwaith yr Eglwys Anglicanaidd newydd a sefydlwyd yn 1559 ac a geisiai gynnal teyrngarwch crefyddwyr i'r Goron a'r wladwriaeth trwy dderbyn trefn ac athrawiaeth Brotestannaidd un Eglwys swyddogol. Cyfnod y berw mawr oedd diwedd y 1560au a dechrau'r ddegawd ddilynol pryd yr amlygwyd y garfan Biwritanaidd a'i gwrthwynebiad i blaid 'swyddogol' yr

Eglwys dan arweiniad John Whitgift, athro diwinyddiaeth Lady Margaret yng Nghaergrawnt.[53] Achoswyd y rhwyg yn sylfaenol gan drefniadaeth eglwysig; gelwid am gydraddoldeb o'i mewn, a deuai'r rhan fwyaf o'r arweinwyr eithafol o blith ysgolheigion y brifysgol yng Nghaergrawnt, megis Walter Travers, Robert Browne, Henry Barrow a John Udall, ac yn ddiweddarach yng Nghymru, John Penry. Credai Cartwright fod yr Eglwys Brotestannaidd newydd, fel Eglwys Rufain, yn hollol anghydnaws ag ysbryd a threfn yr Eglwys gyntefig. Credir mai Penry oedd y cyntaf i seilio disgyblaeth a gweinyddiad eglwysig, ynghyd ag athrawiaeth, ar y Beibl. Pwrpas esgobion, meddai, oedd ildio eu hawdurdod gweinyddol ac ymroi i'r dyletswyddau apostolaidd o bregethu a dysgu. Hefyd, credai y dylai cynulleidfaoedd yr eglwysi lleol, ethol gweinidogion, ac aeth rhagddo i ddiraddio'r Eglwys wladol trwy wadu ei hapêl ar sail hanesyddol. Ystyrid bod ei ddatganiadau cyhoeddus ar natur yr Eglwys honno yn niweidiol i lywodraeth seciwlar y Tuduriaid, yn arbennig pe hawlid cydraddoldeb tebyg o fewn y wladwriaeth.[54] Ni allai William Morgan lai nag ymgydnabod â thyndra'r amgylchiadau a ddwysái'r bywyd academaidd yng Nghaer-grawnt y dyddiau hynny, ac er nad oes tystiolaeth bendant iddo ef nac Edmwnd Prys gymryd rhan gyhoeddus yn y dadleuon, ymddengys mai cefnogi'r adain 'swyddogol' dan Whitgift a wnaethant. Yn sicr, sylweddolodd Morgan fesur cyfyngder yr Eglwys wladol bryd hynny a'i hangen am gymorth i'w hamddiffyn ei hun mewn cymdeithas mor barod i dderbyn a choleddu syniadau a safbwyntiau diwinyddol a threfniadol newydd. Efallai y gellir egluro llawer ar ei ystyfnigrwydd pan oedd yn sefyll yn gadarn dros iawnderau'r Eglwys honno'n ddiweddarach yn ei yrfa yng ngoleuni'r profiadau a gawsai yng nghwmni arweinwyr y pleidiau ar droad y 1570au. Y mae un ffaith yn sicr, sef ei feddwl uchel o John Whitgift o'r dyddiau hynny ymlaen. Yn ei gyflwyniad i'r Beibl yn 1588 cyfeiriodd ato fel 'amddiffynnydd mwyaf eiddgar y gwirionedd, a gwarcheidwad tra doeth ar drefn a gweddustra'.[55] Y mae'n amlwg iddo hefyd edmygu Whitgift fel gweinyddwr yng Nghymru yn rhinwedd ei swydd yn Ddirprwy Lywydd Cyngor Cymru yn y Mers.[56] Yn wir, nodwedd hynod yng ngyrfa eglwysig William Morgan oedd ei ymlyniad teyrngar wrth awdurdod a ffurfioldeb, ac amlygwyd hynny yn ei amddiffyniad pybyr o statws a swyddogaeth y sefydliad a wasanaethai a'r camau pendant a gymerai i warchod ei buddiannau.[57]

Wedi ei yrfa golegol faith dychwelodd William Morgan i Gymru. Cawsai fywiolaethau Llanbadarn Fawr (1572) a'r Trallwng (1575), ond nid oes sicrwydd pendant ei fod wedi trigo ynddynt. Nid oedd yn annisgwyl i fywiolaethau fod yn wag y dyddiau hynny. Daethai'r Eglwys Anglicanaidd i fod mewn cyfnod o ansicrwydd ac anniddigrwydd mewn byd ac eglwys fel ei gilydd. Etifeddodd broblemau y gellid eu holrhain yn ôl dros ganrifoedd. Er cymaint y newid fu ar athrawiaeth yr eglwys honno cedwid llawer o'i ffurf a'i threfniadaeth ganoloesol. Ni allai ymddatod o hualau'r gwendidau a'i llyffetheiriai dros genedlaethau. Prif ffynhonnell ei llesgedd oedd ei thlodi, yn arbennig yng Nghymru, a'i hanallu i ymgyrraedd at wir anghenion dyfnaf ei phlwyfolion. Ar dir cenedlaethol fe'i bygythiwyd gan nerthoedd y Diwygiad Pabyddol o fewn ac oddi allan i'r deyrnas. Er i'r frenhines a'r Senedd gydnabod yn ffurfiol y Deugain Erthygl Namyn Un fel corff athrawiaethol yr Eglwys yn 1571, flwyddyn ynghynt fe'i hysgymunwyd yn derfynol gan y Pab Pius V, a thrwy hynny dyfnhawyd yr hollt rhwng y deyrnas sofran newydd ac awdurdod y Fatican. Fel canlyniad, aeth y llywodraeth rhagblaen i gadarnhau undod gwladwriaethol, ac un amod pendant o hynny oedd mynnu unffurfiaeth a rhoi i'r Eglwys y cyfle i'w hatgyfnerthu ei hun. Esgob Tyddewi ar y pryd oedd Richard Davies, brodor o'r Gyffin ger Conwy, ysgolhaig Protestannaidd o'r radd uchaf ac un o brif arweinwyr y ffydd newydd yng Nghymru yng nghyfnod cynharaf y drefn eglwysig wladol. Buasai'n gohebu â rhai o eglwyswyr amlycaf yr Eglwys yn Lloegr ar faterion yn ymwneud â tharddiad Protestaniaeth ac oblygiadau hynny yn eu cyfnod hwy.[58] Nid oes tystiolaeth ar gael i brofi bod Morgan ac yntau'n adnabod ei gilydd yn dda er mai Davies a'i penododd i Lanbadarn Fawr, ond yn ei gyflwyniad yn 1588 awgryma mai esgob Tyddewi a gymerodd y baich mwyaf wrth gyfieithu'r Llyfr Gweddi a'r Testament Newydd, ac i William Salesbury ei gynorthwyo. Y mae'n debyg mai cwrteisi ffurfiol clerigwr a'i barch tuag at ysgolhaig nodedig o brelad a gyfrifai'n bennaf am hynny.[59] Nid oes sicrwydd beth fu'r cysylltiad rhwng y ddau tra bu Morgan yn dal bywoliaeth Llanbadarn ond, yn 1575, fe'i symudwyd i esgobaeth Llanelwy. Yn 1578 ymsefydlodd ym mhlwyfi Llanrhaeadr-ym-Mochnant a Llanarmon Mynydd Mawr, ac yno bu, i bob pwrpas, dros gyfnod o bymtheg mlynedd a mwy.[60]

Nid gorchwyl hawdd oedd gweinidogaethu mewn plwyfi anghysbell o'r fath. Tenau iawn oedd y boblogaeth ac yr oedd y wlad yn wasgarog a'r ymlyniad wrth y ffydd newydd yn bur ansicr. Daeth i'w swyddi bugeiliol mewn cyfnod o gyfyngder yn hanes yr Eglwys. Fe'i nodweddid yng Nghymru gan ei thlodi materol ac ysbrydol. Er mai esgobaeth Tyddewi oedd y gyfoethocaf o'r pedair nid oedd ei galluoedd hi lawer gwell nag adnoddau rhai o esgobaethau gwannaf Lloegr.[61] Egwan hefyd oedd egnïon ysbrydol yr Eglwys yng Nghymru. Yn 1567 cwynodd Nicholas Robinson, esgob Bangor, yn arw am gyflwr ei dalaith ef:

> . . . for the most part of ye priestes are to olde . . . now to be put to schole. Apon this inhabilitie to teache gods worde (for there are not six yt can preache in yes thee shyeres) I haue found since I came to this cuntrey Images and aulters standing in churches undefaced, lewde and undecent vigils and watches obserued, much pilgrimage-goying, many candles sett up to ye honour of Sainctes, some reliquies yet carried about, and all ye Cuntries full of bedes and knottes, besides diuerse other monumentes of wilful seruing of God.[62]

Cyfeiria'n benodol at anwybodaeth, ofergoeliaeth ac anllythrennedd y werin bobl, anallu'r offeiriaid i ddarparu'n ysbrydol ar eu cyfer, gormes a hunan-gais tirfeddianwyr y wlad ynghyd â'r angen mawr am gyfieithiad o'r ysgrythurau i'r iaith Gymraeg. Tanlinellwyd ganddo'r prif wendidau a darfai ar gynnydd a datblygiad yr Eglwys wladol ac a fu'n rheswm sylfaenol dros ei harafwch yn ennill ei lle, fel petai, ymhlith pobl na ddeallai hanfodion athrawiaethol yr hen ffydd heb sôn am y ffydd newydd. Mewn gwlad fynyddig anghysbell cedwid at arferion ofergoelus megis delw-addoliad, cadw creiriau a phererindota, ac araf iawn fu i unrhyw newid mewn dull o fyw, o feddwl ac o addoli ddod yn fwy ystyrlon. Mewn adroddiad anhysbys am gyflwr crefydd yng ngogledd Cymru tua diwedd yr unfed ganrif ar bymtheg cafwyd sylwadau digon llym am gyflwr y bywyd ysbrydol:

> The people naturallie are vearie devoute, havinge in harte doubtles engraffed as greate feare regarde and reverence of a sup'nall power as anie people in the wourld elswhere have, but more than the name of God they knowe noethinge att all, and therefore as utterlie ignorante of Him or their saluac'on doe still in heapes goe one [on] pilgrimage to the wonted wells and placs of superstic'on . . .[63]

I gymdeithas o'r fath y daeth William Morgan yn 1578, i ardal bellennig yn Nyffryn Tanad yng ngogledd Powys ac ar gyrion de sir

Ddinbych. William Hughes oedd esgob Llanelwy y pryd hwnnw, disgynnydd o gyff Marchudd ap Cynan, ac ysgolhaig beiblaidd cymeradwy. Graddiodd yntau hefyd yng Nghaer-grawnt, a daeth i'w swydd yn 1573. Yn ystod ei gyfnod maith yn yr esgobaeth – bu farw yn 1600 – enillodd enw drwg iddo'i hun am ddiffyg trefn a gweinyddiad ac am grafangu i'w feddiant sawl bywoliaeth y tu allan i'w diroedd esgobaethol.[64] Cymaint fu'r gwendidau fel y cyflwynwyd adroddiad manwl yn 1587 i'r Arglwydd Drysorydd, William Burghley, yn disgrifio'n fanwl y problemau a lesteiriai waith yr Eglwys yn yr esgobaeth honno: 'Most of the great livings within the diocese, some with cure of souls and some without cure, are either holden by the Lord Bishop himself *in commendam* or else they are in the possession of such men as do dwell out of the country.' Yn ychwanegol at y tiroedd a feddai cafwyd lleihad difrifol yn nifer y clerigwyr gweithredol, ac achwynwyd bod lletygarwch bellach wedi dirywio oddi mewn i'r esgobaeth. Prin y cafwyd pregethwyr trwyddedig ymhlith y glerigaeth a arferai letygarwch ac a drigai yn eu plwyfi. 'Hospitality', meddid, 'is now of late greatly decayed in that diocese.'[65] Enwir tri chlerigwr yn unig a bregethai yn eu plwyfi, sef Dr David Powel, ficer Rhiwabon, yr hanesydd a'r hynafiaethydd enwog a fu'n gymorth i Morgan wrth gyfieithu'r Beibl, William Morgan (a enillasai radd Doethur mewn Diwinyddiaeth erbyn hynny), a Thomas Powell, archddiacon Llanelwy gynt a ficer Llanfechain.[66]

Er cymaint y sôn am wendidau sylfaenol offeiriadaeth yr esgobaeth a thrachwant ei hesgob am diroedd i gynnal ei fuddiannau ni ddylid casglu ei bod yn esgobaeth hollol druenus yn ysbrydol nac yn ddiwylliannol. Cynhwyswyd ynddi gnewyllyn da o rai o ysgolheigion a rhai o brif arweinwyr y Dadeni Dysg yng Nghymru, yn arbennig William Salesbury, Humphrey Llwyd a William Mydleton. Ynddi hefyd cafwyd yr unig ymdrechion y gwyddys amdanynt i ddefnyddio cyfieithiad Salesbury o'r epistolau a'r efengylau'n swyddogol yn y gwasanaethau. Fe'u cyfieithwyd ganddo yn 1551,[67] a gwnaed datganiad gan yr Esgob Thomas Davies, rhagflaenydd Hughes, yn 1561 y dylid gwneud defnydd ohonynt yn yr eglwysi plwyf. Ei amcan oedd ymateb i'r her a ddaethai yn sgil y drefn eglwysig newydd, ac yn ei gyngor esgobaethol yn Nhachwedd y flwyddyn honno bu iddo gyfarwyddo ei offeiriadaeth mewn materion yn ymwneud â'r litwrgi a cheisio darparu ar gyfer anghenion dyfnaf plwyfolion unieithog ei esgobaeth. 'That every of them have the catechism in the mother tongue in Welsh read and declared in their several churches every Sunday . . . After the epistle and gospel in English, the same to be read also in Welsh.'[68] Nid oedd y sefyllfa'n gyfryw iddo allu gosod disgyblaeth lem ar ei esgobaeth mewn cyfnod mor ansefydlog. Y mae'n wir i Thomas Davies deimlo bod safon gyffredinol ei glerigaeth yn gwella yn 1570, ond wedi i'w olynydd ddod i'w swydd cwynwyd oblegid aneffeithiolrwydd y bywyd crefyddol. Gwnaed ymdrechion pellach trwy gyfrwng erthyglau y cytunwyd arnynt yn y Confocasiwn i sicrhau y gweithredid ffurf-wasanaeth yr eglwys:

> That every bishop shall likewise take order within his diocese, that every person, vicar . . . being under the degree of a Master of Art and being no preacher shall provide and have of his own . . . the New Testament both in Latin and English or Welsh and shall confer daily one chapter of the same, the Latin and English or Welsh together . . .[69]

Nid oes tystiolaeth ar gael i brofi i ba raddau y bu i William Hughes a'r esgobion eraill weithredu'r cais swyddogol hwnnw ond y mae'n wir iddo wrthod rhoi bywoliaeth Whittington yn neoniaeth gwlad Croesoswallt i John Bagshaw, a addysgwyd yng Ngholeg Crist, Rhydychen, yn 1586 am nad oedd yn Gymro Cymraeg. Oherwydd hynny, ni allai gyflawni ei ddyletswyddau ymhlith plwyfolion uniaith Gymraeg, ac a ddisgrifiwyd yn 'homines Wallici, Wallicam loquentes linguam et non aliam'.[70] Ymddengys ei agwedd y pryd hwnnw yn gam pwysig ymlaen i geisio hybu buddiannau'r ffydd newydd ymhlith ei blwyfolion.

Er cymaint gwendidau'r Eglwys newydd yn ei blynyddoedd cynnar yn esgobaeth Llanelwy nid oes amheuaeth fod y ddau esgob Protestannaidd cyntaf wedi gosod sylfeini gweddol gadarn iddi, yn arbennig Thomas Davies. Pwysleisiodd ef bwysigrwydd trigo ymhlith plwyfolion a lletygarwch, a hysbysodd William Cecil yn 1570 ei fod wedi llwyddo i sicrhau disgyblaeth glerigol yn ei esgobaeth.[71] Cyfrifwyd Davies a Hughes yn ysgolheigion o'r radd uchaf, ac er i William Hughes goleddu rhai syniadau diwinyddol anuniongred yn y dyddiau cynnar fe'i perchid gan feirdd y canu caeth yn ei gyfnod am ehangder ei ddysg.[72] Y tebyg yw mai ef a fu'n gyfrifol am sicrhau bywiolaethau i Morgan yn ei esgobaeth. Cydnabu yntau gymorth Hughes iddo yn y gorchwyl o gyfieithu'r Beibl, yn arbennig ei barodrwydd i fenthyca llyfrau iddo a chytuno i 'archwilio, cloriannu a chymeradwyo'r gwaith'.[73] Y mae'n ddigon posibl hefyd i'r esgob gynnig iddo beth cymorth gydag arddull a throsi o'r ieithoedd beiblaidd i'r Gymraeg. Fe'i cymeradwyir yn gynnes gan Wiliam Llŷn oblegid ei ddysg, ei Gymreictod a'i ddoethineb:

A hynaf, megis henwr,
Ar y ddysg oll, urddas gŵr.
Groeg, Lladin, gwir gall ydwyd,
A'th Ebryw, math Abram wyd . . .
Ond da i ni, lle tyn awen
Cymru, i'n byw gael Cymro'n ben? . . .
Diben dysg yw dy ben doeth.[74]

Daeth yr offeiriad newydd i blwyf Llanrhaeadr-ym-Mochnant ac i gymdeithas eglwysig a lleyg a feddai ar nodweddion cynhenid cefn gwlad – poblogaeth wasgarog a thenau a chymdogaeth glòs, geidwadol a mewnblyg. Pwysleisiwyd perthynas waed rhwng teuluoedd ac achoswyd anghydfod a drwgdeimlad pan sarhawyd safle ac urddas teuluoedd o dras uchelwrol gydnabyddedig â'u bryd ar ymestyn eu gorwelion. Glynai teuluoedd o'r fath wrth hen arferion cenhedlig, ac amlygwyd hynny pan ffyrnigwyd hwy i achub eu henw da. Mewn cyddestun crefyddol hefyd parhâi ceidwadaeth ac ymlyniad wrth yr hen ffydd ymhlith bonedd a gwreng fel ei gilydd. Parchai teuluoedd mân fonheddwyr ar eu prifiant, megis Lloran Uchaf, Llansilin, a Glantanad, y ffydd Babyddol ym mlynyddoedd canol canrif y Tuduriaid er iddynt fod yn ddigon parod i ymostwng i'r drefn pan ystyrient fod hynny'n angenrheidiol.[75] Araf fu'r symud ymlaen i dderbyn Protestaniaeth mewn ardaloedd diarffordd o'r fath, ac ar gyrion gogledd Powys teimlid grym a dylanwad teuluoedd Edwards o'r Plasnewydd, y Waun, a Herbertiaid y Trallwng, a amddiffynnai'r ffydd Babyddol i'r eithaf yn ail hanner yr unfed ganrif ar bymtheg.[76] Er nad awgrymir hynny yn y ffynonellau, y mae'n ddigon posibl fod y cynhennu rhwng William Morgan ac Ieuan ap Maredudd o'r Lloran Uchaf wedi ei achosi'n rhannol gan faterion crefydd. Fe'i dirmygwyd a bwriwyd sen arno yn ei swydd yn offeiriad eglwysig. Ar ben hynny, ei ragflaenydd fel ficer Llanrhaeadr oedd Oliver Thomas, câr i Ieuan ap Maredudd a chlerigwr a ddilynodd ei alwedigaeth dros gyfnod pur faith dan warchodaeth teulu Lloran.[77] Nid tasg hawdd ydoedd i ddieithryn yn y plwyf ymgymryd â'i orchwylion bugeiliol yn olynydd iddo. Hawdd fyddai iddo sathru ar gyrn unigolion o bwys yn y plwyf nad oedd eu croeso mor gynnes ag y gallai fod i ficer cymharol ifanc a hydeiml.

Sut bynnag, nid crefydd, y mae'n amlwg, oedd prif asgwrn y gynnen rhwng Morgan a'i elynion. Teulu ar ei dyfiant oedd Lloran Uchaf a buasai unrhyw rwystr i'w ffyniant yn sicr o gynhyrfu'r dyfroedd. Fel canlyniad i'r cymorth a roddodd y ficer newydd i deulu Gwedir trwy sicrhau cytundeb priodas rhwng Robert Wynn, brawd Syr John Wynn, ag etifeddes teulu Maes Mochnant yn yr un plwyf, cawsai ei hun mewn sefyllfa ddigon anodd.[78] Gobeithiai Ieuan ap Maredudd y byddai Catherine ferch William Lloyd o Faes Mochnant yn priodi Edward Morus, nai iddo a thrwy hynny'n cadarnhau uniad dau deulu o bwys. Cyfrifid cytundeb priodas rhwng dau deulu ffyniannus yn arf tra grymus y dyddiau hynny i hybu buddiannau materol y mwyaf sylweddol eu byd. Cyfaddefodd Morgan fod Ieuan ap Maredudd ac yntau'n gyfeillion cyn i'w ymyrraeth yn y mater hwn ddrysu'r berthynas a chostio'n ddrud yn ariannol iddo.[79] Y mae'n amlwg fod ganddo barch mawr i Wynniaid Gwedir bryd hynny a'i fod, efallai'n ddiarwybod iddo'i hun, wedi gwrthwynebu dymuniadau teulu Lloran. Yn sicr, nid pob clerigwr fyddai'n barod i herio hawliau tirfeddiannwyr grymus, ac nid cytundeb priodas â Gwedir oedd unig achos yr anghydfod a ddigwyddasai rhwng Morgan a'r cyfreithiwr awchus. Nid oedd Morgan ychwaith yn berson i wylio eraill yn sarnu ei fuddiannau fel unigolyn nac fel offeiriad eglwysig. Meddai ar gymeriad cadarn, ond gallai hefyd fod yn ystyfnig a di-ildio, dwy nodwedd a fu, yr un pryd, yn gymorth ac yn rhwystr iddo yn ei berthynas ag eraill. Ceir yn ei yrfa enghreifftiau pendant o dyndra, a chynyddai hynny wedi iddo gael ei ddyrchafu yn yr Eglwys. Cuddiwyd llawer o'r elfennau mwyaf annymunol yn ei gymeriad dan gochl ei ymlyniad di-wyro wrth hawliau'r Eglwys, ei unig amddiffynfa ym misoedd olaf ei fywyd. Bu'r gwasgu cyson am dir ac eiddo eglwysig ar ran uchelwyr barus yn gymorth iddo ddangos ei gryfder a'i wendid fel arweinydd yr Eglwys yn esgobaeth Llanelwy.

Cysylltwyd buddiannau'r uchelwyr fwyfwy â chynnydd a llwyddiant y ffydd newydd. Pan gyfeiriai'r beirdd caeth yn fynych at 'drawster' a 'thrahaustra' golygid fynychaf gynllwynion y rhai gorthrymus i ddwyn oddi ar eu tenantiaid a'r rhydd-ddeiliaid eu hawliau cynhenid. Bu i'r cynnydd mewn addysg gyfreithiol beri twf hynod mewn achosion llys yn ymdrin â thir ac eiddo. Un a elwodd gryn dipyn o'i ymwneud â llysoedd o'r fath oedd Ieuan ap Maredudd, cyfreithiwr craff a gysylltid â Llys y Mers yn Llwydlo yn rhinwedd ei swydd yn atwrnai yn y llys hwnnw. Yn ei achos yn Llys Siambr y Seren cwynai William Morgan am ei ormes, ond mewn gwrth-achos a ddilynodd hynny yn 1591 aeth Ieuan yntau ati i restru'r beiau a welsai ef a'i deulu yng ngweinidogaeth ficer y plwyf.[80] Ymhlith llawer o fân bethau eraill, fe'i cyhuddwyd ganddo o ymddwyn yn llitgar tuag at ei denantiaid eglwysig ac ymgyfoethogi oblegid y tiroedd a feddai yn rhinwedd ei swydd. Gorchwyl anodd yw ceisio mantoli gwerth tystiolaeth o'r fath mewn llys barn, gymaint fu'r cyhuddiadau a gyflwynwyd i faeddu hawliau gelynion a chydymgeiswyr tirfeddiannol. Y mae'n wir, fodd bynnag, i Morgan ddal bywiolaethau yn ychwanegol at Lanrhaeadr, megis rheithoriaeth segur Dinbych ynghyd â rheithoriaethau Pennant Melangell a Llanfyllin, er mwyn iddo allu dal dau ben llinyn ynghyd.[81] Nid ystyrid hynny'n anghyffredin o gwbl yn yr Eglwys yn Lloegr a Chymru, gymaint oedd angen clerigwyr gwan eu hadnoddau materol. Pwysicach na hynny fu'r dystiolaeth a roddwyd gerbron y llys yn amddiffyn nawdd a lletygarwch Morgan yn ystod ei gyfnod maith yn Llanrhaeadr. Yn ôl tystiolaeth y beirdd hefyd bu'n fawrfrydig tuag at bawb a ddeuai ar ei ofyn. Credai mai nodweddion o'r fath oedd hanfodion ei weinidogaeth. Bu iddo drigo yn y plwyf yn ddigon hir i allu ymgydnabod â dyletswyddau cynhenid ei swydd. Mewn cyfnod o ryfel disgwylid iddo baratoi milwyr o blith tenantiaid ei diroedd eglwysig, a bu hynny'n un elfen ganolog yn yr ymrafael a fu rhyngddo â Ieuan ap Maredudd.[82] Yn fwy na hynny edrychai arno'i hun fel amddiffynnydd safonau moesol ei blwyf, yn ŵr cadarn ei air a'i weithred ac yn warchodwr pybyr y sefydliad a wasanaethai. Yng nghwrs degawdau olaf yr unfed ganrif ar bymtheg gwelid cynnydd araf yn safon gyffredinol y glerigaeth yn Lloegr a Chymru. Gyda sefydlu'r ysgolion gramadeg ynghyd â'r cyfleusterau i fwynhau addysg uwch cododd mwy o raddedigion fel Morgan ymhlith personiaid lleol, ond ni olygai hynny, o angenrheidrwydd, y gwasanaethid y plwyfi'n fwy cyson, a hynny'n bennaf oherwydd effeithiau amlblwyfaeth. Cwynwyd yn 1587 mai prin oedd pregethu yn esgobaeth Llanelwy a thebyg, i bob pwrpas, oedd cyflwr yr esgobaethau eraill ym marn eu hesgobion: 'very few sufficient men', a welsai'r esgob rhyfedd hwnnw, Marmaduke Middleton, yn Nhyddewi yn 1583 yn gwasanaethu yn y plwyfi tlawd; 'and the people', meddai ymhellach, 'were greatly infected (by want of preaching) with atheism', sylw a gododd o'r ymlyniad wrth hen arferion ofergoelus yr oedd John Penry mor hoff o'u dilorni.[83] Cyn diwedd yr un degawd gresynai'r Piwritan beiddgar hwnnw, am resymau tebyg ond i amcanion gwahanol, fod cymaint o dlodi ym mhregethu'r Gair yn yr Eglwys. Tua'r un pryd ymddangosodd cyfieithiad William Morgan o'r Beibl cyflawn, yn cynnwys yr Apocryffa, gwaith y bu Penry ac eraill yn dyheu am ei weld er budd moesol i'r Cymry.[84]

Sail camp y cyfieithu yn ei hanfod oedd statud seneddol a ddeddfwyd yn ail Senedd Elisabeth yn 1563. Mesur preifat oedd hwnnw a'r bwriad oedd hybu buddiannau Protestaniaeth yng Nghymru a diogelu eneidiau'r werin bobl. Yn ddiau, bu dylanwad cyfieithu'r Beibl i'r Saesneg o bwys mawr ar ysgolheigion yr effeithiwyd arnynt gan y ffydd Brotestannaidd newydd. Sylfaenwyd amcanion hwnnw ar egwyddorion y Dadeni Dysg a'r pwys mawr a roddid ar ddarganfod yr ieithoedd gwreiddiol ac ar drosi'r Gair i iaith y bobl. 'Yr wyf yn anghytuno'n ffyrnig â'r rheini na fynnant weld cyfieithu'r Ysgrythurau i iaith y bobl a'u darllen gan leygwyr,' meddai Desiderius Erasmus yn ei ragair i'r Testament Newydd Groeg a gyhoeddodd yn 1516, 'fel petai dysgeidiaeth Crist mor astrus nes ei fod y tu hwnt i amgyffred pawb ond nifer bach iawn o ddiwinyddion, neu fel petai diogelu Cristnogaeth yn dibynnu ar anwybodaeth ohoni.'[85] Yng nghyfnod teyrnasiad Edward VI y cyhoeddwyd Beibl Saesneg Miles Coverdale ynghyd â'r Llyfr Gweddi Gyffredin yn 1549 a 1552 o waith yr Archesgob Thomas Cranmer. Yng Nghymru aeth William Salesbury ati i gyfieithu'r epistolau a'r erthyglau yn 1551 gyda'r un bwriad o oleuo plwyfolion syml. Yn ei ragair i *Kynniver llith a ban* aeth ati'n frwd i feirniadu esgobion Cymru am eu difaterwch ynghylch cyfieithu'r ysgrythurau. Pwysleisiwyd yn barhaol yr angen am oleuo ac addysgu, ac amlygwyd hynny yn epistol Richard Davies, esgob Tyddewi, ac yn y rhagair i'r Testament Newydd yn 1567[86] a hefyd yn llythyr cyflwyno William Morgan yn 1588: 'Oblegid, os na ddysgir crefydd yn iaith y bobl,' meddai, 'fe erys yn guddiedig ac yn anhysbys'.[87] Yn sicr, gwyddai Morgan am y pwyslais a roddwyd ar weld y Beibl ymhlith y werin bobl yn yr eglwysi plwyf mewn cyfnod o weithgarwch mawr o ran darparu llenyddiaeth Brotestannaidd yn Ewrop.

Nid oes sicrwydd pryd yn union y cymerodd ficer Llanrhaeadr at y gwaith hwnnw. Y mae'n amlwg ei fod yn ymwybodol o her deddf 1563 oherwydd, yn y rhagair i'r mesur hwnnw, cyfeiriwyd at y manteision ysbrydol a gaed yn sgil cyfieithu'r Beibl a'r Llyfr Gweddi Gyffredin i'r Saesneg: 'which Book being received as a most precious Jewel with an inspeakable Joy'.[88] Credid bod ymestyn y breintiau hynny i'r Cymry yn eu hiaith eu hunain fel y gallent ymgydnabod â gwirioneddau'r ffydd newydd yn ddyletswydd anhepgorol i'r amcan o fyw yn ôl gorchmynion Duw a thrwy hynny, yng ngeiriad y ddeddf, 'to serve and obey their Prince, and to know their Duties towards their Neighbours'. Yn y bôn, cymhelliad gwladwriaethol oedd i hyn oll, a hynny fu'r bwriad hefyd yng Nghymru yn ôl natur ac ysbryd ardrefniant gweinyddol y 1530au. Y mae'n ddigon posibl fod her y cyfieithu wedi apelio at Morgan yn ystod ei flynyddoedd olaf yng Nghaer-grawnt. Efallai hefyd fod yr Esgob Richard Davies wedi ei ysbrydoli tra oedd yn Llanbadarn (1572–5): yn sicr, wedi marwolaeth yr esgob hwnnw yn 1581 yr oedd y ffordd yn glir iddo ymgymryd â'r dasg gan mai Davies a fuasai'n llywio'r gwaith yn ystod ei yrfa.[89] At hynny, fe'i hanogwyd yn gryf gan ei gyfaill John Whitgift pan oedd hwnnw'n Esgob Caerwrangon (1577–83) a Dirprwy Lywydd Cyngor Cymru yn y Mers yn Llwydlo (1577–80). Meddyliai'r darpar archesgob yn uchel iawn amdano. Daethai i gysylltiad â Morgan yn gynnar yn ystod ei gyfnod yn Llanrhaeadr mewn achos llys yn Llwydlo a chredir, yn rhinwedd ei swydd weinyddol allweddol yng Nghymru, iddo'i annog i gwblhau'r gwaith.[90] Disgrifiwyd Morgan ganddo rai blynyddoedd yn ddiweddarach yn 'a man of integrity, gravity and great learning',[91] a chanmolwyd Whitgift gan Morgan am ei fawrfrydigrwydd yn ei barchus swydd yn archesgob Caer-gaint: edmygai ei weithgarwch yn sicrhau heddwch yng Nghymru drwy gyfrwng y Cyngor ynghyd â'i gefnogaeth gynnes i'r gorchwyl o gyflawni'r cyfieithiad. Oni bai am hynny, meddai'n wylaidd, buasai wedi diffygio a rhoi'r gorau iddi wedi iddo gyfieithu Pum Llyfr Moses yn unig. Gallasai fod wedi cyflawni hynny cyn i Whitgift gael ei ddyrchafu i Gaer-gaint, ond yn sicr fe'i hanogwyd ymhellach gan yr archesgob wedi blwyddyn ei ddyrchafu yn 1583.

Ychydig iawn o adnoddau printiedig a oedd wrth law gan Morgan ac roedd ymhell hefyd o ganolfannau dysg ac ysgolheictod. Yn sicr bu cymorth yr esgobion William Hughes a Hugh Bellot – ac efallai Nicholas Robinson o'i flaen – yn fantais fawr iddo ynghyd â chynghorion Edmwnd Prys, archddiacon Meirionnydd, Dr David Powel, ac yn ddiweddarach, ym mlwyddyn olaf y cyfieithu, cymorth Dr Gabriel Goodman a Dr Richard Vaughan, Profost Ysbyty Ioan Sant yn Lutterworth.[92] Y mae'n amlwg fod y gwaith wedi cymryd cryn dipyn o'i amser: gan fod ei blwyf yn anghysbell a'r boblogaeth yn wasgarog a thenau ni allai fyth gyflawni ei ddyletswyddau bugeiliol na dilyn ei holl orchwylion ysgolheigaidd i'r un graddau yn hollol lwyddiannus. Un rheswm am y cweryl rhyngddo a Ieuan ap Maredudd o'r Lloran Uchaf oedd ei esgeulustod o'i waith fel ficer plwyf. Yn y gwrth-achos yn ei erbyn yn Llys Siambr y Seren yn 1591 awgrymir yn gryf iddo anwybyddu ei orchwylion bugeiliol.[93] Cyfaddefodd Morgan yn gyhoeddus iddo dreulio amser helaeth yn Llundain yn 1588 yn paratoi'r cyfieithiad ar gyfer Christopher Barker, yr argraffydd, gwaith a gyflawnodd, meddai, 'for the edification of the Welsh people' a oedd yn anhyddysg yn yr iaith Saesneg.[94] Whitgift a'i hanogodd i ddod i Lundain i gyflawni anghenion terfynol statud a ddeddfwyd chwarter canrif yn gynharach ac a gollasai ei grym gan nad oedd yr esgobion a benodwyd yr amser hwnnw i gymeradwyo'r gwaith bellach ar dir y byw. Bwriad Whitgift ar y pryd, fodd bynnag, oedd rhoi taw ar rai o ensyniadau miniocaf John Penry ynglŷn â'r diffygion yn y gorchwyl o ddarparu Gair Duw yn iaith y bobl.[95]

Er cymaint fu chwerwder Ieuan ap Maredudd a'i ddilynwyr tystiwyd yn gynnes yn 1591 i nawdd, haelioni a lletygarwch Morgan. Un o brif themâu cerddi'r beirdd caeth iddo oedd ei urddas a'i elusengarwch wrth estyn nawdd iddynt hwy ac eraill yn Llanrhaeadr, Llandaf a Llanelwy. Yr hyn oedd bwysicaf i Morgan wrth ddilyn ei orchwyl, fodd bynnag, oedd cefnogaeth eglwyswyr o bwys yn Lloegr a Chymru i'r fenter er gwaethaf gwrthwynebiad rhai o blith uchelwyr a gweinyddwyr seciwlar i'r polisi o ddefnyddio'r iaith Gymraeg at ddibenion crefyddol. Gan na chyflawnwyd gofynion deddf 1563 yn llwyr erbyn y 1580au ni theimlai'r rhai agosaf at weinyddiad y Goron yng Nghymru eu bod bellach yn angenrheidiol.[96] Edrychai'r cyfieithydd a'i gynorthwywyr, fodd bynnag, ar y sefyllfa o safbwynt hollol wahanol. Iddynt hwy, nid mater o weinyddu cyfraith oedd bwysicaf eithr yn hytrach sicrhau undod gwladwriaethol trwy i rym Gair Duw glymu'r deyrnas yn un ar sail y ffydd Brotestannaidd. Daethai Morgan i gysylltiad ag ysgolheigion blaengar ym maes cyfieithu'r ysgrythurau a dysg ddyneiddiol yr oes; buasai'r mwyafrif ohonynt yn gydefrydwyr ag ef yng Ngholeg Sant Ioan yng Nghaer-grawnt a buasent wedi teimlo llif dylanwad y ffydd Brotestannaidd yno tua'r un pryd. Cawsai'r Dr Gabriel Goodman brofiad eisoes o gyfieithu'r ysgrythurau oblegid iddo gynorthwyo i drosi Beibl yr Esgobion i'r Saesneg yn 1568. Y mae'n amlwg oddi wrth gydnabyddiaeth hael Morgan i'w gymorth iddo hwyluso llawer iawn ar y llafur o baratoi'r fersiwn Cymraeg terfynol.[97] Hefyd yr oedd ganddo gysylltiadau agos â theulu Cecil, a bu'n ddylanwad pwysig dros fuddiannau Cymru yn y llys brenhinol: 'dyn gwirioneddol dda mewn gweithred yn ogystal ag mewn gair,' meddai Morgan amdano, 'a llwyr ymroddedig i bob duwioldeb.'[98] O'r pwys mwyaf hefyd oedd cyfraniad Edmwnd Prys, brodor o Lanrwst, perthynas i William Salesbury a chyfoed Morgan yng Nghaer-grawnt.[99] Y tebyg yw iddo, pan oedd yn archddiacon Meirionnydd, gynorthwyo ag iaith ac arddull, oblegid ei wybodaeth eang o ddysg y Dadeni. Buasai David Rowlands yn gurad i Prys ym Maentwrog, ac yn ei ragair i'w gyfieithiad o *Disce Mori*, *Learne to Die* (1600) gan Christopher Sutton yn 1635, dywed i ficer Llanrhaeadr dderbyn cymorth tra gwerthfawr oddi wrth 'Master Edmund Price, Archddiagon Meirionydd, fy athro da a'm hyfforddwr, ac eraill gwyr bycheddol Cristianogaidd'.[100] Rhoddodd Dr David Powel hefyd gyfraniad pwysig i Morgan oherwydd ei wybodaeth eang o hanes a hynafiaethau Cymru. Ni thrigai ymhell iawn o Lanrhaeadr ac fe'i hystyrid, fel Morgan, yn offeiriad ffyddlon ym mywoliaeth Rhiwabon.[101]

O bwyso a mesur y dystiolaeth rhyfeddod mawr y cyfieithu oedd gallu di-ildio William Morgan i ymgodymu â'r llafur mewn cyfnod pryderus o dyndra cyfreithiol rhyngddo a theulu'r Lloran Uchaf. Er cymaint ei deyrnged i'r hyn a gyflawnasai William Salesbury a Richard Davies yn 1567 yr oedd yn ymwybodol nad oedd yr Eglwys yng Nghymru wedi cyflawni'r gorchwyl a ymddiriedwyd iddi. Ystyriai fod i fethiant yr Armada Sbaenaidd ac ymddangosiad y Beibl yn iaith y Cymry arwyddocâd neilltuol. Agweddau oeddynt ar gadarnhau undod o fewn y wladwriaeth sofran newydd. Cyflwynodd ei lythyr i'r frenhines rai misoedd wedi i'r llynges honno gael ei threchu yn Awst 1588 gan ei hatgoffa mai Duw yn bennaf a fu'n gyfrifol am sicrhau'r waredigaeth a gafodd y frenhines a'i theyrnas, nid yn unig rhag ymosodiad llynges Sbaen ond hefyd rhag cynllwynion difrifol gwrthwynebwyr Pabyddol y flwyddyn 1586.[102] Golygai'r fuddugoliaeth honno fod teyrnas Lloegr wedi osgoi gorfod ymostwng i reolaeth Sbaen arni ac wedi achub y drefn Brotestannaidd newydd yr un pryd. Cadarnhawyd y wladwriaeth genedlaethol ac ystyriwyd bod cyflawni'r gorchwyl o gyfieithu'r Beibl i'r Gymraeg yn symbol o Brotestaniaeth ymosodol ymarferol. Arwyddai fod darparu Gair Duw ar gyfer y Cymry'n fwy perthnasol na chydnabod awdurdod Pab ac offeiriad. Nid bytheirio John Penry'n unig a achosai bryder i Whitgift ac arweinwyr Protestannaidd eraill yn 1587–8 eithr y cynnydd mawr mewn reciwsantiaeth Pabyddol, bygythiad llawer peryclach i'r llywodraeth ar y pryd. Y tebyg yw i Morgan yntau synhwyro maint y broblem grefyddol honno, yn arbennig ar ororau Cymru, a hynny fu'n gyfrifol, i raddau pell, am daerineb ei apêl ar y frenhines i dderbyn ei gyfieithiad. Aeth rhagddo yn ei gyflwyniad i ddadlau ei achos dros gyfieithu'r Hen Destament a darparu Gair Duw yn ei gyfanrwydd. Ni thalai i'r frenhines wrthod ei ble yn ei farn ef oblegid fe'i harwisgwyd, meddai, 'â doniau dwyfol' ac fe'i hystyriwyd 'yn fam anrhydeddus yn Israel; yn famaeth dduwiol i'r Eglwys, yn ddiogel yn wastadol' rhag ei gelynion ac 'yn elyn i bechod'. Fe'i dyrchafwyd ganddo i safle aruchelaf y frenhiniaeth Brotestannaidd, a sylfaenwyd ei hawdurdod ar Air Duw.[103]

Yn ddi-os nyddir sylwedd gwleidyddol i'w ddadl o blaid cyflwyno'r Beibl yn iaith y bobl. Nid mater o achub iaith yn unig oedd yn bwysig iddo eithr gwarchod buddiannau gwladwriaethol y deyrnas. Fel y clerigwr a wasanaethai'r Eglwys wladol unffurf fe'i trwythwyd yn egwyddorion sylfaenol ei safiad dros undod a'i theyrngarwch diwyro i'r frenhiniaeth ddwyfol a weithredai'n ganolfur y drefn hierarchaidd organig. Credai'n gydwybodol y gellid sefydlu undod gwleidyddol yn gyflymach a mwy llwyddiannus trwy ddefnyddio iaith y bobl yn gyfrwng mynegiant crefydd a defosiwn. Byddai hynny, meddai, o fantais fawr i'r ymdrechion i asio ynghyd holl briodoleddau cynhenid teyrnas unedig, ac yn llawer mwy effeithiol na cheisio gorfodi cenedl uniaith Gymraeg i siarad

Saesneg: 'ni ellir amau', dadleuai'n frwd, 'nad yw cyffelybrwydd a chytgord mewn crefydd yn cyfrif mwy tuag at undod na chyffelybrwydd a chytgord iaith'. Rhoddai'r pwyslais mwyaf ar anghenion ysbrydol y genedl: 'nid yw dewis undod yn hytrach na defosiwn, cyfleustra yn hytrach na chrefydd, a rhyw fath o gyd-ddealltwriaeth allanol rhwng dynion yn lle'r tangnefedd hwnnw y mae Gair Duw yn ei argraffu ar enaid dyn – nid yw hyn oll yn arwyddo duwioldeb digonol'.[104]

Profasai amgylchiadau i fod yn ddigon chwithig hyd at ddiwedd ei gyfnod ym mhlwyf Llanrhaeadr-ym-Mochnant. Disgwylid iddo, yn rhinwedd ei swydd, gynorthwyo awdurdodau'r wladwriaeth gymaint ag y gallai mewn achosion o droseddu difrifol i gadw heddwch a threfn. Yn ôl tystiolaeth a gyflwynwyd ganddo yn 1593 gerbron ustusiaid heddwch sir Ddinbych, pan gyhuddwyd tri dihiryn o dorcyfraith a pheri ymrafaelion ym mhentref Llanrhaeadr, nid ymddengys i Morgan ymyrryd yn y gynnen ac eithrio rhoi tystiolaeth ger eu bron am anghydfod a ddigwyddasai yn yr eglwys blwyf. Tystiodd i ymrafael ddigwydd ynddi ond, yn ôl yr hyn a ddywed, ni welodd y troseddwyr am ei fod yn darllen ei lyfr – y llithoedd neu'r Beibl y mae'n debyg. Y mae'n wir iddo wrthod y Cymun i'r tri ohonynt – i'r mwyaf beiddgar am ei fod yn cyd-fyw â merch ordderch ac i'r ddau arall am gamweddau amrywiol – ac nid ystyriai fod y tri throseddwr 'in perfect charity'.[105] Tua diwedd ei yrfa yn Llanrhaeadr amlygwyd mewn tystiolaeth o'r fath y clerigwr gochelgar na theimlai y dylai ymyrryd mewn cynhennu teuluol unwaith eto. Efallai ei fod bryd hynny'n disgwyl cael ei ddyrchafu, ac oblegid hynny'n awyddus i gynnal ei urddas pan gafwyd unrhyw gyffro lleol. Bu iddo ymddwyn fel gŵr eglwysig cadarn; llai byrbwyll a mwy parod i ymyrryd lle credai'n rhesymol y dylai wneud hynny. Os oedd ei lygad ar wella'i fyd, ni allai lai na sylweddoli yr angen i gilio rhag cydymgeisio personol o gofio bod y Dr David Powel, ficer Rhiwabon, yn gwrando'r achos mewn llys barn yn rhinwedd ei swydd yn ustus heddwch yn sir Ddinbych. Bu'n cynorthwyo Morgan yn y dasg o gyfieithu'r Beibl ac yn ymwybodol o'r rhinweddau y gallai'r clerigwr eu dangos dan amgylchiadau cynhyrfus yn ei berthynas ag eraill. Y mae'n amlwg iddo, dair blynedd wedi'r achosion diflas rhyngddo â theulu Lloran Uchaf, ymatal rhag ymyrryd yn ormodol mewn materion nad oedd a wnelo'r Eglwys fawr ddim â hwy ac eithrio o'r safbwynt moesol. Gydag amser daeth offeiriad Llanrhaeadr i sylweddoli nad byrbwylltra a chyndynrwydd a fyddai'n sicrhau iddo'r dyrchafiad a deilyngwyd oblegid ei gamp bum mlynedd cyn hynny.

Fe ymddengys fod profiadau Morgan yn Llanrhaeadr, er gwaethaf ei drafferthion, yn foddion iddo ddyfnhau ei brofiadau o'i 'barchus arswydus swydd' ac o'r natur ddynol. Yn ei olwg ef ac eraill ymhlith ei gyfoedion yn yr Eglwys a feddai ar segur-fywiolaethau, nid y swyddi na'r enillion a ddeuai ohonynt oedd bwysicaf eithr yn hytrach yr esiampl y gallai ei roi o ŵr Duw yn gweithio gyda'i bobl er cynnydd ysbrydol. Amlygwyd y nodwedd honno'n fynych yn nhystiolaeth y beirdd caeth amdano, a thystiwyd mewn llys barn iddo weithredu'n gyson fel offeiriad ymroddedig i'w ddyletswyddau plwyf.

Yn sicr, y mae William Morgan yn cynrychioli'r math gorau o glerigwr y gallai'r Eglwys Anglicanaidd ei gynnig yn y dyddiau hynny. Er cymaint ei eofndra wrth iddo'i amddiffyn ei hun a sefyll yn gadarn yn erbyn ei elynion mwyaf bygythiol, heb os nac oni bai ei ddiffuantrwydd a ddaw fynychaf i'r wyneb. Tyfodd i aeddfedrwydd ysbrydol gyda'r Eglwys yn ei chenhedlaeth gyntaf a bu iddo'i uniaethu'i hun â chadernid ei safiad dros wirioneddau'r ffydd newydd. Fe berthyn i Morgan beth o frwdfrydedd a chytbwysedd Matthew Parker, archesgob cyntaf yr Eglwys newydd, a chyfran helaeth o danbeidrwydd ac unffurfiaeth ddeddfol John Whitgift. Cyfunai yn ei gymeriad graffter meddwl yr eglwyswr uniongred a'r gwlatgarwr brwd a deimlai mai diben darparu Gair Duw yn iaith y bobl oedd cyfoethogi ffydd, moes a buchedd. I'r graddau hynny y mae William Morgan yn fwy real ei afael ar amgylchiadau ei oes; ni chynhwysir ganddo unrhyw apêl uniongyrchol at y ddamcaniaeth eglwysig Brotestannaidd ac ni wna ymgais i geisio darbwyllo'r frenhines i dderbyn yr ysgrythurau yn y Gymraeg ar sail hynny. Ei amcan yn hytrach oedd cyflwyno'r her a'r cymhlethdod crefyddol yng Nghymru i ystyriaeth y frenhines yn y dull mwyaf eglur ac uniongyrchol. Unffurfiaeth cred oedd bwysicaf iddo; rhydd y pwys mwyaf ar dduwioldeb yn sail gynhenid i dwf ac ymwybyddiaeth yr Eglwys Brotestannaidd o'i chyfrifoldebau yng nghyfnod ei phrifiant.

Yn rhinwedd ei ysgolheictod yn bennaf dyrchafwyd William Morgan i gadeirlan Llandaf yn 1595 i olynu Gervase Babington a symudodd oddi yno i esgobaeth Caer-wysg.[106] Bu yn Llandaf am gyfnod o chwe blynedd, a thrigai mewn esgobaeth dlawd a diymgeledd a amddifadwyd o'r adnoddau materol a ystyrid yn angenrheidiol i'w hatgyfnerthu. Cwynai Rhys ap Meurig o'r Cotrel ym Mro Morgannwg am gyflwr yr eglwys gadeiriol ym mlynyddoedd canol yr unfed ganrif ar bymtheg. Ni theimlai fod safon yr uwch offeiriadaeth yn ddigon da a chwynai am fod Llys yr Esgob ym Matharn yn wag oherwydd absenoliaeth yr esgobion.[107] Gwnaethai Babington ddwthwn da o waith yn ystod ei gyfnod byr i wella cyflwr adeiladau'r eglwys gadeiriol ac erlid reciwsantiaid, ond cythryblwyd yr esgobaeth gan hunan-fudd a diofalwch swyddogion cabidyldy'r esgobaeth.[108] Ychydig iawn o dystiolaeth sydd ar gael am ei weithgarwch yno; daethai i ran o Gymru a oedd yn ddieithr iddo ac a oedd yn gyrchfan bwysig i Babyddion eithafol, nifer ohonynt yn fewnfudwyr o Loegr ac eraill yn aelodau o deuluoedd bonheddig a rhydd-ddaliadol ar y ffiniau. Gweithredasai William Bleddyn, a fu'n esgob yn Llandaf rhwng 1575 a 1590, yn bybyr yn eu herbyn, ac yn ei gyfnod ef cafwyd nifer dda ohonynt ym Mro Morgannwg a phlwyfi dwyreiniol Gwent, a chynhyrfwyd y Cyfrin Gyngor gan eu gwrthwynebiad i'r Eglwys newydd. Yn ôl ystadegau sydd wedi goroesi o ddiwedd oes Elisabeth yn 1603 trigai mwy o reciwsantiaid yn yr esgobaeth honno nag yn y gweddill, a hynny i raddau pell am fod carfanau o Babyddion yn gryf yn sir Henffordd a'r gororau. Mewn adroddiad o'r Cyngor yn y Mers yn 1601 cofnodwyd fel yr oedd carfan eithaf sylweddol o'r boblogaeth yn parhau i ymlynu wrth arferion traddodiadol ac yn gweinyddu'r offeren, yn arbennig mewn tai bonheddig yn y de-ddwyrain.[109] Yn eu plith ystyrid mai ieirll Caerwrangon yn Rhaglan, y Twrbiliaid ym Mro Morgannwg a'r Morganiaid yn Llantarnam oedd y mwyaf cyndyn i gydnabod y drefn newydd. Yn rhinwedd ei safle daearyddol bu esgobaeth Llandaf, dros y canrifoedd, yn foddion i ddenu rhai elfennau crefyddol anuniongred, a thebyg i raddau helaeth fu hanes esgobaeth Llanelwy.

Achoswyd anghydfodau parhaol ymhlith rhai o brif uchelwyr y siroedd a gynhwyswyd o fewn y ddwy esgobaeth, a pharai hynny gryn anniddigrwydd i'r llywodraeth. Teuluoedd bonheddig ar eu tyfiant oeddynt, a magwyd ymrafaelion rhyngddynt yn bennaf oherwydd eu huchelgais faterol. Rhwng 1593 a 1598 – yn fras y cyfnod pan drigai Morgan ym Matharn – cafwyd cyfres o derfysgoedd erchyll yng Nghaerdydd ymhlith rhai o deuluoedd mwyaf dylanwadol dwyrain Morgannwg, megis iarll Penfro, Mathewiaid Radur a Lewisiaid y Fan ger Caerffili.[110] Wedi iddo symud i Lanelwy cafwyd yn sir Ddinbych gryn gydymgeisio rhwng John Salusbury o Leweni ac aelodau o gangen arall o'r teulu yn Rug, Meirionnydd, am y flaenoriaeth wleidyddol yn y sir.[111] Canodd Siôn Tudur gywydd ym mlynyddoedd canol y 1590au yn gresynu bod y fath gydymgeisio wedi digwydd rhwng teuluoedd o'r un gwaed ac anian.[112] Ac nid hynny fu'r diwedd oblegid yn 1601 cododd helynt yn Wrecsam adeg cynnal etholiad seneddol y sir.[113] O fewn y ddwy esgobaeth teimlodd Morgan rym y teuluoedd seciwlar yn gwasgu ar bob agwedd ar fywyd cyhoeddus, a chadwent eu gafael yn dynn hefyd ar diroedd eglwysig a ddaethai i'w meddiant. Yn yr esgobaethau hynny hefyd parhaodd dylanwad reciwsantiaeth, a phwyswyd yn drwm ar esgobion yn y naill a'r llall i'w ddileu mor effeithiol ag yr oedd yn bosibl. Y tebyg yw mai pwysau'r hen ffydd Babyddol a barai'r pryder mwyaf i Morgan yn Llandaf ac ymrafaelion tirfeddianwyr rhyfygus yn Llanelwy.

Dyrchafwyd William Morgan i'r fainc esgobol mewn cyfnod tra chythryblus yn hanes twf y ffydd newydd. Nid oes tystiolaeth ar gael i brofi ei fod ef ei hun yn awyddus i wella ei statws o fewn yr hierarchaeth eglwysig. Yn sicr, nid oedd yr ymryson cyfreithiol rhyngddo â theulu'r Lloran Uchaf wedi ei anwylo yng ngolwg rhai, ac nid ef oedd y dewis cyntaf i Landaf, eithr y Dr Richard Vaughan, brodor o Lŷn a chyd-efrydydd ag ef yng Ngholeg Sant Ioan.[114] Ond gan fod y ddwy esgobaeth – Bangor a Llandaf – yn wag ar y pryd rhoddwyd yr esgobaeth ogleddol i Vaughan, a chymeradwywyd Morgan i Landaf gan John Whitgift.[115] Bu Syr John Wynn o Wedir hefyd, yn ôl ei dystiolaeth ei hun, yn bleidiol i'w ddyrchafiad oblegid y cysylltiadau agos a fuasai rhwng Morgan a'i ragflaenwyr yn ystod ei flynyddoedd cynnar.[116] Y mae'n amlwg nad oedd ficer Llanrhaeadr, na'i ail wraig Catherine ferch George, yn gymeradwy yn y plwyf yn ystod y blynyddoedd olaf yno.[117] Efallai fod Syr John Wynn braidd yn eofn pan gyfeiriodd at ei ran ef yn nyrchafiad Morgan i Landaf, ond ni ellir gwadu bod y saith mlynedd wedi i'r Beibl ymddangos yn gyfnod pur drafferthus iddo yn ei berthynas â rhai o uchelwyr bro Tanad: Oni bai iddo roi'r cymorth yr oedd ei angen gymaint arno, meddai Wynn wrtho pan yn cyfeirio at ei ddyrchafiad i Landaf, ni fyddai wedi symud o'i blwyf ym Mhowys.[118] Y mae'n amlwg mai dan dipyn o gwmwl y symudodd Morgan i Landaf, er iddo honni fod y gefnogaeth a gawsai'n fwy nag yr oedd Wynn yn barod i'w gydnabod. Y mae'n sicr fod cymorth Whitgift y pryd hwnnw wedi bod o'r fantais fwyaf iddo. Gwyddai am ei rinweddau a'i alluoedd cynhenid i amddiffyn enw da'r Eglwys yn wyneb pob dirmyg a gwrthwynebiad. Barnai'r archesgob ei breladiaid newydd yn ôl eu galluoedd fel arweinwyr eglwysig a dyfnder eu hysgolheictod. Pwysleisiai ufudd-dod llwyr i ofynion y drefn newydd mewn blynyddoedd pan orfodwyd yr Eglwys honno i'w hamddiffyn ei hun gydag arddeliad. Ar wahân i fygythiad y Pabyddion gwelsai Whitgift pa mor fygythiol y gallai Protestaniaeth eithafol fod, ac o 1583 ymlaen, blwyddyn ei ddyrchafu i Gaer-gaint wedi cyfnod helbulus Edmund Grindal, aethpwyd ati i godi mur amddiffynnol i warchod athrawiaeth, disgyblaeth a threfn eglwysig.[119] Ar drothwy canrif newydd ymdrechodd yr awdurdodau i ddyfnhau eu gafael a chyfiawnhau bodolaeth yr Eglwys, ac nid rhyfedd i Morus Kyffin, yn ei gyfieithiad o waith mawr yr Esgob John Jewel dan y teitl *Deffynniad Ffydd Eglwys Loegr* (1595), geisio egluro i'r Cymry briod seiliau'r Eglwys yn hanes bore'r Brythoniaid. Cynyddai'r galw am Eglwys y gellid hawlio fod ganddi wreiddiau dyfnach yn hanes gwareiddiad Prydain;[120] Eglwys â'i gofal dros ei buddiannau hynotaf a mwyaf gwerthfawr y tystiwyd iddi yn llenyddiaeth blynyddoedd canol y 1580au ymlaen, ac i swydd esgob yn yr eglwys honno y dyrchafwyd William Morgan. Nid rhyfedd iddo barhau i ysgwyddo beichiau trwy geisio gweithredu, mewn safle mwy dylanwadol, y duwiolfrydedd a'r urddas gweinidogaethol a'i nodweddai ym mhlwyf Llanrhaeadr-ym-Mochnant.

Beth oedd prif nodweddion William Morgan yn ei swydd esgobol, ac i ba raddau yr adlewyrchai brif werthoedd crefydd gyfundrefnol ei gyfnod? Daw nifer o ffactorau i'r amlwg. Yn gyntaf, yr oedd yn brelad nodweddiadol o flynyddoedd olaf teyrnasiad Elisabeth. Yn ystod cyfnod ei ficeriaeth yn Llanrhaeadr, ac wedi hynny mewn swydd esgob bu mor barod ag unrhyw un ymhlith ei gyfoedion i feddu ar fywiolaethau segur. I leddfu tipyn ar feinder ei amgylchiadau materol manteisiodd ar y system a fuasai'n foddion cynhaliaeth ers canrifoedd i'r offeiriadaeth. Cwynwyd yn aml am effeithiau hynny ond gwreiddiwyd yr arferiad yn ddwfn yn nhraddodiad yr Eglwys. Tebyg fu hanes Morgan yn Llandaf a Llanelwy. Yr oedd gwerth materol esgobaeth Llanelwy ychydig yn fwy na Llandaf (£188 o gymharu a £155), ond yn y naill a'r llall cadwodd lygad barcud ar ei feddiannau *in commendam*. 'If I were so lewd as to confirm all the leases in the diocese,' meddai'n hy yn 1603 yn ystod ei ymrafael â Syr John Wynn o Wedir ynglŷn â thiroedd eglwysig, 'yet I would not be such a fool as to confirm any before I was better provided for my *commendam*.'[121] Yng ngolwg Morgan eiddo'r Eglwys oedd ei eiddo ef; ni allai ymatal rhag uniaethu ei fuddiannau tymhorol â lles cyffredinol yr Eglwys honno. Rhan bwysig o fuddiannau'r Eglwys bryd hynny oedd y cynnydd yn safon y glerigaeth; yn esgobaeth Llanelwy, er enghraifft, gwelwyd gwŷr o radd uchel megis Theodore Price, Cymrawd o Goleg yr Iesu, Rhydychen ac, yn 1604, Prifathro Hart Hall; y Dr John Williams, Prifathro Coleg yr Iesu, awdur a golygydd gweithiau Lladin, a'r Dr Richard Parry, a addysgwyd yng Ngholeg Eglwys Crist, Rhydychen, ac olynydd Morgan yn esgob Llanelwy.[122] Er na fu i bob un ohonynt ymroi i waith ysbrydol yr Eglwys yn yr esgobaeth honno, yn bennaf am iddynt ddal bywiolaethau segur, ni ellir amau safon eu hysgolheictod ac i Morgan fod yn ymwybodol o hynny. Un clerigwr hynod arall a wasanaethai yn Llandaf a Llanelwy y pryd hwnnw oedd Jasper Gruffyth, 'a skilled Welsh scholar', fel y gelwid ef. Credir mai brodor o Gegidfa ger y Trallwng ydoedd, a bu'n rheithor Langston yng Ngwent (1595–1601) ac yn Warden Ysbyty Rhuthun (1599–1606).[123] Y mae'n ddiddorol i'r penodiadau hynny gyfateb yn fras i gyfnodau Morgan yn y ddwy esgobaeth. Yr oedd Gruffyth yn ysgolhaig Hebraeg o'r radd flaenaf ac yn gasglwr llawysgrifau Cymraeg prin, ac fe'i noddwyd gan y Dr Gabriel Goodman. I ddangos ei werthfawrogiad o gyfraniad a lletygarwch Goodman iddo yn 1588 cyflwynodd Morgan gopi o'r Beibl i lyfrgell Mynachlog San Steffan ar 20 Tachwedd y flwyddyn honno, a chofnodwyd hynny yn llaw Jasper Gruffyth.[124] Pa gysylltiadau tybed fu rhwng Morgan ac yntau ym maes ysgolheictod yr ieithoedd beiblaidd, ac i ba raddau, os o gwbl, y bu i Forgan elwa o'i gyfeillgarwch ef a Goodman?

Ar ben hynny, pwysleisir ym mhob cywydd a ganwyd i Morgan ei arucheledd ymhlith ieithwyr beiblaidd ei oes a'i warchodaeth gref dros safonau uchaf y glerigaeth yn ei esgobaeth. Synhwyrir balchder hefyd yn nyfodiad ysgolhaig o fri i swydd esgob. Cafwyd hynny ar raddfa bur eang yng Nghymru oes Elisabeth oblegid Cymry Cymraeg ac esgobion a drigai yn eu hesgobaethau oedd mwyafrif arweinwyr Protestannaidd y pryd hwnnw. Fe'u trwythwyd yn niwylliant y Dadeni Dysg, ac ystyrid rhai ohonynt ymhlith y goreuon o ysgolheigion dyneiddiol eu cenhedlaeth. O gofio am wendidau difrifol swydd a safle esgobol yng Nghymru cyn y Diwygiad Protestannaidd nid oes amheuaeth fod polisi Elisabeth o benodi Cymry'n breladiaid wedi hybu buddiannau gorau'r ffydd newydd a gosod sylfeini'r Eglwys Anglicanaidd mewn tir digon cadarn.[125] Yn eu plith cafwyd sawl un a raddiasai'n ddoethuriaid mewn diwinyddiaeth neu yn y gyfraith, a bu esgobaeth Llanelwy yn ffodus iawn o'r safbwynt hwnnw dros nifer o genedlaethau. Nid bod hynny, o angenrheidrwydd, yn fantais bob tro pan ystyrir y weinidogaeth ymhlith plwyfolion cyffredin. Fodd bynnag, cawsai William Morgan y profiad o wasanaethu am flynyddoedd mewn plwyf, a bu hynny'n gaffaeliad mawr iddo yn ei waith yn trin a thrafod ei ddyletswyddau esgobaethol. Ef yn unig o blith y mwyafrif o esgobion Cymru ei gyfnod a gawsai'r manteision o weinidogaethu dros gyfnod maith mewn plwyf. Yn ychwanegol at ei ddysg, diwydrwydd ei bregethu, ei alluoedd gweinyddol a glendid ei fuchedd cyfrannodd Morgan hefyd at lwyddiant y bywyd ysbrydol ym mhob agwedd oddi mewn i'w diriogaeth eglwysig. Er mai prin yw'r dystiolaeth am weithgarwch Morgan yn Llandaf a Llanelwy nid oes amheuaeth iddo ymgydnabod ag anghenion sylfaenol ei weinidogaeth mewn ysbryd y byddai Whitgift yn dra balch ohono.

Yn ail, yr oedd Morgan hefyd yn amddiffynnydd pregethwyr yn ei esgobaethau. Nid pob clerigwr a gâi'r hawl i bregethu; rhoddwyd trwydded i raddedigion, ac ychydig ohonynt a weithredai ym mlynyddoedd cynnar yr Eglwys Anglicanaidd. Cwynwyd yn aml am ddiffygion mewn niferoedd a chymwysterau, a'r pennaf yn eu plith oedd John Penry, yr Ymwahanwr ffyrnig, er bod esgobion ac arweinwyr Protestannaidd eraill yn ymwybodol o'r gwendid hwnnw. Cymerai'r Esgob Richard Davies, er enghraifft, ddiddordeb mawr mewn materion yn ymwneud â phenodiadau clerigol. Teimlai y dylid creu safonau yn yr Eglwys y gellid adeiladu arnynt yn y dyfodol. Ynglŷn â phenodiadau esgobol, credai'n ddiymwad, fel y dywed ef ei hun: 'that such men be appointed to their rooms that by preaching of the Word of God and living according to the same, may set forth the glory of God and show light in these places of extreme darkness'.[126] Yn yr un ysbryd y dehonglai William Morgan ei swydd ei hun yn offeiriad ac esgob. Aethai Huw Lewys, cyfieithydd *Perl Mewn Adfyd* (1595), mor bell â beio'r hierarchaeth eglwysig am y nychdod ysbrydol: 'Ac ni wnn beth yw yr achos o hyn, ond (gida bod yr Eglwyswyr . . . rhain, a ddylent fod yn siampl ar air a gweithred i eraill, yn ddifraw ac yn ddiarwybod) ein eisieu o lyfreu, in twysaw, ac in llwybraw yn y ffordd iawn'.[127] Prin fod Morgan wedi'i ddyrchafu'n esgob bryd hynny ond, yn ôl ei dystiolaeth ei hun a barn y beirdd a ganodd iddo, bu ei gefnogaeth i bregethu a phregethwyr yn yr Eglwys yn nodwedd amlwg o'i weinidogaeth:

A pur i'w ddydd, hap iraidd ŵr,
Pura' gweithydd, pregethwr.[128]

Mewn cwpled o'r fath y gwelodd Huw Machno ei noddwr ar ei orau; ac meddai Morgan yntau yn ei amddiffyniad glew o hawliau pregethwyr: 'my conscience reclaymed agaynst the grauntynge of thys thynge [sef degymau rheithoriaeth Llanrwst], being so preiudiciall to preachers . . . & to the church yt self which wanteth competent mayntenance for preachers'.[129] Nid oedd yn barod i ildio'r un fodfedd pe byddai hynny'n anfantais i'r rheini a benodwyd i gyhoeddi'r Gair. Yn hyn o beth teimlai Morgan mor gryf â John Penry, ond am wahanol resymau, y dylid cryfhau'r traddodiad pregethu; aeth Penry mor bell â haeru bod ugain plwyf ar gael yng Nghymru heb bregethwr am bob plwyf lle y pregethwyd unwaith y chwarter.[130] Tybed a oedd Morgan yn ymwybodol o sefyllfa ddifrifol o'r fath; yn sicr ni pheidiodd â phwysleisio grym yr ysgrythurau ar lafar nac mewn print. Hynny fu un o'i brif gymhellion yn cyflawni'r cyfieithiad; wrth iddo gydnabod llafur cyfieithwyr y Testament Newydd pwysleisiodd y budd a ddaethai o hynny, sef i Gymru gael 'llawer mwy o bregethwyr a'r rheini wedi eu paratoi yn well, a hefyd wrandawyr sy'n fwy cymwys i ddysgu.[131] Yn ôl cofnodion synod a gynhaliwyd yn Llanelwy yn Hydref 1601 – o fewn mis wedi iddo symud yno – penderfynodd ar drefniant y gwasanaethau ar y Sul ac yn ystod yr wythnos ynghyd â'r manylion am y dreth o dair ceiniog yn y bunt a delid ym mhob bywoliaeth. Darparwyd bod rheithoriaid a ficeriaid i draddodi pregeth yn yr eglwysi plwyf o leiaf unwaith bob tri mis a chynnal gwasanaethau boreol a hwyrol yn ôl y drefn eglwysig. Disgwyliwyd i glerigwyr dan hanner cant oed a heb fod yn bregethwyr gyflawni eu dyletswyddau'n llawn.[132] Nid oes tystiolaeth ar gael i brofi i ba raddau y gweithredwyd y darpariaethau hynny i wella cyflwr ysbrydol yr esgobaeth wedi cyfnod maith William Hughes yn ei swydd. Un peth sy'n sicr, sef na thalwyd y dreth gan bob un o'r offeiriaid a gwrthododd wyth ohonynt, bron y cyfan yn rheithoriaid, ac o ganlyniad syrthiodd y ddyled ar yr esgob. Talwyd swm o £110 1s. 11c. o ewyllys William Morgan ar gyfer hynny, a bu farw'n ddigon tlawd ei fyd. Yn ystod ei yrfa, fodd bynnag, tystiodd ei safbwynt yn gryf i'w amddiffyniad o le a swyddogaeth pregethwyr y Gair yng ngweithgarwch ffurfiol yr Eglwys Brotestannaidd.[133]

Yn drydydd, er cymaint beiddgarwch William Morgan wrth gefnogi buddiannau'r Eglwys nid oes amheuaeth mai gŵr sensitif a theimladwy ydoedd yn y bôn. Ym mhob un o'i ddatganiadau cyhoeddus, yn bennaf yn ei ohebiaeth, plediodd ei gydwybod, nodwedd na cheid yn fynych ymhlith preladiaid ei oes. Y mae'n amlwg fod sefyll dros egwyddor yn elfen dra phwysig yn ei olwg, a dehonglai ei safiad dros iawnderau ysbrydol ar dir hollol bersonol: swydd i'w hatgyfnerthu yn ogystal â'i hymgeleddu oedd swydd offeiriadol ar ba lefel bynnag. Ei gydwybod yn y pen draw fu'n gyfrifol am ei gyndynrwydd a'i ystyfnigrwydd i ildio i rymusterau seciwlar cryfach eu dylanwad nag ef. Y mae'n amlwg oddi wrth ei ymateb i fygythiadau Syr John Wynn o Wedir ynghylch rheithor-iaeth Llanrwst iddo feddu ar amcanion mwy aruchel na'r cyffredin. Nid sicrhau buddiannau tir a daear, fe ymddengys, oedd ei brif gymhelliad wrth amddiffyn y fywoliaeth: 'Yf thys were not a case of conscience,' meddai, 'youe shold not neede to perswade me to gratyfye Mr Wyn, for hys owne requeste ys of greate force with me.'[134] Cawsai Morgan, y mae'n amlwg, yr anhawster o geisio cysoni ei deyrngarwch i unigolyn (a oedd yn digwydd bod yn ddisgynnydd i aelodau o deulu a fu'n garedig iawn iddo ar un cyfnod) a'i ymlyniad wrth briod werthoedd yr eglwys. I'r graddau hynny bu'n rhaid iddo ddewis rhwng ei gyfeillgarwch ag unigolion ac amddiffyn y ffydd. Erys ei ohebiaeth yn ei flwyddyn olaf yn esgob Llanelwy yn dystiolaeth gadarn i'w benderfyniad di-ildio i wrthsefyll llif y grymusterau seciwlar a gynrychiolid gan elfennau oddi mewn ac oddi allan i'r Eglwys Anglicanaidd:

> That Mr. Wyn can not kyll my soule, nor do to my bodye more then God wyll permytt. And my confydent trust ys that God wyll not permytt aniethynge to be comytted agaynst me but that which shalbe for my good, eather in thys world or in the world to com.[135]

Mewn geiriau cadarn o'r fath y bu i esgob Llanelwy ei amddiffyn ei hun a'r sefydliad a wasanaethai gydag arddeliad. Cynrychiolai ei amddiffyniad y gydwybod a geisiai ddeffro'r Eglwys yn ei chyfanrwydd i weithredu'n fwy eofn i gadw ei hurddas. Cynhwysir yn ei eiriau yr angerdd dwys a gododd Morgan i safle ddyrchafedig ymhlith ei gyd-esgobion. Ac meddai ymhellach:

> I assure you, in verbo sacerdotis that I think in my heart that I were better rob by the highway side . . . And I know that as to serve an erring conscience is a fault so to do against conscience, though it be erring, is a sin.[136]

Ni symudai ddim ar dir egwyddor; er i'r cythrwfl geiriol rhyngddo a Wynn gynnwys amrywiol agweddau a ddygodd Morgan i fyd y coegfalch a'r anystywallt a'r crafangu parhaol am gyfoeth materol, ac er iddo yntau wynebu cyhuddiadau o ymddwyn yn amhriodol yn ei swydd eglwysig, ni theimlai'n anghysurus o gwbl wrth amddiffyn buddiannau godidocaf y sefydliad y rhoddodd ei fywyd i'w wasanaethu.

Y mae'n amlwg fod ei broblemau chwerw wedi troi'n her iddo; dehonglodd natur ei swydd fel symbol o sefydliad na ellid ei ddarostwng trwy nerth dynion. Bu Archesgob Whitgift yn gefn iddo ef ac esgobion eraill a fygythiwyd gan ystrywiau gwŷr lleyg â'u bryd ar ymestyn gorwelion eu meddiannau bydol. Cydnabuwyd hwnnw gan Morgan yn 'amddiffynnydd mwyaf eiddgar y gwirionedd, a gwarcheidwad tra-doeth ar drefn a gweddustra'.[137] Credai Whitgift, fel yr amlygodd Richard Hooker yn *Of the Laws of Ecclesiastical Polity* (1594), mai'r modd i sicrhau trefn a chydfod heddychlon oedd trwy sefydlogrwydd mewn byd ac eglwys. Os bygythid buddiannau'r Eglwys nid oedd dewis ond sefyll yn gadarn dros egwyddor a dioddef amhoblogrwydd yr un pryd. Yn ei wrthwynebiad i Syr John Wynn ynglŷn â bywoliaeth Llanrwst gwelsai Morgan na allai fyth fradychu cyfiawnder ac ildio'n ôl dymuniad; yr oedd ganddo gydwybod, meddai'n ddisysgog, a'r gydwybod honno'n ei wahardd rhag llygru dim ar lendid yr Eglwys. Ni chredai ei fod yn was o'r perffeithiaf i'w Arglwydd ynddi ond gwyddai fod ganddo'r gallu i'w hamddiffyn rhag cynllwynion ystrywgar y rhai a fygythiai ei gweddeidd-dra moesol.[138] Esgob eofn a hyderus yn unig a feiddiai fynegi'r fath eiriau; eto, yn ysbryd anogaeth Whitgift i'r offeiriadaeth, aeth Morgan rhagddo i gyfiawnhau'r hyn a ystyriai ef yn bennaf gorchwyl gweision yr *Anglicana Ecclesia*.

Yn bedwerydd, parhaodd William Morgan i fod yn gynheiliad cadarn i ddysg a diwylliant yng Nghymru yn ei flynyddoedd wedi cyfieithu'r Beibl. Bu'n hynod am ei letygarwch a'i nawdd i'r beirdd caeth, a bu'n ysbrydoliaeth i eraill ym myd ysgolheictod. Tra oedd yn Llandaf – ac yn trigo yn Llys yr Esgob ym Matharn – bu'n wrthrych cerddi gan Huw Machno (bardd o'r un ardal ag ef), Siôn Mawddwy a Lewys Dwnn.[139] Parhad fu hynny o'r nawdd a estynnai i'r beirdd yn ei flynyddoedd olaf yn Llanrhaeadr. Cyflwynodd rodd ariannol i James Rhys Parry ('Eos Ewias'), bardd ac uchelwr o sir Henffordd a drosodd rai o'r salmau ar gân i'r Gymraeg.[140] Bu hefyd yn gefnogol i John Davies – rheithor Mallwyd wedi hynny – prif ysgolhaig cyfnod olaf y Dadeni Dysg yng Nghymru. Treuliodd hwnnw beth o'i ddyddiau cynnar mewn swydd ysgrifennydd yn Llandaf a Llanelwy pan oedd Morgan yn gwasanaethu yn y ddwy esgobaeth. Ystyriai'r esgob yn 'Gamaliel' y bu'n dysgu wrth ei draed, ac y mae'n ddigon posibl i Davies roi cymorth i Morgan wrth ddiwygio'r Llyfr Gweddi Gyffredin (1599) a'r Testament Newydd, gwaith na welwyd mohono.[141] Oherwydd diddordeb mawr Morgan mewn pregethu'r Gair y mae'n ddigon posibl hefyd ei fod wedi annog Edward James, ficer a rheithor yn ei dro mewn bywiolaethau yng Ngwent a Morgannwg, i gyfieithu'r Homilïau i'r Gymraeg ym 1606.[142] Sut bynnag, yn ystod ei gyfnod byr yn Llandaf a Llanelwy bu William Morgan, fel rhai eraill o esgobion ei ddydd yng Nghymru, yn wrthrych edmygedd o fewn confensiynau'r hen drefn farddol. Canwyd mor eiddgar iddo ef ag a wnaed i'r esgobion William Hughes, Richard Davies, Richard Vaughan a Henry Rowland. Canmolwyd ei dras a'i addysg, a'i ddyrchafiad i'r cadeirlannau yn eu tro, ond cynhwysai'r cerddi i Morgan yn ddieithriaid gyfeiriadau at un elfen arbenigol, sef y gamp o ddarparu'r ysgrythurau yn y Gymraeg. Y nodwedd honno a rydd i'r mawl ei neilltuolrwydd. Oni bai amdani ni fyddai'r ganmoliaeth a roddwyd iddo yn ddim amgenach na'r hyn a gawsai unrhyw un o'r preladiaid eraill. Rhagwelwyd gan ambell fardd y byddid yn dyrchafu'r offeiriad yn esgob yn rhinwedd yr hyn a gyflawnodd yn Llanrhaeadr. Gwêl y beirdd caeth a rhydd ef, o safbwynt ei waith, yn goleuo'r genedl; nodir ei alluoedd ieithyddol a chymwysterau ei swydd ynghyd â'i ddyhead i ddarparu ar gyfer ei bobl yr hyn y bu i'r hen Eglwys Gatholig ei guddio rhagddynt. Canolbwyntir yn y farddoniaeth ar gamp Morgan fel pe bai hwnnw'n unig yn nod anterth ei yrfa eglwysig. Crynhoir hynny yng nghwpled Huw Machno iddo, yn ei ddisgrifio, yn ôl y cysyniad o'r uchelwr breiniol, yn wron sicr o'i le a'i urddas ymhlith mawrion eglwysig ei ddydd.

Gŵr da ydyw, gŵr dedwydd,
Gwladwr yw, golud a rydd;
Clo i'r wlad, coelir, i'w law
Ar agoriad, er gwiriaw.[143]

Yn y llinellau hyn adlewyrchir y clerigwr diwylliedig, yr addysgwr, y llywiawdwr a'r goleuwr ysbrydol, a'r gŵr hyddysg yn nhraddodiadau gorau'r genedl. Datguddiwyd yn y trysor a gyflwynodd yn 1588 waredigaeth y Cymry rhag gwacter ysbrydol. Cyfrannwyd yn ei lys ymborth ysbrydol yn ogystal â chynhaliaeth i'r corff. 'Eli enaid' oedd ei 'fawrgamp', a'i amcan oedd 'diniwlio' Gair y Beibl yn ei gyfanrwydd. Â Owain Gwynedd, bardd o ardal Carno, er enghraifft, mor bell â disgrifio fel y bu i Gymru newid ei gwedd ysbrydol wedi'r cyfieithu, a gwnaeth hynny yn ysbryd apêl yr Esgob Richard Davies at ei gyd-Gymry i fawrhau aileni'r 'hen ffydd Brotestannaidd' a goleddid gan eu hynafiaid.

Hyn oedd yn dywyll i ni
A lanwech o oleuni . . .
Diniwliaist ynny eilwaith
A oedd yn niwl ddoe i'n iaith.[144]

Ni welai'r beirdd ddim amgenach na William Morgan, yr offeiriad plwyf a'r esgob, a ysbrydolwyd gan Dduw i adfer etifeddiaeth ei bobl. Y mae'r darlun yn un-llygeidiog a chyfyng oblegid dylid priodoli i Morgan swydd ehangach ym mywyd crefyddol ei ddydd na chyfieithu'r ysgrythurau.

Yn olaf, yr oedd William Morgan yn lladmerydd ei oes. Dyry haneswyr llên Cymru gryn bwyslais ar gampwaith ei ysgolheictod.

Haeddai ei swydd yn Llanelwy, meddai'r Dr Gabriel Goodman yn 1601, am ei orchwyl llafurus:

> the most sufficient man in that country, both for his learning, government and honesty of life, and hath also deserved of our country for his great pains and charges in translating the Bible into our vulgar tongue with such sufficiency as deserveth great commendation and reward.[145]

Ategwyd hynny mewn sawl ffynhonnell arall. Sut bynnag, er cymaint y gamp, y mae'n rhaid gosod y clerigwr brwd hwn yng nghyd-destun ei gyfnod ac nid yng nghyd-destun cyfieithu'r Beibl yn unig. Y mae iddo'i le yn hanes datblygiad yr Eglwys Anglicanaidd ar drothwy canrif newydd a hithau bron ar groesi hanner can mlynedd ers ei sefydlu. Pa wendidau bynnag a feddai'r ardrefniant crefyddol newydd, nid oes amheuaeth mai hwnnw a arbedodd deyrnas Lloegr rhag suddo i byllau dyfnion rhyfeloedd cartref ffiaidd fel a gafwyd ar gyfandir Ewrop, yn arbennig Ffrainc, yng nghyfnod Elisabeth. Wedi dweud hynny haws dymuno na sicrhau undod. Y perygl oedd y byddai crefydd, ynghyd â ffactorau eraill, yn peri mwy o hollt yn y gymdeithas nag a ddisgwylid ac yn sicr mwy nag a fwriadwyd. Edrychwyd ar y drefn newydd fel rhan o brif beirianwaith sefydlogrwydd cenedlaethol, ond nid felly y bu. Gadawsai problemau gwleidyddol ac economaidd eu hôl yn annileadwy ar fesur llwyddiant y frenhines i gynnal undod gwladwriaethol.[146] Yn Lloegr bu i'r bygythiad Piwritanaidd ac, i raddau llai, y gwrthwynebiad Pabyddol orfodi'r Eglwys i bwyso a mesur, fel petai, ei sefyllfa a'i hadnoddau ar gyfer y dyfodol. Daeth William Morgan yn esgob i'r Eglwys honno yn 1595, a chyflwynodd iddi elfennau a adlewyrchai gymaint ar ei gefndir a'i agwedd meddwl ei hun na dim arall: ceidwadaeth ei ymlyniad wrth y ffydd, cadernid ei ddadleuon a chraffter ei ddealltwriaeth o broblemau sylfaenol y corff eglwysig ynghyd â'i benderfyniad di-ildio i'w hatgyfnerthu.

Yn *Of the Laws of Ecclesiastical Polity*, ei amddiffyniad cadarn o'r Eglwys Brotestannaidd yn 1594, cyflwynodd Richard Hooker ei apêl olaf dros gynnal undod crefyddol ynghyd â datganiad llawn o athrawiaeth yr Oesoedd Canol ynghylch undod rhwng Eglwys a Gwladwriaeth. Dylid defnyddio'r ysgrythurau, meddai, i'r amcan o ddangos y ffordd ddwyfol tuag at sicrhau iachawdwriaeth ond, yn y man lle maent yn dawel, meddai ymhellach, y mae'n rhaid i'r Eglwys ddefnyddio ei grym a'i hadnoddau eraill i ddeddfu er ei lles ei hun ar yr amod na fyddai'n troseddu yn erbyn Gair Duw.[147] Symbylwyd Morgan hefyd gan anghenion sylfaenol yr Eglwys i ofalu bod Deddf 1563 yn cael ei chyflawni'n llwyr. Amlygir yn ei lythyr cyflwyno i'r frenhines yn 1588 faintioli'r gwaith cyfieithu, a phwysleisiwyd ganddo'r angen i warchod buddiannau cenedlaethol y deyrnas unedig yn ogystal â buddiannau moesol Cymru. Cyfeiria at ofal y frenhines am safonau uchaf bywyd ysbrydol ei deiliaid, yr angen i ymestyn a dyfnhau hyfforddiant crefyddol ym mhlwyfi anghysbell y wlad, a'r rheidrwydd i sefydlu undod y ffydd Brotestannaidd ar sail yr ysgrythurau yn iaith y werin bobl. Heb flewyn ar dafod y gosododd ei ddadleuon gerbron dros gyhoeddi'r ysgrythurau yn y Gymraeg. 'Pan yw dyn heb wybod rhywbeth,' meddai, 'nid oes ganddo wybodaeth ychwaith am y defnyddioldeb, y melystra a'r gwerth a berthyn i'r peth hwnnw, ac ni bydd yn barod i ddygymod â'r llafur lleiaf er mwyn ei ennill.'[148] Gwêl Morgan arwyddocâd yn neilltuolrwydd a chyfanrwydd yr ysgrythurau. Ynddynt y mae Duw'n llefaru ac yn creu undod ysbrydol ymhlith ei bobl.

Ar ben hynny, yr Eglwys Anglicanaidd a gynrychiolai'r ffydd swyddogol ac fe'i bygythiwyd hithau, fel y Diwygiad Protestannaidd ei hun, gan rymusterau a godai'n naturiol o'r gymdeithas gysefin. Mewn cyfnod pryd y cymerai gryn amser cyn iddi ymsefydlu bu raid iddi ymwrthod â phob ffurf ar ofergoeledd a dewiniaeth, gwaddol barhaol yr Oesoedd Canol. Er mwyn tanseilio credoau poblogaidd a sylfaenasid ar wyrthiau a ffenomenâu gweledol pwysleisiai'r Eglwys elfennau mwy ystyriol y berthynas rhwng yr unigolyn a Duw. Trwy gyfrwng y litwrgi a'r pregethu amlygwyd rhagluniaeth ddwyfol, cydwybod y pechadur gerbron Duw, a'i ddibyniaeth gyflawn ar Ei hollalluogrwydd. Dehonglwyd y gwirionedd, nid fel ofn arteithiol o gosb ddwyfol eithr yn hytrach fel ymdeimlad o gyfrifoldeb moesol. Ystyrid ffurfioldeb a chydraddoldeb yn foddion cwbl angenrheidiol i adfer ffydd yr unigolyn. Yn yr Eglwys newydd gosodwyd fframwaith diwinyddol trefnus, moesoldeb athrawiaeth a chyfrifoldeb cymdeithasol. Ystyriwyd yr offeiriad yn arweinydd a chynghorwr plwyfolion syml yn ogystal â bod yn weinyddwr sacramentau'r ffydd Gristnogol. O safbwynt ei gorchwylion cymdeithasol cyfrifwyd yr Eglwys Anglicanaidd yn gyfundrefn hunangynhaliol; pwysleisiwyd ganddi undod a chadernid y ffydd newydd a sylfaenasid ar athrawiaethau'r ysgrythurau. Er cymaint y bygythiadau iddi o du cymdeithas wledig a garai ddehongli'r profiad ysbrydol trwy arwyddion ffansïol gweledol, pwysleisiwyd awdurdod canolog Duw fel y datgelwyd ef yn y Beibl ac a gyfrifwyd yr arf cadarnaf i wrthsefyll symbolau'r hen Babyddiaeth a'r elfennau paganaidd y bu i'r werin bobl syml ac anllythrennog ymlynu wrthynt. Trwy 'ddiniwlio' y Cymry ystyriai'r beirdd fod Morgan a'i gyd-gyfieithwyr wedi rhoi ystyr ac arweiniad pendant i'r credadun na dderbyniasai cyn hynny Air Duw yn ei burdeb. Darparwyd y Beibl ganddo fel y gallai plwyfolion cefn gwlad Cymru glywed y gwirionedd ac ymwrthod â swyn a chyfaredd yr arferion a oedd yn gyfarwydd iddynt. Ffieiddiwyd yr arweinwyr Protestannaidd gan boblogrwydd crefydd o'r fath, a disgrifiwyd eithafiaeth ofergoeledd yn fyw iawn gan John Penry a gasâi 'our swarmes of south-saiers, and enchanters, such as will not stick openly to professe that they walke on Tuesdais, and Thursdaies at nights, with the fairies, of whom they brag themselues to haue their knowlege'.[149] I Morgan rhoddai'r ysgrythurau ystyr amgenach i fywyd y credadun wrth gyflwyno iddo foddion iachawdwriaeth trwy'r meddwl a'r deall yn hytrach na thrwy ryfeddod ffantasi gwyrthiol. O'r safbwynt hwnnw cyrhaeddodd Morgan, ynghyd ag eraill a gynigiodd y Beibl yn iaith y bobl, binacl yr hyn a gyflawnwyd gan y ffydd Brotestannaidd newydd, sef cynnig y gwirionedd i'r unigolyn fel y gallai ystyried ei berthynas ef ei hun â Duw.[150]

Ond i ddod at yr ail elfen yn apêl Hooker: y tu hwnt i'r defnydd a wneir o'r Beibl daw amgylchiadau pryd y disgwylir i'r Eglwys ymgydnabod â'i phroblemau a cheisio'u datrys mewn perthynas â'i threfniadaeth, ei hathrawiaeth a'i chysylltiadau â'r byd seciwlar. Cynhwyswyd yn y ddadl honno ddyletswyddau cynhenid yr offeiriad tuag at yr Eglwys a'r byd a'r angen iddo allu deall pryd y dylai roi'r flaenoriaeth i'w briod swydd o'i mewn. Yn y cyd-destun hwnnw y canfyddir math newydd o breladiaeth yn ymwthio ymhlith rhengoedd uchaf yr hierarchaeth eglwysig. Arweinydd cryf y sefydliad dan bwysau'r bygythiadau hyn oedd John Whitgift. Pwysleisiodd yntau'r angen i warchod buddiannau gorau'r Eglwys er cryfed y grymusterau a'i heriai.[151] Apeliodd Hooker ar y Piwritaniaid i ffrwyno eu sêl dros berffeithrwydd a ddychmygwyd ganddynt cyn iddynt ddifa heddwch a threfn yr Eglwys.[152] Apêl o'r fath, ond wedi'i chyfeirio at elfennau rhyfygus ymhlith tirfeddiannwyr a ddadlennir yn y dystiolaeth sydd ar gael am Morgan yn ei ymwneud ag eraill. Crynhowyd hynny yn un o'i frawddegau dwysaf mewn llythyr at Syr John Wynn: 'So manie chypps have bene allreadye taken from the church that yt ys readye to fall; God hath blessed youe so well that youe are bownde rather to helpe hys poore church then to hynder yt.'[153] Mewn geiriau mwy angerddol fyth cyfeiriodd at ei deyrngarwch i'r safonau moesol y safai drostynt: 'yf I shall fynde hym as bytter an enemye as ever I founde hym my frende,' meddai am Wynn, 'yt wylbe be a comfort to me to suffer in so good a cause'. 'I knowe that God, whose church I wold defend,' meddai ymhellach, 'ys able to defende me agaynst all enemyes, and wyll defende me so farr as he shall see yt to be expedient for me.'[154] Geiriau eofn a dwys yn wir a amlygai'r priodoleddau mwyaf cymeradwy yng nghymeriad a thystiolaeth esgob Llanelwy ar y pryd.

Trwy gyfrwng ei brofiadau dros gyfnod o ddeng mlynedd ar hugain mewn plwyf ac esgobaeth dysgodd William Morgan beth oedd natur ei flaenoriaethau a gwerth ei dystiolaeth mewn byd lle pwysai'r materol yn drwm ar fuddiannau ysbrydol. Prif dasg William Morgan oedd amddiffyn y sefydliad Protestannaidd, a bu ei ymdrechion i gynnal ei iawnderau yn arwydd pendant o'i ymroddiad i'r gorchwyl hwnnw. Meithrinai gysylltiadau agos â'i offeiriadaeth, ac yn Llanelwy aeth ati i atgyweirio côr yr eglwys gadeiriol. Bu iddo hefyd ailadeiladu 'esgopty' yn Niserth a chyflogi 'seiri gant dwys ar y gwaith' i godi tŷ'r archddiacon a oedd i bob golwg yn furddun.[155] Y mae'n debyg mai o incwm yr archddiaconiaeth, a oedd yn ei feddiant, y talwyd costau hynny, a wynebwyd traul y gadeirlan o gyllidoedd prin y tiroedd esgobol. Ac nid Morgan oedd yr unig brelad i ymgymryd â thasgau o'r fath yn ei ddydd. Nodweddwyd y cyfnod gan weithgaredd tebyg gan rai eraill o blith ei gymheiriaid, a chyfrifwyd hynny'n orchwyl y gellid ei gymharu'n deg â'r holl ddyletswyddau eraill a arferwyd. Tystiai llafur Henry Rowland a William Glyn ym Mangor, Gervase Babington yn Llandaf a Thomas Davies yn Llanelwy i'r angen am wella golwg allanol eu heglwysi cadeiriol. Disgrifiwyd Rowland yn 'sufficiently learned, and a good and provident governor of his church and diocese, a great repairer of his decayed cathedral church', ac fe'i hystyriwyd hefyd yn flaenllaw mewn 'house-keeping and hospitality both to rich and poor'.[156]

Cynhwyswyd yn y geiriau hynny graidd yr ysbryd newydd a feddai llawer mwy o esgobion yn negawdau olaf canrif y Tuduriaid. Gosodwyd pwyslais ar fugeiliaeth a dyletswyddau eraill mewn perthynas ag ordeinio, sefydlu mewn bywiolaethau, ymweliadau esgobol, trigiant parhaol, lletygarwch, nawdd a phregethu. Dangosodd arweinyddiaeth Whitgift iddo fod yn awyddus dros ben i sefydlu unffurfiaeth ymhlith lleyg ac eglwysig trwy weithredu disgyblaeth lem. Cadwai lygad barcud ar y prif benodiadau i'r esgobaethau, ac nid oes amheuaeth iddo ystyried Morgan ymhlith y mwyaf diwyd a chydwybodol. Yr oedd yntau hefyd yn nodweddiadol o'r rheng newydd a ddyrchafwyd i fainc yr esgobion nad oedd ganddynt na'r statws gymdeithasol na'r cysylltiadau pendefigol angenrheidiol i allu meithrin dylanwad yn y llys brenhinol a mannau eraill o bwys. O ganlyniad, amlygwyd ef a'i debyg yn rhinwedd eu hymroddiad yn hytrach na'u hymlyniad wrth eraill, a bu hynny'n foddion iddo ennyn llid a dicter eraill tuag ato ynglŷn ag egwyddorion sylfaenol y drefn eglwysig.[157]

Trigai William Morgan mewn cyfnod pan effeithiwyd yn ddifrifol ar safonau byw yr offeiriadaeth yn gyffredinol. Er bod y cynnydd mewn prisiau wedi cael peth dylanwad da ar werth rheithoriaethau, o gymryd swydd y glerigaeth yn ei chyfanrwydd pur druenus oedd safonau materol. Cwynai Morgan yn Llanrhaeadr fod y pwysau cyfreithiol a fu arno wedi effeithio'm drwm ar ei alluoedd materol. Buasai hefyd mewn sefyllfa bryderus pan symudwyd ef o Landaf i Lanelwy er iddo gadw rhai bywiolaethau segur yn ei feddiant. Er gwaethaf yr anawsterau hynny saif yn hanes Cymru yn bennaf ar sail ei gyfieithu, sef conglfaen y ddyneiddiaeth Brotestannaidd yng Nghymru ei ddydd. Cyfieithiodd yr Hen Destament a'r Apocryffa ei hun, ac yn ei lythyr cyflwyno mynegodd yr angen mawr am y Testament hwnnw 'sy'n rhagddywediad cuddiedig o'r llall, yn llun gwan ohono, ac yn dyst diamheuol iddo'.[158] Gwêl ef bwysigrwydd ei lafur yng nghyd-destun undod crefydd a'r gallu cynyddol i bregethu'r Gair yn ddeallus; dwyn 'gwir a phurlan air Duw', meddai Huw Lewys, i 'oleuni yn gyffredinol i bawb'.[159] Yr un cymhellion a fuasai yn y bôn i'r cyfieithu i'r Saesneg yn 1539 ac i'r Gymraeg wedi hynny, sef y dyhead i greu cymdeithas leyg a fyddai'n hyddysg yng nghynnwys yr ysgrythurau ac i symbylu'r offeiriadaeth i'w cyflwyno a'u dehongli'n briodol. Ac meddai Morgan heb betruso:

> Felly, pan sylweddolais i fod cyfieithu gweddill yr Ysgrythurau i'r iaith Frytaneg yn beth mor fuddiol, nage, yn beth mor angenrheidiol . . . ildiais i geisiadau'r duwiolfrydig a goddef iddynt fy narbwyllo i ymgymryd â'r dasg bwysfawr a thrafferthus hon.[160]

A phwy oedd y 'duwiolfrydig' o'r safbwynt hwn? Ynghyd â Richard Davies, William Hughes ac Edmwnd Prys, yn sicr gellid enwi Whitgift ymhlith y blaenaf. Nid oes amheuaeth mai ef a ystyrid y mwyaf cymwys ar gyfer y gorchwyl hwnnw; ni cheir unrhyw dystiolaeth i ddangos arwyddion o gydymgeisio, er bod rhai ysgolheigion eraill yn Lloegr a Chymru a allai fod wedi ymgymryd â'r dasg ac a gyfrifid yn wŷr hyddysg iawn yn yr ieithoedd beiblaidd.

Pam y beichiodd William Morgan ei hun â'r gwaith enfawr hwn tybed? Eglurir peth o'r ateb yng ngeiriau'r cyfieithydd ei hun, sef iddo gael ei annog gan eraill. Efallai hefyd y meddai ar dipyn o uchelgais bersonol ac iddo deimlo mai'r unig ffordd y gallai ei amlygu ei hun fel offeiriad plwyf oedd trwy ymgodymu â gorchwylion pwysfawr o'r fath a fyddai o fudd i'r Eglwys Brotestannaidd ac i'w gyd-Gymry. Cyfunir yn yr hyn a gyflawnodd ddysg y cyfnod ar ei mwyaf aruchel ac ymdeimlad na ellid gwreiddio'r ffydd newydd heb wybodaeth o gynnwys Gair Duw. Ni wadai neb ddifrifoldeb yr amgylchiadau cymdeithasol yng Nghymru a fuasai'n rhwystr i'r grefydd newydd ymsefydlu. Gellir cymharu'r hyn a gyflawnodd Morgan ag agwedd meddwl diwygwyr mwyaf Gwledydd Cred y ganrif honno a deimlai wefr arbennig wrth drosi'r ysgrythurau i'w hieithoedd eu hunain. Ni chafwyd unrhyw awdurdod dilys os na ddeilliai o ffynhonnau'r Gair. 'Ni all unrhyw un', meddai John Calfin, 'dderbyn mymryn o'r hyn sy'n iawn ac sy'n athrawiaeth iachus os nad yw wedi ymddisgyblu yn yr Ysgrythurau.'[161] Y ffynhonnell honno, meddai Morgan yntau yn ei lythyr cyflwyno, oedd sail undod ysbrydol y deyrnas seciwlar. Un allwedd yn unig yw'r cyfieithu i ddeall a dehongli pwysigrwydd ei yrfa yn y gymdeithas seciwlar ac eglwysig mewn cyfnod o newid sylfaenol. Erys y cof hynotaf amdano yn rhinwedd ei alluoedd bugeiliol, ei amddiffyniad glew o'r glerigaeth a'i warchodaeth rymus o hawliau cynhenid yr Eglwys gyfundrefnol newydd. Rhoddodd y pwysau mwyaf ar ddisgyblaeth eglwysig; o hynny y deilliai llymder ei wrthwynebiad i'r nerthoedd lleyg a'i bygythiai, grymuster ei weinidogaeth fugeiliol a dygnwch ei lafur yn porthi'r preiddiau yng Nghymru yn egwyddorion sylfaenol yr ysgrythurau. Mewn unoliaeth o'r fath yn unig y gellir llwyr werthfawrogi gyrfa offeiriadol ac esgobol William Morgan yn ail a thrydedd genhedlaeth twf yr Eglwys Anglicanaidd yng Nghymru ac yn y deyrnas gyflawn. Yn y cyd-destun hwnnw ni allai Owain Gwynedd lai na thynnu sylw at nodweddion cyfoethog esgob Llanelwy ar ddyfod ohono i'w gadeirlan yn 1601.

Prelad mawr ei gariad gwych,
Preladaidd pob rhôl ydych;
Pur ych chwi yn puro'ch haid,
Perl ydych i'r preladiaid . . .
Porth a phen puriaith y Ffydd,
Porth llawn parth y llawenydd . . .
Porth clau i'n eneidiau ni,
Porth da ych; porth Duw ichwi.[162]

O ystyried bod delwedd y 'porth' yn y cyd-destun hwn yn golygu arweiniad, neu allwedd i safonau uwch yn y bywyd materol, nid rhyfedd i'r bardd, mewn prydyddiaeth nodweddiadol o'i gyfnod, ategu'r geirda, y cyfeiriwyd ato uchod, a roddodd Archesgob Whitgift i William Morgan tua'r un adeg mewn llythyr yn ei gymeradwyo i'r Arglwydd Cecil, pan ddisgrifiodd ef yn ŵr unionfryd, sobr a thra dysgedig.[163]

Nodiadau

1 Cyhoeddwyd llawer dros y blynyddoedd ar y themâu hyn mewn perthynas â Lloegr a Chymru ond gw. A. G. Dickens, *The English Reformation* (London, 1964); R. Ashton, *Reformation and Revolution, 1558–1660* (Basingstoke, 1985); C. Cross (gol.), *The Royal Supremacy in the Elizabethan Church* (London, 1969); Glanmor Williams, *Renewal and Reformation: Wales c.1415–1642* (Oxford, 1993); *idem*, *Welsh Reformation Essays* (Cardiff, 1967); G. H. Jenkins, *Hanes Cymru yn y Cyfnod Modern Cynnar, 1530–1760* (Caerdydd, 1983).

2 Williams, *Welsh Reformation Essays*, tt. 17–20; *idem*, *Renewal and Reformation*, tt. 279–331.

3 J. E. C. Hill, *Economic Problems of the Church from Archbishop Whitgift to the Long Parliament* (1956), tt. 14–38; Glanmor Williams, 'Landlords in Wales: the Church' yn J. Thirsk (gol.), *The Agrarian History of England and Wales*, IV, *1500–1640* (Cambridge, 1967), tt. 381–95.

[4] Ceir nifer o fywgraffiadau, yn eu plith C. Ashton, *Bywyd ac Amserau yr Esgob Morgan* (1891); G. J. Roberts, *Yr Esgob William Morgan* (Dinbych, 1955); R. G. Gruffydd, 'William Morgan' yn G. Bowen (gol.), *Y Traddodiad Rhyddiaith* (Llandysul, 1970), tt. 149–74; *idem*, *'Y Beibl a droes i'w bobl draw': William Morgan yn 1588* (Llundain, 1988); I. Thomas, *William Morgan a'i Feibl* (Caerdydd, 1988); P. Morgan, *Beibl i Gymru* (Aberystwyth, 1988); Glanmor Williams, 'Bishop William Morgan and the first Welsh Bible' yn *idem*, *The Welsh and their Religion: Historical Essays* (Cardiff, 1991), tt. 173–229. Gw. hefyd *ODNB*, 39, tt. 152–5.

[5] W. Ogwen Williams, *Tudor Gwynedd* (Caernarfon, 1958); *idem*, 'The social order in Tudor Wales', *Traf. Cymmr.*, 1967, tt. 167–78.

[6] J. G. Jones (gol.), *History of the Gwydir Family and Memoirs* (Llandysul, 1990), t. 63.

[7] Ibid.; W. J. Roberts ac eraill (goln), O. G. Jones, *Gweithiau Gethin* (Llanrwst, 1884), tt. 275–6.

[8] J. G. Jones, 'The Wynn estate of Gwydir: aspects of its growth and development *c.*1500–80', *CLlGC*, .XXII, (1981–2), 141–5; *idem*, *The Wynn Family of Gwydir: Origins, Growth and Development c.1490–1674* (Aberystwyth, 1995), tt. 20–43.

[9] O. Owens, 'Gweithiau Barddonol Morus Dwyfech' (Traethawd MA anghyhoeddedig, Prifysgol Cymru, 1944), viii, t. 54.

[10] E. I. Rowlands (gol.), *Gwaith Lewys Môn* (Caerdydd, 1975), xlviii, t. 173.

[11] LlGC, Add MSS. 465E.257; 9056E.813.

[12] H. Ellis (gol.), *Registrum vulgariter nuncupatum (The Record of Caernarvon)* (London, 1838), tt. 9–12.

[13] Jones, *Gwydir Family*, t. 51. Wedi ei ddiweddaru.

[14] Ibid., tt. 56–7. Gw. hefyd T. Jones Pierce, *Medieval Welsh Society*, gol. J. B. Smith (Cardiff, 1972), tt. 41–2; J. B. Smith, 'Crown and community in the principality of north Wales in the reign of Henry Tudor', *CHC*, III (1966–7), tt. 145–57.

[15] R. G. Gruffydd, *William Morgan yn 1588*, t. 72.

[16] Jones, *Gwydir Family*, t. 63; R. G. Gruffydd, 'William Morgan', tt. 160–1.

[17] P. Yorke, *The Royal Tribes of Wales* (Wrexham, 1887), tt. 188–9.

[18] J. G. Jones, 'Sir John Wynn of Gwydir and his tenants: the Dolwyddelan and Llysfaen disputes', *CHC*, XI (1982–3), tt. 1–13.

[19] LlGC Add. MS. 465E.276; Yorke, *Royal Tribes of Wales*, t. 144; J. G. Jones, 'Bishop William Morgan's dispute with John Wynn of Gwydir in 1603–4', *JHSChW*, XXII (1972), 74.

[20] LlGC Llsgr. 465E.270; Yorke, *Royal Tribes of Wales*, t. 139; Jones, 'Bishop William Morgan's dispute', 71.

[21] LlGC, Llanstephan 159B.55–60.

[22] LLGC, Add. MS. 465E.276.

[23] Gw. W. P. Griffith, *Civility and Reputation: Ideas and Images of the 'Tudor Man' in Wales* (Bangor, 1985).

[24] J. G. Jones, 'Gwydir Estate', 20–43; *ODNB*, 60, tt. 678–80.

[25] LlGC, 9051E.12.

26 J. G. Jones, 'Gwydir Estate', 20–43; T.W.H., 'The will of John Wynn ap Meredydd of Gwydir', *Bye-gones relating to Wales and the Border Counties* (1888), tt. 66–7; O. Owens, 'Morus Dwyfech', viii, t. 54.

27 G. R. Elton, *England under the Tudors* (Cambridge, 1974), tt. 162–5, 273–6, 420–2; C. S. L. Davies, *Peace, Print and Protestantism*, 1450–1558 (London, 1977), tt. 189–237.

28 W. J. Roberts ac eraill (goln), *Gweithiau Gethin*, tt. 391–2.

29 R. W. Hays, *The History of the Abbey of Aberconway, 1186–1537* (Cardiff, 1963), tt. 176–83; J. F. O'Sullivan, *Cistercian Settlements in Wales and Monmouthshire* 1140–1540 (New York, 1947), tt. 121–2.

30 Williams, *Welsh Reformation Essays*, tt. 14–18; *idem*, *Renewal and Reformation*, tt. 179–81.

31 LlGC, 9051E.7, 9–10; LlSC, 4.58, tt. 69–70.

32 LlGC, 9051E.9.

33 L. S. Knight, *Welsh Independent Grammar Schools to 1600* (1926), tt. 18–22; BC, t. 263.

34 R. Stephens, 'Gwaith Wiliam Llŷn', (traethawd Ph.D. anghyhoeddedig, Prifysgol Cymru, 1983), I, XXI, t. 94.

35 Jones, *Gwydir Family*, t. 49.

36 LlGC, Peniarth 88.288.

37 LlGC, Cwrtmawr 21.174.

38 T.W.H., *Bye-gones* (1888), t. 67; J. G. Jones, 'Educational activities among the Wynns of Gwydir', *TCHSG*, XLII (1981), tt. 7–16.

39 Coleg Prifysgol Cymru, Bangor, Llsgr. Mostyn 4.117a; Jones, *Wynn Family of Gwydir*, t. 169.

40 GAG, XQS/1616–17 (Deiseb).

41 *BC*, tt. 308–9.

42 K. Charlton, *Education in Renaissance England* (London, 1965), tt. 81–5.

43 G. A. Williams (gol.), *Ymryson Edmwnd Prys a Wiliam Cynwal* (Caerdydd, 1986), tt. xvi–xcv; *idem*, 'Edmwnd Prys, un arall o enwogion Llanrwst', *TCHSDd*, XXIII (1974), tt. 294–8; R. G. Gruffydd, 'William Morgan', tt. 161–2.

44 LlGC, 4.101.112. Am y cefndir i addysg yng Ngwedir, a chyfraniad y beirdd i'r byd diwylliannol yno gw. J. G. Jones, 'Educational activities', 7–48; *idem*, 'Priodoleddau bonheddig yn nheulu'r Wynniaid o Wedir: tystiolaeth y beirdd', *Traf. Cymmr.*, 1978, 78–149.

45 Thomas, *William Morgan a'i Feibl*, tt. 56–7.

46 Am fwy o wybodaeth am gefndir y coleg gw. G. A. Williams, *Ymryson Edmwnd Prys*, tt. xcv–c; T. Baker, *History of St John's College, Cambridge* (Cambridge, 1869); LlGC, 9051E.72; 9052E.226–7; 9053E.395; LlSC, 4.58, t. 37.

47 Jones, *Gwydir Family*, t. 72.

48 *BC*, t. 309; CWP, rhif 598; J. a J. A. Venn (goln), *Alumni Cantabrigienses* (Cambridge, 1922–7), II, t. 278; IV t. 482; W. P. Griffith, *Learning, Law and Religion: Higher Education and Welsh Society c.1540–1640* (Cardiff, 1996), tt. 83–4, 230–1; Baker, *St John's College, Cambridge*, I, tt. 198–207, 422; II, tt. 606, 616, 1167.

[49] LlGC, 9053E.414 (30 Tachwedd 1606). Gw. hefyd Yorke, *Royal Tribes*, tt. 144–5.

[50] Williams, 'Bishop William Morgan and the first Welsh Bible', tt. 351–3; Thomas, *William Morgan a'i Feibl*, tt. 13–15.

[51] Ceir nifer dda o weithiau cyhoeddedig ar lenyddiaeth y Dadeni a'r Diwygiad Protestannaidd yng Nghymru, yn arbennig wedi dathlu pedwarcanmlwyddiant cyfieithu'r Beibl yn 1988. Gw. hefyd *Y Traddodiad Rhyddiaith* a G. Williams, 'Dadeni, diwygiad a diwylliant Cymru' yn *idem*, *Grym Tafodau Tân: Ysgrifau Hanesyddol ar Grefydd a Chymdeithas* (Llandysul, 1984), tt. 63–86; *idem*, 'Religion and Welsh literature in the age of the Reformation' yn *The Welsh and their Religion*, tt. 138–72.

[52] Jones, *Gwydir Family*, t. 63.

[53] Ashton, *Reformation and Revolution*, tt. 155–8; P. Collinson, *The Elizabethan Puritan Movement* (London, 1967), tt. 243–4; J. E. C. Hill, *Society and Puritanism in Pre-revolutionary England* (London, 1964), tt. 78–85.

[54] P. Collinson, *Archbishop Grindal, 1519–1583: The Struggle for a Reformed Church* (London, 1979), tt. 284–93.

[55] C. Davies (gol.), *Rhagymadroddion a Chyflwyniadau Lladin, 1551–1632* (Caerdydd, 1980), t. 67.

[56] Penry Williams, *The Council in the Marches of Wales under Elizabeth I* (Cardiff, 1958), tt. 269–71, 360–1.

[57] J. G. Jones, 'Bishop William Morgan's Dispute', tt. 49–66.

[58] Gw. Glanmor Williams, *Bywyd ac Amserau'r Esgob Richard Davies* (Caerdydd, 1953); *idem*, *Welsh Reformation Essays*, tt. 155–90.

[59] Davies, *Rhagymadroddion a Chyflwyniadau Lladin*, t. 65.

[60] D. R. Thomas, *History of the Diocese of St Asaph*, II (Oswestry, 1911), tt. 233, 245, 264.

[61] Williams, 'The Church', tt. 381–2; *idem*, *The Welsh Church from Conquest to Reformation* (Cardiff, 1962), tt. 271–3.

[62] *CSPD*, *1547–1580*, XLIV, rhif 27, t. 301. Gw. D. Mathew, 'Some Elizabethan documents', *BBGC*, VI, rhan 1 (1931), tt. 77–8.

[63] LlB, Casgliad Lansdowne III(d) f.10, E. Owen (gol.), *A Catalogue of the Manuscripts relating to Wales in the British Museum*, I (London, 1900), t. 72.

[64] Strype, *Annals*, II (1725), tt. 293–4; III (1728), t. 467.

[65] Ibid., III, t. 184.

[66] Thomas, *St Asaph*, I, tt. 225–6, 245; II, t. 286; *idem* (gol.), 'A discoverie of the present estate of the byshoppricke of St Asaphe', *AC*, 5ed gyfres, I, 1884, 53–8.

[67] Williams, *Welsh Reformation Essays*, tt. 196–7.

[68] Thomas, *St Asaph*, I, tt. 89–90.

[69] Ibid., tt. 92, 95.

[70] Ibid., t. 100. III, t. 92; J. G. Jones, 'The Reformation bishops of St Asaph', *Journal of Welsh Ecclesiastical History*, 7 (1990), 34. *The English Law Reports (King's Bench Division III)*, LXXIV (London, 1907) I, Leonard 31: Albany v Bishop of St Asaph, Trinity (27 Eliz. I), 29–30. O gofio am drachwant Hughes

am diroedd a swyddi eglwysig, ymddengys fod ganddo gymhelliad personol dros wrthwynebu Bagshaw. Sut bynnag, enillodd Bagshaw yr achos a bu yn Whittington o 1585 hyd 1604.

71 Thomas, *St Asaph*, I, t. 92, 95; *CSPD, 1547–1580*, LXXIV (37), t. 396 (16 Tachwedd 1570).

72 J. G. Jones, 'Thomas Davies and William Hughes: two Reformation bishops of St Asaph', *BBGC*, XXIX (1980–2), tt. 320–32; W. P. Griffith, 'William Hughes and the *Decensus* controversy of 1567', *BBGC*, XXXIV (1987), 185–99.

73 Davies, *Rhagymadroddion a Chyflwyniadau Lladin*, t. 70.

74 Stephens, 'Gwaith Wiliam Llŷn', I, tt. 142–3; J. Jones (gol.), *Cynfeirdd Lleyn, 1500–1800* (Pwllheli, 1905), t. 73.

75 J. Y. W. Lloyd (gol.), *History of Powys Fadog*, 6 chyfrol (London, 1881–7), IV, tt. 239–42, 364.

76 *BC*, tt. 170–1, 326–7; E. G. Jones, *Cymru a'r Hen Ffydd* (Caerdydd, 1951), tt. 25, 47; Strype, *Annals*, III, t. 186.

77 Thomas, *St Asaph*, II, t. 245.

78 J. Griffith (gol.), *Pedigrees of Anglesey and Caernarvonshire Families* (Horn-castle, 1914), tt. 280–1; I. ab Owen Edwards, 'William Morgan's quarrel with his parishioners at Llanrhaeadr-ym-Mochnant', *BBGC*, III (1927), t. 298 ymlaen.

79 LlGC, Add. MS 465E.276.

80 Edwards, 'William Morgan's quarrel', tt. 330–9.

81 Thomas, *St Asaph*, II, tt. 28, 234, 264.

82 Edwards, 'William Morgan's quarrel', tt. 325–8.

83 W. P. M. Kennedy, *Elizabethan Episcopal Administration* (Alcuin Club, London, 1925), II, tt. 146–8; Williams, *Welsh Reformation Essays*, tt. 172–3; Strype, *Annals*, III, t. 171.

84 J. Penry, *Three Treatises Concerning Wales*, gol. D. Williams (Cardiff, 1960), tt. 56–7.

85 Thomas, *William Morgan a'i Feibl*, t. 22 (lle gwelir y dyfyniad).

86 Hughes, *Rhagymadroddion*, tt. 24–6.

87 Davies, *Rhagymadroddion a Chyflwyniadau Lladin*, t. 169.

88 Statud 5 Elisabeth I c.28, I. Bowen (gol.), *The Statutes of Wales* (London, 1908), t. 149.

89 Gw. R. G. Gruffydd, 'William Morgan', tt. 179–80; I. Thomas, *William Morgan a'i Feibl*, tt. 41–5.

90 Edwards, 'William Morgan's quarrel', tt. 301–2.

91 HMC, *Calendar of Salisbury Manuscripts* (Hatfield Collection), XIV (London, 1906), t. 144.

92 Thomas, *William Morgan a'i Feibl*, t. 15 ymlaen. Am Goodman gw. E. Roberts, 'Gabriel Goodman and his native homeland', *Traf. Cymmr.*, 1989, 77–104.

93 Edwards, 'William Morgan's quarrel', tt. 337–8.

94 Ibid., t. 325.

95 Williams, 'Bishop William Morgan and the first Welsh Bible', tt. 207–8.

[96] Am fwy o wybodaeth fanwl ar gefndir cyfansoddiadol y ddeddf hon gw. G. R. Elton, 'Wales in Parliament, 1542–81' yn R. R. Davies ac eraill, (goln), *Welsh Society and Nationhood: Historical Essays Presented to Glanmor Williams* (Cardiff, 1984), tt. 119–21.

[97] Am y cefndir i gysylltiadau Morgan â Chaer-grawnt gw. Glanmor Williams, 'William Morgan's Bible and the Cambridge connection', *CHC*, XIV (1988–9), 363–77.

[98] Davies, *Rhagymadroddion a Chyflwyniadau Lladin*, t. 70; *BC*, tt. 264–5.

[99] Fel Morgan, efallai iddo gael ei addysg gynnar yng Ngwedir. Gruffydd, 'William Morgan', yn *Y Traddodiad Rhyddiaith*, tt. 161–2; G. A. Williams, 'Edmwnd Prys: un arall o enwogion Llanrwst', 294–8.

[100] Hughes, *Rhagymadroddion*, t. 95. Am Edmwnd Prys gw. G. A. Williams (gol.), *Ymryson Edmwnd Prys a Wiliam Cynwal*, tt. xci–cxvi; A. E. Evans, 'Edmund Prys: archdeacon of Merioneth, priest, preacher, poet [1544–1623]', *Traf. Cymmr.*, 1922–3, 112–68.

[101] C. Davies, *Latin Writers of the Renaissance* (Cardiff, 1981), tt. 23–6.

[102] Davies, *Rhagymadroddion a Chyflwyniadau Lladin*, t. 64.

[103] Ibid., tt. 69–70.

[104] Ibid., t. 69.

[105] LlGC, [Y Sesiwn Fawr] Wales 4/9/32. Yr wyf yn ddiolchgar i Nia M. W. Powell am y cyfeiriad hwn. Gw. N. M. W. Powell, 'Dr William Morgan and his parishioners at Llanrhaeadr-ym-Mochnant', *TCHSG*, XLIX (1988), 87–115 (yn arbennig 94–6).

[106] Browne Willis, *A Survey of the Cathedral Church of Llandaff* (London, 1719), tt. 66–7; L. Thomas, *The Reformation in the Old Diocese of Llandaff* (Cardiff, 1930), tt. 154–5. Gw. tt. 22–5.

[107] Rhys Meurig, *Morganiae Archaiographia*, gol. B. Ll. James (Barry, 1984), t. 94.

[108] J. A. Bradney, 'The speech of William Blethin, bishop of Llandaff, and the customs and ordinances of the church of Llandaff', *Y Cymmrodor*, XXXI (1921), tt. 155–8.

[109] Jones, *Cymru a'r Hen Ffydd*, tt. 34–5, 38–40; A. H. Dodd, 'Wales and the Scottish succession', *Traf. Cymmr*, 1937, 213–22; HMC, *Salisbury MSS*, XI, t. 490.

[110] G. Williams (gol.), *Glamorgan County History*, IV, *Early Modern Glamorgan* (Cardiff, 1974), tt. 178–91; G. E. Jones, *The Gentry and the Elizabethan State* (Llandybïe, 1977), tt. 65–8 ymlaen; HMC, *Salisbury MSS*, XI, t. 460.

[111] A. H. Dodd, 'North Wales and the Essex revolt of 1601', *English Historical Review*, LIX (1944), 348–70. Gw. hefyd W. J. Smith, 'The Salusburies as maintainers of murderers – a Chirk castle view 1599', *CLlGC*, VII (1951–2), 178–91.

[112] E. Roberts (gol.), *Gwaith Siôn Tudur*, I (Caerdydd, 1978), xiv, tt. 52–5; *idem*, 'Ymryson y Salsbrïaid 1593', *TCHDd*, XVII (1968), tt. 108–46.

[113] P. W. Hastler (gol.), *The House of Commons, 1558–1603* (London, 1981), t. 314; Dodd, 'Essex revolt', 348–70; J. E. Neale, *The Elizabethan House of Commons* (London, 1949), tt. 111–27.

[114] *Fasti Ecclesiae Anglicanae*, I, tt. 105, III, t. 259; Willis, *Diocese of Bangor*, tt. 24, 109, 323.
[115] HMC, *Salisbury MSS*, V, t. 18.
[116] Am grynodeb o yrfa Syr John Wynn gw. *ODNB*, 60, tt. 685–6 ac E. G. Jones, 'Sir John Wynn of Gwydir', *The Welsh Review*, V rhif 3 (1946), 187–91.
[117] Yorke, *Royal Tribes of Wales*, t. 137.
[118] LlGC, Add. MS. 465E.270; Jones, 'Bishop William Morgan's dispute with John Wynn of Gwydir in 1603–4', *JHSChW*, XXII (1972), 71.
[119] F. Heal a R. O'Day (goln), *Church and Society in England: Henry VIII to James I* (1977), tt. 83–98.
[120] W. P. Williams (gol.), *Deffynniad Ffydd Eglwys Loegr* (Bangor, 1908), tt. 7–9 ymlaen.
[121] LlGC, Add. MS. 265E.276.
[122] *BC*, tt. 695, 744, 982.
[123] Ibid., t. 301.
[124] Ashton, *Reformation and Revolution*, t. 138.
[125] Williams, *Welsh Reformation Essays*, tt. 23–5l.
[126] *CSPD, 1547–1580*, LXVI (26), t. 362 (25 Ionawr 1570); Strype, *Annals*, I, Appendix, t. 64.
[127] Hughes, *Rhagymadroddion*, t. 102.
[128] Gruffydd, *William Morgan yn 1588*, t. 73.
[129] LlGC, Add. MS. 265E.276; Jones, 'Bishop William Morgan's dispute', 74.
[130] Penry, *Three Treatises*, tt. 40–1.
[131] Davies, *Rhagymadroddion a Chyflwyniadau Lladin*, t. 66.
[132] Thomas, *St Asaph*, I, tt. 101–2. Am astudiaeth o gyfnod byr Morgan yn Llanelwy gw. J. G. Jones, '"Porth a phen puriaith y ffydd": William Morgan, esgob Llanelwy', *Y Traethodydd*, CLIX (2004), 203–21.
[133] Heal a O'Day, *Church and Society in England*, tt. 93–5.
[134] LlGC, Add. MS. 265E.276; Jones, 'Bishop William Morgan's dispute', 76.
[135] Jones, 'Bishop William Morgan's dispute', 76.
[136] LlGC, Add. MS.265E.276.
[137] C. Davies, *Rhagymadroddion a Chyflwyniadau Lladin*, t. 67.
[138] LlGC, Add. MS. 465E.268; Jones, 'Bishop William Morgan's dispute', 68.
[139] Gruffydd, *William Morgan yn 1588*, tt. 51–61.
[140] *BC*, tt. 691–2; W. Ll. Davies, 'Welsh metrical versions of the psalms', *Journal of the Welsh Bibliographical Society*, II (1923), 284–6.
[141] Davies, *Rhagymadroddion a Chyflwyniadau Lladin*, t. 127; *idem*, *John Davies o Fallwyd* (Caernarfon, 2001), tt. 40–5; Rh. Ff. Roberts, 'Y Dr John Davies o Fallwyd', *LC*, II (1952), tt. 27–9.
[142] G. Williams, 'Edward James a *Llyfr yr Homilïau*' yn *idem*, *Grym Tafodau Tân*, tt. 180–98.
[143] Gruffydd, *William Morgan yn 1588*, t. 75.
[144] Ibid., t. 63.
[145] HMC, *Salisbury MSS*, XIV, t. 144.

[146] Heal a O'Day, *Church and Society in England*, tt. 28–34; R. B. Manning, 'The crisis of episcopal authority during the reign of Elizabeth I', *Journal of British Studies*, XI (1971), 1–25.

[147] R. Hooker, *Of the Laws of Ecclesiastical Polity*, gol. R. Bayne (London, 1907), tt. 300–5.

[148] Davies, *Rhagymadroddion a Chyflwyniadau Lladin*, t. 69.

[149] Penry, *Three Treatises*, t. 33.

[150] K. Thomas, *Religion and the Decline of Magic* (1971), tt. 58–89, 179–206.

[151] Heal a O'Day, *Church and Society in England*, tt. 85–98; M. R. Sommerville, 'Richard Hooker and his contemporaries on episcopacy: an Elizabethan consensus', *Journal of Ecclesiastical History*, XXXV rhif 2 (1984), 177–87.

[152] Hooker, *Ecclesiastical Polity*, tt. 142–3.

[153] LlGC, Add. MS. 464E.268; Jones, 'Bishop William Morgan's dispute', 68.

[154] LlGC, Add. MS. 464E.276; Jones, 'Bishop William Morgan's dispute', 76.

[155] Gruffydd, *William Morgan yn 1588*, t. 77.

[156] Jones, *Gwydir Family*, t. 59.

[157] Bu iddo gweryla â David Holland o Deirdan, ger Abergele, ynglŷn â hawliau eglwysig yn gynnar wedi iddo ymsefydlu yn Llanelwy; Yorke, *Royal Tribes of Wales*, tt. 137–8.

[158] Davies, *Rhagymadroddion a Chyflwyniadau Lladin*, t. 66.

[159] Hughes, *Rhagymadroddion*, t. 100.

[160] Davies, *Rhagymadroddion a Chyflwyniadau Lladin*, t. 67.

[161] J. T. McNeill (gol.), *Calvin: Institutes of the Christian Religion* (Philadelphia, 1960), I, tt. 74–5.

[162] Gruffydd, *William Morgan yn 1588*, t. 64.

[163] HMC, *Salisbury MSS*, XI, t. 232.

V

MAURICE KYFFIN A HUW LEWYS: DAU AMDDIFFYNNYDD Y FFYDD BROTESTANNAIDD YNG NGHYMRU YN 1595

Cyfieithiadau o ddau waith allweddol yn nhwf a datblygiad y Diwygiad Protestannaidd yw *Deffynniad Ffydd Eglwys Loegr* gan Maurice Kyffin, a *Perl Mewn Adfyd* gan Huw Lewys, a chyhoeddwyd y ddau yn 1595.[1] Teimlai'r ddau gyfieithydd – y naill yn lleygwr a'r llall yn glerigwr – ei bod yn bwysig cyfieithu i'r famiaith y ddau gampwaith a oedd wedi gosod sylfeini cred ac athrawiaeth yr Eglwys Brotestannaidd newydd yn Saesneg ar ddechrau teyrnasiad Elisabeth I. Ymateb i ymosodiadau'r Piwritaniaid a wnaeth *Apologia Ecclesiae Anglicanae* (1562), sef cyfrol wreiddiol John Jewel, a ddyrchafwyd yn esgob Caersallog yn 1560. Cydnabuwyd y gwaith hwnnw fel prif amddiffyniad yr Eglwys Brotestannaidd ar drothwy'r ail ganrif ar bymtheg.[2] Cyflwyno athrawiaeth yr Eglwys wladol hefyd a wnaeth Huw Lewys wrth gyfieithu'r trydydd argraffiad (1593) o gyfieithiad Miles Coverdale, yn 1550, o draethawd Otto Werdmüller, gweinidog o Zürich, dan y teitl *A Spyrytuall and moost precious Pearle teachyng all Men to Loue and Imbrace ye Crosse* . . . Cyhoeddwyd y gwaith gwreiddiol yn 1548 a chafodd ddylanwad eang yn Ewrop y cyfnod hwnnw.[3] Yr oedd y ddau gyfieithydd Cymraeg yn Brotestaniaid, Maurice Kyffin yn frodor o Groesoswallt ac yn fab i Thomas Kyffin, lleygwr goleuedig a gweinyddwr milwrol gonest a chydwybodol, a Huw Lewys yn glerigwr brwd, a'r ddau ohonynt yn awyddus i hybu'r ffydd newydd drwy gyflwyno llenyddiaeth a gymeradwywyd yn Lloegr, gan ei throsi i'r Gymraeg a'i chyflwyno i ddeallusion yr oes yng Nghymru. Gwelodd y ddau angen gosod conglfeini'r ffydd er mwyn annog y rhai a oedd yn llythrennog yn y gymdeithas i feithrin teyrngarwch i Brotestaniaeth ymhlith y Cymry.

Yr unig ffordd i sicrhau y byddai'r genedl yn deall a derbyn y ffydd Brotestannaidd oedd trwy greu ymwybyddiaeth ohoni ymhlith y rhai a allai ddarllen Cymraeg a'u hannog hwy i hybu ei buddiannau. Fel y gwnaed yn aml yn yr oes honno yn y cyd-destun hwnnw pwysleisir cyfrifoldeb carfan fechan o'r boblogaeth y disgwylid iddynt arwain yn eu cymdeithas. Apeliai'r ddau gyfieithydd yn bennaf, y mae'n debyg (er na fynegir hynny), at yr uchelwyr, y gwŷr eglwysig, y cyfreithwyr, y gweinyddwyr a'r masnachwyr fel cyfryngau allweddol yn y gorchwyl o ledaenu'r ffydd newydd. Cynrychiolent yr uchelwriaeth Duduraidd ar ei hehangaf; cyfunent deyrngarwch i'r wladwriaeth ac ymlyniad wrth sefydliad eglwysig cyfundrefnol. Yr oedd y ddau gyfieithydd yn ymwybodol o wendidau'r uchelwriaeth honno ond tanlinellent mor hanfodol oedd cyflawni tair swydd mewn cymdeithas a oedd eisoes mewn cyfnod o newid sylfaenol, sef gwarchod traddodiad crefyddol, cynnal trefn a disgyblaeth o fewn y gymdeithas ac amddiffyn y dreftadaeth ddiwylliannol. Gwelodd y ddau gyfieithydd mor hanfodol oedd uchelwriaeth freiniol fel cynheiliad diwylliant a chenedligrwydd y Cymry.[4]

Y mae'r cymhelliad dros gyhoeddi, a fynegir yn y rhagymadrodd-ion i'r ddau gyfieithiad, yn debyg ar lawer ystyr oherwydd ynddynt amlygir y bwriad i arddangos dilysrwydd Protestaniaeth, yr angen i hybu duwiolfrydedd ymhlith eu cyd-Gymry a'r dyhead i gadarnhau'r ad-drefniant eglwysig newydd yng Nghymru. Aethant ati felly i gyfieithu'r ddwy enghraifft hynotaf o lenyddiaeth Brotestannaidd yn Lloegr eu dydd, ac yn sgil y Beibl fe'u cyflwynasant yn sail lenyddol i'r ffydd newydd yn yr iaith Gymraeg. Llafur gwirfoddol oedd hwn, am y credai Maurice Kyffin a Huw Lewys mai gorchwyl buddiol oedd cyflwyno rhai o weithiau awduron crefyddol mwyaf blaenllaw Lloegr i'r Cymry.

Yn y ddau waith a gyfieithir rhoddir y pwyslais yn bennaf ar egwyddorion hanfodol Eglwys Dduw fel yr amgyffredid hi yn nhraddodiad Protestannaidd yr unfed ganrif ar bymtheg. Sylfaen y llenyddiaeth honno oedd *Of the Laws of Ecclesiastical Polity* gan y diwinydd Richard Hooker, a gyhoeddwyd deirgwaith, y pedair cyfrol gyntaf yn 1593, y bumed yn 1597 a'r tair olaf wedi ei farwolaeth yn 1600.[5] Yr oedd Hooker yn ddyledus i John Jewel oherwydd, gan fod ei deulu'n dlawd, darparodd esgob Caersallog hyfforddiant iddo a'i baratoi ar gyfer addysg prifysgol. Cyfansoddwyd gwaith clodwiw Hooker yn ateb i fygythiadau o Sbaen yn ystod y rhyfel â Lloegr, gwrthwynebiad Pabyddol cyson ac ymosodiadau llym Piwritaniaid yn Lloegr – a'r Cymro John Penry yn eu plith – yn y 1580au. Ceisiodd y Piwritaniaid wthio ffurf-wasanaeth Genefa a dileu nifer o ordinhadau seremonïol yr Eglwys. Pwysleisient le'r *classis* wrth ethol gweinidogion a sefydlu'r Eglwys yn ôl eu dehongliad hwy ohoni. Methiant fu'r ymgyrch hon yn y senedd a gwrthwynebwyd y Piwritaniaid yn hallt gan John Whitgift ac eraill. Llwyddwyd hefyd i wrthsefyll 'Bill and Book' Anthony Cope, sef mesur i ddileu'r Llyfr Gweddi Gyffredin a chyflwyno ffurfwasanaeth Piwritanaidd yn ei le yn 1586–7.[6]

Bygythiadau'r Presbyteriaid yn yr Eglwys, fodd bynnag, fu'n bennaf cyfrifol am waith Hooker. Lluniodd y gwaith i amddiffyn y sefydliad Anglicanaidd, cyflwynodd wedd resymegol ar dwf y ffydd a chredai fod natur Duw yn cael ei mynegi yng nghyfreithiau'r cyfanfyd. Trwy reswm yn unig y gellid bod yn ymwybodol o Dduw, a thrwy hynny y deuid i wybod am y Datguddiad Dwyfol. Cyfiawnhaodd esgobyddiaeth, a phwysleisiodd hanfodion y gyfraith naturiol sy'n ddatganiad o resymoliaeth aruchelaf Duw. Yr oedd hi'n angenrheidiol i ddehongli'r cyfan yng ngoleuni'r rhesymoliaeth honno. Fel amddiffynnydd apeliodd Hooker am undod crefyddol: yn wir, ef oedd yr olaf i geisio amddiffyn athrawiaeth yr Oesoedd Canol fod yr Eglwys a'r wladwriaeth yn un. Yn ei farn ef dangosai'r ysgrythurau ffordd Dduw o gynnig iachawdwriaeth; er hynny, gwyddai na ellid seilio'r iachawdwriaeth honno ar reswm yn unig. Felly, rhoddwyd hawl i'r Eglwys lunio cyfreithiau, lle nad oedd yr ysgrythurau'n gallu rhoi cyfeiriad, i gynnal yr iachawdwriaeth cyn belled nad oedd hynny'n llygru Gair Duw.[7] Pwysleisiodd Hooker yr angen am sefydlogrwydd, rheswm a pharch at draddodiad, ac apeliodd ar y Piwritaniaid i barchu doethineb y gorffennol ac ymatal rhag gwrthwynebu'r Eglwys. Nid aethpwyd ati i gyfieithu'r gwaith enfawr hwn i'r Gymraeg, ond yn ei gyfieithiad o waith John Jewel, gwêl Kyffin bwysigrwydd y pwyslais a roddir yn y gwreiddiol ar y cysyniad o frenhiniaeth sy'n adlewyrchu meddylfryd yr oes am unffurfiaeth, ufudd-dod a disgyblaeth:

> Dyscu i'r bobl yn gyffredinol rydym-ni, may rhaid iddynt ymufuddhau iw Twysogion, fegis i wyr wedi eu danfon oddi wrth Dduw ei hun; a phwy bynnag a safo yn eu herbyn hwynt, sefyll y mae ef yn-nerbyn ordinhaad Duw. Hyn yw addysc eyn hyscol ni: hyn sydd amlwg iw weled ag iw glywed yn eyn llyfreu a'n pregetheu ni; a hefyd ymmuchedd ag yn llarieidd-ymddygiad eyn pobl ni.[8]

Felly yr aeth Kyffin ati i gyfieithu gwaith enwog John Jewel i'r Gymraeg. Fe'i hargraffwyd gan Richard Field yn Llundain a'i gyhoeddi yn 1595, dair blynedd cyn ei farw. Cyflwynwyd y gwaith i William Meredydd o Drefalun, Gresffordd, gŵr a oedd wedi gwasanaethu gyda Kyffin yn yr Iseldiroedd. Yr oedd y noddwr hwnnw'n is-drysorydd i'r lluoedd yno a Kyffin yn arolygwr y nifer. Penodwyd William Meredydd yn Dâlfeistr yn 1597, ac yn 1603, fe'i dyrchafwyd yn farchog am ei wasanaeth i'r Goron.[9] Aeth yr Esgob Jewel ati i ysgrifennu'r gwaith oherwydd ymosodiadau'r Piwritaniaid ar yr Eglwys a'i gwendid hithau er gwaethaf ei llwyddiant i oresgyn yr ymosodiadau hynny, a thros dro, i osgoi rhwyg a ymddangosai'n anochel. Yr oedd Jewel yn esgob ymosodgar: dadleuodd yn ffyrnig â'r Pabydd Thomas Harding, arolygodd ei esgobaeth yn fanwl, teithiodd yn aml drwyddi ac erlidiodd Babyddion ei esgobaeth yn frwdfrydig.[10] Gwnâi hynny ar adegau pan erlidiwyd Piwritaniaid yn gynyddol yn rhanbarthau Lloegr. Lleihaodd dylanwad Piwritaniaeth yn y Cyfrin Gyngor wedi marwolaeth Robert Dudley, iarll Caerlŷr, yn 1588 a Syr Francis Walsingham yn 1590. Yn Neddf Gonfentigl 1593, cosbwyd y rhai a wrthodai fynychu'r Eglwys neu a fynychai gyfarfodydd crefyddol anghyfreithlon.[11] Aeth yr Archesgob John Whitgift a Llys y Comisiwn Uchel ati i erlid dilynwyr Thomas Cartwright a'r Ymwahanwyr, ac yn 1593, crogwyd John Penry, Henry Barrow a John Greenwood am eu Hanghydffurfiaeth a'u gwrthwynebiad ffyrnig i ad-drefniant eglwysig 1559.[12]

Gwendid y Goron y pryd hwnnw oedd iddi fethu â chydweithredu â Phiwritaniaeth fwy cymedrol oddi mewn i'r Eglwys na wrthwynebai esgobyddiaeth er mwyn creu sefydliad diwygiedig. Er hynny, parhaodd *ethos* Piwritaniaeth ac ni ddinistriwyd ei hysbryd. Gan iddo bwysleisio Gair Duw a'r drefn eglwysig ddisgybledig a gynhwyswyd yn yr ysgrythurau ni allai'r sefydliad cyfundrefnol ei difa. Sefyllfa'r Piwritaniaid a ddeffrôdd amddiffynwyr yr Eglwys i'w diogelu fel sefydliad cenedlaethol. Credai'r Piwritaniaid mai hwy oedd yr etholedig trwy ras Duw. Bwriad Jewel (a Kyffin ar ei ôl) oedd profi bod Eglwys Elisabeth yn deilwng o'i safle goruchel a'i bod yn gallu amddiffyn ei chymedroldeb, ei hunffurfiaeth a'i thraddodiad cyntefig ysblennydd. Yn ei gyflwyniad i William Meredydd dengys Kyffin mor addas oedd y Cymry, yn rhinwedd eu tarddiad aruchel o gyff yr hen Frythoniaid, i dderbyn Protestaniaeth ond iddi gael ei chyflwyno a'i dehongli'n briodol iddynt gan offeiriad dysgedig. Pe byddid yn pregethu efengyl Crist iddynt fel y gwnaed mewn gwledydd eraill, 'diau nad oes Genedlaeth yngHred a alle ragori ar y Cymry mewn Crefydd a Duwioldeb; gan eu bod nhwy o athrylith a naturiaeth yn chwanog i ddyscu pob Rhinwedd a Dayoni, ond cael ei ddangos a'i ddeongl iddynt'.[13]

Beth yw cynnwys rhagarweiniad Maurice Kyffin i *Deffynniad Ffydd Eglwys Loegr*? Cyferchir yr 'howddgar ddarlleydd Crist-nogawl' a disgrifir gwaith gwreiddiol Jewel fel 'sylwedd a chrynodeb y Ffydd wir Gatholic'; ei ddiben yw hyfforddi'r darllenydd 'yn llwybr gwasanaeth Duw, ag Iechydwriaeth dyn'.[14] Saif yn gadarn dros Brotestaniaeth a bwria ei ddicter ar 'amhuredd crediniaeth' y Ffydd Babyddol. Un amcan i'r cyfieithiad, yn ddiamau, oedd arbed y dar-llenydd rhag cyfeiliorni a dod dan ddylanwad Rhufain. Wedi trafod rhai o nodweddion iaith, orgraff ac argraffwaith ei gyfieithiad aeth Kyffin rhagddo i fwrw'i sen ar wŷr eglwysig a 'bagad eraill o Gymry' a anwybyddai ac a ddiystyriai eu hiaith yn llwyr am fod cywilydd arnynt ei defnyddio.[15] Buasai'n haws, meddai, iddo ysgrifennu mewn iaith arall yn hytrach na'r Gymraeg ond, oblegid tlodi cynnyrch dysg ac ysgolheictod yn y Gymraeg – ac eithrio campwaith y Beibl – a'r diffyg adnoddau ynddi i hyfforddi'r annysgedig, teimlai mai ei ddyletswydd oedd cyflawni'r gorchwyl a osododd iddo'i hun yn ei famiaith. Cyn i'r Beibl ymddangos – 'gwaith angenrheidiol, gorch-estol, duwiol, dyscedig' yn ei farn ef – digon llesg oedd yr iaith, a'i chynnyrch barddol yn dirywio.[16] Yr oedd Kyffin yn llawdrwm iawn ar gynnyrch beirdd ei gyfnod. Hyd yn oed pe byddai prydydd o Gymro'n mynd ati i gyfansoddi cerdd dduwiol, meddai ymhellach, byddai honno'n ddiffygiol mewn dysg a gwybodaeth. Cyfeiriodd at ragoriaethau llythyr yr Esgob Richard Davies ar ffurf *Epistol at y Cembru* yn ei ragarweiniad i'r Testament Newydd yn 1567. Fe'i hysgrifennwyd, meddai, 'mewn Cymraec groyw, hyfedr, ymadrodd-us' a wnâi 'lês mawr i bob Cymro a'i darllennodd'. Hefyd, canmolodd *Dosbarth Byrr Ar Y Rhann Gyntaf i Ramadeg Cymraeg* (1567) gan Gruffydd Robert o Milan: fe'i cymeradwyodd fel 'darn o waith dyscedig ynghelfyddyd gramadec, mor buraidd, mor lathraidd, ag mor odidawg ei ymadroddiad'.[17] Dadl ganolog Kyffin yw fod y Cymry addysgedig o fwriad wedi amddifadu eu hiaith, ac oblegid hynny, nid oeddynt mwyach yn gynheiliaid dysg, ac nid oedd dysg bellach yn brif nodwedd yr iaith honno. Ac meddai ymhellach wrth egluro pam yr aeth ati i gyfieithu'r gwaith o'r Lladin i'r Gymraeg yn hytrach nag i'r Saesneg:

> Duw a wyr e fuasse howsach i mi o lawer, a hynodach i'm henw, scrifenny'r cyfryw beth mewn iaith arall chwaethach nog yn Gymraec; Ond mi a welaf bob peth . . . ymhôb iaith yngHred, mor bybyr, ag mor berffaith, drwy ddysc a diwdrwydd gwyr da, nad rhaid iddynt . . . wrth ddim ychwaneg . . . Eisieu dysc a duwioldeb . . . sydd ar yr iaith gymraeg.[18]

Nid oedd Maurice Kyffin yn anghyfarwydd â phroblemau diwylliannol Cymru ei ddydd. Yn ei gyflwyniad i William Meredydd hysbysodd ei fod wedi dewis cyfieithu gwaith Jewel i'r Gymraeg 'gan i ni'n dau ddwyn eyn byd allan o Gymry, a bôd mor anghynefin i mi scrifenny, ag yw i chwithe ddarllen dim yn yr iaith Gymraeg'.[19] Yr oedd yn hyddysg yn y traddodiadau ac yn ddigon galluog i fedru ymgodymu â'r gwaith. Cawsai addysg wrth draed Wiliam Llŷn, a datblygodd i fod yn fardd, er nad gyda'r disgleiriaf.[20] Fodd bynnag, yr oedd yn ymwybodol o ddiffygion y gyfundrefn yn ail hanner yr unfed ganrif ar bymtheg. Gwyddai hefyd am anawsterau argraffu gweithiau llenyddol yn y Gymraeg ac anghymeradwyaeth un 'gwr eglwysig o Gymry' (nas enwir ganddo) a ddywedodd mewn 'eisteddfod' nad oedd hi'n iaith gymwys ar gyfer cael ei hargraffu, ac a gredai y dylai'r Cymry ddysgu Saesneg ac anghofio'u mamiaith.[21] Ym marn y gŵr hwnnw, meddai Kyffin, ni allai'r Beibl Cymraeg wneud dim ond drwg:

> Nid digon oedd gantho ef speilio'r Cyffredin am eu da dayarol, ond ef a fynne gwbl anreithio eu heneidieu nhwy hefyd . . . Ond tebig oedd hwn i'r ci yn gorwedd yn y preseb, ni wnae na bwyta gwair ei hun, na gadel i'r Ych bori chwaith? Na bo gwell helynt ei enaid ef nag oedd ei ystyriaeth fo am eneidieu eraill.[22]

Pwy oedd y gwrthwynebydd pendant hwnnw, tybed? Y tebyg yw mai aelod blaenllaw yn yr hierarchaeth eglwysig ydoedd a oedd, yn ôl y disgrifiad ohono, yn adnabyddus fel ysbeiliwr tiroedd a degymau eglwysig. Nid ymddengys fod yr Esgob William Hughes, Llanelwy, a fu yn ei swydd am dros chwarter canrif (1573–1600), a Marmaduke Middleton, esgob Tyddewi (1582–92) yn gymeradwy yng ngolwg eu cyd-offeiriaid. Beirniadwyd y ddau ohonynt yn hallt am gamweithredu yn eu swyddi, ac yn yr adroddiad dadlennol hwnnw, sef 'A Discoverie of the present Estate of the Bysshoppricke of St Asaphe', a luniwyd ar 24 Chwefror 1587, cyflwynir manylion tra anffafriol ar gyflwr esgobaeth Llanelwy.[23] Y mae'n ddiddorol sylwi mai pedwar diwrnod wedi hynny y cyflwynwyd *The Aequity of an Humble Supplication . . .*, sef traethawd cyntaf John Penry i'r frenhines a'i Senedd (a argraffwyd gan Joseph Barnes, argraffydd *Perl Mewn Adfyd* gan Huw Lewys), yn deisyf arnynt i ddiwygio'r Eglwys. Yn ei ail draethawd, *An exhortation vnto the gouernours, and people of hir Maiesties countrie of Wales . . .*, a gyhoeddwyd yn y flwyddyn ddilynol, ceir geiriau llym iawn gan Penry sy'n cymharu'n agos â'r hyn a ddywed Kyffin:

> And the Lorde I hope will make them [sef yr esgobion] so abhominable, and reprochfull, that all men fearing God, will be afraid hereafter to enter into those seas of Dauids, Asaph, Bangor, and Landaff, by reason of the character of sure destruction, that hee will imprint on as manie as shall supplie your places. And I trust in the Lord Jesus, to see his church florish in wales, when the memorie of Lord-Bishops are buried in hell whence they came. Beare witnesse hereof you adges to come. And giue you ouer your places, or doubtlesse, the plague and cursse of God will eat you vppe. You are vsurpers, you tyrannize ouer the Lords people.[24]

Os oedd Maurice Kyffin yn cyfeirio at sylw a wnaed gan glerigwr tua'r flwyddyn 1594, pan ysgrifennodd ei ragymadrodd, William Hughes oedd yr unig un o'r ddau a oedd yn parhau yn ei swydd. Os felly, at ba 'eisteddfod' y cyfeirir? Ni wyddys am unrhyw gynulliad a gynhaliwyd yn 1594. Er bod cais wedi ei gyflwyno i Gyngor Cymru yn y Mers yn y flwyddyn honno i gynnal eisteddfod i raddio beirdd a datgeiniaid, fe'i gwrthodwyd. Nid yw'r rheswm am hynny'n gwbl glir, ond gwyddys fod y Cyngor yn Llwydlo yn araf ddirywio yn y cyfnod hwnnw ac nad oedd nawdd uchelwyr i'r beirdd yr hyn a fu. Y tebyg yw mai at gynhadledd eglwysig ar raddfa fawr y cyfeirir, ac efallai at gonfocasiwn esgobol 1563, er nad yw'n ymddangos i William Hughes fod yn aelod ohono. Yr adeg honno cawsai gyfle i leisio ei farn o blaid cynnwys amod yn Neddf y Beibl yn y flwyddyn honno y dylid gosod copïau Saesneg a Chymraeg o'r Beibl a'r Llyfr Gweddi Gyffredin yn yr eglwysi plwyf fel y gallai'r Cymry ddysgu Saesneg yn rhwyddach. Gan fod Hughes ar y pryd yn gaplan i ddug Norfolk efallai iddo ddylanwadu ar ei feistr i ddadlau yn Nhŷ'r Arglwyddi dros gynnwys yr ychwanegiad hwnnw yn y ddeddf. Cyfeiria'r Dr David Powel yn ei gopi personol ef o'r Beibl at ryw 'D. Hughes' fel gwrthwynebydd i'r cyfieithu. Gan fod Morgan yn cynnwys esgob Llanelwy ymhlith eraill a fenthyciodd lyfrau iddo a chytuno i bwyso a mesur y cyfieithiad, y mae'n amlwg fod Hughes wedi mabwysiadu agwedd meddwl fwy iachus at y gorchwyl tua chwarter canrif yn ddiweddarach.[25]

Yn y cyd-destun hwn y mae safbwynt Maurice Kyffin yn amlwg, sef rhoi cyhoeddusrwydd i gyfieithiad o gyfrol Jewel, a gwêl arwyddocâd pellach yn y gwaith yng ngoleuni'r hyn a glywsai am y clerigwr gwrthwynebus:

> Herwydd pwy ni wyr mor amhossibl fydde dwyn yr holl bobl i ddyscu Saesonaeg ag i golli eu Cymraeg; ag mor resynol yn y cyfamser fydde colli peth aneirif o eneidieu dynion eisieu dysc a dawn iw hyfforddi?[26]

Gwêl ragoriaeth cyfieithiad o'r Beibl: 'Ond gan fod llyfr gair Duw wedi ei gymreigu a'i brintio, nid gwiw i neb o blant diawl bellach geisio tywyllu goleuni Cymry, gwnelont eu gwaethaf.'[27] Y mae ei eiriau'n cymharu â datganiad tebyg o eiddo William Morgan yn ei ragair i'r Beibl, sef mai prif bwrpas defnyddio'r Gymraeg oedd goleuo'r enaid ac na ddylai polisi sefydlu unffurfiaeth iaith rwystro'r Cymry rhag cael Gair Duw yn eu mamiaith.

> nid yw dewis undod yn hytrach na defosiwn, cyfleustra yn hytrach na chrefydd, a rhyw fath o gyd-ddealltwriaeth allanol rhwng dynion yn lle'r tangnefedd hwnnw y mae Gair Duw yn ei argraffu ar enaid dyn – nid yw hyn oll yn arwyddo duwioldeb digonol . . . Oblegid os na ddysgir crefydd yn iaith y bobl, fe erys yn guddiedig ac yn anhysbys.[28]

Gwêl Kyffin yr angen hefyd am droi'r salmau i'r 'fath fessur a thôn cynghanedd ag sydd gymeradwy ymhob gwlad' fel y byddent yn 'ddifyrrwch a diddanwch nefawl iddynt yn y llann a chartref'.[29] Yn y maes hwn ymddengys fod Kyffin yn arloeswr. Gwêl yr angen am ddulliau mwy poblogaidd na'r Beibl i ledaenu'r Gair ymhlith y Cymry. Prif gymhelliad yr awdur oedd sefydlu rhai o egwyddorion canolog y ffydd Brotestannaidd ymhlith y bobl, annog yr offeiriaid i ddarllen iddynt yr ysgrythurau er lles i'w heneidiau, darparu'r salmau ar gân ar gyfer plwyfolion syml, dwyn sylw at wreiddiau hanesyddol yr Eglwys Brotestannaidd a pheri bod yr iaith Gymraeg yn cael ei hadfer yn gyfrwng dysg yn ôl delfrydau'r Dadeni.

Y mae Maurice Kyffin hefyd yn pwysleiso'r angen am gynnal trefn wladwriaethol unffurf lle y parchwyd crefydd a heddwch. Wedi Cynllwyn Babington (1586) i lofruddio'r Frenhines Elisabeth a gosod Mari, Brenhines yr Alban, ar yr orsedd cyhoeddodd Maurice Kyffin ei gerdd *The Blessednes of Brytaine* (1587), a gyflwynwyd i Robert Devereux, ail iarll Essex ac Ewe, a feddai ar gryn awdurdod yn ne-orllewin Cymru.[30] Fe'i lluniwyd i dra-dyrchafu Elisabeth I ar drothwy ei degfed flwyddyn ar hugain ar orsedd Lloegr, a chyfeiria'r bardd at nodweddion yr heddwch a fwynheid yn y wlad ynghyd â chymeriad dilychwin y frenhines, ei hadnoddau amddiffynnol, gwerth y weinidogaeth bregethu dan ei gofal a phurdeb ei chrefydd. Ni fyddai John Penry a'i gymheiriaid wedi cydnabod y rhinweddau a briodolwyd i'r Eglwys wladol, wrth gwrs, ond dyry Kyffin le canolog iddynt a hefyd i'r Cyfrin Gyngor fel conglfaen y llywodraeth, a mawrha yr hyn a gyflawna:

> Her sacred senate by their graue foresight
> Prouide for Publik Good and Ev'ls preuent,
> Conceruing Common weale, from Perils plight,
> In rightfull Ruling, Concord & Concent . . .[31]

Cyfeiria at y 'public good' a galluoedd y frenhines i sefydlu heddwch mewn cyfnod pan oedd gwladwriaethau eraill mewn 'dire distresse, and wailfull woes still due'.[32] Gwêl ei grym yn gallu gwrthsefyll cynllwynion bradwyr yn ystod ei theyrnasiad maith. Pwysleisia hefyd ei llywodraeth gyson a graslon a'i gallu i gynnal undod ei theyrnas yn wyneb adfyd gwleidyddol a chrefyddol. Cerdd wlatgarol ac ynddi ddelfrydiaeth Duduraidd nodweddiadol o gynnyrch Spenser, Sidney a'u tebyg, ydyw yn ei hanfod, yn dadlennu hynodrwydd sylfaenol gwladwriaeth Duduraidd oes Elisabeth.

Beth am yr *Apologia* ei hun? Yn bendifaddau, ac eithrio campwaith Hooker, dyma'r amddiffyniad pwysicaf a gynhyrchwyd gan Eglwys Elisabeth am ei fod yn pwysleisio bod diwygio'n bwysig ond, yr un pryd, yn dal na ddylid cerdded yn rhy bell i'r cyfeiriad hwnnw. Yn y gwreiddiol aeth John Jewel ati i ddangos bod Eglwys Loegr wedi bodoli ers canrifoedd a'i bod wedi adennill ei hysblander. Rhoddodd sylw i safle canolog y frenhiniaeth a'r ufudd-dod sy'n ddyledus iddi, a hefyd i'w dyletswyddau i ddeiliaid ei theyrnas. Glynir wrth egwyddorion a gydnabyddid yn allweddol mewn unrhyw ystyriaeth o undod ac unffurfiaeth yn Lloegr y dyddiau hynny. Dehonglwyd yr Eglwys fel rhan hanfodol o'r peirianwaith gwladwriaethol. Yr oedd ganddi ei gwedd wleidyddol yn ogystal â chrefyddol ac ystyriwyd bod ei hawdurdod yn gydradd â sefydliadau eraill y wladwriaeth dan y Goron. Cydnabuwyd hefyd fod ganddi draddodiad mawreddog yn ymestyn yn ôl i ddyddiau cynharaf sefydlu Cristnogaeth yn y bumed a'r chweched ganrif Oed Crist. Sylfaenwyd awdurdod Elisabeth yn yr Eglwys, yn wahanol i awdurdod ei thad, ar y Senedd ac nid ar ei hawdurdod cynhenid hi ei hun. Yr oedd yn *Regina in parliamento* yn hytrach nag yn *Regina sola*. Yr hyn a wnaeth y llywodraeth oedd creu fframwaith ar gyfer sefydlu crefydd genedlaethol.[33]

Pan ddyrchafwyd Matthew Parker yn archesgob Caer-gaint yn 1559 ceisiodd sylfaenu'r Eglwys newydd yn ddyfnach oddi mewn i fframwaith gyfundrefnol. Yn 1566 cyhoeddodd ei *Book of Advertisements*, ac ynddo pwysleisiodd yr angen am unffurfiaeth mewn gwasanaethau cyhoeddus. Rhoddodd i'r Eglwys ystyr ehangach na hynny oherwydd ei ymlyniad wrth drefn, disgyblaeth, parch a gweddustra.[34] Yn y traddodiad hwnnw yr ysgrifennodd Jewel ei *Apologia*, a lluniwyd y gwaith mewn cyfnod ffurfiannol ac argyfyngus yn natblygiad yr Eglwys newydd. Credai ei bod yn angenrheidiol i'r Eglwys honno ei chyfiawnhau ei hun. Byddai'n rhaid iddi hefyd brofi ei galluoedd i gynnal y teyrngarwch a fwynhâi ac i arddangos ei llwyddiant. Er na dderbyniwyd hi gan eithafwyr oddi mewn i'r carfanau Protestannaidd a Phabyddol, ac er nad oedd yn dderbyniol ychwaith gan eraill yn y gymdeithas, ni allai'r mwyafrif anghytuno â'r hyn a'i symbylodd i gynnal undod ac ufudddod ac â'i hegwyddorion. Yn 1562, bwriad Jewel oedd gosod y sylfeini ar gyfer cyflawni hynny er bod methiant yr Eglwys i greu undod llwyr wedi'i amlygu genhedlaeth yn ddiweddarach pan gyhoeddodd Maurice Kyffin ei gyfieithiad ef o'r gwaith.

* * *

Yn y cyd-destun hwn rhaid ystyried cyfraniad yr ail gyfieithydd, sef Huw Lewys, clerigwr difrifol a oedd yn ymwybodol o wendidau'r sefydliad a wasanaethai, yn arbennig yn esgobaeth Bangor. Yn yr un flwyddyn cytunodd â'r argraffydd Joseph Barnes o Rydychen i gyhoeddi ei gyfieithiad Cymraeg o *A Spyrytuall and moost Precious Pearle . . .*, sef cyfieithiad Miles Coverdale (1550) o waith Otto Werdmüller o Zürich a ymddangosodd o wasg Christophel Froscho yn 1548.[35] Cyfieithiad Huw Lewys oedd y llyfr Cymraeg cyntaf i'w argraffu yn Rhydychen. Deuai o drefgordd Bodellog ger y Bont-newydd yn Arfon, a'i fam oedd Agnes, merch William Foxwist o'r Prysgol, a oedd yn aelod o deulu pur amlwg yng Nghaernarfon ac yn Is Gwyrfai yn y dyddiau hynny. Tad Huw oedd Lewys ap William ap William, disgynnydd o hen deulu caeth ym Modellog.[36] Manteis-iodd Huw, y mab hynaf, ar ei safle i feddu ar brydles o dir ei dad ar ystad y Faenol, a chafodd freintiau addysg yng Ngholeg yr Holl Eneidiau, Hart Hall a St Edmund Hall yn Rhydychen. Ni wyddys dim oll amdano wedi hynny nes iddo gael ei sefydlu yn rheithor Llanddeiniolen yn 1598. Y mae ei gyfieithiad o waith Coverdale, a oedd eisoes yn adnabyddus am ei gyfraniad i gyfieithiad y Beibl Saesneg yn 1539, yn dangos ei fod yn gefnogol i'r ad-drefniad eglwysig yn 1559 a'i fod yn awyddus i wella safonau moesol ei gyd-Gymry. Fe'i dyrchafwyd yn Ganghellor Eglwys Gadeiriol Bangor yn 1608, yn ganon a phrebendari Bangor ac, yn 1623, yn olynydd i Edmwnd Prys fel rheithor Ffestiniog a Maentwrog.[37] Meddai ar dueddiadau Piwritanaidd, ac un enghraifft ohonynt oedd ei brotest yn 1632, ac yntau mewn gwth o oedran, yn erbyn cadw tŷ cwrw ar agor yn y Bontnewydd am fod hwnnw, yn ei farn ef, yn cael dylanwad drwg ar ieuenctid y fro.[38] Fel Kyffin, yr oedd Huw Lewys hefyd yn fardd. Canai ar ei fwyd ei hun ac fe'i cydnabuwyd gan Thomas Prys o Blas Iolyn, mewn cywydd o'i eiddo, yn brydydd a feddai ar 'hylaw awen' a 'hynod gerdd barod oi ben' ac a oedd hefyd yn 'master of Art'.[39]

Y mae cyfieithiad Huw Lewys hefyd yn enghraifft dda o ansawdd rhyddiaith lenyddol dyneiddwyr Protestannaidd ei gyfnod. Nid yw mor gartrefol a chymen â chyfieithiad Maurice Kyffin, efallai, ond o gofio am amgylchiadau diwylliannol y cyfnod yng Nghymru, y mae'n waith rhyfeddol. Yn ei ragymadrodd y mae'n bur lawdrwm ar y teuluoedd uchelwrol a'r glerigaeth yng Nghymru ym mlynyddoedd olaf canrif y Tuduriaid. Amcangyfrifir bod rhwng tua 10 a 15 y cant o'r boblogaeth yn llythrennog tua'r adeg honno.[40] Gwêl angen diwydrwydd ar ei ran am fod Gair Duw yn ei feddiant ac, yn ei gyflwyniad, cymerodd ei enghreifftiau o'r traddodiadau am ymroddiad Diocletian, Caius Caligula a Dafydd Frenin.[41] I'w atal rhag segurdod ymgymerodd Huw Lewys – na wyddys nemawr ddim am ei yrfa rhwng tua 1586–7 a 1595 – â'r gorchwyl o gyfieithu'r gwaith swmpus hwn. Hysbysodd y 'darllennydd Christnogaidd' fod ganddo dri chymhelliad wrth gyflawni'r dasg honno. Yn gyntaf, credai fod Otto Werdmüller, yr awdur gwreiddiol, yn 'Awdur duwiol, yn Athro rhinweddol, yn wr defosionol, yn bregethwr rhagorol, ac yn weithwr grymus nerthol, yn y winllan ysprydol'.[42] Yn ail, pwysleisiodd rinweddau'r llyfr; ynddo ceid 'dyscybliaeth wyrthfawr, athrawiaeth fuddiol, ac angenrheidiol i bob dyn', 'in dwyn i edifeirwch a gwellhant buchedd'.[43] Yn drydydd, prinder llyfrau Cymraeg: gwêl Huw Lewys fod y gwaith yn 'rhoddi iachusawl, ac ysprydawl ddiddanwch' i'r clwyfedig a'r gorthrymedig. Cwynai fod cyn lleied o lyfrau Cymraeg yn cynnig hyfforddiant yn athrawiaeth, egwyddorion a phynciau'r Ffydd Brotestannaidd.[44] Gwerthfawrogir ymddangosiad y Beibl a chanmolir camp William Morgan ganddo, ond gan fod 'Gair Duw' yn gloëdig 'mal y mae gweddaidd, a chymwys' ni ellir ei ddefnyddio ond unwaith yr wythnos ac y mae rhai'n rhy swrth i gyrchu ato hyd yn oed y pryd hwnnw. Oblegid hynny, y mae llawer o'r plwyfolion 'yn ymddifaid o gyngor', ac yn eu hadfyd, heb wybod sut i ymddwyn.[45] Y mae'r adrannau o'r ysgrythurau sy'n ymdrin â'r 'pethau olaf', meddai, ar wasgar, ond mae *Perl Mewn Adfyd* yn eu cyhoeddi'n drefnus gyda'i gilydd ac yn gyfleus ar gyfer y rhai a oedd mewn gwewyr ysbrydol. Defnyddia'r cyfieithydd arddull Giceronaidd gyfoethog, ac mewn un adran lle y llifeiria'r math hwn o fynegiant, aeth rhagddo i feirniadu'r offeiriadaeth yn llym am eu diogi yn gwrthod pregethu ac yn methu dehongli'r Beibl i'r bobl:

> mal y digwydd yn fynych, fod mewn amryw o leoedd, henafgwyr briglwydion, trigeinmlwydd oed, ne fwy, mor ddeillion, ac mor anyscedic, ac na fedrant roi cyfri o byncîau yr ffydd, a'r crefydd Cristnogaidd, mwy na phlant bychain newydd eni. Hynn yw yr achos pam y tyfodd cymeint o chwynn, gwyg, ac efrae, yngwenithfaes yr Arglwydd, sef cymeint o draddodiadae a dynawl ddychmygion a gosodigaethae yn yr Eglwys, yn gymyscedic a gwir, ac a phurlan air duw.[46]

Yr oeddynt yn fud a diymadferth, a diffyg llyfrau crefyddol yn y Gymraeg, meddai, a achosai fod anwybodaeth arswydus am faterion ysbrydol. Heneiddiai rhai, meddai ymhellach, heb fedru rhoi cyfrif am bynciau'r Ffydd 'mwy na phlant bychain newydd eni'.[47] Hynny a gyfrifai am yr ofergoeledd a gafwyd yn gymysg â Gair Duw. Hynny hefyd a achosai falchder a rhodres ymhlith y rhai mwyaf sylweddol eu byd ac, fel y gwnâi eraill yn y cyfnod hwnnw, rhestrodd Huw Lewys nifer o wendidau a phechodau'r gymdeithas yng Nghymru megis usuriaeth, lladrad ac ysbail, casineb, trais, chwant, ymrysonau ac ymgyfreithio. Achos hynny oedd difaterwch ymhlith offeiriaid a phrinder llyfrau 'in tywysaw, ac in llwybraw yn y ffordd iawn'.[48]

Yn ôl ei gyfaddefiad ei hun wynebodd Huw Lewys gryn wrthwynebiad wrth gyflawni ei waith. Ni rydd fwy o fanylion, ond y tebyg yw nad oedd pawb yn yr Eglwys yng Nghymru a thu hwnt i Glawdd Offa yn fodlon ar yr urddas a'r amlygrwydd a roddai'r dyneiddwyr Cymreig i'r iaith mewn crefydd a dysg. At hynny, yr oedd ei eiriau hallt ar gyflwr moesol y wlad yn sicr o beri cryn wrthwynebiad iddo ymhlith ei gyd-glerigwyr na fynnent weld eu swyddi'n cael eu difrïo. Yn ychwanegol at y 'gaudduwiaeth, delwaddoliant, pereryndod, gweddio ar Sainct meirwon', sef olion o arferion yr hen Babyddiaeth y glynai gwerin Cymru wrthynt, sylwodd hefyd ar ddiffygion sylfaenol yn yr arweinyddiaeth a nodweddai'r Eglwys.[49] Cyflwynodd ei gyfieithiad i Richard Vaughan, a ddyrchafwyd yn esgob Bangor yn Nhachwedd 1595 ac a roddodd gymorth i William Morgan i gyfieithu'r Beibl. Ar y pryd yr oedd Vaughan yn ganon San Pawl ac archddiacon Middlesex ac fe'i disgrifiwyd gan Lewys fel noddwr hael a fawrygai ei 'iaith gyssefin'. Gŵr ydoedd, meddai ymhellach, a feddai ar 'rinweddae a chyneddfae da', a phriodol oedd i'r cyfieithydd gyflwyno'r gwaith iddo ef am ei fod yn 'gosod allann bethau mwy defnyddfawr, er lles, a budd ein gwlad, ac er gogoniaeth i dduw'. Yn y rhagair hwnnw cyfeiriodd at ei elynion, a elwir ganddo yn

> rhai segurwyr, dyngas [annyngar] maleisus, y rhain ni wnant ddim ond hynny, yn barod i feiaw arnaf yn ddiachos, ac heb ystyr, rhai ydynt mor atgas, mor ddrwg ewyllyscar, ac mor ddrygionus a chi Aesop, rhwnn a orweddai yn y presep, heb na phori y gwair i hun, nac eto gadel irr ych i bori chwaith.[50]

Ceir yn y geiriau hynny adlais o'r hyn a ddywed Maurice Kyffin am y clerigwr balch hwnnw a fynegodd ei wrthwynebiad i gyfieithu'r

Beibl i'r Gymraeg. Hefyd, ceir yma aralleiriad o feirniadaeth lem yr Esgob Richard Davies ar gymdeithas feddiangar ei oes yn *Epistol at y Cembru*:

> Edrych ar ddull y byd, yno i cei brofedigaeth. Mae'n gymaynt trachwant y byd heddiw i tir a dayar, y aur, ac arian, a chowaeth . . . Trais a lladrad, anudon, dichell, ffalster, a thraha: a rhain megis a chribynae mae pob bath ar ddyn yn casclu ac yn tynnu atto . . . mae chwant da'r byd wedi boddi Cymru heddiw, a chwedi gyrru ar aball pob ceneddfae arbennic a rhinwedd dda.[51]

Fel eraill o blith ei gyd-offeiriaid yr oedd Huw Lewys yn ymwybodol o drallodion yr Eglwys a'i hanallu i ddod i'r afael â gwendidau sylfaenol y gymdeithas seciwlar ac eglwysig. Yr oedd hefyd yn gysylltiedig â thwf y bywyd eglwysig deallusol yng Nghymru ac yn awyddus i hyrwyddo buddiannau'r ffydd Brotestannaidd. Dengys is-deitl y cyfieithiad natur y gwaith a gyflwynodd i'w gyd-Gymry, a phaham yr oedd yn awyddus i'w gyfieithu. Llyfr esboniadol ydoedd, a chyfeiriodd at waith gwreiddiol Otto Werdmüller, a oedd

> yn dysgu i bôb dyn garu, a chofleidio y groes, meis peth hyfryd angenrheidiawl ir enaid, pa gonffordd sy yw gael o honi, ple, ac ym ha fodd, y dylid ceisiaw diddanwch, a chymorth ym hob adfyd: a thrachefn, pa wedd y dyle bawb i ymddwyn i hunain mewn blinder, yn ol gair duw . . .'[52]

Pwysleisiai'r angen i sefydlu'r berthynas â Duw trwy'r Groes – ffynhonnell 'conffordd', diddanwch a chymorth, hynny yw, drwy'r math o fyfyrdod a fyddai'n nodweddiadol o'r Piwritan. Yn rhan gyntaf *Perl Mewn Adfyd* trafodir 'Adfyd in cynorthwyo i ddyfnhau'r ffydd . . . i weddio ar Dduw, ei foli a'i fawrygu, a'n harwain at rinweddau da a duwioldeb.'[53] Prif ganlyniad 'trwbleth ac adfyd' yw angen dysgu'r unigolyn sut i ofni a charu Duw. Mewn ateb i'r cwestiwn: pam nad yw Duw'n cosbi'n drymach y rhai nad yw yn eu caru, dywed fod adfyd yn dysgu rhinweddau Cristnogol i'r pechadur – trugaredd, tosturi ac amynedd, sobrwydd a chymedroldeb, dibrisio'r byd a bod yn ddiwyd mewn pob duwioldeb a rhinwedd. Yr amcan yn y pen draw yw paratoi'r credadun ar gyfer y bywyd tragwyddol. Yn ail ran y llyfr (penodau 22–4) trafodir y prif ddulliau i esmwytháu trallodion ac adfyd, sef sicrhau'r cymorth a'r diddanwch a dderbynnir trwy nerth, ewyllys a daioni Duw. Diben dyn yw unioni ei ffydd yn ei berthynas â Duw trwy edifeirwch ac adnabyddiaeth o Air Duw. Dyry'r pwysau ar amynedd a hyder yn Nuw fel sail gobaith y Cristion:

> Mae dau fath ar obaith, vn yn dyfod o naturiaeth, arall o ffyd': gobaith naturiol, yw arbennig ddawn a rhod' duw . . . Yr awrhon os yw gobaith naturiol cymeint ei rym, ai rinwed', oni ddyle y gobaith arall, yr hwnn y mae yspryd duw yn i anadlu ynom o newyd' trwy ffyd', weithiaw mwy a pherffeithiach ymyned', a nerth, fal y byddo i wr ynghanol ei adfyd, obeithaw, a disgwyl am ddiddanwch nefawl, a chymorth gann duw er mwyn Crist . . . y gobaith Cristnogaid' hwn, ni phalla ac ni symm byth.[54]

Ceir yn y dyfyniad hwn awgrym cryf o Biwritaniaeth, sef y pwyslais ar y berthynas bersonol rhwng y pechadur a Duw. Nod Huw Lewys yn cyfieithu'r gwaith yw hyrwyddo buddiannau ysbrydol sylfaenol yr unigolyn yn ogystal â chryfhau gafael y ffydd Brotestannaidd o fewn y deyrnas. Rhoddir y pwyslais ar ysbrydolrwydd yn achos Huw Lewys ac ar resymoliaeth fel sail i'r Eglwys wladol yn achos Maurice Kyffin. O'u hystyried gyda'i gilydd yn y ddau gyfieithiad, pwysleisir yr angen i amddiffyn y traddodiad Protestannaidd mewn cyfnod ansefydlog ac anniddig ar ddechrau teyrnasiad Elisabeth I.

Er bod Piwritaniaeth yn Lloegr yn dangos arwyddion clir o edwino yn y 1590au, yn arbennig wedi dienyddio rhai o'r prif arweinwyr yn 1593, ni olygai hynny fod y sectau neu garfanau annibynnol (Ymwahanwyr) wedi'u trechu'n llwyr. Eto, yng ngolwg Protestaniaid lleyg cymedrol, nid oedd y sectau a ffurfiwyd y tu allan i'r Eglwys, na Phresbyteriaeth oddi mewn iddi, yn dderbyniol fel dulliau i'w diwygio. Yn sicr, nid oedd yr ymgyrch dros unffurfiaeth wedi methu'n derfynol eto, a chredai lleygwyr yn yr Eglwys fod diwygiad yn bosibl heb fynd allan ohoni. A pharhau a wnaeth yr ymgyrch honno yn y cyfnod pan geisiodd Hooker gyfiawnhau'r hyn a ystyriai'n rhan sylfaenol o dreftadaeth Gristnogol y Brythoniaid yn ynysoedd Prydain.[55] Rhoddwyd mwy o bwyslais o lawer, fodd bynnag, ar yr angen i ddiwygio'n ymarferol. Yr oedd bygythiadau'r Piwritaniaid yno o hyd, ac yr oedd y rhyfel hir â Sbaen yn parhau er cymaint ymdrechion mordwywyr, megis Drake a Hawkins, i orfodi prif arweinydd yr ymgyrch Babyddol ar y Cyfandir i ildio ar y cefnforoedd. Yr oedd Jewel eisoes wedi amddiffyn yr Eglwys ar ddechrau teyrnasiad Elisabeth I ac, fel y gwelwyd, daethai'r *Apologia* yn brif amddiffyniad yr ad-drefniad dros gyfnod o dri degawd. Gwrthwynebodd syniadau'r Piwritaniaid, a oedd yn seiliedig ar Eglwys 'bur', trwy ddadlau bod y wir Eglwys wedi'i gwreiddio mewn egwyddorion apostolaidd ac wedi'i seilio ar yr apêl at hanes. Yr oedd bygythiad Sbaen yn fater o bwys mawr yn y 1590au cynnar, a rhoddwyd pwysau cynyddol ar weinyddwyr lleol yn y siroedd i ofalu am amddiffynfeydd yr arfordiroedd, yn arbennig wedi i Hugh O'Neill, Iarll Tyrone, wrthryfela yn 1594, anghydfod a barhaodd hyd at 1603.[56] Yr oedd Kyffin yn hyddysg mewn materion o'r fath gan ei fod yn filwr, yn syrfëwr rholiau mwstro byddin Lloegr yn yr Iseldiroedd yn 1588 ac, yn 1591, yn ddirprwy drysorydd y fyddin honno yn Normandi.[57] Ar ben hynny, yr oedd yn gyfnod o drai economaidd a thrueni cymdeithasol, a theimlid bod angen at-gyfnerthiad ysbrydol mewn blynyddoedd pan bwysai chwyddiant ariannol a gorthrwm yn drwm ar bawb, yn arbennig haenau isaf cymdeithas.

* * *

Daw hyn â'r drafodaeth at rai o brif nodweddion yr amgylchiadau a oedd yn gyfrifol am ymroddiad y ddau gyficithydd hyn i'w llafur. O safbwynt eu gyrfaoedd yr oeddynt yn y ddau begwn eithaf, Maurice Kyffin yn nesu at ddiwedd ei oes a Huw Lewys ym mlynyddoedd cynnar ei yrfa yn yr Eglwys. Fel y gwelsom, dilynodd y ddau dry-wyddau pur wahanol. Ar y naill law, yr oedd Kyffin yn weinyddwr milwrol ac yn ŵr llys a oedd yn gymeradwy gan y frenhines a'r bendefigaeth. Gwasanaethodd fel tiwtor i feibion arglwydd Buckhurst (*c.*1580–2), bu'n ddisgybl ac yn gyfaill i'r Dr John Dee, y mathemat-egydd a'r sêr-ddewin enwog ac, yn 1588, cyhoeddodd gyfieithiad Saesneg o'r gerdd *Andria*, un o gomedïau'r bardd clasurol Terence, cyfieithiad a gyflwynodd i Arglwydd Buckhurst yn y 1580au cynnar pan weithredai'n diwtor i'w feibion.[58] Yr oedd Huw Lewys, ar y llaw arall, yn offeiriad wedi ymroi, fel sawl un arall tebyg iddo, i wasan-aeth plwyf yn ei wlad enedigol ar ôl treulio cyfnod yn Rhydychen. Cynrychiolai'r ddau ohonynt alwedigaethau tra gwahanol ond teim-lai'r naill a'r llall eu bod mewn sefyllfa a'u galluogai i gynorthwyo yn y gorchwyl o sefydlu a chynnal Protestaniaeth ar dir cadarnach yn eu mamwlad. Cyfunodd y ddau eu gwahanol ddiddordebau mewn gweinyddiaeth filwrol a gweinidogaeth eglwysig yn eu hymlyniad wrth y ffydd newydd a'r wladwriaeth a'u cynhaliai, ac eto canfyddir yn eu cymhellion rai arwyddion o'r ymroddiad i hybu duwioldeb a'r ymwybyddiaeth o bechod a nodweddai Piwritaniaid eu dydd yn Lloegr. Hyd y gwyddys ni fu cysylltiad rhwng y ddau gyfieithydd ond, o safbwynt cynnwys eu gwaith a'r amgylchiadau a fu'n gefndir i'w gorchwylion llenyddol, y mae llawer sy'n debyg ynddynt. Efallai mai cyd-ddigwyddiad oedd eu bod wedi cyhoeddi eu gweithiau yn yr un flwyddyn, ond o gofio am y pwysau a roddwyd yr adeg honno ar yr angen i amddiffyn y deyrnas a'i sefydliadau, nid yw'n syndod fod hynny wedi digwydd. Cynrychiolasant ail genhedlaeth dyneiddwyr Protestannaidd teyrnasiad Elisabeth I a oedd yn awyddus i ddefnyddio'r Gymraeg i ddibenion ymarferol yn ogystal â'i dyrchafu fel iaith dysg. Hefyd, dangosasant deyrngarwch i wladwriaeth, brenhiniaeth, cyfraith a chrefydd genedlaethol. Rhanasant yr un dyheadau â rhai fel yr Esgob Richard Davies, William Salesbury a Syr John Price ynghylch hyrwyddo buddiannau iaith a llenyddiaeth grefyddol Cymru. Rhoddodd eu hymwybyddiaeth o wendidau sylfaenol yr Eglwys ysgogiad pellach iddynt a theimlasant angen sefydlu'r addrefniant o athrawiaeth Brotestannaidd ar sylfaen gadarn.

Beth felly yw pwysigrwydd y flwyddyn 1595 o safbwynt cyhoeddi'r gweithiau hyn? Yr oedd hi'n flwyddyn arbennig ar lawer ystyr yn hanes parhad arweinyddiaeth Brotestannaidd yng Nghymru oherwydd dyrchafwyd William Morgan yn esgob Llandaf ynddi a Richard Vaughan yn esgob Bangor yn y flwyddyn ddilynol. Cynrychiolai 1595 hefyd gyfnod o adfyd a thyndra sy'n taenu cwmwl dros flynyddoedd olaf brenhines a ystyriwyd yn ei dydd ac wedi hynny yn symbol o undod a chadernid ei theyrnas, a'i chyfnod yn uchafbwynt i oes ogoneddus y Tuduriaid.[59] Cafwyd yn y 1590au, fodd bynnag, ddirywiad difrifol yn safon y llywodraeth: parhad y rhyfel estynedig rhwng Lloegr a Sbaen, gwrthdaro cynyddol rhwng y frenhines a Thŷ'r Cyffredin a rhwng Iarll Essex a Syr Robert Cecil (iarll cyntaf Salisbury yn ddiweddarach), llwgrweithredu yn y llys brenhinol a'r weinyddiaeth ac anghytuno rhwng cyfreithwyr y llysoedd gwladol a llysoedd goruwchfreiniol y Goron. Ar ryw ystyr y mae'r flwyddyn yn cynrychioli anterth tueddiadau a oedd i gyfrannu at ddwysáu'r amgylchiadau a barodd drafferthion enbyd i'r

Stiwartiad yn negawdau cynnar yr ail ganrif ar bymtheg. Yn ogystal â'r trallodion economaidd a thlodi cynyddol, bu peryglon mewnol ac allanol eraill i sefydlogrwydd teyrnas a lywodraethwyd erbyn hynny gan frenhines a oedd bellach yn rhy hen i fwynhau'r teyrngarwch hynod hwnnw a welwyd ar ei gryfaf yn union cyn yr argyfwng mawr pan ddaeth Armada Sbaen i ymosod ar Loegr yn haf 1588.[60]

O safbwynt yr Eglwys, parhaodd y gwendidau sylfaenol ynddi i'w llesteirio ar drothwy ei hail hanner canrif, yn arbennig amlblwyfaeth, nepotistiaeth, simoniaeth, hawliau adfowswn mewn bywiolaethau, segurswyddi eglwysig, amfeddu tiroedd a degymau eglwysig gan dirfeddianwyr lleyg ynghyd â diffyg darparu llyfrau crefyddol yn y Gymraeg ac anwybodaeth affwysol o'i hathrawiaeth ymhlith y werin bobl.[61] Er bod cynnydd i'w weld yng ngwerth bywiolaethau yn gyffredinol erbyn degawdau cynnar yr ail ganrif ar bymtheg yr oedd tlodi'r Eglwys yng Nghymru yn parhau i arafu ei datblygiad fel sefydliad gwladwriaethol.

Er nad oeddynt wedi cael y sylw a haeddent yn eu cyfnod nac wedi hynny, mewn oes mor ansicr saif campweithiau Maurice Kyffin a Huw Lewys yn dystiolaeth i lafur y Protestaniaid hynny a osododd sylfeini'r ffydd er cymaint yr anawsterau. Yn 1633, yn ei ragymadrodd i *Disce Mori Neu Addysg i Farw*, cyfeiriodd David Rowlands, ficer Llangybi a Llanarmon, at gyfraniad Huw Lewys i lenyddiaeth grefyddol ei genedl – 'y gwiw barchus len a dysgedig athro . . . yr hwn a gyfiaethodd lyfr godidog i'r iaith Gymraeg ac a elwyr Perl Miawn Adfyd'.[62] Ochr yn ochr â'r Beibl, y Llyfr Gweddi Gyffredin a'r Salmau Cân, a gweithiau rhai megis Robert Holland, Robert Llwyd a Rowland Vaughan, diau i ansawdd lenyddol y cyfieithiadau yn 1595, ynghyd â'u cyfraniad i barhad ysbryd y Dadeni yng Nghymru, osod carreg sylfaen gadarn i'r ffydd Brotestannaidd a'i llenyddiaeth yng Nghymru a chyfrannu at dwf ymwybyddiaeth y Cymry o'u treftadaeth hanesyddol yn y cyfnod modern cynnar.[63]

Nodiadau

[1] M. Kyffin, *Deffynniad Ffydd Eglwys Loegr*, gol. W. P. Williams (Bangor, 1908), rhagair, i–xcix.; W. J. Gruffydd (gol.), *Perl Mewn Adfyd* (Caerdydd, 1929), rhagair, ix–xlix; Glanmor Williams, *Bywyd ac Amserau'r Esgob Richard Davies*

(Caerdydd, 1953); *idem*, 'Cefndir Ewropeaidd y cyfieithiadau beiblaidd' yn R. G. Gruffydd (gol.), *Y Gair ar Waith: Ysgrifau ar yr Etifeddiaeth Feiblaidd yng Nghymru* (Caerdydd, 1988), tt. 1–26; C. Cross, *Church and People, 1450–1660: The Triumph of the Laity in the English Church* (London, 1976). Am y cefndir Cymraeg gw. D. J. Bowen, *Gruffudd Hiraethog a'i Oes* (Caerdydd, 1978); *idem*, 'Gruffydd Hiraethog ac argyfwng cerdd dafod', *LlC*, II (1953), 147–60.

2 *Apologia Ecclesiae Anglicanae (Ecclesiae Anglicanae Administratio)* (London, 1562). Gw. hefyd argraffiad Charles Edwards, *Dad-seiniad meibion y daran, Sef ail-printiad o lyfr Escob Juel a elwir Deffyniad ffydd Eglwys Loegr; ac o Epistol yr Escob Dafies at y Cembru* (Rhydychen, 1671).

3 *ODNB*, 12, tt. 364–72. Am Kyffin gw. *ODNB*, 32, tt. 129–30.

4 Glanmor Williams, 'Dadeni, Diwygiad a diwylliant Cymru' a 'Cymru a'r Diwygiad Protestannaidd' yn *idem*, *Grym Tafodau Tân: Ysgrifau Hanesyddol ar Grefydd a Diwylliant* (Llandysul, 1984), tt. 63–101; *idem*, 'Religion and Welsh literature in the age of the Reformation' yn *idem*, *The Welsh and their Religion* (Cardiff, 1991), tt. 138–72; W. J. Gruffydd, *Llenyddiaeth Cymru: Rhyddiaith o 1540 hyd 1660* (Wrecsam, 1926), tt. 86–105.

5 *ODNB*, 27, tt. 968–77; F. L. Cross a E. A. Livingstone (goln), *The Oxford Dictionary of the Christian Church* (Oxford, 1987), t. 665; E. Dowden, *Puritan and Anglican: Studies in Literature* (London, 1900), tt. 69–96.

6 P. Collinson, *The Elizabethan Puritan Movement* (Cambridge, 1967), t. 306 ymlaen; Glanmor Williams, 'John Penry: Marprelate and patriot?', *CHC*, III (1967), 374–5.

7 R. Hooker, *Of the Laws of Ecclesiastical Polity*, cyfrolau 1–4, gol. R. Bayne (London, 1967), tt. 215–32.

8 *Deffynniad Ffydd Eglwys Loegr*, tt. 86–7.

9 Ibid., t. 212; L. Dwnn, *Heraldic Visitations of Wales*, gol. S. R. Meyricke, 2 gyfrol (Llanymddyfri, 1846), II, t. 357.

10 *ODNB*, 25, tt. 172–3; ibid., 30, tt. 108–13; *Oxford Dictionary of the Christian Church*, tt. 738–9.

11 *Statutes of the Realm* (London, 1963), IV (Rhan ii), 'An Acte to retayne the Quenes Subjectes in Obedyence', tt. 841–2.

12 Collinson, *Elizabethan Puritan Movement*; J. Penry, *Three Treatises Concerning Wales*, gol. D. Williams (Cardiff, 1960), rhagarweiniad, xxiv–xxv.

13 *Deffynniad Ffydd Eglwys Loegr*, [iv].

14 G. H. Hughes (gol.), *Rhagymadroddion* 1547–1659 (Caerdydd, 1951), t. 89.

15 Ibid., t. 90.

16 Ibid., tt. 90–2.

17 Ibid., t. 92.

18 Ibid., tt. 91, 93.

19 *Deffynniad Ffydd Eglwys Loegr*, [t. iv].

20 Ibid, tt. xxxvii–xxxix.

21 Hughes, *Rhagymadroddion*, t. 94.

22 Ibid., tt. 94–5.

[23] J. Strype, *Annals of the Reformation* (London, 1728), III, t. 467 (Atodiad, tt. 184–6). Gw. hefyd II, atodiad XXXII, tt. 62–4; D. R. Thomas, 'A discoverie of the present estate of the bysshoppricke of St Asaphe', AC (1884), 53–8; J. G. Jones, 'The Reformation bishops of St Asaph', *Journal of Welsh Ecclesiastical History*, VII (1990), 21, 33–5; *idem*, 'Thomas Davies and William Hughes: two Reformation bishops of St Asaph', *BBGC*, XXIX (1981), 325–35.

[24] Penry, *Three Treatises*, t. 65.

[25] R. G. Gruffydd, 'Y cyfieithu a'r cyfieithwyr' yn *Y Gair ar Waith*, tt. 29–30; D. J. Bowen, 'Ail eisteddfod Caerwys a chais 1594', *LlC*, III (1955), 139–61.

[26] Hughes, *Rhagymadroddion*, tt. 94–5.

[27] Ibid., t. 95.

[28] C. Davies, (gol.), *Rhagymadroddion a Chyflwyniadau Lladin 1551–1632* (Caerdydd, 1980), t. 69.

[29] Hughes, *Rhagymadroddion*, t. 95.

[30] *The Blessedness of Brytaine or A Celebration of the Queens Holy-day* (London, 1587). Argraffwyd gan John Windert, Aldin St., 'at the signe of the White Baeare neere Baynardes Castell'.

[31] Ibid.

[32] Ibid.

[33] G. R. Elton, *England under the Tudors* (London, 1974), tt. 271–6, 420–2.

[34] Am y cefndir i'w syniadau am darddiad yr Eglwys Brotestannaidd gw. Glanmor Williams, *Reformation Views of Church History* (London, 1970); *idem*, 'Some Protestant views of early British church history' yn *idem*, *Welsh Reformation Essays* (Cardiff, 1967), tt. 207–19; Saunders Lewis, 'Damcaniaeth eglwysig Brotestannaidd' yn R. G. Gruffydd (gol.), *Meistri'r Canrifoedd: Ysgrifau ar Hanes Llenyddiaeth Gymraeg gan Saunders Lewis* (Caerdydd, 1973), tt. 116–39.

[35] *Perl Mewn Adfyd*, t. xxxiii.

[36] W. G. Williams, 'Hen deuluoedd Llanwnda: II, Lewisiaid Plas-yn-bont', *TCHSG*, V (1944), 42–8; *idem*, *Arfon y Dyddiau Gynt* (Caernarfon, 1916), tt. 124–6.

[37] J. Foster, *Alumni Oxonienses*, 4 cyfrol (Oxford, 1891–2), III, t. 907; Browne Willis, *A Survey of the Cathedral Church of Bangor* (London, 1721), tt. 40, 161.

[38] GAG, Cofnodion Llys Sesiwn Chwarter: X/QS, 1632.

[39] J. Fisher (gol.), *The Cefn Coch MSS* (Liverpool, 1899), t. 22 [Cywydd i yrru yr Eryr at brydyddion i neges].

[40] Williams, 'Dadeni, Diwygiad a diwylliant Cymru' yn *Grym Tafodau Tân*, t. 75. Am y cefndir gw. D. Cressy, *Literacy and the Social Order: Reading and Writing in Tudor and Stuart England* (Cambridge, 1980), I, tt. 1–18.

[41] Hughes, *Rhagymadroddion*, tt. 97–8.

[42] Ibid,. t. 98.

[43] Ibid., t. 99.

[44] Ibid., t. 100.

[45] Ibid.

[46] Ibid., t. 101.
[47] Ibid.
[48] Ibid., tt. 101–2.
[49] Ibid., t. 101.
[50] *Perl Mewn Adfyd* [t. viii].
[51] Hughes, *Rhagymadroddion*, t. 32.
[52] *Perl Mewn Adfyd* [t. i].
[53] Ibid., tt. 3–19.
[54] Ibid., tt. 221–2.
[55] Elton, *England under the Tudors*, tt. 426–9.
[56] R. Ashton, *Reformation and Revolution, 1558–1660* (London, 1984), tt. 184–91; Cross, *Church and People* 1450–1660, VI, tt. 124–44.
[57] *Deffynniad Ffydd Eglwys Loegr*, tt. xlvi–xlix.
[58] Ibid., tt. xxxix–li; E. D. Jones, 'Maurice Kyffin's account of Lord Buckhurst's embassy to the Netherlands, 1587', *CLlGC*, XIII (1963), 1–16; C. Davies, *Welsh Literature and the Classical Tradition* (Cardiff, 1995), tt. 67–70.
[59] Ashton, 'The disintegration of the Elizabethan Settlement *c.*1595–1612' yn *Reformation and Revolution*, tt. 180–219; A. G. R. Smith, *The Government of Elizabethan England* (London, 1978), tt. 11–12, 109–12.
[60] W. S. Maltby, *The Black Legend in England: The Development of Anti-Spanish Settlement, 1558–1660* (University of Duke Press, 1971), tt. 76–87.
[61] Gw. G. Williams, 'Landlords in Wales: the Church' yn J. Thirsk (gol.), *The Agrarian History of England and Wales*, IV, *1500–1640* (Cambridge, 1966), tt. 381–95.
[62] Hughes, *Rhagymadroddion*, t. 133.
[63] Gw. R. Tudur Jones, 'Dylanwad y Beibl ar feddwl Cymru', a J. E. Caerwyn Williams, 'Y Beibl a'r ymwybod cenedlaethol', yn *Y Gair ar Waith*, tt. 113–34, 135–62.

VI

YR ESGOB RICHARD PARRY (1560–1623)

Fel y gŵyr pawb sydd wedi ymhél rhyw gymaint â hanes a llenyddiaeth Cymru y mae i Ddyffryn Clwyd le blaenllaw iawn yn nhwf y diwylliant Cymraeg. Y mae enwau enwogion fel Iolo Goch, Tudur Aled, William Salesbury, Simwnt Fychan a Siôn Tudur, a chyfeirio at rai a oedd yn byw cyn neu ar drothwy'r ail ganrif ar bymtheg yn unig, yn ddigon ynddynt eu hunain i ddangos bod cyfran helaeth o gyfoeth llenyddol Cymru wedi ei gwreiddio'n ddwfn yn naear fras a thoreithiog y dyffryn hwnnw a'r cyffiniau.[1] Y mae'r Esgob Richard Parry, y gŵr eglwysig a barhaodd yr ymgyrch i gryfhau'r Eglwys mewn cyfnod ar ddechrau'r ail ganrif ar bymtheg, a welodd dyndra cynyddol rhyngddi hi a'r wladwriaeth ac a gysylltir â'r cyfieithiad diwygiedig o'r Beibl Cymraeg yn 1620, yntau'n haeddu cael ei gydnabod yn un o enwogion y fro. Y mae ei yrfa, fodd bynnag, yn llai adnabyddus na gyrfa yr Esgob William Morgan, ei ragflaenydd yn esgobaeth Llanelwy, a'r ysgolhaig a'r gramadegydd nodedig hwnnw, y Dr John Davies o Fallwyd. Er mai Beibl 1620, sef yr ail argraffiad o'r 'Bibl cyssegr-lan', ys dywed yr wyneb-ddalen, a gydnabyddir yn gyffredinol yng Nghymru heddiw fel y fersiwn awdurdodedig, nid yw Richard Parry ei hun, a fu'n bennaf cyfrifol y mae'n bur debyg am gynllunio'r dasg enfawr a rhoi'r cyfan ar waith fel petai, wedi cael ei werthfawrogi fel ysgolhaig, ac nid yw cefndir ei fywyd a'i yrfa, hyd yma beth bynnag, wedi derbyn y sylw a haedda.[2]

Fel cyfieithydd yr ysgrythurau y mae'n rhaid cydnabod bod Richard Parry wedi dibynnu llawer ar gymorth ei gyfeillion dysgedig, ac yn arbennig ei frawd-yng-nghyfraith y Dr John Davies o Fallwyd. Nid yw hynny, fodd bynnaf, yn celu'r ffaith ei fod, fel nifer o'i ragflaenwyr yn ei esgobaeth, yn addysgwr ac yn efrydydd hynod brofiadol. Y tu allan i'r cylch ysgolheigaidd ychydig mewn gwirionedd sy'n wybyddus am Richard Parry fel esgob ac yn wir ychydig iawn sydd wedi cael ei ysgrifennu amdano. Gwyddom iddo, fel rhai o'i ragflaenwyr, wneud cymaint ag a allai i geisio rhwystro tir eglwysig ei esgobaeth rhag syrthio i ddwylo ysweiniaid gwancus mewn cyfnod pan oedd ymgynhennu am dir a daear yn elfen hollol naturiol ymysg y bonedd yng Nghymru a Lloegr. Fe'i penodwyd yn gyflafareddwr mewn achos a fu rhwng Syr John Wynn o Wedir a'i denantiaid yn Llysfaen yn 1610, a'r pryd hwnnw profodd y dicter a'r dirmyg a allai ymddangos rhwng partïon a ymrafaeliai â'i gilydd mewn achosion o'r fath.[3] Yr oedd y drefgordd honno, er iddi ffurfio rhan o gwmwd Creuddyn yn sir Gaernarfon, dan awdurdod eglwysig esgobaeth Llanelwy ac fe'i lleolwyd yn neoniaeth wledig Rhos. Yr oedd gan Richard Parry ddiddordeb cynhenid mewn addysg yn ei esgobaeth, a dangosodd bryder mawr ynglŷn â chyflwr ac ansawdd ei glerigaeth.[4] Bu'n esgob am yn agos i ugain mlynedd, o 1604 hyd at ei farw yn 1623, ac nid oes prawf hyd y gwyddys iddo ddigio ag unrhyw un o'r ysweiniaid ysbeilgar a drigai naill ai yn ei esgobaeth neu ar ei chyrion. Cafodd fywyd llai tymhestlog na William Morgan ar lawer cyfrif er bod y problemau a'i hwynebai fel esgob lawn mor ddifrifol ag yr oeddynt pan reolai Morgan yr esgobaeth. Yn y cyfnod hwnnw, sef chwarter cyntaf yr ail ganrif ar bymtheg, cafwyd chwyddiant sylweddol mewn prisiau, a chrafangai'r bonedd, a deimlai fel pawb arall wasgfa economaidd y cyfnod, diroedd yr eglwys ar raddfa eang er mwyn amddiffyn ac estyn ffiniau eu hystadau a chryfhau eu grym lleol.[5]

Ganwyd Richard Parry yn 1560 yn fab i John Parry, rhydd-ddeiliad eithaf cefnog a drigai, yn ôl un traddodiad, ym Mhwll-callod, Pwllglas, ger Rhuthun.[6] Deuai ei fam, Elen, merch ac etifeddes Dafydd ap John ap Twna, o Euarth, Llanfair Dyffryn Clwyd, a rhoddwyd yr addysg orau bosibl iddo a hynny, efallai, er gwaethaf rhai anawsterau teuluol. Yn ôl patrwm addysgiadol cydnabyddedig ei oes aeth i Ysgol Westminster yn Llundain ac yno y cafodd yr hynafiaethydd a'r ysgolhaig adnabyddus William Camden, sef awdur *Britannia* (1586), yn athro arno. Aeth i'r ysgol honno, y mae'n debyg, dan ddylanwad Gabriel Goodman, brodor o Ruthun a fu'n ddeon Westminster o 1561 hyd at 1601, ac o ganlyniad ffurfiwyd cysylltiad agos rhwng yr abaty a'r ysgol. Yn yr ysgol honno, fodd bynnag, yn ôl safonau'r oes fe'i trwythodd ei hun yn y Clasuron ac wedi hynny aeth i Goleg Eglwys Crist yn Rhydychen lle y graddiodd yn BA (1584), MA (1586), BD (1593–4) a DD (1597). Gadawodd Rydychen yn 1584 wedi iddo dderbyn ei radd gyntaf, ac er iddo sicrhau'r graddau eraill heb iddo fod yn bresennol yn y coleg, nid oedd hynny'n anghyffredin iawn ymysg clerigwyr uchelgeisiol ei oes.[7] Parhâi'r Eglwys, fel yn y gorffennol, i fod yn atynfa i feibion bonedd a rhydd-ddeiliaid a allai fforddio rhoi addysg i'w plant. Fe'i penodwyd yn rheithor-segur Llanelidan yn 1584, a thrwy hynny cafodd ei ddyrchafu'n ysgolfeistr ysgol Rhuthun (Christ's Hospital), y sefydliad enwog hwnnw a waddolwyd gan Gabriel Goodman yn 1574.[8] Yn 1580 cymhellodd Goodman ei gyfaill, Nicholas Robinson, esgob Bangor, i neilltuo cyfran o fuddiannau bywoliaeth Llanelidan ar gyfer cynnal yr ysgol. Bywoliaeth oedd honno, gyda llaw, a leolwyd yn neoniaeth Dyffryn Clwyd a Cheinmeirch ond a osodwyd dan awdurdod esgobaeth Bangor. Bu i'r ysgol ennill ei phlwyf ymhlith addysgwyr yr oes honno ac uchel iawn, er enghraifft, oedd gair yr Esgob Lewis Bayly o Fangor i'w hysgolheictod clasurol.[9] Penodwyd Parry'n ddiacon yn esgobaeth Bangor yn 1584 ac yn ganghellor yn 1592, a saith mlynedd yn ddiweddarach, yn 1599, fe'i dyrchafwyd yn ddeon Bangor, tra parhâi yn ei swydd fel ysgolfeistr Rhuthun.[10] Bu'n llwyddiannus iawn yn ystod y blynyddoedd hynny ac ymhen pum mlynedd, yn hydref 1604, fe'i etholwyd yn esgob Llanelwy ac, ym mis Rhagfyr 1604, fe'i cysegrwyd yn yr eglwys gadeiriol yn olynydd i William Morgan a fuasai farw ar 10 Medi y flwyddyn honno ym Mhlas yr Esgob yn Llanelwy.[11]

Bu ei ddyfodiad i Lanelwy yn foddion i dorri'r olyniaeth o bedwar esgob a hanai o ddyffryn Conwy, sef Richard Davies (1560–61) o'r Gyffin, Thomas Davies (1561–73) o Gaerhun, Arllechwedd Isaf, a gymerai ddiddordeb mawr mewn addysg plant, William Hughes (1573–1600) o Gefn-y-garlleg, Llansanffraid, a oedd, er gwaethaf ei ddiffygion fel esgob, yn gefnogwr pybyr i William Morgan (1601–4), cyfieithydd y Beibl o Nanconwy. Yr oedd dau ohonynt, gyda llaw, sef Richard Davies a Morgan, ymhlith yr amlycaf o wŷr y Diwygiad Protestannaidd a dyneiddiaeth yng Nghymru. Polisi newydd a phwysig iawn yn hanes yr Eglwys Anglicanaidd yng Nghymru yn nheyrnasiad y Frenhines Elisabeth a rhan gyntaf yr ail ganrif ar bymtheg oedd cysegru nifer o esgobion Cymraeg i'w hesgobaethau. A chymryd Parry i ystyriaeth hefyd, dyma'r olyniaeth gyntaf o esgobion Cymraeg yn Llanelwy, a dangosodd rhai ohonynt, yn dra gwahanol i'r dybiaeth gyffredinol am esgobion y cyfnod hwnnw, eiddgarwch neilltuol i gyflawni eu gwaith drwy aros yn eu hesgobaethau ac amddiffyn buddiannau'r Eglwys. Yn ystod ei gyfnod yn Llanelwy meddiannodd Richard Parry o bryd i'w gilydd nifer o fywiolaethau *in commendam*, sef rhai gwag a neilltuwyd ar gyfer cynnal yr esgob, a'r amlycaf oedd archddiaconiaeth Llanelwy a bywiolaethau Rhuddlan, Cilcain, y Cwm, Llanrwst a Gresffordd.[12] Hefyd, sefydlodd bensiwn o £6 y flwyddyn yng Ngholeg Iesu, Rhydychen, naill ai i efrydydd tlawd a anwyd yn nhref Rhuthun neu, os na cheid un yno, yn yr esgobaeth.[13] Priododd â Gwen, merch John ap Rhys Wynn o'r Llwyn-ynn a Chaer Ddinog (neu Gaerddinen), Llanfair Dyffryn Clwyd, a hanai o hen arglwyddi Tegeingl. Yr oedd ei mam, Mary, yn ferch i'r enwog Farwn Lewis Owain o Gwrt Plas-y-Dre, Dolgellau. Priododd ei chwaer, Jane, â'r Dr John Davies o Fallwyd,[14] a brawd-yng-nghyfraith arall i'r ddwy oedd Ifan Morgan, nai yr Esgob Morgan, a briododd â Chatrin, merch arall i John ap Rhys Wynn oddeutu 1604. Cryfhawyd y cysylltiad agos â theulu Goodman o Ruthun pan briododd Edward Price o'r Llwyn-ynn, sef brawd-yng-nghyfraith Parry, â chwaer Godfrey Goodman,[15] esgob Caerloyw a nai Gabriel Goodman. Trwy gyfrwng priodasau'n bennaf enillodd Richard Parry, felly, safle barchus yn y gymdeithas.

Dywedir i'r Esgob Parry gael un ar ddeg o blant, a phriododd rhai ohonynt i deuluoedd eithaf sylweddol. Priododd ei ferch hynaf, er enghraifft, â Francis Herbert o Ddolguog, sir Drefaldwyn, ac un arall â John Puleston o Lwyn-y-cnotiau ger Wrecsam, a sefydlwyd cysylltiadau teuluol hefyd â theuluoedd Thomas o Goed Alun, Caernarfon, ac is-gangen o Fostyniaid y Rhyd ger Diserth. Yn y *Cwtta Cyfarwydd* cofnodir digwyddiad anghyffredin o ddiddorol a chofiadwy a fu yn eglwys y plwyf, Diserth ar 27 Tachwedd 1624, ychydig dros flwyddyn wedi marw'r esgob, pan weinyddwyd tair priodas yr un diwrnod ynddi rhwng gweddw Richard Parry a Thomas Mostyn, rhwng ei mab hynaf Richard Parry a Mari, trydedd ferch Mostyn, a hefyd rhwng Ann, un o'i merched ieuengaf a William, mab hynaf Mostyn. Trwy'r priodasau hynny rhwymwyd y ddau deulu'n un sefydliad cadarn yng ngogledd-ddwyrain Cymru.[16] Cysylltiadau teuluol o'r math hwn, ynghyd â chefndir Parry ei hun, a sicrhaodd i'w ddisgynyddion fywyd lled gysurus, a llwyddodd yntau, er cymaint y cyni cyffredinol yn yr Eglwys, i ddal deupen llinyn ynghyd trwy ddibynnu llawer ar y bywiolaethau segur a feddiannai. Mewn llythyr at Syr John Wynn, dywed yn ddigon didwyll, na ddylai ef ddisgwyl gormod o ffafrau oddi wrtho gan nad oedd yn ddigon llewyrchus i allu cynnal ei deulu a chadw ei diroedd.[17] Nid ef oedd y cyntaf yn ei esgobaeth i fanteisio ar fywiolaethau segur oherwydd cydnabuwyd William Hughes, un o'i ragflaenwyr, ymhlith y segur-esgobion mwyaf drwg-enwog yn y deyrnas yn yr unfed ganrif ar bymtheg gan iddo feddu, ar wahanol adegau, ar gynifer ag un ar bymtheg o fywiolaethau.[18]

Fel esgob nid oedd Richard Parry yn ŵr ystyfnig na byrbwyll er iddo amddiffyn buddiannau ei esgobaeth yn ddigon pendant. Y digwyddiad canolog yn ei yrfa yn ddiau oedd ei gyfraniad i argraffiad 1620 o'r Beibl. Esgobaeth Llanelwy oedd yr ail fwyaf yng Nghymru o ran cymunwyr, ond hi hefyd oedd un o'r tlotaf yn y deyrnas. Gwnaeth Parry ei orau i amddiffyn ac i arolygu ei feddiannau, a bu'n elyn cryf i'r Pabyddion.[19] Tystiodd i'w nifer gynyddu deirgwaith mwy o fewn tair blynedd; yn 1602 cafwyd 140 ohonynt ond, erbyn 1605, pan aeth Parry ar daith swyddogol drwy ei esgobaeth, cynyddasid y nifer i 400. Y maent yn eofn, meddai, a heb ymboeni dim er eu rhybuddio nes iddynt deimlo min y gyfraith. Ymddiddorodd yng nghyflwr ei glerigwyr a dangosodd bryder mawr oherwydd y dirywiad yn safon pregethu ei offeiriaid plwyf.[20] Mewn llythyr at Iarll Salisbury ar 15 Awst 1605 tystiodd nad oedd gweinidogaeth ddysgedig a thrigiannol i'w chael yn ei esgobaeth, a thrwy lwgrwobrwyo gwnaed ymdrechion i gydio bywiolaethau wrth diroedd lleygwyr pwerus. Ofnai y byddai'r hyn a ddigwyddodd i fywoliaeth Llanuwchllyn, a wnaed yn ffi leyg yn 1610, hefyd yn digwydd i Henllan.[21] Yr oedd yn ŵr o argyhoeddiad ac egwyddor ac fe'i cefnogwyd i sedd yr esgobaeth gan nifer o fonedd gogledd Cymru dan arweiniad Syr Thomas Mostyn. Anfonwyd deiseb ar ei ran i Gyngor Cymru a'r Mers yn Llwydlo yn datgan ei ddifrifoldeb, ei fuchedd ddilychwin, cadernid ei gymeriad a'i allu mawr i bregethu'n huawdl yn Gymraeg ac yn Saesneg.[22] Yn 1610 cwynodd yn arw mewn llythyr Lladin at Iarll Salisbury, Arglwydd Drysorydd Lloegr, am gyflwr adfydus ei esgobaeth am nad oedd clerigaeth barhaol a dysgedig yn trigo ynddi.[23] Fel y nodwyd uchod, ceisiodd rwystro bywoliaeth Henllan rhag syrthio i ddwylo lleygwyr ac fe'i cythruddwyd yn arw oherwydd fod plwyf Llanuwchllyn wedi gorfod plygu i'r drefn a chael ei reoli gan yswain lleol.[24] Yn 1609 anfonodd ddeiseb at yr Archesgob Richard Bancroft o Gaer-gaint, amddiffynydd pybyr yr holl esgobaethau yn erbyn tueddiadau Piwritanaidd oddi mewn i'r Eglwys, yn cymeradwyo ymdrechion un o'i glerigwyr a safai'n gryf dros ei buddiannau yn erbyn bonedd lleol, a chyfeiriodd at y dulliau 'annuwiol ac ysgymun' a fabwysiadwyd i drosglwyddo bywoliaeth o ofal yr Eglwys: 'ye ungodly manner', meddai, 'of ye carriage of that sacrilegious [hoff air Morgan] attempt to carry away a benefice from the church'.[25] Gellid dyfynnu enghreifftiau cyffelyb o'i ymdrechion diysgog i warchod meddiannau'r esgobaeth ond y mae'n ddigon amlwg nad oedd ei chyflwr yn ddigon da i alluogi esgob i weithio'n llwyddiannus ynddi oherwydd ni allai gynnal gweinidogaeth bregethu gref ac nid oedd cyflogau'r offeiriaid yn ddigon uchel i sicrhau nifer o glerigwyr ymroddgar a sefydlog.

Yn 1559–60 cyfrifwyd bod esgobaeth Llanelwy yn werth £187 y flwyddyn yn unig, ac yr oedd archddiaconiaeth Llanelwy yn llawer uwch ei gwerth na'r esgobaeth.[26] Oherwydd hynny gwelodd Parry ei hun fod yn rhaid iddo gadw nifer o fywiolaethau yn ei ddwylo ei hun er mwyn ennill digon i fwynhau bywyd lled gysurus fel esgob. Nid oedd gwerth bywiolaethau esgobol wedi cynyddu fel y gwnâi'r prisiau yn y cyfnod hwnnw ac fe'i gorfodwyd, fel sawl un o'i gyfoeswyr, i ganiatáu rhoi rhai tiroedd eglwysig ar les i fonedd lleol grymus. Yn y cyswllt hwn bu'n bargeinio'n ddyfal, er enghraifft, â Syr John Wynn o Wedir yn y blynyddoedd 1614–17 ynglŷn â degymau Mathebrwd ac eraill, ynghyd â rheithoriaeth Llanrwst a achosodd gymaint o helynt rhwng y tirfeddiannwr penderfynol hwnnw a'r Esgob William Morgan rai blynyddoedd ynghynt.[27] Er ei fod yn eithaf cadarn yn glynu wrth ei egwyddorion, yr oedd Parry yn llawer mwy cymedrol na Morgan mewn materion eglwysig. Bu'n barod i gyfaddawdu â'r bonedd yn ystod ei yrfa, oherwydd ceisiodd osgoi'r ystyfnigrwydd a nodweddai Morgan ar y naill law, a bu'n ddigon cryf ar y llaw arall i allu gwrthsefyll anghysonderau a simsanrwydd yr Esgob Lewis Bayly o Fangor, ei gyfoeswr o 1616 hyd at 1623.[28] Cadwodd hyd y gallai y tu allan i gylch dylanwad rhai tebyg i Wynn er iddo gael ei orfodi i gyflafareddu, a hynny'n aflwyddiannus, rhwng yr yswain a'i denantiaid yn 1610.

Y tiroedd y bu anghydfod yn eu cylch yr adeg honno oedd tiroedd siêd trefgorddau Llysfaen, Pen-maen ac Eirias yng nghymydau Creuddyn ac Uwch Dulas a hawliwyd gan Wynn ac a achosodd gryn atgasedd rhyngddo ef a'r tenantiaid o'r flwyddyn 1607 hyd at 1615.[29] Yn yr un cyfnod daeth Wynn i wrthdrawiad ffyrnig â'i denantiaid yn Nolwyddelan ond nid ymyrrodd Parry â'r ddadl honno.[30] Yr oedd Wynn yn benderfynol o sicrhau goruchafiaeth ar ei denantiaid yn Llysfaen, ac yn yr achos yn Llys y Siecr gofynnwyd i Parry a Henry Rowland, esgob Bangor, alw'r partïon ynghyd fel y gellid torri'r ddadl rhyngddynt a hynny wedi i'r tenantiaid gyflwyno deiseb i'r Arglwydd Drysorydd yn ei gymell i droi'r bonheddwr ffyrnig o'r tiroedd.[31] Disgrifiwyd Wynn fel 'a knight of great means and countenance' a gawsai les ar y tiroedd yn 1606 ac a fynnai fod y tenantiaid yn talu rhent uwch iddo amdanynt.[32] Credai Salisbury fod ystyfnigrwydd yn ffyrnigo'r achos o'r naill ochr a'r llall fel na ellid sicrhau cymod yn ddi-oed. Dibynnai'n gyfan gwbl ar gydweithrediad y ddau esgob 'that I may', chwedl yntau, 'understand in whom the fault is that such further order may be taken theirin as shalbe agreable to equitie and justice'.[33] Ym mis Chwefror 1610, wedi i Wynn ddeall nad oedd fawr o symud ynglŷn â'r achos yn y llys, dechreuodd chwilio am dystion i'w gwyn yn erbyn y tenantiaid.[34] Gwyddai Salisbury eisoes am ei dymer anghymodlon pan rwyst-rwyd ei gynlluniau, a chymhellodd Richard Parry i ddod â'r partïon ynghyd er mwyn ceisio datrys y broblem.[35] Yng ngwanwyn 1610 cynlluniodd Wynn i'w achos gael ei glywed yn Siambr y Siecr mor fuan ag yr oedd modd yn erbyn John Lloyd, un o blith nifer o denantiaid eraill a mab y gŵr a ffermiai Lysfaen cyn i Wynn ei hawlio ymhlith nifer o denantiaid eraill.[36] Gwrandawyd yr achos yn 1611 pan aeth yswain Gwedir i gyfraith yn erbyn pedwar tenant ar ddeg, yn cynnwys Syr John Salisbury o Lyweni a John Lloyd a gynrychiolai ddeiliaid trefgorddau Llysfaen, Pen-maen ac Eirias.[37] Gwnaeth hynny ychydig amser cyn i'r tenantiaid eu hunain gyflwyno i sylw'r Arglwydd Drysorydd eu hachos eu hunain,[38] a throsglwyddwyd yr ymchwiliad i'r Esgob Parry gan mai yn ei esgobaeth ef, yn neoniaeth gwledig Rhos, y safai plwyf Llysfaen. Disgwylid y byddai cytundeb yn deillio o hyn ond gwrthododd y tenantiaid dalu mwy na phedwar swllt yn fwy nag a dalodd Syr John Wynn am bob acer o dir siêd i'r Goron.[39]

Er mwyn ceisio dylanwadu rhyw gymaint ar yr esgob daeth Wynn i gysylltiad ag ef ym mis Awst 1610, nid yn unig i drafod achos tenantiaid Llysfaen, ond i gyfnewid barn ynglŷn â'r angen am gyfieithiad llawn o salmau Dafydd i'r Gymraeg, gwaith a adawyd yn anorffenedig gan Edward Kyffin o Groesoswallt, brawd Maurice Kyffin ac offeiriad yn Llundain a fuasai farw o'r pla rai blynyddoedd ynghynt yn 1603.[40] Credai Wynn fod angen cyfieithiad o'r salmau i arbed ei blwyfolion rhag troi'n anffyddwyr, 'for they fall into atheism', meddai, ac argymhellodd y dylid defnyddio'r salmau hynny oedd ar gael yn barod yn y gwasanaethau hyd nes yr ymddangosai argraffiad llawn ohonynt.[41] Ni bu hyn, fodd bynnag, o unrhyw gymorth i Wynn sicrhau cefnogaeth Parry i'w achos yn Llysfaen ac, ym mis Tachwedd 1610, gorfu i'r esgob gyfaddef wrth yr Arglwydd Drysorydd nad oedd yn deall digon ar gymhlethdodau daliadaeth tir i allu penderfynu'n deg rhwng y partïon: 'I am altogether ignorant', meddai, 'what charges men stand at in such purchases.'[42] Nid hyn, fodd bynnag, fu diwedd ei gysylltiadau â Wynn oherwydd, fel y cyfeiriwyd uchod, cafwyd dadlau brwd ond heb fod yn gynhennus rhyngddynt ynghylch les ar drefgordd Mathebrwd ger Llanrwst yng nghwmwd Uwch Dulas, rhan o reithoriaeth Llanrwst, yn 1614. Fe'i meddiannwyd fel bywoliaeth *in commendam* gan esgobion Llanelwy er cyfnod yr Esgob Thomas Davies (1561–73). Nid oedd Parry'n barod i gweryla'n agored â'r bonheddwr byrbwyll oherwydd gwyddai'n rhy dda am y driniaeth erchyll a gafodd Morgan ganddo, a pharhaodd y berthynas at ei gilydd yn eithaf heddychlon rhyngddynt. Fe ymddengys fod Wynn wedi sicrhau'r tiroedd iddo'i hun am £10 yn llai na'r swm gwreiddiol o £140 y disgwyliai Parry iddo ei dalu amdanynt. Yr oedd wedi ymddwyn mor gecrus o ganlyniad i benderfyniad Morgan i gadw tiroedd eglwysig plwyf Llanrwst *in commendam* fel y gwrthododd lofnodi ei enw ar dystysgrif Parry ar ei ddyrchafiad i'r esgobaeth yn 1604. Er hynny, nid oedd Parry yn barod i ennyn dicter Wynn ac fe'i hysbysodd na theimlai'n ddig tuag ato ac y byddai bob amser yn ei barchu fel bonheddwr doeth a chyfrifol.[43] Ynglŷn ag achos Mathebrwd, sef rhan o'r tir a feddiannwyd gan yr esgobion wedi 1573 yn rhinwedd eu swydd fel archddiaconiaid yr esgobaeth, nid oedd Parry yn rhagweld y byddai'n cymryd unrhyw gamau cyfreithiol oherwydd gwyddai'n rhy dda am oferedd alaethus yr anghydfod a fu rhwng Wynn a Morgan. O'r cychwyn bwriadai Parry fod ar delerau cyfeillgar â Wynn, ac ar 25 Awst 1614 dywedodd wrtho fod cyfran o ddegwm Mathebrwd yn eiddo iddo ef fel esgob a'i fod wedi talu £10 y flwyddyn i'r Goron amdano.[44] Er hynny, yr oedd yn barod i'w gynnig i Wynn gan obeithio na fyddai ef yn digio pe teimlai fod ei gynnig yn rhy isel. Ar 14 Medi atebodd Wynn gan gyfeirio at ei hawl honedig i Fathebrwd a hysbysodd yr esgob ei fod yn gwybod am hanes y degwm hwnnw dros gyfnod o hanner can mlynedd a mwy ac nad oedd unrhyw archddiacon wedi derbyn ceiniog o dir Mathebrwd am yn agos i bedwar ugain mlynedd oherwydd iddo fod yn nwylo'r esgob. Fe'i rheolwyd gan yr esgobion Thomas Davies, William Hughes a William Morgan yn olynol yn rhinwedd eu swydd, a phan ddyrchafwyd William Hughes i'r esgobaeth yn 1573 derbyniodd hawl gan Archesgob Parker i feddiannu, ynghyd â'i diroedd esgobol, swydd archddiacon Llanelwy, rheithoriaeth Llys-faen a bywiolaethau eraill gwerth £150 y flwyddyn.[45] Cynhwyswyd cyfran o reithoriaeth Llanrwst hefyd ymhlith y rhain yn y blynyddoedd 1592–6 a 1616–34.[46] Yn 1614, fodd bynnag, y rheithor-segur oedd Peter Sharpe, a ddaliai'r swydd yn ystod yr ymrafael tanbaid rhwng Wynn a Morgan, ac yn fuan iawn wedi hynny, gwelodd Wynn yr angen i atgoffa'r esgob am y tiroedd a ddaliai *in commendam* a bod Mathebrwd yn rhan ohonynt.[47] Wynn oedd prif ffermwr y rheithoriaeth, ac wedi iddo ddod i gytundeb â Parry, talodd £130 amdani. Gwgodd, fodd bynnag, ar y posibilrwydd y byddai'n rhaid iddo drosglwyddo degwm Mathebrwd i Parry.

Yn ei ohebiaeth gwnaeth Richard Parry ei fwriad yn eglur iawn, sef i warchod hawliau'r Eglwys yn nhiroedd Llanrwst ac i ddarparu pregethwr i'r rheithoriaeth fel y gwnaethai mewn perthynas â degwm Tŷ-brith a fu'n bwnc llosg rhwng Syr John Wynn a'r Dr Edmund Meyrick (sef brawd Rowland Meyrick, esgob Bangor) a oedd yn rheithor-segur Corwen a changhellor yr esgobaeth rai blynyddoedd ynghynt.[48] Yr oedd Parry eisiau gwerthu degwm Mathebrwd iddo ond fe'i atgoffwyd gan Wynn nad oedd gan unrhyw archddiacon yr hawl i feddiannu'r degwm yn y lle cyntaf. Nid oedd Parry, er iddo anghytuno â Wynn, yn barod i ymgyfreithio ynglŷn â'r tiroedd, ac atebodd ei lythyr gan ddiolch iddo yn y lle cyntaf am y rhodd o gig carw, ac yna prysurodd i egluro nad oedd gan yswain Gwedir na'i ragflaenwyr unrhyw hawl i Fathebrwd ond y carai ddod i gytundeb ynglŷn â'i werth.[49] Ym mis Mehefin yr un flwyddyn cyfaddefodd Parry wrth Wynn ei fod wedi cael cynnig £140 y flwyddyn am ddegymau rheithoriaeth Llanrwst.[50] Gwnaeth ei orau i argyhoeddi Wynn o'i gyfeillgarwch, ac yn ôl rhôl rhent o eiddo'r Wynniaid yn 1617 ymddengys i Syr John sicrhau'r rheithoriaeth am £130.[51] Yr oedd bonheddwr Gwedir, y mae'n amlwg, wedi taro bargen galed â'r Esgob Richard Parry. Er hynny, ni allai Wynn fforddio tynnu Parry i'w ben ychwaith oherwydd yr oedd eisoes dros ei ben a'i glustiau mewn trafferthion â'r Esgob Lewis Bayly o Fangor ynglŷn â buddiannau bywoliaeth Llanfair Dyffryn Clwyd.[52] Stori arall, fodd bynnag, yw honno er iddi ymwneud â phroblemau tebyg yn yr Eglwys.

A chymryd popeth i ystyriaeth, nid oedd y cysylltiadau rhwng Parry a Wynn mor annymunol ag y gellid tybio. Yn 1605, er enghraifft, sef blwyddyn y pla mawr, gwelodd Wynn ei ffordd yn glir i gynghori Parry y dylai wahardd rhagor o gladdu yn eglwys y plwyf, Llanrwst, oherwydd yr arogleuon anhyfryd a ddeuai ohoni: 'the air within is become pestilential and soe noysome', meddai, 'that for a month space and more most of the better sort of the parish refuse to come there and those that came were hardly able to abide it'.[53] Ar wahân i gynghori'r esgob fel hyn disgwyliai'n ogystal dderbyn trwydded esgobol er mwyn iddo gael adeiladu capel bychan ynghlwm wrth eglwys y plwyf, ond nid adeiladwyd capel yno hyd 1633 pan luniwyd y capel teuluol gan ei fab a'i etifedd Syr Richard Wynn, yr ail farwnig, bron ddeng mlynedd wedi ei farw.[54]

Bu'r Esgob Richard Parry farw yn nhŷ'r archddiacon yn Niserth ar 26 Medi 1623 ac fe'i claddwyd, yn ôl yr arfer, yn yr eglwys gadeiriol. Ymhen pythefnos wedi hynny cafwyd seremoni goffa iddo yn Llanelwy dan arweiniad Randle Holme, yr herodr o Gaer.[55] Yr oedd yn gymeriad llawer llai dadleuol na rhai o'i gyfoeswyr yn yr Eglwys. Bu'n ddigon galluog i osgoi unrhyw ddrwgdeimlad niweidiol iddo, yn bennaf trwy beidio â chefnogi cythrwfl a chydymgais. Canmolodd garedigrwydd Wynn o Wedir ac fe'i cydnabu'n ŵr sylweddol er i Wynn beidio â'i gefnogi i'r esgobaeth yn 1604. Wedi marw Morgan dywedodd wrtho fod yn ddrwg ganddo glywed am yr helynt a fu rhwng y ddau, ac ychwanegodd yn gryno a di-lol ei farn ef ar y mater yn Lladin:

> Your hard censure of my p[re]decessor I am very sorye to heare, for I willingly embrace nothinge *de mortuis nisi sanctum: Domino suo stetit aut cecidit* [of the dead unless what is holy: he lived or fell to the Lord], and so do we.[56]

Gyda'r geiriau hynny caeodd Parry y drws yn derfynol ar yr holl anghydfod; diweddglo priodol, gellir tybio, i gynnen anhyfryd rhwng dau elyn anghymodlon.

Mewn cyfeiriad arall bu cynllunio brwd ar gyfer priodi un o ferched Richard Parry â mab hynaf William Salesbury o Fachymbyd, cynllun a fethodd yn llwyr oherwydd diffygion ariannol Salesbury ac amheuon Parry ynglŷn â'i amcanion. Er hynny, ni fu canlyniadau diflas i hyn ar wahân i ambell ensyniad angharedig gan Salesbury nad oedd gan Parry unrhyw ddiddordeb mewn ffurfio cytundeb priodasol â Bachymbyd o'r cychwyn.[57] Casâi Parry weniaith a dangosodd eidd-garwch arbennig i ddifa Pabyddiaeth. Ym mis Awst 1605 ffurfiodd adroddiad yn disgrifio'r cynnydd eithaf sylweddol yn y ffydd Bab-yddol yn yr esgobaeth, 'an unfortunate and ungodly increase of papists', chwedl yntau, ac fe sylweddolodd pa mor beryglus y gallai John Edwards o'r Plas Newydd, y Waun, fod ac yntau'n reciwsant amlwg a ddisgrifiwyd fel 'a dangerous fellow of as pestilent disposition as eny in all our country'.[58] Gwysiwyd Edwards gerbron Llys Siambr y Seren yn 1619 ar gyhuddiad o fod yn brif ysgogydd ac anogwr Pabyddion yn y fro honno. Llofnododd yr esgob dystysgrifau i ddiarfogi Pabyddion a thystiodd yn 1619 fod nifer ohonynt yn wrthnysig yn eu hymateb i ofynion y gyfraith: 'hartened and hardened in their sup'titious opinions and practises by the examples and persuacons of sundry obstinate and seducinge recusants of note and respecte livinge amongst them'.[59]

Cwynodd wrth Arglwydd Salisbury eu bod wedi cynyddu o 140 i 400 rhwng 1602 a 1605 yn ei esgobaeth ac, fel y gwnaeth John Hanmer, ei olynydd yn yr esgobaeth, arolygodd weinyddu'r llw o deyrngarwch i'r Goron a osodwyd ar glerigwyr yn yr esgobaeth mewn cysylltiad â'r ustusiaid heddwch lleol.[60] Erbyn diwedd cyfnod Elisabeth yr oedd cymaint â 250 o reciwsantiaid yn yr esgobaeth yn ôl y cyfrif swyddogol ond, yn ôl amcangyfrif Parry, yr oedd y nifer wedi cynyddu bron ddwywaith ymhen tair blynedd. Gwyddys iddo gymryd rhan mewn dadleuon brwd ar bynciau technegol yn ymwneud â'r eglwys yn Nhŷ'r Arglwyddi, a bu'n bur selog ei bresenoldeb ynddo. Ymwelodd yn gyson hefyd â'r ysgol eglwysig yn Llanelwy i hyfforddi'r disgyblion.[61] I'r ysgol honno, gyda llaw, y rhoddodd Syr Roger Mostyn air uchel iawn oherwydd safon gymeradwy yr hyfforddiant a geid ynddi.[62]

Er cymaint fu ymdrechion yr Esgob Richard Parry i danseilio dylanwad reciwsantiaeth Pabyddol yn ei esgobaeth, seilir ei enwogrwydd, fodd bynnag, ar gyfraniad llawer iawn mwy adeiladol, sef cyhoeddi Beibl 1620 a ymddangosodd yn gyfrol unplyg a thrwchus lawer mwy na Beibl Morgan, ac ar ei chlawr gosodwyd y geiriau canlynol:

> Y Bibl Cyssegr-lan; sef yr Hen Destament a'r Newydd 2 Tim. 3:16. Yr holl Sgrythur sydd wedi ei rhoddi gan ysprydoliaeth Dduw ac sydd fuddiol i athrawiaethu, i argyoeddi, i geryddu, i hyfforddi mewn cyfiawnder. Fel y byddo dyn Duw yn berffaith, wedi ei berffeithio i bob gweithred dda.

Yr oedd angen diwygio iaith bedantig Morgan a dileu'r elfennau llafar a geid ym Meibl 1588. Fe'i cynorthwywyd gan y Dr John Davies, a heb iddynt gymryd dim oddi ar gamp Morgan, aeth y ddau ati i roi trefn ar yr iaith er mwyn ei gwneud yn fwy technegol gywir ac ystwythach na'r gwreiddiol. Bu iddynt gymhennu a llyfnhau ymadroddion Morgan fel, er enghraifft, yn Salm XXXII, 5:[63]

> Cydnabyddaf fy mhechod [wrthit]
> a'm hanwiredd ni chuddiais: dywedais,
> cyffesaf yn fy erbyn fy hun fy
> anwireddau i'r Arglwydd, a thi a
> faddeuaist boen fy mhechod. [Morgan]
>
> Addefais fy mhechod wrthyt,
> a'm hanwiredd ni chuddiais:
> dywedais, Cyffesaf yn fy erbyn
> fy hun fy anwireddau i'r
> Arglwydd, a thi a faddeuaist
> anwiredd fy mhechod. [Parry]

A dyma'r ddau gyfieithiad o Esaiah 40: 20, 30:

> Oni wyddost, oni chlywaist na ddeffygia,
> Ac na flina Duw tragwyddoldeb? Yr Arglwydd a
> greawdd gyrrau'r ddaiar, ni ellir chwilio

Allan ei synnwyr ef . . .
Canys llangciau a ddeffygiant, ac a flinant, a
Gwyr ieuaingc gan syrthio a syrthiant. [Morgan]

Oni wyddost, oni chlywaist na ddeffygia
Ac na flina Duw tragwyddoldeb? Yr
Arglwydd creawdr cyrrau'r ddaiar: ni
ellir chwilio allan ei synnwyr ef . . .
Canys yr ieuencgtid a ddeffygia ac a flina,
A'r gwyr ieuaingc gan syrthio a syrthiant. [Parry]

Y mae'n debyg fod Beibl Morgan wedi cyfrannu rhyw gymaint erbyn diwedd yr unfed ganrif ar bymtheg tuag at gryfhau Protestaniaeth ymhlith y Cymry, yn ôl bwriad deddf 1563 a orchmynnodd fod cyfieithiadau o'r ysgrythurau a'r Llyfr Gweddi Cyffredin i'w gosod yn gyfochrog â'r Beibl a'r Llyfr Gweddi Cyffredin Saesneg ym mhob eglwys blwyf yng Nghymru. Yr oedd i'r ddeddf ddiben pellach hefyd, sef sicrhau y byddai'r Cymry, trwy gymharu'r naill gopi a'r llall, yn dysgu'r iaith Saesneg. Fodd bynnag, yn groes i'r bwriad hwn, achubodd a chyfoethogodd cyfieithiad 1588 iaith lenyddol Cymru. Anodd iawn yw ceisio rhoi llinyn mesur ar faint y dylanwad a gawsai'r Beibl, dyweder, rhwng 1588 a 1620 ar haenau isaf y gymdeithas ond efallai fod mwy o lythrennedd nag a dybir yn fynych ymysg offeiriaid lleol.[64] Yn ddiau, cyfrannodd yr Esgob Richard Parry yn helaeth i barhad yr iaith lenyddol ar ei choethaf. Yr oedd wedi dangos eisoes ei ddiddordeb mawr yng nghyfieithu'r salmau i'r Gymraeg ac y mae'n debyg ei fod wedi cytuno â Wynn y dylid eu defnyddio'n rheolaidd mewn gwasanaethau er mwyn gwella bywyd ysbrydol y cymunwyr, a'i fod wedi annog Edmwnd Prys, archddiacon Meirionnydd, i gyflawni'r dasg. Ymddangosodd argraffiad o'r *Salmau Cân* yn Gymraeg yn 1603 ond nid oedd yn boblogaidd iawn, yn bennaf oherwydd y cymhlethdodau mydryddol a geid yn y salmau a gyfyngodd gryn dipyn ar y defnydd y gellid ei wneud ohonynt. Pan ymddangosodd salmau Edmwnd Prys yn 1621 Richard Parry, y mae'n bur debyg, oedd yn gyfrifol am eu hychwanegu fel atodiad (ond gyda'i glawr ei hun) i'r argraffiad newydd o'r Llyfr Gweddi Cyffredin a ymddangosodd yn yr un flwyddyn. Gellir bod yn sicr mai Parry, ynghyd â'r Dr John Davies oedd hefyd yn gyfrifol am hwnnw er nad oes enw golygyddol arno.[65] Cysylltir yr Esgob Parry yn uniongyrchol â Beibl 1620 ond cred rhai ysgolheigion yn ddiamhcuol mai Davies oedd yn bennaf cyfrifol am yr argraffiad diwygiedig.[66] Yr oedd yn frawd-yng-nghyfraith i Parry ac mewn safle i'w gynghori ar faterion cyfieithu. Yr oedd Davies eisoes wedi cydnabod y cyfeillgarwch agos a fu rhyngddo ef a'r Esgob Morgan ac fe'i cydnabu yn ei ragarweiniad i'w Eiriadur yn 1632. Ef, meddai yn yr *Antiquae Linguae Britannicae . . . Dictionarium Duplex* (1632), oedd y Gamaliel y dysgodd lawer wrth ei draed, a bu'n cynorthwyo'r esgob cyn 1588 i gyfieithu'r Hen Destament.[67] Derbyniwyd ef i ysgol Rhuthun, a'i enw ef yw'r cyntaf ar y dabled ynddi: 'John Davies, Rector of Mallwyd and Prebendary of St Asaph who assisted Bishop Parry in his edition of the Welsh Bible'.[68] Y mae'n dra thebyg fod Davies wedi elwa cryn lawer drwy ymgynghori â Parry.[69] Fe'i penodwyd yn gaplan i'r esgob yn gynnar wedi ei ddyrchafiad ac ni ellir gwadu nad oedd gan Davies lawer i'w wneud â'r argraffiad diwygiedig. I ategu hynny ceir cyfeiriad gan Rowland Vaughan o Gaer-gai yn ei ragair i'w gyfieithiad o waith yr Esgob Bayly *Yr Ymarfer o Dduwioldeb* (1630) lle y dywedir i Davies, 'y Plato ardderchog o'n hiaith ni', gynorthwyo Parry.[70] Un ffaith hynod, fodd bynnag, yw nad yw Parry ei hun yn cyfeirio at unrhyw gymorth a dderbyniodd gan y Dr Davies. Yn ei gyflwyniad Lladin i'r Brenin Iago I yr argraff a geir yw mai ef a gyflawnodd y gwaith ei hun, ac yn y cyswllt hwn, y mae'n bur wahanol i William Morgan a gyfaddefodd yn ddigon agored ei ddyled i eraill.[71] Yn ei ragair i'r Gramadeg dywed Davies iddo fod yn gynorthwywr annheilwng yn y dasg o gyfieithu'r Beibl.[72] Gwyddys iddo ddechrau ar ei Ramadeg yn 1593,[73] ac felly cyfeiriad oedd hwn at argraffiad 1620 o'r Beibl a ysbrydolwyd, fel y dywed Parry, gan y fersiwn awdurdodedig Seisnig a ymddangosodd yn 1611.[74] Yn ei gyflwyniad dywed mai diben ei lafur diffuant ef oedd gwasanaethu ei gyd-wladwyr hyd eithaf ei allu a chyfrannu tuag at gynhyrchu mwy o Feiblau yn y Gymraeg i gyflenwi'r angen mawr. Er iddo amau ei allu ei hun wrth ymroi i'r dasg fe'i hysbrydolwyd gan ddatganiad Iago I a roes fodolaeth i'r fersiwn Saesneg a chan esiampl ysgolheigion cynharach nag ef yn y maes yng Nghymru. Aeth ymhellach i bwysleisio ei fod wedi adolygu a chwtogi Beibl Morgan drwyddo draw. Yr oedd yn ymwybodol o olyniaeth urddasol yr esgobion a'i rhagflaenodd yn Llanelwy, a theimlodd hi'n ddyletswydd arno i ddiwygio'r Beibl fel y byddid yn adnewyddu llong, chwedl yntau, trwy ddarparu coed cryfach ar ei chyfer i gymryd lle'r rhai pydredig:

> trois i fy llaw at eu cyfieithiadau hwy [sef rhai Davies, Salesbury a Morgan], yn enwedig yr olaf, a lle'r ymddangosai fod angen, ymgymerais ag atgyweirio'r hen adeilad, megis, â gofal o'r newydd . . . Am hynny, yn yr un modd ag y diogelodd yr Atheniaid long Theseus . . . felly'n union yr wyf finnau, yn fawr fy moliant i'm rhagflaenydd, wedi cadw rhai pethau, ac, yn enw Duw, wedi newid pethau eraill, gan gydlynu'r cyfan yn ei gilydd yn y fath fodd fel bod yma hefyd enghraifft deg o fater sy'n agored i amheuaeth, a'i bod yn anodd dweud a ddylid ystyried mai'r hen fersiwn sydd yma, neu un newydd, ai eiddo Morgan, neu yr eiddof fi.[75]

Nid yw'n canmol ei ragflaenwyr a fu'n llafurio yn y gwaith o gyfieithu ond, yn hytrach, eu cydnabod yn gwta fel ei 'ragflaenwyr parchedig'. Addasodd y testun lle teimlai fod angen, meddai, ac nid yw datganiad o'r fath o angenrheidrwydd yn goegfalch na ffroen-uchel, fel y tybir yn aml. Datgan a wna'r esgob ei fod, yn rhinwedd ei swydd a'i allu, yn addasu yn ôl gofynion ei gyfnod. Eglurodd ei fod wedi cadw rhai o gyfieithiadau Morgan ond ei fod hefyd wedi newid llawer ac, ychwanegodd, braidd yn rhodresgar yn ôl barn Charles Ashton, ei bod yn anodd dweud ar brydiau ai gwaith newydd ai hen oedd Beibl 1620, ai gwaith Morgan neu ei waith ef ei hun.[76] Ni allai adolygu gwaith mor enfawr yn llwyddiannus heb adael rhyw gymaint o'i ôl ef ei hun arno. Llym iawn yw sylwadau Charles Ashton ar Parry ac annheilwng yw ei farn fod arddull Ladin Morgan, yn ei gyflwyniad i'r Beibl, a'i ddidwylledd cynhenid yn llawer iawn mwy canmoladwy.[77] Efallai ei bod yn wir fod arddull Morgan yn rhagori (ac nid oes le i amau hynny), a'i fod wedi teimlo'r angen i egluro problemau crefyddol Cymru ei ddydd yn ei gyflwyniad, ond yr oedd Richard Parry yntau wedi mynegi ei bryder ynglŷn â chyflwr yr Eglwys mewn mannau ac ar achlysuron eraill, ac y mae'n debyg iddo deimlo nad oedd angen pwysleisio unwaith yn rhagor gyflwr pethau y gwyddai ei ddarllenwyr yn dda amdanynt eisoes. Ni ellir ei gyhuddo, fel y gwna Ashton, o fod yn dwyllodrus o ddidwyll. Cred R. Geraint Gruffydd mai Parry a osododd y sylfaen i Feibl 1620 ond ei fod wedi pwyso'n drwm ar y Dr John Davies am gyngor ynglŷn â gramadeg, ieithwedd a geirfa ac, ar ben hynny, ei fod wedi trosglwyddo iddo ef y dasg enfawr o lywio'r gwaith gorffenedig drwy'r wasg.[78]

Ar wahân i'w gysylltiad â'r Beibl ni ddylid dibrisio gallu Richard Parry fel ysgolhaig. Dangosai ei ddiddordeb mewn addysg fod ganddo ddawn fel addysgwr o'r radd flaenaf. Cyflwynwyd rhai gweithiau iddo fel Gramadeg y Dr John Davies a gweithiau defosiynol eraill. Yn ôl pob tebyg un gwaith a gynhyrchodd ef ei hun, sef *Concio ad Clerum* (1628), apêl at glerigwyr wedi ei sylfaenu ar adnod yn Llyfr y Datguddiad (Pen. 3:4).[79] Bu'n rhannol gyfrifol gyda Davies am ymddangosiad argraffiad diwygiedig o'r Llyfr Gweddi Cyffredin yn 1621, ond yr oedd wedi gwneud enw iddo'i hun mewn cylchoedd academaidd ymhell cyn iddo gael ei ddyrchafu'n esgob. Saif fel ysgolhaig yn rhinwedd ei allu cynhenid, yr addysg ragorol a gawsai, a'r hyn a gyflawnodd, ac fe ymddengys iddo neilltuo oriau lawer yn diwygio'r Beibl oherwydd ychydig iawn a wyddys am ei weithgarwch esgobol yn ystod blynyddoedd canol ei yrfa yn Llanelwy. Gan na chafwyd comisiwn swyddogol i ddiwygio'r Beibl Cymraeg, y mae'n amlwg ei fod yn ymwybodol o'r hyn a gyflawnwyd gan ei ragflaenwyr, yn arbennig Richard Davies a William Morgan, ac y dymunai greu argraff dda ar ei gyfoeswyr ac ar y cenedlaethau i ddod o'i gyfraniad ef ei hun yn yr un maes. Wedi'r cyfan hwn oedd y cyfnod pryd y gallai esgobion Cymru, fel arweinwyr yn yr Eglwys, gyfrannu llawer tuag at anghenion y genedl. Ychwanegodd gyflwyniad Morgan at ei gyflwyniad ef ei hun a thrwy hynny dangosodd nad oedd yn ei ddiarddel. Yn gyffredinol, y mae ei gyflwyniad yn dangos gwerthfawrogiad twymgalon o'r hyn a gyflawnasai Morgan.[80] O'r beirniaid llenyddol a'r ysgolheigion sydd wedi astudio a chymharu arddull Parry a Morgan ymddengys mai barn R. Geraint Gruffydd sydd gywiraf pan ddywed na ddylem gredu nad oedd gan Richard Parry ddim oll i'w wneud â'r cyfieithiad. Y mae'n eithaf posibl mai ef a gymharodd Feibl Morgan â'r Beibl awdurdodedig Saesneg, a Davies yn ymgynghorwr cyson iddo. Yr oedd angen mawr adolygu orgraff a gramadeg yr iaith lenyddol yng Nghymru, a hynny a fu un o gyfraniadau mawr y ddau ysgolhaig o safbwynt ysgolheictod. Ieithwedd William Morgan wedi ei chymhennu a'i safoni ganddynt hwy a ymsefydlogodd o hynny ymlaen fel Cymraeg y pulpud a'r iaith lenyddol.[81]

O gymharu'r Esgob Richard Parry â dyneiddwyr eraill ei oes yng Nghymru ni saif, efallai, ymhlith y mwyaf a welodd Cymru. Canwyd mwy o gywyddau mawl a marwnad gan y beirdd i'w ragflaenwyr yn Llanelwy nag iddo ef. Marwnad Rhisiart Cynwal o Gapel Garmon, yn ôl pob tebyg, yw'r unig gywydd iddo sydd wedi goroesi.[82] Daeth i'r esgobaeth mewn cyfnod anodd pan oedd trefn eglwysig Elisabeth yn wynebu anawsterau economaidd yn ogystal â chrefyddol yn chwarter cyntaf yr ail ganrif ar bymtheg ac mewn cyfnod pan oedd reciwsantiaeth yn gryf yng ngogledd-ddwyrain Cymru, a gwanc y bonedd am dir yr eglwys ar fin cyrraedd ei anterth. At hyn dylid ychwanegu'r diffygion difrifol a fodolai yn fframwaith y gymdeithas yng Nghymru – tlodi'r esgobaeth, yr angen am addysg Brotestannaidd ac offeiriadaeth bybyr, sefydlog a dysgedig – problemau yn wir a ychwanegodd at faich unrhyw esgob mor gydwybodol â Parry. Er hyn oll fe'i cydnabyddir yn aelod blaenllaw o'r garfan fechan honno o ysgolheigion anhunanol a brwdfrydig a oedd yn gresynnu at gyflwr crefyddol y wlad ac a wnaeth gyfraniad pendant i ddiogelu safonau'r Eglwys a, thrwy gyfrwng Beibl 1620, i warchod purdeb yr iaith lenyddol. Yn y cyfeiriad hwn cyfrannodd yn helaeth i fywyd ysbrydol a diwylliant y genedl mewn cyfnod herfeiddiol yn natblygiad y Diwygiad Protestannaidd. Yn y cyd-destun hwnnw y canodd Rhisiart Cynwal amdano:

Trwsiodd, eglurodd glaerwaith
Beibl yn well i bobl ein hiaith

A phwy a ŵyr, oni bai am Feibl 1620, efallai na fyddai sôn am orchestion llenyddol Morgan Llwyd, Charles Edwards, Ellis Wynne na neb arall ymhlith cewri rhyddiaith yr ail ganrif ar bymtheg a'r ganrif a'i dilynodd.

Nodiadau

1 Gw. G. J. Williams, 'Traddodiad llenyddol Dyffryn Clwyd a'r cyffiniau', *TCHSDd*, I (1952), 20–32.

2 O'i gymharu a dyweder Richard Davies a William Morgan nid oes llawer wedi ei ysgrifennu amdano. *BC*, t. 695; J. Peter a R. J. Pryse (goln), *Enwogion y Ffydd* (Llundain, 1880), tt.137–41; R. G. Gruffydd, 'Richard Parry a John Davies' yn G. Bowen (gol.), *Y Traddodiad Rhyddiaith* (Llandysul, 1970), tt. 175–93; J. G. Jones, 'Yr Esgob Richard Parry', *TCHSDd*, XXIII (1974), 126–46; *idem*, 'Richard Parry: bishop of St Asaph: some aspects of his career', *BBGC*, XXVI (1975), 175–90; *ODNB*, 42, tt. 886.

[3] T. I. Jeffreys Jones (gol.), *Exchequer Proceedings Concerning Wales in tempore James I* (Cardiff, 1955), tt. 50, 57–8; *CWP*, rhifau 427, 435–6, 504, 520, 528, 543, 547, 569, 618, 640, 707, 709, 713, 725–6.

[4] Am y cefndir cyffredinol gw. J. E. C. Hill, *The Economic Problems of the Church from Archbishop Whitgift to the Long Parliament* (London, 1956), pennod 2, tt. 14–58.

[5] Ceir ymdriniaethau ar anawsterau William Morgan yn I. ap O. Edwards, 'William Morgan's quarrel with his parishioners at Llanrhaeadr-ym-Mochnant, *BBGC*, III (1927), 298–321; J. G. Jones, 'Bishop William Morgan's dispute with John Wynn of Gwydir in 1602–4', *JHSChW*, XII (1972), 49–78. Ar gyflwr yr eglwys yn gyffredinol yng Nghymru gw. Glanmor Williams, 'Landlords in Wales: the Church' yn J. Thirsk (gol.), *The Agrarian History of England and Wales*, IV, *1500–1640* (Cambridge, 1967), tt. 381–92.

[6] A. H. Williams, 'The origins of the old endowed grammar schools of Denbighshire', *TCHSDd*, II (1953), 36–7. Cred rhai haneswyr, fodd bynnag, mai Pwllhalog ger y Cwm yn sir y Fflint oedd man ei eni. Gw. *BC*, t. 695.

[7] J. Foster (gol.), *Alumni Oxonienses . . . 1500–1714*, 4 cyfrol (Oxford, 1888–92), III, t. 1121; A. Wood, *Athenae Oxonienses*, 4 cyfrol, gol. P. Bliss (Oxford, 1813–20), II, tt. 861–2; Browne Willis, *A Survey of the Cathedral Church of St Asaph* (Wrexham, 1801), tt. 109–10; D. R. Thomas, *History of the Diocese of St. Asaph*, 3 cyfrol (Oswestry, 1908–13), I, t. 227; W. Rowlands, *Cambrian Bibliography* (Llanidloes, 1869), I, tt. 93–7.

[8] A. H. Williams, 'Origins of old endowed grammar schools', 36–7; HMC, *Calendar of Salisbury Manuscripts* (Hatfield Collection), V (London, 1906), t. 164; E. Roberts, 'Gabriel Goodman and his native homeland', *Traf, Cymmr.*, 1989, 98–100.

[9] *CWP*, rhif 1094.

[10] Thomas, *St Asaph*, I, t. 227.

[11] Ibid., tt. 224–6; *BC*, tt. 136, 141–2, 371.

[12] Ibid., t. 227; *CSPD, 1603–1610*, IX (65), tt. 155; X (6), t. 165; X (62), t. 175; HMC, *Salisbury MSS*, XVI, tt. 314, 391.

[13] Wood, *Athenae*, II, tt. 861–2.

[14] Thomas, *St Asaph*, I, 227.

[15] J. Y. W. Lloyd, 'History of the lordship of Maelor Gymraeg or Bromfield, the lordship of Ial or Yale, and Chirkland, in the principality of Powys', *AC* (4ydd gyfres), VI (1875), 238–40; *BC*, tt. 264–5.

[16] P. Roberts, *Y Cwtta Cyfarwydd* (Llundain, 1883), t. 104.

[17] LlSC, Llsgr. Caerdydd 4.57.

[18] Thomas, *St Asaph*, II, t. 343; Hill, *Economic Problems of the Church*, tt. 18–19.

[19] HMC, *Salisbury MSS*, XVII, t. 374.

[20] *CSPD, 1611–1618*, LXI (10), t. 2.

[21] Ibid. Gw. hefyd LlB, Lansdowne Coll. 167, f. 256: 'Llythyr Richard Parry at Syr Julius Caesar 'concerning a case pending between the dean of St Asaph and Mr Gabriel Parry respecting the vicarage of Henllan, 1611'; E. Owen (gol.), *A*

Catalogue of the Muniments Relating to Wales in the British Museum, I (London, 1900), tt. 80–1.

22 HMC, *Salisbury MSS*, XVI, t. 314.

23 *CSPD, 1611–1618*, LXI (10), t. 2.

24 Ibid.

25 Ibid., *1603–1610*, XLV (2), t. 507; XLVIII (111), t. 551; PRO, SP 14 45/2.

26 Thomas, *St Asaph*, I, tt. 87–9; Hill, *Economic Problems of the Church*, t. 26. Am wybodaeth ar gyflwr yr esgobaeth yng nghyfnod yr esgobion Thomas Davies a William Hughes gw. LlB, Lansdowne MS. 7, 66, t. 153, a nodyn E. Roberts, 'Croeso esgob Llanelwy', *TCHSDd*, XX (1971), 254–5. J. G. Jones, 'Thomas Davies and William Hughes: two Reformation bishops of St Asaph', *BBGC*, XXIX (1980–2), 320–35.

27 *CWP*, rhifau 671, 677, 692, 760, 826, 838; Hill, *Economic Problems of the Church*, tt. 132–67.

28 Ar weithrediadau Bayly fel esgob gw. A. H. Dodd, 'Bishop Lewes Bayly c.1575–1631', *TCHSG*, XXXVIII (1967), 13–36; J. G. Jones, 'Bishop Lewis Bayly and the Wynns of Gwydir, 1616–27', *CHC*, VI (1973), 404–23.

29 Ynglŷn ag achos Llysfaen gw. Jeffreys Jones, *Exchequer Proceedings*, a *CWP*, rhifau 427, 435–6, 504, 520, 528, 543, 547, 569, 618, 640, 707, 709, 713, 725–6.

30 J. G. Jones, 'Sir John Wynn of Gwydir and his tenants: the Dolwyddelan and Llysfaen disputes', *CHC*, 11 (1982–3), 1–30.

31 *BC*, t. 838; *CWP*, rhifau 370, 427; J. G. Jones, 'Henry Rowlands, Bishop of Bangor, 1598–1616', *JHSChW*, XXVI (1979), 34–53.

32 *CWP*, rhif 427.

33 PRO, SP 14 52/73.

34 *CWP*, rhif 520.

35 *CSPD, 1603–1610*, LII (73), t. 588.

36 *CWP*, rhifau 520, 528.

37 PRO, E.147/126/9; Jeffreys Jones, *Exchequer Proceedings*, tt. 57–8.

38 PRO, E.147/127/9; Jeffreys Jones, *Exchequer Proceedings*, tt. 58–9.

39 Jeffreys Jones, *Exchequer Proceedings*, tt. 58–9; *CSPD, 1603–1610*, LII (73), t. 588.

40 *CWP*, rhif 543; *BC*, t. 505. Am Edward Kyffin gw. J. Ballinger (gol.), *Rhann o Psalmae Dafydd Brophwyd* (Caerdydd, 1930), tt. 3–5; G. A. Williams, 'Mydryddu'r salmau yn Gymraeg', LlC, XVI (1989–91), 123–4.

41 *CWP*, rhif 543.

42 PRO, SP 14 58/20; *CSPD, 1603–1610*, LVIII (6), t. 640.

43 *CWP*, rhif 338.

44 *CWP*, rhif 677. Am Peter Sharpe, ficer Llanrwst gw. Thomas, *St Asaph*, II, t. 343.

45 LlSC, Llsgr. Caerdydd, rhif 4.58, t. 47; Hill, *Economic Problems of the Church*, tt. 189, 234. Cyfeiriodd Parry at ymyrraeth anhrefnus Hughes â thiroedd yr eglwys, PRO, SP 14 45/2.

46 Thomas, *St Asaph*, II, t. 343.

47 *CWP*, rhif 677.

[48] LlSC Llsgr. Caerdydd, rhif 4.58, t. 47. Nid yw'r llythyr hwn wedi ei gatalogio gan Ballinger.

[49] Ibid., Llsgr. rhif 4.57.

[50] *CWP*, rhif 760.

[51] Ibid., rhif 826.

[52] Jones, 'Bishop Lewis Bayly and the Wynns of Gwydir', 406–11.

[53] *CWP*, rhif 374.

[54] Ibid., rhifau 778, 859; Thomas, *St Asaph*, II, tt. 336–7.

[55] Thomas, *St Asaph*, I, t. 227; J. Y. W. Lloyd, 'History of the Lordship of Maelor Gymraeg or Bromfield . . .', t. 238–9; Roberts, *Cwtta Cyfarwydd*, t. 95. Gw. hefyd LlB, Llsgr. Harleian 2129, f. 89b.

[56] LlSC Llsgr. Caerdydd, rhif 4.57; *Letters of William Morgan . . . and Richard Parry . . .* (arg. preifat, 1905), t. 17. Cymharer Epistol Paul at y Rhufeiniaid, 14:8. 'Os byw yr ydym, i'r Arglwydd yr ydym yn byw, as os marw, i'r Arglwydd yr ydym yn marw. Prun bynnag ai byw ai marw yr ydym, eiddo'r Arglwydd ydym'. *Y Beibl Cymraeg Newydd* (arg. diwygiedig 2004), t. 178.

[57] W. J. Smith (gol.), *Calendar of Salusbury Correspondence, 1553–*c.*1700* (Cardiff, 1954), rhifau 309–11, 313, 317, 391, 395.

[58] HMC, *Salisbury MSS*, XVII, t. 374; *CSPD*, *1611–1618*, LXXIV (dim rhif), t. 191; ibid., LXXVI (3), t. 220; E. G. Jones, 'Catholic recusancy in the counties of Denbigh, Flint and Montgomery, 1581–1625', *Traf. Cymmr.*, 1945, 118.

[59] Jones, 'Catholic recusancy', 118; I. ap O. Edwards (gol.), *A Catalogue of Star Chamber Proceedings Relating to Wales* (Cardiff, 1929), t. 166.

[60] PRO, SP 14 76/3; HMC, *Salisbury MSS*, XVII, t. 374; *CWP*, rhifau 1388, 1503.

[61] *Lords Journals*, II, tt. 408, 473, 389, 503, 511–12, 514, 527.

[62] *CWP*, rhif 642.

[63] Gruffydd, 'Richard Parry a John Davies', tt. 183–4; C. Ashton, *Bywyd ac Amserau yr Esgob Morgan, Cyfieithydd Cyntaf y Beibl Cymraeg* (Treherbert, 1891), tt. 288–97.

[64] Glanmor Williams, 'Dadeni, Diwygiad a diwylliant Cymru' yn *idem*, *Grym Tafodau Tân: Ysgrifau Hanesyddol ar Grefydd a Diwylliant* (Llandysul, 1984), tt. 69–72.

[65] Gruffydd, 'Richard Parry a John Davies', t. 184.

[66] C. Davies, *John Davies o Fallwyd* (Caernarfon, 2001), tt. 42–53.

[67] *Idem* (gol.), *Rhagymadroddion a Chyflwyniadau Lladin, 1551–1632* (Caerdydd, 1980), t. 127.

[68] A. H. Williams, 'Origins of old endowed grammar schools', 42.

[69] Rh. F. Roberts, 'Y Dr John Davies o Fallwyd', *LlC*, II, 1952, 35–5; Gruffydd, 'Richard Parry a John Davies', tt. 184–5.

[70] Roberts, 'Y Dr John Davies o Fallwyd', 34; Davies, *John Davies o Fallwyd*, tt. 42–53; Hughes, *Rhagymadroddion*, t. 120.

[71] Ashton, *Bywyd ac Amserau yr Esgob Morgan*, tt. 275–7; C. Davies (gol.), *Rhagymadroddion a Chyflwyniadau Lladin*, tt. 101–4.

[72] C. Davies (gol.), *Rhagymadroddion a Chyflwyniadau Lladin*, t. 121; *idem*, *John Davies o Fallwyd*, t. 22.

[73] Ashton, *Bywyd ac Amserau yr Esgob Morgan*, tt. 275–7.

[74] Ibid.

[75] Davies (gol.), *Rhagymadroddion a Chyflwyniadau Lladin*, t. 102–3.

[76] Ashton, *Bywyd ac Amserau yr Esgob Morgan*, tt. 274, 277.

[77] Ibid.

[78] Gruffydd, 'Richard Parry a John Davies', tt. 182–4.

[79] Ibid.; Ashton, *Bywyd ac Amserau yr Esgob Morgan*, t. 271.

[80] Davies (gol.), *Rhagymadroddion a Chyflwyniadau Lladin*, tt. 102–3.

[81] Gruffydd, 'Richard Parry a John Davies', t. 182; W. J. Gruffydd, *Llenyddiaeth Cymru: Rhyddiaith o 1540 hyd 1660* (Caerdydd, 1926), tt. 77–8; D. Simon Evans, 'Dylanwad y Beibl ar yr iaith Gymraeg' yn R. G. Gruffydd (gol.) *Y Gair ar Waith: Ysgrifau ar yr Etifeddiaeth Feiblaidd yng Nghymru* (Caerdydd, 1988), tt. 67–80.

[82] LlGC, Llsgr. Panton MS, 58, 145b.

VII

DYLANWAD PIWRITANIAETH AR ANGLICANIAETH YNG NGHYMRU YN RHAN GYNTAF YR AIL GANRIF AR BYMTHEG

Yn ei gyflwyniad Lladin o'r Beibl i'r Frenhines Elisabeth I yn 1588, cyfarchodd William Morgan hi fel sofran uchel-ael mawrfrydig a deyrnasai'n ogoneddus mewn heddwch.[1] Tebyg oedd ymateb brwd Thomas Jones, ficer Cilgedin yng Ngwent, yn ei gerdd rydd yn union wedi cwymp yr Armada yn yr un flwyddyn. Disgrifiodd yntau'r frenhines yn ei rhwysg a'i godidogrwydd, yn rheolwraig lwyddiannus ar ei theyrnas a'i Heglwys ac yn goncwerwraig y pwerau Pabyddol a fygythiai o'r Cyfandir ac Iwerddon.[2] Yn ddiau, roedd gan y naill a'r llall ohonynt gymhellion digon gwladgarol dros ei chanmol mewn ffordd mor hael a gwresog, ond gorchuddiai molawdau ysblennydd o'r fath a'r holl orfoledd a fynegwyd ar y pryd flynyddoedd o gyni economaidd a chyllidol a ddangosai wedd hollol wahanol ar gyflwr ei theyrnas.[3] Dyma gyfnod hefyd o ddad-feiliad yn y llywodraeth, dirywiad moesol mewn swyddi cyhoeddus a chynnydd mewn llygredd yn y berthynas rhwng gwŷr llys, a rhai ohonynt o Gymru, a dylanwad ganddynt yng ngweinyddiaeth y deyrnas. Cyfrannodd y pleidgarwch gwleidyddol hwnnw'n fawr tuag at nychdod a arafai'n fawr effeithiolrwydd llywodraeth y deyrnas yn ganolog ac yn rhanbarthol. Er bod dylanwad Piwritaniaeth wedi lleihau yn y llys brenhinol a'r Senedd wedi marwolaeth iarll Caerlŷr yn 1588 cynyddu a wnâi'r ysbryd Piwritanaidd yn Lloegr yn gyffred-inol ymhlith rhai clerigwyr a lleygwyr yn yr Eglwys.[4] Yn y cyswllt hwnnw y mae'n rhaid pwysleisio nad oedd Piwritaniaeth yn ei chyfanrwydd yn fudiad y tu allan i'r Eglwys Brotestannaidd a sefyd-lwyd gan y Frenhines Elisabeth pan oedd y mudiad yn ei fabandod. Oddi mewn iddi yr eginodd Piwritaniaeth yn ei chyfnod cynharaf, a chynyddodd nifer y pregethwyr a 'darlithwyr y pulpud', fel y gelwid hwy. Trwy eu pregethu ychwanegasant at y ddarpariaeth annigonol a geid yn yr Eglwys honno'n barod. Ystyrid bod pregethu'n fodd effeithiol i ddiwygio'r Eglwys. Oddi mewn iddi cafwyd efengyleiddiaeth Biwritanaidd a gryfhaodd safle'r Eglwys honno yng ngolwg Protestaniaid pybyr. Trwy gyfrwng efengylyddiaeth ac addysg bu i'r math hwn o Biwritaniaeth atgyfnerthu'r Eglwys yn ei hymgyrch wrth-Babyddol. Ffurfiai'r garfan 'dduwiol' yn Eglwys Elisabeth oherwydd rhoddwyd pwyslais ar Air Duw a'r ymdrech i sicrhau iachawdwriaeth bersonol ynghyd â sefydlu trefn Galfinaidd seiliedig ar ragordeiniad ac etholedigaeth, galwedigaeth ysbrydol a chyfiawnhad trwy ffydd. Yn ogystal, credwyd bod ymosod ar y 'gwrth-Grist' a phechodau'r cnawd yn rhan hanfodol o genhadaeth Duw ar gyfer Piwritaniaid. Prin bod ymgyrch o'r fath wedi cael dylanwad ar Gymru yn ystod degawdau olaf yr unfed ganrif ar bymtheg a blynyddoedd cynnar y ganrif ddilynol, a hynny'n bennaf am na chafwyd adnoddau priodol mewn gwlad fynyddig ac anghysbell i'w hybu.[5] Datblygasai Piwritaniaeth yn amlach na pheidio mewn canolfannau poblog, yn arbennig yn rhannau dwyreiniol porthladdol o'r deyrnas a welodd ddiwygwyr Protestannaidd yn dylifo iddynt o'r cyfandir, yn arbennig yn nheyrnasiad Edward VI, a chan fod y mwyafrif o'r Cymry cyffredin yn byw mewn ardaloedd gwledig, ychydig iawn o effaith a gawsai'r ymgyrchoedd diwygiadol newydd.

Yn y cyd-destun hwn gellir cyfrif Richard Davies, esgob Tyddewi, a'i ragflaenydd Thomas Young, ynghyd â William Bleddyn, esgob Llandaf, William Hughes, esgob Llanelwy, a William Morgan, cyfieithydd y Beibl, yn wŷr eglwysig a goleddai rai o'r tueddiadau Protestannaidd efengyleiddiol.[6] Daethai pob un ohonynt i gyffyrddiad â diwinyddion o dueddfryd Piwritanaidd yn ystod cyfnod eu haddysg gynnar neu pan oeddent yn ffoaduriaid ar y Cyfandir yng nghyfnod Mari Tudur ar yr orsedd. Yn gynnar iawn yn ei swydd yn esgob gwelodd Richard Davies pa mor faterol ac anystyriol y gallai cymdeithas fod yng Nghymru mewn cyfnod o raib, hunanoldeb a thrythyllwch:

> Edrych ar ddull y byd, yno i cei brofedigaeth. Mae'n gymaynt trachwant y byd heddiw i tir a dayar, y aur, ac arian, a chowaeth, ac na cheir ond yn anamyl vn yn ymddiriet i Dduw, ac yw addaweidion . . . Ni fawdd Duw y byd mwy a dwr diliw: eithr mae chwant da'r byd wedi boddi

> Cymru heddiw, a chwedi gyrru ar aball pob ceneddfae arbennic a rhinwedd dda . . . Maddcuwch i mi hyn o gaswir: herwydd precethu'r caswir ys y yn siars y precethwr . . . Ni chafi o ennyt yma fanegi yr anrhaith a wnaeth chwant da byd, ac anghredinieth i addaweidion Duw ar bob rryw ddyn ynghymru o eisie dysceidieth yr yscrythr lan . . .[7]

Richard Davies, yr esgob a chanddo dueddiadau Piwritanaidd, sy'n llefaru yn y geiriau hynny, yr esgob o dueddiadau diwygiadol cryf nad oedd yn fodlon ar gyflwr y gymdeithas uchelwrol yng Nghymru ei ddydd. O'i gwmpas gwêl drachwant, anrhaith, hunandyb, rhodres a Gair Duw yn cael ei esgeuluso. Perthynai i'r garfan honno o ddiwinyddion a chanddi gysylltiadau agos â diwygwyr Protestannaidd Ewrop yn ystod teyrnasiad Edward VI (1547–53) a'i hanner-chwaer Mari (1553–8).

Un o'r prif resymau am y gwendid sylfaenol a nodweddai ardrefniant eglwysig Elisabeth I oedd methiant y Presbyteriaid oddi mewn i'r Eglwys, dan arweiniad Thomas Cartwright, athro diwinyddiaeth Piwritanaidd yng Ngholeg Lady Margaret yng Nghaer-grawnt, i herio ei threfn esgobyddol, a llwyddiant yr Archesgob Whitgift yn eu trechu. Er hynny, goroesodd Piwritaniaeth gymedrol a ffafriai esgobyddiaeth, a dirprwyaeth o'r Piwritaniaid hynny a luniodd yr argymhellion a gyflwynwyd gerbron y brenin newydd Iago I yn Neiseb y Fil yn 1603. Erbyn hynny datblygasai Piwritaniaeth fwy effeithiol a ffurfiwyd o blith carafanau'r Ymwahanwyr, dan arweiniad gwŷr tebyg i Henry Barrow, Robert Browne a John Greenwood yn Lloegr a'r Cymro John Penry, na dderbynient drefn newydd y frenhines o gwbl, ac felly nid oedd blynyddoedd olaf ei theyrnasiad yn y cyd-destun crefyddol ychwaith yn gyfnod o sefydlogrwydd. Methiant fu ei pholisi i sicrhau unffurfiaeth lwyr trwy gymedroli a dwyn Piwritaniaeth a Phabyddiaeth eithafol ynghyd yn rhan o drefniadaeth eangfrydig yr Eglwys.[8]

Dan amgylchiadau o'r fath datblygodd carfanau gwahanol o grefyddwyr oddi mewn ac oddi allan i'r Eglwys, ac er nad oes tystiolaeth i brofi bod y gwrthdaro rhwng Piwritaniaid cymedrol ac eithafol a'r sefydliad eglwysig wedi cael unrhyw effaith uniongyrchol ar Gymru diau fod y meddylfryd Piwritanaidd wedi dylanwadu ar ddiwinyddiaeth ac ymgyrch genhadol rhai clerigwyr Anglicanaidd yn y wlad. Cyfeiriwyd eisoes na chafodd John Penry na'i syniadau unrhyw ddylanwad ar ei famwlad gan iddo weithredu y tu allan iddi, yn Llundain, Northampton a Chaeredin yn bennaf. Ysgrifennodd lawer am ffaeleddau'r Eglwys Brotestannaidd newydd yn ei hesgobaethau ond nid aeth ati i gynnig rhaglen drefnus, bendant ac ymarferol i geisio diwygio'r sefyllfa.[9]

O astudio cynnyrch llenyddol nifer fach o glerigwyr Anglicanaidd canfyddir bod yr ysbryd Piwritanaidd yn gweithredu ar ffiniau Cymru, er enghraifft yn nhref Wrecsam yn y 1580au, tref a chanddi rai Piwritaniaid ynddi a chysylltiadau rhyngddynt â rhai o'r un tueddiadau â hwy yn sir Gaer a'r cyffiniau dan arweiniad Christopher Goodman, deon Caer, ac eraill.[10] Yn ystod prawf Richard Gwyn, yr ysgolfeistr Pabyddol, yn 1580, tystir i ryw David Edwards, gwneuthurwr melfed a sidan o'r dref honno, 'of a foolish blind zeale being a hotte puritane and of spitefull hatred to ye man's religion', ei ddwyn gerbron yr awdurdodau.[11] Yn wir, yr oedd gan Biwritaniaid beth dylanwad yn y dref yr adeg honno oherwydd iddynt feirniadu'r siryf am fod mor esgeulus yn ymdrin â'r Pabyddion ac yn araf yn eu gwahardd rhag derbyn cymundeb adeg y Pasg:

> In this Assize [sef y pedwerydd yn Wrecsam yn y Gwanwyn 1581] certaine pedlars and tinkers who then bore sway in the town hotte puritanes and full of the Ghospell complained upon the Sherriefe that he was not so sharpe to his prisoners as they required . . . that he relievd them . . . the Protestant preachers have found out of late in their new divinity, that Christian men are bound to relieve felons and murtherers in prison . . . but not Papists and this Christopher Goodman teacheth and practiseth at west Chester where he taketh speciall order that the poore Catholiques in the Castle may reape noe benefit by the poore mans box and other relief which is in the city gathered for prisoners.[12]

Ceir peth tystiolaeth hefyd fod Piwritaniaid yn weithredol ar y ffin â siroedd Amwythig a Henffordd o ddiwedd yr unfed ganrif ar bymtheg ymlaen, megis Rowland Puleston o Bers, curad Wrecsam, Walter Stephens, ficer Trefesgob, sir Amwythig, ac eraill a warchodwyd gan deulu Harley yng ngorllewin Sir Henffordd.[13] Gyda'r bwriad o gryfhau'r ddiwinyddiaeth Brotestannaidd yng Nghymru aeth Huw Lewys, rheithor Llanddeiniolen, ati i gyfieithu i'r Gymraeg *A Spyrytuall and moost Precious Pearle* . . . (1595) gan y gweinidog Zwinglïaidd Otto Werdmüller o Zurich, a defnyddiodd gyfieithiad o'r gwaith hwnnw i'r Saesneg gan Miles Coverdale ar gyfer hynny. Y mae is-deitl y gyfrol honno yn dangos beth oedd ei gymhelliad, sef

> dyscu i bôb dyn garu, a chofleidio y groes, me[g]is peth hyfryd angenrheidiawl ir enaid, pa gonffordd sy yw gael o honi, ple, ac ym ha fodd, y dylid ceisiaw diddanwch, a chymorth ym hob adfyd: a thrachefn, pa wedd y dyle bawb i ymddwyn i hunain mewn blinder, yn ol gair duw.[14]

Gwelir yn y geiriau hyn ac yn ei ragarweiniad i'w gyfieithiad agwedd bendant y rheithor o Arfon tuag at yr angen i bregethu'r gair a gwendidau'r offeiriadaeth. Disgrifia Werdmüller yn 'Awdur duwiol, yn Athro rhinweddol, yn ŵr defosionol, yn bregethwr rhagorol, ac yn weithiwr grymus nerthol yn y winllan ysprydol.'[15] Dyry bwyslais ar edifeirwch a maddeuant pechodau, a gweithredu 'ymynedd a goddefgarwch, i gydoddef gida Christ, fel y gallom hefyd, gyd-teyrnasu gidac ef'.[16] Pwysleisir ganddo rinweddau pregethu da, a rhydd sylw i ddiffygion yn y grefft a'r cynnwys ymhlith pregethwyr mewn gwlad a oedd, yn ei farn ef, wedi colli golwg ar ei hetifeddiaeth ysbrydol. 'Pa faint yw rhwysc cybydd-dod, vsuriaeth, chwant, trais, lledrat ac ysbel in mysc,' meddai, 'fe wyr pawb sy yn dal ac yn craffu ar gwrs y byd.'[17] Atseinir yma eiriau'r esgob Richard Davies. Cymhelliad Huw Lewys yn cyfieithu gwaith Werdmüller oedd ysgogi ei gyd-Gymry i aeddfedu'n ysbrydol ac i ymgyfarwyddo â Gair Duw. Nid oedd yn Biwritan yn ystyr arferol y gair oblegid fe'i dyrchafwyd i safle urddasol yn rhengoedd clerigwyr ei gyfnod yng Ngwynedd,[18] ond nid oes amheuaeth fod ei eiddgarwch dros y ffydd Brotestannaidd yn ei gyfarwyddo i roi'r pwys mwyaf ar bregethiad y Gair a'i gymhwyso i anghenion dynoliaeth.

Gellir cymharu'r hyn a ddywed Huw Lewys am gyflwr truenus y weinidogaeth bregethu â sylwebaeth lem Rhys Prichard, a ddilynai'r un trywydd yn ei gerddi poblogaidd. Meddai Prichard am bwysigrwydd pregethu:

> Y Gair yw'r had sy'n atgenhedlu
> Yn blant i Dduw, yn frodyr Iesu;
> Yn deulu'r nef, yn demle i'r Ysbryd,
> Yn wir drigolion tir y bywyd.[19]

Yn rhagymadrodd Stephen Hughes ar gân i waith Prichard yn 1681, meddai:

> Llawer plwyf, Och Dduw! sydd yno,
> Mewn mawr ddiffyg o'u cyf'rwyddo
> Trwy ddallineb neu 'sgeulusdra
> Rhai o'r 'ffeiriaid llawn cybydd-dra

Can's mae rhai o'r prif offeiriaid
Yno'n ddiofal am eu defaid
Ac yn gadael idd eu dysgu
Rai na fedrant wneuthur hynny.

Tost yw gweled fath guradiaid
Sydd olygwyr ar y defaid,
Dan bersoniaid mawr cyfoethog,
A ficeriaid uchel, enwog.

Deillion, meddwon a gwatwarwyr
Rhai heb 'nabod Duw na'i Sgrythyr,
(Heb ddim malais 'rwyn ei ddweud e',)
Sydd fugeiliaid mewn rhyw fanneu.[20]

Sylwebaeth bur syber yw hon gan bregethwr Piwritanaidd a ddifuddiwyd ac a fynegodd deimladau chwerw am ei gyd-glerigwyr, ac meddai Prichard mewn geiriau tebyg ond heb fod mor llym:

Gwrando'r 'fengyl, Crist yw 'hawdwr,
Pa fath bynnag fo'r pregethwr;
Prisia'r Gair, na phrisia'r gennad,
Crist ei hun a'i helodd atad.[21]

Gan nad oedd cyflwr ysbrydol Cymru gystal ag y dymunai diwygwyr crefyddol iddo fod, fel y tystia sawl awdur yng nghyfnod Elisabeth ac wedi hynny, nid yw'n syndod fod pwyslais ar anghenion moesol yn eglur yng ngwaith y rhai hynny a geisiai ddwyn Cymry i ymgydnabod â chynnwys, ac i ddeall, gweithiau diwinyddol mawr yr oes. Yn wir, ni fyddai cyhoeddiadau o'r fath yn cael nemor ddim effaith ar drwch y boblogaeth anllythrennog ond apeliwyd ar benteuluoedd, eu cydoffeiriaid ac eraill a chanddynt addysg, i ddyfnhau eu ffydd trwy ymlynu wrth athrawiaethau Protestannaidd a'u lledaenu ymhlith gwerin gwlad na feddent y gallu i'w dysgu eu hunain.[22] Dyna'n amlwg oedd bwriad Huw Lewys, a hynny a gyfrifai am ei farn daer am anghenion sylfaenol ei gyd-Gymry.

Yn ei ragarweiniad i *Deffynniad Ffydd Eglwys Loegr* (1595), sef ei gyfieithiad o *Apologia Ecclesiae Anglicanae* (1562) gan John Jewel, esgob Caersallog, ofnai'r lleygwr Maurice Kyffin nad oedd clerigwyr, uchelwyr a gwŷr llythrennog eraill yng Nghymru'n hidio dim am gyflawni gorchwylion o'r fath, yn bennaf am eu bod yn amddifadu eu hiaith a'u diwylliant ac yn lledu eu gorwelion yn fras dros y ffin yn Lloegr. Ac meddai:

> Yn wir chwith iawn yw dal sylw ar lawer o wyr Eglwysig cymreig yn byw ar bris eneidieu dynion, a bagad eraill o Gymry yn cymeryd arnynt eulun dysc a goruchafiaeth, heb genthynt fri'n y byd a'r iaith eu gwlad, eithr rhusso'i doedyd, a chwylyddio'i chlywed, rhag ofn iss-hau ar eu gradd a'u cymeriad.[23]

Y mae'r sylw hwn lawn mor berthnasol i astudiaeth o dueddiadau cymdeithasol yr oes honno ag ydyw o ansawdd y bywyd crefyddol. Y mae cyfieithiad Maurice Kyffin, fel un Huw Lewys, yn safonol a'r amcan eto oedd goleuo ei gyd-Gymry yn hanfodion y ffydd Brotestannaidd trwy amddiffyn ei chredinedd a chynnal ei safle a'i hathrawiaethau.[24]

O symud i flynyddoedd cynnar yr ail ganrif ar bymtheg yng Nghymru canfyddir mewn ffynonellau llenyddol y gwyro cynyddol tuag at dduwiolfrydedd yn hytrach nag ysgolheictod ddyneiddiol. Pwysleisiwyd fwyfwy yr athrawiaethau Piwritanaidd er na cheid mudiad Ymneilltuol neu ymgyrch yn y wlad i sefydlu eglwysi o gwbl. Rhan o'r ymdrech i ledaenu'r ffydd Brotestannaidd a hybu buddiannau'r Eglwys fel prif gynheiliaid y ffydd oedd y cynnydd yn y dull mwy efengyleiddiol a gafwyd yn y lenyddiaeth a'r pwyslais ar dduwiolfrydedd a phregethu'r Gair. Gwyddys bod traethawd gwrth-babyddol ac anghyhoeddedig Rowland Puleston, dan y teitl 'Llefr o'r Eglwys Gristnogedd' (1583), yn Biwritanaidd o ran ei gynnwys ar foes a disgyblaeth eglwysig. Wedi iddo ddilorni'r hyn a gyfrifai ef yn elynion Cristnogaeth yn ei ragymadrodd â ati i bwysleisio gwir hanfod y genhadaeth ysbrydol, yn ôl ei ddehongliad ef ohoni:

> Holl cowir cowmffort oes ddyn a'i iachadwrieth ssy yn sefyll yn vnic yn gwybodeth Crhist Iessv ac mewn moliannv i henw Ef, ac mewn dim arall ney amgenach. Beth ynte (oherwydd hyn) all fod mwy angenrheitiach i iachadwrieth a safiadigeth pob dyn na ffregethv Christ Iessv a'r moliant o'i teyrnas Ef, yr hwn ssy y'w folianv ac yn rhaid y'w foliannv? . . . gedwch ein rran ninae fot yn wyllysgar i neythyr yr vn peth . . . fal i gellir pregethv Christ Iessv a'i folianv Ef, yn anwedic yn yn dyddie ni yma anvwiol heppianvs a'r amsere rhain cysgadvrvs; ymharr rvw rai y mae yr byt yn eglyrhav nev yn dangos i hunan mewn cnawdol cenfigedd a cyflawnol angof o Christ a'i teyrnas Ef.[25]

Yma eto ceir y pwyslais yn bennaf ar bregethu'r efengyl i wrthsefyll holl ddrygau cymdeithas, a'r mwyaf bygythiol ohonynt yn ei farn ef oedd Pabyddiaeth: 'y rhain', meddai, 'ssy yn calyn dychmygion y Rhufenol Antichrist a bryddwydion dynol, yn gyflawnol yn erbyn gair yr Arglwydd Ddvw'.[26]

Yr oedd Robert Powell, ficer Llangatwg Glyn-nedd (1620–44), gŵr a oedd yn uchel iawn ei barch yng ngolwg y Ficer Prichard, a Walter Stephens, rheithor Trefesgob (o 1580 ymlaen), hefyd yn bregethwyr Piwritanaidd tanbaid, a meddai Edward James, a oedd yn hysbys i'r Esgob William Morgan yn Llandaf, ar yr un math o frwdfrydedd. Trueni nad oes mwy o wybodaeth ar gael amdanynt gan iddynt gyfrannu'n helaeth i'r traddodiad Piwritanaidd yn eu broydd. Aeth Edward James ati i gyfieithu *The Book of Homilies*, i'r Gymraeg yn 1606 pan oedd yntau'n ficer Llangatwg Glyn Nedd (1603–*c*.1610), gwaith tra defnyddiol a ymddangosodd yn Saesneg am y tro cyntaf yn 1547.[27] Y mae cynnwys yr homilïau hynny'n arwydd digonol o'r naws Biwritanaidd, er enghraifft, mewn perthynas ag ymarweddiad Cristnogol a disgyblaeth: 'yr homilïau duwiol yma,' meddai Edward James, a ddaethai dan ddylanwad yr Esgob William Morgan yn Llandaf, 'yn y rhai y cynhwysir y prif byncіau o'n ffydd ni ac o'n dyled tuag at Dduw a'n cymydogion'.[28] Rhoddodd Protestaniaeth bwyslais mawr ar y cysylltiad rhwng moeseg Gristnogol ac ymarweddiad yr hwn a ystyrid ganddynt y gwir Gristion fel yr adlewyrchwyd ef yn y berthynas rhwng y Goron a'r Eglwys ar y naill law a chynheiliaid y drefn weinyddol a chyfreithiol gyhoeddus ar y llaw arall. Golygai hynny greu partneriaeth rhyngddynt, a rhoddwyd urddas ddeublyg i'r haenau breintiedig yn yr Eglwys a'r byd seciwlar, trwy eu galluogi i feithrin eu harweinyddiaeth gymdogaethol dan awdurdod y Goron a rhoi nawdd a gwarchodaeth i'r offeiriadaeth.

O droi at yr homilïau gwelir pa mor eang ac ystyriol yw'r cynghorion a roir a pha mor agos ydynt at feddylfryd yr oes am hanfodion defod a moes mewn cymdeithas wâr. Pwysleisir yr angen i fod yn deyrngar i'r Goron ac i'r awdurdodau gwladwriaethol ac i dderbyn yr ysgrythurau, sef y seiliau cymdeithasol i ddiwinyddiaeth Gristnogol. Gallai Piwritaniaid cymedrol dderbyn egwyddorion o'r fath, ac er nad oes tystiolaeth i brofi bod y carfanau cynharaf ohonynt yng Nghymru wedi ymgyfarwyddo â'r homilïau hyn ac wedi eu defnyddio, byddai'r pwyslais parhaol ar foes a disgyblaeth yn sicr o fod yn cydfynd a'u daliadau crefyddol.

Y gwaith llenyddol Anglicanaidd a ddangosodd ddelfrydau Piwritanaidd amlycaf yn ddiamau oedd *The Practice of Piety* gan Lewis Bayly, brodor, y mae'n debyg, o dref Caerfyrddin. Nid oes sicrwydd ble cafodd ei addysg ond cymerodd urddau eglwysig, a thra oedd yn ficer Evesham yn sir Gaerwrangon aeth ati i drosi ei bregethau'n gyfrol a ymddangosodd tua 1611 ac a ddaeth yn glasur yn ei genhedlaeth ei hun.[29] Yn sicr, ymhlith y cyfan a gyhoeddwyd yn ystod yr ail ganrif ar bymtheg y gwaith defosiynol hwn a gafodd y dylanwad mwyaf ar y Piwritaniaid, ac fe'i cyhoeddwyd sawl gwaith yn Saesneg a'i gyfieithu i ieithoedd eraill ac i'r Gymraeg yn 1629 gan Rowland Vaughan Caer-gai, ym Meirionnydd.[30] Cyflwynwyd y gwaith i Siarl, Tywysog Cymru, fel llawlyfr hyfforddiadol iddo i'w alluogi i ddatblygu'r bywyd duwiol. Gan fod Bayly yn Biwritan cymedrol nid yw'n syndod canfod elfennau Piwritanaidd yn ei waith. Clymir wrth ei gilydd y wybodaeth am berchentyaeth a'r delfryd ohoni yn ei gwedd ysbrydol. Yn ei hanfod anelir y gwaith at ddyfnhau'r ymwybyddiaeth o ffydd a'r dehongliad o Dduw. Y mae'r rhan gyntaf yn esboniad ar y Drindod, priodoleddau'r Duwdod ac etholedigaeth. Pwysleisir y llawenydd a ddaw i ran y rhai a etholir a sylwir ar yr angen i chwilio cydwybod, darllen yr ysgrythurau a meithrin cynhysgaeth ffydd. Dyry sylw manwl i fyfyrdod personol a chyflwr yr enaid, bod yn weddïgar, cynnal defosiwn teuluaidd, meithrin duwioldeb fel y gellir gwarchod buddiannau moesol teuluoedd a gwladwriaethau. Gwêl yr awdur rinwedd hefyd mewn addoliad cyhoeddus, sabathyddiaeth, elusengarwch a chymwynasgarwch. Yr amcan yw rhoi'r pwyslais ar rinweddau dynol a'r modd y dylid eu datblygu o fewn cylch 'cred elitaidd'. Meddai yn ei gyflwyniad i Dywysog Cymru (yng nghyfieithiad Rowland Vaughan):

> Duwioldeb ydyw'r peth sy'n eneinio enw da Tywysog ac yn gwneuthur ei wyneb-pryd i ddiscleirio o flaen dynion, ai enaid yn ogoneddus ym mhlith Angelion . . . Oblegid i dduwioldeb y mae'r addewid yn y byd hwn, ac yn y byd sydd i ddyfod. Eithr heb dduwioldeb, nid oes dim diddanwch ir cydwybod oddifewn, na dim tangnefeddyf oddiallan iw ddisgwyl yn y byd hwn, na dim dedwyddwch tragwyddol yn y byd a ddaw.[31]

Noder y geiriau allweddol yn y rhagymadrodd hwn: 'duwioldeb', 'diddanwch', 'cydwybod', 'tangnefedd' a 'dedwyddwch', geiriau a oedd yn agos at galon pob Piwritan a ymhyfrydai yn y dystiolaeth

Gristnogol fel y dadlennid hi yn yr ysgrythurau. Dyry sylw i bedwar rhagorfraint a fwynheir gan etholedigion Duw yn y nefoedd, sef cael teyrnas Dduw'n etifeddiaeth, cael bod yn frenhinoedd ac yn offeiriaid i deyrnasu gyda Christ, cael eu goleuo yn nisgleirdeb yr haul yn y ffurfafen fel gogoneddus gorff Crist, a chynnal saboth wastadol gyda'r angylion sanctaidd i ogoniant, anrhydedd a moliant y Drindod trafendigaid. Ffrwyth hyn oll fyddai fel a ganlyn: 'Hwynt hwy a gânt adnabod Duw trwy wybodaeth perffeithlawn . . . Nyni a gawn gyd-nabyddiaeth a'r allu y tad, a'r ddoethineb y mâb, ac a'r râd yr Yspryd glân; ac a'r anwahanol anian y *Drindod* fendigedig.'[32] Y mae'r gwaith yn ymarferol ac yn amrywiol ei gynnwys, yn cynnig cyngor ar sut i ddarllen, dehongli'r ysgrythurau, paratoi ar gyfer y cymun sanctaidd a marwolaeth a gosod sylfeini'r ffydd Brotestannaidd mewn oes mor druenus pan gyfrifid y rhai lleiaf eu hargyhoeddiad y mwyaf doeth. Er bod gan Bayly rai rhinweddau digon cymeradwy ni chyfrifid ef ymhlith y goreuon o esgobion Cymru a Lloegr ei gyfnod o safbwynt gweinyddu ac arolygu ei esgobaeth. Ni allai sicrhau offeiriadaeth effeithiol a chreodd sawl gelyn iddo'i hun.[33] Er hynny, cafodd *The Practice of Piety* ddylanwad annileadwy ar genedlaethau o Gristnogion mewn sawl gwlad, ac yng Nghymru wedi i'r gwaith gael ei gyfieithu i'r Gymraeg. Yn Lloegr cafodd ddylanwad mawr ar John Bunyan ac yng Nghymru ar Robert Llwyd, ficer y Waun, a chyfieithydd i'r Gymraeg *The Plaine Mans Pathway to Heauen* (1601) gan Arthur Dent, clerigwr Anglicanaidd yn South Shoebury, ger Southend yn Essex, a chanddo dueddiadau Piwritanaidd cryf.[34] Erlidiwyd Dent oherwydd ei anghydffurfiaeth gan John Aylmer, esgob Llundain, yn bennaf am iddo wrthod gwisgo gwenwisg a dangos arwydd y groes mewn bedydd a gwrthod tanysgrifio i'r Llyfr Gweddi Gyffredin. Y mae cynnwys ei waith yn pwysleisio llygredigaeth y ddynoliaeth, ei hadgenhedliad ac adrannau unigol ar nifer o bechodau dynol. Credai mewn rhagordeiniad, etholedigaeth, Dydd y Farn a iachawdwriaeth trwy ras Duw. Mater o gydwybod oedd y cyfan iddo ef a'i ddilynwyr pan wrthodasant y Llyfr Gweddi, ac meddai mewn deiseb i Gyngor y Frenhines pan mewn carchar:

> if a man, then, be condemned for doing a lawful action, because he doubts whether it be lawful; how much more should we incur the displeasure of the Lord, and justly deserve his wrath, if we should

> subscribe, being fully pursuaded that there are some things in the book contrary to his word! If our reasons might be so answered by the doctrine of the Bible, and we could be persuaded that we might subscribe lawfully, and in the fear of God, we would willingly consent.[35]

Geiriau cryf ac argyhoeddiadol, a dyna'r math o waith yr ymgodymodd Robert Llwyd ag ef. Yn ei ragymadrodd i'r darllenydd dygodd Llwyd i gof bwysigrwydd campwaith Bayly gan gyfeirio at y fersiwn Cymraeg disgwyliedig gan Rowland Vaughan. Ac meddai Llwyd yn ganmoliaethus amdano:

> Dyna ŵr bonheddig yn treulio ei amser yn weddol, ac yn ganmoladwy, gan wneuthur gwasanaeth i Dduw, daioni iw wlâd, a llesâd mawr iddo ei hûn drwy gyfieithu y llyfr godidog hwnnw. Pe cymmerai foneddigion ieuaingc ein gwlad ni ryw gyffelyb orchwylwaith duwiol, a buddiol, i dreulio eu hamser arno, ni byddei anllywodraeth, a rhysedd yn cael cymaint rhwysc: Na gwir Grefydd uniawngrêd yn cael cyn lleied brî, a chymmeriad; ac ni byddei occreth yn yssu ac yn bwytta y naill ddarn o'u tiroedd, na thafarndai, a mŵg Tobacco, yn yfed y darn arall.[36]

John Hanmer, esgob Llanelwy, a ddygodd berswâd ar Llwyd i ymgymryd â'r gwaith, efallai yn sgil y dylanwad a gawsai llyfr Bayly arno.[37] Dan y teitl *Llwybr Hyffordd yn Cyfarwyddo yr Anghyfarwydd i'r Nefoedd*, rhannwyd y gwaith yn ddadl rhwng pedwar cymeriad, sef Theologus (y pregethwr), Philagathus (y gŵr da), Asunetus (y gŵr anghyfarwydd) ac Antilegon (y gŵr cecrus). Y mae'n ddiddorol sylwi y tebygrwydd rhwng yr hyn a ddywed Llwyd a'r geiriau a ddefnyddiodd Bayly yn ei gyflwyniad i'r tywysog yn *The Practice of Piety*:

> Felly pe bai vn yn y dyddiau hyn yn myned i edrych am nerth duwioldeb, prin y cai ef weled eulun o hono mewn llawer o gristianogion. Ni bu erioed fwy o bechu, na llai cydwybod am bechu, ni bu y Barnwr erioed nês i ddyfod. A phe deuai y priodfab yr awhon, pa rifedi (or rhai sy'n eu tybied eu hunain yn ddigon doeth a gwybodol) a gaid yn forwynion ffolion, heb vn defnyn o olew ffydd gadwedigol yn eu lampau? O blegid y callineb mwyaf sydd gan lawer yn yr oes hon, ydyw bod yn gall i dwyllo eraill yn gyntaf, ai twyllo eu hunain yn y diwedd.
>
> Ac os digwydd ryw amser i ryw lyfr da ddyfod iw dwylaw, neu ryw feddwl da ddyfod iw pennau, yr hyn a bair iddynt gofio fyrred yw'r oes hon, a gwanned yw eu sicrwydd hwynt am fywyd tragwyddol, pan ddarfyddo y bywyd hwn: ac fel y mae iddynt ryw bechodau cyfrinachol am yr rhain y mae yn rhaid iddynt edifarhau, neu gael eu cospi yn vffern yn ol hyn.[38]

Yn y geiriau hyn y mae Bayly'n adlewyrchu'r hyn a wyddai am ddiffygion moesoldeb yn ei ddydd, mewn llys brenhinol fel ag yn y wlad yn gyffredinol. Pwysleisia'r angen am dduwiolfrydedd ac ni rydd sylw i hawliau dwyfol yn ei ragymadrodd fel y gwnai Iago I ond, yn hytrach, dehongli grym y brenin mewn cyd-destun a gydweddai â'r meddwl Piwritanaidd.

Yr oedd Hanmer wedi marw cyn i'r *Llwybr Hyfforдd* ymddangos a chyflwynodd Robert Llwyd y gwaith i'w olynydd, yr esgob cydwybodol John Owen, a anwyd yn Burton Latimer yn swydd Northampton o deulu Cymreig â'i wreiddiau ym Modsilin, Aber, sir Gaernarfon.[39] Tueddiadau Piwritanaidd cymedrol Hanmer a gyfrifai, y mae'n debyg, pam y gofynnodd i Robert Llwyd yn y lle cyntaf i ymgymryd â'i dasg. Gwyddai Rowland Vaughan am alluoedd a thueddiadau crefyddol Robert Llwyd oherwydd, yn ei anerchiad i'r darllenydd, meddai:

> Edrych a ddichon y llyfr hwn roddi meddyginiaeth i'th enaid neu lyfrau eraill oi gyffelyb: megis y llyfr odiaethol a gyfenwir *llwybr hyfforddi'r nefoedd* o gyfieithiad y llên dysgedig, am hanwyl athro Mr. Ro. lloyd Ficar y waen, neu bregeth am edifeirwch o waith yr vnrhyw gymreugydd rhagorol: ac oni ddichon hynny beri i ti wellhau dy fuchedd, ni byddit ti ddim gwell *pe cyfodai vn oddiwrth y meirw i'th athrawiaethu.*[40]

Yn ei ragymadrodd i'r darllenydd pwysleisia Robert Llwyd eto bwysigrwydd diwallu anghenion deiliaid y cartref, a dyry'r cyfrifoldeb, mewn dull nodweddiadol Biwritanaidd, ar ysgwyddau'r penteulu (*paterfamilias*) i ofalu bod y ddyletswydd deuluaidd yn cael ei gweithredu:

> Canys er porthi o honot gyrph dy blant, a'th deulu, a gadel ar hynny heb ymorol a'm eu heneidiau, beth yr wyt ti yn ei wneuthur iddynt chwaneg, nac a wnei i'th farch, i'th ŷch, ie i'th gî? Darllein hwn gan hynny, i'th wraig, ac i'th blant.[41]

Â rhagddo ymhellach i ymosod yn llawdrwm ar fateroliaeth ei gyfnod ac ar y tueddiadau i anwybyddu pynciau crefyddol a'u lle ym mywyd yr unigolyn rhagor na chwaraeon a diddanwch pobl gyffredin yng nghefn gwlad. Yn y cyswllt hwn y mae'n ddiddorol nodi'r chwe ystyriaeth a gynhwysa'n union cyn cyfieithu'r testun:

(i) Trueni dyn tan naturiaeth, a'r ymadferth i ddiangc Ragddo.
(ii) Anwiredd yr amser ymma, a chyffredin lygredigaeth y byd.
(iii) Nodau plant Duw, a nodau y rhai gwrthodedig: ac arwyddion hyspys o iachawdwriaeth, a damnedigaeth.
(iv) Mor anhawdd yw myned i fywyd: a lleied yw nifer y rhai â ânt yno.
(v) Anwybodaeth y byd, a'i wrth-attebion yntef.
(vi) Hyfryd addewidion yr Efengyl, ac aml drugareddau Duw ir sawl oll â edifarhânt, ac â gredant, ac a wir ddychwelant atto ef.[42]

Mewn cyfnod pan oedd cymaint o anllythrennedd a diofalwch am les ysbrydol daeth i'r casgliad mai'r ffordd orau i weithredu fyddai i'r penteulu ymgymryd â gorchwyl trwy ddysgu darllen. Os na fyddai hynny'n bosibl yna dylid sicrhau bod aelod arall o'r teulu'n cael digon o addysg i'w alluogi i fedru darllen. Yn hyn o beth y mae'n atseinio barn ei gyfoeswr Rhys Prichard sydd hefyd yn bryderus ynglŷn â gallu penaethiaid teuluoedd i ddarllen yr ysgrythurau yn eu hiaith eu hunain. Meddai yntau, gyda'i duedd Biwritanaidd:

Peth c'wilyddus gweld cobleriaid
Yn rhagori ar benaethiaid
Am gadwriaeth eu heneidiau
A'r peth rheita' mewn neuaddau.

Bellach, moeswch in rhag c'wilydd,
Bob rhai, ddysgu pwyntiau crefydd;
Ac ymroi i ddysgu darllain
Llyfyr Duw â'n iaith ein hunain.[43]

Cymharer hynny â datganiad diamwys Rowland Vaughan yn ei anerchiad i'r darllenydd ar ddechrau *Yr Ymarfer o Dduwioldeb*: 'ac ni cheir yn lloegr nemmawr o eurych, neu scubwr simneiau na fedro ddarllain, ac na byddo a'i lyfr tan ei gessel yn yr Eglwys, neu yn ei ddarllain pan fyddo'r achos'.[44] 'Ac meddai Oliver Thomas, y pregethwr Presbyteraidd o Groesoswallt, ar yr un thema yn *Car-wr y Cymru* (1631):

Ym mysc y Saeson ni chewch, ond odid, nêb na fedro ddarllain; ac hyd yn oed meibion, a merched ir graddau gwaelaf o honynt sef eurychod, a chowperiaid, ar cyffelyb a'u Biblau ganddynt, ac yn hyspys ynddynt: Ac yr awrhon gan fod gennym ni gystal môdd, ac achlussur a hwythau, ôch Dduw na chymmerem ni wrth eu esamplau hwy, y cyffelyb helynt a gofal am iechawdwriaeth ein heneidiau.[45]

Yn ei anerchiad i'w 'anwyl geraint a'i *gyd-wladwyr y Cyffredin* Gymru', cyfeiria Oliver Thomas at yr ysgrythurau a oedd bellach ar gael '*nid yn vnig er ys talm o flynyddoedd mewn llyfrau mawrion yn yr Eglwysi plwyfol, eithr yr awr'hon yn y dyddiau hyn wedi ei ddarparu a'i gymhwyso i'r eglwysi bychain sydd (neu a ddylei fod) yn eich tai eich hûn* . . .'.[46] Cyffelyb yw'r modd yr â Prichard ati i ddisgrifio cyfrifoldeb y penteulu duwiol:

Gwna dy dŷ yn demel sanctaidd
I addoli Duw yn weddaidd
Gan bob enaid a fo ynddo
Fore a hwyr yn ddiddiffygio.[47]

Erbyn hyn ymddangosodd cnwd sylweddol o astudiaethau trwm ar strwythur y gymdeithas yn Lloegr yr ail ganrif ar bymtheg a rhai ohonynt yn ddadansoddiad o'r graddau o lythrennedd a gafwyd. Yn ddiau yr oedd awduron seciwlar ac eglwysig yn rhoi pwyslais mawr arno ac ar y budd a geid o fedru darllen. Un agwedd bwysig ar hyn oedd yr angen i baratoi ar gyfer iachawdwriaeth yr unigolyn, a golygai hynny fedru darllen y Beibl a'r Llyfr Gweddi, ac yr oedd gan y penteulu'r cyfrifoldeb i sicrhau bod ei deulu agosaf a'r rhai a'i gwasanaethai yn gallu darllen ac, yng Nghymru, rhoddwyd y pwyslais mwyaf ar ddarllen yn y famiaith yn unig. Yn Lloegr y tebyg yw y gellir mesur maint llythrennedd i fyny o haenau'r morwynion a'r mân rydd-ddeiliaid hyd at yr uchaf eu haen, a hynny mewn ardaloedd trefol a mwy datblygedig yn economaidd. Yng Nghymru ychydig o drefi ar y cyfan a gafwyd, a'r rhan fwyaf o'r rheini'n fwy Saesneg eu hiaith. Yn y wlad, ac eithrio aelodau addysgedig y teuluoedd bonheddig a rhydd-ddeiliaid pur gefnog, ymddengys mai ychydig o lythrennedd a geid. Dyna'n rhannol pam y rhoddwyd cymaint o bwyslais gan rai o dueddfryd Piwritanaidd ar yr angen i bregethu'r Gair, y bu John Penry wrthi'n ceisio ei hyrwyddo, a chafwyd ymhlith rhai o foneddigion Cymru dueddiadau Piwritanaidd. Aeth Morus Wynn, mab Syr John Wynn o Wedir, ati i gynghori ei dad y dylai benodi pregethwr yn eglwys y plwyf Llanrwst yn hytrach na sefydlu elusendai, gan fod angen difrifol goleuo'r bobl yng ngwirioneddau'r ysgrythurau. Wrth gyfeirio at y newyn mawr yn 1623 mewn llythyr at ei dad o Hamburg, lle'r oedd yn masnachu, meddai'n ddiflewyn ar dafod:

> & nowe thinkeing of that dearth I presume to put yow in mind that there is another Dearth that w'ch is worse by far w'ch is not soe sencible as the other, but ought to bee far more and wee may insteid feare to bee that cause of the other, and that is the want of gods word preached amoungst yow by reson of w'ch Diuers soules perish for want of knowledge; non can bee saued without ffaith and how it is wrought in mens hartes but by heareing his word ther; wher the words not hard ther cann be noe ffaith & without ffaith yt is vnposible to please god . . . sh for want of foode, but presumed . . . that many perish for want of eternal foode . . .[48]

Pwysleisia Rhys Prichard hefyd yr angen am bregethu'r Gair. O edrych ar gynnwys ei gerddi gwelir bod yr Hen Ficer yn ymdebygu i'r hyn a gyflwyna Bayly oherwydd y mae cynllun *Yr Ymarfer o Dduwioldeb* a'r cerddi yn dilyn yr un patrwm i raddau helaeth. Dyry Nesta Lloyd sylw i gymariaethau agos iawn rhwng y gweithiau hyn, a thrwy gadw'n agos at *Yr Ymarfer* bu i Prichard 'werineiddio' gwaith Bayly.[49] Gwelir hynny yn adran yr esgob sy'n cynnwys myfyrdodau ar 'dduwioldeb teuluaidd' ac yng ngherddi Prichard ar 'Cyngor i bob penteulu lywodraethu ei dŷ yn dduwiol'. Meddai Bayly (yng nghyfieithiad Vaughan): 'Ac y mae Duw ei hûn yn gorchymyn yn neillduol bob perchen tyaeth i athrawiaethu ei teulu yn ei Air, a'i dwyn eu fynu yn ei ofn a'i wasanaeth.'[50] Ac meddai Prichard yntau:

> Os mynni fod yn ddyn i Dduw
> Yn Gristion sanctaidd tra f'ech byw,
> Gwna dy dŷ yn eglwys fychan
> A'th deulu'n dylwyth Duw ei hunan.[51]

Ymhellach, meddai Bayly: 'Canys esampl ac athrawiaeth duwiol a bucheddol feistr a wna was da a ffyddlon . . . Y rhai oedd ganddynt weision da o herwydd eu bod yn feistred duwiol, a chyfryw rai oeddynt ofalus i wneuthur eu gweision yn weision i Dduw.'[52] Y mae penillion cyfatebol Prichard hefyd yn amlygu priodoleddau rhinweddol y penteulu:

> Myn rai duwiol i'th wasnaethu
> Os dedwyddwch a chwenychi;
> Duw fendithia waith y duwiol
> Pan ddêl aflwydd i'r anneddfol.
> Bydd dy hunan yn oleuni
> Ac yn batrwm o ddaioni
> I'th holl bobol, mewn santeiddrwydd,
> Glendid buchedd ac onestrwydd.[53]

Cymerer enghraifft arall, sef cerdd y Ficer dan y pennawd 'Cyngor i Wrando ac i Ddarllain Gair Duw' sydd, yn ôl un sylwebydd, wedi'i seilio ar *Car-wr y Cymru* gan Oliver Thomas. Yn ddiau ceir ynddi, i bob pwrpas, grynodeb o gynnwys y *Car-wr*.[54] Yn ei ragymadrodd dyry Thomas amlinelliad o'i brif gymhellion, sef darllen a myfyrio ar yr ysgrythurau, sicrhau bod y rhai dan warchodaeth y penteulu yn darllen y Beibl ac annog y penteulu i 'ddwyn eich pobl i gof yn gydnabyddus a Gair Duw drwy fedru ei ddarllein yn eu tai eu hûn, a myfyrio arno gartref gyd a'u teulu'.[55] Ac y mae'r Hen Ficer yntau'n ffyddlon iawn yn ei ddilyn, yn pwysleisio, fel y gwna Thomas, holl rinweddau'r Gair a'r angen i'w ystyried yn ddwys.

Hyrwyddo disgyblaeth bersonol a adlewyrchir mewn darllen ac ystyried Gair Duw a gweithiau eraill perthnasol iddo oedd nod Rhys Prichard. Cyfeiria mewn sawl pennill at ymddangosiad *Y Bibl Cyssegr-Lan* (1630), neu y 'Beibl Bach coron', wedi'i rwymo â'r Llyfr Gweddi Gyffredin (heb y llithoedd) a *Salmau Cân* Edmwnd Prys, canllaw hanfodol i unigolion a garai fyfyrio yn y Gair. Cyhoeddwyd y Beibl hwnnw trwy anogaeth a nawdd dau Biwritan lleyg, sef Syr Thomas Middleton o Lundain ond aelod o deulu amlwg â'i wreiddiau yng Nghastell y Waun, a Rowland Heylin, brodor o Bentreheylin rhwng y Trallwng a Chroesoswallt ym Mhowys. Yr oedd Middleton yn fasnachwr a gŵr busnes llwyddiannus ac yr oedd yn un o gyfrandalwyr cyntaf Cwmni Dwyrain India. Oherwydd ei amlygrwydd ym mywyd masnachol y ddinas fe'i dyrchafwyd yn Arglwydd Faer Llundain yn 1613. Yr oedd Heylin hefyd yn fasnachwr o bwys ac yn gyhoeddwr llyfrau, megis *Yr Ymarfer o Dduwioldeb*, a bu yntau, fel Middleton, yn ei dro yn aldramon a siryf Llundain.[56] Cynorthwyodd Michael Roberts o Fôn, cymrawd o Goleg Iesu, Rhydychen, ar y pryd, i gywiro'r argraffiad ar gais yr Anglican pybyr William Laud, Archesgob Caer-gaint, ac er na nodir hynny, ef a ysgrifennodd ragarweiniad i'r 'Beibl Bach', ac meddai:

> Ac lle y dylai yn bendifaddeu breswylio yn y galon, yr hon yw dodrefnyn pennaf yr enaid. Etto mae'n angenrhaid iddo hefyd breswylio yn y tŷ. Ni wasanaetha yn vnic ei adel ef yn yr Eglwys, fel gwr dieuthr, ond mae'n rhaid iddo drigo yn dy stafell di, tan dy gronglwyd dy hun. Ni wasanaetha i ti ei gyfarch ef bob wythnos, neu bob mis, mal yr wyt ti ond odid yn arfer o gyrchu ir Eglwys; ond mae'n rhaid iddo ef drigo gyda'th ti fel cyfaill yn bwytta o'th fara, fel anwyl-ddyn a phen-cyngor it.[57]

Y mae'r brawddegau hyn yn allweddol i ddeall yr ethos Piwritanaidd a ymddengys yng ngweithiau'r Anglicaniaid llengar hyn. Y mae Syr Thomas Middleton II, sef etifedd yr un a noddodd Feibl 1630, yn ddiddorol o'r safbwynt hwn. Er ei fod i raddau'n dilyn tueddiadau Piwritanaidd ei dad darllenai weithiau Anglicanwyr pybyr megis Jeremy Taylor a Henry Hammond.[58]

Pwysleisiwyd yr unigolyn yn ei berthynas â'r teulu ac â'r gymdogaeth y trigai ynddi. Tanlinella Bayly yr un gwirionedd wrth ddynodi prif amcan ei ddarpariaeth: 'Os dy alwedigaeth yw, cadw tŷ a thylwyth, na thybia fod yn ddigon abl i ti dy hûn weddio a gwasanaethu Duw yn vnion, eithr rhaid i ti beri i bawb a fyddo tan dy lywodraeth wneuthur yr vnrhyw gyd â thi.'[59] Yn yr ail ganrif ar bymtheg rhoddwyd pwyslais mawr ar y cysyniad o 'familial society' a gynhwysai deuluaeth yn ei hystyr ehangaf. Fe'i hystyrid yn hanfod llywodraeth a threfn yn y byd seciwlar. Cydnabuwyd y teulu'n sail i wladwriaeth unedig ddatblygedig dan awdurdod y frenhiniaeth. 'For Puritans,' meddai'r hanesydd cynhyrchiol Christopher Hill, 'the lowest unit in the hierarchy of discipline was not the parish but the household,' ac â ati i drafod yr hyn a eilw'n 'spiritualization of the household'.[60] Yn y cyd-destun hwn y mae'n amlwg fod 'diwylliant beiblaidd' yn araf ddatblygu yng Nghymru fel y datblygasai eisoes yn Lloegr, ond cymerai hynny gryn amser oherwydd y diffygion a achoswyd gan anllythrennedd a gwendidau cymdeithasol eraill. Gwêl y Ficer Prichard effeithiau'r gwendidau hynny ar alluoedd y penteulu i drwytho ei deulu yng ngwirioneddau'r ysgrythurau, ac amlygir hynny yn ei gerddi:

> Gwŷr a gwragedd, merched, meibion,
> Cym'rwn ddysg oddi wrth y Saeson,
> Rhai a fedrant, bob un, ddarllain
> Llyfyr Duw'n eu 'iaith eu hunain.[61]

Daethai'n fawr dan ddylanwad cyfieithiad Rowland Vaughan o *Yr Ymarfer o Dduwioldeb*. Ei fwriad yn ei gerddi oedd cyflwyno prif wirioneddau'r ffydd Gristnogol o fewn fframwaith y meddylfryd Piwritanaidd mewn dull syml a digon ystrydebol yn aml. Y mae ei benillion niferus ac ailymadroddus yn annog ei gyd-Gymry i ddarllen y 'Beibl Bach' yn cynnwys rhai sy'n ddigon cofiadwy ar lafar gwlad hyd at y dyddiau presennol. Rhoddir y pwyslais ar gyflwr ysbrydol yr unigolyn, ei ddyletswyddau tuag at eraill dan ei gronglwyd a'i wasanaeth i Dduw yng nghyd-destun y bywyd seciwlar a chrefyddol. Seilir ei gerddi fynychaf ar weddïau, myfyrdodau beiblaidd, canu salmau ac ymateb y Cristion i foeseg ac ymarweddiad yr hyn a ystyriai ef oedd y gwir Gristion. Drwy'r cyfan amlygir rhagluniaeth Duw, ei holl bresenoldeb a'i hollalluogrwydd, ei drugaredd a pharhad y Cristion mewn cyflwyr o ras. Gwraidd credo'r Piwritan oedd ei sicrwydd y byddai'n cael iachawdwriaeth trwy'r gras hwnnw. Oherwydd y pechod gwreiddiol credid bod dynoliaeth wedi'i dinistrio ond, trwy aberth Crist, a gymerodd arno'i hun faich pechod y byd, rhyddhaodd Duw rai ohonynt a'u harbed rhag y gosb foesol eithaf a rhoi iddynt deyrnas nefoedd. Ganed yr etholedig rai yn ei ras a hwy'n unig, trwy eu duwiolfrydedd a'u gweithredoedd da, yn ôl credo'r Piwritan fyddai'n gymwys i etifeddu'r bywyd hwnnw.[62] Meddai'r Ficer am y gred honno:

Hollalluog ydyw Duw;
Da, a dianwadal yw;
Fe ddwg i ben yr hyn arfaethodd,
Ni chyll ef un o'r rhai ddewisodd.

Y rhai ddetholodd Duw cyn byd,
Rhei'ny eilw Duw'n ei bryd.
Rhei'ny oll a wir sancteiddia,
Ac yn y nef fe'u gogonedda.[63]

Pery'r traddodiad Piwritanaidd cymedrol a geir yn llenyddiaeth grefyddol Cymru rhan gyntaf yr ail ganrif ar bymtheg yng ngwaith yr ysgolhaig mawr Dr John Davies, rheithor Mallwyd, a aeth rhagddo yn 1630 i gyfieithu i'r Gymraeg waith a ysgrifennwyd yn wreiddiol gan y Pabydd Robert Persons yn dwyn y teitl *A Book of Christian Exercise, Appertaininge to Resolvtion* (1582). Cyhoeddwyd addasiad Protestannaidd ohono gan Edmund Bunny, canon yn eglwys gadeiriol Caerefrog ac Anglican Piwritanaidd, gyda'r un teitl yn 1584. Yr oedd Bunny yn dra awyddus i sicrhau fod ei ddarllenwyr yn deall mai addasiad Protestannaidd a gyflwynai, ac ar sail hynny y cyflwynodd ei waith. Meddai yn ei anerchiad i'r darllenydd:

> So the substance of the booke is such, as that a minde that is wel disposed, may with one, and the selfsame labor, gather out of it, both lessons of godliness unto it selfe . . . which wil yeeld us this fruit, that we shal addresse our selves to do, in some good measure, our service to God.[64]

Dyry'r pwyslais ar dduwioldeb a'r modd y mesurir hwnnw mewn gweithrediadau a gwasanaeth Cristnogol.

Dangosodd Saunders Lewis ragoriaethau arddull cyfieithiad Dr John Davies, ac aeth R. Geraint Gruffydd ati i ddadansoddi'r modd clodwiw y bu iddo gyfleu'r fersiwn Protestannaidd.[65] Yn ei ragymadrodd i'w 'anwyl blwyfolion' pwysleisia'r angen i ddarllen un o'r llyfrau gorau i ddysgu dynion sut i 'ymadael â'u drwg fuchedd, a throi at Dduw'.[66] Gosododd Bunny wedd Galfinaidd ar waith Persons gan ymwrthod â chyfeiriadau Catholig at gyfiawnhad gerbron Duw trwy weithredoedd da a dogmâu Pabyddol eraill, a chlodforwyd ei waith gan Richard Baxter a Phiwritaniaid eraill.

Y mae'r blynyddoedd *c.*1629–49 yn allweddol bwysig yn hanes llenyddiaeth Anglicanaidd yn yr iaith Gymraeg oherwydd y cynnyrch arloesol a gryfhaodd yr ethos Biwritanaidd. Yn y blynyddoedd hynny ymddangosodd pum gwaith llenyddol a ychwanegodd ddimensiwn newydd i'r ymgyrch Brotestannaidd, sef *Yr Ymarfer o Dduwioldeb* (1629), y 'Beibl Bach' (1630), *Llwybr Hyfforddd yn Cyfarwyddo yr Anghyfarwydd i'r Nefoedd* (1630), *Car-wr y Cymru* (1631) a *Sail Crefydd Gristnogawl* (1649). Gan nad oes sicrwydd pryd y cyfansoddodd Rhys Prichard ei benillion y mae'n briodol cynnwys ei gynnyrch yntau hefyd o fewn cylch y gweithgarwch hwn gan fod ei dduwiolfrydedd yn cydweddu â'r hyn a geir yng ngweddill y cyhoeddiadau. Mewn gwahanol gyfeiriadau bu i'r gweithiau hyn ddatblygu agweddau parhaol ar y ffydd Brotestannaidd gyda'r pwysau ar dduwioldeb a disgyblaeth yr unigolyn. Evan Roberts, pregethwr a ddifuddiwyd gan yr Esgob Theophilus Field o'i ddarlithyddiaeth yn esgobaeth Tyddewi ac a gynorthwyodd Oliver Thomas yn 1640 i lunio catecism ar gyfer oedolion dan y teitl *Sail Crefydd Gristnogawl*, a gyhoeddodd yn 1649 gyfieithiad golygedig o gyfieithiad Robert Holland o gatecism William Perkins yn dwyn yr un teitl.[67] Fel y dywed R. Geraint Gruffydd dyna osod sylfeini'r mudiad Piwritanaidd yn ei genhedlaeth gyntaf. Daeth i'r casgliad mai yn y 1630au y blagurodd Piwritaniaeth fel ymgyrch genhadol drefnus mewn rhannau o Gymru, y blynyddoedd a welodd ddifuddio William Erbery a Walter Cradoc a sefydlu eglwys annibynnol Llanfaches gan William Wroth, rheithor y plwyf hwnnw a 'the elder statesman of Welsh Puritan Nonconformity', fel y gelwid ef. Gyda chymorth Henry Jessey, gweinidog eglwys gynulleidfaol yn Llundain, sefydlodd gonglfaen i annibyniaeth yn ne-ddwyrain Cymru. Yn ddiau yr oedd y gweithiau y cyfeiriwyd atynt uchod yn ganllawiau hanfodol i dwf y mudiad a hefyd i liwio peth ar feddylfryd diwinyddol Anglicaniaid cymedrol.[68]

Y mae i William Wroth le amlwg a chanolog yn nechreuad y mudiad Piwritanaidd. Ef oedd 'yr ymneilltuwr hŷn', chwedl R. Geraint Gruffydd, ac ymddengys i'w weinidogaeth bregethu gael dylanwad mawr ar ei blwyfolion.[69] Cafodd dröedigaeth tua'r flwyddyn 1635–6 ac, yn ôl un adroddiad o'r profiad a gafodd, dywedir iddo ddod yn argyhoeddedig o wagedd ac oferedd pleserau'r byd ac o bwysigrwydd y pethau tragwyddol. Gweinidogaethodd ar ddwy gynulleidfa yn Llanfaches wedi 1639, a'r tebyg yw fod ei dduwioldeb wedi effeithio'n drwm ar y naill a'r llall. Meddai ar y ddawn i farddoni ac y mae cynnwys ei gerddi, rhai ohonynt yn ddwyieithog, yn arwydd o'i Biwritaniaeth. Wele enghraifft:

O bridd i bridd, ystyria'r gwir
Cyn elych bridd i bridd yn hir
Lle erys pridd mewn pridd yn faith
N[e]s cwnno bridd o bridd ail-waith.

A gweddia ar Dduw yn brudd
Erbyn dy farwolaeth-ddydd
I angylion nef dy ddwyn yn syth
I blith y saint sy'n canu byth.[70]

Marwoldeb yw'r thema, un o'r pynciau mwyaf ystyrlon yng ngolwg y Piwritaniaid. Pwysleisir escatoleg, athrawiaeth y pethau olaf, marwolaeth, atgyfodiad, anfarwoldeb, Dydd y Farn ac ailddyfodiad Crist. Mewn cerdd o'r fath ceir y dehongliad Piwritanaidd yn lle'r safbwynt Anglicanaidd a ddehonglai Dduw yn Dad tosturiol. Duw llym a ymddengys yn y gweithiau Piwritanaidd, ac effeithiau'r llymder hynny ar yr etholedig a'r anetholedig fel ei gilydd a amlygir gan y byddai'n rhaid i'r etholedig brofi eu cymhwyster i etifeddu

Teyrnas Nefoedd wedi ymadael â'r fuchedd hon. Yn rhinwedd ei argyhoeddiadau diau y byddai symbyliad Piwritanaidd cymedrol William Wroth yn gyfrwng i rymuso cred y ddwy garfan yn eglwysi Llanfaches.

Erbyn 1639 yr oedd Piwritaniaeth yng Nghymru wedi datblygu delwedd newydd iddi hi ei hun. Bu i sefydlu eglwys Llanfaches drawsnewid tueddiadau a berthynai i rai carfanau bychain ac unigolion llengar yn fudiad a oedd, ymhen hanner canrif, i dyfu'n rhwydwaith o eglwysi Ymneilltuol dan ofal gweinidogaeth lawn a oedd i osod sylfeini Anghydffurfiaeth radicalaidd y blynyddoedd oedd i ddod.

Er nad bwriad llenorion clerigol oedd rhwygo'r Eglwys sefydledig yn rhan gyntaf yr ail ganrif ar bymtheg, yn ddiau, erbyn diwedd y ganrif, cyfrannodd eu gweithiau gwreiddiol a chyfieithedig yn sylweddol tuag at greu *genre* o arweinwyr a chynulleidfaoedd Ymneilltuol bychain newydd y tu allan i'r Eglwys honno. Ac nid mewn cymdeithasau neilltuedig yn unig y goroesodd yr efengylyddiaeth syber, ond hefyd ymhlith clerigwyr a lleygwyr cryf eu hargyhoeddiadau a fu'n gyfrwng i gynnal y traddodiad hwnnw oddi mewn i'r sefydliad ac i gydweithio yn y man ag Ymneilltuwyr ym maes dyngarwch, elusengarwch ac addysg. Yn eu plith cafwyd gwragedd bonheddig a noddai lyfrau crefyddol yn Gymraeg a Saesneg ac a oedd yn nodedig am eu gweithgarwch elusennol a dyngarol. Noddwyd Rowland Vaughan gan Mrs Margaret Lloyd o Riwedog ym Mhenllyn, ac yn ddiweddarach, rhannai Mrs Margaret Vaughan o Lwydiarth a Mrs Catherine Anwyl o'r Parc, y Bala, yr un dyheadau â hi.[71] Er cymaint oedd y gwrthwynebiad i'r carfanau fwy ceidwadol yn Eglwys Loegr a'r erlid ysbeidiol arnynt, y mae'r cyd-dynnu hwnnw'n glod i ddyfalbarhad yr Ymneilltuwyr cyn y Ddeddf Goddefiad yn 1689 ac wedi hynny.[72]

O droi eto at ddechrau'r ganrif y mae'n ddiddorol sylwi, er enghraifft, ar gynnwys cywydd Huw Pennant i Robert Madrun o Lŷn ar achlysur pan gollodd y bonheddwr hwnnw ei was tra oedd y ddau ohonynt yn teithio gartref dros Draeth Lafan ar afon Menai mewn tywydd garw yn 1603. Prawf Duw ar ffydd Madrun, meddai'r prydydd, oedd y golled, ac ymddengys i'r profiad chwerw gryfhau ymddiriedaeth gwrthrych y gerdd yn ei Greawdwr. Â'r bardd ati i bwysleisio hynny:

O ran mor gywir union,
Heb ball, yw'r ddihareb hon:
A garo Duw a'i gred wir,
Acw hysbys a gosbir;
Dithau'n awr, dramawr ar draeth,
Y dygoist gosbedigaeth:
Duw dan gof oedd yn profi
Dy helaeth grediniaeth di . . .
Dy weddi, Duw a wyddiad,
A roist di ar Iesu Dad,
Am dy fod, mor hynod hyn,
Mor dduwiol, rasol rosyn . . .[73]

Ynghyd â'u berthnasau, Gruffudd ap Rhisiart o Fadrun Isaf a Maredudd ap Tomos Fychan aeth Robert Madrun ati yn 1596 i symbylu Siôn Phylip i ofyn am lyfrau crefyddol, sef y Beibl, y Llyfr Cymun a gwaith mawr John Foxe *The Book of Martyrs* oddi wrth Richard Vaughan, esgob Bangor ar y pryd, pan oeddynt yn adnewyddu eglwys Sant Tudur.[74] Tebyg oedd ymateb Gruffudd Phylip yn ei gerdd farwnad i un o'i noddwyr ym Meirionnydd:

Gwrda gwych, caredig iawn . . .
Yn siampler i'w amser oedd.
Sant a llwyddiant oll iddo,
Siampler o'i gyfiawnder fo;
Bucheddol rasol erioed,
Buchedd rinwedd i'r henoed.[75]

Er nad oedd pob uchelwr yn deilwng o'r fath glod, dengys, er hynny, fel yr aeth y beirdd ati, ar ddiwedd yr unfed ganrif ar bymtheg a dechrau'r un ddilynol, i briodoli i'r rhai mwyaf duwiolfrydig yn eu plith, y rhinweddau bucheddol, a ystyrid y mwyaf cymeradwy mewn oes pan fethodd yr Eglwys wladol â chadw undod cred a disgyblaeth oddi mewn iddi.

Nodiadau

1 Ceri Davies (gol.), *Rhagymadroddion a Chyflwyniadau Lladin*, 1551–1632 (Caerdydd, 1980), tt. 64–5.

2 *Hen Gerddi Gwleidyddol, 1588–1660*, gol. J. H. Davies, Cymdeithas Llên Cymru, II (Caerdydd, 1901), tt. 7–11.

[3] R. Ashton, *Reformation and Revolution*, 1558–1660 (London, 1984), tt. 180–4.
[4] P. Collinson, *The Elizabethan Puritan Movement* (London, 1967), tt. 386–7.
[5] Glanmor Williams, *Renewal and Reformation: Wales, c.1415–1642* (Oxford, 1993), tt. 308–13.
[6] Glanmor Williams, *Wales and the Reformation* (Cardiff, 1997), tt. 288, 308; *idem*, *Bywyd ac Amserau'r Esgob Richard Davies* (Caerdydd, 1953), tt. 111–12.
[7] G. H. Hughes (gol.), *Rhagymadroddion, 1547–1659* (Caerdydd, 1951), tt. 32–3.
[8] Ashton, *Reformation and Revolution*, tt. 141–69.
[9] R. Tudur Jones, 'John Penri, 1563–1593' yn G. H. Jenkins (gol.), *Cof Cenedl: Ysgrifau ar Hanes Cymru*, VII (Llandysul, 1993), tt. 39–68; Glanmor Williams, 'John Penry a'i genedl' yn *idem*, *Grym Tafodau Tân: Ysgrifau Hanesyddol ar Grefydd a Diwylliant* (Llandysul, 1984), tt. 118–39.
[10] R. G. Gruffydd, *'In that Gentile Country . . .': The Beginnings of Puritan Nonconformity in Wales* (Bridgend, 1975), tt. 6–7; D. A. Thomas (gol.), *The Welsh Elizabethan Catholic Martyrs* (Cardiff, 1971), tt. 42, 50, 88. Am Goodman, a oedd yn archddiacon Richmond, gw. J. le Neve (gol.), *Fasti Ecclesiae Anglicanae*, III (Oxford, 1854), t. 267.
[11] Thomas, *Welsh Elizabethan Catholic Martyrs*, tt. 88, 94.
[12] Ibid., t. 93.
[13] Gruffydd, *'In that Gentile Country . . .'*, tt. 6–7; T. T. Lewis (gol.), *Letters of the Lady Brilliana Harley, 1853* (Camden Society, London, 1854), tt. xv, xvii.
[14] W. J. Gruffydd (gol.), *Perl mewn Adfyd* (Caerdydd, 1929), [t. i].
[15] Ibid., [t.xvii]; Hughes, *Rhagymadroddion*, t. 98.
[16] *Perl mewn Adfyd* [t. xix]; Hughes, *Rhagymadroddion*, t. 99.
[17] *Perl mewn Adfyd* [t. xxii]; Hughes, *Rhagymadroddion*, t. 101.
[18] Fe'i dyrchafwyd yn Ganghellor eglwys gadeiriol Bangor (1608), ac yn ganon a phrebendari. Browne Willis, *A Survey of the Cathedral Church of Bangor* (London, 1721), t. 161; A. I. Pryce, *The Diocese of Bangor in the Sixteenth Century* (Bangor, 1927), t. 45; le Neve, *Fasti Ecclesiae Anglicanae*, I, t. 119.
[19] N. Lloyd (gol.), *Cerddi'r Ficer: Detholiad o Gerddi Rhys Prichard* (Cyhoeddiadau Barddas, 1994), t. 56.
[20] R. Rees (gol.), *Y seren foreu neu Ganwyll y Cymry* (Wrexham, arg. 1887), [t. 9].
[21] Lloyd, *Cerddi'r Ficer*, t .60.
[22] Y mae Syr Glanmor Williams wedi trafod llawer ar lythrennedd yng Nghymru'r cyfnod hwn, gw. *idem*, 'Dadeni, Diwygiad a diwylliant Cymru' yn *Grym Tafodau Tân*, tt. 74–6; *idem*, 'Unoliaeth crefydd neu unoliaeth iaith? Protestaniaid a Phabyddion a'r iaith Gymraeg, 1536–1660' yn G. H. Jenkins (gol.), *Y Gymraeg yn ei Disgleirdeb: Yr Iaith Gymraeg cyn y Chwyldro Diwydiannol* (Caerdydd, 1997), tt. 224–7. Gw. hefyd D. Cressy, *Literacy and the Social Order: Reading and Writing in Tudor and Stuart England* (Cambridge, 1980), tt. 42–61.
[23] Hughes, *Rhagymadroddion*, tt. 90–1; M. Kyffin, *Deffynniad Ffydd Eglwys Loegr*, gol. W. P. Williams (Bangor, 1908), [t. viii].

[24] Trafodir rhai o brif gymhellion y ddau awdur hyn yn eu prif weithiau ym mhennod V, tt. 167–87.

[25] Rhagymadrodd Rowland Puleston i 'Llefr o'r Eglwys Christnogedd' (1583) yn T. Jones (gol.), *Rhyddiaith Gymraeg: Detholion o Lawysgrifau a Llyfrau Printiedig*, II, *1547–1618* (Caerdydd, 1956), tt. 54–5.

[26] Ibid., t. 54.

[27] Fe'i dyrchafwyd yn 1606 yn ganghellor eglwys Gadeiriol Llandaf. Gw. le Neve, *Fasti Ecclesiae Anglicanae*, II, t. 2631; Glanmor Williams, 'The Ecclesiastical History of Glamorgan, 1527–1642' yn *idem* (gol.), *Glamorgan County History*, IV *Early Modern Glamorgan* (Cardiff, 1974), t. 247; *idem*, 'Edward James a Llyfr yr Homiliïau' yn *Grym Tafodau Tân*, tt. 180–98; W. J. Gruffydd, *Llenyddiaeth Cymru: Rhyddiaith o 1540 hyd 1660* (Wrecsam, 1926), tt. 105–11.

[28] E. James, *Llyfr yr Homiliïau: Pregethau a osodwyd allan trwy awdurdod . . . i'w darllein ymhob Eglwys blwyf a phob capel er adailadaeth I'r bobl annyscedig*, t. A2(b).

[29] A. Wood, *Athenae Oxonienses*, 4 cyfrol, gol. P. Bliss (London, 1813–20), II, tt. 525–6.

[30] Gw. pennod VIII am astudiaeth bellach o Bayly a'r *Practice of Piety*, tt. 235–60.

[31] R. Vaughan, *Yr Ymarfer o Dduwioldeb*, gol. J. Ballinger (Caerdydd, adarg. 1930), tt. ix–x.

[32] Ibid., t. 85.

[33] *CWP*, nos. 797, 924, 931, 934, 1040, 966, 968, 999, 1183, 1410, 1414–17; J. G. Jones, 'Bishop Lewis Bayly and the Wynns of Gwydir, 1616–27', *CHC*, VI (1973), 404–23. Ar Bayly, gw. J. G. Jones, 'Campwaith Lewys Bayly, esgob Bangor, *Yr Ymarfer o Dduwioldeb*', *Cristion*, Mai/Mehefin 1989, tt. 5–10; J. G. Jones, 'Yr Eglwys Anglicanaidd a Phiwritaniaeth', a G. H. Jenkins, '"A Lleufer Dyn yw Llyfr Da": Stephen Hughes a'i hoff awduron', yn J. G. Jones (gol.), *Agweddau ar Dwf Piwritaniaeth yng Nghymru'r Ail Ganrif ar Bymtheg* (Lewiston/Lampeter, 1990), tt. 19, 29–30; 214–15.

[34] Hughes, *Rhagymadroddion*, t. 130.

[35] A. Dent, *The Plaine Mans Path-way to Heauen* (Belfast, 1994), vi.

[36] Hughes, *Rhagymadroddion*, tt. 130–1. Am Vaughan gw. *ODNB*, 56, tt. 200–1.

[37] Am Hanmer gw. *ODNB*, 25, tt. 61–2.

[38] Vaughan, *Yr Ymarfer o Dduwioldeb*, tt. vi–vii.

[39] Yr oedd ei dad, Owen Owens, yn rheithor Burton Latimer ac, wedi hynny'n archddiacon Môn. D. R. Thomas (gol.), *History of the Diocese of St Asaph*, 3 cyf. (Oswestry, 1908), I, t. 228; *ODNB*, 42, tt. 219; le Neve, *Fasti Ecclesiae Anglicanae*, I, t. 115; Browne Willis, *Survey of the Cathedral Church of St Asaph* (London, 1720), tt. 86–9; *idem*, *Survey of the Cathedral Church of Bangor* (London, 1721), tt. 139–40.

[40] Vaughan, *Yr Ymarfer o Dduwioldeb*, t. xxii; Hughes, *Rhagymadroddion*, tt. 120–1

[41] Hughes, *Rhagymadroddion*, t. 127.

42 R. Llwyd, *Llwybr Hyfford yn Cyfarwyddo yr Anghyfarwydd i'r Nefoedd* (Caerdydd, 1930) [dim rhif tudalen].
43 Lloyd, *Cerddi'r Ficer*, t. 64.
44 Vaughan, *Yr Ymarfer o Dduwioldeb*, t. xx; Hughes, *Rhagymadroddion*, t. 119.
45 M. Morgan (gol.), *Gweithiau Oliver Thomas ac Evan Roberts: Dau Biwritan Cynnar* (Caerdydd, 1981), t. 23.
46 Ibid., t. 19. Am Oliver Thomas gw. *ODNB*, 54, tt. 363–4.
47 Lloyd, *Cerddi'r Ficer*, t. 97.
48 *CWP*, rhif 1132; J. G. Jones, 'Wales and Hamburg: the problems of a younger son' yn R. R. Davies a G. H. Jenkins (goln), *From Medieval to Modern Wales: Historical Essays in Honour of Kenneth O. Morgan and Ralph A. Griffiths* (Cardiff, 2004), tt. 113–14.
49 N. Lloyd, 'Yr Ymarfer o Dduwioldeb a rhai o gerddi Rhys Prichard', *Y Traethodydd*, CL (1985), 94–106; *idem*, 'Rhys Prichard *c.*1579–1644/5', *Carmarthenshire Antiquary*, XXXIV (1998), 25–37. Gw. hefyd R. B. Jones, *'A Lanterne to their feete': Remembering Rhys Prichard 1579–1644, Vicar of Llandovery* (Porth-y-rhyd, 1994); *ODNB*, 45, tt. 333–4.
50 Vaughan, *Yr Ymarfer o Dduwioldeb*, t. 184.
51 Lloyd, *Cerddi'r Ficer*, t. 97.
52 Vaughan, *Yr Ymarfer o Dduwioldeb*, t. 185.
53 Lloyd, *Cerddi'r Ficer*, tt. 99, 100.
54 Ibid., tt. 54–65.
55 Morgan, *Gweithiau Oliver Thomas ac Evan Roberts*, t. 6.
56 *BC*, tt. 335, 636; R. G. Gruffydd, 'Michael Roberts o Fôn a Beibl Bach 1630', *TCHNM*, (1989), tt. 32–4.
57 Hughes, *Rhagymadroddion*, t. 124.
58 G. R. Thomas, 'Sir Thomas Myddelton II, 1586–1666' (Traethawd MA anghyhoeddedig, Prifysgol Cymru, 1967), tt. 27–8.
59 Vaughan, *Yr Ymarfer o Dduwioldeb*, t. 183. Am ymdriniaeth lawnach ar gynnwys ac arwyddocâd *Yr Ymarfer o Dduwioldeb* gw. pennod VIII, tt. 244–55.
60 J. G. Williams, 'Rhai agweddau ar y gymdeithas Gymreig yn yr ail ganrif ar bymtheg', *Efrydiau Athronyddol*, XXX (1968), 42–8; C. Hill, 'The spiritualization of the household', in *Society and Puritans in Pre-revolutionary England* (London, 1964), tt. 443–81.
61 Lloyd, *Cerddi'r Ficer*, tt. 63–4.
62 R. B. Jones, *'A Lanterne to their Feete': Remembering Rhys Prichard 1579–1644, Vicar of Llandovery* (Llanwrda, 1994), tt. 31–3; Lloyd, *Cerddi'r Ficer*, xxiii–xxiii; J. G. Jones, 'Y Ficer Prichard (1579–1644): ei gefndir a'i gyfraniad i'w gymdeithas', *Y Traethodydd*, CL (1995), 238–42.
63 Rees, *Y seren foreu neu Ganwyll y Cymry*, tt. 252–3.
64 E. Bunny, *A Booke of Christian Exercise, Appertaininge to Resolvtion . . .* (London, 1584), preface to the reader [dim rhif tudalen].

[65] S. Lewis, 'Llyfr y Resolusion' yn R. G. Gruffydd (gol.), *Meistri'r Canrifoedd* (Caerdydd, 1973), tt. 147–52; R. G. Gruffydd, 'Richard Parry a John Davies' yn G. Bowen (gol.), *Y Traddodiad Rhyddiaith* (Llandysul, 1970), tt. 175–93.

[66] J. Davies, *Llyfr y Resolusion . . .* (Caernarfon, 1885), [t. 13]; Ceri Davies, *John Davies o Fallwyd* (Caernarfon, 2001), tt. 87–93.

[67] Morgan, *Gweithiau Oliver Thomas ac Evan Roberts*, [tt. 229]–[286]. Am Robert Holland gw. J. G. Jones, 'Robert Holland a "Basilicon Doron" y Brenin Iago' yn J. E. Caerwyn Williams (gol.), *Ysgrifau Beirniadol*, XXII (Dinbych, 1997), tt. 161–88.

[68] Gruffydd *'In that Gentile Country . . .'*, tt. 9–12, 28–30.

[69] Ibid., t. 9. Gw. ymdriniaeth ar Lanfaches ym mhennod IX, tt. 280–7.

[70] Gruffydd, *'In that Gentile Country . . .'*, t. 21.

[71] J. G. Jones, 'Welsh gentlewomen: piety and Christian conduct *c.*1560–c.1700' yn J. R. Guy, K. Jenkins a F. Knight (goln), *Wales, Women and Religion in Historical Perspective, Journal of Welsh Religious History*, VII (1999), 1–37; H. Lewis (gol.), *Hen Gyflwyniadau* (Caerdydd, 1948), yn arbennig tt. 25–6, 30–6.

[72] Glanmor Williams, 'Crefydd dan gysgod erledigaeth' yn *Grym Tafodau Tân*, tt. 210–17; G. H. Jenkins, *Hanes Cymru yn y Cyfnod Modern Cynnar, 1530–1760* (Caerdydd, 1983), tt. 270–8.

[73] LlGC, Llsgr. Ychwanegol, 16129,13. Gw. E. M. Phillips, 'Noddwyr y Beirdd yn Llŷn' (traethawd MA anghyhoeddedig, Prifysgol Cymru, 1973), tt. 149–50.

[74] LlGC, Llsgr. Ychwanegol 16129,17; Phillips, 'Noddwyr y Beirdd yn Llŷn', t. 147.

[75] G. Davies, *Noddwyr Beirdd ym Meirion* (Dolgellau, 1974), tt. 107, 159.

VIII

THE PRACTICE OF PIETY, CAMPWAITH LEWIS BAYLY, ESGOB BANGOR

Enwogwyd Lewis Bayly, esgob Bangor o 1616 hyd at ei farw yn 1631, gan ei gyfrol ddefosiynol *The Practice of Piety*, a gyfieithwyd i'r Gymraeg yn 1629 gan Rowland Vaughan, uchelwr o Gaer-gai, Llanuwchllyn, ym Meirionnydd. Y teitl Cymraeg yw *Yr Ymarfer o Ddvwioldeb yn cyfarwyddo dyn i ryngv bodd Duw*, a chyflwynwyd y gwaith, yn ôl ei dymuniad, i Margaret Lloyd, merch Syr John Lloyd o Geiswyn ger Aberllefenni, a phriod John Lloyd o Riwedog yn Llanfor, Meirionnydd, cyfaill a chymydog i Rowland Vaughan.[1] Cyfeirir ati fel yr 'annwyl vrddasol wraig', ac meddai amdani ar ddechrau ei gyflwyniad:

> Mai na byddwn yn euog o anair ac anvfydd-dod (wir dduwiolfryd fenyw) ni allwn lai na gwneuthur fyngorau ar gyflawni eich dymuniad: sef, cyfieithu y llyfr hwn yn y dafodiaith arferedig i ni ym mro wynedd: megis trwy hyn o beth, y byddwn yn dangos ewyllyscarwch rhwymedig i dalu diolch i chwi am eich aml ddaioni ac boneddigeidd-dra tu ag attaf fi am heiddo.[2]

Arwydd o ddiochgarwch felly, yw'r cyfieithiad llafurus hwn am nawdd a chyfeillgarwch, a hynny, y mae'n debyg, yn ystod ei flynyddoedd cynnar ym Meirion, ac ar ei dymuniad hi y cyfieithwyd y gwaith i'r Wyndodeg. Yr oedd hi a'i phriod John Lloyd yn amlwg iawn eu nawdd i'r beirdd, a chanwyd iddynt gan feirdd fel Rhisiart Cynwal, Siôn Cain, Rhisiart Phylip ac Wmffre ap Hywel.[3]

Ymhlith esgobion Cymru yng nghyfnod y Diwygiad Protestannaidd diweddar, hyd at tua ail ddegawd yr ail ganrif ar bymtheg, Lewis Bayly'n unig, ac eithrio Richard Davies a William Morgan, a'i hamlygodd ei hun oblegid ei ddawn lenyddol. Nid bod y ddawn honno bob amser o'r radd flaenaf, ond bu'n gymorth mawr iddo gynhyrchu, ar wahân i'r Beibl, un o'r gweithiau crefyddol mwyaf poblogaidd a gyhoeddwyd erioed yn Saesneg. Ynghyd â *Holl ddledswydd dyn*, y tybir iddo gael ei ysgrifennu gan Richard Allestree yn 1658 (gwaith a gyfieithwyd gan John Langford yn 1672),[4] a *Taith y Pererin* (1678) gan John Bunyan (a gyfieithwyd gan Stephen Hughes ac eraill yn 1688), ynghyd â *Acts and Monuments* . . . (neu *The Book of Martyrs*, 1563) gan John Foxe a *Holy Living* (1650) a *Holy Dying* (1651) gan Jeremy Taylor cyfrifir *The Practice of Piety* ymhlith y llyfrau defosiynol y bu galw cyson amdanynt, gwaith a elwir 'the most influential book of devotions in the puritan style in the century'.[5] Meddai Lewis Bayly, yn ei ragarweiniad i Siarl, tywysog Cymru, wrth iddo drafod ei amcanion, a ymdebygai i rai Robert Llwyd o'r Waun, a gyfieithodd *The Plaine Mans Pathway to Heauen* (1601) dan y teitl *Llwybr Hyfford yn Cyfarwyddo yr Anghyfarwydd i'r Nefoedd*:

> Yn fy-nymuniad gan hynny am iechydwriaeth cyffredinol . . . mi â ymegnia is i bigo allan . . . yr hên ymarfer o *wir dduwioldeb* . . . Os, bod yn grefyddol *ym mhob oesoedd*, ydoedd yr anrhydedd mwyaf, ond mwy anrhydeddus yw, yn yr oes anghrefyddol hon, fod yn wir batrwm a glain hynod ar dduwioldeb? . . . Duwioldeb ydyw'r peth sy'n eneinio enw da Tywysog, ac yn gwneuthur ei wyneb-pryd i ddiscleirio o flaen dynion, ai enaid yn ogoneddus ym mhlith Angelion . . .[6]

Arwydd yw'r geiriau hyn o'r angen, yn ôl llenorion mwyaf pybyr eu teyrngarwch i'r Eglwys Brotestannaidd sefydledig, i ymdrwytho mewn duwioldeb.[7] Dywedir i waith Bayly gael ei gyhoeddi gyntaf yn y flwyddyn 1611, y flwyddyn pryd yr ymddangosodd fersiwn awdurdodedig o'r Beibl Saesneg, ac ymddangosodd yr unfed argraffiad ar ddeg ohono yn 1619. Yn y flwyddyn honno anfonodd Syr John Wynn o Wedir gopi o'r gyfrol i'w fab Morus Wynn, y darpar fasnachwr a feddai ar dueddiadau Piwritanaidd, yn Hamburg fel y gallai fyfyrio ar ei chynnwys.[8] Digwyddodd hynny dros ddegawd cyn i'r gyfrol gael ei chyfieithu i'r Gymraeg. Ymddangosodd yn Ffrangeg yn 1625, y Bwyleg yn 1647, yr Almaeneg yn 1629, yn iaith brodorion America yn 1665 ac yn iaith Romansch yn 1668. Yn 1735 – blwyddyn tröedigaeth Howel Harris – ymddangosodd y trigeinfed namyn un argraffiad o *The Practice of Piety* yn Saesneg. Erbyn hynny, cafwyd chwe argraffiad o'r campwaith yn Gymraeg a'r cyfan yn seiliedig ar gyfieithiad Rowland Vaughan.

Cyflawnwyd y gorchwyl o gyfansoddi *The Practice of Piety* gan ŵr a aned, fe gredir, yn nhref Caerfyrddin, ac a addysgwyd yng Ngholeg Exeter yn Rhydychen lle yr enillodd raddau BD (1611) a Doethur mewn Diwinyddiaeth (1613) am ei astudiaeth o dduwiolfrydedd.[9] Ni chyfrifwyd ef yn ysgolhaig disglair y pryd hwnnw ac ni ddangosodd addewid addysgol arbennig yn ei ddyddiau cynnar. Er hynny, enillodd Lewis Bayly gryn gymeradwyaeth iddo'i hun a bu'r brenin Iago I yn gefnogol iddo. Fe'i noddwyd gan deulu Johns, Abermarlais, a chafodd fywoliaeth Shipston-on-Stour, a'r tebyg yw mai yn ystod ei gyfnod yn ficer Evesham yn sir Gaerwrangon y cyfansoddodd y cyfan o'r gwaith a roddodd enwogrwydd iddo. Dywedir mai ei bregethau yno oedd sail *The Practice of Piety* oblegid rhoddai gyngor ar sut i ddarllen y Beibl a chyngor ar sicrhau'r ffydd yn erbyn Pabyddiaeth. Cydnabuwyd bod Bayly'n bregethwr da ac fe'i penodwyd yn brifathro'r ysgol ramadeg yno. Wedi hynny fe'i dyrchafwyd yn un o gaplaniaid y brenin Iago I, yn ficer absennol plwyf Llanedi yn sir Gaerfyrddin, yn drysorydd cabidyldy San Pawl yn Llundain ac yn gaplan i'r Tywysog Harri, etifedd Iago I a llanc galluog a fu farw'n ddisyfyd yn 1612.[10] I'w frawd Siarl, a ddaeth yn dywysog ar ei ôl, y cyflwynwyd *The Practice of Piety* gyda'r bwriad o ddyfnhau ymwybyddiaeth y darpar frenin o'r angen am baratoad ysbrydol priodol ar gyfer etifeddu'r orsedd.[11] Meddai Bayly wrth yr etifedd i'r orsedd (yng nghyfieithiad Rowland Vaughan):

> Ni bu erioed fwy o eisiau vnion-byr ddilygredig athrawiaeth . . . Ac nid rhyfedd, gan weled ein bod ni wedi ein gadael i wehilion yr amser, yr hwn gan ei fod yn ddiwaethaf sydd angenrhaid iddo fod yn waethaf ei ddyddiau . . . Ac fel y cyfrifid or blaen hwynt . . . yn fwy moddol, y rhai sy'n gweuthur y broffess leiaf ou ffydd.[12]

Bwriad tebyg, i raddau, ond mewn dull mwy seciwlar, oedd gan Iago yntau pan ysgrifennodd *Basilikon Doron* yn 1599, yn bennaf i gynghori Harri sut i wisgo mantell frenhinol a gweithredu'r dulliau mwyaf cymeradwy o lywodraethu. 'Am hynny,' meddai wrtho (yng nghyfieithiad Robert Holland o'r gwaith yn 1604), 'na thybiwch chwi fod uwchter eich goruwchafiaeth yn lleihau eich beieu (ie ac yn llawer llai yn cennhiadu ichwi bechu) ond yngwrthwyneb i hynny y cyfrifir eich bai chwi yn fwy o lawer yn ol maint eich gradd.'[13]

Dangosai Lewis Bayly dueddiadau Piwritanaidd cymedrol yn gynnar yn ystod ei yrfa eglwysig. Casâi Babyddiaeth, ac yn ei bregeth angladdol i'r tywysog, bu mor eofn a chyhuddo rhai aelodau o'r Cyfrin Gyngor o arddel y ffydd honno ac achosodd hynny gryn atgasedd tuag ato yn y cyngor ac yn y llys brenhinol.[14] Fodd bynnag, ni fu hynny'n rhwystr iddo gael ei ddyrchafu'n brebendari Caerlwytgoed (1613–14), archddiacon St Albans (1616) a chaplan y brenin.[15] Er i rai ei anghymeradwyo,[16] yn Rhagfyr 1616 fe'i cysegrwyd yn esgob Bangor.[17] Y tebyg yw mai ymddangosiad a phoblogrwydd *The Practice of Piety* a fu'n bennaf cyfrifol am hynny ac am y ddoethuriaeth mewn diwinyddiaeth a enillasai yn 1613. Parhaodd yn ffafr y brenin hyd at 1621 pan garcharwyd ef am gyfnod byr yng ngharchar y Fleet yn Llundain am ei feirniadaeth lem o'r polisi i ffurfio cytundeb priodas rhwng y Tywysog Siarl (a oedd erbyn hynny'n etifedd i'r orsedd) a'r *infanta* o Sbaen.[18] Dywedir iddo hefyd wrthwynebu'r 'Datganiad Chwaraeon' yn 1618 gan Iago I ynglŷn â'r hyn y gellid ei ganiatáu'n gyfreithlon ar ddydd yr Arglwydd. Dangosodd ei bryder ynghylch buddiannau Protestaniaid ar y Cyfandir ym mlynyddoedd cynnar y Rhyfel Deng Mlynedd ar Hugain, yn arbennig oherwydd y rhan a gymerai Ffredric, Etholydd y Palatîn a mab-yng-nghyfraith Iago, ynddo a'i ymgais aflwyddiannus i sicrhau Coron Bohemia.[19] Er cymaint y gwawd a fwriwyd ar Bayly y pryd hwnnw, yn arbennig ymhlith aelodau dros hir dymor y Cyfrin Gyngor, adenillodd ffafr frenhinol unwaith eto oherwydd y cysylltiad traddodiadol a fu rhyngddo a llys Iago. Yn fuan wedyn dychwelodd i'w esgobaeth i wynebu beirniadaeth eto gan aelodau'r Cyfrin Gyngor a Phiwritaniaid a eisteddai yn Nhŷ'r Arglwyddi. Y pryd hwnnw, fe'i cyhuddwyd o roi swyddi eglwysig i wŷr 'annheilwng'.[20]

Cyn iddo ddychwelyd i Fangor bu Lewis Bayly'n elyn ffyrnig, ac ar y dechrau anghymodlon, i Syr John Wynn o Wedir o ganlyniad i wrthdaro ynglŷn â thiroedd eglwysig yn Llanfair Dyffryn Clwyd, a ffurfiai ran o esgobaeth Bangor, bywoliaeth a roddwyd gan Bayly i'w fab John.[21] Nid oedd ymrafaelion o'r fath yn ddieithr i'r naill na'r llall ohonynt, a buan y bu ymgiprys rhyngddynt yn 1618. Cyhuddwyd Bayly'n fynych yn y cyfnod hwnnw o droseddau ynglŷn â materion esgobol yn bennaf, yn arbennig trefniadaeth a disgyblaeth eglwysig,[22] ac ar yr achlysuron hynny amddiffynnodd yr esgob ef ei hun yn gadarn a di-ildio gan fynnu'n gyhoeddus iddo arolygu'r clerigwyr dan ei ofal yn fanwl, iddo gynnig lletygarwch – a ddisgwylid oddi wrth esgobion – yn hael a thu hwnt i'w alluoedd materol, ac iddo wario tua £600 yn atgyweirio'r eglwys gadeiriol ym Mangor.[23] Fe'i cyhuddwyd hefyd o ymddwyn yn esgeulus ac afradlon wrth reoli ei esgobaeth. Yn 1626, er enghraifft, fe'i cyhuddwyd gan Syr Eubule Thelwall, aelod seneddol sir Ddinbych, o gamweinyddu ariannol, o droseddau rhywiol ac o benodi ymgeiswyr di-Gymraeg ac anghymwys i fywiolaethau.

Yn 1630 gorfodwyd Bayly i'w amddiffyn ei hun yn ffurfiol a cheisio gwarchod ei fuddiannau materol ac ysbrydol yr un pryd mewn esgobaeth a safai ymhlith y gwannaf ei hadnoddau yn y deyrnas gyfan. Protestiodd iddo wneud ei orau i benodi pregethwyr sylweddol yn yr esgobaeth honno; am bob un a ganfu pan ddaethai i'w swydd penododd bedwar yn ychwanegol. Sicrhaodd hefyd ei fod yn annog ei glerigwyr i gateceiddio'n gyson ymhlith y plwyfolion ac yn gofalu bod y clerigwyr hynny'n cydymffurfio â gofynion yr Eglwys a'r wladwriaeth. Cymerodd ei hun yn esiampl o ddiwydrwydd trwy ddatgan iddo bregethu bob Sul nes iddo fynd yn fethedig. Gofalai hefyd am fuddiannau ysbrydol ei bobl trwy gynnal a mynychu synodau eglwysig 'where all my clergy give me an account of every man's life and doctrine'.[24] Mynnodd fod ei holl weithredoedd yn llesol i lywodraeth dda yn yr esgobaeth. Yr amddiffyniad gref honno, yn ddiau, fu'n gyfrwng allweddol iddo fedru adennill cryn dipyn o'i enw da yng nghylchoedd y llywodraeth a'r Eglwys.

Ymhell cyn yr ymrafaelion eglwysig daethai Lewis Bayly yn gyfeillgar unwaith eto â Syr John Wynn o Wedir. Y tebyg yw iddo golli'r dydd ynglŷn â chynnal bywoliaeth Llanfair Dyffryn Clwyd, a theimlai ar y pryd, y mae'n debyg, y byddai'n fwy manteisiol iddo, dan yr amgylchiadau, gymodi'n hytrach na dal ei ddig. Rhoddodd gymorth hael i aelodau o deulu Gwedir yn ystod yr etholiad sir yn 1620 yn erbyn plaid bwerus teulu Griffith o Gefnamwlch yn Llŷn.[25] Yn fuan wedi hynny teimlai'n ddigon hy i apelio ar Syr John Wynn i roi rhan o'r elw a gawsai o'i fwynfeydd plwm yn Nant-bwlch-yr-haearn ger Gwedir, i gynorthwyo'r gwaith o atgyweirio to'r eglwys gadeiriol 'which this rainy weather, for want of a better mantle, weepeth . . . If some special remedy be not taken to recast the greater part of the leads,' meddai ymhellach, 'especially towards the steeple and over the church, the timber is like utterly to perish.'[26] Ymbiliodd ag ef i ddilyn esiampl glodwiw ac anrhydeddus ei ragflaenwyr 'which in this frozen age is grown so small that the largest legacy of that kind is not above a groat . . . Let them not give our adversaries the papists cause to revile our religion,' meddai drachefn, gan daflu ei lach ar Babyddion, 'saying that those churches are allowed to fall into ruin which our devout ancestors built.'[27] Y mae'n amlwg fod Bayly, fel ei ragflaenydd Henry Rowland, yn eiddgar i wella cyflwr adeiladau eglwysig a syrthiasai'n adfeilion mewn cyfnod pan amlygid rhai o wendidau mwyaf difrifol yr Eglwys yng nghanrif gyntaf y Diwygiad Protestannaidd.

Milwriai tlodi cynhenid yr Eglwys yng Nghymru yn erbyn effeithiolrwydd gweinidogaeth yr Esgob Lewis Bayly a'i gyfoedion ac fe'i gorfodwyd ef, fel eraill o'i genhedlaeth, i feddu ar diroedd *in commendam* a gweithredu'n nepotistaidd. Rhoddodd i'w fab John swyddi bras yn esgobaeth Bangor, a mannau eraill, a thebyg fu hanes Theodore a Thomas Bayly, dau fab arall iddo.[28] Fe'i beirniadwyd yn hallt am hynny, ond ni theimlai ei fod yn ymddwyn yn wahanol o gwbl i'w ragflaenwyr ymhlith esgobion Cymru a Lloegr. Ac nid tlodi'r esgobaeth yn unig a'i llesteiriai oblegid fe'i bygythiwyd hefyd gan weithredoedd carfanau Pabyddol cryf, yn arbennig yn Llŷn a Phenrhyn Creuddyn. Ym Môn parai Hugh Owen o Wenynog ym mhlwyf Llanfflewin gryn bryder iddo. Hysbysodd Siarl I yn Rhagfyr 1625 fod Owen wedi ymweld â'i sir enedigol yn gynharach y flwyddyn honno. 'He is a man that had been a captain of that I[s]le,' meddai'n bryderus, 'a most dangerous fellowe, a Romishe recusant who about three years before had given over his place, disposed of his lands and converted his estate into money, and went out of his country and no man knew why,'[29] Y mae'n amlwg fod Bayly, fel rhai o'i gydesgobion, yn bryderus iawn hefyd ynglŷn â chadernid amddiffynnol arfordiroedd gogledd-orllewin Cymru mewn cyfnod o fygythiadau Pabyddol parhaol o Iwerddon a'r Cyfandir: 'the rest of that faction are here so audacious', meddai ymhellach, 'that they never durst be so bold if they knew not of some invasion or conspiracie intended'.[30]

Ymddengys agweddau gwrthgyferbyniol diddorol yng nghyrfa Lewis Bayly yn ystod ei gyfnod ym Mangor. Er iddo feddu ar dueddiau Piwritanaidd cymedrol fe'i beirniadwyd yn llym gan garfanau ohonynt a gwrthwynebwyd ei ddyrchafiad i'r esgobaeth gan George Abbott, archesgob Caer-gaint, a oedd ei hun o dueddfryd tebyg. Er i Bayly bregethu'n rymus yn erbyn drwgweithred niweidiol i'r Eglwys, ef oedd y cyntaf ymhlith clerigwyr ei esgobaeth i fanteisio ar y cyfleusterau a gynigiodd iddo safon byw uwch a mwy parchus nag a fwynhâi'n arferol mewn talaith eglwysig mor wan a diymadferth ei hadnoddau. Yn ychwanegol at hynny, er cymaint ei drafferthion, penderfynodd dynnu'n groes ag un o leiaf o'i leygwyr grymusaf, ac ni fwynhaodd fywyd esmwyth ychwaith yn ei swydd yn ustus heddwch ar fainc ynadon sir Gaernarfon. Bu'n aelod o Gyngor Cymru yn y Mers yn Llwydlo ac o Dŷ'r Arglwyddi er mai ysbeidiol fu ei bresenoldeb ynddynt. Tynnodd nyth cacwn am ei ben yn y llys Sesiwn Chwarter oherwydd fe'i cyhuddwyd yn 1621 o gamddefnyddio ei awdurdod yno ac yn y llys eglwysig esgobaethol, o dderbyn llwgrwobrwyon yn ei swydd yn ustus heddwch, ac o gyhuddo ei gydustusiaid o fyw'n afradlon.[31] Honnwyd iddo roi llwgrwobr o £600 yn dâl am ei ddyrchafiad i'r esgobaeth ac iddo gasglu'r arian trwy drethu ei glerigwyr ddwbl yr hyn y disgwylid iddynt ei dalu. Fel canlyniad, bygythiodd ef y rhai ohonynt na allent neu na fynnent dalu, a diswyddwyd Griffith Williams, ficer Llanllechid a chyfaill i Wynniaid Gwedir, a ddaeth yn un o'i brif elynion.[32]

Cymeriad cymhleth iawn oedd Lewis Bayly ar lawer cyfrif. Ymyrrodd yn fynych mewn materion cyhoeddus a chreodd elynion ymhlith rhai o foneddigion grymusaf ei esgobaeth. Er hynny, parhaodd yn ei swydd am bymtheg mlynedd hyd ei farwolaeth yn 1631. Bu'n gweinidogaethu mewn un esgobaeth dros gyfnod lawer hwy nag unrhyw un o'i gyfoedion mewn esgobaethau eraill yng Nghymru, a bu hynny'n gyfle iddo, er ei ddiffygion, gadarnhau'r ffydd newydd yn ôl ei allu. Dangosai ddiddordeb mawr mewn addysg a mynnai feithrin gweinidogaeth barchus. Gwelwyd yr agweddau hynny, er enghraifft, yn ei gefnogaeth i fab tenant ar ystad Gwedir yn ystod cyfnod ei addysg yn ysgol enwog Rhuthun, a'i wrthwynebiad chwyrn i Syr John Bodfel o Lŷn oherwydd bod hwnnw wedi caniatáu safon glerigol isel mewn bywiolaethau dan ei ofal yno.[33]

Y paradocs hynotaf a amlygir, fodd bynnag, yw hwnnw sy'n dangos y rhwyg sylfaenol a fyddai rhwng Lewis Bayly fel esgob gweithredol a gyfrannai'n gyson i fywyd gweinyddol yr Eglwys a'r wladwriaeth a'r gŵr dysgedig myfyrgar a gyflawnodd un o gampweithiau llenyddol y ffydd Brotestannaidd yn Lloegr. Teg cydnabod iddo gyflawni'r gorchwyl hwnnw rai blynyddoedd cyn iddo gael ei ddyrchafu i esgobaeth Bangor a chyn iddo orfod rhoi llawer mwy o sylw i faterion pwysfawr a llai ysbrydol eu naws, ond dangosodd ei yrfa gynnar iddo ddal syniadau Piwritanaidd pur bendant. Yng nghyflwyniad *The Practice of Piety* i Siarl, tywysog Cymru, dywed Bayly mai ei fwriad oedd ei gymell (yng nghyfieithiad Rowland Vaughan) i 'amlhau mewn grâs, ffydd, a gwybodaeth, a *phôb astudrwydd yn eich cariad i wasanaeth Duw a gwir grefydd*'.[34] Gwêl fod y tueddiadau ffiaidd ac anghymeradwy mewn bywyd yn ormesgar yn y byd ysbrydol a dyry sylw manwl i falltod o'r fath. Y mae ganddo ddatganiadau cymdeithasol i'w cyflwyno gan iddo deimlo'n argyhoeddedig mai sail gwendid y ddynoliaeth oedd ei diffyg ymwybyddiaeth o fodolaeth Duw mewn gweddi, myfyrdod a moliant. Cymhwyso'r profiad o Dduw i'w wir anghenion a ddyry i'r Cristion ei gyfrifoldeb a'i ddyletswydd i brofi gras a'i rannu ymhlith aelodau ei deulu a'i gydnabod. Y dieithrwch oddi wrth Dduw a brofasai a'i gwnâi'n fwy ymwybodol o'r ddealltwriaeth o'r gwacter ysbrydol a welai o'i gwmpas. Meddai, yng nghyfieithiad Vaughan:

> A pha fodd y geill fod yn waeth, gan weled na ŵyr gwagedd pa fodd y bydd gorwageiddiach, nac anwiredd, *anwireddach*? . . . O Dduw Pa galon sancteiddiol na waeda, weled anfynyched y maent yn dyfod i weddio, mor ddianrhydeddus y gwrandawant air Duw? mor ddieithr ydynt ar fwrdd yr Arglwydd? mor gyfannedd y maent yn olygwyr ar *gogmerth* a chwaryddiaeth yr staids? Lle (er eu bod yn Gristianogion) yr ymhyfrydant eu hunain wrth wrando eillion y cythraul yn gwatwor crefydd, a thrwy gabledd yn camarfer geiriau yr Sgrythur sanctaidd yn eu chwarêyddfâu, mor *gynefin* ac yr arferir pibellau *Tobacco* mewn tafarndai.[35]

Nid sylwadau ar anfoesoldeb yr oes yn unig a geir yn y geiriau hyn eithr cyfeiriadau pendant hefyd, gellir tybio, at lygredd y llys brenhinol a gawsai enw drwg yn nheyrnasiad Iago I am anlladrwydd a budrelwa. 'Ni bu erioed fwy o bechu', meddai'n eofn, 'na llai cydwybod am bechu, ni bu y *Barnwr* erioed nês ei ddyfod, ni bu erioed lai o barodrwydd erbyn ei ddyfod.'[36] Pwysleisia Bayly dduwiolfrydedd fel prif nodwedd y llywodraethwyr delfrydol: ni ddyry unrhyw sylw i hawliau dwyfol fel y gwnâi Iago, eithr yn hytrach gwêl hynodrwydd y brenin sofran mewn cyd-destun llawer mwy cydnaws â'r meddwl Piwritanaidd.

'Duwioldeb ydyw'r peth sy'n eneinio enw da Tywysog', meddai, 'ac yn gwneuthur ei wyneb-pryd i ddiscleirio o flaen dynion, ai enaid yn ogoneddus ym mhlith Angelion.'[37] Tanlinellir ganddo'r angen i 'fynych weddïo', gwrando ar air Duw, yr angen i bechaduriaid ymwadu â hwy eu hunain, 'gwrthwynebu gau ddifyrrwch y byd darfodedig', a sicrhau anrhydedd Duw 'mewn duwioldeb'.[38] Ni welai fwy o rin mewn brenin nag mewn gwerinwr tlawd. Ni allai'r naill na'r llall fyth etifeddu'r bywyd tragwyddol heb edifeirwch llwyr:

> Oblegid i dduwioldeb y mae'r addewid yn y byd hwn, ac yn y byd sydd i ddyfod. Eithr heb dduwioldeb, nid oes dim diddanwch ir cydwybod oddifewn, na dim tangneddyf oddiallan iw ddisgwyl yn y byd hwn, na dim dedwyddwch tragwyddol yn y byd a ddaw.[39]

Amcan Lewis Bayly oedd paratoi tywysog Cymru ac etifedd yr orsedd ar gyfer ei swydd yn bennaeth ar wladwriaeth ac Eglwys wladol. Nid anrhydeddau byd, meddai, eithr uniongrededd a chadernid yn y ffydd Gristnogol a'i cyfyd i safle o wir urddas. Dyry'r awdur glod i Iago am ei safiad dros yr Eglwys, a dehonglwyd honno ganddo'n un o brif gadarnleoedd undod y deyrnas gyfunol. Symbol o'r cadernid hwnnw, meddai Bayly, oedd George Abbott, archesgob Caer-gaint. Ef oedd

> ail *Iehoiada* anrhydeddus, yr hwn a wna ddaioni i'n Israel ni tu ag at Dduw, a at ei dŷ ef, gan yr hwn y geill eich Mawrhydi beunydd gael dyscu pureidd-dra crefydd ym *mhob amheuon* o ran iechydwriaeth eich enaid oddifewn; a chyngor i hyfforddi eich cyflwr grasol oddiallan.[40]

Canfu fod Iago nid 'yn unig yn ymddiffynnwr y ffydd o herwydd ei enw, eithr yn ymddiffynnwr y ffydd mewn gwirionedd', yn rhinwedd ei alluoedd yn cynnal corff sefydlog yr Eglwys rhag cael ei ddinistrio gan bleidiau Pabyddol a Phrotestannaidd eithafol.[41] Er na fu'r Eglwys yn ei gyfnod ef yn llwyddiannus yn ei chais i ddileu arwahanrwydd ym mha fodd bynnag, bu'n gyfrwng i atal sectyddiaeth rhag dryllio'r Eglwys honno. Dangoswyd gwrthwynebiad ymhlith carfanau Piwritanaidd cymedrol i unrhyw rwyg bendant â'r Eglwys. Cydnabuwyd Iago yn Oruchaf Lywodraethwr ar y sefydliad hwnnw a phwysleisiwyd uniongrededd. Oblegid hynny, gwarchodai ganonau'r Eglwys a pharchwyd ei swyddogaeth. Dan amodau o'r fath derbyniwyd yr Eglwys wladol gan bawb ac eithrio'r pleidiau mwyaf eithafol.

Rhoddwyd arweiniad pendant i'r cyfeiriad hwnnw gan George Abbott a oedd yn Galfinydd ac a roddai bwys mawr ar eang-gredededd, bron yn nhraddodiad Edmund Grindal, rhagflaenydd Whitgift yn archesgob Caer-gaint. Credai mai yn y Beibl y ceid hanfodion iachawdwriaeth a rhoddodd lai o bwyslais ar draddodiad yr Eglwys nag ar foeseg. Tebyg oedd daliadau John Williams, aelod o deulu Cochwillan ger Bangor, a ddyrchafwyd i ffafr frenhinol trwy gael ei benodi'n esgob Lincoln yn 1621. O gyfnod ei ddyfod i orsedd Lloegr ymlaen dangosodd Iago ei benderfyniad i orseddu ei ddamcaniaethau ei hun ynglŷn â'i frenhiniaeth, rhai a fabwysiadodd yn ei gyfnod caeth yn frenin yr Alban. Er nad oedd bob un o'i syniadau'n dderbyniol i'w Seneddau meddai ar feddwl craff i'w alluogi i fynegi ei feddylfryd gwleidyddol yn groyw. Meddai wrth gynghori ei fab Siarl yn ail ran y *Basilikon Doron*:

> But it is not enough to a good King, by the scepter of good Lawes well execute to gouerne, and by force of armes to protect his people; if he ioyne not therewith his vertuous life in his owne person, and in the person of his Court and company; by good example alluring his Subiects to the loue of vertue, and hatred of vice . . . let your owne life be a law-booke and a mirrour to your people; that therein they may read the practise of their owne Lawes; and therein they may see, by your image, what life they shoulde leade.[42]

Yn y geiriau hyn amlygir pwyslais y brenin ar sefydlu trefn, disgyblaeth, uniongrededd ac ufudd-dod yn ei deyrnas newydd.

Yn ei lythyr cyflwyno i'r Tywysog Siarl rhoddodd Lewis Bayly sylw hefyd i rai o brif egwyddorion brenhiniaeth gyfiawn, fel y dehonglwyd hynny gan Galfiniaid cymedrol o fewn yr Eglwys wladol. O safbwynt duwioldeb cymharodd y swydd frenhinol â'r distatlaf ymhlith y werin bobl. 'Canys yr Arglwydd sydd yn chwilio yr holl galonnau ac yn deall pob dychymyg meddyliau,' meddai, 'o cheisi ef, ti a'i cei, ond os gwrthodi ef, efe a'th wrthyd tithau yn dragywydd.'[43] Dyry bwyslais ar edifeirwch y pechadur gerbron Duw ar ei ran ef ei hun ac ar ran y gymdeithas y trigai ynddi. Ni allai'r unigolyn fyth ymneilltuo oddi wrth amgylchiadau'r byd o'i gwmpas, a dyletswydd y gwir Gristion yw gweddïo am edifeirwch ar ran y ddynoliaeth. Yr elfen ganolog hon o'r pechadur oddi mewn i'r cyd-destun, lle y gall ei uniaethu ei hun â'i gymdeithas, dal ar yr hyn sydd dda a chyfiawn, a gweithredu cariad, a ddyry i'r *Ymarfer* ei apêl gyffredin:

> Gwna barch i'th well, dal sulw ar y doeth, cynnal gymdeithas y dyn gonest, a châr y dŷn crefyddol . . . Cais lywodraethu y rhai sy'n byw tan dy awdurdod trwy gariad . . . sydd hawdd a diogel, eithr gofal a dychryn a fydd byth yn canlyn creulondeb . . . Cofia er eu bod trwy ddynol ordinhâd, yn dy wasanaethu di; etto trwy briodol drefn gyfiawnach, gweision i Dduw ydynt, ie a chan eu bod yn Gristianogion, nid megis dy weision, eithr vwchlaw gweision, *brodyr anwyl yn yr Arglwydd*. Rheolâ gan hynny ar *Gristianogion* (gan dy fod yn gristion) mewn cariad, a thrugaredd fel Crist dy ben Athro.[44]

Er mwyn rhoi 'meddyginiaeth' i'r enaid yr aeth Rowland Vaughan ati i gyfieithu'r gwaith pwysfawr hwn yn 1630 ac i hybu duwioldeb trwy gyfrwng y Gymraeg.[45] Ceir yn ei eiriau atseiniau amlwg o anogaethau William Salesbury a William Morgan, ymhlith rhai eraill, wrth iddo apelio'n daer at ei gydwladwyr i ddyfnhau eu profiadau ysbrydol yn eu hiaith eu hunain. 'Oh Frutaniaid gwaedol,' meddai, 'cymmerwch chwithau beth poen a thraul, i osod allan eich tafodiaith gyfoethog: oddieithr i chwi fod o vn feddwl a'r cymru seisnigaidd, y rhai sydd yn tybied yn oreu ddeleu a ddiffoddi ein iaith ni.'[46] Sylwebaeth gryno a phur dreiddgar yn wir yw hon ar gyflwr yr iaith Gymraeg y pryd hwnnw ymhlith nifer gynyddol o'r uchelwyr.

O ystyried cynllun *The Practice of Piety* â Bayly ati i drafod twf duwioldeb a sancteiddhad yn yr unigolyn. Dyry yn ei waith eglurhad manwl o dduwiolfrydedd fel y'i dehonglwyd yn ei gyfnod ef. Gwêl mai ffynhonnell pob rhinwedd yw duwiolfrydedd. Meddai J. C. Brauer wrth ddiffinio'r duwioldeb hwn:

> Piety, as understood by the Puritans, was a person's essential religiousness which underlies all religious obedience, actions, and virtues. It was the source for the way one worshipped, for the style and content of one's actions – both private and public . . . Piety was the root of everything for the Puritan.[47]

I'r cyfeiriad hwn â Bayly yntau wrth danlinellu mai sail pob rhinwedd yw duwioldeb, sy'n arwydd o'r adnabyddiaeth o Dduw:

> O ddieithr i ddŷn wir adnabod Duw, ni ddichon, ac ni chais moi iawn wasanaethu ef . . . Am hyn (y dywed yr Apostol) *rhaid yw i'r neb sydd yn dyfod at Dduw gredu ei fod ef, a'i fod yn obrwywr i'r rhai sy'n ei geisio ef.* Ac yn gymmaint ac na ddichon bod dim gwir dduwioldeb, heb wybodaeth o Dduw: na dim *ymarfer* o iawn wybodaeth (gan ddŷn) heb ei adnabod ei hûn. Nyni gan hynny â osodwn i lawr *wybodaeth* am fawrhydi Duw, a thrueni dŷn, megis yn sylfeini isaf ac angenrheidiaf o *Ymarfer duwioldeb*.[48]

Nid yr act o ymgysegru i ofynion Duw yn unig yw hanfod duwiolfrydedd eithr yr adnabyddiaeth lwyr ohono a'r ymroddiad i'w efelychu mewn gair, myfyrdod a gweithred. Trwy weddïo taer a gwrando ar Air Duw newidir yr unigolyn 'o ogoniant i ogoniant, gan yspryd yr Arglwydd, yn vn llûn ar Arglwydd'.[49]

A beth yw addewidion bywyd bucheddol?:

> Oblegid i dduwioldeb y mae'r addewid yn y byd hwn, ac yn y byd sydd i ddyfod. Eithr heb dduwioldeb, nid oes dim diddanwch ir cydwybod oddifewn, na dim tangneddyf oddiallan iw ddisgwyl yn y byd hwn, na dim dedwyddwch tragwyddol yn y byd a ddaw.[50]

Y mae'r campwaith yn ei gyfanrwydd yn faith ond yn drefnus, a'r arddull yn llyfn ac eglur. Ei fwriad oedd cyflwyno ymarweddiad y Cristion mewn dull ymarferol, ac y mae'n amlwg fod ganddo gynulleidfa bendant mewn golwg, sef y rhai lled gefnog yn y gymdeithas a dyletswyddau penodol ganddynt:

> *Ar ôl gweddio aed pob vn o'r teulu ymmaith (gwedi iddynt yn ofn Duw gymmeryd bwyd a'r boreuol ymborth a drefnodd Duw iddynt): y plant i'r yscol, y gweision at eu gwaith, pob vn at ei swydd, A Meistr a Meistres y teulu at eu galwedigaethau, neu at ryw ymarfer buddiol iw difyrru, fel y gwelont yn gymhesur.* [51]

O fewn cylch eu hadnabyddiaeth pobl rinweddol oedd pobl felly, pobl yr ystyrid bod ganddynt y crebwyll i ddeall ac ymarfer duwiolfrydedd yn eu bywyd pob dydd. Wedi i Bayly ymdrin â sylwedd a phriodoleddau Duw fel y dadlennir hwy yn yr ysgrythurau â ymhellach i ganolbwyntio ar drueni dyn a'i berthynas â'r Creawdwr, cyn ac wedi iddo gael ei gymodi â Duw yng Nghrist. Yna eglurir y rhwystrau sy'n atal y pechadur rhag ymarfer duwioldeb a'i ymddangosiad mewn gweithred gyda chymorth gweddïau, darlleniadau a myfyrdodau priodol. Dyry bwyslais ar yr angen i lywodraethu'r meddwl, y geiriau a'r gweithredoedd, ac â rhagddo i gymhwyso hynny i gyd-destun duwioldeb teuluaidd ac i'r gweddïau dyddiol sy'n cyfoethogi hynny. Ymhellach, rhydd gynghorion ar sut i weddïo adeg ymprydio, dosbarthu elusennau a dathlu achlysuron arbennig.[52] Yn rhannau olaf *Yr Ymarfer* canolbwyntia ar safle y cymun sanctaidd ym mywyd y credadun, a'r angen am sancteiddhad mewn cyfnod o waeledd, ar achlysur merthyrdod ac ar drothwy marwolaeth. Yn ei hanfod, bwriad Bayly yw dangos yr angen am dduwioldeb mewn gair, gweithred a myfyrdod. I sicrhau bywyd sancteiddiol y mae'n rhaid i'r credadun ymroi'n llwyr i Dduw trwy ffydd.[53]

Ceir adrannau pur faith yn cynnwys myfyrdodau ar y gwahanol gyfnodau ar fywyd y pechadur sy'n ei gymodi â Duw yng Nghrist. Ceir cyfeiriadau pendant at ragordeiniad ac etholedigaeth trwy ras Duw, 'Yr hwn wyt wedi dy euogfarnu,' meddai, 'yr awr gyntaf y cymmeraist sylwedd yn y grôth, a chwedi dy farnu i farwolaeth dragwyddol, cyn dy eni i fywyd amserol'.[54] Trafodir y rhagorfreiniau a fwynheid gan yr etholedigion yn y nefoedd a phwysleisir ganddo '*deyrnas Dduw yn etifeddiaeth*', eu safle'n '*frenhinoedd* ac yn *offeiriaid*', ymddangosiad eu cyrff ysbrydol oblegid eu cyneddfau, a'u parhad sanctaidd ymhlith gorseddogion Duw.[55] Hanfod *Yr Ymarfer o Dduwioldeb* yw'r myfyrdodau a'r gweddïau ar gyfer cyfoethogi buchedd y Cristion ymarferol. Heb ddwyster a grymuster y rhain ni wêl yr awdur fod diben i'w gyfrol. Prif rinwedd y gwaith yw'r anogaeth a rydd i'r unigolyn i baratoi ar gyfer deall ystyr yr ymarfer o dduwioldeb, sef yr hyfforddiant a roddir i'r Cristion am Dduw, y myfyrdodau boreol ac, ar gyfer gweddill y dydd, yr angen i ymprydio, y ddyletswydd deuluaidd a defodaeth Dydd yr Arglwydd. Yn rhan olaf y gwaith darperir myfyrdod ar swydd ac arwyddocâd yr Eglwys mewn duwioldeb, sancteiddrwydd y Saboth, rhagoriaethau ewyllys dda a symbolaeth ganolog Swper yr Arglwydd ym mywyd y Cristion. Terfynir y gwaith ag adran helaeth ar ymarwedd y credadun yn ei afiechyd a'i ddyddiau olaf, ac ar gyflwr yr enaid yn awr marwolaeth ynghyd ag agweddau escatolegol eraill. Gosodir hyn oll gan yr awdur ar sail adeiladwaith ysbrydol:

> Canys fel na ellir adeiladu tŷ, oni rôir y sail ar lawr yn gyntaf; felly ni eill *crefydd* chwaith mor *sefyll*, oni bydd hi gwedi ei *seilio* ar wybodaeth

> diogel o air Duw . . . o ni wyddom ni ewyllys Duw, ni allwn ni, nai gredu, nai wneuthur. Canys megis na ddichon neb wneuthur gorchwylion bydol; ond y rhai sydd a gwybodaeth celfyddgar genthynt i'w gwneuthur: felly heb wybodaeth, rhaid yw eu ddynion fod yn fwy aneallgar ac anwybyddus mewn ysbrydol a goruchel bethau.[56]

Gwelir arwyddion eglur o'r ethos Biwritanaidd yn *Yr Ymarfer o Dduwioldeb.* Canolbwyntir ar berthynas yr unigolyn â Duw, ei deulu a'i gymdeithas. Rhoir y cyfrifoldeb pennaf ar y *paterfamilias* i ddyfnhau'r ymwybyddiaeth o dduwioldeb yn holl aelodau'r teulu: 'Os dy alwedigaeth yw cadw tŷ a thylwyth,' meddai, 'na thybia fod yn ddigon abl i ti dy hun weddio a gwasanaethu Duw yn Vnion, eithr rhaid i ti beri i bawb a fyddo tan dy lywodraeth wneuthur yr vnrhyw gyd â thi.'[57] Yr oedd i hyn oll ymhlygiadau cymdeithasol a gwleidyddol yn ogystal â bod yn foddion i greu undod ysbrydol o fewn uned y teulu. Pwysleisiwyd dylanwad 'perchentyaeth' a gallu'r penteulu i 'athrawiaethu ei deulu yn ei Air' mewn perthynas â chyfraith a threfn fel y cyhoeddwyd hynny gan yr Eglwys wladol:

> Pe bai bob perchen teulu, fel hyn yn ofalus (yn ôl ei rwymedig ddlêd) i ddwyn i fynu ei blant a'i dylwyth yn ofn Duw . . . yno y llenwid Tŷ Dduw yn well, ac i'r ymwelid a Bwrdd yr Arglwydd yn fynychach ar y dydd Sabboth; a llafur a phregethiad, y Bigeiliad a ddygai ffrwyth yn well, nac y mae. Ni byddai strydoedd y trefi, a'r dinasoedd, cyn llawned, o rai meddwon, anudonwyr, puteinwyr, a gwatworwyr halogedig . . . ac ni byddai'r carchardai bob *Sessiwn* mor llawn o ladron, speilwyr ffyrdd fawr, bradwyr a llofruddion.[58]

Os am drefn a disgyblaeth rhaid wrth 'feistriaid' da a duwiol; canolbwynt i unrhyw gyfundrefn ddisgybledig yn y byd a'r bywyd seciwlar oedd y teulu unigol yn cynnwys rhieni, plant a'r gweision. Dyma 'fagwrfa a chaer' sefydlogrwydd cymdeithasol: 'Canys esampl ac athrawiaeth duwiol a bucheddol *feistr*', meddai ymhellach, 'a wna *was da* a ffyddlon . . . Y rhai oedd ganddynt weision da o herwydd eu bod yn feistred duwiol, a chyfryw rai oeddynt ofalus i wneuthur eu gweision yn weision i Dduw.'[59] Pwysleisiwyd awdurdod o fewn y cyd-destun cysegredig hwnnw a chredwyd bod y 'familial society' – a ystyrid yn hanfod llywodraeth a threfn yn y byd seciwlar – yn sylfaenol bwysig i gynnal undod organig y gymdeithas leol. Meddai Robert Llwyd, yn ei ragymadrodd i'r *Llwybr Hyffordd yn Cyfarwyddo yr Anghyfarwydd i'r Nefoedd*, am ddyletswydd y penteulu:

> Dysc wrth hwn o fewn y chydig at ei ddechreuad, weled dy gyflwr presennol, a chyrhaeddyd y wir adenedigaeth, i fod yn blentyn i Dduw; ac yna y cei dryssor safadwy, parhaus yn y nefoedd; ti a fyddi cyfoethog yng-Hrist o bob rhadau ysprydol; a'r nefoedd hefyd eiddot ti fydd.[60]

Ymateb tebyg a gafwyd yn y rhagymadrodd i'r 'Beibl Bach' yn 1630. Y mae'n rhaid iddo 'drigo gyda'th ti fel cyfaill yn bwytta o'th fara, fel anwyl-ddyn a phen-cyngor it'.[61]

Yn y cyd-destun hwn priodol yw nodi'r dull a ddefnyddiodd y Dr Griffith Williams, ficer Llanllechid, a gawsai yrfa eglwysig maith a chyffrous, yn ei lythyr yn cyflwyno'i *Delights of the Saints* . . . (1622) i Syr John Wynn o Wedir ac aelodau dethol eraill o'i deulu ychydig flynyddoedd wedi i *The Practice of Piety* ymddangos. Yn y llythyr hwnnw amlygir rhai o hanfodion y bywyd Cristnogol cyhoeddus a gynhwyswyd yng ngwaith Bayly:

> The pious practise of your Worship in all your actions; such daily, priuate and publique praiers in your house, the meales are not more frequent then prayers such care, not only to prouide spirituall food, the preaching of Gods word, to those hungry and thirsting Christians (that doe gape and long for the same, as the drie ground doth for raine in the time of drought) in your Parish Church, and Market towne of Lhan Ruste, euery second market day, but also by your owne continuall example, of coming, and neuer missing to come, yourselfe . . . and calling others, to hearken vnto that diuine exercise, for the furtherance of the same. And then such kinde and louing entertainment of vs Prophets and the Prophets children at your table, where we haue *conuiuium theologicum*, and are most commonly able to make a Iurie of Ministers vpon any controuersial point of Diuinity . . . and such a desire to haue all the poore ignorant people of that countrye instructed in the Catechisme and principles of Christian religion, and many more such like fruits of grace. And likewise the worthie seruice vnto your King, and the great good that you doe vnto your country . . . maintaining the publique peace and tranquillity of all, and especially the releeuing of so many poore as you doe, both at your doores and by your purse . . .[62]

Y mae'n wir nad enillodd Syr John Wynn enw da iddo'i hun ymhlith ei gyfoedion mewn bywyd cyhoeddus i'r graddau y bu i'w gyfaill Griffith Williams ei briodoli iddo, ac efallai y dylid ymatal rhag canu ei glodydd yn ormodol. Sut bynnag, y mae'n ddiau fod y ficer yn uniaethu ei bendefigaeth gynhenid â'r doniau grasusol a etifeddasai, a chanfu ynddynt rinweddau sefydlog a pharhaol. Prif briodoleddau'r rhinweddau hynny oedd duwioldeb, perchentyaeth, disgyblaeth, teyrngarwch, elusengarwch a chywirdeb cymeriad, elfennau cwbl angenrheidiol yng ngwneuthuriad y gwir Gristion yng nghyfansoddiad gwladwriaeth gyfiawn.

A mwy na hynny, aethpwyd ymhellach i ystyried disgyblaeth o'r fath yn sylfaen i undod cenedlaethol. 'The well-ordered family is a true image of the commonwealth,' meddai Jean Bodin yn ei *Six Books of the Commonwealth* wrth ddiffinio safle canolog y teulu disgybledig mewn gwladwriaeth sefydlog, 'and domestic comparable with soverign authority . . . All will be well with the commonwealth where families are properly regulated.'[63] Disgrifiwyd y teulu'n fynych gan Biwritaniaid fel 'eglwys a gwladwriaeth fechan a'r tad yn gyfrifol am ddarparu hyfforddiant crefyddol, gweddi a darllen yr ysgrythur a sicrhau bod i bob aelod o'r teulu ei briod waith.[64] Dehonglwyd y brenin yn 'bencenedl' y deyrnas, neu'r *paterfamilias* cenedlaethol, a ffynhonnell cyfraith. Yn y 'boreol weddi ar ran y teulu', cynhwysir adran ar 'holl stat yr eglwys', y frenhiniaeth, swyddogion y llywodraeth a gweinidogion y Gair: 'llywodraetha di hwynt fel y llywodraethont hwythau arnom ni mewn *heddwch* a *duwioldeb*'.[65] O gofio am y rhagosodiadau hyn, y mae'n eglur mai at deuluoedd lled gefnog y cyfeiria Bayly, at fân ysweiniaid a rhydd-ddeiliaid Piwritanaidd eu tueddiadau a brenhinol eu teyrngarwch gwleidyddol. Amlygir hynny, er enghraifft, yn y weddi foreol a luniodd dros y teulu:

> Yr ydym yn diolch i't hefyd am ein bywyd, ein hiechyd, ein golud, ein rhydd-did, ein llwyddiant a'n heddwch . . . Ni a'th folianwn vn agwedd, am yr holl drugareddau eraill a dywelltaist arnom, yn bendifaddeu am ein cadw a'n gwared y nos hon a aeth heibio, oddiwrth bob niweid a allai ddigwyddo i'n Cyrph a'n heneidiau . . . Ymddiffyn (hefyd O Arglwydd) holl stât yr eglwys, a phob aelod neilltuol o honi: yn enwedig ni a attolygwn i ti barhau tangneddyf a llwyddiant yr Eglwysi o'r teyrnasau hyn lle yr ydym yn byw. Cadw a gwared rhag pob drygau a pheryglon, ein grasusol Frenin *Charles*, y Frenhines *Mari*, y Tywysog *Palatin*, a'i rinweddol gywely *Elsbeth*, a'i tywysogawl heppil. Amlhâ eu dyddiau mewn hyfrydwch a hawddfyd; ac yn y diwedd corona hwynt, â gorfoledd a gogoniant yn dragwydd. Bendithia holl weinidogion dy air, a Swyddogion, a'r holl radau angenrheidiol i'w lleoedd . . .[66]

Pwysleisir trefn, hunanbarch a disgyblaeth mewn cymdeithas. Hebddynt, ni ellid cynnal rhinweddau gorau'r gymdeithas honno ac ni ellid boddhau Duw. Ystyriwyd bod llywodraeth yng ngofal 'meistred duwiol', a'r llywodraeth honno'n hanfod cytgord a heddwch:

> *Bydded y geiriau hyn yr ydwyf yn eu gorchymyn i ti heddyw, yn dy galon. Ac hyspyssa hwynt i'th blant, a chrybwyll amdanynt pan eisteddych yn dy dy, a phan gerddych ar y ffordd . . . Ofna yr Arglwydd dy Dduw a gwasanaetha ef.*[67]

Wedi pwyso a mesur yr ystyriaethau hyn dylid gofyn, beth oedd y gwaddol? Amcan sylfaenol Lewis Bayly oedd darparu hyfforddiadur manwl ar gyfer y darllenydd cyffredin, a hynny mewn dull taclus a threfnus. Lluniodd faes myfyrdod i'r Piwritan a'r 'isel-eglwysig', a phwysleisiodd yr angen i ddarllen y Beibl yn gyson a thrylwyr. Dengys Bayly fod ganddo barch mawr tuag at y Gair, a thrwy hynny tanlinellodd arwyddocâd moesoldeb, cyfrifoldeb yr unigolyn gerbron Duw a'r ymgais i hyrwyddo'r gred mewn 'cyfiawnhad trwy ffydd' a oedd yn graidd i Brotestaniaeth Galfinaidd.[68] Brithir y gwaith, yn ôl dull yr oes honno, â chyfeiriadau beiblaidd a chlasurol niferus, a chynhwysir rhai dywediadau bachog a chyrhaeddgar. Dyry'r awdur bwyslais ar dduwiolfrydedd personol, iachawdwriaeth yr unigolyn ac egwyddorion moesol ac ysbrydol. Ni cheir ynddo fawr ddim diwinydda treiddgar a beichus, a chedwir yn agos at y bwriad i hyfforddi. Er iddo gynnwys nifer dda o gynghorion buddiol ar faterion yn ymdrin â'r bywyd mewnol ysbrydol dyry gryn sylw hefyd i'r agweddau cymdeithasol. O'r pwysigrwydd mwyaf iddo oedd yr adnabyddiaeth o Dduw mewn profiadau personol: 'Pwy bynnac wyt sydd yn edrych yn y llyfr hwn,' meddai ar ddechrau'r *Ymarfer*, 'na chymmer arnat fyth ei ddarllen, onid ymroi oth galon i fod yn ddifrifol arferwr o dduwioldeb.'[69] Seilir y gwaith Saesneg gwreiddiol, i bob pwrpas, ar weddïau, myfyrdodau, darllen y Beibl, canu salmau ac ystyried problemau moesol y Cristion wrth ymadael â'r fuchedd hon.

Dyry gyngor ar sut i ddarllen y Beibl ac ar baratoad ar gyfer derbyn y cymun a marwolaeth. Ceir ganddo gyfarwyddiadau ar seiliau'r ffydd ac ymosoda'n hallt ar Gatholigiaeth a'i diwinyddiaeth. Cyhoeddwyd y gyfrol ganddo o ganlyniad i'w bryder am gyflwr moesol ac ysbrydol deiliaid y deyrnas a'r angen i adnewyddu addunedau eglwysig. Er iddo gredu mewn etholedigaeth a gras Duw, trwy gynnwys enghreifftiau beiblaidd, pwysleisiodd ei drugaredd tuag at yr edifeiriol. Cefnogai gyffes breifat ond cydymffurfiai'n llawn â seremonïau a ffurfwasanaeth Eglwys Loegr.

Yn y gwaith cyfan geilw'r awdur ar y Cristion i amlygu ffydd, dyfalbarhâd, gostyngeiddrwydd ac edifeirwch. Cafodd ddylanwad mawr ar John Bunyan, Philippe Jakob Spener (y Pietistydd Lwtheraidd o'r Almaen), Robert Llwyd, Ellis Wynne ac Iaco ab Dewi ymhlith eraill.[70] Yn *Grace Abounding to the Chief of Sinners* (1666), sef gwaith sy'n olrhain gyrfa ysbrydol John Bunyan, eglurodd yr awdur mai *The Plaine Mans Path-way to Heauen* (1601) a *The Practice of Piety* oedd yr unig waddol a ddaeth gyda'i ddyweddi ar eu priodas. Cawsai'r gweithiau hynny yn ewyllys ei thad a oedd yn ŵr crefyddol. Er nad oedd Bunyan, y pryd hwnnw, wedi teimlo unrhyw gynhyrfiad ysbrydol, cafodd fendith o'u darllen, ac meddai wrth gyfeirio at ei dröedigaeth:

> Yet this she had for her part . . . which her father had left her when he died. In these two books I should sometimes read with her, wherein I also found some things that were somewhat pleasing to me . . . Wherefore these books, with this relation, though they did not reach my heart to awaken it about my sad and sinful state. Yet they did beget within me some desires to Religion.[71]

O ran y cynnwys olynydd teilwng i Lewis Bayly oedd Rhys Prichard, ficer Llanymddyfri. Er nad yw'n wybyddys pryd yn union y cyfansoddwyd y lliaws penillion neu garolau o'i eiddo ef, y mae'n amlwg i gyfieithiad Rowland Vaughan o waith Bayly ei ysbrydoli.[72] Ac nid y gwaith hwnnw'n unig oedd wrth law eithr nifer gynyddol o hyfforddlyfrau defosiwn, megis *Sail Crefydd Ghristionogol* gan Robert Holland (cyfieithiad o waith William Perkins), *Y Llyfr Plygain* (1612), *Y Llyfr Gweddi Gyffredin* (1621 a 1634), *Carwr y Cymru* (1631) gan Oliver Thomas, *Llwybr Hyffordd yn Cyfarwyddo yr Anghyfarwydd i'r Nefoedd* (1630), cyfieithiad o waith Arthur Dent gan Robert Llwyd, ficer y Waun, a *Llyfr y Resolusion* (1632), cyfieithiad Dr John Davies o Fallwyd o waith yr Iesuwr Robert Persons. Canmolodd Rowland Vaughan waith Robert Llwyd yn ei gyfarchiad i'r darllenydd yn *Yr Ymarfer o Dduwioldeb*: 'Edrych a ddichon y llyfr hwn roddi meddyginiaeth i'th enaid,' meddai, 'neu lyfrau eraill oi gyffelyb; megis y llyfr odiaethol . . . o gyfieithiad y llên dysgedig . . . neu bregeth am edifeirwch o waith yr vnrhyw gymreugydd rhagorol.'[73] Tra dyrchafol hefyd oedd geiriau Llwyd am waith Bayly a llafur Vaughan yn ei gyfieithu. Meddai yn ei ragymadrodd i'r *Llwybr Hyfforddd*:

> Mi â amcanaswn chwanegu at ddiwedd y llyfr yma fagad o weddiau, iw harfer ar amryw fâth ar achlyssur, ac achosion; eithr y mae yr 'Ymarfer o Dduwoldeb' ynteu tan y printwasc, ac yn bryssio i ddyfod i wlâd Gymru cyn y gaiaf; Oddiyno y gelli di gael beth bynnag a ddymunech.[74]

Ac meddai ymhellach am Rowland Vaughan, y bonheddwr o uchel dras a fwriodd ei brentisiaeth yn cyfieithu'r llyfr hwnnw:

> Dyna ŵr bonheddig yn treulio ei amser yn weddol, ac yn ganmoladwy, gan wneuthur gwasanaeth i Dduw, daioni iw wlâd, a llesâd mawr iddo ei hŷn drwy gyfieithu y llyfr godidog hwnnw. Pe cymmerai foneddigion ieuaingc ein gwlad ni ryw gyffelyb orchwylwaith duwiol, a buddiol, i dreulio eu hamser arno, ni byddei anllywodraeth, a rhysedd yn cael cymmaint rhwysc: Na gwir Grefydd uniawngrêd yn cael cyn lleied brî, a chymmeriad, ac ni byddei occreth yn yssu ac yn bwytta y naill ddarn o'u tiroedd, na thafarndai, a mŵg Tobacco, yn yfed y darn arall.[75]

Dywed y geiriau hynny lawer am natur llafurwaith Lewis Bayly hefyd: yr apêl a gaed ynddo am weddustra, trefn a disgyblaeth yn unol â gofynion y wladwriaeth Brotestannaidd yn ei chyfnod o ymsefydlogi. Beth bynnag a ddywedir am anwadalwch Bayly fel esgob cyrhaeddodd binacl ei yrfa fel llenor crefyddol, ar drothwy ei ddyrchafiad. Bu ei waith yn symbyliad o'r gwerth mwyaf i'r Eglwys a wynebai gyfnod maith o rwyg a bygythiad. Fel nifer gynyddol o breladiaid ei gyfnod ymlynai wrth ffafr frenhinol a thra dyrchafwyd y brenin ganddo yn Oruchaf Lywodraethwr ar y sefydliad, arwyddion eto o'r gymysgfa ynddo rhwng yr hyn a ystyrid yn gyfiawn a'r mursendod a'i nodweddai.

Parhawyd i bwysleisio undod eglwysig, ac yn y cyd-destun hwnnw dilynwyd yn nhraddodiad Whitgift a'i olynydd Bancroft. Pwyswyd ar uniongrededd Galfinaidd fel y gwnâi Iago, ac yn ei draethawd *The Trew Law of Free Monarchies* (1598) a'i areithiau maith i'r Senedd, yn arbennig yn ei flynyddoedd cyntaf ar yr orsedd, ymegnïodd i geisio argyhoeddi'r Senedd honno pa mor hanfodol oedd safle dwyfol ac ordeiniadol y frenhinaeth, fel y dehonglodd ef hi, yn ei pherthynas â Duw.[76] Y gred mewn undod a goruwchlywodraeth frenhinol a fu'n gyfrifol yn y pen draw, am ymddangosiad fersiwn awdurdodedig o'r Beibl yn 1611, tua'r un adeg â chyhoeddi *The Practice of Piety*. Fe'i paratowyd gan 47 ysgolhaig, a seiliwyd y cyfieithiad newydd ar iaith William Tyndale. Bu'r gamp yn gaffaeliad mawr i'r iaith Saesneg; darparwyd yr ysgrythurau ar gyfer y bobl gyffredin gyda delweddau syml a chyfoethog, dulliau ymadrodd cartrefol a dealladwy a hyblygrwydd ymadrodd a hwylusodd wahanol ddehongliadau o'r testun. Cadwyd urddas y Beibl hwn, fel yr un Cymraeg yn 1588 a 1620, yng nghoethder ei arddull a'i fynegiant, a bu'n ganolbwynt bywyd deallusol a moesol y deyrnas.[77]

Y tebyg yw i Lewis Bayly fanteisio ar gyhoeddi'r Beibl awdurdodedig wrth lunio ei gampwaith ei hun. Ef yn sicr oedd y cyntaf ymhlith esgobion Cymru yng nghyfnod canol y Diwygiad Protestannaidd i gyhoeddi cyfrol wreiddiol a gawsai ddylanwad parhaol ar genedlaethau o grefyddwyr yng Nghymru a thrwy'r byd. Mewn cyfnod o sefydlogi eglwysig teimlai fod angen hyfforddlyfr a fyddai'n gymorth i gadarnhau'r hyn y bwriadwyd i'r Beibl ei gyflawni, sef gwreiddio'r traddodiad Protestannaidd yn yr enaid unigol.

Ni fu Lewis Bayly'n amlwg ei gyfraniad i ddiwylliant Cymraeg. Ni noddai feirdd yn y modd y gwnâi ei ragflaenwyr Richard Vaughan a Henry Rowland, ac un o'r prif resymau am hynny, efallai, oedd ei wybodaeth bur simsan o'r Gymraeg. Nid oes sicrwydd ei fod yn Gymro Cymraeg ond, wedi dweud hynny, yr oedd yn ddigon gwybodus am y math o lenyddiaeth yr oedd ei hangen i ddiwygio ansawdd ei glerigaeth. Pan ysgrifennodd at John Beale, argraffydd yn Aldersgate Street, Llundain, i'w annog i argraffu Geiriadur Lladin-Cymraeg a Chymraeg-Lladin 'Syr' Thomas Wiliems a Dr John Davies o Fallwyd, nid ysgolheictod Cymraeg, fel y cyfryw, a enynnai ei ddiddordeb ond yr angen i wella safon darllen a deall Cymraeg ymhlith ei glerigwyr:

> I understand that Doctor Davies hath perfected a worthy and necessary piece of work which all our Welsh preachers do much want. I do much desire to see it printed, and if you will undertake the work I am persuaded it will sell very well for it is a work that hath been long desired.[78]

Addawodd Bayly y byddai'n gwerthu cant o gopïau mewn chwe mis pe byddai Beale yn ymgymryd â'r gwaith. Ei gynllun oedd ceisio gofalu am fuddiannau ysbrydol ei esgobaeth ei hun. Y bugail a'r arweinydd esgobol Protestannaidd felly a amlygwyd mewn geiriau o'r fath, nid gwarchodwr dros iaith ac ysgolheictod Cymru.

Credai Lewis Bayly fod darllen yr ysgrythurau'n un o 26 hanfod sylfaenol gwir grefydd, a bod 'yn rhaid i bawb yn gystal gwyr llŷg a gwyr llên, ar a fynno fod yn gadwedig, fynych ddarllain a gwybod yr Scrythyrau Sanctaidd'.[79] Pe golygai hynny y dylai pawb fedru darllen, nid gorchwyl hawdd fyddai sicrhau hynny, yn arbennig yng Nghymru, mewn gwlad lle nad oedd adnoddau addysgol yn caniatáu, yn arbennig ymhlith haenau isaf y gymdeithas. Credai Syr John Price o Aberhonddu yn 1546 fod mwy o Gymry yn ei ddyddiau ef yn gallu darllen eu hiaith eu hunain ond y mae'n amheus a gynhwysid llawer o'r werin bobl yn eu plith.[80] Apeliodd Rhys Prichard, bron ganrif yn ddiweddarach, ar benaethiaid teuluoedd i sicrhau bod un aelod ohonynt yn darllen pennod o'r Beibl yn feunyddiol 'er ymborth i bob enaid', a dyry gymhariaeth rhwng yr anllythrennedd yng Nghymru â'r amgylchiadau mwy gobeithiol yn Lloegr.[81] Sut bynnag, er cymaint y rhwystrau y mae'r gamp a gyflawnodd Rowland Vaughan yn cyfieithu'r gwaith i'r Gymraeg yn dangos bod galw mawr amdano ymhlith y llythrennog, ac ymddangosodd chwe argraffiad ohono cyn tua 1730.[82] Bu'r fersiwn Cymraeg yn boblogaidd ymhlith sefydlwyr yng ngogledd-ddwyrain America,[83] ac argraffwyd 2,500 o gopïau gan *Yr Ymddiriedolaeth Gymreig* yn 1675 a'u dosbarthu'n rhad ac am ddim ymhlith haenau isaf y gymdeithas.[84]

Sut bynnag, er cymaint oedd poblogrwydd gwaith Lewis Bayly mewn sawl iaith, beirniadwyd ef gan sylwebyddion yng nghyfnod y Diwygiad Methodistaidd ac wedi hynny, yn arbennig Robert Jones, Rhoslan, a'r Dr Lewis Edwards, y Bala. Sail eu beirniadaeth oedd y gorbwyslais ar ffurfioldeb, dim digon o drafod ar fater sylfaenol cyfiawnhâd y credadun gerbron Duw ac esgeuluso lle Crist a'r ysbryd yn y profiad gwaredigol. 'Nid oedd crefydd yn ol eu disgrifiad hwy', meddai'r Dr Lewis Edwards wrth gyfeirio at weithiau Bayly, Thomas a Kempis a Jeremy Taylor, 'fawr amgen na moesoldeb a ffurfioldeb.'[85] Ceir gan Bayly, meddai ymhellach, lawer o weddïau heb ystyried gwaith yr Ysbryd Glân, ac felly cyfrol ydoedd hi a wnâi'r 'ffrwyth yn dda heb newid anian y pren'. A thrachefn meddai: 'Nid oes ynddo ond ychydig neu ddim o'r hyn a elwir athrylith. Ofer yw chwilio o'i fewn am un ymadrodd yn taraw y meddwl gyda grym trydanawl, ac yn treiddio drwy bod nwyd a chynneddf, nes gwneyd yr enaid yn danllwyth o deimlad.'[86] Tebyg oedd barn Robert Jones,

Rhoslan, am rai awduron, yn cynnwys Bayly, a heb enwi neb meddai: 'nid oedd un arwydd fod y gwynt nerthol a'r tan sanctaidd yn gweithredu trwyddynt'.[87] Digon gwir, i raddau, ac ni fyddai'n deg cymharu arddull Vaughan dyweder ag arddull Morgan Llwyd,[88] ond gwendid y feirniadaeth hon, wrth gwrs, yw diffyg dealltwriaeth o gyflwr ysbrydol Cymru pan gyfieithwyd gwaith Bayly i'r Gymraeg, dros ddwy ganrif cyn i Edwards gofnodi ei sylwadau. Gosod sylfeini ysbrydolrwydd mewn gwlad lle yr ymdrechwyd i addasu'r drefn grefyddol i'r ffydd Brotestannaidd a wnâi Bayly a'i gyfoeswyr Anglicanaidd yn yr ail ganrif ar bymtheg. Gosod sylfeini'r ffydd oedd eu bwriad, mewn gweithiau gwreiddiol (fel y tystia'r teitl *The Practice of Piety*) neu gyfieithiadau, a hynny mewn dull hollol ymarferol. Nid amcanwyd i amlygu unrhyw danbeidrwydd na theimladrwydd gan nad oedd hynny'n gweddu i'r modd y ceisient drosglwyddo hanfodion ymarfer y Cristion. Daeth hynny i fod mewn canrif ddiweddarach pan oedd amodau cymdeithasol a diwylliannol yn fwy addas. Ni ddylid collfarnu Bayly am yr hyn na chynhwyswyd yn ei waith. Rhoddodd arweiniad sicr i glerigwyr a phenteuluoedd ei gyfnod yn Lloegr, a thrwy gyfieithiad Rowland Vaughan yng Nghymru, i gynnal safonau moesol personol, teuluol a chyhoeddus trwy osod canllawiau pendant i'r ysbrydolrwydd a nodweddai'r Diwygiad Methodistaidd.

Wrth fwrw golwg dros yrfa Lewis Bayly yn ei gyfanrwydd ni ellir llai nag ystyried yr hyn sy'n taro nodyn braidd yn drist a hefyd sydd i raddau'n ddirgelwch. 'Y mae'n drychineb', meddai A. H. Dodd (o'i gyfieithu), 'fod gŵr a feddai ar gymaint o rymuster cymeriad ac a roddodd gymaint i'r byd Cristnogol ar ei eithaf wedi amddifadu ei egnïoedd mor afradlon yn ei esgobaeth ei hun trwy gweryla'n ofer a chyflawni cyn lleied.'[89] Mewn cyfnod pan nodweddwyd yr Eglwys gan ysbryd amddiffynnol a phan geisiai ymsefydlogi mewn byd gwleidyddol mwy astrus, ni allai Bayly lai nag ymgymryd â'r baich o gynnal y sefydliad a fuasai iddo ef a'i gyfoedion eglwysig yn foddion, ymhlith ffactorau eraill, i gadarnhau undod y wladwriaeth ynysol ar ei heithaf. Er iddo ddefnyddio dulliau digon dibris i gyrraedd yr amcan hwnnw y mae'n ddiau i'w lafur yn cyhoeddi *The Practice of Piety* cyn iddo ddod i'w swydd esgobol, roi iddo hynodrwydd na welwyd byth wedyn yng nghwrs ei yrfa. Cymaint oedd poblogrwydd y gwaith fel iddo gael ei gydrwymo â gwaith Charles Drelincourt *Les Consolations . . . Contre les Frayeurs de la mort*, ac fe'u hystyriwyd yn destunau sylfaenol i'r defosiwn Protestannaidd yn Ewrop, yn sail i dwf Pietistiaeth. Ar ddiwedd ei fywyd, flwyddyn wedi i Rowland Vaughan drosi'r campwaith i'r Gymraeg, daethai tro enbyd ar fyd. Erbyn hynny, crynhodd cymylau anniddigrwydd gwleidyddol a chrefyddol dros y deyrnas yng nghyfnod Llywodraeth Bersonol Siarl I, ac o fewn degawd wedi hynny torrodd gwrthryfel a effeithiodd yn arw ar sefydlogrwydd mewn gwlad ac Eglwys. Yn 1630 hefyd cyhoeddwyd y Beibl Bach[90] a bu i hwnnw, ynghyd â gwaith Bayly, gyfrannu'n helaeth at gryfhau bywyd ysbrydol y Cymry mewn cyfnodau o newid ac addasu a gawsai ddylanwad sylfaenol ar ddatblygiad crefyddol a diwylliannol Cymru o flynyddoedd canol yr ail ganrif ar bymtheg ymlaen.

Nodiadau

1 R. Vaughan, *Yr Ymarfer o Dduwioldeb*, gol. J. Ballinger (Caerdydd, 1930), t. xiii; J. Griffith, *Pedigrees of Anglesey and Caernarvonshire Families* (Horncastle, 1914), tt. 221, 234; H. Lewis (gol.), *Hen Gyflwyniadau* (Caerdydd, 1948), t. 17.

2 Vaughan, *Ymarfer o Dduwioldeb*, t. xiii.

3 A. Ll. Hughes, 'Rhai o noddwyr y beirdd yn sir Feirionnydd', *LlC*, X (1968–9), 184–7.

4 Gw. P. Elmen, 'Richard Allestree and the whole duty of man', *Library*, 5ed gyfres, VI (1951), 19–27.

5 R. Strong, *Henry Prince of Wales and England's Lost Renaissance* (London, 1986), t. 31. Am y cefndir i lenyddiaeth grefyddol rhan gyntaf yr ail ganrif ar bymtheg gw. D. Bush, 'Religion and religious thought' yn *idem*, *English Literature in the Earlier Seventeenth Century* (Oxford, 1962), tt. 310 ymlaen; R. G. Gruffydd, 'Anglican prose' yn *idem* (gol.), *A Guide to Welsh Literature c.1530–1700* (Cardiff, 1997), tt. 176–89; A. Tindal Hart, *The Man in the Pew, 1558–1660* (London, 1966), t. 189; G. H. Jenkins, '"A lleufer dyn yw llyfr da": Stephen Hughes a'i hoff awduron' yn J. G. Jones (gol.), *Agweddau ar Dwf Piwritaniaeth yng Nghymru yn yr Ail Ganrif ar Bymtheg* (Lewiston/Llanbedr Pont Steffan, 1992), tt. 214–15.

6 Vaughan, *Ymarfer o Dduwioldeb*, tt. viii–ix.

7 G. H. Hughes (gol.), *Rhagymadroddion, 1546–1659* (Caerdydd, 1951), t. 120.

8 *CWP*, rhifau 896, 898 (4 Mawrth/1 Ebrill 1619–20); J. G. Jones, 'Wales and Hamburg; the problems of a younger son' yn R. R. Davies a G. H. Jenkins (goln), *From Medieval to Modern Wales: Historical Essays in Honour of Kenneth O. Morgan and Ralph A. Griffiths* (Cardiff, 2004), tt. 104–22.

[9] A. Wood, *Athenae Oxonienses*, gol. P. Bliss, 4 cyf. (Oxford, 1813–20), II, tt. 525–31; Browne Willis, *A Survey of the Cathedral Church of Bangor* (London, 1721), tt. 110–11; *DNB*, III, tt. 448–50; A. H. Dodd, 'Bishop Lewes Bayly, *c.*1575–1631', *TCHSG*, XXVIII, (1967), 13–36; E. A. B. Barnard, 'Lewis Bayly, bishop of Bangor (d.1631) and Thomas Bayly (*d.*1657) his son', *Traf. Cymmr.*, 1928–9, 99–132; J. E. Bailey, 'Bishop Lewis Bayly and his *Practice of Piety*', *The Manchester Quarterly*, I (1883), 221–39; T. H. Jones (Clwydydd), '*Yr Ymarfer o Dduwioldeb*', *CH*, XVI, rhif 1 (1931), 33–9; *ODNB*, 4, tt. 462–3.

[10] J. le Neve (gol.), *Fasti Ecclesiae Anglicanae* (Oxford, 1854), II, t. 357; *CSPD, 1611–1618*, LXXXIX (1), t. 401.

[11] Vaughan, *Ymarfer o Dduwioldeb*, tt. v–xi.

[12] Ibid., tt. v–vi.

[13] J. Ballinger (gol.), *Basilikon Doron by King James I* (Caerdydd, 1931), t. 2. Gw. J. G. Jones, 'Robert Holland a *Basilicon Doron* y Brenin Iago' yn J. E. Caerwyn Williams (gol.), *Ysgrifau Beirniadol*, XXII (Dinbych, 1997), 161–88.

[14] *CSPD, 1611–1618*, LXXI (38), t. 156; (65), t. 162: Strong, *Henry Prince of Wales*, t. 31.

[15] le Neve, *Fasti Ecclesiae Anglicanae*, I, t. 592.

[16] *CSPD, 1611–1618*, XC (8), t. 422

[17] le Neve, *Fasti Ecclesiae Anglicanae*, t. 106.

[18] *CSPD, 1619–1623*, CXII (10), t.112; CXXII (23), t. 276; *CWP*, rhifau 1007 (11 Chwefror 1621–2), 1035 (11 Medi 1622); T. Jones Pierce (gol.), *Clenennau Letters and Papers in the Brogyntyn Collection* (LlGC, Atodiad 1947), rhif 411, t. 117.

[19] *CSPD, 1619–1623*, CXII (10), t. 112.

[20] *CSPD, 1629–1631*, CLXIV (23), t. 230.

[21] *CWP*, rhifau 797 (9 Hydref 1617), 827 (14 Tachwedd 1617/20 Mawrth 1617–18), 830 (28 Ebrill 1618), 839–40 (5 a 13 Gorffennaf 1618), 846 (17 Tachwedd 1618), 853–5 (1618 dim dyddiad), 866 (15 Mehefin 1619); J. G. Jones, 'Bishop Lewis Bayly and the Wynns of Gwydir', *CHC*, VI, rhif 4 (1973), 404–23.

[22] *CSPD, 1619–1623*, CXXII (46), t. 279; 1629–1631, CLXIV (23), t. 230.

[23] *CSPD, 1629–1631*, CLXIV (23), t. 230.

[24] Ibid.

[25] Gw. J. G. Jones, *The Wynn Family of Gwydir: Origins, Growth and Development c.1490–1674* (Aberystwyth, 1995), tt. 218–28; E. G. Jones, 'County politics and electioneering, 1558–1625', *TCHSG*, I, (1939), 37–46; J. K. Gruenfelder, 'The Wynns of Gwydir and parliamentary elections in Wales, 1604–40', *CHC*, IX (1978), 121–41.

[26] *CWP*, rhif 1440 (12 Hydref 1626).

[27] Ibid., rhif 1445 (8 Rhagfyr 1616).

[28] Ibid., rhifau 853–5 (1618 dim dyddiad); *BC*, t. 25; Dodd, 'Bishop Lewes Bayly', 31–2.

29 *CSPD*, 1625–1626, XI (37), t. 172; Jones, *Cymru a'r Hen Ffydd*, tt. 55–6; *idem*, 'Hugh Owen of Gwenynog', *TCHNM*, (1938), 42–9.
30 *CSPD, 1625–1626*, XI (37), t. 172.
31 *CWP*, rhif 999 (dim dyddiad 1621).
32 Ibid. Fe'i dyrchafwyd yn ddeon Bangor yn 1634 ac yn esgob Ossory yn Iwerddon yn 1641. Willis, *Survey of Bangor*, t. 128.
33 *CWP*, rhif 1094 (2 Mai 1623).
34 Vaughan, *Ymarfer o Dduwioldeb*, t. v. Yn yr erthygl hon daw'r dyfyniadau o *The Practice of Piety* o gyfieithiad Rowland Vaughan.
35 Ibid., t. vi.
36 Ibid., t. vii.
37 Ibid., t. ix.
38 Ibid.
39 Ibid., tt. ix–x.
40 Ibid., t. x.
41 Ibid.
42 J. P. Sommerville (gol.), *King James VI and I: Political Writings* (Cambridge, 1994), tt. 33–4. Ni chyrhaeddodd cyfieithiad Rowland Vaughan cyn belled â'r adran hon.
43 Vaughan, *Ymarfer o Dduwioldeb*, tt. x–xi.
44 Ibid., t. 166.
45 Ibid., t. xxii.
46 Ibid., t. xx.
47 J. C. Brauer, 'Types of Puritan piety', *Church History*, 56 (1987), 39. Am gefndir i dwf Pietistiaeth gw. W. R. Ward, 'Power and piety: the origins of the religious revival in the early eighteenth century', *Bulletin of the John Rylands Library*, LXIII (1980), 231–52; *idem*, *The Protestant Evangelical Awakening* (Cambridge, 1992).
48 Vaughan, *Ymarfer o Dduwioldeb*, t. 1.
49 Ibid., t. ix.
50 Ibid., tt. ix–x.
51 Ibid., t. 191. Gw. G. Thomas, 'Rowland Vaughan' yn G. Bowen (gol.), *Y Traddodiad Rhyddiaith* (Llandysul, 1970), t. 239.
52 Cyfeirir at ddau achlysur diddorol, sef ymwared rhyfedd y Brenin Iago, pan yn frenin yr Alban, ar 5 Awst 1600 pan geisiodd iarll Gowrie o Gowrie House ger Perth, a'i frawd, ei gipio, a Chynllwyn enwog y Powdr Gwn ar 5 Tachwedd 1605. Vaughan, *Ymarfer o Dduwioldeb*; tt. 2, 283; P. Croft, *King James* (Basingstoke, 2003), tt. 45, 64.
53 Gw. Gwyn Thomas, 'Rowland Vaughan', tt. 239–43 am astudiaeth fer ddadansoddol o gynnwys *Yr Ymarfer o Dduwioldeb*; H. Davies, *Worship and Theology in England from Andrewes to Baxter and Fox, 1603–1690* (Princeton, 1975), tt. 112–14.
54 Vaughan, *Ymarfer o Dduwioldeb*, t. 33.
55 Ibid., tt. 83–5.

[56] Ibid., t. 313.

[57] Ibid., t. 183; J. E. C. Hill, 'The spiritualization of the household' yn *idem*, *Society and Puritanism in Pre-Revolutionary England* (London, 1964), tt. 443–81.

[58] Vaughan, *Ymarfer o Dduwioldeb*, t. 185.

[59] Ibid.

[60] Hughes, *Rhagymadroddion*, tt. 127–8.

[61] Ibid., t. 124.

[62] G. Williams, *Delights of the saints: a most comfortable treatise, of grace and peace, and many other excellent points . . .* (1622), preface.

[63] J. Bodin, *Six Books of the Commonwealth*, gol. M. J. Tooley (Oxford, 1955), tt. 6–7. Gw. Hill, 'Spiritualization of the household', t. 459.

[64] Aralleiriad o'r hyn a ddywed W. ac M. Haller yn 'The Puritan art of love', *Huntington Library Quarterly*, V, rhif 3 (1941–2), 247. Gw. Hill, 'Spiritualization of the household', t. 458.

[65] Vaughan, *Ymarfer o Dduwioldeb*, tt. 186–91.

[66] Ibid., tt. 188–90.

[67] Ibid., tt. 184; J. G. Williams, 'Rhai agweddau ar y gymdeithas Gymreig yn yr ail ganrif ar bymtheg', *Efrydiau Athronyddol*, XXXI (1968), 42–6.

[68] Davies, *Worship and Theology in England*, t. 114.

[69] Vaughan, *Ymarfer o Dduwioldeb*, t. 1.

[70] M. Clement, *The S.P.C.K. and Wales 1699–1740* (London, 1954), tt. 51, 69; Iaco ab Dewi, *Llythyr at y Cyfryw o'r Byd* (Amwythig, 1716), t. 58. Anogai Iaco ab Dewi y llythrennog yng Nghymru i ddarllen gweithiau Arthur Dent, Richard Allestree, Richard Baxter, Lewis Bayly ac eraill. Gw. G. H. Jenkins, *Literature, Religion and Society in Wales, 1660–1730* (Cardiff, 1978), t. 133.

[71] J. Bunyan, *Grace Abounding to the Chief of Sinners and The Pilgrim's Progress from the World to that which is to come*, gol. R. Sharrock (London, 1960), t. 10.

[72] N. Lloyd, '*Yr Ymarfer o Dduwioldeb* a rhai o gerddi Rhys Prichard', *Y Traethodydd*, CL (1995), 94–106; *idem*, 'Late free-metre poetry', in Gruffydd (gol.), *Guide to Welsh Literature*, tt. 116, 118.

[73] Vaughan, *Ymarfer o Dduwioldeb*, t. xxii.

[74] Hughes, *Rhagymadroddion*, t. 130.

[75] Ibid., tt. 130–1.

[76] Sommerville, *King James VI and I: Political Writings*, tt. 62–84, 132–46.

[77] P. White, 'The *via media* in the early Stuart Church' yn K. Fincham (gol.), *The Early Stuart Church 1603–1642* (London, 1993), t. 220; C. Hill, *The English Bible and the Seventeenth-Century Revolution* (London, 1994), tt. 20, 64.

[78] *CWP*, rhif 1542 (28 Hydref 1629).

[79] Vaughan, *Ymarfer o Dduwioldeb*, t. 419.

[80] Hughes, *Rhagymadroddion*, t. 3. Gw. barn Glanmor Williams ar hyn yn 'Dadeni, Diwygiad a diwylliant Cymru' yn *Grym Tafodau Tân: Ysgrifau Hanesyddol ar Grefydd a Chymdeithas* (Llandysul, 1984), tt. 74–7; *idem*, 'Iaith, llên a chrefydd yn yr unfed ganrif ar bymtheg', *LlC*, XIX (1996), 31–2.

[81] R. Rees (gol.), *Y seren foreu neu Ganwyll y Cymry* (Wrecsam, 1867), t. 21; J. G. Jones, 'Y Ficer Prichard (1579–1644): ei gefndir a'i gyfraniad i'w gymdeithas', *Y Traethodydd*, CXLIX (1994), 239–40; D. S. Evans, 'Yr Hen Ficer a'i genhadaeth (1579–1644)' yn J. E. Caerwyn Williams (gol.), *Ysgrifau Beirniadol*, XIX (Dinbych, 1993), tt. 210–12.

[82] E. Rees, *Libri Walliae: A Catalogue of Welsh Books and Books Printed in Wales 1546–1820* (LlGC, Aberystwyth, 1987), I, tt. 38–9.

[83] M. Clement (gol.), *Correspondence and Records of the S.P.G. relating to Wales, 1701–1750* (Cardiff, 1973), tt. 34, 73.

[84] Jenkins, Literature, *Religion and Society in Wales*, tt. 113–15.

[85] L. Edwards, 'Llyfr yr Ymarfer o Dduwioldeb' yn *Traethodau Llenyddol* (Wrecsam, dim dyddiad), t. 298.

[86] Ibid., t. 297. Gw. hefyd J. Peter ac R. J. Pryse (goln), *Enwogion y Ffydd neu, Hanes Crefydd y Genedl Gymreig o'r Diwygiad Protestanaidd hyd yr Amser Presennol* (Llundain, 1878–84), I, t. 186.

[87] R. Jones, *Drych yr Amseroedd*, gol. G. M. Ashton (Caerdydd, 1958), t. 26.

[88] Gruffydd, 'Anglican prose', t. 187.

[89] Dodd, 'Bishop Lewes Bayly', 36.

[90] Am gefndir cyhoeddi'r 'Beibl Bach' gw. R. G. Gruffydd, 'Michael Roberts o Fôn a Beibl Bach 1630', *TCHNM*, (1989), 25–41.

IX

PIWRITANIAETH GYNNAR YNG NGHYMRU A SEFYDLU EGLWYS LLANFACHES, 1639

A barnu oddi wrth y dystiolaeth sydd ar gael ar drothwy'r ail ganrif ar bymtheg ynglŷn ag amgylchiadau'r bywyd crefyddol yn esgobaeth Llandaf nid oes amheuaeth mai'r ymlyniad parhaol wrth y ffydd Babyddol a achosai'r pryder mwyaf i'r llywodraeth Duduraidd yn ei blynyddoedd olaf. O edrych ar yr ystadegau sydd ar gael ar gyfer y flwyddyn 1603, yn ôl adroddiad a luniwyd y pryd hwnnw, gwelir bod mwy o lawer o ymlynwyr Pabyddol yn esgobaeth Llandaf nag yn un o'r esgobaethau eraill yng Nghymru.[1] Yno cafwyd cyfanrif o 381 o reciwsantiaid y gwyddai'r awdurdodau yn yr esgobaeth honno amdanynt, ac yn sir Fynwy yn yr un flwyddyn cyfrifai Pabyddiaeth am un o bob pump o gymunwyr yr Eglwys Anglicanaidd. Amcangyfrifir mai'r sir honno a sir Gaerhirfryn oedd y ddwy amlycaf eu tystiolaeth Babyddol yn yr holl deyrnas yng nghyfnod y Diwygiad Protestannaidd ym mlynyddoedd cynnar yr ail ganrif ar bymtheg. Yn rhannau gogledd-ddwyrain a de'r sir y trigai'r mwyafrif ohonynt, mewn plwyfi fel Llanfihangel Llantarnam, Brynbuga, y Fenni, Llandeilo Bertholau a Rhaglan, a bu i'r cynnydd yn eu nifer beri cryn anesmwythyd i'r awdurdodau eglwysig a seciwlar.[2] Yn 1612, mewn llythyr gan Syr James Perrot o sir Benfro at Iarll Salisbury, hysbysodd fod Iesuaid ac offeiriaid mewn cysylltiad agos â recwisantiaid yn siroedd Caerwrangon, Henffordd a Mynwy a de Cymru, a gobeithiai y gellid defnyddio unrhyw un a wyddai amdanynt i ddatgelu lle y trigent a beth oedd eu harferion.[3] Cymaint oedd y pryder am gynllwynion Pabyddol fel na allai'r awdurdodau ond defnyddio pa ddulliau bynnag oedd ar gael i'w difa, ac nid oedd hynny'n llwyddiant.

Wynebodd Eglwys wladol Elisabeth anawsterau mawr o gyfnod ei sefydlu trwy rym statudau seneddol yn 1559 ymlaen, a'r mwyaf dyrys ohonynt mewn perthynas â Chymru oedd yr ymlyniad wrth yr hen ffydd. Araf iawn fu'r twf mewn Anghydffurfiaeth Brotestannaidd ynddi, ac ar y Mers yn unig y dangosodd unrhyw arwyddion pendant o gynnydd yn ystod degawdau cynnar yr ail ganrif ar bymtheg. Ar ben hynny llyffetheiriwyd yr Eglwys gan fframwaith beichus ac afrosgo yr hen drefn ganoloesol, ac nid gorchwyl hawdd ydoedd i sefydlu cyfundrefn sefydliadol nac athrawiaethol Brotestannaidd, yn arbennig yng Nghymru a oedd, o ran ei nodweddion daearyddol, yn wlad geidwadol ac anghysbell.[4] Nid yw'n rhyfedd fod yr hen ffydd wedi dal ei gafael yn ystyfnig mewn rhannau ohoni a oedd agosaf at y ffiniau lle gellid ffoi'n weddol gyfleus o un esgobaeth i'r llall o afael yr awdurdodau eglwysig.[5]

Yn 1591 cwynodd y Cyfrin Gyngor wrth y Cyngor yn y Mers fod nifer dda o Babyddion wedi ymsefydlu ar y ffiniau rhwng Cymru a Lloegr.[6] Yr oedd yr ardaloedd hynny'n beryglus gan y gallai gwrthwynebwyr i'r drefn grefyddol lithro'n ddiarwybod o siroedd dwyrain Cymru i barthau gorllewinol Lloegr ac i'r cyfeiriad arall mor rwydd, ac osgoi cael eu cosbi mewn llysoedd barn. Edrychid ar ddwyrain siroedd Dinbych a Mynwy, er enghraifft, sef rhannau o hen ardaloedd y Mers, fel cyrchfannau hwylus i droseddwyr crefyddol a gwleidyddol. Ddeng mlynedd wedi hynny mynegodd Richard Lewkenor, prif ustus cylchdaith Caer, a oedd yn gyfrifol am weithredu cyfraith yng ngogledd-ddwyrain Cymru, ei bryder wrth Syr Robert Cecil, yr ysgrifennydd gwladol, am symudiadau reciwsantiaid ar ororau Cymru. Er bod gan yr arglwydd lywydd rym arbennig i weithredu'n erbyn y Pabyddion hyn teimlai y dylai'r Cyfrin Gyngor a'r Senedd wrthsefyll y bygythiad yn ganolog. Ni fu Syr Richard Lewkenor na'r Arglwydd Edward Zouch, Arglwydd Lywydd y Cyngor yn y Mers, yn llwyddiannus wrth geisio ymgiprys â'r sefyllfa, a chwilient yn gyson am gymorth y llywodraeth i'w galluogi i wynebu'r her grefyddol a darfai ar wleidyddiaeth y deyrnas ac ar ei hundod.[7] Y mae geiriau Lewkenor yn mynegi pryder mawr ac yn cyfeirio at ddau brif wendid a geid yn yr Eglwys Brotestannaidd yng Nghymru ar drothwy'r ail ganrif ar bymtheg, sef esgeulustod y glerigaeth uwch mewn materion ynglŷn â buddiannau'r Eglwys a'r bygythiad Pabyddol, y cyfeiriwyd ato eisoes, a barai fwy o bryder i ambell esgob nag i eraill.[8] Un o'r esgobion mwyaf cydwybodol yng Nghymru ar ddiwedd yr unfed ganrif ar bymtheg oedd William

Morgan, cyfieithydd y Beibl, a bu'n gweinidogaethu yn Llandaf rhwng 1595 a 1601. Fel ei gydesgobion cawsai yntau hefyd drafferth mawr mewn sawl cylch wrth geisio cryfhau delwedd a safle'r Eglwys newydd yng Nghymru a wynebodd broblemau dyrys yn ei esgobaeth ei hun. Er mai byr fu ei arhosiad yno cafodd brofiadau digon chwerw o'r math o fygythiad a lesteiriai apêl y drefn Brotestannaidd newydd ymhlith plwyfolion tlawd nad oeddynt wedi llwyr ddeall na derbyn y ffydd newydd.[9]

Y mae llythyr y Cyfrin Gyngor (y cyfeiriwyd ato eisoes) hefyd yn adlewyrchu cyflwr anfoddhaol yr Eglwys wladol ac yn rhoi sylw manylach i'w diffygion gweinyddol a threfniadol. Rhoddwyd pwyslais mewn adroddiadau esgobol yng Nghymru, yn arbennig ar anwybodaeth a chamarferion yr offeiriadaeth, absenoliaeth ac amlblwyfaeth, ynghyd â thlodi cynhenid yr Eglwys. Meddai Oliver Thomas, y clerigwr Piwritanaidd, yn 1631:

> Ie rhoddwch gennad imi, fy mrodyr anwyl, i ddywedyd wrthych . . . y gellir cael ym mhôb vn o escobaethau Cymru ddeugain neu drugain o Eglwysi heb vn bregeth ynddynt ar y suliau hirddydd hâf pan fo, sychaf y ffyrdd a chlaiaraf yr hîn . . . Gwae hwynt-hwy ryw ddydd rhai ni ddeffroant mewyn prŷd o swrthgwsc eu difraŵch i areilio ac i borthi praidd Crist â orchymynnwyd i'w gofal, ac i fod yn siãmpl iddynt o astudrwydd yn chwilio yr Scrythyrau.'[10]

Y mae'n ddiamau fod absenoliaeth ac effeithiau difrifol prinder gweinidogion yn un o brif wendidau'r Eglwys Brotestannaidd. Nid oedd amgylchiadau o'r fath yn newydd o bell ffordd oblegid cafwyd problemau tebyg yn fframwaith yr Eglwys ganoloesol, ond diffyg yr Eglwys wladol dan y drefn newydd oedd ei hanallu i ddiwygio ei gweinyddiaeth a'i threfniadaeth. Er i'r esgobion gyfeirio'n aml at gamarferion amrywiol ymhlith eu hoffeiriaid yr oeddynt yn ymwybodol o'r tueddiadau hynny yn eu plith ac yn ddigon parod bob amser i fanteisio ar y sefyllfa er budd personol iddynt hwy eu hunain. Ystyrid bod gweithredu amlblwyfaeth yn angenrheidiol oblegid, mewn llawer o'r eglwysi gwan eu hadnoddau materol, ni allai'r offeiriaid plwyf gynnal safon byw rhesymol heb orfod sicrhau ail incwm o fywoliaeth neu fywiolaethau eraill. Yr oedd amodau byw yn ddigon llwm mewn plwyfi tlawd ac anghysbell yng nghefn gwlad Cymru.[11] Rhoddwyd tystiolaeth i'r cyflwr hwn yn sir Frycheiniog, ac ychwanegwyd nad oedd swyddogion llywodraeth leol yn ceisio gwella'r sefyllfa:

> In all Breconshire are very few spiritual livings or parsonages but are impropriate, and in those few not one preacher. But ignorant and unlearned stipendiary curates do serve two, some three parishes. So that in most country parishes if upon Sundays and high holy days, some part of the morning prayer be said (and that in such posting manner that the hearers are little or nothing the better for it) seldom or never is there any evening prayer. Neither in the week days . . . is any service said at all: and many times for want of a minister the parishioners are fain to bury the dead themselves.[12]

Yng nghynhadledd enwog Hampton Court yn 1604, pan ddaeth Iago I a chynrychiolwyr y Piwritaniaid ynghyd i drafod argymhellion ar gyfer diwygio'r Eglwys, cytunwyd ar gyfnewidiadau a fyddai'n gwella ansawdd y glerigaeth a chryfhau'r genhadaeth bregethu yn rhannau mwyaf diarffordd y deyrnas, ond ysywaeth, ni chawsant eu gweithredu. Nid ar y brenin, fel y tybid, oedd y bai yn gyfan gwbl. Y teuluoedd tirfeddiannol, yn bennaf, a feddai ar y gallu i wella safonau'r Eglwys oblegid, o'r 9,244 o fywiolaethau a geid yn Lloegr y pryd hynny, amfeddwyd 3,849 ohonynt gan dirfeddianwyr lleyg.[13] Yn esgobaeth Llandaf yn 1603, er enghraifft, o'r 177 o blwyfi yno amfeddwyd 98, ac er 1563 diflannodd 31 o gapeli anwes.[14] Cwynodd John Penry am gyflwr gwan bywyd crefyddol yng Nghymru yn ei draethawd cyntaf *The Aequity of an Humble Supplication* i'r llywodraeth yn 1587. 'If impropriations & Nonresidencies were not tolerated,' meddai'n ddiflewyn ar dafod, 'a teaching minister in Wales might liue wel by the Church.' 'Is it not intolerable', gofynnodd ymhellach, 'that some of our Gentle-men should haue 6 impropriate liuings?' Ond ni chawsai Penry na'i gyd-arweinwyr Piwritanaidd yn Lloegr unrhyw ymateb i'w gwestiwn na fawr o lwyddiant yn eu hymgyrch i ddiwygio'r Eglwys ac, yn 1604, penodwyd Richard Bancroft yn archesgob Caer-gaint, gŵr a ystyrid yn wrth-Biwritanaidd i'r carn ac a aeth ati i weithredu'r canonau eglwysig a luniwyd gan y Confocasiwn yn y flwyddyn honno i wrthwynebu Piwritaniaeth.[15]

Yn ychwanegol at broblemau o'r fath beichiwyd yr Eglwys wladol gan ei thlodi a chyflwr gwael ei hadeiladau. Yn aml cwynwyd am y golwg truenus a oedd arnynt ac am anallu'r esgobion i ddarparu gweinidogaeth bregethu ddigonol, sef un o brif ofynion y Piwritaniaid. Wrth ei amddiffyn ei hun yn 1630, flwyddyn cyn ei farwolaeth, cyfeiriodd Lewys Bayly, esgob Bangor, at sefyllfa bryderus yr Eglwys yn gyffredinol yn esgobaethau Cymru wrth iddi geisio cyflawni ei chenhadaeth: 'I have planted grave and learned preachers over all my Diocese,' meddai'n daer, 'and suffer non to preach but such as are conformable; and have preached myself every Sunday until I became impotent.'[16] Ceisiodd amddiffyn buddiannau'r Eglwys mewn cyfnod pan nad oedd ei hamgylchiadau economaidd yn foddhaol. Buasai Huw Lewys, y clerigwr llengar o Landdeiniolen, yn dra beirniadol ohoni o safbwynt ei dyletswydd i ddysgu plwyfolion i ddeall hanfodion y ffydd yn ystod y degawdau cynnar wedi Ardrefniant Elisabeth yn 1559. Cyfeiriodd at esgeulustod ymhlith arweinwyr y bywyd crefyddol: ac ni welai y byddai unrhyw lwyddiant yn dod i'r Eglwys heb well safon ymhlith yr offeiriadaeth. Er ei fod yn ymwybodol o wendidau'r werin bobl gosododd y bai am hyn yn bennaf ar gysgadrwydd a syrthni'r rhai a benodwyd i hyrwyddo buddiannau'r sefydliad a wasanaethwyd ganddynt.[17] Ymatebodd y Piwritan Oliver Thomas mewn dull tebyg, bron ddeugain mlynedd yn ddiweddarach, yn ei ragymadrodd i *Car-wr y Cymru*, pan gyfeiriodd at lythineb yr offeiriaid yng Nghymru yng nghenhedlaeth gyntaf y Diwygiad Protestannaidd yn oes Elisabeth I. 'Tebygol yw y buasai y ngwlâd Gymru yn nyddiau ein tadau', meddai, 'fwy o chwilio ar yr Scrythyrau nag a fu hyd yn hyn o'n hoes ni, pe buasei y Bugeiliaid ysprydol, neu y rhan fwyaf o honynt, mor grâff, mor ddiwyd, ag mor daer y dylasent i annog, i gymmell, i gynnyrfu y cyffredin bobl yn y ddyledswydd anhepcor, ac angenrheidiol hon.' Anogir y periglorion ganddo i hyfforddi eu plwyfolion sut i ddarllen y Gair 'yn eu tai eu hûn gartref', a myfyrio'n gyson gyda'r teulu.[18] Mewn ymadroddion a chynghorion o'r fath cyfyd elfennau Piwritanaidd a nodweddai eraill hefyd o blith offeiriaid mwyaf duwiolfrydig a hyfforddai eu preiddiau ac a lafuriai i gyhoeddi llawlyfrau defosiwn neu gerddi crefyddol ar gyfer y werin bobl.

Pan gyfieithodd John Edwards (Siôn Treredyn) o Dredynog *The Marrow of Modern Divinity* (gwaith a briodolir yn anghywir i Edward Fisher) dan y teitl *Madruddyn y difinyddiaeth diweddaraf* yn 1651 sylwodd y pryd hwnnw ar gyflwr alaethus Cymru ac ar ddiffyg difrifol gwybodaeth o'r Gair: 'mai o achos anamled o lyfrau duwiol', meddai, '. . . y mae cyn fychaned o wir wybodaeth o ewyllys yr Arglwydd ac o wres neu zêl iw ogoniant ef a'i air . . . a chymmaint o coel-crefyddau, a cham-dybiau, ac oerni yn gwasanaeth Duw, ac o anghariad ac anghydfod ym mhlith y werin.'[19] Yn y geiriau hynny dyry bwyslais ar dair elfen a ystyriai ef yn niweidiol i achos crefydd a bywyd bucheddol yng Nghymru ei ddydd, sef prinder llyfrau defosiynol (hen gŵyn wrth reswm), difaterwch ac ofergoeliaeth ymhlith y bobl (sef parhad dylanwad Pabyddiaeth) a'r cynnwrf a godasai ymhlith gwreng a bonedd yn nyddiau'r Rhyfeloedd Cartref, a dienyddio'r brenin a fu'n ganlyniad i hynny. Y mae'r awdur yn pwysleisio'r angen i gydymffurfio â'r drefn Brotestannaidd a'i ffurflywodraeth. Er na chyfeiriodd yn benodol at ffawd Siarl I yn 1649 cred fod cynnen a chythrwfl yn fygythiad i les y deyrnas a bod hyfforddi'r werin bobl ym mhynciau'r ffydd yn angenrheidiol i wella eu cyflwr moesol a chadw'r drefn. Nid Siôn Treredyn, fodd bynnag, oedd y cyntaf i sylwi ar anghenion y Cymry; bu'r galw am ddefnydd helaethach o'r Beibl, yn arbennig wedi cyhoeddi'r Beibl Bach yn 1630, yn destun cyson i rai crefyddwyr fel Rhys Prichard, ficer Llanymddyfri, a phwysleisiwyd yn amlach rinweddau'r Gair ym muchedd y Cristion unigol. Ystyrid bod yr ysgrythurau'n ganllaw anhepgorol i ddyfnhau'r profiad o Dduw trwy ras a sancteiddhad.

Y Beibl Cymraeg, a ymddangosodd gyntaf yn 1588 ac, wedi hynny, yn ei ffurf ddiwygiedig yn 1620, a sbardunodd rai offeiriaid a lleygwyr, yn rhan gyntaf yr ail ganrif ar bymtheg, i genhadu'n amlach trwy gyfrwng y wasg argraffu. Ni chafodd Beibl William Morgan gymaint o ddylanwad ag a dybir ymhlith plwyfolion syml yn ystod y blynyddoedd wedi iddo ymddangos oblegid, fel y cyfeiriodd Huw Lewys ymhellach, nid oedd gweld y gyfrol yn glöedig mewn eglwysi plwyf am y rhan helaethaf o bob wythnos o fawr werth o safbwynt lledaenu Gair Duw ymhlith y bobl.[20] Pwysleisiwyd camp Morgan yn fynych, y mae'n wir, ond teimlai nifer fach o offeiriaid ystyrlon mai'r gwir angen oedd meithrin duwioldeb trwy ddysgu am hanfodion y ffydd ac mai'r unig ffordd effeithiol i gyflawni hynny oedd trwy bregethu'r Gair ac annog penteuluoedd ac eraill i ddarllen yr ysgrythurau a myfyrio arnynt. Dehonglwyd y traddodiad beiblaidd newydd yng nghyd-destun hyfforddi gwerin Cymru yng ngwirioneddau'r ffydd trwy astudiaeth fanwl o'r Gair.

Un dull uniongyrchol o gyflawni amcanion crefyddol y dyneiddwyr oedd trwy sefydlu gweinidogaeth rymus yn ôl argymhellion John Penry;[21] cyfrwng arall oedd trwy gyhoeddi cyfieithiadau o weithiau diwinyddol o bwys, bob un ohonynt yn datgan egwyddorion sylfaenol Protestaniaeth, yn cynnig arweiniad i'r duwiolfrydig ac yn cymell eraill i ddwysfyfyrio ar y Gair. Amlygir y tueddiadau hynny yn y clasuron rhyddiaith Cymraeg o ddiwedd yr unfed ganrif ar bymtheg ymlaen, ac ymhlith offeiriaid a lleygwyr unigol dyfnhawyd yr ymwybyddiaeth o rannu cyfrifoldeb dwys am eraill mewn cyfnod pan gafwyd mwy o weithgarwch dyngarol, yn arbennig ymhlith gwŷr proffesiynol yn y trefi a'r dinasoedd. Ymddangosodd nifer fechan iawn o offeiriaid a boneddigion ymroddgar â'u bryd ar wasanaethu eu cyd-ddynion ac ymaflyd yn y gorchwyl o gyhoeddi llyfrau duwiol.[22] Yn y rhaglithoedd i'w gweithiau cyfeiriwyd yn aml at eu cenedlgarwch a'u heiddgarwch i ddefnyddio'u hadnoddau, mewn gair a gweithred, er budd i'w cyd-Gymry. Bwriad Oliver Thomas yn cyhoeddi *Car-wr y Cymry* yn 1631, er enghraifft, oedd, fel y dywed wynebddalen y gwaith enwog hwnnw, 'annog ei genedl anwyl, a'i gydwladwyr er mwyn Crist ai heneidiau i chwilio, yr scrythyrau'.[23] Cyfeiriodd at 'fawr ddiwydrwydd, a thraulswrn o wyr Duwyol' a aethai rhagddynt yn ddyfal 'ac ewyllysgar i wneuthur daioni i'r Cymru'.

O gymryd yr holl amgylchiadau i ystyriaeth, y mae'n amlwg nad oedd y lleiafrif cydwybodol ymhlith offeiriaid a lleygwyr yng Nghymru yn teimlo bod yr Eglwys wladol yn ymateb yn foddhaol i her yr oes honno ac na cheid ynddi na'r ynni na'r cymhelliad i'w sefydlu ei hun yn gyfrwng i gwrdd ag anghenion yr unigolyn yn ei berthynas â Duw. Er gwaethaf ymdrechion rhai unigolion glew i hybu buddiannau'r ffydd Brotestannaidd, sylweddolwyd, yn wyneb nychdod yr Eglwys, pa mor annigonol ydoedd i ddiwallu anghenion ysbrydol y genedl, ac yn y cyd-destun hwnnw y mae rhaid ceisio dehongli ystyr tystiolaeth a gweithgarwch y natur a'r duedd Biwritanaidd a oedd ynddi. Cwynodd Walter Stephens, ficer Trefesgob yn sir Amwythig, am ddiffygion gweinidogaeth bregethu yng Nghymru a'r Mers: 'when he preached in his younger days,' meddid amdano, 'for a greater space, there was never a preacher between him and the sea one way, and none near him the other, but one in Shrewsbury'.[24] Un o brif amcanion y mudiad Piwritanaidd oedd darparu gweinidogaeth o'r fath a fyddai'n 'goleuo mannau tywyll y wlad' ac yn diwallu'r hyn a ystyrid yn wir anghenion pobl Cymru. Yn y cyd-destun hwnnw, felly, y mae i dwf Piwritaniaeth yng Nghymru nodwedd bersonol nad oedd a wnelo hi fawr ddim â sectyddiaeth ffurfiol. Agwedd meddwl yr unigolyn a'r ymdeimlad o'i angen am ras a sancteiddhad naill ai fel aelod o'r Eglwys wladol, neu fel Ymwahanwr a weithredai y tu allan iddi, a ddyry ystyr i'r 'mudiad' yn ei ddyddiau cynnar. Carfan o unigolion â'u bryd ar ddyfnhau eu profiadau ysbrydol heb ymglymu wrth drefniadaeth gaeth a ddaethai fwyaf i'r amlwg yn rhinwedd eu pregethu a'u gwaith llenyddol cyhoeddedig yn rhan gyntaf yr ail ganrif ar bymtheg, er na ellir anwybyddu'r elfennau sectyddol a welwyd ymhlith Bedyddwyr gororau sir Henffordd ar ddechrau y 1630au a'u dylanwad hwy wedi hynny yn ne a gorllewin Cymru. Gweithredai clerigwyr pybyr fel Rowland Puleston, Marmaduke Matthews a Rhys Prichard, er enghraifft, oddi mewn i'r sefydliad gwladol gyda'r bwriad o'i ddiwygio tra cenhadai eraill y tu allan iddo, er mai prin iawn oeddynt hwy yng Nghymru cyn y 1630au.[25]

O safbwynt trwch y boblogaeth ni chafodd syniadau a chyhoeddiadau'r Protestaniaid mwyaf eithafol effaith o gwbl ym mlynyddoedd olaf canrif y Tuduriaid. O ran ei natur, nid oedd y gymdeithas yn ddigon aeddfed i allu sugno dylanwadau eraill dros gyfnod cymharol fyr. Araf iawn yn wir fu ymlediad y ffydd Brotestannaidd ymhlith plwyfolion unieithog, a'r prif resymau am hynny oedd amodau economaidd gwael, patrwm gwasgaredig y boblogaeth, anwybodaeth ac ofergoeliaeth. Llusgai arferion Pabyddol ymlaen ymhlith haenau isaf y gymdeithas a rhai teuluoedd bonheddig, ac amddiffynnwyd yr hen ffydd gan rai o dras bur uchel yng nghefn gwlad a oedd yn amlwg eu grym a'u dylanwad lleol ac yn arweinwyr i'w tenantiaid. Nid oes amheuaeth bellach mai yn Lloegr gyda'r Piwritaniaid Presbyteraidd ac wedi hynny â'r Anghydffurfwyr y cawsai John Penry ei gyfle i arwain a chenhadu.[26] Er iddo fynegi ei ddadleuon yn frwd yn ei draethodau i'r frenhines a'i llywodraeth yn Llundain a Llwydlo, gan bwysleisio anghenion ysbrydol y Cymry ac amlygu ymdeimlad o wladgarwch gwresog wrth gyflwyno ei neges, y mae'n amlwg mai mewn cylchoedd Piwritanaidd y cynhyrchodd ei bropaganda eithafol gyda'r bwriad o hybu buddiannau'r adain chwith yn y mannau mwyaf poblog yn Lloegr. Y mae'n ddigon posibl, fodd bynnag, y byddai dylanwad Penry wedi cynyddu yng Nghymru pe bai wedi cael byw hyd at flynyddoedd cynnar yr ail ganrif ar bymtheg. Ysywaeth, fe'i dienyddiwyd ar adeg yn ei fywyd pan oedd ar fin cyrraedd anterth ei yrfa genhadol a phryd y gallai fod wedi cyflawni mwy o safbwynt cenhadaeth bregethu a diwygio ynghyd ag eraill o'r un tueddfryd ag ef. Mewn cyfnod pan ddiffygiai'r Eglwys wladol dan bwysau ei holl broblemau ni chawsai grymusterau newydd, a amlygai'r angen am drefniadaeth ddiwygiedig a mwy disgybledig na'r hyn a gafwyd yn 1559 pan sefydlwyd yr Eglwys wladol Brotestannaidd, y cyfle i egino heb sôn am ffrwythloni. Rhoddai'r esgobion cynnar yn yr Eglwys honno fwy o bwyslais ar osod sylfeini trefniadol a gweinyddol na dim arall. Ac ni ellid eu beio oblegid prif feini prawf parhad y ffydd newydd, yn eu golwg hwy, a barnu oddi wrth y dystiolaeth, oedd gosod trefn a disgyblaeth a gofalu am fuddiannau materol yr Eglwys. O'r safbwynt hwnnw y dehonglwyd yr angen i ledu gorwelion gwybodaeth am athrawiaeth a chenhadaeth ysbrydol y fframwaith grefyddol ddiwygiedig. Er cymaint eu brwdfrydedd dros osod sylfeini newydd cyfyngwyd yn ddifrifol ar eu gweithredoedd. Cythryblwyd yr Eglwys gan ei thlodi enbyd a chyfrifwyd ei hesgobaethau ymhlith y tlotaf yn y deyrnas. Barnai'r Esgob Francis Godwin o Landaf yn 1603 mai diymadferthedd adnoddau ei esgobaeth oedd ei phrif wendid.[27] Disgrifiodd lymder ei ranbarth yn ei ymateb i ymchwiliad John Whitgift, archesgob Caer-gaint, yn y flwyddyn honno i gyflwr yr Eglwys yn gyffredinol, ac y mae'n eglur ddigon mai esgobaeth ar ei chythlwng oedd Llandaf. Cyfeiriodd Godwin at nifer dda o wendidau a gyfyngai'n ddifrifol ar ei heffeithiolrwydd yn gyffredinol; rhoddodd gryn bwyslais ar ddiffyg gweinidogaeth bregethu ac ar gyflwr gwael yr offeiriadaeth. Yn ei ymateb i ofynion Whitgift cyfaddefodd mai dim ond 50 o bregethwyr a gafwyd i wasanaethu mewn 177 o blwyfi ynghyd â 15 capel anwes. Ar ben hynny, cofnodwyd y pryder ynglŷn â'r cynnydd mewn Pabyddiaeth, a rhwng y ddau begwn bygythiol hynny cawsai'r awdurdodau eglwysig eu hunain mewn sefyllfa o argyfwng ac yn analluog i fedru gwrthsefyll nerthoedd gwrthwynebus o'r tu allan. Yr oedd y sefyllfa'n debyg i'r hyn a gafwyd yn negawdau olaf yr unfed ganrif ar bymtheg, a disgrifiwyd hynny'n fyw iawn gan Richard Price o Aberhonddu:

> The people do still in heaps go on pilgrimage to the wonted wells and places of superstition, and in the nights after the feasts, when the old offerings used to be kept at any idol's chapel, albeit the churches be pulled down, yet do they come to the place where the church or chapel was, by great journeys barefoot very superstitiously. [28]

I wynebu her y dyddiau hynny, fodd bynnag, gweithredai rhai offeiriaid dethol a amlygwyd am eu duwioldeb a'u diwydrwydd trwy weinyddu i blwyfolion tlawd. Yng Nghaerllïon-ar-Wysg, Llanwynell, Llangatwg Dyffryn Wysg a Llangatwg Feibion Afel bu Edward James yn gweinidogaethu rhwng 1595 a 1599 cyn iddo symud i Langatwg ger Castellnedd. Ychydig o wybodaeth sydd ar gael amdano ond y mae ei gyfieithiad o *Certain Sermons or Homilies* i'r Gymraeg dan y teitl *Pregethau a Osodwyd allan . . . i'w Darllein ymhob Eglwys blwyf . . . neu Llyfr yr Homilïau*, fel y gelwir ef, yn adnabyddus ac yn gyfraniad pwysig i gryfhau gweinidogaeth bregethu'r Eglwys. Tystia'r rhagymadrodd byr mai'r prif amcan oedd gwella cyflwr ysbrydol y bobl a'u symbylu, 'wrth arfer o glywed darllen y pregethau duwiol dyscedig hyn yn fynych, ddyscu mewn amser gredu yn-Nuw yn inion ac yn ffyddlon'. Aeth ati i egluro'n fyr ystyr a phwrpas yr Homilïau hyn:

> yn y rhai y cynhwysir y prif byngciau o'n ffydd ni ac o'n dlyed tu ag at Dduw a'n cymdogion; fel y gallai'r offeiriaid a'r curadiaid annyscedig, y rhai ni fedrent yn amgen etto wrth adrodd datcan a darllen yr homiliau hyn, pregethu i'w pobl wrth athrawiaeth, ac fel y galle bawb o'r bobl, wrth wrando, ddyscu'n inion ac yn iawn anrhededdu ac addoli'r Hollalluog Dduw a'i wasanaethu'n ddiwyd.[29]

Un o'i ddilynwyr yn Llangatwg ger Castell-nedd oedd Robert Powell, offeiriad a phregethwr o fri, yn ôl pob sôn, a chyffelyb o ran tanbeidrwydd ei neges i Rhys Prichard, ficer Llanymddyfri, a oedd yn gyfaill agos iddo ac a feddyliai'n uchel ohono. Yn ei gerddi yntau bu i Rhys Prichard bwysleisio duwioldeb ac ymarweddiad Cristnogol yn gyson, ac ynddynt ceir arwyddion amlwg o'r Galfiniaeth a nodweddai anian Biwritanaidd hynod bersonol gwŷr ei genhedlaeth.[30] Yn y cyd-destun hwnnw hefyd y dylid pwyso a mesur cyfraniad Lewys Bayly, a ysgrifennodd *The Practice of Piety* tua 1611 ac a ddyrchafwyd yn esgob Bangor oblegid hynny rai blynyddoedd yn ddiweddarach. Fel y'i trafodwyd eisoes ni ellir gorbwysleisio'r hyn a gyflawnodd i gyfoethogi bywyd ysbrydol ymlynwyr wrth y ffydd Gristnogol. Ynddo, cafwyd adrannau defosiynol preifat i gwrdd â holl anghenion ac amgylchiadau bywyd, a chynhwyswyd ynddo rai elfennau Piwritanaidd pendant ynglŷn â disgyblaeth, myfyrdod ac athrawiaeth gras ac etholedigaeth. Ynghyd â rhai gweithiau eraill, y rhan fwyaf ohonynt yn gyfieithiadau o glasuron Saesneg, cafodd *The Practice of Piety*, yn ei ddiwyg Cymraeg, ddylanwad cryf ar genedlaethau o grefyddwyr yng Nghymru.[31]

Ymddengys elfen Biwritanaidd gref yn y rhan honno o *The Practice of Piety* sy'n cynnwys myfyrdodau, a rhoddir arweiniad i'r Cristion 'fel y gallo ef rodio yr holl ddiwrnod gyd â Duw mal Enoch'. Pwysleisir angen y gwrthrych i fagu ysbryd duwiolfrydig a rhoi ei fryd ar fwynhau 'difyrrwch cyfreithlawn' yn hytrach na 'gwag oferedd y byd hwn'.

> Yn ddiwaethaf, na wna vn difyrrwch yn arfer beunyddiol i ti. Nid yw yr ymarfer hwyaf o ddigrifwch ond byrr, eithr y *poenau* am *gamarfer* digrifwch ydynt *dragwyddol*. Arfer gan hynny o ddifyrrwch cyfreithlawn cyn belled, ac ei byddo i'th wneuthur yn dy gorph a'th feddwl yn *gymmesurach* a *chyssurach* i wneuthur gwasanaeth Duw, a'r dyledion perthynasol i'th alwedigaeth. Y mae dy waith yn fawr, nid yw dy amser ond byrr. Ac y mae'r hwn sydd *yn talu gwobr i bob vn fel y byddo ei waith ef, yn sefyll wrth y drws*. Meddwl pa waith sydd etto yn ôl, mor araf y gweithiaist yr amser a aeth heibio; a pha gyfrif a fyddei gennit, pe bai dy Arglwydd yn dy alw ger ei fron y dydd heddyw. Bydd ofalus o hyn allan, i wneuthur er elw gorau a ellych o'r amser byrr sydd i ti yn ôl, fel y gwnai ddŷn o hên ammodau a fai ym mron myned allan: A phan fych yn bwriadu *difyrru yr amser i't dy hûn*, cofia leied yw amser dy enioes, ac am hynny na ellir difa llawer o hynny, mewn *seguryd*, *digrifwch*, *chwaryddiaeth*, *a gwag oferedd* . . . Oblegid ni chreuwyd dŷn er mwyn *ymddifyrru*, *ymddigrifo*, neu *chwareu*: eithr i wasanaethu Duw mewn *Crefydd* yn ddyfal, ac i wasanaethu ei gymydog yn gydwybodus yn ei alwedigaeth: ac felly iw sicrhau ei hûn o iechydwriaeth tragwyddol.[32]

Dyry bwyslais ar nifer o nodweddion a fyddai'n gymeradwy gan y Piwritaniaid: y pwys ar y bywyd ystyriol a difrif, y rheidrwydd i wasanaethu Duw, gorchwylion eneidiol yr unigolyn, a byrder bywyd i'w cyflawni er gogoniant Duw. Cyfeirir at oferedd y bywyd hwn a'r duedd ymhlith dynion i esgeuluso gwasanaethu Duw mewn gwir grefydd. Os yw'r crediniwr i etifeddu'r bywyd tragwyddol, meddir, y mae'n ofynnol iddo weithredu ei ffydd yn ei berthynas unigol â Duw, ei gymdeithion a'i gymdogion. Cyflwynir gan Bayly gyfarwyddyd pendant sut y dylai'r unigolyn ymgyrraedd at sancteiddrwydd a gras Duw. Trwy ymgysegriad llwyr ac ymwadu â gwagedd y byd hwn yn unig y gellid llwyddo i sefydlu'r iawn berthynas â Duw ac ymgyfoethogi fel canlyniad i'r profiad hwnnw.[33]

Bu Rhys Prichard yn frwd ei gefnogaeth i Feibl 1630 ac anogodd benteuluoedd ac unigolion ystyrlon eraill i'w trwytho eu hunain a'u teuluoedd yng Ngair Duw. Aeth rhagddo hefyd i gynnig cyngor buddiol sut y dylid gwasanaethu Duw. Pwysleisir ganddo'n gyson yr angen am ffyddlondeb, ffydd a'r fuchedd lân pryd y gweithredai'r crediniwr trwy gyfrwng gras Duw:

Dau ryw o wasanaeth ffyddlon
Y fynn Duw ar law pob Cristion.
Un trwy ffydd a chrefydd dduwiol,
Llall trwy foes, a buchedd rasol.

Rhaid gwas'naethu Duw yn foesol,
Trwy lân fuchedd tra Christ'nogol,
Ym mhob man, ac ar bob achos,
Hyd yr awr ddiwedda' o'n heinio's.[34]

Nid cerddi i'r werin bobl yn unig yw'r rhain eithr cyfryngau hefyd i hyfforddi'r unigolion hynny y rhoddwyd iddynt y cyfrifoldeb i gynnal a gwella safonau moesol y rhai a ddibynnai arnynt am nawdd a chynhaliaeth yn fydol ac ysbrydol. Y maent yn gyfryngau dyfnach na'r hyn a ystyrid yn gyffredinol am gynnwys cerddi Rhys Prichard: o ddal ar bob cymal tywysir y darllenydd i fyd symbolaeth syml ond cwbl effeithiol y Cristion gostyngedig a'r crediniwr a bwysa ei werth ysbrydol cynhenid yng nghlorian ei annigonolrwydd ar y naill law a chyfoeth ei brofiad o'r tragwyddol ar y llaw arall. Mewn cyd-destun o'r fath deuir agosaf at ddeall y meddwl Piwritanaidd ymhlith unigolion a charfanau tanbaid yn negawdau cynnar yr ail ganrif ar bymtheg. Pobl oeddynt a gydnabu eu gwendidau gerbron Duw ond hefyd a ganfu foddion i gyfoethogi eu profiadau trwy fyfyrio'n ddwys ar Air Duw a phregethu'r Efengyl.

Pwysleisir rhan allweddol y penteulu ym mywyd ysbrydol ei dylwyth: edrychwyd arno fel ffynhonnell undod yr endid deuluol. I'r Piwritan dehonglwyd yr uned honno fel meicrocosm o'r undod organig a feithrinwyd yn Eglwys y saint fel y dehonglwyd honno yng Ngair Duw. Amlygwyd hynny yn nyhead y crediniwr am brofiad personol o bresenoldeb Duw trwy fyfyrdod a gweddi. Pwysleisir arwyddocâd yr ymchwil parhaol am y presenoldeb hwnnw yn yr enaid unigol. O ddarllen gweithiau'r llenorion Cymraeg yng nghwrs yr ail ganrif ar bymtheg gwelir pa mor eiddgar oeddynt wrth ymgymryd â llafur y cyfieithu i amlygu arwyddocâd duwiolfrydedd ym muchedd yr unigolyn. Mewn cyflwr o wyleidd-dra'n unig y gall yr enaid ymgydnabod â Duw. A dyna oedd amcan Rhys Prichard: ni ddaethai'n agos at fod yn Biwritan o ran ei alwedigaeth, ond yn sicr o ran ei ymarweddiad ni ellir canfod tyst mwy cywir i ysbryd anniddig yr oes ymhlith y rhai a deimlai'n anfodlon ar eu cyflwr moesol eu hunain a'u plwyfolion. Nid yw'n rhyfedd fod Marmaduke Lloyd, Maes-y-felin, ger Llanbedr Pont Steffan, wedi'i gyfarch mewn llythyr yn 1626 fel a ganlyn:

> I . . . hartily wishe that o[u]r churche now (*in senio mundi*) when the light of the gospel is growne dimme, may shine gloriously with suche light as yourselfe, who are to the people of those parts . . . A Lanterne to their feete & a Light to their paths . . .[35]

Araf fu'r cynnydd mewn Anghydffurfiaeth ym mhob ardal yng Nghymru ac eithrio'r Mers.[36] Mewn cylchoedd ceidwadol eu natur parhaodd yr ymlyniad cryf wrth y drefn sefydledig, ac yn ôl adroddiadau eglwysig yn ystod y ganrif yn fras rhwng 1540 a 1640 prin fu'r cynyrfiadau crefyddol yn esgobaethau Cymru ac eithrio ar ffiniau'r ddwy esgobaeth ddwyreiniol. Ffydd yr ymylon a gynrychiolid gan Biwritaniaeth am sawl cenhedlaeth yng Nghymru: o encilion parthau mwyaf anghysbell y plwyfi agosaf at Loegr y deuai'r tân ysol, a chodwyd mân achosion hwnt ac yma nad oes fawr o wybodaeth fanwl amdanynt ac eithrio ambell gofnod a thraddodiad am dwf carfanau Anghydffurfiol. Cynyddodd nifer y Piwritaniaid yn Abertawe a Merthyr Tudful a'r cylchoedd o amgylch, a sefydlwyd gweinidogaeth bregethu gref dan arweiniad Marmaduke Matthews ym mhlwyf Penmaen ym Morgannwg. Ar ddechrau'r 1640au llafuriodd Ambrose Mostyn, aelod o gangen Talacre o'r teulu amlwg hwnnw, yn ei swydd yn ddarlithydd, yntau hefyd ym mhlwyf Pennard ym Morgannwg. Er mai lleiafrif bach oedd yr arweinwyr Piwritanaidd cynnar a'u dilynwyr ym Morgannwg a Gwent yn y 1630au a'r 1640au nid oes amheuaeth fod polisïau unffurfiol yr Archesgob William Laud, a'u hamcanion i gryfhau gafael yr Eglwys wladol a rhoi iddi ddelwedd Arminaidd, wedi ffyrnigo'r elfen Biwritanaidd gref yn yr Eglwys a chreu gwrthwynebiad gadarn i dueddiadau crefyddol y brenin a'i lywodraeth. Dan amgylchiadau o'r fath byddai'r eithafwyr ymhlith y Piwritaniaid, os gorfodwyd hwy, yn barod i ymadael yn llwyr â hi mewn cyfnod pan oedd Protestaniaeth mwy eithafol yn dechrau datblygu'n amlycach ar ororau Cymru. Trigasai rhai Piwritaniaid yn Wrecsam a'r cylch yn wythdegau'r ganrif flaenorol a cheir tystiolaeth o hynny. Cyfeiriwyd yn hanes merthyrdod Richard Gwyn, yr ysgolfeistr Pabyddol, yn 1584 at weithrediadau 'certaine pedlars and tinkers . . . hot Puritans and full of the Gospell' yn y dref honno.[37] Flwyddyn ynghynt cyhoeddoedd Rowland Puleston o'r Bers yn sir Ddinbych 'Llefr o'r Eglwys Gristnogedd' yn datgan ei osgo Piwritanaidd a gwrth-Babyddol.[38] Mewn llawysgrif yn unig y ceir y gwaith hwnnw ac aeth yr awdur rhagddo i ddangos 'cyflwr, neu staat/Eglwys dduw, o flaen y ddeddyf, tann y ddeddyf, ie a thann yr/Efengil: gan ddatcuddio hefyt/Cynyddiat Tyrnas y Rufainiol/ Anticrhist, ae Ceremoniae mution/aei ddechmygion Coegion'. Magwyd traddodiadau o'r fath mewn gwahanol ardaloedd eraill lle y teimlid bygythiad Pabyddol, yn arbennig ar y gororau, a chododd rhai clerigwyr i'r amlwg, megis Walter Stephens, ficer Trefesgob a Stanley Gower, ficer Brampton Bryan a chaplan Syr Robert Harley a'i wraig hynod Brilliana, dau o brif amddiffynwyr arweinwyr Piwritaniaeth gynnar yng Nghymru.[39]

Gŵr o dueddfryd tebyg oedd William Wroth, rheithor Llanfaches yng Ngwent ac, o bosibl, aelod o deulu a ddeuai'n wreiddiol o ardal y Fenni ac a barhâi i lynu wrth y ffydd Babyddol.[40] Fe'i haddysgwyd yn Rhydychen yr un pryd ag Edward Lewis, y Fan ger Caerffili, aelod o deulu grymus yn ne-ddwyrain Cymru, a dywedir iddo ddychwelyd i'r ardal honno a gwasanaethu fel caplan i'r teulu. Credir hefyd iddo dderbyn bywoliaeth Llanfaches yn 1611 am fod honno ym meddiant y Lewisiaid. Nid oes sicrwydd ynglŷn â'r penodiad y pryd hwnnw ond y mae'n ffaith i Wroth dderbyn bywoliaeth Llanfihangel Rhosied yn 1613 a'i meddiannu hyd at 1626. Gellir olrhain ei yrfa'n fwy pendant o 1617 ymlaen ym mhlwyf Llanfaches. Yn ôl pob sôn parhaodd yn ei swydd yn gaplan i Edward Lewis a'i ferch-yng-nghyfraith Anne, Arglwyddes Beauchamp.

Gweinidogaethai William Wroth mewn ardal a ddaethai'n feunyddiol dan ddylanwadau Seisnig o orllewin a de Lloegr. Y tebyg yw fod plwyf Llanfaches a'r ardaloedd i'r de a'r dwyrain ohoni, megis Casgwent a Chil-y-coed, yn fwy Seisnig na Chymreig o ran iaith yn y dyddiau hynny. Tystir i hynny yng ngeiriau Siôn Treredyn, ficer Tredynog a brodor o lannau Hafren, yn ei raglith i *Madruddyn y difinydd-*

iaeth diweddaraf. Ynddo, y mae'n esgusodi ei iaith fregus wrth gyfieithu: 'canys nid wyf fi (a anwyd ar lan Hafren ym mro Gwent lle y mae'r Saesoniaith yn drech na'r Brittaniaith)', meddai, 'yn cymmeryd arnaf, na medraeth, nac hyspysrwydd yn y Cymraeg'.[41] Wedi dweud hynny, ni ellir diystyru'r hyn a gyflawnodd, ac er bod gwendidau yng nghystrawen ei Gymraeg y mae cryn gamp ar y cyfieithu. Nid oes amheuaeth fod ardaloedd de-ddwyrain y sir yn fwy Seisnigaidd na'r blaenau i'r gogledd a'r gorllewin. Sut bynnag, er mai plwyf ar y ffin rhwng y ddwy iaith oedd Llanfaches ni ddylid casglu mai eglwys hollol Saesneg ei natur a sefydlodd William Wroth oblegid ymaelododd nifer o Gymry Cymraeg eu hiaith ynddi, ac yr oedd ganddo ef afael dda arni er nad oes prawf ei fod yn rhugl wrth ei siarad.

Nid gorchwylion eglwysig yn unig a ddenai reithor Llanfaches i gyfrannu i'r bywyd cyhoeddus oblegid cofnodir yn y llyfr hynod ddiddorol hwnnw, *Memoirs of Monmouth-shire* gan Nathan Rogers, a aned yn Llanfaches, fod Wroth wedi ymroi i gefnogi'r Arglwyddes Beauchamp yn ei hachos cyfreithiol yn erbyn Iarll Caerwrangon ynglŷn â pherchenogaeth Helfa Wentwood yng Ngwent.[42] Cyn hynny, eto'n ôl traddodiad, cawsai Wroth dröedigaeth tua'r flwyddyn 1625–6, pan ymddiswyddodd o reithoriaeth Llanfihangel Rhosied. Dywedir mai marwolaeth sydyn 'gŵr bonheddig' a drigai yng Ngwent, y disgwylid iddo ddychwelyd gartref yn fuddugoliaethus o Lundain wedi achos cyfreithiol llwyddiannus, oedd y rheswm am y dröedigaeth honno. Yn y geiriau canlynol y disgrifir y newid mawr hwn yn ei fywyd gan Joshua Thomas yn *Hanes y Bedyddwyr*, a gyhoeddwyd gyntaf yn 1778:

> Felly trodd y gorfoledd mawr yn alarnad chwerw-dost. Wrth weld y llefain, yr wylo, a'r galar, dywedir i'r Ficer syrthio ar ei liniau, a thaer weddio ar i Dduw fendithio y tro rhyfedd hwnw iddynt oll, a chysuro y weddw drist a'r amddifad galarus. Yr ydys yn meddwl mai hun oedd y tro cyntaf y gweddiasai ef erioed o'i galon, gan mai gwr ysgafn yn ei fywyd ydoedd o'r blaen. Ond dywedir ei fod yn daer iawn y pryd hyny am fendith ar y rhagluniaeth, er eu dwyn i ystyried gwagedd yn byd hwn, pwys tragwyddoldeb, breuolder bywyd etc . . . Yr oedd o hyn allan yn wr sylweddol; dwys-fyfyriodd ar air Duw, pregethodd fel un ag awdurdod ganddo, yr oedd am ogoneddu Duw, dyrchafu Crist, ac achub eneidiau gwerthfawr. Gwnaeth swn mawr ar hyd y wlad, a chafodd llawer eu hargyhoeddi.[43]

Bu'r digwyddiad alaethus yn gymaint o ysgytwad i'r offeiriad nes peri iddo brofi'r dröedigaeth a fu'n foddion iddo sobri drwyddo. Os gellir derbyn y dystiolaeth hon yna daw'r dröedigaeth ar ffurf digwyddiad sydyn yn hytrach nag fel ymdeimlad graddol o anfodlonrwydd â'r drefn grefyddol yr oedd Wroth yn was iddi.[44] Ni ellir bod yn sicr faint o ddylanwad Piwritanaidd a wreiddiasai yn y plwyf hwnnw y pryd hwnnw ac eithrio rhai unigolion duwiolfrydig a enwir gan Nathan Rogers, ond y mae'n dra thebyg fod nerthoedd cynhenid eraill y tu ôl i weithredoedd Wroth ym mlynyddoedd olaf y 1630au, o gofio am natur yr eglwys a ffurfiwyd yn 1639. Y mae'n sicr fod y dröedigaeth ddisymwth y cyfeiria Joshua Thomas ati – a derbyn bod ei adroddiad yn ddilys – wedi digwydd cyn 1634, y flwyddyn y cyhuddwyd Walter Cradoc a William Erbery o bregethu'n sgismatig.[45] Fe'u disgrifiwyd fel rhai 'very disobedient [who] have preached very schismatically and dangerously to the people'. O ddeutu blwyddyn ynghynt, yn 1633, adroddodd William Murray, esgob Llandaf, nad oedd 'one refractory non-conformist or schismatical minister' yn ei esgobaeth, sy'n awgrymu naill ai nad oedd Wroth wedi dechrau ar ei waith cenhadol neu nad oedd wedi dod i sylw awdurdodau'r esgobaeth.[46] Sut bynnag, bu tröedigaeth Wroth yn gyfrwng allweddol iddo ymroi'n llawer mwy difrifol i bregethu, a disgrifiwyd ei ddull o draddodi yn un tanbaid, cyffrous ac eneiniedig, ac yn dra gwahanol i'w ffordd cyn hynny ac i'r traethu ffurfiol a geid ymhlith offeiriaid plwyf yn nhraddodiad yr Eglwys wladol yn ei gyfnod. Y tebyg yw iddo bregethu'n fyrfyfyr y tu allan i'w eglwys a'i blwyf ac iddo gael dylanwad o bwys. Er iddo barhau i gyflenwi ei orchwylion fel person plwyf y mae'n amlwg iddo hefyd ddangos mwy o eiddgarwch efengyleiddiol nag a hoffai'r esgob. Yn hynny o beth ymdebygai i Rhys Prichard a oedd lawn mor frwdfrydig dros genhadu ag yr oedd Wroth. Y mae'n amlwg fod y ddau ohonynt wedi rhannu'r un traddodiad Piwritanaidd a amlygwyd yn yr Eglwys yng Nghymru yn negawdau cynnar yr ail ganrif ar bymtheg.

Yn 1628 penodwyd William Laud yn esgob Llundain, ac yn ei swydd ymosododd yn ffyrnig ar Biwritaniaeth. Pan ddyrchafwyd ef yn archesgob Caer-gaint yn 1633 cadarnhaodd ei bolisïau Arminaidd i amddiffyn yr offeiriadaeth a chyfoethogi seremonïau eglwysig ac i fynnu cydffurfiaeth lwyr drwy ddefnyddio pob dull posibl a oedd ar gael i gyrraedd ei amcan. 'All that I have laboured for in thos particular', meddai, 'was, that the external worship of God in this Church might be kept up in uniformity and decency and some beauty of holiness.' Credai'n gryf fod angen amddiffyn 'prydferthwch sancteiddrwydd' – prif fynegiad o ffydd Laud – rhag dirmyg a diystyrwch y Piwritaniaid. Ffieiddiai rhag eu sylwadau gwawdlyd a'u pwyslais ar addoliad mewnol yn hytrach nag ar gydymffurfio seremonïol. Credai Laud yntau hefyd mewn dyfnder profiadau, ond iddo ef y prif symbyliad i addoliad oedd arwyddion gweledol rhwysgfawr: 'but the external worship of God in His Church,' meddai, 'is the great witness to the world that our heart stands right in that service of God'. Ac yn ei gyfeiriad at allanolion eglwysig, meddai ymhellach: 'Ceremonies are the hedges that fence the substance of religion from all the indignities which profaness and sacrilege too commonly put upon it.'[47] Casâi halogrwydd ac anghysegredigrwydd, ac amcanai at ddifa llygredigaeth ac esgeulustod ymhlith offeiriaid a chodi'r Eglwys uwchlaw rhwyg a chynnwrf a'i chreu'n sefydliad a dderbyniwyd ac a barchwyd drwy'r deyrnas gyflawn. Pwysai'n drwm ar ddisgyblaeth ac ufudd-dod, ac oblegid hynny fe'i gwrthwynebwyd gan garfanau Piwritanaidd nad oeddynt yn barod i gydnabod hollalluogrwydd yr Eglwys. Nid polisi'r archesgob yn unig a boenai William Wroth, fodd bynnag, ond hefyd y cynnydd mewn Pabyddiaeth ym mhlwyf Llanfaches a'r plwyfi cyfagos. Fel y cyfeiriwyd eisoes, cymerodd ran flaenllaw yn yr ymgyrch i rwystro Iarll Caerwrangon rhag cau rhannau helaeth o Wentwood. Dywedir iddo wneud hynny, nid am fod ganddo fuddiannau lawer i'w diogelu – yn wir, ychydig ohonynt a feddai – ond yn hytrach am ei fod yn amddiffyn hawliau tenantiaid rhag cau tiroedd comin. Ymhlith gwrthwynebwyr eraill yr iarll cafwyd Wroth Rogers, tad Nathan, a William Blethin o Ddinan (Dinham), tenantiaid yng nghoedwig Wentwood, a'r ddau ohonynt yn Anghydffurfwyr.[48]

Y mae'n ddiddorol sylwi mai am ei haelioni yn rhoi swm enfawr o arian ('a considerable sum of money', yn ôl y cofnod) i Siarl I, tua 1625, adeg y trafferthion ynglŷn â chasglu trethi yr ystyrid eu bod yn anghyfreithlon, y rhoddwyd traean o'r helfa, a gynhwysai tua 3,000 o erwau, i'r iarll. Yn ychwanegol at y gwrthwynebiad i drethiannau lleol ffyrnigwyd y sefyllfa rhwng y Piwritaniaid a'r Eglwys gan bolisïau Arminaidd William Laud. Ymosododd ar etholedigaeth trwy ras Duw, pregethu'r Gair a sancteiddrwydd y Sabath. Ail-gyhoeddwyd y *Llyfr Chwaraeon* (1633) a roddai ganiatâd i bobl fwynhau ymlacio ar ddydd yr Arglwydd, a diswyddwyd pregethwyr didrwydded. Aethpwyd ati hefyd i ohirio penodi 'darlithwyr' Anghydffurfiol yn y plwyfi trwy orchymyn mai'r rheini a ddarllenai'r Llyfr Gweddi Gyffredin mewn gwenwisg yn unig a allai bregethu. Gwrthododd William Wroth ufuddhau i'r *Llyfr Chwaraeon* yn 1635, a bu'r ymosod ar bregethwyr didrwydded a'r oedi rhag penodi pregethwyr hefyd yn destun gofid iddo. Yn 1633 dilëwyd Ffeoffiaid yr Amfeddiadau, sef masnachwyr, tirfeddianwyr dylanwadol a gwŷr busnes Piwritanaidd a gydweithredodd o 1625 ymlaen, gyda chaniatâd y llywodraeth, i brynu bywiolaethau a phenodi pregethwyr Piwritanaidd i weithredu ynddynt. Bu polisïau William Laud a'i holl agwedd wrthnysig tuag at ei wrthwynebwyr, yn foddion pellach i wenwyno'r berthynas rhwng y Piwritaniaid a'r llywodraeth a'i dulliau o fynnu cydymffurfiaeth. Dywed Nathan Rogers mai dan gochl ei wrthwynebiad i'r *Llyfr Chwaraeon* y sicrhaodd Iarll Caerwrangon fod William Wroth yn cael ei ddwyn gerbron Llys y Comisiwn Uchel er mai achos Wentwood a'i cynhyrfai yn y bôn:

> But the said Earl being so great a Court-Favourite, and bearing so great a sway in the Country, *Might overcame Right*, and the tenants Opposition was in vain, and could neither obtain a Prohibition at Common-Law, nor an Injunction in Chancery. But on the contrary, several of the Tenants of Wentwood, who had been active to defend their Rights, were particularly taken notice of: as Mr *Wroth*, Mr *Blethin*, and this Complainants father [sef Wroth Rogers], who were (suppos'd by the Earl's Procurement) grievously us'd and harass'd by Informers, Apparators, with Citations and processes from the Bishops-Court in the Country, as well as from those illegal and destructive Courts of the high commission and Star-Chamber, that exceeded the *Spanish* Inquisition in Cruelty; the one stinging like an Adder, the other biting like a Serpent, which the Pious Mr. Wroth, with a great many more of the devout and conscientious Divines of the true Church of *England*, severely felt, for not complying with the new reviv'd Canons and Articles, and were suspended from their Livings for not reading them, and the cursed Book of Sports on the Lords-day, so much tending to the Dishonour of God, and the Corruption of Manners, by the order of Arch-bishop *Laud,* who had no other Way to ensnare those good Men, but in the Way of their God and his Worship.[49]

O edrych ar y dystiolaeth hon y mae'n ddiamau fod yna gyswllt rhwng Piwritaniaeth gynnar yng Ngwent a'r gwrthwynebiad i un o brif amddiffynwyr y Goron a oedd hefyd yn Babydd selog ac a noddai offeiriaid Iesuaidd yn ei gartref yn Rhaglan. Fel y gweithredai'r ganolfan honno ar ororau dwyreiniol Cymru yn fangre allweddol i'r cynnydd mewn Pabyddiaeth felly hefyd y safai Llanfaches yn 1639, o safbwynt hollol wahanol, yn brif gyrchfan Anghydffurfiaeth Brotestannaidd yn yr un cylch.

Er na ellir anwybyddu barn Nathan Rogers mai Iarll Caerwrangon a'r achos cyfreithiol a gyfrifai am ddwyn Wroth gerbron Llys y Comisiwn Uchel, nid oes amheuaeth, a derbyn safbwynt William Murray, esgob Llandaf, mai ei bregethu a'i dueddiadau Piwritanaidd eraill a'i gwnaeth yn annerbyniol yn ei olwg ef. Yn 1633 cofnodwyd mai dau 'ddarlithydd' yn unig a geid yn yr esgobaeth honno a'r ddau ohonynt wedi cael eu trwyddedu.[50] Y flwyddyn ganlynol, fodd bynnag, cyfeiriwyd at William Erbery, ficer Eglwys Fair a Ioan Sant yng Nghaerdydd, a'i gurad Walter Cradoc, fel gwrthwynebwyr i'r drefn eglwysig a phregethwyr peryglus a barai niwed i'r Eglwys yn y parthau hynny. Rhybuddiwyd y naill a diswyddwyd y llall, 'being a bold, ignorant young fellow'.[51] Yn 1635 hefyd cafwyd adroddiad pellach gan William Murray, a gefnogai Laud a'i bolisïau'n frwd-frydig iawn am y 'two noted schismatics, Wroth and Erbery, that led away many simple people after them', ac fe'u gwysiwyd i ym-ddangos gerbron Llys y Comisiwn Uchel.[52] Bu'r achos yn un maith, a chredwyd gan eu dilynwyr fod hynny'n fanteisiol iddynt am fod yr oedi yn eu profi'n ddieuog o'r cyhuddiadau yn eu herbyn.[53] Y canlyniad fu i Erbery golli ei fywoliaeth ac i Wroth, y mae'n debyg, ymostwng i'r awdurdodau. Y mae'n ddigon posibl, fel yr awgryma'r Dr Thomas Richards, iddo golli ei reithoriaeth yn 1638 oblegid, yn ei ewyllys, cyfeiria ato'i hun fel 'a preacher of God's Word'.[54] Sut bynnag, tua'r un adeg yr oedd William Wroth a'i gyfeillion wrthi'n crynhoi nifer o unigolion a oedd yn awyddus, dan ei arweiniad ef, i ffurfio cymdeithas eglwysig gynulledig yn Llanfaches. Y mae'n bwysig sylweddoli nad cymdeithas o Ymwahanwyr llwyr a sefyd-lwyd ganddo eithr yn hytrach cymuned o Gristnogion ymroddedig a goddefgar a addolai i raddau ar y cyd ag aelodau o'r Eglwys wladol. Yr hyn a'i gwahaniaethai oddi wrth Anglicanwyr y plwyf oedd y cyfamod eglwysig a'u hunai, a'r hawl a roddai hynny iddynt ethol eu swyddogion i gwrdd â gwahanol anghenion y gymdeithas honno. Os yw'r hyn a ddywed William Erbery a Henry Maurice yn gywir fod Wroth, ynghyd â Henry Jessey a Walter Cradoc, wedi codi eglwys ar batrwm 'Lloegr Newydd', a elwid 'the New England way', yn Nhachwedd 1639, rhagdybir mai dilyn esiampl John Cotton ac eraill a wnaent.[55] Daethai Henry Jessey, gweinidog yr eglwys gynulledig yn Southwark, i Lanfaches i dystio i reoleidd-dra'r sefydlu ac i sicrhau bod y cyfamod a wnaed rhwng y credinwyr yn unol â gofynion Eglwys Crist yng ngofal y saint.

Yn y cyd-destun hwn buddiol fyddai trafod yn fras natur a chyfansoddiad yr eglwys neilltuedig honno yn Llanfaches. Yr oedd ganddi draddodiad a'i cysylltai ag eglwysi Piwritanaidd eraill a sefydlwyd y pryd hwnnw ac a oedd yn barod i weithredu o fewn yr Eglwys wladol nes deuai'r cyfle i sefydlu'r hyn a ystyrid gan ei haelodau yn wir Eglwys Crist. Yn annhebyg i'r Ymwahanwyr yn nhraddodiad John Penry a Henry Barrow a'u dilynwyr, na fynnent ddim oll i'w wneud â'r Eglwys honno, credai Wroth y dylid uno â'r Eglwys yn y darlleniadau ysgrythurol a'r gweddïau ond ymwrthod â disgyblaeth a gweinyddu'r sacrament. Mabwysiadwyd syniadau o'r fath gan John Robinson, gweinidog Leyden yn yr Iseldiroedd,[56] a dyna hefyd wnaeth Henry Jacob, un o ddychweledigion Leyden, pan sefydlwyd eglwys Southwark yn 1616, ac fe'i dilynwyd yn yr un traddodiad gan Henry Jessey.[57] O blith cynulleidfa Leyden yr ymfudodd teuluoedd Piwritanaidd y Tadau Pererin i Massachusetts dan arweiniad Robinson ym Medi 1620, a sefydlodd drefn gyffelyb yno, a'r gŵr a gawsai'r dylanwad mwyaf yn Lloegr newydd oedd John Cotton, a ddatganodd ei syniadau yn ei lyfr *The Keyes of the Kingdom of Heaven*. 'The independent churches', meddai William Erbery, 'were born of Mr Cotton and others in Newe England . . . not only their Church Covenant, but that Forme of Ministry and Magistracy made up in one Church-State.'[58]

Trwy reoleidd-dra ffurfiol rhwymwyd yr aelodau'n wirfoddol wrth gyfamod i sefydlu Eglwys Crist, a golygai hynny y cedwid y berthynas ag Eglwys Loegr ac arweiniad ei chlerigaeth. Dyna sut y parhaodd William Wroth yn rheithor Llanfaches ac yn weinidog ar eglwys gynulledig yr un pryd. Yn ôl y dull Calfinaidd sefydlwyd trefn fugeiliol a llywodraethol, a chredwyd mai dyletswydd y wladwriaeth oedd sefydlu eglwys ar sail yr ysgrythurau. Yn y cyd-destun hwnnw y gwreiddiodd eglwys Llanfaches. Ystyriwyd mai dyletswydd y wladwriaeth yn sylfaenol oedd sefydlu trefn grefyddol a amlygai nodweddion y wir Eglwys fel y dehonglid hi gan y cynulleidfaolwyr. Sefydlwyd Llanfaches felly ar dir cyfansoddiadol pur gadarn o safbwynt ei rheoleidd-dra, rhyw hanner ffordd rhwng yr Ymwahanwyr a Phresbyteriaeth a bwysai am gael parhau yng nghymundeb yr Eglwys wladol yn y gobaith y gellid ei diwygio i'r graddau y deuai, ymhen amser, yn wir Eglwys Dduw.[59] Nid rhyfedd felly i Henry Jessey ymuno â'r brodyr yn Llanfaches i greu achos a gydymffurfiai â'i gynulleidfaolaeth a gymeradwywyd yn Lloegr Newydd. Fe'i sefydlwyd ar draddodiad a oedd eisoes wedi dechrau gwreiddio. Cytunwyd i barhau'r cymundeb â'r Eglwys a pharchwyd y berthynas rhwng y llywodraeth a'r drefn sefydledig fel sylfaen awdurdod gwladwriaethol ar y naill law, a chynulleidfa o addolwyr â'i bryd ar sefydlu eglwys Dduw ar y llaw arall. Fel y dywedir yng nghofnodion Eglwys Broadmead, Bryste:

> And by his ministry, it pleased ye lord to convert many, that they left their sinful courses in ye world, after which he caused them to separate from ye worship of ye world, and gathered them into Gospell Order of Church Government; which light of theirs began to shine very much in their part of ye land.[60]

Ar y sail honno y disgwylid y byddai'r Eglwys yn cael ei diwygio ar ffurf gynulleidfaol yn y plwyfi.

Dywed bywgraffydd Henry Jessey fod yr eglwys newydd yn Llanfaches yn hynod am ei thystiolaeth genhadol mewn gwlad ddiffaith, a dyry air da i William Wroth a'i ddilynwyr: 'gathering and constituting the church of Llanfaches . . . which afterwards was, like Antioch, the mother church in that gentile country'.[61] Cyfrifid bod sefydlu'r gynulleidfa yno yn symudiad arloesol i blith y rhai na dderbynient holl gredoau'r Eglwys wladol; fel yr eglwys yn Antiochia yn Syria lle 'yr oedd llaw'r arglwydd gyda hwy, a mawr oedd y nifer a ddaeth i gredu a throi at yr Arglwydd' ymhlith y cenedl-ddynion.[62] Tebyg fu ymateb Edward Terrill yng nghofnodion eglwys Broadmead, yn y 1670au, i weinidogaeth Wroth a'i ddylanwad: 'for the powerfulness and efficaciousness of his preaching, with the exemplary holiness of his life, [he] was called the Apostle of Wales'.[63] Ceir tystiolaeth o ffynonellau eraill hefyd, megis gweithiau

William Erbery a Walter Cradoc, am ei fawredd fel pregethwr a bugail ymysg ei bobl. Dywedir i'w ddylanwad ymestyn trwy Went ac i Fryste, a deuai 'proffeswyr' y ffydd oddi yno i Lanfaches i wrando arno ef a'i gynorthwywyr; 'soe lively were they in those times', meddid, 'soe that ye Lord by one and by another built and encreased them still: reformation in separation went on'.[64] Aethai yntau hefyd i Fryste a chawsai ddylanwad mawr ar y ddinas Biwritanaidd honno. Saif ei enwogrwydd, fodd bynnag, ar ei waith yn ffurfio'r eglwys gynulledig gyntaf yng Nghymru a gosod sylfeini Anghydffurfiaeth yno.

Wedi marwolaeth William Wroth yn 1641 daeth Walter Cradoc, a fu'n flaenllaw yn y gorchwyl o drefnu'r achos yn Llanfaches, i arwain yno yn ei le. Gwyddai'n dda am yr ardal oblegid deuai o Drefela ym mhlwyf Llan-gwm ger Brynbuga. O'r eglwys honno cododd rhai arweinwyr nodedig yn eu dydd, megis Henry Walter o Gwrt Pyrs (Piercefield) ym mhlwyf St Arvans, 'un o aristocratiaid y mudiad Piwritanaidd' chwedl Dr Thomas Richards, ficer San Gwynlliw yng Nghasnewydd a sefydlydd achos Anghydffurfiol cryf ym Mynydd-islwyn.[65] Penodwyd ef, ynghyd â Wroth Rogers, Walter Cradoc a William Blethin, yn gomisiynydd dan y Ddeddf er Taenu'r Efengyl yng Nghymru (1650). Cryfhawyd y cysylltiadau rhwng yr egin eglwysi yn ystod y Weriniaeth, ac wedi adferiad y frenhiniaeth yn 1660 cynyddodd y tai cwrdd yn Llanwynell, Dinan, Cil-y-coed, Caerllïon, Llan-gwm, Brynbuga a mannau eraill, nifer ohonynt mewn ardaloedd a effeithiwyd gan yr helynt cyfreithiol ynglŷn â thiroedd Wentwood. Yn sicr, erbyn diwedd y ganrif yr oedd achosion cynulleidfaol wedi ymestyn dros Went gyfan, ac eglwys Llanfaches oedd eu tarddiad.

Cyfyd un ffactor sylfaenol i'r amlwg wrth drafod twf Anghydffurfiaeth gynnar yng Nghymru, sef pwysigrwydd Gwent yn y datblygiad hwnnw yn y 1630au. Saif un ffaith yn eglur, sef bod y diriogaeth honno ar ororau de-ddwyrain Cymru. Ffurfiai dros ganrifoedd ran o arglwyddiaethau'r Mers, a pharhaodd wedi'r Deddfau Uno i gynnal ei hundod a'i hannibyniaeth. Oblegid ei safle ar y ffin daeth fwy dan ddylanwad symudiadau o'r tu allan, a dyna fu ei hanes dros y canrifoedd. Ar ororau gorllewinol sir Henffordd, yn nyffryn Olchon, sefydlwyd carfan o Fedyddwyr tua 1630, ac mewn adroddiad yn y flwyddyn honno cwynodd esgob Henffordd am ddylanwadau 'some Brownists [sef dilynwyr Robert Browne, yr Ymwahanwr o Norwich], in that part of his diocese, which schismatically preach dangerous errors, and stir up the people to follow them . . . and when they hear of any enquiry made after them they slip out into another diocese'.[66] Dwg hynny i gof un o brif wendidau cadw cyfraith a threfn yn y Mers ganrifoedd ynghynt pan ffoai drwgweithredwyr yn ddidrafferth o un arglwyddiaeth i'r llall i osgoi cyfraith a chosb. Esgob Henffordd ar y pryd oedd Francis Godwin, a fuasai cyn hynny'n esgob Llandaf, a gwyddai'n dda am y sefyllfa ddyrys yn ei hen esgobaeth a phroblemau parhaol yr Eglwys yn y rhan honno o'r wlad. Yn sicr, y mae'r elfen ddaearyddol diriogaethol yn holl bwysig wrth drafod cyfraniad Gwent i dwf Anghydffurfiaeth. Hi oedd y rhanbarth agosaf at Fryste a Llundain, canolfannau poblog a chrud Piwritaniaeth. Croesid hen fferi adnabyddus Beachley-Aust dros afon Hafren o Wlad yr Haf i Gymru ac o Gymru i Loegr yn ddigon hwylus, a safai Bryste mewn safle strategol gerllaw.[67] Cawsai'r ddinas honno ei chydnabod fel un o'r rhai mwyaf ffyniannus yn y deyrnas yn rhinwedd ei chyfoeth masnachol a'i phorthladd, ac ynddi magwyd traddodiad Piwritanaidd cryf. Nid yw'n syndod felly fod William Wroth a'i ddilynwyr wedi meithrin cysylltiadau agos â hi a chydrannu'r profiadau ysbrydol a nodweddai ei achos. Cynyddai Piwritaniaeth fwyaf yn y cymunedau trefol a dinesig, a apeliai fynychaf at haenau'r dosbarth canol masnachol yn y gymdeithas. Wedi marwolaeth William Wroth ar drothwy'r Rhyfeloedd Cartref yn 1641, ffodd cynulleidfa Llanfaches i Fryste, ac oddi yno i Lundain ac addoli yno yn eglwys All Hallows the Great lle yr oedd y Piwritan Robert Bragg yn rheithor. Wedi i'r Rhyfeloedd ddod i ben yn 1648, fodd bynnag, dychwelodd nifer ohonynt i Gymru a chyfrannu at lywodraeth y wlad dan y Weriniaeth a'r Amddiffynyddiaeth. Fel y magodd tref Wrecsam yn y gogledd-ddwyrain berthynas agos â dinas Caer ac â'r sir lle bu dylanwad Christopher Goodman, deon Caer, yn bur eang, felly y lleolwyd Llanfaches yn ei pherthynas â Bryste.[68] Teithiodd Morgan Llwyd o Wrecsam i Lanfaches wedi iddo gael tröedigaeth dan weinidogaeth Walter Cradoc, a symudodd, wedi i'r rhyfel dorri, i Fryste lle y gwelodd y ddinas 'deg yn drymglaf' tua 1642, pan oedd hi ym meddiant y senedd:[69]

> And this city [Bristol] being now possessed with the parliament's army, many of the ministers and professors from Wales were fain to makc haste from their families being like to be taken by the Commission of Array and fled by night some one way and some another and came to this city and joined (namely, most of the church at Llanfaches), with the church at Bristol.[70]

O gofio hefyd fod tirwedd deheuol Gwent yn wastad a thoreithiog a'r ardaloedd yno'n hawdd cyrchu iddynt drwy'r Fenni a Chasgwent a thros afon Hafren, y tebyg yw i aelodaeth eglwys William Wroth gynnwys credinwyr o gylch eang iawn. 'There were not more spiritual and suffering saints on any part of English ground as were in Wales,' meddai William Erbery: 'Let all the English counties about them testify, and tell how many saints from Somerset, Gloucester-shire, Herefordshire, Radnorshire, Glamorgan-shire etc. came in multitudes with delight to Llanvaghes.'[71] Y tair canolfan allweddol a gysylltai â'i gilydd fagwrfeydd Anghydffurfiaeth yng Nghymru'r gororau oedd Wrecsam, Brampton Bryan (cartref Syr Robert Harley, y tirfeddiannwr Piwritanaidd yng ngogledd sir Henffordd) a Llanfaches. O fewn y rhwydwaith hwn y gwreiddiwyd annibyniaeth ar dir cadarn.

O edrych ar gyfansoddiad Piwritaniaeth gynnar yn Lloegr canfyddir ei bod wedi magu cysylltiadau agos iawn â'r sefyllfa wleidyddol yno a bod y naill yn fynych dan awdurdod y llall. Clymwyd sectyddiaeth yn Lloegr o'i dyddiau cynnar wrth draddodiad gwleidyddol radicalaidd a fu'n gyfrwng i feithrin agwedd filwriaethus tuag at amgylchiadau gwleidyddol a threfn wladwriaethol. Nid felly y bu yng Nghymru neu, o leiaf, nid i'r un graddau. Y mae'n wir fod tueddfryd Vavasor Powell a Morgan Llwyd ac eraill yn wleidyddol yn y 1650au. Eto, wedi dweud hynny, ni chollasai'r diwygwyr Piwritanaidd hynny eu nodweddion personol na'u hargyhoeddiadau crefyddol. Yr oedd Walter Cradoc yn gymaint o genhadwr dros ei ffydd ag oedd o bleidiwr dros Oliver Cromwell, ac yr oedd Vavasor Powell yntau lawn mor eiddgar dros ei ddaliadau pendant ef ar natur eglwys ag ydoedd dros gredo'r milflwyddwyr. Yn aml, plethwyd y naill i'r llall yn naturiol wrth iddynt ddatgan eu tystiolaeth i'r 'Wir Eglwys', yn ôl eu dehongliad hwy ohoni.[72]

O edrych yn ôl i'r 1630au ac at wreiddiau Piwritaniaeth nid oes amheuaeth mai fel unigolion yn bennaf y saif William Wroth, Oliver

Thomas a Walter Cradoc a'u cymheiriaid. Fel arweinydd unigol, yn bennaf, y sefydlodd Wroth ei eglwys ond cyflawnodd hynny mewn perthynas ag eraill o'r un anian ag ef megis Robert Powell, Ambrose Mostyn, Vavasor Powell o'r Cnwc-las ym Maesyfed, ynghyd â Henry Walter, Richard Symons a Richard Blinman o Went. Yr oedd y tri olaf yn ddisgyblion iddo a phob un ohonynt yn ifanc a brwdfrydig.[73] O'r safbwynt hwnnw, o gofio'r berthynas a sefydlwyd rhwng yr eglwys yn Llanfaches a Brampton Bryan a Wrecsam, gellir dehongli arwyddocâd y fangre yng Ngwent fel grym mewngyrchol ac allgyrchol. Cred R. Geraint Gruffydd fod y garfan honno o Biwritaniaid wedi dechrau mudiad o bwys ymhlith lleiafrif bach o Anghydffurfwyr a gysylltai ardaloedd y Mers â'i gilydd o Wrecsam yn y gogledd i Lanfaches yn y de. Oliver Thomas, meddai, oedd yr arweinydd yn y gogledd a William Wroth a Walter Cradoc yn y de. Bu'r porthladdoedd hwythau'n gymorth i gryfhau eu gweithgarwch yn yr ardaloedd hynny, sef Caer ar afon Dyfrdwy yn y gogledd, a rhes o borthladdoedd bach ond pwysig eu dylanwad ar arfordir de Cymru o Gas-gwent yn y dwyrain i Benfro yn y de-orllewin. Craidd y rhwydwaith hwnnw oedd safle canolog porthladd Bryste.[74] Oblegid effeithiau polisïau caeth William Laud gwrthryfelodd y rheini na allai dderbyn safbwynt anoddefgar yr Eglwys wladol. Mewn sefyllfa o'r fath gosodwyd William Wroth ar ffiniau de-ddwyrain Cymru. Ffurfiai ei eglwys graidd y peirianwaith Anghyd-ffurfiol yno, a datblygodd yn gyflym i fod yn ddolengydiol hanfodol yn yr achosion cynulleidfaol yng Nghymru. Yno, yn ôl y dystiolaeth gyfoes, profwyd diwygiad ar raddfa fechan, a magwyd ysbryd efengyleiddiol bron o'r un anian â'r hyn a gafwyd tua chanrif yn ddiweddarach pan daniwyd Cymru gan rym yr adfywiad Methodistaidd. O'r plwyf diarffordd hwnnw y deilliodd rhai o brofiadau mwyaf pwerus cenedl y Cymry, a bu ei ddylanwad allgyrchol hefyd yn ddifesur ar fywyd crefyddol y wlad o'r cyfnod hwnnw ymlaen.[75] Cymaint fu ymroddiad aelodau o'r achosion hyn fel y bu iddynt barhau wedi i gyfnod y llywodraethau Piwritanaidd ddod i ben ac wedi adfer y frenhiniaeth yn 1660.

Yn ystod blynyddoedd gerwin yr ymneilltuo, yr erlid a'r ymfudo i'r Byd Newydd parhaodd y dystiolaeth Biwritanaidd i ffynnu ymhlith lleiafrif bach a diwyd, ac amlygwyd hynny yn y pwyslais arwyddocaol a roddwyd ar dduwioldeb, dyngarwch a darpariaethau addysgol ar gyfer y werin bobl. Amlygwyd yr ysbryd cyffrous hwnnw yn y berthynas a ddatblygodd rhwng Anghydffurfwyr ac Anglicaniaid cymedrol, trwy gyfrwng yr Ymddiriedolaeth Gymreig, ynglŷn a chyhoeddi llyfrau defosiynol a'r ymgyrch i greu cenedl lythrennog. Cyfrannodd y traddodiad Piwritanaidd lawer mwy nag a dybid yn y gorffennol i fywyd crefyddol a diwylliannol Cymru yn y cyfnod allweddol rhwng 1660 a'r Diwygiad Methodistaidd. Yn y nifer gynyddol o gyfieithiadau a llawlyfrau moesol eraill pwysleisiwyd y berthynas rhwng yr unigolyn a Duw, natur a phwrpas gras, sancteiddhad a disgyblaeth Gristnogol. Y berw hwnnw mewn cyhoeddi Beiblau, catecismau, llawlyfrau, cerddi moesol a chyfrolau hyfforddi a osododd sylfeini i lwyddiant y Diwygiad yn y ganrif ddilynol. O blith rhydd-ddeiliaid llengar y ffynnodd Anghydffurfiaeth a fu'n gyfrwng hefyd i ddatblygu traddodiad radicalaidd. Yn 1689, yng nghyfnod y Chwyldro Gogoneddus, rhoddwyd i'r Anghydffurfwyr fesur o ryddid mewn materion crefyddol. Bu'r Ddeddf Goddefiad yn garreg filltir hynod yn nhwf y dystiolaeth Biwritanaidd ac yn foddion iddi ddatblygu'n raddol o fewn canrif a hanner i fod y grym gwleidyddol a chrefyddol cryfaf yn hanes Cymru yn y cyfnod modern.[76]

Rhoddir i'r eglwys fechan yn Llanfaches le anrhydeddus yn hanes y twf rhyfeddol yn hanes Anghydffurfiaeth yng Nghymru. Yn rhinwedd eofndra ei harweinwyr a'r grymusterau ysbrydol a lifeiriai ohoni tyfodd i fod yn drysorfa o brofiadau a dyheadau hynod. Bu'n fam-eglwys i gynulleidfaoedd yng Nghasnewydd, Llantrisant, Llangwm a Brynbuga a bu'n gyfrwng hefyd i greu achosion ym Mynyddislwyn, Maerun, Magwyr, Bedwas a Bedwellte. Efallai mai 'arbrawf y pregethau teithiol', chwedl Dr Thomas Richards wrth edrych ymlaen mewn amser wedi 1639, 'oedd cyfraniad mawr Llanfaches i'r politi Piwritanaidd' yn y 1650au, o gofio am y cymorth ariannol sylweddol a roddwyd i'w phregethwyr teithiol hi a Mynyddislwyn drwy rym y Ddeddf er Taenu'r Efengyl.[77] Ei chyfraniad yn y dyddiau cynnar yn unig oedd hynny, fodd bynnag ac, o edrych yn ehangach ar hanes Anghydffurfiaeth, nid oes amheuaeth mai ei chynhysgaeth ysbrydol ac eneiniedig i genhedlaeth William Wroth a'r saint a'i dilynodd a'i gwnaeth yn fangre hynod yn hanes Cymru. 'Oblegid ei ddoniau ysbrydol ysblennydd,' meddai R. Tudur Jones, 'y gynulleidfa fywus hon . . . a wnaeth de-ddwyrain yn gadarnle Annibyniaeth am flynyddoedd wedi 1639.'[78] Fel y dywed Edward Terrill yntau o eglwys Broadmead, Bryste, tua 1670 wrth gofnodi twf ysbrydol yr eglwys honno, yn nyddiau William Wroth:

> Those whose hearts God had touched would get together and pray, repeat their sermon-notes, and upon the Lord's Day would carefully sanctify the Christian Sabbath, and perform other such acts of living piety . . . When they could hear of any minister that did savour of God, or of the power of godliness, they would flock to him as doves to windows.[79]

Dyna'r math o deimladrwydd a duwiolfrydedd a gafwyd hefyd yn Llanfaches, 'the Jerusalem of the religious people of South Wales and the surrounding English counties', chwedl y Parchedig Thomas Rees, hanesydd enwad yr Annibynwyr yng Nghymru.[80] Eglwys o'r un hinsawdd a rhin ysbrydol oedd hithau hefyd, a gŵr o'r un anian ag arddeliad â hwnnw 'a blas Duw arno', a defnyddio geiriau Terrill, oedd William Wroth, ei sylfaenydd a'i gweinidog cyntaf.

Nodiadau

1 LlB Llsgr. Harleian, 280, f. 157; E. Owen (gol.), *A Catalogue of the Manuscripts Relating to Wales in the British Museum* (London, 1903), II, t. 124; L. Thomas, *The Reformation in the Old Diocese of Llandaff* (Cardiff, 1930), tt. 155–61; E. G. Jones, *Cymru a'r Hen Ffydd* (Caerdydd, 1951), tt. 38–9; M. Gray, 'The church in Gwent in 1603', *Journal of Welsh Ecclesiastical History*, II (1985), 7–15.

2 E. G. Jones, *Cymru a'r Hen Ffydd*, tt. 34–5; F. H. Pugh, 'Monmouthshire recusants in the reigns of Elizabeth I and James I', *South Wales and Monmouth Record Society*, IV (1957), 59–68. Ceir y manylion am y reciwsantiaid ar tt. 69–110. Gw. hefyd *idem*, 'Glamorgan recusants, 1577–1611', ibid., III (1954), 49–67; Thomas, *Old Diocese of Llandaff*, tt. 153–64.

3 *CSPD, 1611–1618*, LXVIII (75), t. 123.

4 Glanmor Williams, *Renewal and Reformation: Wales c.1415–1642* (Oxford, 1993), tt. 305–31; *idem*, *Welsh Reformation Essays* (Cardiff, 1967), tt. 16–18; *idem*, *Grym Tafodau Tân: Ysgrifau Hanesyddol ar Grefydd a Diwylliant* (Llandysul, 1984), tt. 87–101.

5 HMC, *Calendar of Salisbury Manuscripts* (Hatfield Collection), XI (London, 1906), tt. 460–1.

6 *APC, 1591–92* (London, 1895), XXII, t. 543; Thomas, *Old Diocese of Llandaff*, tt. 155–6.

[7] Ibid. Am fwy o wybodaeth gefndir gw. P. Williams, *The Council in the Marches of Wales under Elizabeth I* (Cardiff, 1958), tt. 96–9; A. H. Dodd, 'Wales and the Scottish succession, 1570–1605', *Traf. Cymmr.*, 1937, 201–25.

[8] Glanmor Williams, 'Landlords in Wales: the Church' yn J. Thirsk (gol.), *The Agrarian History of England and Wales*, IV, *1500–1640* (Cambridge, 1966), tt. 381–95; *idem*, *Wales and the Reformation* (Cardiff, 1997), tt. 283–4; J. G. Jones, 'William Morgan, translator of the Bible and bishop of Llandaff', *Gwent Local History*, LXVI (1989), 37–48; J. A. Bradney, 'The speech of William Blethin, bishop of Llandaff and the customs and ordinances of the church of Llandaff', *Y Cymmrodor*, XXXI (1921), 254–8.

[9] Gw. pennod IV, tt. 142–5.

[10] M. Morgan (gol.), *Gweithiau Oliver Thomas ac Evan Roberts: Dau Biwritan Cynnar* (Caerdydd, 1981), tt. 13–14.

[11] Am gyflwr esgobaeth Llandaf o'r safbwynt hwn gw. Glanmor Williams, 'The ecclesiastical history of Glamorgan 1526–1642' yn *idem* (gol.), *Glamorgan County History*, IV, *1540–1640* (Cardiff, 1974), tt. 223–49; T. J. Prichard, 'The Reformation in the deanery of Llandaff: a study of change in its clerical personnel 1534–1909', *Morgannwg*, XIII (1969), 5–34.

[12] *CSPD, 1581–1590*, CXCI (17), t.339; Glanmor Williams, *Bywyd ac Amserau'r Esgob Richard Davies* (Caerdydd, 1953), t. 56; H. Ellis (gol.), *Original Letters Illustrative of English History*, ail gyfres, II (London, 1827), tt. 41–50 [wedi'i ddiweddaru].

[13] B. Coward, *The Stuart Age* (London, 1980), t. 113. Gw. hefyd J. E. C. Hill, *Economic Problems of the Church from Archbishop Whitgift to the Long Parliament* (Oxford, 1956) a F. Heal, 'Economic problems of the clergy' yn F. Heal a R. O'Day (goln), *Church and Society in England: Henry VIII to James I* (London, 1977), tt. 98–118; M. H. Curtis, 'The Hampton Court Conference and its aftermath', *History*, XLVI (1961), 1–16. Am dwf Piwritaniaeth yn Lloegr gw. W. Haller, *The Rise of Puritanism* (Columbia, 1935) a P. Collinson, *The Elizabethan Puritan Movement* (London, 1967).

[14] Thomas, *Old Diocese of Llandaff*, t. 163.

[15] J. Penry, *Three Treatises Concerning Wales*, gol. D. Williams (Cardiff, 1960), tt. 39–40; S. B. Babbage, *Puritanism and Richard Bancroft* (London, 1962), tt. 98–123.

[16] *CSPD, 1629–31*, CLXIV (23), t. 230; E. A. B. Barnard, 'Lewis Bayly, bishop of Bangor and Thomas Bayly his son', *Traf. Cymmr.*, 1928–9, 122.

[17] G. H. Hughes (gol.), *Rhagymadroddion, 1547–1659* (Caerdydd, 1951), t. 101.

[18] Morgan, *Gweithiau Oliver Thomas*, tt. 4–5.

[19] J. Edwards, *Madruddyn y difinyddiaeth diweddaraf* (1651), A4[b]; W. J. Gruffydd, *Llenyddiaeth Cymru: Rhyddiaith o 1540 hyd 1660* (Wrecsam, 1926), tt. 128–31. Cymharer ei sylwadau â'r hyn a ddywed yr Is-gadfridog James Berry am gyflwr moesol ac ysbrydol y Cymry mewn llythyrau at John Thurloe, ysgrifennydd Gwladol Oliver Cromwell, rhwng 1655 a 1657. J. Berry a S. G. Lee, *A Cromwellian Major General: The Career of Colonel James Berry* (Oxford, 1938), tt. 145, 152, 163, 167.

[20] Hughes, *Rhagmadroddion*, t. 100.

[21] Penry, *Three Treatises*, tt. 12, 37.

[22] Gw. W. K. Jordan, *Philanthropy in England, 1480–1660: A Study of the Changing Pattern of English Social Aspirations* (London, 1964).

[23] Morgan, *Gweithiau Oliver Thomas* [t. 21].

[24] T. T. Lewis (gol.), *Letters of the Lady Brilliana Harley* (Camden Society, 1853), t. xvii;. R. G. Gruffydd, *'In that Gentile Country . . .': The Beginnings of Puritan Nonconformity in Wales* (Bridgend, 1976), t. 7.

[25] *Letters of the Lady Brilliana Harley*, t. xvii. Am fwy o gefndir gw. R. Tudur Jones, *Hanes Annibynwyr Cymru* (Abertawe, 1966), tt. 13–51; T. Rees, *History of Protestant Nonconformity in Wales* (London, 1861), tt. 30–72; T. Richards, *A History of the Puritan Movement in Wales, 1633–54* (Cardiff, 1920), tt. 13–60.

[26] Penry, *Three Treatises*, tt. xii–xvii. Gw. pennod III am astudiaeth fanylach o yrfa John Penry, tt. 73–114.

[27] LlB, Llsgr. Harleian 595 f. 33b; Owen, *Catalogue of Manuscripts*, II, t. 159; R. G. Gruffydd, 'Bishop Francis Godwin's injunctions for the diocese of Llandaff, 1603', *JHSChW*, IV (1954), 14–22 (16).

[28] Ellis, *Original Letters*, III, t. 44 [wedi'i ddiweddaru].

[29] E. James, *Pregethau a osodwyd allan . . . i'w darllein ymhob Eglwys blwyf* . . . (Llundain, 1606), A2v, A3; G. Williams, 'Edward James a Llyfr yr Homilïau' yn *Grym Tafodau Tân*, tt. 180–98.

[30] R. Rees (gol.), *Y seren foreu, neu, Ganwyll y Cymry* (Llundain, 1867); D. G. Jones, *Y Ficer Prichard a 'Canwyll y Cymry'* (Caernarfon, 1948); N. Lloyd (gol.), *Cerddi'r Ficer* (Cyhoeddiadau Barddas, 1994), tt. xi–xxv.

[31] Rowland Vaughan, *Yr Ymarfer o Dduwioldeb*, gol. J. Ballinger (Caerdydd, 1930); G. Thomas, 'Rowland Vaughan' yn G. Bowen (gol.), *Y Traddodiad Rhyddiaith* (Llandysul, 1970), tt. 239–46; J. G. Jones, 'Campwaith Lewis Bayly, esgob Bangor: *Yr Ymarfer o Dduwioldeb*', *Cristion* (Mai/Mehefin, 1989), 5–10. Gw. pennod VIII am ymdriniaeth fanylach ar gampwaith Bayly, tt. 236–46.

[32] Vaughan, *Yr Ymarfer o Dduwioldeb*, t. 169.

[33] Jones, 'Campwaith Lewys Bayly, esgob Bangor', 5–10.

[34] Rees, *Y seren foreu*, tt. xxiii, 65; N. Lloyd, '*Yr Ymarfer o Dduwioldeb a rhai o gerddi Rhys Prichard*', *Y Traethodydd*, CL (1995), 94–106.

[35] Rees, *Y seren foreu* . . ., tt. 307–8.

[36] Am gefndir cynnar Anghydffurfiaeth yng Nghymru gw. T. Richards, *Puritan Movement in Wales 1639–1653*; Glanmor Williams, *Renewal and Reformation: Wales* c.*1415–1642* (Oxford, 1993), tt. 482–6; G. H. Jenkins, *The Foundations of Modern Wales, 1642–1780* (Oxford, 1993), tt. 42–6; *idem*, *Protestant Dissenters in Wales, 1639–1689* (Cardiff, 1992), tt. 9–16.

[37] D. A. Thomas (gol.), *The Welsh Elizabethan Catholic Martyrs: The Trial Documents of Saint Richard Gwyn and of the Venerable William Davies* (Cardiff, 1971), t. 93.

[38] Rowland Puleston, *Llefr o'r Eglwys Gristnogedd* [1583], LlGC, Llsgr. Plas Power 1 (716B). Gw. *Handlist of Manuscripts in the National Library of Wales*, I (Aberystwyth, 1943), t. 52; Hughes, *Rhagymadroddion*, t. vii; *Letters of Lady Brilliana Harley*, tt. xvii–xviii; J. H. Davies (gol.), *Gweithiau Morgan Llwyd*, II (Bangor, 1908), tt. xxii–xxv.

[39] *ODNB*, 25, tt. 316–17; Gruffydd, '*In that Gentile Country . . .*', tt. 9–21, 31 (ffynonellau am deulu Lewisiad y Fan); T. Richards, *Cymru a'r Uchel Gomisiwn, 1633–1640* (Liverpool, 1930), tt. 38–44. Credir mai tad Wroth oedd y 'William Wroth, yeoman' a'i wraig o'r Fenni a gyhuddwyd o fod yn reciwsaniaid ym Mai 1585. Pugh, 'Monmouthshire recusants', 70, 110. Gw. hefyd 106. Ceir nifer o gyfeiriadau at Gower yng ngohebiaeth y Fonesig Harley, gw. *Letters of Lady Brilliana Harley*, tt. 18, 26, 35, 37, 53, 62, 86, 97, 98, 99, 100 ymlaen.

[40] *ODNB*, 60, tt. 544–5; Jenkins, *Protestant Dissenters in Wales*, t. 73 [Disgrifiad o apêl William Wroth gan Edmund Jones, Pont-y-pŵl].

[41] Edwards, *Madruddyn y difinyddiaeth diweddaraf*, A5.

[42] Nathan Rogers, *Memoirs of Monmouth-shire*, 1708 (Cas-gwent, 1978), tt. 68–9; J. Michel, 'Nathan Rogers and the Wentwood case', *CHC*, XIV (1988), 23–53.

[43] J. Thomas, *Hanes y Bedyddwyr yn mhlith y Cymry* (Pontypridd, 1885), t. 27.

[44] Ibid.

[45] J. M. Jones. 'Walter Cradock a'i gyfoeswyr', *Y Cofiadur*, XV (1938), 3–27 (30); *Archbishop William Laud's Annual Accounts of his Province . . .* (London, 1695). Argraffwyd hwy yn *Library of Anglo-Catholic Theology: Laud's Works* (Oxford, 1883), V (Rhan ii), tt. 311–70. Am Erbery a Cradoc gw. *ODNB*, 13, tt. 921–2; 18, tt. 490–2.

[46] Jones, 'Walter Cradock a'i gyfoeswyr', 3–27.

[47] R. Ashton, *Reformation and Revolution, 1558–1660* (London, 1985), tt. 279–83; H. R. Trevor-Roper, *Archbishop Laud, 1573–1645* (London, 1962); C. Cross, *Church and People, 1450–1660: The Triumph of the Laity in the English Church* (London, 1976), tt. 175–98; N. Tyacke, 'Puritanism, Arminianism and Counter Reformation' yn C. Russell (gol.), *The Origins of the English Civil War* (London, 1973), tt. 119–43; P. White, 'The rise of Arminianism reconsidered', *Past & Present*, CLI (1983), 34–54; W. Laud, *The Works of . . . William Laud*, gol. J. Bliss, 9 cyfrol (Oxford, 1859), IV, tt. 59–63.

[48] Rogers, *Memoirs of Monmouth-shire*, tt. 89–91. Gw. y cefndir i'r 'darlithyddiaethau' hyn yn P. J. Seaver, *The Puritan Lectureships* (Stanford, 1970).

[49] Rogers, *Memoirs of Monmouth-shire*, tt. 70–1; Michel, 'Nathan Rogers and the Wentwood case', 32–5.

[50] J. M. Jones, 'Walter Cradock a'i gyfoeswyr', 30.

[51] Ibid.

[52] Ibid.

[53] Ibid., 31.

54 W. Waldron, 'William Wroth's will', *Transactions of the Cardiff Naturalists' Society*, XXV (Rhan ii) (1892–93), 6–7; Richards, *Puritan Movement in Wales*, 1639–1653, tt. 27, 34.

55 R. Tudur Jones, *Hanes Annibynwyr Cymru*, tt. 38–41; Henry Maurice, *Account of the Number of Churches in Wales* (1675); E. B. Underhill (gol.), *The Records of a Church of Christ, Meeting in Broadmead, Bristol, 1640–1687* (Hanserd Knollys Society, 1847), t. 515; W. Erbery, *Apocrypha, the second epistle of Paul to the Church of Laodicea, that is, to the Church of England* (1652), t. 8; *idem*, *The Testimony of William Erbery Left upon Record . . .* (London, 1658), t. 327 Am Henry Jessey gw. *ODNB*, 30, tt. 87–90; E. W. *The Life and Death of Mr. Henry Jessey* (London, 1671); G. R. White, 'Henry Jessey in the Great Rebellion' yn R. Buick Knox (gol.), *Reformation, Conformity and Dissent: Essays in Honour of Geoffrey Nuttall* (London, 1977), tt. 132–53. Am John Cotton gw. *DNB*, *Supplement*, ii (Llundain, 1901), t. 67; G. F. Nuttall, *Visible Saints* (Oxford, 1957), tt. 14–17.

56 Jones, *Hanes Annibynwyr Cymru*, tt. 39–41; *ODNB*, 47, tt. 355–9; W. H. Burgess, *John Robinson* (London, 1920).

57 *ODNB*, 30, tt. 87–90.

58 T. Richards, 'Eglwys Llanfaches', *Traf. Cymmr.*, 1941, 167.

59 Jones, *Hanes Annibynwyr Cymru*, tt. 39–41.

60 Underhill, *Broadmead Records*, t. 6.

61 Gruffydd, '*In that Gentile Country . . .*', tt. 14–15.

62 Richards, *Puritan Movement in Wales, 1639–1653*, t. 28; *Actau'r Apostolion*, 11:21.

63 Underhill, *Broadmead Records*, t. 6.

64 Ibid., t. 23; Jones, 'Walter Cradock a'i gyfoeswyr', 33.

65 *BC*, tt. 949–50; J. A. Bradney, *A History of Monmouthshire*, III (Rhan ii), (London, 1932), tt. 228–9.

66 Jones, 'Walter Cradock a'i gyfoeswyr', 32.

67 Statud 26 Harri VIII c.5, I. Bowen (gol.), *The Statutes of Wales* (London, 1908), t. 53.

68 *DNB*, XXII, t. 128. Am *All Hallows* gw. Richards, 'Eglwys Llanfaches', 169–70.

69 T. E. Ellis (gol.), *Gweithiau Morgan Llwyd o Wynedd* (Bangor, 1894), XXVII, t. 57.

70 Davies, *Gweithiau Morgan Llwyd*, t. xxvi.

71 Erbury, *Apocrypha*, t. 8; T. Rees, *History of Protestant Nonconformity in Wales from its Rise to the Present Time* (London, 1861), tt. 44–5; J. D. G. Davies, 'Protestant Nonconformity in Monmouthshire before 1715', *The Monmouthshire Review*, I (1933), 363.

72 Am ddaliadau Powell gw. R. Tudur Jones, *Vavasor Powell* (Abertawe, 1971), tt. 82–117. Am Cradoc gw. N. Gibbard, *Walter Cradock: 'A New Testament Saint'* (Bridgend, 1977), a R. Tudur Jones, 'The healing herb and the rose of love': the piety of two Welsh Puritans' yn Knox (gol.), *Reformation, Conformity and Dissent*, tt. 159–79.

[73] Am weithgarwch Blinman, gw. E. S. John, 'Richard Blinman (1608–1681), Piwritan Cymreig: bedydd babanod' yn *idem* (gol.), *Y Gair a'r Genedl: Cyfrol Deyrnged i R. Tudur Jones* (Abertawe, 1986), tt. 112–26.

[74] Gruffydd, *'In that Gentile Country . . .'*, tt. 25–30.

[75] Richards, 'Eglwys Llanfaches', 169–70.

[76] Williams, *Welsh Reformation Essays*, tt. 27–30. Y cefndir hwn yw prif thema G. H. Jenkins, *Literature, Religion and Society in Wales, 1660–1730* (Cardiff, 1978) ac *idem*, 'Llenyddiaeth, crefydd a'r gymdeithas yng Nghymru 1660–1730', yn W. J. Rees (gol.), *Y Meddwl Cymreig* (Caerdydd, 1995), tt. 122–41. Gw. hefyd A. Lewis, 'Llyfrau Cymraeg a'u darllenwyr, 1690–1740', *Efrydiau Athronyddol*, XXXIV (1971), 46–73; R. Tudur Jones, 'Relations between Anglicans and Dissenters: the promotion of piety, 1670–1730' yn D. Walker (gol.), *A History of the Church in Wales* (Penarth, 1976), tt. 79–102.

[77] Richards, 'Eglwys Llanfaches', 152.

[78] Jones, *Hanes Annibynwyr Cymru*, tt. 56–7.

[79] Underhill, Broadmead Records, tt. 4, 5–6, 18; Cross, *Church and People*, tt. 196–7.

[80] Rees, *History of Protestant Nonconformity in Wales*, t. 44.

X

AGWEDDAU AR DWF PIWRITANIAETH YN SIR GAERNARFON: TYSTIOLAETH COFNODION LLYWODRAETH LEOL

Ymhlith papurau personol teulu Wynniaid Gwedir am y flwyddyn 1656 ceir copi o bregeth hynod a draddodwyd yn wreiddiol (yn ôl traddodiad) gan John Dod, y diwinydd Piwritanaidd, yng nghyffiniau Preesall yn sir Gaerhirfryn, yn cystwyo meddwon ac oferwyr am eu safonau moesol anghymeradwy.[1] Ymddengys y bregeth ar ffurf acrostig ac y mae'n bosibl mai Morus Wynn, masnachwr a gŵr bonheddig ac un o feibion iau Syr John Wynn, oedd perchen y copi hwnnw. Bu iddo ef, fe ymddengys, goleddu syniadau Piwritanaidd yn ystod y cyfnod pan oedd yn masnachu yn Hamburg, ac wedi iddo ddychwelyd i'w gynefin, gweithredodd fel aelod o'r pwyllgor sirol lleol a derbynnydd cyffredinol dros ogledd Cymru.[2] Y mae'n debyg fod *The Practice of Piety* gan Lewis Bayly a phregeth o'r fath yn apelio at wŷr o'i dueddfryd ef, a hynny a gyfrifai o bosibl fod copïau ohonynt yn llyfrgell Gwedir.[3] Ceir ynddi beth o flas yr ymgyrch moesol yn yr oes honno yn erbyn tafarndai a'r ddiod gadarn, fel y dengys y dyfyniad a ganlyn:

> a hwn (sef cwrw) fydd mor werthfawr i chwi y rhai Meddwon, fel ag y cymmerwch ef i fod megis eich B, bydol dryssor. R. rhydd-did helaeth. A, afal melus. G. gwynfyd Calon . . . mae Grym yr Oil hwnnw yn amddangos yn fynych iawn, ac yn gweithio yn rhai ohonoch chwi, hynny yw. B. bod yn Lanaswyr. R. rhedeg i Odineb A. afradlonedd Bywyd. G, gwneuthur Bradwriaeth, A'r Peth sydd i'w gael neu i'w dderbyn yn y Byd hwn neu yn y Byd sydd i ddyfod, ydyw. B. blinder echryslon, R. rhwymau cedyrn. A, arswyd a phrudd-der. G, gwasgfeydd Tragwyddol.
> Ac yn awr yr ydwyf yn tynnu tu ag at ddiben, ac i geisio eich perswadio chwi ddynion gwrthryfelgar i wellhau eich bywyd, fel y galloch chwi felly ddiangc rhag y perigl . . .[4]

Nid dyma'r math o bregethu, fodd bynnag, a apeliai at werin gyffredin ym mlynyddoedd canol yr ail ganrif ar bymtheg, ac yn sicr ni chafodd gwŷr 'ofer grefydd' a'r 'athrawiaeth twyll', fel y'i gelwid, fawr o barch wrth iddynt bererindota o amgylch y wlad yn pregethu'r fath eithafedd.[5] Dibynnai'r awdurdodau Piwritanaidd rhwng 1649 a 1660 i raddau pell iawn ar y pregethwyr teithiol i ddyfnhau ymwybyddiaeth o'r angen i buro moes a buchedd ymhlith plwyfolion anllythrennog. Yn sir Gaernarfon, er enghraifft, lle nad oedd gafael Piwritaniaeth, yn ôl pob tystiolaeth, yn gryf iawn, llafuriasai rhai tebyg i Henry Maurice o Lannor, Gruffydd Roberts o Lanengan, Ellis Rowland o Glynnog a Llanwnda a John Williams o Gastellmarch Uchaf, ymhlith eraill a benodwyd gan y Profwyr (*Triers*) wedi 1654, i ledaenu'r neges mewn ardaloedd digon llwm ac ymhlith poblogaeth anaeddfed eu meddylfryd.[6] Hwy a gynrychiolai'r garfan selog honno o genhadon a geisiai wella ansawdd foesol y gymdeithas leol fel y gellid ymgyrraedd at ddelfrydau 'y rhai sydd yn rhodio yng nghymdeithas yr efengyl', ond gan mai gwan iawn oedd eu gafael ar Wynedd yn gyffredinol, anodd yw ceisio dyfalu faint o ddylanwad crefyddol a gawsant mewn gwirionedd, a'r dyb yw na chawsant fawr ddim.[7] O safbwynt swyddogol y llywodraeth, pregethu ac addysgu a gyfrifid y dulliau pennaf i geisio Piwritaneiddio'r wlad – 'these darke places', ys dywed yr Isgadfridog James Berry – ond gan brinned yr adnoddau yn y cyfeiriadau hynny dibynnid lawer iawn ar y sefydliadau gweinyddol hen a newydd i fod yn asgwrn cefn i'r fenter.[8] Heb gymorth swyddogol parhaol i hybu'r polisïau ni fyddai llewyrch o gwbl ar ymdrechion y Werinlywodraeth.

Un o nodweddion hynotaf y llywodraethau Piwritanaidd rhwng 1649 a 1660 yn Lloegr a Chymru yw'r ffaith eu bod wedi parhau, am resymau amlwg, i ddefnyddio llys y Sesiwn Chwarter, sef un o'r sefydliadau cyfreithiol brenhinol mwyaf poblogaidd a sefydlog, yn sail i fframwaith llywodraeth leol.[9] Dibynnai'r deddfroddwyr Piwritanaidd i raddau pell iawn ar y llys hwnnw a rhai tebyg iddo, megis llys y Sesiwn Fawr, ynghyd â'r siryfion a'r ustusiaid heddwch, i hyrwyddo llwyddiant eu polisïau, a gynlluniwyd yn rhannol i geisio diwygio moes a gwella cyflwr ysbrydol y genedl. Hyd at gyfnod y Rhyfeloedd Cartref yr oedd yr hierarchaeth lywodraethol sirol yn eithaf cytbwys a chadarn ac yn oes y Stiwartiaid, fel yn y ganrif flaenorol, treiddiai elfen gref o deyrngarwch rhanbarthol i'r wyneb yn fynych.[10] Er bod bonedd Cymru wedi datgan gwrthwynebiad i'r Goron yn y 1630au, yn arbennig i'r cynlluniau cyllidol, yr oedd y mwyafrif yn bleidiol iddi yn 1642.[11] Yn eu golwg hwy yr oedd diraddio awdurdod brenhinol yn gyfystyr â bod yn ymosodiad chwyrn ar gyfraith wladwriaethol, ac yn y pen draw yn ymosodiad ar safle ac awdurdod cynhenid y bonedd yn eu hardaloedd eu hunain.[12] 'Thus we have found', meddai John Corbet, capten milwrol y Senedd yng Nghaerloyw, 'that the common people addicted to the King's service have come out of blind Wales and other dark corners of the land.'[13] Yn ddiau, yr oedd disgrifiad o'r math hwnnw yn gorliwio'r sefyllfa o safbwynt y teuluoedd a fu naill ai'n ddigon teyrngar ac eofn i gefnogi'r Goron yn ymarferol neu'n ddigon hir eu pennau i beidio ag ymyrryd. Ond o safbwynt gwerin gwlad anllythrennog, a oedd wedi hen arfer a chlywed yr offeiriad plwyf, pa mor aneffeithiol bynnag y byddai, yn gweinyddu'r sacramentau yn eglwys y plwyf, yn aml yn Saesneg, ac wedi mwynhau'r gymdeithas yn y tafarndai a'r ffeiriau yn y trefi bach a'r cymydau y trigent ynddynt, nid oedd dulliau newydd o fyw a chrefydda yn gwbl dderbyniol. Byddai gosod trefn newydd a chaeth ar fyd ac eglwys yn sicr o ymyrryd â defodau bywyd bob dydd ac amharu ar y cyfle a gâi'r werin bobl i ymlacio yng nghanol tryblith eu gorchwylion beunyddiol. Dros hanner canrif ynghynt cofnododd John Penry pa mor arwynebol oedd daliadau crefyddol y Cymry: 'our people', meddai, 'are either such as neuer think of anie religion true or false, plainly meere Atheists, or stark blind with superstition'.[14] Cymerasai gryn amser eisoes i'r Eglwys Anglicanaidd ymsefydlu ymhlith y Cymry ac, o gofio hynny, ni fyddai mudiad Seisnig newydd yn debyg o lwyddo'n rhwydd mewn gwlad geidwadol dros gyfnod byr o ddeng mlynedd.[15]

Yng nghyfnod y Piwritaniaid profodd y gyfundrefn weinyddol ei hun i fod yn briodas anesmwyth rhwng y traddodiadol a'r chwyldroadol a rhwng y parhaol a'r cynlluniau dros dro mewn nifer o ardaloedd, a gwelir hynny gliriaf yn llywodraeth y sir.[16] Nid oedd y gwŷr bonheddig hynny a wrthwynebai Siarl I yn y Rhyfeloedd Cartref bob amser yn barod i gefnogi'r drefn newydd yn selog. Arferai'r hanesydd Fictoraidd F. A. Inderwick gredu mai cyfnod o aflerwch gweinyddol llwyr oedd y Werinlywodraeth yn y 1650au ac nad oedd fawr o gydweithio â'r drefn newydd ymhlith y rhelyw mawr o hen weinyddwyr y siroedd.[17] Er gwaethaf y problemau difrifol, fodd bynnag, nid yw barn felly o angenrheidrwydd yn gywir. Parhaodd cyfundrefn yr ustusiaid heddwch, a oedd yn greadigaeth frenhinol, i weithredu ym mheirianwaith llywodraeth leol am ei bod wedi ei phrofi ei hun dros y blynyddoedd i fod yn gyswllt anhepgorol rhwng y weinyddiaeth ganolog a'r rhanbarthau.[18] O gyfnod y Deddfau Uno hyd at y Rhyfeloedd Cartref yr oedd yr ustusiaid a'r dirprwy-raglawiaid (a benodwyd gyntaf yn 1586) wedi cryfhau eu hawdurdod ac ehangu eu diddordebau ar draul siryf y sir a gollasai gryn lawer o'i bwysigrwydd, yn arbennig mewn materion milwrol. Eto, parhaodd i weithredu fel gwas i'r ustusiaid.[19]

Nid yw'n anodd deall paham y parhaodd llys y Sesiwn Chwarter a'r swyddogion lleol i weithredu yn ystod y cyfnod hwnnw. Erbyn canol yr ail ganrif ar bymtheg yr oedd cyfundrefn lywodraethu'r siroedd yn Lloegr a Chymru wedi ymffurfio'n haenau naturiol ond llawer mwy cymhleth nag o'r blaen. Ymddangosasai'r elfen filwrol yn bur amlwg yn rhinwedd swyddi'r arglwydd-raglaw, y dirprwy-raglawiaid, y capteniaid a'r meistri mwstro, a chaed cytundeb rhwng y gwŷr bonheddig a'r llywodraeth ganolog trwy gyfrwng Llys y Sesiwn Fawr a, hyd 1641, Cyngor Cymru yn y Mers. Yr oedd aelodaeth y comisiynau heddwch wedi lluosogi'n ddirfawr mewn maint, a'u dyletswyddau wedi cynyddu'n gyflym.[20] Ar drothwy cyfnod y Werinlywodraeth parhaodd yr ustusiaid heddwch yn swyddogion blaenllaw mewn materion sirol, ac y mae hynny'n amlwg o gymharu'r comisiynwyr ag aelodau'r pwyllgor sirol, a weinyddid i bob pwrpas gan wŷr lleol a oedd eisoes yn gweithredu ar y fainc. Ymddangosodd y pwyllgorau hyn yn ystod y Rhyfel Cartref cyntaf, ac nid gorchwyl hawdd oedd sicrhau teyrngarwch i'r drefn newydd ymhlith y boneddigion brenhinol a fyddai'n arferol wrth y llyw ym myd gweinyddiaeth yn y rhan fwyaf o siroedd Cymru. Yr oedd hi'n llawer gwell, felly, o safbwynt y llywodraethwyr Piwritanaidd, i'r gyfundrefn a oedd mewn bod eisoes barhau yn hytrach na chreu anhrefn mewn llywodraeth leol a pheri trafferth iddynt eu hunain wrth geisio gweithredu eu polisïau trwy gyfrwng dulliau hollol newydd. Wedi'r cyfan, gŵr a chwiliai'n barhaol am gytundeb cadarn rhwng ei lywodraeth ef a'r ardaloedd lleol oedd Oliver Cromwell.[21] Ei fwriad oedd sicrhau cydweithrediad â'r haenau ceidwadol yn y gymdeithas fel y gallai ddileu'r anghydfod a ddigwyddasai yn y wladwriaeth a cheisio ennill teyrngarwch y brenhinwyr. Ni olygai hynny unrhyw drawsnewid yn fframwaith y gymdeithas leol. Edrychai Cromwell arno'i hun fel 'cwnstabl da a geisiai heddychu ei blwyf ei hun', ac ni chredai y dylid rhoi hawliau gwleidyddol i neb ond y dosbarth tirfeddiannol. Erbyn canol yr ail ganrif ar bymtheg yr oedd yr ustusiaid heddwch, i bob pwrpas, wedi ymffurfio'n gorff ynddynt eu hunain ac yr oeddynt yn angenrheidiol fel dolen gyswllt effeithiol rhwng y llywodraeth ganolog a'r cymunedau. Y mae'n wir nad oedd yr amgylchiadau adeg y Rhyfeloedd Cartref yn gyfryw fel y gallai'r swyddogion lleol weithredu ar eu gorau; hefyd, parhâi tyndra rhwng y Cymry'n gyffredinol a'r Saeson yn y rhyfeloedd, ac nid oes amheuaeth bod ustusiaid heddwch, er enghraifft, wedi colli llawer o'u hegni yn ystod y cyfnod hwnnw.[22] Er gwaethaf gwendidau'r gyfundrefn, darparwyd fframwaith cyfreithiol a ddilynodd ddienyddio'r brenin, a pharhaodd hwnnw i weithredu, os nad bob amser yn gymeradwy, o leiaf yn lled foddhaol yn nwylo'r llywodraethwyr radical newydd.[23]

Creu pwyllgorau sirol i godi arian a milwyr oedd prif bolisi rhanbarthol y llywodraeth yn ystod y Rhyfeloedd Cartref, a buont yn gweithredu am gyfnod byr hyd at 1650 pan ganolwyd y drefn atafaelu yn Llundain. Wedi hynny, nid oedd y swyddogion lleol yn ddim namyn is-gomisiynwyr a'u hawdurdod yn y pwyllgor cyllid a milwrol (a barhâi i weithredu) yn llawer llai.[24] Yn y rhan fwyaf o siroedd Cymru prin oedd y cefnogwyr Piwritanaidd ac felly fe'u rhoddwyd dan reolaeth rhai estroniaid milwrol ynghyd â charfan fechan o wŷr bonheddig lleol a gawsai eisoes ddigon o brofiad gweinyddol yn eu llysoedd eu hunain. O ran ei ffurf a'i orchwylion ni fwriadwyd i'r pwyllgor ymgymryd â busnes yr ustusiaid, ac ni wnaed unrhyw ymdrech i ddisodli'r drefn leol yng ngweinyddiad y sir. Er hynny, disgwylid i'r ustusiaid gyflawni eu dyletswyddau niferus i ateb gofynion y llywodraeth a oedd mewn grym ar y pryd ac i lawn ddefnyddio'r dulliau gweinyddol newydd a ddarparwyd. Er bod llys y Sesiwn Chwarter a'r pwyllgor sirol yn debyg i'r graddau y disgwylid iddynt wasanaethu'r llywodraeth ar dir rhanbarthol neu sirol, cyflawnent ddyletswyddau tra gwahanol. Ar y naill law, ffurfiwyd y Pwyllgor Sirol i gwrdd ag anghenion arbennig y llywodraeth mewn perthynas â materion cyllid a milwrol.[25] Ar y llaw arall, parhaodd llysoedd y Sesiwn Chwarter i weithredu yn warcheidwaid yr heddwch ac i ymwneud â materion cyfreithiol a gweinyddol yn y cymydau a'r plwyfi llcol fel y gwnaethent yn y gorffennol.

O ganlyniad i ddatblygiad araf Piwritaniaeth yn y rhan fwyaf o ardaloedd Cymru ychydig iawn o newid a gafwyd yng nghyfansoddiad ynadaeth sir geidwadol fel sir Gaernarfon yn 1650, a chymedrol oedd daliadau crefyddol a gwleidyddol y rhan fwyaf o'r comisiynwyr hwythau. Un ffaith hynod yw fod y rhan fwyaf o gofnodion y llys wedi goroesi o'r cyfnod yn union wedi'r Ddeddf Uno, ac y maent yn llawn cofnodion ffurfiol am achosion a materion eraill yn ymwneud â'r llys yng nghyfnod y Werinlywodraeth pryd y cynyddodd nifer yr achosion a wrandawyd gerbron y llys. Dibynnai'r gorchwyl o gadw trefn a heddwch yn y sir ar allu arweinwyr y llywodraeth yng Nghymru i wasanaethu'r drefn newydd a chydweithredu â hi. Yr unig newid mawr yn y comisiwn heddwch oedd ymddangosiad un ffigur milwrol a phregethwr Piwritanaidd ar restr yr ustusiaid, ac nid oedd y ddau ohonynt yn frodorion o'r sir.[26] Er ei bod hi'n wir dweud mai carfan gymharol fechan o wŷr bonheddig a weinyddai sir Gaernarfon yn ystod y blynyddoedd hynny gyda'r bwriad o gryfhau eu safle hwy eu hunain (yn anad un peth arall) a sicrhau ufudd-dod i'r drefn newydd, ni ellir dweud bod y rhan fwyaf ohonynt yn coleddu unrhyw syniadau Piwritanaidd eithafol. Yr oedd nifer yn eu plith yn barod i gydymffurfio'n unig a thrwy hynny ennill cryn awdurdod iddynt eu hunain yng nghysgod eu cydustusiaid mwy eofn a blaengar. Parhaodd gweithgaredd y llys fel y bu yn y gorffennol ond cynyddodd y gorchwylion gan y disgwylid i'r ustusiaid gyflawni eu gwaith arferol ynghyd â gweithredu'r pentwr ordinhadau a ddeilliai o'r weinyddiaeth ganolog. Er i rif yr ustusiaid gweithredol amrywio o 18 yn 1649 i 22 yn y sir yn 1656, ymddengys mai dyrnaid ohonynt, yn sicr nid mwy nag 8 mewn un flwyddyn, a drwmlwythwyd â gweinyddu cyfraith a threfn yn ystod y degawd 1650–60.[27] Mewn siroedd a oedd yn geidwadol eu tueddfryd wleidyddol yr oedd ambell un ohonynt, y mae'n amlwg, yn dra amhoblogaidd ac nid annisgwyl yw'r adroddiad a ymddangosodd ac a gynhwyswyd yng nghofnodion y wladwriaeth am 1649, yn disgrifio'r modd y cipiwyd Griffith Jones o Gastellmarch, Llanengan yn Llŷn, sef un o'r ustusiaid Piwritanaidd mwyaf cadarn a diwyd, gan y môr-leidr John Bartlett ger ynys Tudwal ar arfordir de Llŷn. Yr oedd ef yn ail fab i Syr William Jones, prif farnwr mainc y Goron yn Iwerddon ac wedyn yn Lloegr, ac er nad oes tystiolaeth, yn ôl A. H. Dodd, ei fod yn Biwritan rhonc, cyflawnodd ei ddyletswyddau'n gydwybodol.[28] Fe'i cysylltwyd yn ddigon agos â'r drefn newydd i gyfiawnhau'r ymosodiad hwn arno. Gyda chymorth ugain o'i ddilynwyr, ymosododd Bartlett ar Gastellmarch, ac wedi iddo ysbeilio'r tŷ a chymryd y llestri aur ac arian, y dillad a'r llieiniau oddi yno, cipiwyd Griffith Jones ymaith i Wexford yn Iwerddon.[29] Fe ymddengys fod yr ymosodiad hwnnw wedi'i gynllunio i ddial ar y ddedfryd o farwolaeth a osodwyd ar Syr John Owen o'r Clenennau yn Eifionydd am y rhan a gymerodd yn yr ail Ryfel Cartref. Ni ddienyddiwyd Owen, fodd bynnag, ac wedi taer ymbilio am ei ryddhau, dychwelodd Griffith Jones i'w gartref yn Llŷn a pharhau'n llawn eiddgarwch i wasanaethu'r llywodraethau Piwritanaidd yn ei sir.

Pwy oedd y prif ustusiaid yr ymddiriedwyd iddynt y gorchwyl trwm o wylio buddiannau'r drefn newydd yn sir Gaernarfon? Y mae rhai o'r enwau'n ddigon cyfarwydd am fod ganddynt gysylltiadau agos iawn â hen deuluoedd traddodiadol yng Ngwynedd. Yr oedd Thomas Madrun, mab hynaf Griffith Madrun o Fadrun yn Llŷn, yn un o'r ustusiaid mwyaf blaenllaw ac yn un o'r ychydig a enwebwyd gan y llywodraeth i weinyddu. Gwasanaethodd yn gyrnol seneddol, yn siryf y sir yn 1643 a 1648–9, yn aelod seneddol yn 1654 ac yn aelod parhaol o'r pwyllgor sirol.[30] Yn 1650 gorchmynnwyd iddo ef, ymhlith comisiynwyr eraill, archwilio cyflwr yr ysgolion rhad yn siroedd Môn ac Arfon.[31] Yr oedd Syr William Williams o'r Faenol a'i frawd Thomas Williams, Dinas, hefyd yn aelodau pybyr o'r fainc, a phriodasant ddwy chwaer, sef cydetifeddesau Griffith Jones, Castellmarch, y gwystl a gipiwyd i Iwerddon ac, fel y cyfeiriwyd uchod, aelod nodedig arall o'r comisiwn.[32] O edrych yn fanwl ar symudiadau a chysylltiadau Jones, ymddengys fel pe bai ei gartref yn fangre ganolog i'r ychydig Biwritaniaid a chysylltiadau ganddynt â Llŷn ac Eifionydd. Nid ildiai o gwbl i'r bygythiadau o du brenhinwyr a gyfyngai ar ei weithrediadau a safai'n gadarn dros y drefn newydd.[33] Ynghyd â swyddogion eraill a ogwyddai tuag at Biwritaniaeth, megis Edmund Glyn, brawd y Cyrnol Thomas Glyn o Lynllifon, ac un o'r gwŷr mwyaf dylanwadol ymhlith brenhinwyr a chlerigwyr annheyrngar,[34] Syr Griffith Williams o'r Penrhyn, sef nai'r Archesgob John Williams,[35] Thomas Williams, Dinas,[36] a Morus Wynn, sef un o feibion iau Syr John Wynn o Wedir,[37] bu i aelodau'r fainc yn sir Gaernarfon reoli'n eithaf cydwybodol yn ystod y blynyddoedd cyn adferiad y frenhiniaeth yn 1660.

Yn ychwanegol at aelodau o'r teuluoedd traddodiadol hynny ymddangosodd gwŷr bonheddig llai blaenllaw yn eu mysg, a bu iddynt oll, ac eithrio Richard Edwards, yr atwrnai o Biwritan o Nanhoron Uchaf yn Llŷn,[38] ennill ffafr ac urddas am eu bod yn ddigon parod i gydymffurfio â'r drefn newydd. Yn eu plith yr oedd Huw Griffith o Gefnamwlch[39] a William Stodart o dref Conwy.[40] Y mae Stodart yn enghraifft ddiddorol. Gwreiddiwyd y teulu yng nghyffiniau bwrdeistref Conwy a Deganwy, a phan ystyrir mai beili yn y fwrdeistref a fanteisodd ar ei gyfle yn y fan a'r lle i sicrhau awdurdod iddo'i hun oedd William Stodart, y mae ei ddyrchafiad yn egluro llawer iawn am sut y penodid ustusiaid i'r fainc y pryd hwnnw. Yr oedd Sieffre Parry o Rydolion ym mhlwyf Llanengan,[41] fodd bynnag, fel Richard Edwards, yn enghraifft o Biwritan mwy eithafol a ddaethai'n wreiddiol o sir Drefaldwyn. Gwasanaethodd yn swyddog a phregethwr ym myddin Cromwell, a rhoes ei gysylltiadau priodasol â theulu Cefnllanfair yn Llŷn gyfle iddo ymdaflu'n gyfan gwbl i faterion llywodraeth leol, a thrwy hynny enillodd enw iddo'i hun o fod yn un o'r ustusiaid mwyaf brwd a llym.

Dibynnai'r llywodraeth ganolog yn gyfan gwbl ar deuluoedd ac unigolion fel y rhain a oedd yn barod i gyfaddawdu â'r drefn a chynnal ei hawdurdod. Dadleua Gilbert Williams, hanesydd lleol a fu'n pori llawer yn ffynonellau gweinyddol ac achyddol y sir yng nghyfnod Cromwell, fod mwy o fân foneddigion Arfon nag a dybir yn fynych yn bleidiol i'r Senedd yn y cyfnod hwnnw gan nad oes unrhyw dystiolaeth fod un ohonynt, beth bynnag oedd eu hargyhoeddiadau crefyddol, wedi gwrthod gweithredu fel rheithwyr, trethgasglwyr ac uwch-gwnstabliaid yn y cymydau.[42] Ar frig y gymdeithas, fodd bynnag, ffurfiwyd carfan fechan ond dylanwadol o ustusiaid yn sir Gaernarfon a weithredai â sêl arbennig er budd i'r Werinlywodraeth ac er diogelu eu meddiannau eu hunain. I gryfhau gafael y Piwritaniaid ar y sir mewn rhanbarth a ystyrid yn deyrngar i'r Goron bu i'r Cyrnol John Carter, llywodraethwr bwrdeistref Conwy, a ddaethai'n wreiddiol o swydd Buckingham,[43] ac yn ddiweddarach George Twistleton, llywodraethwr tref Dinbych, brodor o swydd Efrog a briodasai ag aelod o deulu Glyn, Lleuar ger Clynnog,[44] ddod ag elfen filwrol newydd i'r comisiwn yn rhinwedd eu swyddi. Hwy, fynychaf, a roddai wybodaeth i'w cydustusiaid ar faterion polisi, ac eisteddasant gyda hwy ar y fainc fel y gallent oruchwylio eu tactegau a'u cynghori sut i fwrw ymlaen gyda'r dyletswyddau newydd a niferus a ddaethai i'w rhan.

Yn gynnar wedi dienyddio'r brenin deddfwyd bod holl swyddogion llywodraeth leol i barhau yn eu swyddi ac i weithredu'n union fel y gwnaent yn y gorffennol, yn ôl y cyfarwyddiadau a roddwyd iddynt.[45] Gwnaed rhai cyfnewidiadau ffurfiol yn y dogfennau cyhoeddus, a dilëwyd pob ymadrodd neu air a sawrai o unrhyw gysylltiad â'r frenhiniaeth. Er enghraifft, gweithredwyd pob penderfyniad cyfreithiol o hynny ymlaen yn enw ac ar ran 'Gwarchodwyr rhyddfreiniau Lloegr trwy awdurdod y Senedd'. Disgwylid i'r ustusiaid gymryd llw o deyrngarwch i'r drefn newydd ac i ymddwyn yn gywir a ffyddlon i Werinlywodraeth Lloegr fel y sefydlwyd hi 'heb na brenin na Thŷ'r Arglwyddi'.

Sefydlwyd y Werinlywodraeth yn swyddogol ar 4 Ionawr 1649, ffurfiwyd Cyngor y Wladwriaeth ar 13 Chwefror dan awdurdod Senedd y Gweddill[46] – a diddymwyd Tŷ'r Arglwyddi ar 19 Mawrth. Dilëwyd y frenhiniaeth yn ffurfiol trwy ordinhad ar 17 Mawrth,[47] ac ar 19 Mai cyhoeddodd y Senedd fod y deyrnas bellach yn Werinlywodraeth a Gwladwriaeth rydd.[48] Yr oedd y wlad i gael ei llywodraethu fel Gwerinlywodraeth trwy uwchawdurdod y genedl a gynrychiolid yn y Senedd. Rhoddwyd gorchymyn i'r comisiynwyr heddwch i ddifa pob arwydd o gynllwynio ac unrhyw gynulliadau dirgelaidd a drefnwyd gan bersonau annheyrngar.[49] Yn y rhanbarthau disgwylid i lys y Sesiwn Chwarter ymgymryd â'r cyfrifoldeb i sicrhau heddwch a diogelwch rhag bygythiad mewnol ac allanol. I gadarnhau eu hawdurdod ymhellach deddfodd y Senedd yn 1650 fod pob person a fynegai unrhyw wrthwynebiad i'r Werinlywodraeth i ddioddef chwe mis o garchar heb fechnïaeth a chael eu halltudio yn ail gosb am drosedd gyffelyb.[50] Yr oedd y gorchmynion hyn i'w cyhoeddi trwy broclamasiwn yn llysoedd y Sesiynau Mawr a Chwarter.

Gyda'r wybodaeth hon yn eu meddiant aeth ustusiaid sir Gaernarfon rhagddynt, dan arweiniad y Cyrnol John Carter, i gyflawni eu dyletswyddau. Pa mor effeithiol y gweithredodd y llys ar y cychwyn y mae'n anodd dweud, ond efallai fod yr hyn a ddywedodd Lucy Stodart, hen ferch o dref Caernarfon, pan gwynodd yn 1650 nad oedd hi wedi derbyn iawn gan y llys am drosedd a gyflawnwyd yn ei herbyn, yn bwysicach nag yr ymddengys ar yr olwg gyntaf: 'Oni chaf gyfraith,', meddai'n finiog, 'mi fynnaf gyfraith ar rai ohonynt â'm llaw fy hun.'[51] Y mae'n ddigon posibl mai sylw bygythiol byrbwyll a wnaed ar yr achlysur hwnnw; ar y llaw arall, gallai adlewyrchu arwydd o anfodlonrwydd ehangach ag arafwch peirianwaith y gyfraith yng nghyfnod cynnar yr addasu neu efallai ddangos casineb ac amheuaeth unigolyn na chawsai degwch dan drefniadaeth goruchwyliaeth newydd yn ystod ei misoedd arbrofol.

Y mae'n bur debyg mai fel ymateb i orchymyn y Senedd i gwtogi ar weithgaredd gwrthwynebwyr i'r llywodraeth yn 1650 yr ysgrifennodd William Hookes o Gonwy i'w gyd-ustus Edward Williams o'r Wig ger Aber gan amgáu copi o'r cyfarwyddiadau a orfodai swyddogion lleol i gipio arfau a ffrwydriadau mewn rhannau o'r sir.[52] Yr oedd diogelwch yn ystyriaeth hanfodol os oedd y drefn Biwritanaidd i gael rhyw gymaint o lwyddiant, a hynny fu'r rheswm pam y bu i Cromwell, yn ddiweddarch yn 1655, hysbysu Syr William Williams o'r Faenol am y cynllwyn brenhinol a ddatgelwyd, sef gwrthryfel lleol y Cyrnol John Penruddock yn Wiltshire yn gynnar yn y flwyddyn honno.[53] Gorchmynnodd ymhellach y dylai pawb mewn swydd gyhoeddus ddifa pob arwydd o annheyrngarwch i'r llywodraeth a gwylio'n ddyfal symudiadau holl estroniaid a dieithriaid yn y sir – 'those who come from abroad to kindle fires here', yn arbennig ger yr arfordir. Yr oedd oferwyr i gael eu disgyblu ac eraill na allent egluro'u symudiadau i'w harestio a'u cosbi. Yr oedd Cromwell yn hollol ymwybodol nad oedd ustusiaid yn cyflawni eu gorchwylion yn ddigon trwyadl yn y materion hynny, a gorffennodd ei lythyr ar nodyn o obaith a sicrwydd y byddai i'r holl ddrwgweithrediadau hynny gael eu dileu'n llwyr cyn iddynt gael eu cyflawni ond i'r ustusiaid barchu'r gyfraith yn gyson: 'if what by law ought to be done were done diligently', meddai, 'these designs would be frustrated in the birth'.[54] Amheuwyd dau ŵr pur ddylanwadol a phleidiol i'r Goron o sir Gaernarfon o ymddwyn yn dwyllodrus, sef Edward Williams o Gonwy a Thomas Davies o Gaerhun yn Arllechwedd Isaf, a dygwyd y ddau gerbon William Stodart. Cymerwyd Williams i'r ddalfa a'i garcharu er iddo wadu iddo gyflawni unrhyw ddrwgweithred, a phenderfynwyd gosod Davies ar fechnïaeth o £500 i sicrhau y byddai'n ymddangos gerbron y llys.[55] Yn 1652 cymerwyd rhyw

Humphrey Orme (a ddeuai'n wreiddiol, efallai, o ddinas Peterborough) gerbron y llys am iddo gymdeithasu â brenhinwyr, ac fe'i cyhuddwyd o fod yn feddwyn a gyflogodd ddau ddihiryn a wrthwynebai'r llywodraeth Biwritanaidd yn ffyrnig.[56]

Yng nghwrs y Rhyfeloedd Cartref a dienyddio'r brenin collodd yr Eglwys Anglicanaidd ei grym a rhoddwyd materion crefyddol yng Nghymru dan warchodaeth y Cadfridog Thomas Harrison ynghyd â 71 o gomisiynwyr eraill a benodwyd yn 1650 i weithredu Deddf Taenu'r Efengyl yng Nghymru (22 Chwefror).[57] Nid oedd un aelod o'r comisiwn hwnnw yn frodor o siroedd Môn a Chaernarfon, a Saeson megis John Carter a William Littleton, ustus y Sesiwn Fawr yng nghylchdaith Môn, gwŷr nad oedd ganddynt fawr o gysylltiad teuluol â'r parthau hynny, ac eithrio yn eu swyddi, a gynrychiolai lywodraeth y Piwritaniaid ynddynt yn y cyfnod hwnnw.[58] Nid oedd effeithiau'r ddeddf yn llesol yn Arfon, yn ôl tystiolaeth y ddeiseb a arwyddwyd gan Thomas Middleton ac Owen Wynn o Wedir ar ran gogledd Cymru yng Ngorffennaf 1652.[59] Yn ddiau, effeithiodd troi offeiriaid o'u bywiolaethau a meddiannu'r degymau yn niweidiol ar ansawdd bywyd y gymdeithas yn gyffredinol: 'divers parishes have, for two years past, been left vacant on the Lord's Day, without any minister to officiate and administer the Sacraments of baptism and the Lord's Supper, or to marry or visit the sick, to the scandal and decay of religion'. Eu dymuniad oedd i'r llywodraeth wneud cyfrif teilwng o'r degymau a darparu gweinidogion galluog a duwiol yn yr eglwysi plwyf. Ategwyd hynny rai blynyddoedd yn ddiweddarch gan yr Isgadfridog James Berry, pan gyfeiriodd at y sefyllfa wael yng ngogledd-orllewin Cymru lle nad oedd llawer o gefnogaeth i'r drefn newydd,[60] ac yn arbennig yn Aberhonddu lle yr ysgrifennodd ei lythyr at John Thurloe:

> this towne where I now am hath noe preacher neere it as I can here of and the people are growing into a carelesse content of being without, methinks you might find some way . . . to send some able men into these partes many of the vacancies are elapsed into my lords [sef Cromwell] hands and the blame is much layed upon him that they are not supplied.[61]

Cyfeirio yr oedd at afael yr Amddiffynnydd ar nifer o fywiolaethau, a chanlyniad hynny oedd fod llawer ohonynt yn parhau'n wag. Ni chafwyd cynnydd yn nifer yr offeiriaid newydd a brofwyd yn dderbyniol i'r llywodraeth hyd nes daeth y Profwyr i fodolaeth wedi i'r Cynulliad Enwebedig (neu Senedd ffanaticaidd 'Barebone', fel y'i gelwid) gael ei diddymu yn Rhagfyr 1653. Y mae profiad Robert Jones, rheithor Llandwrog, yn enghraifft dda o'r hyn a ddigwyddasai yn y cyfnod hwnnw oherwydd cofnodir iddo dalu cyfraniad o dri swllt ac un geiniog ar ddeg o dreth eglwys yn 1655. Fe'i diswyddwyd yn 1652 gan y Cymeradwywyr (*Approvers*) ond fe'i hadferwyd i'w fywoliaeth o fewn dau fis yn yr un flwyddyn, efallai am ei fod yn perthyn i Griffith Jones, Castellmarch, ond yn fwy tebygol am nad oedd neb cymwys i gymryd ei le.[62] Ymhlith y Profwyr hynny cafwyd Ellis Rowland, ficer Clynnog a Llanwnda,[63] Henry Maurice o Fethlan yn Llŷn,[64] Sieffre Parry o Rydolion,[65] a Richard Edwards o Nanhoron Uchaf, eto yn Llŷn, bob un ohonynt yn Biwritaniaid i'r carn.[66] Yr oedd y ddau olaf yn aelodau mynych o fainc ustusiaid y sir a chymerodd Sieffre Parry ran nodedig yn y dyletswyddau gweinyddol, a bu'n flaenllaw iawn yn y gwaith o ymestyn maes dylanwad y drefn oedd ohoni. Er enghraifft, ynghyd â John Carter a Thomas Madrun, bu'n trefnu'r manylion ar gyfer gweithredu'r ddeddf ynglŷn â chofrestru priodasau yn y sir yn 1653 a'u gweinyddu y tu allan i'r Eglwys gan ustusiaid lleol,[67] trefn na dderbyniwyd yn ffafriol gan gymdeithas geidwadol a garai, yng ngeiriau'r hen faledi, gael llwyr ymwared rhag 'yr ystys a briodo' a dulliau cyffelyb o 'halogi'r gyffredin-wlad'.[68] Gwawdiwyd y drefn newydd a chredwyd y byddai Duw'n dial ar y Piwritaniaid am ddifwyno'r Eglwys a'i gwasanaethau:

> Lladd, lledratta, speilio'r gweinied
> Poini'r cyfion, perchi'r diried
> Llwyr ddychanu Duw drwy ddirmig
> Rhwygo'r Eglwys yn ddrylliedig.
>
> Casglu milwyr rhwystro'r Cymmyn
> Llwyr gilgwthio Christ oddiwrthyn
> Wele, wele, gwnan i hamcan
> Fo ddaw dial am y cyfan.[69]

Cyfreithlonwyd priodasau a chofrestru sifil mewn ordinhad a ddeddfwyd ar 24 Awst y flwyddyn honno.[70] Yn ôl yr amodau yr oedd y partïon i roi gwybodaeth i gofrestrydd y plwyf (a benodwyd gan y plwyfolion) o'u bwriad i uno mewn priodas o fewn ugain niwrnod. Cyhoeddwyd rhybudd o'r briodas yn yr eglwys neu'r farchnadfa, a'r ustus heddwch lleol a wasanaethai. Pe codai unrhyw broblem ynglŷn â'r briodas wedi hynny trafodid y materion yn llys y Sesiwn Chwarter. Nid oes tystiolaeth fod yr ustusiaid heddwch wedi ceisio gweithredu'r ordinhadau'n llym yn ôl gofynion y ddeddf ond, er hynny, rhoddodd John Griffith o Landdyfnan, Môn, er enghraifft, fynegiant eithaf pendant i farn gyffredinol ei gyd-Gymry pan ganodd am yr ustusiaid a oedd, yn ei dyb ef, yn diraddio'r sagrafen briodasol wrth weinyddu'r ordinhad newydd:

Rhyw ystys sydd ar osteg,
Croywa dasg yn rhoi cri deg;
Wrth y groes araith gresyn;
Priodas ddiflas i ddyn.[71]

Yn gynnar wedi i'r ddeddf gael ei gweithredu cadwodd John Carter wyliadwriaeth fanwl ar faterion cyffelyb yng Nghonwy trwy ymgynghori â Thomas Madrun a Sieffre Parry ynglŷn â chofrestri priodas, uno plwyfi a pharatoi'r partïon a oedd ar fin priodi.[72] Ceir ychydig dystiolaeth o weinyddu priodasau, yn ôl gofynion y gyfraith, yn sir Gaernarfon. Yn 1655 ystyrid bod nifer o bartïon ym mhlwyf Llanbeblig wedi'u huno'n gyfreithlon ond, yr un pryd, hysbyswyd yr ustusiaid hefyd fod rhai wedi eu priodi'n anghyfreithlon yn yr un plwyf.[73]

Ar 12 Mai 1653 gorchmynnwyd y comisiynwyr lleol i feddiannu'r degymau a berthynai i blwyfi gwag gan nad oedd clerigwyr ynddynt oherwydd bod y ddeddf wedi ei diddymu ac awdurdod heb ei roi i unrhyw un i weinyddu'r incwm a ddeuai o ffynonellau eglwysig.[74] Y mae'n amlwg mai cofnodion llys y Sesiwn Chwarter oedd y man mwyaf priodol i gadw dogfennau o'r fath gan fod rhai o'r comisiynwyr yn aelodau o'r fainc leol, a dengys hynny fod cydweithrediad yn bod rhwng swyddogion ar faterion gweinyddu'r Eglwys a dyletswyddau eraill llawer mwy cyfarwydd i'r ustusiaid.

Bu i'r cynnydd yng ngwaith a gorchwylion ustusiaid, yr anniddigrwydd cyffredinol ymhlith swyddogion y cymydau a'r plwyfi, ynghyd â'r anfodlonrwydd a deimlai'r bobl tuag at y drefn newydd beri problemau y bu'n rhaid i'r ustusiaid lleol eu hunain eu datrys. Tyfodd nifer y gorchwylion y disgwylid i'r swyddogion ymgymryd â hwy ac fe'u llethwyd wrth geisio ymdrin yn feunyddiol â materion tebyg i

Ddeddf y Tlodion, cynnal priffyrdd a phontydd ac arolygu mesurau a phwysau ac ati, a disgwylid iddynt gyhoeddi gwaharddiadau (a fu cyn hynny'n ddyletswydd i'r Eglwys), datrys ymrafaelion teuluol a phriodasol, ac anfon achosion o droseddu difrifol i'r Sesiwn Fawr. Disgwylid iddynt hefyd ufuddhau i'r cyhoeddiadau a'r ordinhadau a anfonwyd o'r llywodraeth ganolog, gweinyddu priodasau sifil a sicrhau mai'r dulliau newydd o addoli a ddefnyddid ym mhob eglwys plwyf o fewn ffiniau eu hawdurdod. Er mwyn gallu cyflawni'r holl ddyletswyddau hynny, dibynnai'r ustusiaid ar gydweithrediad anfodlon cwnstabliaid mewn cwmwd, plwyf a threfgordd. Codai problemau diogelwch hefyd ar raddfa leol oherwydd cesglid trethi fel rheol yn y trefgorddau, ac ni chymerai trethdalwyr yn garedig iawn at y galw mynych am arian, yn arbennig pan ddeuai'r gorchymyn oddi wrth weision llywodraeth a gasawyd. Anafwyd trethgasglwyr yn 1653 gan ŵr o Faenol Bangor, ac yn yr un flwyddyn ceisiodd rhai trigolion o blwyf Caerhun, Arllechwedd Isaf, achub nwyddau a feddiennid gan gwnstabliaid mewn achos o fethdalu trethiant misol.[75] Ymhellach, enllibiwyd comisiynwyr y llywodraeth gan ddau ŵr o Eifionydd a'u rhwystrodd rhag asesu'r sir.[76] Cwynodd James Berry i'r ustusiaid lleol yn Rhagfyr 1655 nad oedd treth y milwyr claf wedi cael ei dalu'n llawn yn y sir,[77] ac yn gynharach yn 1653, gwrthododd nifer o blwyfolion Llanbedrycennin dalu eu degymau.[78] Yn ôl Deddf Taenu'r Efengyl yr oedd gwraig a phlant pob clerigwr a ddifuddiwyd i dderbyn hyd at bumed ran o werth ei fywoliaeth, ond ni weithredwyd hynny'n gyson fel y sylweddolodd gwraig Dr Hugh Robinson, rheithor y plwyf hwnnw a mab iau i'r Esgob Nicholas Robinson, yn ddigon eglur pan gwynodd nad oedd wedi derbyn cymorth ariannol iddi hi ei hun a'i theulu.[79] Nid oedd y rhain, fodd bynnag, yn broblemau newydd gan eu bod yn adlewyrchu tlodi'r gymdeithas leol a wynebai anawsterau mawr wrth geisio cadw dau ben llinyn ynghyd. Fel y dengys cofnodion llys yr ustusiaid yn ddigon eglur ar hyd y 1650au, yr oedd rhandaliad neu fethdaliad mewn perthynas â threthi lleol yn brofiad digon cyffredin yng nghefn gwlad Cymru ac, yn sicr, nid oedd cyfnewidiadau cyflym yn y dulliau o lywodraethu yn gymorth i wella'r sefyllfa gan y disgwylid i swyddogion lleol eu haddasu eu hunain i anghenion yr awdurdod canolog ar y pryd. Golygai hynny'n fynych iawn y byddid yn archwilio dulliau newydd o drethiant ac o Biwritaneiddio'r wlad.

Perthnasol i'r polisïau hynny yw'r datblygiadau a ddilynodd Offeryn y Llywodraeth a ddaeth i rym ar 16 Rhagfyr 1653 pryd y crëwyd swydd yr Arglwydd Amddiffynnydd ac y rhoddwyd pob grym deddfwriaethol i'r Senedd a phob hawl gweithredol yn nwylo'r Arglwydd Amddiffynnydd a Chyngor y Wladwriaeth.[80] Yn dilyn gwrthryfel brenhinol 1655 yn Lloegr cyhoeddwyd proclamasiwn Cromwell yn Ebrill y flwyddyn honno i weithredu'r deddfau yn erbyn Pabyddion. Gorchmynnwyd i'r ustusiaid lleol ddod o hyd iddynt a'u carcharu cyn eu gorfodi i ymwrthod â'r hen ffydd. Pe gwrthodent, byddent yn fforffedu dwy ran o dair o'u heiddo.[81] Rhannwyd y wlad yn nifer o ranbarthau, pob un dan reolaeth is-gadfridog a feddai'r holl awdurdod gweinyddol oddi mewn i'w diriogaeth. Erbyn diwedd Hydref 1655 yr oedd y swyddogion hynny wedi derbyn eu cyfarwyddiadau ac wedi ymsefydlu yn eu rhanbarthau.[82] Yng nghwrs cyflawni eu gorchwylion disgwylid iddynt, yng ngeiriau'r cyfarwyddiadau manwl, hyrwyddo crefydd a buchedd lân: 'to encourage and promote Godliness and Virtue, and Discourage and Discountenance all Prophaneness and Ungodliness', ymhlith pethau eraill.[83] Eu prif ddyletswyddau oedd cynorthwyo'r ustusiaid i gynnal trefn a heddwch, hyrwyddo buddiannau Piwritaniaeth a threthu pob brenhinwr i sicrhau bod y cynllun yn hunangynhaliol. Yr oedd y swyddogion hyn yn llawer mwy na ffigurau milwrol; yr oeddynt yn rhan annatod o'r peirianwaith gweinyddol a gynyddai'n barhaol, a'u prif bwrpas oedd sicrhau rheolaeth ganolog effeithiol, gweithredu unffurfiaeth polisi a chryfhau grym yr Arglwydd Amddiffynnydd. Hwy oedd y dolennau cysylltiol rhwng y llywodraeth a'r awdurdodau lleol ac, fel yr ustusiaid heddwch, yr oedd ganddynt orchmynion a chyfarwyddiadau i ufuddhau iddynt. Y mae'r patrwm llywodraethol yn y rhanbarthau yn awgrymu y disgwylid i'r is-gadfridogion gefnogi a chynghori siryfion ac ustusiaid, a throsglwyddwyd gofal Cymru, ynghyd â siroedd Caerwrangon, Henffordd a Mynwy, i James Berry, y gŵr di-nod hwnnw o'r dosbarth canol isaf, a gyflogwyd cyn hynny yn glerc mewn gwaith haearn ger Stourbridge yn sir Amwythig, ac a sefydlodd ei ganolfan yn y dref honno. Yn ddiau, yr oedd ei reolaeth ar Gymru a'r Mers yn eithaf llym er iddo, fel y dengys ei ohebiaeth ynglŷn â materion llywodraethol yng Nghymru, gydymdeimlo llawer â chyflwr y Cymry a chanmol eu hufudd-dod:

> indeed though Wales hath beene looked on as a disorderly place yet I find a very ready complyance with his highnes orders. I have not met with above one refractory person in all Wales . . . we have had alsoe a meeting of some well affected persons to advise about reforming some abuses and have drawen up some desires to be communicated to the Justices at their next quarter Sessions and we hope that God will helpe on these weake desires and endeavours and bring forth something of what is desired . . .[84]

Sut bynnag, beirniadodd yn hallt yr amgylchiadau cymdeithasol a barai, yn ôl daliadau'r Piwritaniaid, eu bod, yn ei farn ef, yn dlawd, diymgeledd a digrefydd.[85] Meddai mewn llythyr at John Thurloe, Ysgrifennydd Gwladol Cromwell, o Aberhonddu ar 28 Chwefror 1655: 'onely one great evill I find here which I know not how to remedy, and that is the want of able preachers, certainly if some course be not taken, these people will some of them become as heathens'.[86]

Meddai ymhellach am gyflwr y dref honno: 'this towne where I now am hath noe preacher neere it as I can here of and the people are growing into a carelesse content of being without'.[87] Rai wythnosau'n ddiweddarach cyfeiriodd at dlodi Cymru gyfan a mynegodd ei obaith y byddai rhai yno sy'n annwyl gan Dduw. Pwysleisiodd yn aml yr angen am fwy o weinidogion a phregethwyr yr efengyl ym mhlwyfi diarffordd Cymru, a beiodd anwybodaeth y bobl yn bennaf am y diffyg yn llwyddiant Piwritaniaeth: 'they live farre off', meddai drachefn, 'and want information and haveing got a little prejudice stumble at every straw'.[88]

Ysgrifennodd heb flewyn ar ei dafod at ei gyd-swyddogion a phrif lywodraethwyr Lloegr yn cwyno'n arw am y problemau a wynebodd yng Nghymru. Ar un achlysur, wrth gyfeirio at y trefi marchnad yn bennaf, dywedodd fod y gweinidogion yn wael, yr ustusiaid yn ddiog a'r holl bobl yn cysgu.[89] Mewn llythyr o Drefynwy at Thurloe, cyhuddodd yr ustusiaid yn nhrefi marchnad y Mers o fod mewn trwm-gwsg.[90] Ceryddodd unrhyw arwydd o aneffeithiolrwydd, ac mewn llythyr pellach at Cromwell yn Rhagfyr 1655, dywedodd nad oedd prin un gŵr a oedd yn gymwys i fod yn ustus heddwch yng ngogledd-orllewin Cymru.[91] Ni wyddai beth i'w wneud â siroedd Meirionnydd, Môn a Chaernarfon gan ei bod yn anodd iawn dod o hyd i wŷr gonest yn y parthau hynny. Yr oedd y rhan fwyaf ohonynt, yn cynnwys yr ustusiaid a'r aseswyr lleol, yn dod gerbron y llysoedd fel methdalwyr brenhinol, meddai, ac nid oedd gobaith y byddai'r sefyllfa'n gwella y pryd hwnnw. Yr oedd ei eiriau'n atseinio teimladau nifer o Arglwyddi Canghellor, Arglwyddi Ceidwad a Llywyddion Cyngor Cymru yn y Mers yn y gorffennol a oedd yn gryf eu barn fod ustusiaid heddwch Cymru yn annigonol oherwydd eu tlodi.[92] Yn ei ohebiaeth daw dau brif gwyn Berry i'r amlwg mewn perthynas â'r ustusiaid hynny. Fe'u cyhudda o fod yn dlawd ac yn rhy ddiog a digydymdeimlad i fod yn addas ar gyfer eu gwaith. Yn sir Gaernarfon, fel mewn rhannau eraill o Gymru, y prif wendidau oedd tlodi materol ac, yn ôl safonau'r Piwritaniaid, diffyg gwŷr cywir a gonest a fyddai'n barod i gefnogi'r llywodraeth, a thebyg oedd casgliadau Berry ynglŷn â siryfion a swyddogion eraill. Ond nid cwyno am ansawdd a thlodi ustusiaid gogledd Cymru'n unig a wnâi Berry. Nid mater o ddiffyg cydweithrediad na thlodi materol oedd yr unig ystyriaethau, fe ymddengys, ond hefyd eu hanallu i dalu trethi i gynnal yr holl gyfundrefn filwrol, ac ymhellach, eu hanwybodaeth am safbwynt y llywodraeth Biwritanaidd yng Nghymru. 'If you could send some [of Cromwell's declarations] into these darke places,' meddai wrth John Thurloe yn Rhagfyr 1655, 'it would doe good, this people extreamely want information.'[93] Ychydig yn ddiweddarach, cyfeiriodd at yr unig ddiffyg, yn ei farn ef, a gafodd effaith fawr ar y Cymry yn y cyfnod hwnnw, sef eu bod yn byw mewn mannau diarffordd ac angen difrifol arnynt am fwy o wybodaeth am y drefn newydd mewn crefydd a gwleidyddiaeth.[94]

Er gwaethaf yr anawsterau a wynebodd Berry disgwylid i'w esiampl a'r gefnogaeth a roddai mewn materion gweinyddol a moesol ysgogi'r ustusiaid lleol, pa mor anfodlon bynnag oeddynt, i fabwysiadu agwedd iachach tuag at weinyddu'r gyfraith a'i dehongli'n fanwl a phendant fel y gellid cosbi drwgweithredwyr yn llym ac adfer trefn. Profwyd rhyw gymaint o'r brwdfrydedd hwnnw mewn perthynas â phroclamasiwn Cromwell yn 1655 yn erbyn Pabyddion pan gwynwyd wrth Berry fod nifer o bobl gonest wedi cael eu gwysio gerbron yr ustusiaid yng Nghaernarfon am eu bod dros 21 mlwydd oed ac am nad oeddynt wedi derbyn y sacrament am flwyddyn gyflawn.[95] Gorchmynnwyd Griffith Jones a'i gydustusiaid Griffith Williams ac Edmund Glyn gan Gyngor y Wladwriaeth i liniaru rhyw gymaint ar erwinder y proclamasiwn hwnnw drwy ryddhau'r rhai nad oeddynt yn Babyddion.[96] Y mae'n wir fod Cromwell ei hun wedi ceisio lleddfu ychydig arno yn ôl cynnwys ei lythyr a'r dystysgrif newydd a roddodd i'r ustusiaid ar 3 Medi 1655,[97] ond bron i ddwy flynedd yn ddiweddarach ordeiniwyd bod reciwsantiaid i gael eu gwahardd rhag dilyn eu ffydd, a gorchmynnwyd i'r rheithorau sir chwilio'n ddyfal a holi pawb dros 16 mlwydd oed i ganfod a oedd digon o dystiolaeth ar gael fel y gellid eu rhwymo ar fechnïaeth am £100 i ymddangos gerbron y llys.[98] O ganlyniad i'r ymdrech wrth-Babyddol hon dygwyd reciwsantiaid amlwg gerbron eu gwell yn 1646, sef Griffith Wynn a'i wraig Dorothy o Frynhunog, Llannor, eu tri mab, John, Robert a Charles, ynghyd â Thomas Evans o Lwyndyrus, Abererch, ac Evan Evans o Bwllheli a'i wraig.[99] Yr oedd Dorothy'n gymeriad cas, edliwgar a di-flewyn ar dafod. Yn ei thystiolaeth gerbron y llys gwawdiodd y drefn grefyddol a mynegodd ei dymuniad i olchi ei dwylo yng ngwaed calon y Protestaniaid ac i dorri eu pennau ymaith fel pennau brain![100] Ac meddai'r dystiolaeth yn ei herbyn ymhellach:

> That Dorothy . . . upon Easter Even last [1646] said to her maid that would go to church to receive communion, that she might go and she cared not but hoped before three years end she should see the church's barewalled as if they were sheepfolds.
> That about two years ago she [sef tyst arall] heard Dorothy speaking to some of the people of her house . . . that she did not affect any but those that would be converted to her religion unless she might wash her hands in their hearts' blood.[101]

Yr oedd Thomas Wynn, carcharor yng Nghaernarfon, yn barod i ymwrthod â'r hen ffydd wedi iddo gael ei gyhuddo o fod yn offeiriad Iesuaidd.[102] Yn Hydref 1657 drachefn, cyhuddwyd Gwen Griffith, hen ferch o blwyf Rhiw, ynghyd â phum person o Benyberth, teulu reciwsantaidd amlwg, un bonheddwr o Benrhos a gŵr a gwraig o Bwllheli, o fod yn Babyddion.[103]

Nid oedd y ddeddfwriaeth foesol, fodd bynnag, yn hollol newydd i aelodau o fainc yr ustusiaid gan eu bod wedi gweithredu rhan ohoni dros nifer o flynyddoedd cyn hynny. Ym Mai 1650, er enghraifft, fe'u gorchmynnwyd i ddifa pob arwydd o losgach, godineb a phuteindra. A barnu oddi wrth gofnodion y llys sy'n cynnwys achosion unigol o feddwdod ac oferedd, gellir tybio bod ustusiaid sir Gaernarfon wedi cyflawni eu gorchwylion, os nad yn effeithiol, o leiaf â rhyw gymaint o drylwyredd.[104] Nid oedd Berry, fodd bynnag, yn fodlon ar gyflwr moesol y sir, ac y mae cofnodion llys y Sesiwn Chwarter am y flwyddyn 1655 yn adlewyrchu'n gryf gymaint o esgeulustod moesol a mynychu tafarndai a gafwyd yn sir Gaernarfon. Yn Rhagfyr 1655, cwynodd mewn iaith bur rymus fod y sefyllfa ymhell o fod yn foddhaol ac fe'u hysbysodd ei fod yn barod i gynorthwyo'r fainc i geisio lleihau'r nifer o droseddau cableddus o bob math.[105] Apeliodd yn daer ar yr ustusiaid i gyflawni eu dyletswyddau fel gwŷr teyrngar i'r achos. Gan fod yr awdurdodau wedi ymddiried yn llawn ynddynt dylent hwythau ymateb yn ffafriol a gweithredu fel gweision defnyddiol i'w cenhedlaeth. Yr oedd gweld trefi'n llawn o dafarndai a meddwon, a'r wlad wedi ei llethu â chardotwyr, meddai ymhellach, yn destun cywilydd i'r genedl. Yn ei farn ef yr oedd tafarndai yn faich ar y Werinlywodraeth ac yn ymledu fel haint. Credai'n gydwybodol fod un dafarn yn tlodi llawer iawn o deuluoedd ac ni wyddai am unrhyw ddaioni a allai ddeillio o'r nifer fawr ohonynt a gafwyd yn y sir. Ymbiliodd ar yr ustusiaid i ddefnyddio eu grym a'u hawdurdod i ddifa'r hyn a alwai ef yn 'spreading gangreene'. Credai y dylid lleihau nifer y tafarndai a'u cyfyngu i ddibenion diwallu anghenion teithwyr a milwyr. Hefyd, dylid gweithredu'r ordinhadau ac ymdrin ag oferedd a diogi'n llymach, casglu'r trethi i gynorthwyo milwyr clwyfedig yn fwy diwyd a gofalu'n amlach am y tlawd ymhlith materion cyffelyb. Ei obaith, wrth derfynu, oedd y dylai'r ustusiaid fod yn deyrngar i'r awdurdodau a gweithredu yn ôl eu cydwybod. Meddai mewn arddull rethregol a thrawiadol:

> To see Townes abound w'th Alehouses, houses w'th drunkards, and the county rife w'th beggars is the reproach of our nation, and indeed Alehouses are become the pest of this Commonwealth, which infect all places and the contagion therof spreads exceedingly. One Alehouse makes many poore . . . and to what this mischeife will grow (yf not speedily prevented) the Lord knows. I beseech you gent thinke of itt and let some stop be put to this spreading Gangreene . . . God . . . stirre up y'r hartes to be zealouse for him . . . and [that] you shall bee a terrour to evil douers and like dew upon the tender hearbe, and a refreshinge shower upon the new mowed grasse soe shall you be to those that feare God.[106]

Cri debyg oedd eiddo'r Is-gadfridog Charles Worsley yn siroedd Caer a Chaerhirfryn, a gwynai fod tafarndai'n ailagor, ac apeliodd yn daer at yr ustusiaid heddwch i ymateb i ofynion eu galwedigaeth fel ceidwaid heddwch trwy wrthwynebu pechod ac aflendid a chefnogi duwioldeb.[107] Yng ngolwg y swyddogion pybyr hynny y dafarn, chwedl Worsley, oedd 'the very bane of the Countys . . . the very wombe that brings forth all manner of wickedness'. Gwaharddwyd yr ustusiaid rhag trwyddedu unrhyw dafarnwr onid oedd yn foesgar ei ymddygiad, yn barchus yn ei gymdogaeth ac yn abl i ddarparu lluniaeth addas ar gyfer dau filwr.

Achosai'r tafarndai broblemau moesol a chymdeithasol yn ogystal, ac ymhell cyn cyfnod y Piwritaniaid gwnaed ymdrechion cyson i geisio lleihau eu nifer. Yn 1622, er enghraifft, rhoddodd y Cyfrin Gyngor orchymyn fod sefydliadau o'r fath a leolid mewn mannau anghysbell ac amheus i'w cau. Oherwydd pris uchel ŷd yn y cyfnod hwnnw, ac er mwyn ceisio lleihau'r angen difrifol am farlys, caniatawyd i'r tafarndai hynny a fragai gwrw cymedrol ei ansawdd yn unig i barhau ar agor.[108] Yn 1636 amcangyfrifwyd bod oddeutu 25,000 neu 26,000 o dafarndai ar agor yn Lloegr (ac eithrio Llundain) a Chymru.[109] Mewn cwmwd tenau ei boblogaeth fel Arllechwedd Isaf honnwyd bod o leiaf wyth tafarn ar agor yn 1626 a'r rheini heb fod o'r safon uchaf.[110] O ganlyniad i ymchwiliad manwl i'r sefyllfa yn 1652, caewyd chwe thafarn yng nghwmwd Nanconwy, pump ym mhlwyf Tryfan a dwy ar hugain ym mhlwyfi anghysgell Edern, Clynnog, Aber-erch, Pistyll, Llaniestyn a Boduan, bob un ohonynt yn fannau diarffordd lle y gallai tafarndai anghyfreithlon agor heb fawr o anhawster.[111] Mewn un diwrnod yn yr un flwyddyn caewyd 17 o dafarndai yng nghwmwd Cymydmaen ym mhellafoedd Llŷn ynghyd â 26 yn Is Gwyrfai.[112]

Yng ngolwg James Berry a'i gyd-swyddogion yr oedd tafarndai hefyd yn ganolfannau a adlewyrchai lymder caledi economaidd. O ganlyniad i gynaeafau gwael a chyfnodau o bla, mewn blynyddoedd o angen amlygid y berthynas rhwng anfoesoldeb, trais a thrueni, a bu hynny'n ystyriaeth flaenllaw yn holl ddeddfwriaeth y gwahanol lywodraethau Piwritanaidd. Y mae ofn y posibilrwydd o newyn mawr wedi cynhyrfu llawer iawn ar lywodraethau dros y canrifoedd, a'r ofn hwnnw a gyfrifai am y deddfu ysbeidiol ar dafarndai anghyfreithlon. O'r flwyddyn 1649 ymlaen ymosodwyd yn chwyrn arnynt am ddau brif reswm. Yn y lle cyntaf, bu effeithiau drwg y defnydd a wnaed o farlys ar gyfer bragu ar brisiau bwyd yn niweidiol iawn a hefyd, o safbwynt tra gwahanol, gallai tafarnwyr roi lloches i grwydriaid amheus eu cefndir a'u symudiadau yng ngolwg y wladwriaeth a gosod trethiant ariannol beichus ar y plwyfi yr un pryd.[113] Yn ystod gweinyddiad Berry yng Nghymru yn 1656 cyhuddwyd tri pherson, yn cynnwys un pedler, o groesawu eraill i'w tai ar y Sul a dyddiau eraill i chwarae gemau anghyfreithlon.[114] Flwyddyn yn ddiweddarach, ym Mai 1657, aeth yr ustus William Stodart ati i gasglu dirwyon yn y sir am fragu a gwerthu medd yn anghyfreithlon.[115] Yr oedd ffermwyr wedi cwyno'n arw oherwydd y sychder yn y cyfnod 1650–5 ac, o ganlyniad, cafwyd lleihad ym mhrisiau ŷd a gwartheg. O gofio am neges Berry, ar ben hynny yr oedd tafarndai'n gyfrifol am absenoldeb o eglwys y plwyf. Gallai hynny greu problemau ymarferol gan mai yn yr eglwysi lleol y gwnaed datganiadau cyhoeddus o bob math a anfonwyd, lawer ohonynt, o'r llywodraeth ganolog. Yno hefyd y casglwyd trethi plwyf megis treth y tlawd a threth y milwyr clwyfedig. Ystyrid bod pleserau diota, yn arbennig ar y Sul, yn diraddio sancteiddrwydd y Saboth, yn effeithio ar safonau ysbrydol y werin bobl ac yn annog pobl i esgeuluso talu eu dyledion i'r llywodraeth.

Yn ychwanegol at y rhesymau moesol ac economaidd a roddwyd dros leihau nifer y tafarndai hyn a difa chwaraeon diniwed megis dis, bwrdd siffl a chroes-a-phil, ymladd ceiliogod, cadw gwylnosau a diddanwch tebyg, nid oedd unrhyw amheuaeth ym marn y llywodraethwyr mai mewn mannau o'r fath y magesid drwgdeimlad a gwrthwynebiad i'r drefn newydd. Yr oedd y Piwritaniaid yn sensitif iawn i'r posibilrwydd y byddai gwrthwynebiad lleol yn llesteirio'u hymdrechion. Yr oedd sicrhau heddwch a threfn a chadw gwyliadwriaeth yn eu gwahanol ranbarthau yn rhan hanfodol o ddyletswyddau'r isgadfridogion. Er hynny, yr oedd Berry, fel Worsley a William Boteler, ei gyd-swyddogion, yn awyddus i weld diwygiad moesol a fyddai'n rhwym o ysgwyd y wlad a deffro'r ustusiaid heddwch a'r corfforaethau trefol i'w cyfrifoldebau pwysicaf.[116] Fel y nodwyd eisoes, cyfeiriodd Worsley, at yr angen am dafarndai trwyddedig a fyddai'n croesawu cwmnïaeth dda a darparu digon o gig ceffyl ar gyfer o leiaf dau filwr. Cyfeirio'r oedd, y mae'n amlwg, at ddogfen (y ceir copi ohoni ymysg cofnodion llys y Sesiwn Chwarter yn sir Gaernarfon) a anfonwyd gan y comisiynwyr yn 1651 at ustusiaid a oedd yn gyfrifol am sicrhau heddwch yng ngogledd Cymru. Yn y ddogfen honno fe'u gorchymynnwyd i chwilio'n fanwl am fannau y byddid yn diota'n fynych ac afreolus ynddynt, i gynnal y tlawd a rhwystro crwydriaid rhag symud o le i le.[117] Disgwylid hefyd i'r is-gadfridogion fynnu bod yr ustusiaid heddwch a'r swyddogion eraill yn llunio ac anfon adroddiadau manwl ar eu gwaith mewn materion o'r fath. Efallai fod llythyr Berry ym mis Rhagfyr 1655 (y cyfeiriwyd ato uchod) wedi ei lunio o ganlyniad i'r adroddiad difater a gawsai ar yr achlysur hwnnw.[118] Bu rhai swyddogion lleol, megis is-gwnstabliaid plwyf Clynnog, er enghraifft, yn gydwybodol iawn yn 1656. Gwnaed datganiad ganddynt eu bod wedi ymweld â nifer dda o dafarndai o fewn ffiniau eu hawdurdod ar y Sul ac nad oeddynt wedi sylwi ar ddim allan o'i le.[119] I ba raddau yr oedd cwnstabliaid eraill mewn ardaloedd tebyg lawn mor ddiwyd, y mae'n anodd dweud, ond dengys tystiolaeth nad oedd cwnstabliaid fel rheol yn effeithiol iawn dan unrhyw awdurdod. Y mae un peth yn ddigon clir, fodd bynnag, sef bod y llywodraethau Piwritanaidd yn goruchwylio'r llysoedd barn yn bur gyson ac yn aml deuai ton o ansicrwydd ynghyd â phryder drostynt i lesteirio'r gwaith.

Cysylltid problem crwydraeth yn fynych iawn â thafarndai, ac y mae cofnodion sir yn disgrifio'r bywyd diflas a dreuliasai begerwyr a'u tebyg. Yn ôl dehongliad y llywodraeth tlodi oedd y broblem sylfaenol, a chyflwr i'w ffieiddio a'i osgoi oedd hwnnw ar bob cyfrif.[120] Yn *The Scales of Commerce and Trade* (1659) dywedodd Thomas Willsford fod tlodi yn gwneud yr unigolyn yn aflan a dirmygedig, a bod llafur yn angenrheidiol iddo allu osgoi'r drygioni hwnnw a ddeuai yn sgil angen. 'Poverty renders man despicable,' meddai. 'Therefore humane Industry is urgently necessary whereby to shun those mischiefs entailed on want.'[121] Syniadaeth Biwritanaidd a fu'n gefn i'r holl ddeddfwriaeth a ddarparwyd yn gyson i geisio atal y broblem honno, a chredwyd yn gyson fod tlodi yn drosedd ac yn gyflwr gwaradwyddus. Nid oedd amheuaeth ym meddwl yr Is-gadfridog James Berry mai maen tramgwydd i'r llywodraeth oedd oferedd o'r math ac fe'i dilornodd yn hallt fel y gwnaeth Leonard Lee yn ei ddeiseb yn 1644–5: 'Such persons as live idly out of any calling', meddai, 'are ulcers in a Commonwealth and oppressors and impoverishers of a kingdome.'[122] I'r Piwritaniaid, y pechod mwyaf oedd diogi a segurdod, a haerwyd bod cyflwr y tlawd i'w briodoli, nid gymaint i'w hamgylchiadau eithr yn hytrach i'w hymddygiad afreolus a'u segurdod. Nid oedd problem y lladron crwydrol yn newydd, wrth gwrs, yn y 1650au, gan fod amodau economaidd y ganrif flaenorol wedi peri bod cryn symud a chrwydro o un plwyf i'r llall. Wedi 1646 effeithiodd cynaeafau gwael yn drwm iawn ar yr ardaloedd gwledig, ac wedi'r Rhyfeloedd Cartref dychwelasai gwŷr o'r byddinoedd heb unrhyw waith ac yn aml iawn yn fethedig a hollol amddifad. Nid yw'n hawdd penderfynu ag unrhyw sicrwydd a wahaniaethai'r ustusiaid lleol rhwng y lladron crwydrol, y crwydriaid iach a'r cardotwyr.[123] Y mae'r cofnodion yn awgrymu'n gryf eu bod, i bob pwrpas, yn ymdrin â phob crwydryn yn yr un modd. Cryfhawyd y statudau a fodolai eisoes i atal a chyfyngu ar grwydraeth gan ordinhadau pellach, a cheisid sicrhau y byddai ustusiaid lleol yn llawdrwm ar achosion o segurdod, anfoesoldeb a lladrad. Ym meddwl y Piwritaniaid gallai difa un o'r troseddau hynny ddileu nifer helaeth o gamweddau tebyg yr un pryd, a thrwy hynny a byddid yn dileu trafferthion cyffredin yn y gymdeithas.

Gan amled y dyletswyddau y disgwylid i'r ustusiaid eu cyflawni yr oedd elfen o lacrwydd yn sicr i'w ddisgwyl, a gallai hynny lesteirio cryn dipyn ar barhad eu goruchwyliaeth gaeth ar y tlodion. Awgrymodd rhaglith ordinhad 1657, ynglŷn â rheoli crwydriaid, yn gryf iawn fod llawer gormod o ddeddfwriaeth o'r math hwnnw wedi ei orfodi, a'r canlyniad oedd fod drwgweithredoedd o bob math yn cynyddu'n gyflym iawn.[124] Ar ben hynny, gweithredwyd llawer o bolisïau cymdeithasol y Piwritaniaid ynglŷn â chadw'r Sul, ac i raddau pell cadwraeth y Saboth oedd canolbwynt deddfwriaeth foesol y Piwritaniaid. Nid oedd eu darpariaethau manwl, fodd bynnag, yn hollol newydd o gofio am y deddfau a oedd eisoes ar lyfr y statudau. Baich mawr i'r ustusiaid oedd gorfod ymgodymu â dwy drefn ddeddwriaethol – y naill yn frenhinol a'r llall yn gynnyrch y Werin-lywodraeth a'r Amddiffynyddiaeth – wedi eu llunio ar gyfer sicrhau parch i'r Sul. Yn 1625, er enghraifft, deddfwyd nad oedd unrhyw gynulliadau nac amrywiol chwaraeon i'w cynnal ar y Sul.[125] Yn 1627 drachefn gofalwyd nad oedd unrhyw berson i weithio neu gerdded adeg y gwasanaethau cyhoeddus ac nad oedd cigyddion i ladd ar y Sul.[126] Fel adwaith yn erbyn polisi'r Archesgob Laud deddfwyd ymhellach, yn 1642, yn erbyn 'blasphemies, wicked prophanations, uncleanliness, luxury, excessive eating and drinking, vanity, pride and prodigality in apparel'.[127] Yn 1644 gorchmynnwyd bod pawb drwy'r deyrnas i barchu'r Saboth 'by exercising themselves therrin in the duties of Piety and true Religion, publickly and privatley'.[128]

Faint o'r ddeddfwriaeth honno a gafodd unrhyw effaith uniongyrchol ar gefn gwlad Cymru y mae'n anodd dweud. Yr hyn y gellir ei ddweud, fodd bynnag, yw fod prinder pregethwyr yn yr ardaloedd mwyaf diarffordd yn peri bod llwyddiant polisi o'r fath yng Ngwynedd a rhannau eraill o'r wlad yn sicr o fod yn gyfyngedig ac o gael ei luddias, nid yn unig am fod cymaint yn dibynnu ar barodrwydd a gwyliadwriaeth y cwnstabliaid yn y cymydau a'r plwyfi ac ar sêl yr ustusiaid mewn Sesiynau Chwarter, ond hefyd am fod cymaint o glerigwyr wedi'u difuddio: 'here are very few good ministers or scholemaisters. It would be very well if some might be encouraged to come into these partes the ejected and sequestred ministers and scholemaisters are become like the branch of an unfruitfull vine.'[129]

Mewn cydweithrediad â swyddogion is (ac yn 1655–6 yr is-gadfridogion), yr oedd ganddynt hwy ryw gymaint o obaith y byddent yn llwyddo yn eu tasg yn dadwreiddio'r drwgweithredoedd hynny ac, yn ôl tystiolaeth y rhestri dirwyon am 1650, aethpwyd ati'n gyflym iawn i geisio lleihau nifer y troseddau cableddus yn y sir.[130] Y mae cofnodion y sir yn dangos yn eglur ddigon fod nifer o'r bobl, yn arbennig o ardal Pwllheli, yn gablyddion di-ail,[131] a gwnaed yr ymosodiad ffyrnig ar Sieffre Parry, yr ustus o Rydolion, yn 1658, i ymddangos yn llawer gwaeth nag oedd am fod yr ymosodwyr hefyd wedi ei felltithio bedair gwaith.[132] Yr oedd pawb a anwybyddai'r gyfraith ac a rodiai yn ystod oriau gwasanaethau crefyddol yn euog o halogi Dydd yr Arglwydd. Yn 1653 dygwyd gwardeiniaid eglwys blwyf Llangwnadl i gyfrif am beidio â gwahardd cynnal marchnad gyhoeddus ar y Sul.[133] Hefyd, cyhuddwyd Alis ferch Rhisiart yn 1658 o gludo basgedaid o afalau a chnau ar y Sul.[134] Ym mannau anghysbell Llŷn ac Eifionydd, megis Llangwnadl, cynhaliwyd 'publicke wakes', gwerthwyd 'tobacoe' ac agorwyd tafarndai yn 1653[135] a 1656 ac, yn 1659, cyhuddwyd nifer o lanciau segur a grwydrasai o amgylch Aberdaron o fyw yn ofer am iddynt wrthod mynychu'r eglwys.[136]

Gorchwyl anodd yw ceisio mesur llwyddiant yr ustusiaid heddwch yn gweithredu deddfwriaeth y Piwritaniaid. Am bob un troseddwr a ddygwyd gerbron y llysoedd y mae'n debyg fod llawer iawn mwy naill ai wedi eu hanwybyddu neu heb ddod i sylw gweision y gyfraith. Y mae'n bur debyg hefyd fod ustusiaid, mewn achosion arbennig, yn ymddwyn yn drugarog er bod y selocaf yn eu plith, megis Griffith Jones, Thomas Madrun a Sieffre Parry, yn benderfynol o weithredu'r gyfraith yn ei grym. Gyda'r sêl arferol arwyddodd y ddau gyntaf ohonynt y datganiad a wnaed gan drigolion sir Gaernarfon yn croesawu Richard Cromwell, yr ail Arglwydd Amddiffynnydd, i swydd ei dad ym Medi 1658 ac i erfyn arno i barhau polisïau ei dad – 'to follow your father's policy by supporting the reformed religion'.[137] Nid yw'n debygol. fodd bynnag, fod eu cyd-ustusiaid mwy cymedrol wedi cael eu breintio ag ymroddiad mor danbaid. Meddai Thomas Willsford:

> Hardly the greatest part of our magistrates could be got to execute such laws so that the legislators left in the power of any J.P. that has a sense of religion and his duty, to act in these things, that he might not be windbound by the vicious negligence of his bretheren.[138]

Yr oedd yr ustusiaid mwyaf pybyr mewn perygl o gael eu niweidio neu eu bygwth, a chafodd Griffith Jones brofiad o hynny, fel y gwelwyd uchod, yn 1650.[139] Llai anturus, ond yr un mor ysgytwol, fu'r profiad annymunol a gafodd Sieffre Parry am ei fod yn un o brif gynrychiolwyr y Werinlywodraeth yn y sir.[140] Y mae'n amlwg fod ei ddifrifoldeb, ei ymddangosiad garw a'i gulni meddwl ynghyd â'i deyrngarwch diymwad i'r drefn newydd yn ei wneud yn gymeriad dirmygedig yng ngolwg llawer ac yn ddigon iddo gael ei sarhau ar un achlysur yn Nhachwedd 1658 (y flwyddyn y bu Cromwell farw) gan ryw Robert Wynn, a'i bygythiodd â dryll. Pwy oedd y cymeriad beiddgar hwnnw tybed? Ai ef oedd un o feibion y reciwsantiaid Griffith a Dorothy Wynn o Frynhunog a berthynai i Wyniaid Penyberth ac a gyhuddwyd ynghyd â'i rieni a'i frodyr o ymddwyn yn ffyrnig ym mynwent eglwys plwyf Llannor yn 1646?[141] Yr unig ateb ar ei ran pan geisiodd Sieffre Parry ei dawelu oedd lluosogi ei fygythion a herio'r ustus na allai ef ei gosbi er iddo ei gyfrif ei hun yn ŵr da a chyfiawn. Ni wyddys beth fu canlyniadau'r achos diddorol hwn ond nid oes amheuaeth fod y melltithion a fwriwyd ar yr ustus wedi ychwanegu at y gosb a gawsai'r troseddwr. Un peth sy'n sicr, sef fod Sieffre Parry wedi cael ei fygwth am iddo weithredu ymhlith y selocaf o ustusiaid Cromwell mewn cyfnod pan oedd yr Addiffynyddiaeth yn gwingo yng nghanol ei chyfnod mwyaf amhoblogaidd.

O archwilio'r dystiolaeth a geir yng nghofnodion llywodraeth leol sir Gaernarfon priodol yw gofyn faint o anfodlonrwydd a deimlwyd o ganlyniad i bolisïau'r Piwritaniaid. Yn ôl tystiolaeth y ffynonellau sydd ar gael ymddengys mai ychydig iawn o anghydfod a ddangoswyd, ac awgryma hynny mai gwasgaredig ac arwynebol oedd y gwrthwynebiad. Achoswyd yr ymosodiad ar feiliaid tref Caernarfon adeg etholiadau Ionawr 1659 (pan adferodd Richard Cromwell aelodaeth seneddol i'r bwrdeistrefi) gan weithrediadau etholiadol afreolaidd a chan fesur o anfodlonrwydd cyffredinol ynghyd â llywodraethu aneffeithiol ar ran yr ail Amddiffynnydd.[142] Parodd y cythrwfl a ddigwyddasai ger neuadd y sir i un person lefaru yn 1659 'nad oes dim cyfraith rŵan i'w gael',[143] datganiad a allai awgrymu'n gryf fod y gwrthwynebiad i'r drefn newydd ar fin cyrraedd ei uchafbwynt yng Ngwynedd a bod y ffurf lywodraeth, er yn fwy llariaidd, yn pwyso'n drymach nag y tybiwyd ar ysgwyddau llywodraethwyr lleol a'r rhai a lywodraethid fel ei gilydd. I'r rhelyw mawr o Gymry a Saeson, fodd bynnag, yr oedd dienyddio'r brenin yn 1649 yn enghraifft o dor-cyfraith difrifol. Yn ôl daliadau cyfansoddiadol traddodiadol y deyrnas ni ellid gweithredu cyfiawnder heb y frenhiniaeth gan mai ohoni hi y deilliai pob cyfraith ac uniondeb, ac amlygid y farn honno mewn llenyddiaeth frenhinol yn gyffredinol.[144] Yn ôl cyfraith gwlad hi oedd ffynhonnell pob daioni ac undod gwladwriaethol, ac ni allai hyd yn oed y lleiaf ymhlith deiliaid y deyrnas, pa mor bell bynnag y trigai o ganolfan weinyddol y sir, beidio â theimlo'r gwacter hwnnw i'r byw. 'O Dduw,' ymbiliai'r hen faledwr, 'gwared ni rhag "Llywodraeth Independiaid" ' a 'rhag rhoi'r gyfreth oll yn ddarnau.'[145] Teimlai'r werin dan bwysau pan welent y cenhadon Piwritanaidd mewn eglwys a llys yn ceisio eu cyfiawnhau eu hunain mewn gair a gweithred trwy ymyrryd â'r bywyd ysbrydol a'r bywyd materol yr un pryd. Yr oedd eglwys y plwyf, y dafarn, y pentref a'r cwmwd yn sefydliadau poblogaidd ac yn rhan annatod o fywyd pob dydd y Cymro, a byddai unrhyw ymyrraeth â'r drefn honno'n sicr o darfu ar y berthynas rhwng gwerin a'i llywodraethwyr.

Ceid ambell arwydd o ddiflastod neu ddicter ar brydiau pan achosid tyndra, ac un enghraifft dda o hynny oedd y modd y camdriniwyd Ellis Rowland, y pregethwr Piwritanaidd tanllyd a ficer Clynnog o 1657 hyd at 1660. Arwyddodd ef, ynghyd ag eraill, y datganiad i Richard Cromwell yn gofyn iddo barhau llywodraeth ei dad yn 1659.[146] Yr oedd yn un o'r gweision newydd a blannwyd mewn gwahanol blwyfi gan y Profwyr,[147] ac yn ôl y dystiolaeth a ddducpwyd gerbron y llys yn 1661, fe'i rhwystrwyd rhag mynd i eglwys Clynnog gan ddau o'i blwyfolion.[148] Yn ôl y dystiolaeth, un rheswm am yr ysgarmes wrth borth yr eglwys, oedd gwrthwynebiad Rowland i ffurfwasanaeth adferedig yr Eglwys Anglicanaidd: 'ni a fynnwn weled llosgi y Bibles fydd heb y Comon Prayer ynddynt', meddai'r tyst a ymosododd arno yn ei famiaith, ac yr oedd hynny, y mae'n amlwg, yn arwydd o'r gwrthwynebiad lleol i sêl Piwritanaidd Rowland yn y plwyf hwnnw ac o'r ymgais a wnaed i rwystro defnyddio'r Llyfr Gweddi Gyffredin a wnaed yn anghyfreithlon o 1645 ymlaen. Yn ei le gorchmynnwyd y dylid darllen o'r *Directory for the Publique Worship of God*, a oedd yn amhoblogaidd iawn ymhlith clerigwyr yn gyffredinol, ac y mae baledi'r cyfnod yn dangos yn ddigon eglur y gwrthwynebiad a fodolai ymhlith y werin bobl i'r 'letani newydd' a'r pregethwyr 'gwaela i riw' a'u 'gau athrawiaeth' a deithiai o gwmpas y wlad heb wybod 'beth i bo yn i ddoydyd'.[149] Efallai mai'r baledi hynny, yn fwy na'r mân achosion yn llysoedd y sir, sy'n adlewyrchu dyheadau haenau isaf y gymdeithas yng Nghymru yn y cyfnod hwn. Nid oedd yr arfer o anfon 'catffwl i shiarad ynghanol y farchnad' na'r 'gau-broffwyd' yn apelio nemor ddim atynt.[150] Ymosodir yn chwyrn ar brif elfennau'r drefn newydd, megis llofruddiaeth y brenin a thrais milwyr a'u byddinoedd, anwadalrwydd y Senedd, 'nerth y committee',[151] rheibio tiroedd eglwysig, y trethu cyson a thrwm ac ymwrthod â sacramentau'r Eglwys. Yr oedd cwyn y tyst a daranai'n enbyd yn erbyn y Beiblau na chynhwysai'r gweddïau cyffredin yn gwyn wirioneddol gan na ellid gweinyddu sacramentau'r bedydd, priodas a chladdu yn ôl yr arfer.

Un achos diddorol sydd efallai'n bwysicach nag a dybir yn aml oedd hwnnw a wrandawyd gerbron llys y Sesiwn Chwarter ynglŷn â William Prydderch, y pregethwr Piwritanaidd, yn Ebrill 1652. Deuai ef o Laneilian, Môn, ac fe'i trwyddedwyd gan y Profwyr yn 1658 i fod yn bregethwr teithiol.[152] Yn ôl ei dystiolaeth ymosodwyd yn llym arno gan dri yswain lleol yn Aber ger Bangor pan oedd ar ei ffordd gartref ar y Sul wedi iddo fod yn pregethu yn Llanfairfechan a Dwygyfylchi. Y tri ymosodwr oedd Richard Thomas, Griffith Thomas (y ddau o Aber) ac Edward Williams o'r Wig gerllaw. Achoswyd yr anghydfod pan geryddwyd y tri ohonynt gan Prydderch am ddiota a chyfeddach mewn tafarn ar y Sul. Pe na byddid yn gwybod dim oll am y pregethwr hwn nac am yr ymosodwyr y duedd fyddai i ddehongli'r ymosodiad fel enghraifft yn unig o deimlad gwrth-Biwritanaidd. Y mae mwy i'w ystyried na hynny, fodd bynnag, gan fod Richard a Griffith Thomas yn ddau frawd ac yn wyrion i Syr William Thomas o Aber a Choed Alun yng Nghaernarfon, gweinyddwr sirol amlwg iawn yn negawdau cynnar yr ail ganrif ar bymtheg.[153] Ymddengys fod gan y ddau ohonynt resymau da dros ddangos gwrthwynebiad i'r drefn Biwritanaidd. Yr oedd eu tad (sef ail fab Syr William Thomas) wedi etifeddu tiroedd y teulu yng Nghaernarfon ac Aber ac wedi gwasanaethu fel ustus heddwch, siryf y sir ac aelod seneddol dros y fwrdeistref yn y Senedd Faith. Yn 1642, ymunodd yn deyrngar â phlaid y Goron, ac yn 1644 fe'i diswyddwyd o'r senedd am ei deyrngarwch, a chollodd ei diroedd. Yn 1651, fodd bynnag, daeth i delerau ffafriol â'r llywodraeth a thalodd ddirwy o £780 yn hytrach na cholli cyfran o'i diroedd, ac yn 1654 bu farw a gadael ei ystad mewn dyled drom i'w etifedd, Richard Thomas. a oedd hefyd, fel ei dad, wedi gorfod talu dirwy drom i'r llywodraeth yn 1651 am y cymorth a roddodd i'r Goron.[154] Yn 1654 priododd Dorothy, merch hynaf Edward Williams o'r Wig, a oedd yn gydymaith iddo pan ymosododd ar Prydderch.[155] Pan ddechreuodd yr hen bregethwr feirniadu'n hallt bechodau diota, halogi'r Saboth ac ymosod ar dafarndai fel canolfannau oferedd, yr oedd gan o leiaf ddau o'r ysweiniaid resymau da dros ddangos eu gwrthwynebiad mewn modd teimladol trwy ymosod ar un cynrychiolydd nodweddiadol o'r gyfundrefn lywodraethol yr oeddynt hwy, trwy brofiad chwerw, wedi dod i'w chasáu'n enbyd. Deuai'n fyw i'w cof yr adeg honno mai hi a ddinistriodd eu bywoliaeth ac a dorrodd galon eu tad a fu farw'n fethdalwr.

Arwydd o'r gobaith a ddisgwylid pan ddychwelai'r frenhiniaeth oedd y ddeiseb a anfonwyd gan uchelwyr gogledd Cymru at Siarl II ar achlysur ei adferiad i'r orsedd. Ar wahân i ddatgan eu llawenydd rhoesant hefyd gyngor iddo gosbi rhai gwrthryfelwyr a chyfyngu ar symudiadau eraill mwy cymedrol ond a fuasai er hynny'n ddigon parod i hybu buddiannau'r Werinlywodraeth,[156] ac ategwyd hynny ar raddfa lai uchel-ael, efallai, ond eto mewn modd llawn mor effeithiol, mewn tafarndai a mannau tebyg lle y mynegwyd gwrthwynebiad i'r drefn ac y dymunwyd i'r frenhiniaeth gael ei hadfer. Ym mis Mawrth 1660, gelwid 'the good people of this Commonwealth . . . knaves and asses',[157] ac ar yr un adeg, yng Nghaernarfon, cymerwyd llwnc-destun gan forwr eiddgar mewn tafarn yn y dref yn y geiriau a ganlyn: 'I drinke to you, and to King Charles his health,' ac ychwanegodd, 'yt [that] there were shipps upon . . . to fetch over King Charles'.[158] Yn yr un dref a thua'r un adeg synnwyd Edmund Brady, cofrestrydd plwyf Dinllaen, pan glywodd gydymaith iddo'n dweud yn bryfoclyd y byddai'n falch cyn hir o gael croesawu'r brenin ('to wipe the King's brich').[159]

Mewn cyfnod a gyfrifir yn un radicalaidd a chwyldroadol bu'r ymgyrch Biwritanaidd yn Eryri i bob pwrpas yn fethiant. Yr oedd cyfansoddiad mainc ustusiaid sir Gaernarfon, ac eithrio gweithrediadau carfan fechan ohonynt, yn hollol ddigyffro, ac yr oedd yn bur amlwg nad oedd polisi'r llywodraeth newydd wedi llwyddo i'r graddau a ddisgwylid. Fel y cyfeiriwyd uchod daeth Griffith Jones, Castellmarch, ynghyd â Griffith Williams ac Edmund Glyn, ei gyd-ustusiaid, dan lach Cyngor y Wladwriaeth am fod yn swyddogion rhy eiddgar i amharu ar fywyd 'conscientious people' yn y sir wrth geisio gweithredu Proclamasiwn yr Arglwydd Amddiffynnydd yn erbyn Iesuaid a reciwsantiaid yn 1655 yn llawer rhy llym.[160] Eto, o gymryd y degawd i ystyriaeth, ceisiwyd tyneru rhyw gymaint ar bolisïau unplyg James Berry a'i gydweithwyr. Yr oedd y troseddau y gellid eu cyflawni'n gymharol hawdd yn y trefi, fodd bynnag, yn cael eu hanwybyddu yn yr ardaloedd mwyaf anghysbell lle nad oedd poblogaeth fawr. Nid oes amheuaeth, fodd bynnag, fod diffyg cyfleusterau teithio, amodau tywydd, aneffeithiolrwydd cydweithrediad ymhlith swyddogion ac anghysonderau ymhlith yr ustusiaid eu hunain yn ffactorau tra phwysig mewn unrhyw ymgais i egluro methiant y Piwritaniaid yn ardaloedd gwledig Cymru. Ar ben hynny, cyfrannodd pwysau economaidd yn helaeth i wendidau'r sefyllfa ynghyd â'r ffaith sylfaenol nad oedd y fframwaith cymdeithasol wedi datblygu'n ddigonol i allu derbyn trefn wleidyddol a chrefyddol newydd mewn cyfnod mor fyr. Pwysleisiodd James Berry na phrofodd ef unrhyw wrthwynebiad ymhlith y Cymry i'w reolaeth ac efallai, yn wyneb yr hyn a ddywed, fod angen ailystyried i raddau y sefyllfa yng Nghymru yn y 1650au. Eto, wedi dweud hynny, ni ddylid ymestyn y ddadl honno'n rhy bell oherwydd, fel y tystia'r ffynonellau, yn ddiau cafwyd yng Nghymru ymdeimlad o ddieithrwch, yn arbennig wedi dienyddio'r brenin Siarl I a'r sarnu a fu wedi hynny ar lawer o'r sefydliadau a berchid ganddynt, rhwng y bobl a'u llywodraethwyr. Creodd hynny agendor annileadwy rhwng dau ddiwylliant nad oedd modd ei ddileu tra parhai'r oruchwyliaeth Biwritanaidd. O safbwynt Berry a'i gyd-swyddogion, fodd bynnag, nid gwrthwynebiad y Cymry a'u poenai gymaint ag anwybodaeth, anllythrennedd a difaterwch y rhan fwyaf o'r boblogaeth.

Ychydig iawn o lwyddiant a brofodd y Piwritaniaid mewn llywodraeth leol hefyd; yr oedd nifer y gweinyddwyr selog yn rhy fach a'u grym am dymor yn llawer iawn rhy fyr i allu chwyldroi arferion cymdeithasol gwerin geidwadol, ac o ganlyniad nid effeithiwyd fawr ddim ar y gwreiddiau. O gofio am brif ddyletswyddau'r is-gadfridogion, ychydig iawn o ddylanwad, fe ymddengys, a gafodd James Berry ar foesau pobl Gwynedd. Yr oedd ei ranbarth yn llawer iawn rhy eang ac anghysbell, yn ymestyn o ben draw Llŷn i'r ffiniau dwyreiniol. Yr oedd yntau'n ddieithr ac nid gorchwyl hawdd ydoedd iddo ddod yn gyfarwydd â holl brosesau llywodraethol lleol ymhob rhan o Gymru a'r Mers. Nid oedd ganddo ychwaith ddigon o brofiad o weinyddiaeth sir a bu'r teithio a'r pwyllgora mynych yn dreth arno.[161] Os oedd William Goffe yn cwyno am ei fethiannau ef yn Sussex, a Thomas Kelsey, Edward Whalley a Charles Worsley yn teimlo'n lluddedig mewn rhanbarthau eraill, nid annisgwyl yw geiriau Berry a fynegai ei ddigalondid ynglŷn â chyflwr Gwynedd: 'I have little pleasure to stay in these parts,' meddai yn Rhagfyr 1655, 'but indeed here is muche worke to be done.'[162]

Wedi cyfnod yr is-gadfridogion ceisiodd Cromwell heddychu'r wlad ond yr oedd ei dasg yn rhy anodd. I'w gynorthwyo, fodd bynnag, daeth cenhedlaeth newydd o wŷr bonheddig lleol, yn feibion i hen frenhinwyr na chawsant eu gwahardd fel eu tadau rhag dal swyddi, megis fel ustusiaid ac aseswyr lleol.[163] Yng nghomisiwn heddwch sir Gaernarfon o tua 1657 ymlaen hyd at 1660 ychwanegwyd enwau'r ardalydd Bwclai o Baron Hill, Môn, a William a John Hookes o dref Conwy,[164] ymhlith gwŷr cymedrol eraill megis Griffith Bodwrda o Lŷn,[165] John Glyn, sef prif farnwr Cromwell, o Lynllifon,[166] William Foxwist,[167] barnwr y Sesiwn Fawr, a Morus Wynn, un o feibion iau Syr John Wynn o Wedir, a benodwyd yn dderbynnydd cyffredinol dros ogledd Cymru.[168] Yr oedd William Hookes yn fab-yng-nghyfraith i Syr Griffith Williams o'r Penrhyn, ac enillodd glod ac arian am ei waith yn diarfogi Seneddwyr yn y sir ar adferiad Siarl II i'r orsedd. Nid oedd sêl yr un ohonynt yn ddigon i geisio cryfhau'r gyfundrefn a fuasai mewn grym dros y deng mlynedd cyn hynny, a dangosodd Cromwell yn ei gyfnod olaf, awydd cryf i geisio ffurfio cytundeb parhaol â'r teuluoedd mwyaf traddodiadol yn y rhanbarthau. Yr oedd y broses o chwynnu mainc o ustusiaid a oedd yn annerbyniol yn sir Gaernarfon yn orchwyl lled hawdd pan gofir nad oedd ynddi gysylltiadau Piwritanaidd cryf iawn a'i bod yn orchwyl cymharol hawdd i'r rhai hynny a garai newid eu plaid a dal eu gafael ar eu swyddi wneud hynny heb fawr o helbul. O ganlyniad, ymunodd Griffith Jones ac Edmund Glyn o'r Hendre, aelod o deulu Glynllifon, er enghraifft, yn ddiymdroi â phawb a groesawodd y brenin newydd yn 1660 a bu iddynt barhau i wasanaethu ar y fainc leol am rai blynyddoedd wedi hynny.[169]

Er gwaethaf y chwyldro a ddigwyddasai yn y cyfnod 1649–60 ymlynodd y cymunedau sirol wrth eu hymdeimlad o hunaniaeth leol neu ranbarthol. Yn un o hen gerddi gwleidyddol y cyfnod mynegir yn eglur iawn y dicter a deimlwyd tuag at y Piwritaniaid:

> Dymynwn na bytho yn troedio mor tir
> Un Rowndyn y Nghymru na Pharlamanttir.[170]

Ni allai baledwyr o'r fath ymatal rhag ymosod yn ddidrugaredd ar 'y brawd a'i glustiau sythion' a'r rhai a oedd yn 'rhwygo'r eglwys yn ddrylliedig'.[171] Eu prif ddymuniad oedd cael llwyr ymwared rhag 'nerth y cleddau', ymadrodd sy'n datgan yn gryno yr hyn a olygai llywodraeth Cromwell i'r werin yng Nghymru a Lloegr fel ei gilydd.[172] Nid yw'n syndod felly fod nifer o Biwritaniaid pybyr yn teimlo, ym mlwyddyn orfoleddus adferiad y frenhiniaeth, yn union fel y teimlent ddeng mlynedd ynghynt, fod sir Gaernarfon, ynghyd â'r mwyafrif o ranbarthau eraill Cymru, yn parhau i fod yn 'un o gornelau tywyllaf y wlad'.

Nodiadau

1 LlGC, Llsgr. 9065E.2103; *ODNB*, 16, tt. 384–5 am fanylion pellach am John Dod (*c.*1549–1645).

2 J. E. Griffith, *Pedigrees of Anglesey and Caernarvonshire Families* (Horncastle, 1914), t. 281; LlGC, Llsgr. 9056E.856–7. Yr oedd yn siryf Meirionnydd yn 1650 (LlGC, Llsgr. 9064E.1952, 1965; PRO, *Lists and Indexes,* no. IX: *List of Sheriffs for England and Wales* (London, 1960), t. 261), ac yn dderbynnydd yn 1653 (Llsgr. 9064E.2032). Gw. hefyd B. E. Howells (gol.), *Calendar of Letters Relating to*

North Wales, 1533–c.1700 (Cardiff, 1967), tt. 137 (227), 138 (228–9), 205 (393); J. G. Jones, 'Wales and Hamburg: the problems of a younger son' yn R. R. Davies a G. H. Jenkins (goln), *From Medieval to Modern Wales: Historical Essays in Honour of Kenneth O. Morgan and Ralph A. Griffiths* (Cardiff, 2004), tt. 113–14.

3 *CWP*, rhif 898.

4 Gw. D. Jones, *Cydymaith Diddan* (Caerlleon, 1766), tt. 17–18 am fersiwn Cymraeg o'r bregeth hon. Gw. hefyd *CWP*, rhif 2103.

5 R. Griffith, 'Caniadau'r gwrthryfel mawr', *Cymru*, XXI (1901), rhif 124, t. 218. Daw'r geiriau o gywydd Edward Dafydd o Fargam i'r 'Ffanaticiaid'. Am gefndir llawn i'r math hwn o ganu gwleidyddol fel propaganda gw. W. T. Pennar Davies, 'Baledi gwleidyddol yng nghyfnod y chwyldro Piwritanaidd', *Y Cofiadur*, XXV (1955), 2–22.

6 *BC*, tt. 586–7, 984; Thomas Richards, *Religious Developments in Wales (1654–1662)* (London, 1923), tt. 21, 30; A. H. Dodd, *A History of Caernarvonshire, 1284–1900* (Caernarfon, 1968), tt. 141–3.

7 O lythyr y Cyrnol John Jones, Maesygarnedd, at y Capten Wray, ceidwad castell Biwmares, 28 Ebrill 1657. *Cymru*, XXI (1901), rhif 124, t. 214.

8 J. Berry a S. G. Lee, *A Cromwellian Major-General: The Career of Colonel James Berry* (Oxford, 1938), t. 139.

9 J. Hurstfield, 'County government *c.*1530–*c.*1660' yn *Victoria County History: Wiltshire*, V (London, 1957), tt. 106–10; G. E. Aylmer (gol.), *The Interregnum: The Quest for Settlement, 1646–1660* (London, 1972), tt. 165–82; T. M. Bassett, 'A Study of local government in Wales under the Commonwealth with especial reference to its relation with central authority' (traethawd MA anghyhoeddedig, Prifysgol Cymru, 1944), tt. 345–62.

10 Ceir amryw byd o astudiaethau ar wahanol siroedd, yn arbennig yn Lloegr, yn ystod rhan gyntaf yr ail ganrif ar bymtheg. Gw. A. Everitt, *Change in the Provinces: The Seventeenth Century* (Leicester, 1969), am drafodaeth fer ond treiddgar ar bwysigrwydd hanes lleol mewn materion gwladwriaethol.

11 A. H. Dodd, 'The pattern of politics in Stuart Wales', *Traf. Cymmr.*, 1948, 47–63; G. Williams (gol.), *Glamorgan County History*, IV, *Early Modern Glamorgan* (Cardiff, 1974), yn arbennig y cyfraniadau gan Penry Williams, tt. 195–7 a C. M. Thomas, tt. 257–60.

12 W. H. Greenleaf, *Order Empiricism and Politics: Two Traditions of English Political Thought, 1500–1700* (Oxford, 1964), tt. 58–67; J. Gwynn Williams, 'Rhai agweddau ar y gymdeithas Gymreig yn yr ail ganrif ar bymtheg', *Efrydiau Athronyddol*, XXX (1968), 43–9.

13 J. Corbett, *A True and Impartial History of the Military Government of the City of Gloucester*, ailargraffwyd yn *Bibliotheca Gloucestrensis*, gol. J. Washbourne (Gloucester, 1825), I, t. 10. Gw. D. Underdown, *Pride's Purge: Politics in the Puritan Revolution* (Oxford, 1971), tt. 11–14; J. E. C. Hill, 'Puritans and "the dark corners of the land"', *Transactions of the Royal Historical Society*, XIII (1963), 100–2; *idem*, 'Propagating the gospel' yn H. E. Bell ac R. L. Ollard (goln), *Historical Essays Presented to David Ogg, 1600–1750* (London, 1963), tt. 43–5.

[14] J. Penry, *Three Treatises Concerning Wales*, gol. D. Williams (Cardiff, 1960), t. 32.

[15] Glanmor Williams, *Welsh Reformation Essays* (Cardiff, 1968), tt. 22–7.

[16] Hurstfield, *Wiltshire*, tt. 106–10.

[17] F. A. Inderwick, *The Interregnum* (London, 1891), tt. 174–6.

[18] Aylmer, *The Interregnum*, tt. 168–73.

[19] G. Scott Thomson, 'The origins and growth of the office of deputy-lieutenant', *Transactions of the Royal Historical Society*, V (1922), 150–66; P. Williams, 'The political and administrative history of Glamorgan, 1536–1642' yn Williams (gol.), *Glamorgan County History*, IV, tt. 160–72; G. E. Jones, *The Gentry and the Elizabethan State* (Llandysul, 1977), tt. 33–5, 61–3, 77.

[20] Am gefndir cynnar yr ustusiaid heddwch yn sir Gaernarfon cyn 1640 gw. J. G. Jones, *Law, Order and Government in Caernarfonshire 1558–1640: Justices of the Peace and the Gentry* (Cardiff, 1996).

[21] Dodd, *History of Caernarvonshire*, t. 137; J. G. Jones, 'Caernarvonshire administration: the activities of the justices of the peace, 1603–1660', *CHC*, V (1970), 130–63.

[22] Am drafodaeth ar y berthynas annymunol rhwng y Cymry a'r Saeson yn y cyfnod hwn a'r gwawdlunio ar y Cymry gw. Ll. Bowen, 'Representations of Wales and the Welsh during the Civil Wars and Interregnum', *Historical Research*, 77, rhif 197 (2004), 372–6.

[23] W. O. Williams, 'The county records', *TCHSG*, X (1949), 79 ymlaen; J. G. Jones, 'Caernarvonshire administration', 147; Bassett, 'Local Government in Wales', pennod 12, t. 329 ymlaen.

[24] Bassett, 'Local Government in Wales', penodau 3 a 4, t. 33 ymlaen; A. H. Dodd, 'Nerth y committee', yn *idem*, *Studies in Stuart Wales* (Cardiff, 1952), t. 118 ymlaen. Gw. hefyd A. M. Johnson, 'Politics and religion in Glamorgan during the Interregnum, 1649–1660' yn Williams, *Glamorgan County History*, tt. 279–83; S. Roberts, 'Welsh Puritanism in the Interregnum', *History Today*, 41 (1991), 36–41.

[25] D. H. Pennington ac I. A. Roots (goln), *The Committee at Stafford*, 1643–1645 (Manchester, 1957), tt. xi–xlii, xlvi–lv; A&O, I, tt. 978, 1113; L. C. Hector, *The Handwriting of English Documents* (London, 1966), t. 63.

[26] J. R. S. Phillips (gol.), *The Justices of the Peace in Wales and Monmouthshire, 1541 to 1689* (Cardiff, 1975), tt. 31–2; Dodd, *History of Caernarvonshire*, tt. 135–9.

[27] Phillips, *Justices of the Peace in Wales*, tt. 31–2.

[28] Dodd, *History of Caernarvonshire*, t. 144 ('The adherence . . . to the victorious faction was political rather than religious').

[29] Ibid., t. 134; Bob Owen, 'Rhai agweddau ar hanes Annibynwyr sir Gaernarfon o'r dechrau hyd y flwyddyn 1776', *Y Cofiadur*, XX (1950), 6–7; *CSPD, 1649–1650* (1), t. 30; A. Eames, 'Sea power and Caernarvonshire', *TCHSG*, XVI (1955), 42–3.

[30] *BC*, t. 573; Phillips, *Justices of the Peace in Wale*s, tt. 30–2; Griffith, *Pedigrees*, t. 242; E. Breese, *Kalendars of Gwynedd* (London, 1873), t. 55; W. R. Williams, *The Parliamentary History of the Principality of Wales, 1541–1895* (Brecknock, 1895), t. 60.

[31] Richards, *Religious Developments*, t. 64.

[32] Griffith, *Pedigrees*, t. 190; Phillips, *Justices of the Peace in Wales*, tt. 30–2.

[33] Gw. hefyd Dodd, *History of Caernarvonshire*, t. 144.

[34] Griffith, *Pedigrees*, tt. 172–3; W. G. Williams, *Arfon y Dyddiau Gynt* (Caernarvon, 1915), tt. 112–13; Glyn Roberts, 'The Glynnes and Wynns of Glynllifon', *TCHSG*, IX (1948), 27–30; Phillips, *Justices of the Peace in Wales*, tt. 31–2; Bob Owen, 'Rhai agweddau', 12.

[35] Griffith, *Pedigrees*, t. 186; Phillips, *Justices of the Peace in Wales*, t. 31–2.

[36] Griffith, *Pedigrees*, t. 190; Phillips, *Justices of the Peace in Wales*, t. 31.

[37] Griffith, *Pedigrees*, t. 281; Phillips, *Justices of the Peace in Wales*, tt. 30–1; PRO C.193/12 (no. 3), 193/13 (no. 3); LlGC, Llsgr. 9063E.1712, 1720, 1725; Llsgr. Brogyntyn 530; Llsgr. Llanfair a Brynodol, 94; PRO, *List of Sheriffs*, t. 261.

[38] *BC*, tt. 180–1; Griffith, *Pedigrees*, t. 161; T. Richards, 'Richard Edwards of Nanhoron: a Restoration study', *TCHSG*, VIII (1974), 27–34; Bob Owen, 'Rhai agweddau', 12–15; W. G. Williams, *Y Genedl Gymreig*, 29 Mai–26 Mehefin 1923.

[39] Griffith, *Pedigrees*, t. 169; Phillips, *Justices of the Peace in Wales*, tt. 31–2.

[40] A. Hadley (gol.), *The Registers of Conway*, 1541–1793 (London, 1900), t. 145.

[41] Phillips, *Justices of the Peace in Wales*, t. 31; Owen, 'Rhai agweddau', 9–11; Dodd, *History of Caernarvonshire*, tt. 144, 146, 151–4, 160.

[42] W. G. Williams, 'Hen deuluoedd Llanwnda', IV: 'Teulu'r Gadlys', *TCHSG*, VII (1946), 22–3.

[43] N. Tucker, 'Civil War colonel: Sir John Carter', *TCHSR*, XIII (1952), 1–8.

[44] *BC*, tt. 930–1; Griffith, *Pedigrees*, t. 270; N. Tucker, *Denbighshire Officers in the Civil War* (Denbigh, 1964), tt. 145–6

[45] *A&O*. II, tt. 5–6.

[46] *Journals of the House of Commons*, VI, 1648–51 t. 111.

[47] Ibid., VI, tt. 138–9, 166; *A&O*, II, tt. 18–20.

[48] *CSPD*, 1650, IX, t. 160; *A&O*, II, t. 122.

[49] *CSPD*, 1650–1, XVI, t. 276.

[50] *A&O*, II, tt. 409–12.

[51] GAG, XQS, 1650.

[52] Dodd, *Studies in Stuart Wales*, tt. 159–60; *CWP*, no. 1927.

[53] *CSPD*, 1655, XCV, tt. 93–4. Am y cefndir gw. A. H. Woolrych, *Penruddock's Rising* (London, 1955).

[54] M. Ashley, *Cromwell's Generals* (London, 1954), tt. 151–2.

[55] GAG, XQS, 1650.

[56] Ibid., 1652; *CSPD*, 1654, LXXIV, t. 313.

[57] Am astudiaethau dehongliadol newydd o'r ddeddf gw. A. M. Johnson, 'Wales and the Commonwealth and Protectorate' yn K. Thomas a D. H. Pennington (goln), *Puritans and Revolutionaries: Essays in Seventeenth-Century History presented to Christopher Hill* (Oxford, 1978), tt. 234–42; S. K. Roberts, 'Propagating the Gospel in Wales: the making of the 1650 Act', *Traf. Cymmr*., 2003, tt. 57–75; *idem*, 'Deddf Taenu'r Efengyl yng Nghymru (1650) a diwylliant

Cymru' yn J. G. Jones (gol.), *Agweddau ar Dwf Piwritaniaeth yng Nghymru yn yr Ail Ganrif ar Bymtheg* (Lewiston/Llanbedr Pont Steffan, 1992), tt. 93–110.

58 *A&O*, II, tt. 342–8 ('An Act for the better Propagation and Preaching of the Gospel in Wales'); T. Richards, *The Puritan Movement in Wales, 1639 to 1653* (London, 1920), tt. 81–9; Johnson, 'Politics and religion in Glamorgan' in *Glamorgan County History*, tt. 283–92.

59 *CWP*, rhif 1988.

60 Berry a Lee, *Cromwellian Major-General*, t. 144. Am Berry gw. *ODNB*, 5, tt. 468–9.

61 Ibid., t. 163.

62 Richards, *Religious Developments*, tt. 276–7.

63 *BC*, t. 838; Bob Owen, 'Some details about the Independents in Caernarvonshire', *TCHSG*, VI (1945), 39–41; *idem*, 'Rhai agweddau', 22–3.

64 *BC*, tt. 586–7; Owen, 'Rhai agweddau', 18–19; R. Tudur Jones a B. G. Owens, 'Anghydffurfwyr Cymru, 1660–1662', *Y Cofiadur*, XXXI (1962), 57–8; T. Richards, 'Henry Maurice: Piwritan ac Annibynnwr', ibid., V/VI (1928), 15–67.

65 Phillips, *Justices of the Peace in Wales*, t. 31; Owen, 'Rhai agweddau', 9–11; Dodd, *History of Caernarvonshire*, tt. 144–6, 151–4, 160.

66 *BC*, tt. 180–1; Griffith, *Pedigrees*, t. 161; Richards, 'Richard Edwards of Nanhoron', 27–34.

67 *A&O*, II, t. 715.

68 J. H. Davies (gol.), *Hen Gerddi Gwleidyddol* (Cymdeithas Llên Cymru, II, Caerdydd, 1901), t. 31.

69 Ibid., t. 33.

70 *A&O*, II, t. 715.

71 W. G. Williams, 'Dau gywydd o waith John Gruffydd, Llanddyfnan', *TCHNM* (1938), 53. Am drafodaeth ar agwedd y bardd hwn tuag at y drefn Gromwelaidd gw. G. Thomas, 'John Griffith, Llanddyfnan, bardd o'r ail ganrif ar bymtheg', *Traf. Cymmr.*, 1999, 19–24.

72 GAG, XQS, 1653.

73 Ibid, 1655; W. J. Hemp, 'Commonwealth marriages', *TCHSG*, XI (1950), 103.

74 GAG, XQS, 1653.

75 Ibid., 1657.

76 Ibid.

77 Ibid., 1655.

78 Ibid., 1653.

79 Ibid.; Griffith, *Pedigrees*, t. 23.

80 *A&O*, II, t. 825.

81 *CSPD*, 1654, XCVI, tt. 139–40.

82 *CSPD*, 1655, C, t. 275; ibid., 1655–1656, CXXIV, t. 175; CXXVI, t. 275; *Cromwell's Generals*, tt. 121–45, 251–3; D. W. Rannie, 'Cromwell's Major-Generals', *English Historical Review*, X (1895), 471–506; I. A. Roots, 'Swordsmen and decimators' yn R. H. Parry (gol.), *The English Civil War and After, 1642–1658* (London, 1970), tt. 78–92.

[83] M. James and M. Weinstock, *England During the Interregnum, 1642–1660* (London (1935), t. 144.
[84] Berry a Lee, *Cromwellian-Major General*, t. 145.
[85] Ibid., t. 162 ymlaen.
[86] Ibid., t. 163.
[87] Ibid.
[88] Ibid., t. 152.
[89] Ibid., t. 158.
[90] Ibid.
[91] Ibid., t. 144.
[92] Gw., er enghraifft, farn Rowland Lee yn *Letters and Papers Foreign and Domestic: Henry VIII, 1536*, gol. J. Gairdner (London, 1887), X (453), t. 182.
[93] Berry a Lee, *Cromwellian Major-General*, t. 139.
[94] Ibid., t. 145.
[95] *CSPD*, 1655–56, CII, tt. 66–7.
[96] Ibid.
[97] LlGC, Llsgr Chirk Castle, Denbighshire Order Book, 1655.
[98] *A&O*, II, t. 1170; *Journals of the House of Commons*, VII, 1651–60, 561–2, 571.
[99] GAG, XQS, 1657; E. G. Jones, *Cymru a'r Hen Ffydd* (Caerdydd, 1951), tt. 66–9.
[100] GAG, XQS, 1646; *Jones, Cymru a'r Hen Ffydd*, tt. 67–8.
[101] GAG, XQS, 1646; Jones, *Cymru a'r Hen Ffydd*, tt. 67–8.
[102] GAG, XQS, 1655.
[103] Ibid., 1657; Jones, *Cymru a'r Hen Ffydd*, t. 72.
[104] *A&O*, II, t. 387; M. James, *Social Problems during the Puritan Revolution, 1640–1660* (London, 1930), tt. 12–13.
[105] GAG, XQS, 1655.
[106] Ibid.
[107] Berry a Lee, *Cromwellian Major-General*, t. 160.
[108] GAG, XQS, 1622, *CSPD, 1619–1623*, CXXXIII (52), t. 455.
[109] *CSPD, 1635–1636*, CCCXXI (19), t. 429.
[110] GAG, XQS, 1626.
[111] Ibid., 1652.
[112] Ibid.
[113] J. S. Morrill, *Cheshire, 1630–1660: County Government and Society during the English Revolution* (Oxford, 1974), t. 244 ymlaen.
[114] GAG, XQS, 1656.
[115] Ibid.
[116] Berry a Lee, *Cromwellian-Major General*, t. 160; T. Birch (gol.), *A Collection of the State Papers of John Thurloe* (London, 1742), IV, 273.
[117] *CSPD*, 1651, XV, t. 35.
[118] GAG, XQS, 1655.
[119] Ibid., 1656.
[120] R. H. Tawney, *Religion and the Rise of Capitalism* (Harmondsworth, 1944), tt. 263–4, 251–70; James, *Social Problems*, pennod 6, tt. 272–302.

[121] T. Willsford, *The Scales of Commerce and Trade* (London, 1659), gw. James, *Social Problems and Policy*, t. 241; Tawney, *Religion and the Rise of Capitalism*, tt. 263–4.

[122] *The Releife of the Poor [Thomason Tracts]. A Remonstrance humbly preached to Parliament touching the insupportible miseries of the poore of the Land, by Leonard Lee*, E.273(8). *Catalogue of the Pamphlets, Books, Newspapers, and Manuscripts relating to the Civil War, the Commonwealth, and Restoration, collected by George Thomason, 1640–1661*, 2 gyfrol, I (London, 1908), t. 367.

[123] E. Trotter, *XVIIth Century Life in the Country Parish* (London, 1919), tt. 171–3. Dywed yr awdur fod ustusiaid yn gwahaniaethu rhwng trempiaid fel crwydriaid a dihirod fel lladron nad oeddynt o angenrheidrwydd yn crwydro. Am y cefndir i fywyd y bobl gyffredin gw. J. G. Williams, 'Y gŵr cyffredin yng Nghymru'r ail ganrif ar bymtheg' yn G. H. Jenkins (gol.), *Cof Cenedl: Ysgrifau ar Hanes Cymru*, II (Llandysul, 1987), tt. 61–87.

[124] *A&O*, II, t. 1098.

[125] Statud 1 Siarl I c.1, *Statutes of the Realm*, V (London, 1963), t. 1; James, *Social Problems and Policy*, t. 283 ymlaen; J. E. C. Hill, *Society and Puritanism in Pre-Revolutionary England* (London, 1964), pennod 5, tt. 145–218.

[126] Statud 3 Siarl I c.1, *Statutes of the Realm*, V, t. 25.

[127] *A&O*, I, tt. 80–2.

[128] Ibid., t. 420.

[129] Berry a Lee, *Cromwellian Major-General*, t. 145.

[130] *A&O*, II, t. 393.

[131] GAG, XQS, 1659.

[132] Ibid., 1658.

[133] Ibid., 1653.

[134] Ibid. 1658.

[135] Ibid., 1653, 1656.

[136] Ibid.

[137] *CWP*, rhif 2173.

[138] T. Willsford, *The Scales of Commerce and Trade* (London, 1659), t. 29.

[139] Owen, 'Rhai agweddau', 6–7; Eames, 'Sea power and Caernarvonshire', 42–3.

[140] GAG, XQS, 1658.

[141] Jones, *Cymru a'r Hen Ffydd*, tt. 67–9; N. Tucker, 'Wartime brawl in Llannor churchyard', *TCHSG*, XXVI (1965), 50–2.

[142] *CWP*, rhif 2175.

[143] GAG, XQS, 1659.

[144] Williams, 'Rhai agweddau ar y gymdeithas Gymreig', 43–9.

[145] Davies, *Hen Gerddi Gwleidyddol*, tt. 30, 32.

[146] *BC*, t. 838; *CWP*, no. 2173; Owen, 'Some details', 39–40.

[147] Richards, *Religious Developments*, tt. 21, 137–8.

[148] GAG, XQS, 1660; Owen, 'Some details', 39–40.

[149] Davies, *Hen Gerddi Gwleidyddol*, tt. 30, 33.

[150] Ibid., tt. 27, 29.

[151] Ibid., t. 30.

[152] GAG, XQS, 1652; Richards, *Religious Developments*, tt. 21, 375, 458–9. Collodd ei fywoliaeth yn 1660 and fe'i hadferwyd i fywoliaeth Llanllyfni yn 1661.

[153] *BC*, *1940–1950*, tt. 162–3; Griffith, *Pedigrees*, t. 202; J. G. Jones, *Law, Order and Government in Caernarfonshire 1558–1640*, tt. 77–8.

[154] *BC, 1940–1950*, tt. 162–3.

[155] Griffith, *Pedigrees*, t. 194.

[156] *CWP*, rhif 2272.

[157] GAG, XQS, 1660; Williams, 'County records', 88.

[158] Williams, 'County records', 88.

[159] Ibid., 87–8; GAS, XQS, 1660.

[160] *CSPD*, *1655–1656*, CII, tt. 66–7; Richards, *Religious Developments*, tt. 149–50.

[161] Berry a Lee, *Cromwellian Major-General*, t. 134 ymlaen.

[162] Ibid., tt. 143–4.

[163] Dodd, *History of Caernarvonshire*, tt. 147–9; *idem*, *Studies in Stuart Wales*, tt. 159–62; Jones, 'Caernarvonshire administration', 139–41.

[164] Phillips, *Justices of the Peace in Wale*s, tt. 33–4. Tucker, 'Royalist Hookes of Conway', *TCHSG*, XXV (1964), 5–12.

[165] Griffith, *Pedigrees*, t. 169.

[166] *DNB*, t. 262.

[167] Ibid.

[168] Ibid.

[169] Phillips, *Justices of the Peace in Wales*, tt. 32–4; J. G. Jones, 'Agweddau ar dwf Piwritaniaeth yn sir Gaernarfon: tystiolaeth cofnodion llywodraeth leol', *Y Traethodydd*, CXLI (1986), 235–6.

[170] Davies, *Hen Gerddi Gwleidyddol*, t. 36.

[171] Ibid., tt. 31, 33.

[172] Ibid., t. 32.

XI

DUWIOLDEB AC UFUDD-DOD DINESIG: AGWEDDAU AR FYWYD CREFYDDOL CYMRU AR DROTHWY'R DIWYGIAD METHODISTAIDD

Amlygir y gweithgaredd llenyddol a gysylltir â thaenu ymdeimlad o dduwiolfrydedd a phietistiaeth yng Nghymru a Lloegr yn y cyfnod wedi Adferiad y Goron yn 1660 yn bennaf yn y gweithiau sy'n dadlennu cyfrifoldeb yr unigolyn am ei gyflwr moesol a'r dull y gellid gwella'r cyflwr hwnnw trwy ei berthynas â'i Greawdwr. Yng Nghymru, y mae'r cynnyrch sylweddol o weithiau crefyddol, llawer ohonynt yn gyfieithiadau o glasuron Saesneg, wedi eu hanelu at bwysleisio profiad mewnol, yr ymwybyddiaeth ddofn o bechod, yr angen i edifarhau a derbyn gras a chariad anfeidrol Duw, ac achubiaeth y pechadur trwy aberth Crist ar Galfaria. Y mae dyheadau ysbrydol o'r fath, a ddaeth i'r amlwg yn gynyddol mewn gweithiau printiedig ym mlynyddoedd olaf yr ail ganrif ar bymtheg a'r ganrif ddilynol, yn adlewyrchu tueddiadau Piwritanaidd cryf sy'n barhad i'r traddodiadau Ymneilltuol cynnar cyn y Rhyfeloedd Cartref. Gan fod y llyfr printiedig erbyn hynny yn ddull poblogaidd o ymledu'r meddylfryd crefyddol, nid yw'n syndod fod cynnydd mewn cyhoeddi llawlyfrau duwiolfrydig a moesol yn yr iaith Gymraeg. Y mae Geraint H. Jenkins, yr awdurdod pennaf yng Nghymru ar y datblygiad cyffrous hwn mewn cyhoeddi llyfrau crefyddol, wedi dadansoddi'r math hwn o lenyddiaeth ac wedi dangos yn eglur pa mor arwyddocaol oedd effaith twf duwiolfrydedd a chyfrifoldeb moesol mewn cylchoedd Cymreig crefyddol.[1] Y mae wedi dangos bod yr hanner can mlynedd a mwy, yn fras rhwng 1660 a 1730, wedi gweld cynnydd sylweddol mewn cyhoeddi llyfrau Cymraeg, y mwyafrif ohonynt ar bynciau crefyddol, a gellir ystyried yr hanner canrif hwnnw'n gyfnod allweddol pan fagwyd cysylltiadau agosach rhwng Anglicanwyr ac Ymneilltuwyr cymedrol yn y gorchwyl o hybu gwell safonau moesol ac addysgol, a'r un pryd yn gyfnod o adfywiad yn yr Eglwys Anglicanaidd.

Y mae'r nodwedd hon hefyd yn adlewyrchu ysbryd moesol a diwygiadol, yn arbennig ymhlith carfan fechan ond dylanwadol o esgobion a chlerigwyr didwyll ac ymroddedig a wasanaethodd eu hesgobaethau a'u plwyfi ac a ddangosodd ymrwymiad i wella amgylchiadau eu hoffeiriadaeth a'u plwyfolion tlawd. Er gwaethaf tlodi'r Eglwys a'i chyflwr allanol truenus cafwyd arwyddion eglur o ddiwygiad ynddi a oedd, ynghyd â ffactorau eraill, yn dangos bod y cyfnod wedi adfer y frenhiniaeth mewn oes paratoad, yn gyfnod a fu'n sail hanfodol i'r adfywiad efengyleiddiol a amlygwyd yn y 1730au. Y mae Geraint H. Jenkins wedi dangos hefyd fod ffactorau eraill heblaw egni dyngarol, sêl ac arweinyddiaeth diwygwyr Methodistaidd y genhedlaeth gyntaf yn cyfrif am y cyffro a'r brwdfrydedd crefyddol yng Nghymru yn y blynyddoedd wedi tröedigaeth Howel Harris. Gosodwyd y llwyfan ar gyfer cyfrannu addysg elusennol, dosbarthu llyfrau a chyhoeddiadau crefyddol eraill a'r ymgyrch i wrthsefyll anllythrennedd. Credai'r crefyddwyr mwyaf tanbaid nad oedd angen ond ysbryd efengyleiddiol i hybu adferiad moesol yn y cymunedau gwledig a threfol yng Nghymru.

Y mae cefndir, achosion a chanlyniadau'r Diwygiad Methodistaidd eisoes yn wybyddus ac wedi bod yn destun trafodaeth mewn sawl cyfrol a chylchgrawn hanes, ac y mae pwyslais haneswyr wedi ei osod yn bennaf ar angerdd, arweinyddiaeth ac efengyleiddiaeth y mudiad. Ystyrir bod Ysgolion Cylch Griffith Jones yn gyfrwng canolog yn y gwaith o hybu pietistiaeth ymhlith y rhai a ddaethai dan ddylanwad y mudiad, a rhoddwyd cryn sylw hefyd i'r cysylltiadau agos a llesol rhwng y Methodistiaid a'r Ymneilltuwyr cynnar.[2] Er bod mudiad yr ysgolion elusennol – a oedd yn bennaf cyfrifol am gyhoeddi gweithiau crefyddol – ymhen amser wedi hyrwyddo llwyddiant y Diwygiad yng Nghymru ac wedi bywiogi gweithgaredd crefyddol, gyda'i bwyslais ar edifeirwch a iachawdwriaeth bersonol, y mae'n llawn cyn bwysiced nodi cymaint o bwyslais a osodwyd ar yr angen, nid yn unig am fywyd ysbrydol o well ansawdd, ond hefyd i gynnal y drefn gymdeithasol arferedig, parchu'r *status quo* mewn cyfraith a llywodraeth, a pharhau'n deyrngar i'r frenhiniaeth a'i sefydliadau, yn cynnwys yr Eglwys wladol. Y pedair sail hanfodol i undod ac unffurfiaeth yn y wladwriaeth oedd y frenhiniaeth, y Senedd, y gyfraith a'r Eglwys, ac er mwyn sefydlogi cydbwysedd rhyngddynt teimlwyd bod angen meithrin ymarweddiad Cristnogol yn unol â gofynion yr Eglwys. Y mae haneswyr llenyddol y gorffennol wedi tanlinellu'r agweddau moesol ac ysbrydol i weithgaredd crefyddol ac addysgol gan dderbyn bod y twf mewn llythrennedd yn alldyfiant a arweiniodd at well dealltwriaeth o egwyddorion a gwerthoedd crefyddol. Os am werthfawrogi apêl y Diwygiad Methodistaidd y mae'n hynod bwysig archwilio'r cyfraniad a wnaeth llenyddiaeth grefyddol a gweithgaredd yr unigolion hynny yn cyhoeddi a hybu'r cyfrifoldeb i gynnal sefydlogrwydd y gymdeithas yn lleol a chenedlaethol.[3]

Cododd y cymdeithasau dyngarol yn sgil y *Society for the Reformation of Manners* a ddaeth i fod yn 1693 o ganlyniad i ddatganiad y Brenin William III yn 1689 yn erbyn drwgweithredu ac anfoesoldeb, a chyhoeddwyd datganiadau eraill tebyg yn 1698, 1699 ac yn gynnar yn nheyrnasiad y Frenhines Anne gyda'r un amcan mewn golwg. Yr oedd cymdeithasau o'r fath yn gysylltiedig â sefydlu mudiad yr ysgolion elusennol,[4] ac felly'n cynrychioli, nid yn unig sêl grefyddol ond hefyd gofal am y tlawd a'r anghenus, ac felly bu'n wrthglawdd i anfoesoldeb a thrueni. Yr oeddynt hefyd yn gweithio tuag at wella cyflwr y tlawd a'u gwneud yn ddinasyddion bucheddol. Ni fwriadwyd yr ysgolion i wella cyflwr economaidd y rhai a'u mynychai ac i'w gwneud yn ymwybodol o gwrs y byd gwleidyddol yn rhan gyntaf y ddeunawfed ganrif eithr yn hytrach i'w galluogi, trwy gyfrwng hyfforddiant crefyddol, i fagu hunanbarch a gweddustra. Nid oedd pregethu cydraddoldeb yng ngolwg Duw a'i gyhoeddi ar ffurf hyfforddlyfrau yn y wasg yn golygu ymlynu wrth egwyddor cydraddoldeb cymdeithasol. Nid oedd ymyrryd â'r drefn gydnabyddedig ychwaith yn un o gymhellion yr arweinwyr crefyddol. Dro ar ôl tro pwysleisiodd y Ficer Prichard gydraddoldeb dynion gerbron eu Creawdwr ond, yn ei gerddi, canolbwyntiodd ar gynnal 'gradd' mewn cymdeithas ac ar yr angen i bawb, yn ôl ei safle, i feithrin ymddygiad gweddus ac i ufuddhau i ofynion cyfraith gwlad:

Gwna dy dŷ yn demel gyson,
Gwna dy dylwyth fel angylion
Yn eu graddau o bob galwad
I wasanaethu Duw yn ddifrad.

Gwna di gyfraith gyfiawn, gymwys,
I reoli'th dŷ a'th eglwys;
Pâr i'th bobl yn ddiragrith
Fyw yn gymwys wrth y gyfraith.[5]

Rhoddai Prichard bwyslais mawr ar swyddogaeth yr uned deuluol a'r penteulu yn ganolbwynt iddi. Ei fwriad ef ac eraill o'r un anian ag ef yn yr ail ganrif ar bymtheg oedd cadw'r drefn yn ôl rhagordeiniad dwyfol. Ganrif yn ddiweddarach, yn *Hyfforddiad i wybodaeth iachusol o egwyddorion a dyletswyddau* (1748), mewn ateb ffurfiol i'r cwestiwn: 'Pwy a ddylech [eu h]anrhydeddu . . .?', ateb ffurfiol Griffith Jones, Llanddowror, oedd fel a ganlyn:

> Ni ddylem anrhydeddu pawb, yn ôl eu graddau, ag sy mewn unrhyw ystyr yn uwch na ni, . . . *Ein Rhieni Gwladol*; sef y *Brenin*, a'r *Llywodraethwyr* sy'n llywodraethu dano . . . Bod i bawb o'n gwell, ag sydd goruwch i ni, mewn Grâs a Doniau, neu Ddysg, neu Oedran; ac i *bawb* eraill hefyd a'n *cydradd*, neu a fo'n is na ni; gael gennym y parch a'r Anrhydedd a fo dyledus *iddunt*.[6]

Y bwriad oedd atgyfnerthu teyrngarwch i Eglwys a gwladwriaeth, gwrthsefyll dylanwad Pabyddiaeth Rufeinig a, thrwy ymorol dros gyflwr moesol yr unigolyn, dod yn fwy ymwybodol o'r angen i gynnal y drefn gydnabyddedig.[7]

Ystyriwyd mai'r prif ganllaw i'r math hwn o deyrngarwch i'r drefn gymdeithasol oedd yr ysgrythurau, ac anogwyd yr unigolyn i'w darllen a myfyrio arnynt, yn arbennig y penteulu yn y cartref, fel y gellid taenu'r Gair ymhlith aelodau'r teulu. Nodwedd Biwritanaidd oedd honno a fabwysiadwyd gan arweinwyr Anglicanaidd gyda'r pwyslais ar iachawdwriaeth bersonol. Y mae'r rhagair i'r 'Beibl Bach' yn 1630, a luniwyd y mae'n debyg gan Michael Roberts, prifathro Coleg Iesu, Rhydychen, yn egluro'r sefyllfa'n gryno. Y mae'n angenrheidiol i'r pechadur brofi adfywiad ysbrydol, meddai, a chyfeiria at ymddangosiad yr ysgrythurau yn yr iaith frodorol fel cam hanfodol ymlaen i'w adfer. Canmola'r cyfieithiad i'r Gymraeg ond, yr un pryd, gresyna fod cymaint o gyfyngu ar y defnydd a wneir o'r ysgrythurau am iddynt gael eu cadw yn yr eglwysi. Nid mewn gwasanaethau eglwysig wythnosol yn unig y dylid eu defnyddio, meddai ymhellach, ond hefyd ar yr aelwyd, yn ymborth hanfodol i benteuluoedd Cristnogol – 'gan fod yn ceisio gennym chwilio a darllain yr Scrythyrau yn neilltuol gartref'.[8] Yr oedd ymgyrraedd at gyflwr o ysbrydoledd yn golygu archwilio a threulio cynnwys yr ysgrythurau yn ystod oriau hamdden ac yn nhawelwch awyrgylch y cartref:

> Yn awr, gan fod yn ceisio gennym chwilio a darllain yr Scrythyrau yn neilltuol gartref, heblaw yr ydys yn ei wneuthr yn gyhoedd ac ar osteg yn yr Eglwys . . . Ie gan fod yr Apostl ei hun yn gorchymyn preswylio o air Duw ynom yn helaeth . . .[9]

Yna â'r awdur rhagddo i ddangos sut y mae defnyddio'r ysgrythurau'n arweiniad i feithrin moesoldeb personol sy'n galluogi'r unigolyn i gydnabod y frenhiniaeth a bod yn deyrngar iddi:

> Dy ddled a'th ofal di a ddylai fod yn gyntaf mawrygu a chlodfori Duw am y dedwyddwch a'r rhyddid yr ydym ni o'r deirnas hon . . . yn ei fwynhau tan adn a chyscod ein grasusaf Arglwydd Frenhin CHARLES, tan yr hwn y gallwn ni fyw yn llonydd ac yn heddychlawn mewn pob Duwioldeb ac honestrwydd . . .[10]

Er nad oedd amgylchiadau gwleidyddol y deyrnas yn hollol sefydlog wedi i'r brenin Siarl I gael ei droi allan o'r Senedd yn 1629, penderfynu sefydlu Llywodraeth Bersonol yn yr un flwyddyn a dilyn polisi 'Trylwyredd' mewn gwleidyddiaeth a chrefydd, yr oedd yn ddigon naturiol y byddai aelodau pybyr o'r Eglwys wladol yn cefnogi'r brenin yn frwd a phwysleisio'r angen i ymarfer duwioldeb personol yr un pryd. Er nad oeddynt efallai yn cytuno â pholisi William Laud, archesgob Caer-gaint, yn hyrwyddo Arminiaeth ac Eingl-Gatholigiaeth ynddi,[11] cynhalient yr Eglwys heb ymgolli yn rhwysg y drefn newydd.

Cyfeiriodd Robert Llwyd, ficer y Waun, yn fwy uniongyrchol at gyfrifoldebau moesol y *paterfamilias* tuag at ei deulu a phreswylwyr eraill ei dŷ yn ei ragair i *Llwybr Hyfforדd yn Cyfarwyddo yr Anghyfarwydd i'r Nefoedd* (1630), sef ei gyfieithiad o *The Plaine Mans Path-way to Heauen* (1601) gan Arthur Dent, pregethwr o South Shoebury yn Essex. Er mai lles ysbrydol fu'r anogaeth iddo gyfieithu'r gwaith cynghora'r darllenydd i ymgymryd â'r cyfrifoldeb, nid yn unig dros gyflwr ei enaid ei hun ond hefyd dros eneidiau ei deulu a'i weision:

> Ac yr awr'hon wedi'r holl boen a gymmerais, ar fedr gwneuthur i ti lesâd, a dwyn diddanwch i'th enaid; Nid hwyrach y byddi mor anniolchgar i Dduw am ei ddaioni . . . Gofala mewn prŷd, am danat dy hun . . . Edrych ditheu pa fâth Gristianogol athrawiaeth sydd yn y llyfr hwn, a chyn ymadael ag ef, fe a'th ddelir yscatfydd ar y gwtta yn ddiarwybod it dy hûn, fel y daliwyd Zaccheus, ac y troi i fod yn ddyn ffyddlon, i groesawu Crist i'th galon . . . fel y croesawodd Zaccheus ef i'w dŷ. [12]

Y mae geiriau o'r fath yn dangos sut y dylai'r penteulu fynd ati i baratoi cynhaliaeth ysbrydol i'w ddibynyddion.[13] Pwysleisiodd John Penry tua hanner canrif ynghynt bwysigrwydd yr aelwyd fel magwrfa i ddisgyblaeth deuluol a gwladwriaethol. Meddai wrth bwyso ar ei ddarllenwyr i gynnal y wir ffydd mewn dyddiau pan oedd y bygythiad Pabyddol i'r Eglwys Brotestannaidd yn cyrraedd ei anterth:

> Vow and performe . . . that you wil sing mercy and judgement & walke in the vprightnes of your harts in the midst of your families, and . . . follow the counsel of the holy ghost in removing iniquitye far, not only from yourselues, but also from your tabernacles & houses. Shew what reformation can do in a whole kingdome, by the practise thereof in your owne persons and families.[14]

Nid yw sylwadau Llwyd, fodd bynnag, yn gorffen yn y fan honno oherwydd â ati i feirniadu'n hallt iawn fateroliaeth ei gyfnod a'r tueddiadau mewn cymdeithas i anwybyddu angenrheidiau ysbrydol. Y mae hwsmonaeth, meddiannu tir a chwaraeon ofer, meddai, yn cael y flaenoriaeth ar faterion ysbrydol. Mewn perthynas â'r angen i hybu llythrennedd, yn wyneb cyflwr adfydus y Cymry, â Llwyd ati i gynnig ateb, sef annog y penteulu i ddysgu sut i ddarllen ac, os na allai wneud hynny, o leiaf sicrhau bod aelod o'i deulu'n dysgu yn ei le fel y gallai ef neu hi hyfforddi eraill. Y patrwm i Llwyd oedd *The Practice of Piety* gan Lewis Bayly (1611), ac â ymlaen i glodfori'n wresog gyfieithiad Rowland Vaughan o Gaergai o'r gwaith hwnnw a gyhoeddwyd yn 1629. Credai fod yr uchelwr hwnnw'n esiampl i uchelwyr ifanc Cymru a ddylai ymroi fwy i bethau ysbrydol, a thrwy hynny leihau anllywodraeth a gor-ymfoddhad mewn diddanwch bydol: 'Pe cymmerai foneddigion ieuaingc ein gwlad ni ryw gyffelyb orchwylwaith duwiol, a buddiol, i dreulio eu hamser arno, ni byddei anllywodraeth, a rhysedd yn cael cymmaint rhwysc.'[15] Ceir elfen Biwritanaidd gref yn rhagair Llwyd, sy'n pwysleisio anghenion yr enaid ac yn dangos y ffordd y gallai'r dyn cyffredin, trwy ddarllen y gwaith cyfieithiedig a myfyrio arno, wella ansawdd ei fywyd ac ymroi i iacháu clwyfau eneidiol. Ymddengys yr elfen unigolyddol hon yn amlwg yn ei ragair: 'Dysc wrth hwn o fewn ychydig at ei ddechreuad, weled dy gyflwr presennol, a chyrhaeddyd y wir adenedigaeth i fod yn blentyn i Dduw; ac yna y cei dryssor safadwy, parhaus yn y nefoedd.'[16] 'Eich swydd a'ch arfer chitheu yw derbyn y dieithr, noddi'r gwan, a hyfforddi r ieuangc,'[17] meddai Ellis Wynne o'r Lasynys, awdur *Gweledigaetheu y Bardd Cwsc*, yn y rhagarweiniad i'w gyfieithiad o *The Rule and Exercises of Holy Living* gan Jeremy Taylor (1701) yn dwyn y teitl *Rheol Buchedd Sanctaidd*, gwaith a gyflwynwyd i Humphrey Humphreys, esgob Bangor ar y pryd:

> Hefyd gan mai neges hwn yw lles cyffredin y wlad, ni all o rann hynny na bo iddo groesaw gennych chwi; drachefn pan wyper wrth eich enw iddo gael croeso a chymeriad gennych chwi, fe a fydd cymeradwyach gan y wlad, ac felly f â'r lles yn gyffredinach.[18]

Yr oedd hyfforddi'r ifainc yn sicrhau cenhedlaeth newydd a barchai'r gwerthoedd uchaf mewn bywyd a chadw trefn. Cyfarchwyd Humphrey Humphreys yn urddasol gan Wynne fel 'un o Golofnau Eglwys Loegr, yn un o bedair teth ysbrydol y praidd Cymreig', gŵr a roddai o'i amser a'i adnoddau i hybu duwioldeb.[19] Hefyd, croesawyd yr Esgob John Evans, olynydd Humphreys, a'r esgob Cymraeg olaf yn yr esgobaeth honno hyd 1890, fel arweinydd cadarn gan Edward Samuel, 'yn flaenor apostolaidd i'ch esgobaeth, yn barch ac yn achles i Gymru, ac yn un o rymusaf gynheiliaid Eglwys Loegr'.[20] Wrth gyfarch John Wynne o Felai, Llanfair Talhaearn, aelod o deulu amlwg yn yr ardal honno, aeth yr un cyfieithydd ati i ddatgan bod ei dylwyth yn cynrychioli'r cwbl a ystyrid yn gymedrol a grasusol mewn ymarweddiad crefyddol: 'Lle nid oes na gwyro at Rufain o'r naill du nac at Geneva o'r tu arall, eithr ymlynu'n ddiysgog yn ffydd Eglwys Loegr, ac yn yr athrawiaeth ddilwgr a gadarnheir ac a sicrheir yn y llyfr yma.'[21] Y llyfr y cyfeiriai ato yn y dyfyniad hwn oedd ei gyfieithiad o waith Hugo Grotius, sef *De Veritate Religionis Christianae*, dan y teitl *Gwirionedd y grefydd Grist'nogol* (1716). Yn ei ragair i *Holl ddledswydd dyn* (1718), sef ei gyfieithiad o *The Whole Duty of Man*, y gwaith poblogaidd hwnnw gan Richard Allestree, cyfarchwyd John Wynne, esgob Llanelwy, hefyd mewn dull cyffelyb gan Edward Samuel. Dywed fod galluoedd yr esgob yn llawer uwch na rhai'r tanysgrifwyr a deimlai'r angen i ddarllen y cyfieithiad. Ni allent ddeall y ddysgeidiaeth, y doethineb na'r areithyddiaeth a gynhwyswyd yn y gwaith, a'i allu yn amddiffyn yr Eglwys a'r llywodraeth. O ganlyniad i'w amlygrwydd, cyfrifir John Wynne ganddo yn 'ddrych ac yn oleuni i'r deyrnas' ac yn golofn trefn yn ei gymdeithas, gan iddo fod am gyfnod yn is-brifathro Coleg Iesu, Rhydychen, ac wedi hynny'n athro diwinyddiaeth ym Mhrifysgol Rhydychen. Yn ei swydd fel esgob – y Cymro Cymraeg olaf i ddal y swydd yn yr esgobaeth hyd 1870 – aeth ati i atgyweirio ei eglwys gadeiriol a'i balas ac i sefydlu cysylltiadau da â'i offeiriaid.[22] Cefnogodd fentrau dyngarol ac amddiffynnodd Eglwys Loegr yn frwd:

> a chan eich bod oherwydd eich llywodraeth ar y rhan fwyaf o ddysgedigion Cymru yn Rhydychen, ac oherwydd eich swydd ysbrydol ardderchog yn yr Eglwys, gwedi'ch gosod megis yn ddrych ac yn oleuni i'r deyrnas, yn enwedig i'ch gwlad eich hun, ni all y duwioldeb a'r cymedrolder, y cyfiawnder a'r cariad, y tiriondeb a'r haelioni elusengar, a bortreiedir cyn helaethed a chyn gywired yn eich ymarweddiad chwi . . . lai na gwahodd golygon y sawl a'u canfyddant . . .[23]

Eglwyswr delfrydol oedd hwn a gododd mewn dyddiau o ddirywiad moesol, fel y disgrifiai Griffith Jones hwy, i'r uchelfannau fel ysgolhaig a edmygwyd am ei ddysg ac am ei flaengarwch yn amddiffyn y drefn gymdeithasol â'r Eglwys yn sylfaen gadarn iddi.

Nid John Wynne o Felai, y cyfeiriwyd ato uchod, oedd yr unig leygwr a enillodd edmygedd hael Edward Samuel. Ystyriwyd bod Robert Price o Giler, Cerrigydrudion, atwrnai cyffredinol De Cymru (1682) ac wedi hynny ustus cylchdaith Brycheiniog y Sesiwn Fawr (1700), yn haeddu moliant hefyd am dri rheswm.[24] Yn ei ragair i *Prif-ddledswyddau Christion, sef Angenrhaid a Mawrlles Gweddi Gyffredin* (1723), sef ei gyfieithiad o waith yr Esgob William Beveridge, fe'i cydnabuwyd yn amddiffynnwr hynod yr Eglwys Wladol. At hynny, pan yn aelod seneddol dros Weobley, sir Henffordd, yn 1695, gwrthwynebodd yn llwyddiannus fwriad y Brenin William III i roi arglwyddiaethau Dinbych a Brwmffild ac Iâl i Hans William Bentinck, Iarll Portland, a darparodd elusendy ym Mhentrefoelas, ym mhlwyf Cerrigydrudion, ar gyfer chwe thlotyn. Ystyrid bod yr ewyllys da hwnnw yn fodd i gynnal trefn yn y gymdeithas leol: 'eithr yn gyntaf oherwydd eich serch a'ch awyddfryd gwastadol i amddiffyn Eglwys Loegr yn erbyn dichellion cyfrwysddrwg Pabyddion gwaedlyd o'r naill du, ac yn erbyn rhuthrau melltigedig Gwahanedigion gwallgofus o'r tu arall'.[25] Disgrifiodd Samuel ef yn 'un o ddeuddeg ustus Lloegr', yn berson o ddylanwad mawr a ystyrir, oblegid ei awdurdod a'i rinweddau Cristnogol, yn ŵr gonest y gyfraith. Amddiffynnodd yr Eglwys rhag ymosodiadau'r reciwsantiaid Pabyddol a geiriau llym Anghydffurfwyr Protestannaidd. Pe bai swyddogion mewn bywyd cyhoeddus yn berchen ar yr un ewyllys ag ef, meddai, yna byddai'r wlad a'r deyrnas mewn cyflwr llawer mwy llewyrchus.

Pan gyfarchwyd Syr Watkin Williams Wynn o Wynnstay yn rhagair Edward Samuel i *Prif-ddledswyddau Christion* yn ysbryd yr oes y trigai ynddi pwysleisiodd rin yr arweinyddiaeth a feddai'r gwron hwnnw trwy ei ach anrhydeddus a'i safle aruchel a breintiedig: 'chwychwi ac eraill o'ch cyffelyb yw'r pregethwyr gorau a mwya' ffynadwy. Mae llygaid pawb yn agored ar eich ymddygiad chwi . . . Nyni a ddylem eu cynghori, ond chwychwi a'ch bath a ddichon eu cymell i ymddwyn yn addas i Efengyl Crist.'[26] Y mae'r dyfyniad hwn yn cyfeirio at swyddogaeth y noddwr hynaws a'r arweinydd cymunedol. Pwysleisir hefyd le'r noddwr mewn bywyd crefyddol ynghyd â'i esiampl; trwy ei haelioni, hybodd elusengarwch a'r priodoleddau a feddai gwŷr grasusol a roes o'u hamser i gynnal undod a threfn dda. Cymeradwywyd Syr George Wynn, y barwnig o Goed-y-llai ger yr Wyddgrug, hefyd oherwydd ei ewyllysgarwch a'i deyrngarwch i'r Eglwys a'r wladwriaeth:

> oherwydd eich ymddygiad crefyddol tuag at Dduw, eich deiliadaeth ffyddlon wasanaethgar i'r Grasusaf Arglwydd Frenin a'r llywodraeth bresennol fel y mae'n sefydlog mewn tywysogion o Brotestaniaid, oherwydd eich cariad i Eglwys Loegr ac i'r wladwriaeth . . . ac oherwydd eich tiriondeb a'ch rhywiogrwydd megis Cristion a gŵr bonheddig, gobeithio y bydd gwiw gennych . . . annog dynion i gynyddu ac ymhelaethu fwyfwy yn y cyfryw rinweddau canmoladwy.[27]

Mewn cyd-destun tebyg, disgrifiwyd Syr John Wynn o Wattstay, y pumed barwnig a'r olaf o linach Wynniaid Gwedir, gan E. E. (awdur anhysbys) yn *Y Llyfr Gweddi Gyffredin*, *Y Cydymmaith Goreu* (1711) fel un a oedd 'yn gysur i'r Eglwys, ac yn urddas i'ch gwlad'.[28] Mewn ffordd debyg, datguddiodd Moses Williams yr elusengarwch Cristnogol a nodweddai Henry Llwyd o Lanllawddog, sir Gaerfyrddin, Sersiant-o'r-gyfraith, yn rhinwedd ei ddyngarwch llesol:

> oblegid eich bod yn barod bob amser i amddiffyn achosion y tlodion, a'u cynorthwyo yn erbyn cam, gorthrymder, a hoced y cedyrn trawsion camweddus mywn llys a gwlad . . . yr ydych chwi, yn mawrhau doethineb a dysg a dawn pa le bynnag y bont, yn y tlawd yn ogystal ag yn y cyfoethog.[29]

Tystiolaeth yw'r geiriau hyn i ddangos pa mor gadarn ac angenrheidiol oedd gwŷr bonheddig o'r fath â'u gwreiddiau'n ddwfn yn eu cymdeithas, yn y gorchwyl o gynnal sefydlogrwydd.

Yr oedd Griffith Jones, Llanddowror, yr addysgwr enwocaf yng Nghymru'r ddeunawfed ganrif, lawn mor ymwybodol o'r peryglon a achoswyd gan ddatblygiadau gwleidyddol ei ddydd i'r werin bobl. Gallai amgylchiadau dyrys megis cynaeafau gwael a dirwasgiad parhaol amharu ar eu bywyd a pheri anghydfod a therfysg ond iddynt gael arweinyddiaeth briodol. Gallai hynny roi prawf ar eu teyrngarwch i'w harweinwyr naturiol yng nghefn gwlad Cymru. Awgrymodd natur y perygl a ddeuai yn sgil ail Wrthryfel yr Iacobitiaid (1745) a'r Rhyfel Saith Mlynedd (1756–63) rhwng Lloegr a Ffrainc, ac ofnodd y gallent achosi dinistr mewn Eglwys a gwladwriaeth pe byddai'r gwrthryfelwyr a Ffrainc, yn eu tro, yn fuddugoliaethus. Ofnai hefyd y byddai graddau isaf y boblogaeth yn cael eu denu gan uchelgeision gwleidyddol ymhlith eu gwell mewn cymdeithas. Gan fod ansawdd pregethu llawer o glerigwyr mor arwynebol a thu hwnt i amgyffrediad pobl gyffredin ni chaent unrhyw fudd o wrando arnynt na hyfforddiant i iawn ddeall ystyr yr ysgrythurau a'r hyn oedd ymhlyg ynddynt o safbwynt cymdeithasol.[30] Ar fater Gwrthryfel y Iacobitiad, meddai'n llym gan beri pryderon ynglŷn â bygythiad Pabyddol:

> It is past all Doubt, that the worst impious Profaneness is the Spirit and Life of this most ungrateful, unnatural Rebellion; projected by the sworn Enemies of our Religious and civil liberties, to reduce as to Slavery and Misery for ever. Ignorance is an Inlet to Debauchery; and both together are the most effectual Means to reconcile Men to Popery.[31]

Ymhellach, gresynodd oblegid peryglon y dylanwadau deallusol i gredoau sylfaenol Eglwys Loegr. O ddefnyddio *cliché* poblogaidd, bwriad Griffith Jones oedd 'achub eneidiau' trwy gyfrwng y 'meithrinfeydd' duwiol a rhinweddol',[32] sef ei ysgolion, magu ysbryd dyngarol ymhlith arweinwyr y gymdeithas a chreu cymuned Gristnogol seiliedig ar gytgord cymdeithasol:

> Were Kingdoms and Commonwealths once purged from that spirit of Profaneness and Debauchery, which defile and overthrow them, and the people reduced to obedience to the Gospel, Experience would quickly show the comfortable Effects and happy Fruits thereof; For if the lower People were duly taught, and influenced to know and fear God; they would not fail to become loyal subjects, dutiful Children, faithful, honest Servants, and peaceable Neighbours.[33]

O anwybodaeth y cododd y bygythiadau y barnai ef iddynt fod yn niweidiol i sefydlogrwydd cymdeithasol:

> I would indeed, use all the motives I can think of, to beg the mercy of charitable people for the Christian instruction of my poor countrymen . . . For want of being duly instructed, and taught to read the Word of God, they are left for ever destitute of one of the best means of Christian knowledge and piety . . . Every individual man, who forsakes the ways of God, and abandons himself to profaneness, contribute(s) to the ruin of the country . . . When it is the unhappy case, that the generality of people have forsaken God and religion, the ruin of that nation seems to be at hand and inevitable . . . The true friends of our commonwealth is church and state.[34]

I raddau helaeth gwelir cymhariaeth rhwng barn Griffith Jones a'r hyn y taranai John Penry yn ei erbyn ganrif a hanner ynghynt. Er gwaethaf ei llwyddiant yn erbyn Armada Sbaen yn 1588, beirniadodd Penry y Frenhines Elisabeth I a'i llywodraeth am beidio â chyflwyno diwygiadau angenrheidiol yn yr Eglwys, a rhybuddiodd y byddai Duw yn bwrw ei lid drachefn i gosbi'r deyrnas mewn ffyrdd gwahanol.[35] Yn ôl John Penry yr ustusiaid ('magistrates') a ddylai, yn rhinwedd eu swydd, ymgymryd â'r dasg o sicrhau ufudd-dod ac undod yn y wladwriaeth.[36] I ategu hynny, yn ei *A View of the State of Religion in the Diocese of St David's* (1721), credai Erasmus Saunders mai'r 'Governours' ddylai sefydlu gwastadrwydd gwladwriaethol: 'we do assure ourselves of all that ought to be desired to promote our Welfare both in our Religious and our Civil Interests [and] . . . to rescue that most holy Religion which is the Support of Government, and the Foundation of all our Happiness.'[37] Ystyriai Saunders hefyd fod yr angen i ddiwygio'r Eglwys yn fater i'r Senedd yn bennaf ymgodymu ag ef:

> Religion [is] the Foundation and Support of Government, (for without the Help of it, no Government Good or Bad, ever yet subsisted) is in Danger of being lost, it will . . . be no less the Interest, than it is the Duty of our Governours to come to its Relief, unless they will neglect the only Means effectual, of establishing their own Authority . . .
> But farther, when it is remember'd . . . that our Religion is not only to be supported for its Benefits to the State, or for the Force and Efficacy that is [*sic*] gives our Civil Sanctions, but also for its being the Means of our Salvation . . .[38]

Tebyg oedd ymateb Griffith Jones mewn llythyr at glerigwyr yn pwysleiso'r angen i addysgu'r tlodion a'r anwybodus yn 1745. Gwêl yr ynadon yn swyddogion allweddol yn y gorchwyl o hybu'r ffydd Gristnogol:

> Magistrates, and all in Authority, have received all the lawful Power, they are vested with from God originally; and He will expect it should be used in his Service . . . All Pastors, Tutors and Schoolmasters, Parents, Householders, and all other Christians, according to their Vocation and Capacities, are all concerned, every one in an orderly manner in his own Station, to do what in them lies to support and advance Christianity.[39]

Y mae'n amlwg fod Griffith Jones yn ŵr a chanddo weledigaeth. Byddai ofn chwyldro gwleidyddol, fel a geid yn yr ail ganrif ar bymtheg, yn cael ei ddileu trwy ddychwelyd at ffordd syml ac elfennol o genhadu'r efengyl a chanolbwyntio gyntaf ar angenrheidiau haenau isaf y gymdeithas. Gwelodd Griffith Jones ef ei hun yn cyflawni swyddogaeth o'r fath, ac yn defnyddio'r ofn hwnnw i greu cymdeithas edifeiriol.[40]

Yn yr un cywair yr ysgrifennai y Dr Josiah Woodward yn *An Account of the Religious Societies in the City of London, and of their Endeavours for the Reformation of Manners* (1697), sef astudiaeth helaeth o gyfansoddiad a dibenion y cymdeithasau dyngarol a sefydlwyd yn Llundain yn y 1670au. Yr oedd Woodward yn awyddus i roi sylw cyhoeddus i gymhellion moesol y cymdeithasau hynny: 'By these means a general reviving of Piety, and a solemn Observance of the publick Ordinances of God, hath been thro' God's blessing, produced amongst us . . . many prudent ways are made use of to promote an effectual Reformation of Manners.'[41] Wrth iddo bwyso a mesur swyddogaeth yr ynadon sifil a ymrwymwyd i gosbi neu gystwyo drwgweithredwyd dywedodd fod ganddynt ddyletswyddau ysbrydol yn ogystal â seciwlar:

> And indeed, since the Magistrate's chastizing of wicked People is an Ordinance of God, it is scarce to be question'd for the spiritual Good of particular Men, as well as the publick Good of Societies . . . The Magistrate is the Civil Parent . . . Which if duly considered, would serve to quicken Magistrates in this glorious Work, of saving the Souls of Men from eternal Torments . . .[42]

Â ymhellach i gymathu swydd y gweinidog neu un mewn urddau eglwysig â chyfrifoldeb yr ustus, yn y gorchwyl o gyfarwyddo cydwybodau a rheoli tröedigaethau eneidiol dynion:

> O! What a field of Honour lies here, before all Persons among us? In which Magistrates and Ministers are more especially concerned to be Leaders, who are by their Officers designed to direct the Consciences, and regulate the Conversions of men.[43]

Dyry'r pwyslais ar y prif angenrheidiau, sef heddwch, undod a threfn, yn cydgysylltu Gair Duw â chyfreithiau dynion. Yr hyn a safai uchaf ym mywyd y Cristion oedd gogoniant Duw ac iach-awdwriaeth yr unigolyn wedi'u plethu oddi mewn i undod Eglwys a gwladwriaeth, yr hyn a alwai Woodward yn 'Peace, Unity and Order'.[44] Credai mai prif ddiben y cymdeithasau dyngarol oedd cyfuno llesiannau ysbrydol a materol, a'i apêl daer oedd y dylai llywodraethwyr y deyrnas gydnabod a derbyn hynny, a rhoi iddynt y cymorth a'r gefnogaeth a haeddent:

> That since their Societies are neither against the Word of God, nor the Laws of Man, but manifestly conducive to God's Glory, the Salvation of Men, and the publick Interest of our Church and Nation . . . They humbly crave, that these Societies may be encouraged by their Governours in Church and State suitably to the Spiritual and National Benefits which may be reapt from them.[45]

Ni olygai cael hyfforddiant Cristnogol y byddai amgylchiadau materol gwerin gwlad, o angenrheidrwydd, yn gwella. Pwysleisiwyd y drefn hierarchaidd yn gyson oherwydd ystyriwyd iddi fod o ddwyfol ordeiniad: 'it is by no means the design of this spiritual kind of charity to make them gentlemen but Christians and heirs of eternal life,' meddai Griffith Jones yn *The Welch Piety*, 'the mouthpiece of Hanoverian conservatism', fel y gelwid ef.[46] 'It is therefore the indispensable business of the masters,' meddai ymhellach, '. . . to make them, by the grace of God, good men in the world, and happy in the next.'[47] Y mae ei benderfyniad i gynnal y status quo yn amlwg yn y rheolau a ddarparodd ar gyfer ei ysgolfeistri:

> Bod i'r Meistred fod yn sobr, yn caru Duwioldeb, yn Aelodau o Eglwys Loegr yn ffyddlon i'r Brenin a'r Llywodraeth . . . heb rodianna'n afreidiol ac yn segur oddi amgylch; nac ymryson ynghylch Pyngciau dadleugar mewn Crefydd, na dilyn neb rhyw arferion gwrthwyneb i Air Duw, i Gyfraith y Tir, neu Drefn yr Eglwys . . . [48]

Ynghyd â'r cymhelliad crefyddol, ail fwriad Griffith Jones a'i gyd-ddyngarwyr oedd i gadarnhau'r undod a'r sefydlogrwydd a ddisgwylid yn sgil adferiad y frenhiniaeth Stiwartaidd a'i sefydliadau yn 1660. Fel eraill, gwrthwynebodd unrhyw anghydfod a hybodd fywyd sobr a duwiol mewn cymdeithas sefydlog. Er enghraifft, yng nghyfieithiad Edward Morris o'r Perthillwydion, Cerrigydrudion, o *The Christian Monitor* gan John Rawlet, dan y teitl *Y Rhybuddiwr Christnogawl* (1699), cynhwyswyd yr ymbil a ganlyn: 'Gwna fi yn hywedd ac yn ufudd i'm Llywiawdwŷr yn yr Eglwys a'r Deyrnas, heddychol ac yn addfwyn tuag-at bob Dyn, gan wneuthur a hwynt mor gyfiawn ac mor uniawn, ag yr ydwyf finnau fy hun yn chwennych gwneuthur a mi.'[49] Ar ben hynny, gwnaed apêl am gyfiawnder a chytgord mewn materion cyfansoddiadol:

> Gwnïa i fynu ein holl rwygiadau ni . . . Bendithia Fawrhydi y Brenin, gyda'r Brenhinol Deulu, a'r holl rai sydd mewn awdurdod tano, a chaniatta i mi, ac i'w holl Ddeiliaid ef, ras i arwain Bucheddau llonydd a heddychol, ym mhob Duwioldeb a gonestrwydd. [50]

Wedi rhybuddio y dylid gweithredu disgyblaeth mewn cysylltiadau cymdeithasol, â awdur y *Christian Monitor* ymhellach:

> Rhaid i ddeiliaid roddi ufudd-dod i hôll Orchmynion cyfreithlon eu Rheolwŷr, ac ymddarostwng yn ymmyneddgar i'r gospedigaeth a wnelont; ac nid oes iddynt mo'r gwrthryfela i'w herbyn . . . Ac yn gyffredinol nid yw Teyrnfrad a Gwrthryfel, yn dwyn dim ond dinistr a thrueni yn y Bŷd hwn.[51]

Yng nghyfieithiad Ellis Wynne o *The Rule and Exercises of Holy Living* (1650) pwysleisir arwyddocâd dwy adran sy'n ymwneud ag ufudd-dod i lywodraeth a'r angen i ymfodloni mewn gradd gymdeithasol a galwedigaeth. Dan is-bennawd cyntaf pennod 3 ceir 'Am Ufudd-dod i'n Uchafiaid; Gweithredoedd a Dyletswyddau o Ufudd-dod i'n Uchafiaid'.[52] O grynhoi cynnwys yr adrannau perthnasol ynddi daw'n amlwg beth oedd y rheolau ynglŷn ag ymarweddiad yn ei arwyddocáu, sef ufudd-dod diwyro i'r gyfraith ac awdurdod cyfreithlon. Y mae'r priodoleddau hynny'n hanfod o Dduw ac y mae pawb sy'n eu gweithredu yn dwyn sêl awdurdod Duw. Pwysleisiwyd parchusrwydd a gostyngeiddrwydd o fewn y drefn hierarchaidd, ac amcan gweithiau pietistaidd yr oes, yn rhannol, oedd i atgyfnerthu undod a sefydlogrwydd gwleidyddol a chymdeithasol dan y frenhiniaeth adferedig ac, yn rhannol, i hybu bywyd sobr a duwiol. Mynega Edward Morris hynny'n eglur: 'Gwybodaeth iachus, a gwir Dduwioldeb a wneiff Ddynion yn ostyngedig ac yn addfwyn, yn llonydd ac yn dangnhefeddyfol, yn Ufudd i Swyddogion, yn llawn cariad i'w Cymdogion, ac yn barod i bob Gweithred dda.'[53]

Rhoddwyd y pwyslais ar ddwyfoldeb y frenhiniaeth, gwrthwynebiad i bob gwrthryfel ac anghydfod ac ufudd-dod llwyr i awdurdod y wladwriaeth a'r eglwys a oedd yn sail iddi: 'the sole design of this Undertaking', meddai Griffith Jones am ei Ysgolion Cylch, 'is to promote their spiritual and everlasting Welfare, and to make them more conscientiously useful in the Rank they are in'.[54] O adnabod a chydnabod eu lle mewn cymdeithas byddai deiliaid y brenin yn llai tebygol o godi mewn gwrthryfel a mynnu mwy o ran yn llywodraethu'r deyrnas. Meddai yn un o'i lythyrau yn *The Welch Piety* ar gyfer 1739, wrth egluro bod y Cymry cyffredin, er na fedrent yr iaith Saesneg, yn deyrngar iawn i'r frenhiniaeth: 'we shall always be ready to lay down our lives, and send up our prayers daily, for the peace, prosperity, and glory of his Majesty's happy reign'.[55] Nod tebyg oedd gan y Dr Josiah Woodward a ysgrifennodd, fel y cyfeiriwyd uchod, hanes sefydlu a datblygiad y cymdeithasau philanthropig yn Llundain. Wrth geisio'u hamddiffyn rhag cyhuddiadau o fod yn sefydliadau annheyrngar i'r frenhiniaeth a'i sefydliadau a'r drefn gymdeithasol, meddai:

> And in very deed what Reason can there be to suspect Danger from such who manifestly and professedly pursue the chief Ends both of the Christian Religion, and of all Civil Government; and who do all this in Methods strictly legal, and exactly conformable to the Constitution of our Government in Church and State?
>
> Yea, since the Maintenance of the Authority of the Laws of God, and those of our Land, is the great and only End proposed hereby.[56]

Â rhagddo i danlinellu gwir fwriad y cymdeithasau hynny: 'to quicken each other's Affections towards Spiritual Things, and to advance their Preparations for another World . . . And that they desired to prosecute this Christian Design in none but Christian Methods; with due Respect to their Superiors in Church and State . . .'[57] Amlygir y canolbwyntio ar y parch a roddwyd i sefydliadau'r wladwriaeth, a dygir ar gof agwedd meddwl Howel Harris a'i gymheiriaid pan oeddynt hwythau'n amddiffyn dull eu hefengyleiddio brwd mewn gwlad a thref.

Ni chafodd radicaliaeth wleidyddol fawr o effaith ar y werin bobl yn rhan gyntaf y ddeunawfed ganrif ond, yn wyneb rhyfeloedd tramor, yr oedd Lloegr yn rhan ohonynt, a'r teyrngarwch a barhâi ymhlith rhai teuluoedd bonheddig yng Nghymru hyd at flynyddoedd canol y ganrif, yr oedd yn bosibl y gallai cynyrfiadau o'r fath gael mwy o ddylanwad arnynt nag a dybir. Y mae'n ddiau mai cynnal y *status quo* oedd cymhelliad arweinwyr addysgol megis John Vaughan o Gwrt Derllys, Syr John Philipps o Gastell Pictwn, yr Esgob John Evans o Fangor a John Jones, Deon Bangor, trwy weithredu'n ddiwyd dros sefydlu ysgolion a chyhoeddi llyfrau crefyddol yn yr iaith Gymraeg.[58]

Byddai hyfforddiant crefyddol yn yr iaith frodorol nid yn unig yn foddion i gryfhau ysbrydolrwydd ymhlith y bobl ond hefyd yn gyfrwng i beri i'r bobl ddod yn ymwybodol o'r angen am sefydlogrwydd yn y deyrnas, er lles iddynt hwy a'r gymdeithas yn gyffredinol. Perthynai i'r ymgyrch dros hyrwyddo llythrennedd arwyddocâd y tu hwnt i ddirnadaeth pobl ddiaddysg yn rhan gyntaf y ddeunawfed ganrif. Gweithredai fel dolen gyswllt rhwng ymdrechion addysgol y Piwritaniaid cynnar yn yr ail ganrif ar bymtheg a'r Diwygiad Methodistaidd. Un o brif ragoriaethau'r ddeunawfed ganrif yng Nghymru a Lloegr oedd fod twf mewn addysg, er gwaethaf y gwahaniaethau rhwng y ddwy wlad, wedi bod yn allweddol bwysig ar doriad gwawr cyfnod newydd yn hanes Cymru. Yr oedd Cymru wedi'i hadnewyddu'i hun ac wedi gweld newidiadau diwylliannol a diwydiannol o'r pwys mwyaf yn egino.[59]

Mewn cymdeithas o'r fath y gweithredodd nifer o addysgwyr yn ogystal â llenorion, cyfieithwyr a diwinyddion. Daethai mudiadau addysgol, sef *Yr Ymddiriedolaeth Gymreig* (1674–1727) ac Ysgolion Cylch Griffith Jones (*c.*1730–*c.*1811), i'r adwy i ddarparu hyfforddiant a oedd yn y bôn yn grefyddol, ac yn Saesneg yn y rhan fwyaf o ysgolion y ddau fudiad cyntaf. Ffurfiai'r mudiadau hynny ran hanfodol o'r 'ymgyrch i wrthsefyll anllythrennedd' a fuasai'n brif gymhelliad i ddyngarwyr pybyr yn Llundain i 'ddiwygio moesau' â'u seiliau dyngarol yn gyfrwng i ledu gweithgaredd a oedd yn gyfuniad o egwyddorion crefyddol, moesoldeb a dyngarwch, a dygwyd achosion lu ganddynt gerbron y llysoedd cyfraith i hybu'r amcan hwnnw. Yn ei ddisgrifiad manwl o'r cymdeithasau hynny aeth Syr Josiah Woodward ati i amlinellu eu bwriad, i hyrwyddo duwiolfrydedd ac i wella safonau moesol ymhlith haenau isaf y gymdeithas. Dilynwyd patrwm y bietistiaeth a ddatblygasai yn nhalaith Sacsoni dan arweiniad Philippe Jakob Spener, gweinidog yn Frankfurt, a'i ddisgybl disglair, August Hermann Francke, a ddaeth yn athro ym Mhrifysgol Halle yn 1694.[60] Daethai Spener dan ddylanwad *The Practice of Piety* gan Lewis Bayly a rhoddodd bwyslais mawr yn ei weithiau ar dduwioldeb personol a chyflawni gweithredoedd da, a'i brif ddull o hyrwyddo hynny oedd trwy fagu agwedd genhadol tuag at grefydd, sefydlu cyrddau (y *collegia pietatis*) i fyfyrio a gweddïo ynddynt ac i astudio'r Beibl, sefydlu cartrefi i blant amddifad a chyfrannu i'r Genhadaeth Ddanaidd yn Coromandel yn yr India. Yn y *Pietas Hallensis* cyflwynodd Francke ddisgrifiad manwl o'r cartref i blant yn Glauche ger Halle:

> 'tis our Duty to consider one another to provoke unto Love and good works . . . Wherefore being well assured that many Persons have been already excited by the report of this Work, more industriously to provide for the Poor and Afflicted, it gives us a better ground to hope, that the full Narrative, having open to every Man's view the whole Scope of the Undertaking, will produce a still happier Effect, and revive in many Souls a true sense of Christian Charity.[61]

Cafodd gwaith Francke yn Halle ddylanwad mawr ar y Cownt Zinzendorf yn Sacsoni (a roes loches i'r Morafiaid), ac ar y rhai a sefydlodd yr SPCK yn Llundain. Penodwyd dau o ddisgyblion Francke i'w gynrychioli ar bwyllgor yr SPCK ym Mai 1699, a phenodwyd Francke ei hun yn aelod gohebol yn y flwyddyn ganlynol.[62] Daeth y Dr Anthony Horneck, offeiriad Almaenig, i Loegr lle y cafodd nifer o swyddi eglwysig bras. Fe'i cydnabuwyd yn bregethwr cymeradwy ond collodd ei boblogrwydd oherwydd iddo roi gormod o bwyslais ar ddiwygio cymdeithasol yn y cyfnod ansefydlog hwnnw yn union cyn y Chwyldro Gogoneddus (1688) ac iddo gael ei amau o ffafrio Pabyddiaeth.[63]

Mewn oes pan gafwyd datblygiadau gwyddonol pwysfawr a phan roddwyd cymaint o bwyslais, a hynny'n gynyddol, ar 'resymoliaeth' wrth egluro ffenomenau diriaethol a ddeilliai o ddatblygiadau o'r fath ynghyd â radicaliaeth wleidyddol a deallusol yr ail ganrif ar bymtheg, aeth athronwyr amlwg fel John Locke a gwyddonwyr fel Syr Isaac Newton a'u dilynwyr ati i roi gwedd newydd ar y natur ddynol a'i amgylchfyd, a heriwyd sylfeini'r ffydd Gristnogol, â'i phwyslais ar ffenomen uwchfydol, sef y 'gwirionedd datguddiedig', na ellid ei ddadansoddi'n rhesymegol. Bu i hinsawdd y meddwl gwyddonol ac athronyddol ledu gorwelion a dyfnhau dealltwriaeth trwy gwestiynu natur y cyfanfyd fel y dehonglwyd ef yn y Beibl. Cyndyn iawn oedd y meddylwyr newydd i dderbyn y byd materol heb ei egluro. Yr oedd twf rhesymoliaeth yn hynod yn yr ail ganrif ar bymtheg, ac nid oedd *intelligentsia* y cyfnod yn barod i dderbyn yn ddigwestiwn ddiwinyddiaeth ddogmatig. Aed ati i geisio cymodi rheswm a chrefydd, a datblygodd Deistiaeth, a wadai ddatguddiad Duw yng Nghrist. Rhoddwyd pwyslais cynyddol ar ddeddfau y gallai'r meddwl dynol eu rhesymoli, a chanlyniad hynny oedd cydnabod dwy ffaith hanfodol, sef, yn rhinwedd y wybodaeth empeiraidd newydd, fod angen ymwadu â hen ganonau a dderbyniwyd gynt yn brif sylfeini cred a bodolaeth. Credwyd na ellid derbyn rheol grefyddol neu foesol os na ellid ei phrofi trwy'r rheswm, a golygai hynny roi mwy o bwyslais ar alluoedd rhesymegol dyn.[64] Yn ei waith adnabyddus a dylanwadol *An Essay Concerning Human Understanding* (1690), datganodd John Locke na allai dyn hawlio unrhyw wybodaeth trwy ddatguddiad heb iddo, yn y lle cyntaf, allu ei ddirnad trwy reswm. Aeth ati i ddatgan na ellid derbyn datguddiad sy'n groes i dystiolaeth rheswm:

> For since no evidence of our Faculties, by which we receive such *Revelations*, can exceed, if equal, the certainty of our intuitive Knowledge, we can never receive for a Truth any thing, that is directly

> contrary to our clear and distinct Knowledge . . . For *Faith* can never convince us of any Thing, that contradicts our Knowledge. Because though *Faith* be founded on the Testimony of *God* (who cannot lye) revealing any Proposition to us: yet we cannot have an assurance of the Truth of its being a divine Revelation, greater than our Knowledge.[65]

Cawsai Platonwyr Caer-grawnt, megis Benjamin Whichcote a Ralph Cudworth, gyda'u pwyslais ar rym rheswm, ddylanwad mawr ar eu disgyblion, sef yr Eang-gredwyr (*Latitudinarians*), a fu'n amlwg iawn yn niwinyddiaeth yr Eglwys Anglicanaidd yn negawdau cynnar y ddeunawfed ganrif, a chredai rhai fel John Tillotson a Thomas Tenison (archesgobion Caer-gaint yn olynol) y gallai rheswm, gyda chadarnhad ysgrythurol, egluro datguddiad dwyfol. Golygai hynny roi mwy o bwyslais ar grefydd naturiol a llai ar athrawiaethau Beiblaidd, ac ar foesegau a olygai ufudd-dod i gydwybod.[66]

Mewn hinsawdd o'r fath y gweithredodd Syr John Philipps, John Vaughan, yr Esgob John Evans o Fangor a'r Deon John Jones, pedwar o blith cefnogwyr mwyaf brwd *Y Gymdeithas er Taenu Gwybodaeth Gristnogol* yng Nghymru. Nid yw Philipps wedi derbyn y sylw a haedda. Y mae'n wir i Thomas Shankland a'r Dr Mary Clement, sawl blwyddyn yn ôl bellach, drafod yn fanwl ei waith dyngarol a'i gyfraniad i'w gymdeithas, ond y mae angen astudiaeth newydd ohono sy'n lledu dipyn mwy ar orwelion ei yrfa. Yn ddiau, safai ben ac ysgwydd uwchlaw gohebwyr eraill yr SPCK yng Nghymru. Nid oedd yn un o'r sylfaenwyr, y mae'n wir, ond fe'i hetholwyd yn aelod fis wedi sefydlu'r gymdeithas.[67] Yr oedd yn ŵr breintiedig ar lawer ystyr ond, fel eraill o'i debyg, meddai ar galon elusengar. Ef oedd pedwerydd barwnig Castell Pictwn, sir Benfro, a deuai o dras Gymreig anrhydeddus.[68] Yr oedd hefyd yn ŵr amrydd-awn, ystyriol a duwiolfrydig a weithredai'n gyhoeddus mewn sawl swydd yn ei sir, a'r tebyg yw mai ei weithgarwch ef dros yr SPCK fu'n bennaf cyfrifol am yr amlygrwydd a gawsai ei sir enedigol yn ei gweithrediadau. Gosodwyd ei amcanion, yn unol â chanllawiau'r gymdeithas honno, yn eglur yn ei ewyllys lle y cyfeirir at ei rodd o £50 iddi:

> a Voluntary Society of diverse Worthy Persons for the Promoting of Christian Knowledge, by setting up or encouraging Charity Schools for the Instruction of Poor Children in the Knowledge and Practise of the Christian Religion as Profess'd and Taught in the Church of England,

> and by dispersing Books of Piety agreeable to the Doctrine and Discipline of the said Church, and by such other Christian Methods to be dispos'd as they think fit.[69]

O'r 31 o ysgolion elusennol a sefydlwyd yn sir Benfro Philipps oedd yn gyfrifol am noddi 17 ohonynt. Daliai gysylltiad agos â *The Society for the Reformation of Manners*, a sefydlwyd gan ddyngarwyr yn Llundain. Ar ben hynny noddai waith cenhadol dan arweiniad yr SPG (*Y Gymdeithas er Taenu'r Efengyl*) a'r SPCK yn India'r Dwyrain a'r gwladfeydd yng ngogledd America. Tystiwyd yn 1700 mai ef oedd y 'great influence' y tu ôl i sefydlu cymdeithas glerigol a bonheddig yn y sir.[70] Yr oedd mewn cysylltiad agos â John a Charles Wesley, George Whitefield ac August Hermann Francke yn yr Almaen, ac yr oedd yn eiddgar dros weld llyfrau defosiynol yn cael eu cyfieithu i'r Gymraeg a'u cyhoeddi. Yn 1729, er enghraifft, argymhellodd y dylid cyfieithu i'r Gymraeg gyngor Edmund Gibson, esgob Llundain, i bobl a oedd yn gwella o afiechydon, ac yn y flwyddyn ddilynol ymddangosodd *Cyngor difrifol i un ar ôl bod yn glaf*, sef cyfieithiad Thomas Richards o Lanfyllin o'r gwaith hwnnw.[71] Credai Philipps y byddai'r gwaith yn gaffaeliad mawr yn y siroedd hynny lle y siaredid y Gymraeg yn gyson a lle y dioddefwyd fwyaf oddi wrth y dwymyn a'r frech wen. Ar ei farwolaeth, yn gynnar yn 1737, rhoddodd pwyllgor canolog yr SPCK deyrnged ddyladwy iddo trwy gyfeirio at ei gyfraniad enfawr i lwyddiant y mudiad:

> a Gentleman who had so many Years been the Ornament and in a great measure the support of the Society, and to whose excellent Example, liberal Contributions and indefatigable Endeavours, the success which by the Blessing of GOD the Society had met with, was very much owing.[72]

Y mae geiriau o'r fath yn adlewyrchu pa mor hanfodol oedd gweithgarwch ac ymroddiad gŵr bonheddig moesgar o'r fath i amcanion yr SPCK a pha mor ddylanwadol oedd y cymdeithasau dyngarol eraill y bu'n cysylltu â hwy yn y gwaith o hybu egwyddorion Cristnogol. O gofio am ei gyfraniad allweddol nid yw'n syndod bod geiriau Griffith Jones yn fwy gafaelgar wrth iddo gyflwyno'i deyrnged: 'We may justly say a great man is fallen in our Israel.'[73]

Yn dynn wrth ei sodlau o ran cyfrannu i'r SPCK dylid gosod Robert Wynne, canghellor Llanelwy (1690–1743), y Deon John Jones o Fangor (rhwng 1689 a 1727), Edmund Meyricke, canon a thrysorydd Tyddewi (rhwng 1667 a 1713), a John Vaughan, Cwrt Derllys (1663–1722).[74] Yr oedd Robert Wynne yn weithgar gyda'r SPCK, ac yntau, fel Syr John Philipps, yn aelod o deulu o dras, sef Garthewin yn sir Ddinbych.[75] Yr oedd yn frawd i William Wynne, yr hynafiaethydd enwog, a olygodd ac a ychwanegodd at *Historie of Cambria* gan y Dr David Powel yn 1697. Gwasanaethodd yn ficer Gresffordd am flynyddoedd lawer, ac yn 1709, dosbarthodd gant o gopïau o'r Llyfr Gweddi Gyffredin yn Gymraeg ymhlith tlodion ei ardal a chynhaliodd ysgol elusennol yng Nghresffordd ar gyfer ugain o blant.[76] Yn 1723, cyfrannodd bum gini tuag at gyhoeddi argraffiad Arabaidd o'r Testament Newydd, addawodd baratoi argraffiad newydd o'r Llyfr Gweddi yn Gymraeg a gweithredodd fel dosbarthwr llyfrau defosiynol yn siroedd Dinbych a Fflint.[77] Yr oedd yn gefnogol i'r syniad o ffurfio cymdeithasau defosiynol ar gyfer clerigwyr, ac yr oedd yn aelod o'r gymdeithas a sefydlwyd yn Wrecsam.[78] Mynegodd ei bryder ynglŷn â chyfrannu addysg ar gyfer plant gan nad oedd ysgolion Cymraeg eu hiaith yn ei ardal, a phwysleisiodd yr angen mawr amdanynt. Er na chawsai'r un amlygrwydd â Philipps a John Vaughan, y mae'n sicr ei fod yntau hefyd yn flaenllaw ei weithgarwch yng ngogledd-ddwyrain Cymru.

Cyfoed iddo, a gŵr tebyg o ran anian, er yn fwy amlwg ym musnes yr SPCK dros nifer o flynyddoedd, oedd y Deon John Jones o Fangor, brodor o'r Plas Gwyn, Pentraeth, Môn. Fe'i addysgwyd yng Ngholeg y Drindod, Caer-grawnt, a derbyniodd nifer o fywiolaethau cyn cael ei benodi'n drysorydd eglwys gadeiriol Bangor yn 1623 ac yn ddeon yn 1689 yn olynydd i Humphrey Humphreys a ddyrchafwyd yn esgob y dalaith yr un flwyddyn.[79] Yr oedd Humphreys hefyd yn dra gweithgar gyda'r SPCK, a'r tebyg yw mai ef, yn anad unrhyw un arall yng ngogledd Cymru, oedd cefnogwr mwyaf brwd y mudiad. Yr oedd ei gyfaill, John Jones, hefyd yn ddiwyd yn yr un maes. Yn fuan wedi iddo ymsefydlu yn ei swydd bwriodd deon Bangor yntau yn frwdfrydig i waith y gymdeithas. Yn 1710, er enghraifft, dymunodd dderbyn cant o gopïau o gyfieithiad Thomas Williams, ficer Dinbych, o *Brief Exhortation to the Holy Communion*, gwaith William Asheton, ficer Beckenham yn swydd Caint, dan y teitl *Annogaeth ferr i'r Cymmun Sanctaidd*.[80] Tanysgrifiodd i argraffiad newydd o'r Beibl Cymraeg, dan olygyddiaeth Moses Williams yn 1718,[81] a sefydlodd ysgolion i blant ym Miwmares, Llanfihangel Ysgeifiog a Llanffinan, Bangor,

Llanllechid a'r Gyffin ynghyd â mannau eraill yn yr esgobaeth.[82] Yr oedd yntau, fel ei esgob, yn dra awyddus i weld gwelliant yng nghyflwr ac amgylchiadau clerigwyr plwyf. Gelwir ef gan Browne Willis 'the most worthy Dean of Bangor . . . being well vers'd in the Antiquities of this Church [h.y. Bangor],' am iddo drigo'n gyson yn ei ddeoniaeth a chyfrannu gwybodaeth i'r hanesydd eglwysig hwnnw am esgobaeth Bangor fel y gallai ysgrifennu'r arolwg enwog ohoni a ymddangosodd yn 1721.[83]

Gwelir amcanion tebyg yng ngweithgarwch John Vaughan o Gwrt Derllys, y 'Maecenas *par excellence*', fel y gelwir ef; gohebydd mynych â'r SPCK, hyrwyddwr sefydlu y llyfrgelloedd rhanbarthol a sefydlydd ysgolion yn ei diriogaeth a llyfrgell yn nhref Caerfyrddin.[84] Bu'n arwain yn y gwaith o wella cyflwr tlodion yn ei gymdogaeth ac awgrymodd y dylai'r ynadon lleol ddefnyddio peth o'r dreth i ddarparu addysg i blant tlawd. Pwysleisiodd yr angen hefyd am weld cyfieithu *Exhortations to Family Devotions* gan y Dr Edmund Gibson, esgob Llundain, y cyfeiriwyd ato eisoes, i'r Gymraeg er mwyn hyrwyddo'r rhinweddau Cristnogol ymhlith bonedd a gwreng, a gwireddwyd ei ddymuniad yn 1711 gydag ymddangosiad *Boreuol a Phrydnawnol weddiau i'w harfer mewn teuluoedd* gan Lewis Evans, ysgolfeistr yn San Clêr, gŵr a ddisgrifiwyd yn 'an excellent grammarian'.[85]

Dyngarwyr o'r un tueddfryd oedd gwŷr o'r math hwn, a chynrychiolent sawl un arall tebyg iddynt yng Nghymru yn ystod yr hanner canrif wedi adferiad y frenhiniaeth yn 1660. Rhannent yr un cymhellion a diddordebau ac, o ystyried natur eu gweithgarwch cyfansawdd, amlygwyd eu prif amcanion, sef

(i) hyrwyddo'r ffydd Brotestannaidd yn ôl credoau'r Eglwys Anglicanaidd.
(ii) gofalu am anghenion ysbrydol (sef 'achub eneidiau') a materol y tlawd a'r diymgeledd yn y gymdeithas.
(iii) sefydlu ysgolion elusennol i blant a llyfrgelloedd trefol i glerigwyr a gwŷr bonheddig.
(iv) darparu cyfieithiadau o weithiau defosiynol a diwinyddol, a dosbarthu copïau o'r Beibl a'r Llyfr Gweddi Gyffredin Cymraeg i wella cyflwr ysbrydol gwerin Cymru.
(v) hybu'r genhadaeth dramor yn yr India.
(vi) cynorthwyo i greu cenedl lythrennog yn yr iaith Gymaeg.
(vii) creu dinasyddion teyrngar i'r frenhiniaeth, y wladwriaeth a'r drefn gymdeithasol sefydledig.

Sawl blwyddyn yn ôl bellach dangosodd Geraint H. Jenkins gymaint fu dylanwad yr hanner canrif cyn 1735 ar natur a delwedd y Diwygiad Methodistaidd, a dadleuodd na ellir dehongli'r Diwygiad hwnnw'n llawn heb yn gyntaf ddeall yr hyn a ddigwyddasai yn hanes crefyddol, addysgol a llenyddol Cymru y cyfnod hwnnw.[86] Dengys gohebiaeth y Methodistiaid cynnar, dyddiaduron Howel Harris a ffynonellau eraill yn ddigon eglur faint o ddylanwad gafodd cyfnod mudiadau addysg elusennol arnynt. Er i Fethodistiaeth ddatblygu mewn sawl cyfeiriad yn ystod ail hanner y ddeunawfed ganrif parhaodd y dylanwadau cynnar yn gonglfeini sefydlog iddi. Er na ellir dehongli'r adfywiad fel un cyffro ysbrydol cenedlaethol a ddigwyddodd ar un amser penodedig, gan fod diwygiadau eraill wedi digwydd ymhlith Ymneilltuwyr mewn rhannau o Gymru, eto, yn y broses o sefydlu arweinyddiaeth a chorff rheolau'r Methodistiaid ar eu tyfiant glynwyd wrth egwyddorion a oedd yn gyffredin i'r cymdeithasau crefyddol yn Lloegr ac wrth sylfeini'r hyfforddiant a gafwyd mewn llenyddiaeth grefyddol Saesneg a Chymraeg. Diau fod naws blynyddoedd cynnar yr 'ymgyrch dros ddileu anllythrennedd' a'r *Society for the Reformation of Manner*s wedi cael argraff ddofn, os nad dim arall, ar feddylfryd yr arweinwyr Methodistaidd.

Y dylanwad mawr cyntaf oedd y seiat a oedd, o ran ei fframwaith a'i hamcan, yn debyg i'r cyfarfodydd crefyddol yn Llundain a mannau eraill y cofnododd Woodward eu hanes. Y mae dylanwad y mudiad pietistaidd yn yr Almaen, trwy gyfrwng y cymdeithasau yn Lloegr, i'w ganfod yn amlwg ar y sefydliad a ddaeth yn ganolbwynt i weithrediadau'r Methodistiaid. Dengys cyfeiriadau yn nyddiaduron Howel Harris fod Woodward wedi cael dylanwad arno ym mlynyddoedd cynnar Methodistiaeth yng Nghymru. Cyfeiria ato ef a'r cymdeithasau yn 1739 a 1750 ac yn ysbeidiol wedi hynny.[87] Ar 6 Hydref 1760, er enghraifft, pan oedd ar ddyletswydd milwrol yn Yarmouth yn Norfolk, nododd bwysigrwydd arolwg Woodward i'r mudiad yng Nghymru: 'Discours'd at 6 – of the religious societies and the account I read of them by Dr Woodward by which I found societies in Wales.'[88] Yr oedd y seiadau'n allweddol i dwf a pharhad Methodistiaeth. Fe'u cyfrifwyd yn sefydliadau cyfyngedig lle y cedwid 'yr hunanbarch fel cwmni dethol a breintiedig' a lle y ceid 'clinig yr enaid'.[89]

At hynny, pwysleisiai'r Methodistiaid, yn union fel y gwnâi'r pietistiaid, yr ymarweddiad a ystyrid yn addas i Gristion, ac adlewyrchwyd hynny yn y gweithiau llenyddol a gyhoeddwyd dan nawdd y mudiadau addysgol. Derbyniwyd bod disgyblaeth a chadw safonau moesol uchel yn hanfodol bwysig. Rhoddodd Howel Harris le amlwg i *The Whole Duty of Man*, y gwaith poblogaidd a darllen-adwy hwnnw gan Richard Allestree, yn ei fyfyrdodau. Meddai yn ei ddyddiadur am 1761: 'At 21 I was called by divine grace. The various steps unsought for – conviction from the sermon March 30, the conviction at the Sacrament April 6, the conviction from 'The Whole Duty of Man.'[90] Dyna'r tri cham pwysicaf, y mae'n debyg, yn hanes ei dröedigaeth yn 1735. Yr oedd gwaith Allestree yn arweiniad sicr i feithrin yr ymarweddiad moesol priodol ac i gynnal addoliad teuluol. Yn 1763 cofnododd drachefn iddo ddarllen y gwaith hwnnw am y tro cyntaf 26 blynedd yn gynharach (1735) 'and came under the Saviour'.[91] Credai un diwinydd, Dr Kennett White, archddiacon Huntingdon, yn 1706 fod plant a ddarllenai'r gwaith hwnnw, ynghyd â'r Beibl a'r catecism, yn eu harfogi eu hunain yn erbyn Pabyddiaeth.[92] Er mawr ofid i'w offeiriad plwyf, y Parchedig Pryce Davies, darllenodd Harris hefyd *The Practice of Piety* pan oedd yn cynghori'n anghyfreithlon yn ei ardal yng ngyfnod ei dröedigaeth. Mewn llythyr condemniol ato meddai Pryce Davies yn ddi-flewyn-ar-dafod:

> When first I was informed that you took upon you to instruct your neighbours at Trefecca on a particular occasion – I mean, of the nature of the Sacrament – and enforce their duty, by reading a chapter out of that excellent book, 'The Whole Duty of Man', I thought it proceeded from a pious and charitable disposition. But since you are advanced so far as to have your public lectures from house to house . . . it is full time to let you know [that] . . . The office you have freely undertaken belongs not to the laity any farther than privately in their own families.[93]

Geiriau hallt yn wir, sy'n cynnwys un rheswm pam y gwrthodwyd rhoi urddau eglwysig i Harris. Sut bynnag, y mae'n sicr fod y gweithiau y cyfeiriwyd atynt, a ysgrifennwyd gan Anglicanwyr pybyr, wedi cael dylanwad mawr ar Ymneilltuwyr yn ogystal ag ymlynwyr wrth yr Eglwys wladol, yn bennaf am eu bod yn canolbwyntio ar hanfodion y ffydd Brotestannaidd ac yn rhoi pwyslais ar edifeirwch a maddeuant pechodau ac ar iachawdwriaeth yr unigolyn.

Symudiad ymlaen o'r awyrgylch hwnnw oedd pwysleisio ymarfer duwioldeb yn y cartref a defosiwn teuluol, arferiad y rhôi crefyddwyr o bob tuedd ddiwinyddol, yn cynnwys y Methodistiaid, amlygrwydd iddi. Codai hynny o'r ffaith fod y teulu'n sefydliad cadarn yn y gymdeithas ac estynnai'r traddodiad yn ôl i gyfnod y Diwygiad Protestannaidd. Rhoddodd John Penry, y Ficer Prichard, Richard Allestree a Lewis Bayly, er enghraifft, bwyslais mawr arno. Meddai Bayly, yn y cyfieithiad o'i waith gan Rowland Vaughan o Gaer-gai: 'Os dy alwedigaeth yw, cadw ty a thylwyth, na thybia fod yn ddigon abl i ti dy hun weddio a gwasanaethu Duw yn vnion, . . . eithr rhaid i ti beri i bawb a fyddo tan dy lywodraeth wneuthur yn vnrhyw gyd â thi.'[94] Y mae'n wir fod bryd Harris a'i gyd-Fethodistiaid ar ddatblygu'r seiat fel math o 'gylch teuluol' crefyddol yn ei ystyr ehangaf ac, wedi 1750, ei amcan oedd sefydlu 'teulu' yn Nhrefeca ar ffurf comiwn Cristnogol disgybledig dan ei arweinyddiaeth dros gyfnod o ugain mlynedd.[95] Er bod Harris a'i gyd-Fethodistiaid yn canolbwyntio ar y seiat a phregethu agored mewn gwlad a thref, mwynhâi letygarwch yn nhai boneddigion mawr a mân, megis Marmaduke Gwynne o'r Garth ger Llanllywenfel, sir Frycheiniog, a Robert Jones o Ffwl-y-mwn, Bro Morgannwg, a chynhaliai gyfarfodydd defosiynol ynddynt.[96]

Yna, yn olaf, gwelwyd cydlyniad yn y pwyslais ar barchu'r drefn wleidyddol a chymdeithasol. Yn wyneb beirniadaeth gynyddol dadleuai'r Methodistiaid nad oeddynt yn annheyrngar i'r frenhiniaeth na'r sefydliadau gwladwriaethol ac nad oeddynt yn herio cyfraith gwlad. Wrth amddiffyn eu safiad yn erbyn Syr Watkin Williams Wynn o Wynnstay mewn achos yn erbyn pregethwr Methodistaidd yn 1748, meddai Harris yn ddigon eofn wrth gymharu'r Methodistiaid a'r Ymneilltuwyr:

> for ye Puritans who seem'd to be chiefly levelld att in that act were non conformists & drew people from ch. Communion all they cd as we draw them into it which makes a great Difference between our & their assemblies & is a Plea that ought to exempt us wholly from its Power & ought to weigh also with the Friends of the Governmt as our Loyalty is so well known if any True Policy, Justice, or Prudence with any spark of Love to Truth is left in ye Land.[97]

Trafodwyd eisoes y cefndir i'r gwrthwynebiad i'r Methodistiaid a'r dadleuon cryf a gyflwynwyd i'w hamddiffyn rhag cael eu cyhuddo o deyrnfradwriaeth ac o achosi terfysg. Credai Harris, fel eraill o'i flaen, mai creu dinasyddion gonest oedd un o ddibenion y pregethu a'r seiadu – y rhai a anogwyd 'i gariad a gweithredoedd da' ac a ofalai 'am fywyd ac ymarweddiad, ysbryd a thymer, er mwyn dwyn beichiau ei gilydd'.[98] Yn *Atteb Philo-Evangelius i Martha Philpur* (1763), sy'n ddadansoddiad gan Williams Pantycelyn o ysbryd y Diwygiad Methodistaidd, ceir adran ar y casineb a deimlwyd tuag at y Methodistiaid ac amddiffyniad yr awdur i'r cyhuddiad nad oeddynt yn deyrngar i'r frenhiniaeth. Y mae ei eiriau'n bur drawiadol:

> ond am beth y mae'r llid? Am eu bod yn myned ar ôl yr Arglwydd â'u holl galon. Maent more ffyddlon i'r brenin â neb arall, maent yn heddychol ac yn hawdd eu trin. Nid ŷnt nag yn ymladd na rhyfela, nag yn dwyn cochl neb oddi arno . . . Da iawn fod cyfreithiau'r deyrnas heb fod yn eu herbyn, onide buasent wedi cael eu danfon allan o'r byd. Maent tan lywodraeth dda George y 3ydd, ond yn benna tan lywodraeth Iesu frenin y saint.[99]

Tanlinellwyd yr angen i gynnal y drefn gyfreithiol ac aed ati i eithafedd i gyfiawnhau eu hymlyniad wrth yr Eglwys wladol, sefyllfa, ynghyd â ffactorau eraill, a fu'n gyfrwng i achosi drwgdeimlad pellach rhwng y Methodistiaid a chlerigwyr ac a osododd sylfaen i agwedd wleidyddol-geidwadol yr enwad newydd am rai degawdau wedi'r gwahaniad yn 1811.[100]

Nodiadau

[1] G. H. Jenkins, *Literature, Religion and Society in Wales, 1660–1730* (Cardiff, 1978), tt. 118–45; *idem*, 'Llenyddiaeth, crefydd a'r gymdeithas yng Nghymru, 1660–1730', yn W. J. Rees (gol.), *Y Meddwl Cymreig* (Caerdydd, 1995), tt. 128–41. Gw. pennod VI am fanylder ar y sefyllfa grefyddol mewn llenyddiaeth Gymraeg yn rhan gyntaf yr ail ganrif ar bymtheg, tt. 209–34.

[2] Ymhlith cyfrolau ar y pwnc dylid darllen yr adrannau perthnasol yn *HMGC*, yn arbennig R. Tudur Jones, 'Yr hen Ymneilltuwyr, 1700–1740', I, tt. 13–42; R. T. Jenkins, *Hanes Cymru yn y Ddeunawfed Ganrif* (Caerdydd, 1931); D. Ll. Morgan, *Y Diwygiad Mawr* (Llandysul, 1981). Gw. hefyd W. R. Ward, *The Protestant Evangelical Awakening* (Cambridge, 1992); *idem*, 'Power and piety: the origins of religious revival in the early eighteenth century', *Bulletin of the John Rylands Library*, LXIII (1980), 231–52.

[3] E. M. White, 'Addysg boblogaidd a'r iaith Gymraeg' yn G. H. Jenkins (gol.), *Y Gymraeg yn ei Disgleirdeb: Yr Iaith Gymraeg cyn y Chwyldro Diwydiannol* (Caerdydd, 1997), tt. 315–34; G. H. Jenkins, *The Foundations of Modern Wales 1642–1780* (Oxford/Cardiff, 1993), tt. 53–4.

[4] Yn y maes hwn darllener M. G. Jones, *The Charity School Movement* (Cambridge, 1937), tt. 266–313; M. Clement, *The SPCK and Wales, 1699–1740* (London, 1954). Ar y datganiadau gw. D. W. R. Bahman, *The Moral Revolution of 1688* (Newhaven, 1957), tt. 14–16; D. Ogg, *England in the Reigns of James II and William III* (Oxford, 1969), tt. 530–3; Jenkins, *Literature, Religion and Society in Wales*, tt. 82–112.

[5] N. Lloyd (gol.), *Cerddi'r Ficer: Detholiad o Gerddi Rhys Prichard* (Abertawe, 1994), tt. 97, 102.

[6] Griffith Jones, *Hyfforddiad i wybodaeth iachusol o egwyddorion a dyletswyddau* (Llundain, 1748).

[7] G. H. Jenkins, 'Hen filwr dros Grist: Griffith Jones Llanddowror' yn *Cadw Tŷ mewn Cwmwl Tystion: Ysgrifau Hanesyddol ar Grefydd a Diwylliant* (Llandysul, 1990), tt. 163–4; *ODNB*, 30, tt. 501–2.

[8] G. H. Hughes (gol.), *Rhagymadroddion, 1547–1659* (Caerdydd, 1951), t. 123; R. G. Gruffydd, 'Michael Roberts o Fôn a Beibl Bach 1630', *TCHNM*, 1989, 25–41; *idem*, 'Anglican Prose' yn *idem*, (gol.), *A Guide to Welsh Literature, c.1530–1700* (Cardiff, 1997), tt. 183–9.

[9] Hughes, *Rhagymadroddion*, tt. 123–4.

[10] Ibid., tt. 124–5.

[11] Am drafodaeth ar y graddau y cyflwynwyd polisi crefyddol Laud i Gymru gw. Ll. Bowen, 'Wales in British Politics *c.*1603–1642' (Traethawd Ph.D. anghyhoeddedig, Prifysgol Cymru, 1999), tt. 377–408.

[12] Hughes, *Rhagymadroddion*, tt. 126–7.

[13] C. Hill, 'The spiritualization of the household' yn *Society and Puritanism in Pre-Revolutionary England* (London, 1964), tt. 443–81.

[14] J. Penry, *A Treatise Wherein is Manifestlie Proved, that Reformation and those that sincerely fauor the same, are vnjustly charged to be enemies vnto her Maiestie, and the state* (London, 1590), Rhagarweiniad [t. 6].

[15] Hughes, *Rhagymadroddion*, tt. 130–1.

[16] Ibid., t. 128.

[17] Jeremy Taylor, *Rheol Buchedd Sanctaidd*, cyf. Ellis Wynne (Caerdydd, 1928), A3(a). Gw. hefyd H. Lewis (gol.), *Hen Gyflwyniadau* (Caerdydd, 1948), tt. 55–6.

[18] Lewis, *Hen Gyflwyniadau*, t. 56.

[19] Ibid.

[20] Ibid., t. 58.

[21] Ibid., t. 60.

[22] J. le Neve (gol.), *Fasti Ecclesiae Anglicanae*, 3 cyfrol (London, 1854), I, tt. 77, 148; *BC*, tt. 1039–40; D. R. Thomas, *History of the Diocese of St Asaph*, 3 cyfrol (Oswestry, 1908–13), I, t. 234; Lewis, *Hen Gyflwyniadau*, t. 62; Browne Willis, *Survey of the Cathedral Church of St Asaph* (London, 1801), tt. 142–3. Cyhoeddodd rai o bregethau John Locke a thalfyriad o *An Essay concerning Human Understanding* (London,1696), a gyfieithwyd i'r Ffrangeg a'r Eidaleg.

[23] Lewis, *Hen Gyflwyniadau*, t. 62.
[24] Ibid., tt. 63–6; J. E. Griffith, *Pedigrees of Anglesey and Caernarvonshire Families* (Horncastle, 1914), t. 189.
[25] Lewis, *Hen Gyflwyniadau*, t. 64; G. H. Jenkins, *The Foundations of Modern Wales, 1642–1780* (Oxford, 1993), tt. 152–3; A. H. Dodd, 'The pattern of politics in Stuart Wales', *Traf. Cymmr*, 1948, 84.
[26] Lewis, *Hen Gyflwyniadau*, t. 67.
[27] Ibid., t. 70; H. F. J. Vaughan, 'The Wynne of Leeswood family Bible', *AC*, 5ed gyfres, III (1886), 77–9.
[28] Ibid., t. 76; Griffith, *Pedigrees*, t. 281.
[29] Lewis, *Hen Gyflwyniadau*, t. 80.
[30] Jenkins, *Literature, Religion and Society in Wales*, t. 17 (a'r cyfeiriadau yno).
[31] Griffith Jones, *Selections from the Welch Piety*, gol. W. M. Williams (Cardiff, 1938), [1746], tt. 13, 18.
[32] Ibid. 1747, Rhagair, t. ii.
[33] Ibid. 1746, t. 14; J. McLeish, *Evangelical Religion and Popular Culture: A Modern Interpretation* (London, 1969), t. 136. Gw. hefyd tt. 138–49.
[34] Jones, *Welch Piety*, tt. 108–9.
[35] J. Penry, *Three Treatises Concerning Wales*, gol. D. Williams (Cardiff, 1960), tt. 162–3. Gw. pennod III, tt. 103–5.
[36] Penry, *Three Treatises*, t. 61.
[37] Erasmus Saunders, *A View of the State of Religion in the Diocese of St David's* (1721, adargraffiad, Caerdydd, 1949), tt. v, vii.
[38] Ibid., tt. 11–12.
[39] G. Jones, *A Letter to a Clergyman evincing the necessity and vindicating the Method of Instructing Poor and Ignorant People to read the Holy Scriptures in their native Language* (1745), t. 49.
[40] Gw. G. H. Jenkins, 'Hen filwr dros Grist', tt. 168–73.
[41] *Religious Societies: Dr Woodward's 'Account'* [Dr Josiah Woodward], gol. D. E. Jenkins (Liverpool, 1935), t. 46; *ODNB*, 60, tt. 243.
[42] Jenkins, *Religious Societies*, t. 64.
[43] Ibid., t. 67.
[44] Ibid., t. 68.
[45] Ibid., t. 88.
[46] Jenkins, *Foundations of Modern Wales*, t. 322.
[47] Jones, *Welch Piety*, tt. 64–5.
[48] F. A. Cavenagh, *Griffith Jones* (Cardiff, 1930), t. 48.
[49] E. Morris, *Y Rhybuddiwr Christnogawl* (1699), t. 65.
[50] Ibid., t. 67.
[51] Ibid., t. 48.
[52] Wynne, *Rheol Buchedd Sanctaidd*, tt. 138–9.
[53] Morris, *Y Rhybuddiwr Christnogawl*, t. 62.
[54] Jones, *Welch Piety*, 1742–3, t. 7. Gw. T. Kelly, *Griffith Jones, Llanddowror: Pioneer in Adult Education* (Cardiff, 1950), t. 37.

[55] Jones, *Welch Piety*, t. 54.

[56] Jenkins, *Religious Societies*, t. 30.

[57] Ibid., t. 41.

[58] M. Clement, 'John Vaughan, Cwrt Derllys, a'i waith (1663–1723)', *Traf. Cymmr.*, 1942, 73–107; T. Shankland, 'Sir John Philipps, the Society Promoting Christian Knowledge and the Charity-School Movement in Wales, 1699–1737', ibid., 1904–5, 74–216; E. G. Wright, 'Dean John Jones (1650–1727)', *TCHNM* (1952), 34–43; E. D. Evans, 'John Evans, Bishop of Bangor, 1702–16', *Traf. Cymmr.*, 2000, 48–50; *ODNB*, 18, tt. 713–4.

[59] Jenkins, *Foundations of Modern Wales*, t. 257 ymlaen; P. Morgan *The Eighteenth-Century Renaissance* (Llandybïe, 1981); R. P. Evans, 'Mythology and tradition' yn T. Herbert a G. E. Jones (goln), *The Remaking of Wales in the Eighteenth Century* (Cardiff, 1988), tt. 149–59.

[60] Am Francke gw. E. Evans, 'Pietism and Welsh Calvinistic Methodism', *CH*, 25 (2001), 7–17.

[61] Augustus Hermann Francke, *Pietas Hallensis* (London, 1705), tt. 5–6.

[62] Clement, *The SPCK and Wales*, t. 51.

[63] *ODNB*, 28, tt. 155–6.

[64] R. W. Harris, *Reason and Nature in the Eighteenth Century, 1714–1780* (London, 1968), tt. 9–12, 72–9; R. E. Davies, *Methodism*, (London, 1964), tt. 31–5.

[65] J. Locke, *An Essay Concerning Human Understanding*, gol. P. H. Nidditch (Oxford, 1979), IV, tt. xviii, tt. 691–2.

[66] Davies, *Methodism*, tt. 31–4.

[67] Clement, *The SPCK and Wales*, t. xiv; *idem* (gol.), *Correspondence and Minutes of the SPCK Relating to Wales, 1699–1740* (Cardiff, 1952), t. 247.

[68] *BC*, tt. 707–10; Shankland, 'Sir John Philipps', 74 ymlaen.

[69] Clement, *Correspondence and Minutes*, t. 310.

[70] Ibid., t. 9.

[71] Ibid., t. 306.

[72] Ibid., t. 310. Gw. hefyd t. 178.

[73] E. Morgan (gol.), *Letters of the Rev. Griffith Jones to Mrs Bevan* (London, 1832), t. 198.

[74] Aelod o deulu Meyrickiaid Ucheldre, Gwyddelwern, oedd Edmund Meyrick, *BC*, tt. 593–4.

[75] Griffith, *Pedigrees*, t. 167; Thomas, *St Asaph*, I, t. 255.

[76] Clement, *Correspondence and Minutes*, t. 25.

[77] Ibid., t. 219.

[78] Ibid., tt. 6–7.

[79] *BC*, tt. 373–4, 447; E. G. Wright, 'Dean John Jones', 34–43; *idem*, 'Humphrey Humphreys, 1648–1712, bishop of Bangor and Hereford', *JHSChW*, II, (1950), 72–86; J. G. Jones, 'Dau arloeswr ym myd addysg, y Deon John Jones a John Vaughan, Cwrt Derllys', *Y Goleuad*, cyfrol 128 (28), 5–6, 128 (29) (2000), 5–6.

[80] Clement, *Correspondence and Minutes*, tt. 33, 34.

[81] Ibid., tt. 72, 77.

[82] Ibid., t. 86.

[83] Willis, *A Survey of the Cathedral Church of Bangor* (London, 1721), t. 70.

[84] Clement, 'John Vaughan, Cwrt Derllys', 73–107.

[85] *Idem*, *Correspondence and Minutes*, tt. 90, 94, 95, 101–4; W. Rowlands, *Llyfryddiaeth y Cymry*, gol. D. Silvan Evans (Llanidloes, 1869), t. 292.

[86] Jenkins, *Literature, Religion and Society in Wales*, tt. 305–9; *idem*, 'Llenyddiaeth, crefydd a'r gymdeithas yng Nghymru, 1660–1730' tt. 122–41; *idem*, *The Foundations of Modern Wales*, tt. 204–12; A. Lewis, 'Llyfrau Cymraeg a'u darllenwyr, 1696–1740', *Efrydiau Athronyddol*, XXXIV (1971), 46–50.

[87] *HHRS*, tt. 95, 130, 133.

[88] Ibid., t. 90.

[89] Eryn M. White, *'Praidd Bach y Bugail Mawr': Seiadau Methodistaidd De-Orllewin Cymru, 1737–50* (Llandysul, 1995), tt. 130, 132; *idem*, '"Y byd, y cnawd a'r cythraul": disgyblaeth a threfn seiadau Methodistaidd de-orllewin Cymru, 1737–1750' yn G. H. Jenkins (gol.), *Cof Cenedl: Ysgrifau ar Hanes Cymru*, VIII (Llandysul, 1993), tt. 71–102; *idem*, 'Y modd i wneud Methodist', *CH*, 18 (1994), 8–10.

[90] *HHRS*, t. 123.

[91] Ibid., t. 170.

[92] W Kennet, *The Charity Schools for Poor Children recommended in a Sermon* (16 Mai 1706); Jones, *Charity School Movement*, t. 14.

[93] *HMGC*, I, t. 98; *The Trevecka MSS Supplement to the Journal of the Calvinistic Methodist Historical Society*, II (Mawrth 1918), tt. 69–70.

[94] Lewis Bayly, *Yr Ymarfer o Dduwioldeb*, cyf. Rowland Vaughan (Llundain, 1630), t. 284; Morgan, *Y Diwygiad Mawr*, tt. 14–15; J. G. Williams, 'Rhai agweddau ar y gymdeithas Gymreig yn yr ail ganrif ar bymtheg', *Efrydiau Athronyddol*, XXX (1968), 45.

[95] White, *'Praidd Bach y Bugail Mawr'*, tt. 138–40.

[96] *STL I*, t. 2; A. H. Williams, 'Marmaduke Gwynne a Howel Harris', *CH*, LV, rhif 4, (1970), 65–81; *idem*, 'The Gwynnes of Garth', *Brycheiniog*, XIV (1970), 81–2.

[97] *STL II*, t. 15.

[98] *HMGC*, I. t. 176.

[99] G. H. Hughes (gol.), *Gweithiau William Williams, Pantycelyn, II, Rhyddiaith* (Caerdydd, 1967), tt. 29–30.

[100] Am fwy o gefndir ar y thema hon gw. R. T. Jenkins, *Hanes Cymru yn y Bedwaredd Ganrif ar Bymtheg*, I, 1789–1843 (Caerdydd, 1933), tt. 27–32; F. P. Jones, 'Gair yn ei amser', *TCHSDd*, V (1956), 35–59; J. Roberts, *Methodistiaeth Galfinaidd Cymru* (Llundain, 1931), tt. 98–102.

XII

METHODISTIAETH GYNNAR: Y GYFRAITH A'R DREFN GYMDEITHASOL YNG NGHYMRU

Digwyddodd y Diwygiad Methodistaidd yng Nghymru mewn cyfnod tawel a digynnwrf yn hanes gwleidyddol y deyrnas. Ar y pryd yr oedd y Chwigiaid yn llywodraethu'r wlad a Syr Robert Walpole yn anterth ei nerth. Dyma'r cyfnod o sefydlogrwydd gwleidyddol sy'n nodweddu blynyddoedd canol y ddeunawfed ganrif. Wedi i'r Hanoferiaid esgyn i'r orsedd yn 1714 ac wedi i'r Chwigiaid sefydlu eu goruchafiaeth lywodraethol am yn agos i hanner canrif, gwawriodd cyfnod llai anniddig a rhyfelgar na blynyddoedd canol yr ail ganrif ar bymtheg o'r Rhyfeloedd Cartref hyd at y Chwyldro Gogoneddus ac Ardrefniant Chwyldroadol 1689 a rhyfeloedd y Gynghrair Fawr ac Olyniaeth Sbaen. Gyda dyfod yr Hanoferiaid a'r Chwigiaid cyfrannodd crefydd at greu sefydlogrwydd dan weinyddiaeth Walpole. Pan gafodd Howel Harris a'i gydarweinwyr Methodistaidd eu tröedigaeth yn y 1730au hwyr a phan ddechreuasant deithio o amgylch y wlad yn pregethu, cynghori a sefydlu seiadau nid oedd dim argyfyngau mawr yn bygwth llywodraeth y deyrnas, beth bynnag a ddywedir am wrthwynebiad yr Eglwys wladol a'r llywodraeth i'w gweithrediadau gyda'r bwriad o'u rhwystro rhag cyhoeddi'r Efengyl yn y meysydd agored a'r trefi. Oddeutu deng mlynedd wedi tröedigaeth Howel Harris cafwyd y bygythiad gwleidyddol peryclaf i'r deyrnas yn rhan gyntaf y ddeunawfed ganrif, sef ail Wrthryfel yr Iacobyddion yn 1745. Erbyn hynny, er cymaint y gwrthwynebiad i'r Methodistiaid, yr oedd y mudiad ar ei gynnydd oddi mewn i'r Eglwys ac nid oedd dim y gallai hi na'r wladwriaeth ei wneud i atal brwdfrydedd y teithio a'r cenhadu cynyddol a grym yr argyhoeddiad a nodweddai'r pregethwyr a'r cynghorwyr, fel y dengys y cyfoeth o ffynonellau sydd ar gael.[1]

Y mae'r Diwygiad Methodistaidd wedi bod ac yn parhau i fod yn bwnc poblogaidd iawn sydd bellach wedi cynhyrchu nifer helaeth o gyhoeddiadau allweddol sy'n ddehongliad ohono. O fwrw golwg dros y llenyddiaeth a gyhoeddwyd – ac a gyhoeddir amdano – nid oes amheuaeth fod haneswyr y mudiad ac eraill wedi darganfod porfa fras iddynt eu hunain. Y mae cryn dipyn o ymchwil wedi ymddangos ar y prif ddiwygwyr a'u cynnyrch gohebol a llenyddol, a'r hanesydd pennaf yn y maes yn ddiau yw Gomer Morgan Roberts a gyfrannodd yn helaethach na'r un ohonynt i gefndir hanesyddol, crefyddol a chymdeithasol ac arweinwyr y digwyddiad rhyfedd hwnnw yn hanes Cymru. O gofio am natur a maint y dystiolaeth lawysgrifol a chyhoeddedig sydd ar gael am y genhedlaeth gyntaf yn unig – yn llythyrau, dyddiaduron, cofnodion a chynnyrch prydyddol a rhyddiaith – nid yw'n syndod fod y pwnc wedi denu ysgolheigion hanes a llên, yn arbennig mewn rhai cyfeiriadau, i gyhoeddi astudiaethau ar y pwnc. Ceir y pwyslais ganddynt dro ar ôl tro ar arweinwyr a chynorthwywyr y diwygiad, eu cysylltiadau, eu symudiadau a'u hanawsterau, y drefn Fethodistaidd ac ar y wedd grefyddol ac efengyleiddiol i'w gweithgarwch. Yn ddiweddar, ysgrifennwyd ar rai agweddau sylfaenol eraill i hanes twf Methodistiaeth, yn arbennig safle'r mudiad yn ei berthynas â'r Eglwys a'r wladwriaeth, strwythur cymdeithasol y mudiad a safbwyntiau unigol yr arweinwyr, y dilynwyr, y cefnogwyr a'r gwrthwynebwyr wrth geisio amddiffyn yr *enthusiasm* a'u meddiannai neu ymwrthod yn llwyr ag ef. Trwy gyfrwng y ffynonellau cyfoethog sydd bellach ar gael daeth cyfle i dreiddio dan yr wyneb i geisio dadansoddi beth oedd arwyddocâd y Diwygiad yn y gymdeithas ar ei lletaf yng Nghymru ac yn ei pherthynas â datblygiadau yn llywodraeth y deyrnas.[2] O'r pwys mwyaf mewn unrhyw astudiaeth o Fethodistiaeth yw'r cwestiynau y dylid o leiaf ceisio'u hateb, yn arbennig beth oedd sail y berthynas rhwng yr Eglwys sefydledig a'r wladwriaeth yn y ddeunawfed ganrif a sut aeth Howel Harris a'i gyfoedion ati i egluro eu safbwyntiau crefyddol a gwleidyddol? I ba raddau y buont yn llwyddiant yn wynebu ac yn trechu'r gwrthwynebiad iddynt a pha ddadleuon a ddefnyddient er mwyn gwneud hynny? Ai at y werin bobl yn unig yr apeliodd neges y Methodistiaid neu a gafwyd apêl ehangach? Beth oedd ymateb yr haenau cymdeithasol mwyaf llewyrchus eu byd i'r mudiad a pha fesur o gymorth a roesant iddo? Ac i grynhoi'r cyfan, sut, ac i ba raddau, y mae profiadau grymus o'r fath yn adlewyrchu ansawdd a nodweddion cymdeithas yn oes Howel Harris yng Nghymru?

Wedi gosod y cefndir cymdeithasol yn yr astudiaeth hon bwriedir rhannu'r drafodaeth ar Fethodistiaeth yn ei chyfnod bore hyd at farw Howel Harris yn 1773, yn dair prif ran, gan bwysleisio rhai o'r ffactorau sylfaenol yn y berthynas rhwng y diwygwyr Methodistaidd a'r Eglwys, y llywodraeth a'r gymdeithas y llafuriasant ynddi. Beth y gellir ei ddweud am natur ac ansawdd y gymdeithas honno y teimlai'r Methodistiaid cynnar fod ynddi her a chyfle? Yn y lle cyntaf ystyrir rhai nodweddion y cefndir cymdeithasol a fu'n gyfrwng i weld blodeuo Methodistiaeth ac i sicrhau y byddai'n ymsefydlogi yn rhai ardaloedd yng Nghymru o'i dyddiau cynnar.

Cymdeithas wledig, i bob pwrpas, a gafwyd yng Nghymru'r ddeunawfed ganrif gyda nifer dda o drefi bychain, rhai ohonynt yn bur llewyrchus. Y mae'n debyg fod ei phoblogaeth dros 500,000 ym mlynyddoedd canol y ganrif a honno'n wasgaredig. Cymdeithas geidwadol oedd hi, yn arbennig yn yr ardaloedd mwyaf anghysbell, a chymdeithas a oedd i raddau'n statig er bod symud yn digwydd ymhlith rhai carfanau o'r boblogaeth, yn arbennig i'r trefi a thros y ffin am resymau masnachol, neu oherwydd cyni economaidd a thwf diwydiannol. Fel yn y gorffennol yr oedd strwythur y gymdeithas yn parhau i fod yn hierarchaidd a gwahaniaethau pendant mewn statws i'w gweld rhwng y llafurwyr ar y naill law a'r bonheddwyr mwyaf ffyniannus ar y llaw arall. Yn y canol cafwyd mân fonheddwyr, yn llai eu galluoedd na'r boneddigion mawr o ran incwm a moddion byw ond eto'n flaenllaw a thra dylanwadol yn eu hardaloedd. Iwmyn, rhydd-ddeiliaid a ffermwyr tenant a gynrychiolai drwch y boblogaeth, a gosodwyd hwy haen yn is na'r bonheddwyr ac yn gynheiliaid yr economi wledig.

Yr oedd trefi hefyd yn ffynnu a'r pwyslais ynddynt yn bennaf ar y gymuned broffesiynol – gwŷr y gyfraith, gweinyddwyr a masnachwyr. O'u cymharu â threfi bras Lloegr nid oeddynt yn gyfoethog ond eto'n ganolfannau digon llewyrchus ac angenrheidiol i ddatblygu economi drefol. Yn eu plith cafwyd Wrecsam, Abertawe, Caerfyrddin, Caernarfon, Biwmares, Hwlffordd, Caerdydd a Dinbych, ac ymwelodd y Methodistiaid cynnar â nifer ohonynt. Yr oedd ynddynt ddosbarth canol bychan a theuluoedd eithaf sylweddol eu byd; cymdeithas ddiwyd, ymwthgar oedd hi a chryn ddylanwad ganddi yn ei pherthynas â'r gymdeithas wledig o'i chwmpas. Yn ôl Benjamin Heath Malkin yn ei gyfrol *The Scenery, Antiquities, and Biography of South Wales* (1804) yr oedd Hwlffordd, er enghraifft, yn dref bur gyfoethog. 'The market here', meddai, 'is one of the largest and most abundant in Wales.'[3] Er nad oedd y trefi'n fawr, ac yn llai o lawer o ran maint a phoblogaeth na rhai Lloegr, yr oeddynt yn datblygu'n ystod y ganrif. Yr oedd llawer o'r cymunedau hyn yng nghefn gwlad Cymru'n Gymraeg eu hiaith a'r rhai mwyaf Seisnig ohonynt ar y gororau hefyd yn bur Gymreig, yn arbennig ar ddyddiau ffair a marchnad pan ddeuai'r boblogaeth wledig iddynt. 'As the markets of large Welsh towns are chiefly filled by the inhabitants of villages and hamlets,' meddai Richard Warner yn *A Walk Through Wales* (1798) wrth gyfeirio at dref y Fenni, 'the business of the day is transacted in the language of the country.'[4] Disgrifiodd Thomas Pennant dref Wrecsam fel 'the largest in North Wales', ac aeth un teithiwr arall rhagddo i'w galw'n brifddinas gogledd Cymru.[5]

Y tirfeddianwyr mawr a bach, fodd bynnag, a reolai Cymru yn ôl eu safle yn y gymdeithas sirol, llawer ohonynt yn ddisgynyddion i deuluoedd uchelwrol Cymreig a fuasai'n flaenllaw yn hanes Cymru am ganrifoedd cyn hynny. O fewn cylch y gymdeithas freintiedig hon cafwyd gwahaniaethau mewn galluoedd materol, a'r raddfa gymdeithasol yn ymestyn o'r bonedd mawr ar y brig gydag incymau o £3,000 a llawer ohonynt ymhell dros hynny, i'r mân fonedd llai eu hadnoddau ond eto'n barchus eu safle yn y gymdeithas wledig. Yr oedd gan y mawrion hyn gryn awdurdod a dylanwad am eu bod yn berchen ar ystadau eang a chysylltiadau ganddynt, yn fynych trwy briodas, â theuluoedd sylweddol yn Lloegr. Yr oedd y tirfeddianwyr hyn wedi seisnigeiddio ac yn aml yn absennol, a dirprwyent y cyfrifoldeb o weinyddu eu tiroedd i feilïaid a stiwardiaid. Eto, meddent ar swyddi pwysicaf y sir, a hwy oedd aelodau seneddol eu siroedd a'r bwrdeistrefi. Ar y brig safai pendefigion fel yr ardalydd Powys yng nghanolbarth Cymru, yr Iarll Penfro ym Morgannwg a'r Dug Beaufort yng Ngwent ynghyd â theuluoedd Williams Wynn o Wynnstay, Bulkeley o Baron Hill, Môn, Morganiaid Tredegyr yng Ngwent, Fychaniaid Traws-goed (ieirll Lisburne), Llwydiarth a'r Gelli Aur (ieirll Carbery), Prysiaid Gogerddan ynghyd â Middeltoniaid y Waun. Datblygodd cylch o dirfeddianwyr oligarchaidd na feddent ar egwyddorion gwleidyddol pwysicach na gwylio'u buddiannau eu hunain.

Labelau'n unig oedd teitlau megis 'Chwig' a 'Thori' a'r bwriad oedd ymestyn a chadarnhau eu dylanwad a'u meddiannau. Dangoswyd teyrngarwch ac ufudd-dod i deuluoedd o'r fath gan eu tenantiaid. Oddi tanynt trigai haenau o fonedd mwy canolig ond eto'n ddigon sylweddol gydag incymau'n amrywio o tua £500 i £1,000 neu ychydig mwy. Yn is i lawr y raddfa lleolwyd y boneddigion a hawliai statws freintiedig er nad oedd eu cyfoeth mewn tir lawer mwy na £100 y flwyddyn, os hynny. Ni allai hwy na'r ysweiniaid gwledig gystadlu â'r boneddigion mawr am y swyddi uchaf yn y sir yn cynnwys aelodaeth seneddol ond, oherwydd y meddiannau materol a oedd ganddynt, gwasanaethent ar feinciau ustusiaid heddwch yn eu siroedd, a mwynhaent hwythau hefyd, ar raddfa lai, statws barchus yn eu cymdeithas. Dyma'r math o wŷr a ddychanwyd gan Ellis Wynne yn *Gweledigaetheu y Bardd Cwsc*; er nad oedd ganddo air da i'w ddweud amdanynt ni ddylid eu collfarnu'n llwyr.[6] Gan eu bod yn preswylio yn eu plastai ac yn gweinyddu eu hystadau yr oeddynt yn nes at eu pobl, yn Gymraeg eu hiaith ac yn gynheiliaid y diwylliant brodorol.[7] Wedi adferiad y frenhiniaeth a'r dosbarth tirfeddiannol traddodiadol yn 1660 datblygodd bwlch cymdeithasol ac economaidd rhwng y bonedd mawr a'r mân ysweiniaid hyn, gan roi i'r ddeunawfed ganrif un o'i phrif nodweddion.[8]

Beth ddywed strwythur y gymdeithas am gyflwr Cymru yn ei pherthynas â'r Diwygiad Methodistaidd? Adlewyrcha'r cefndir nifer o nodweddion diddorol, yn bennaf, fel y cyfeiriwyd eisoes, mai gwlad o lonyddwch gwleidyddol oedd Cymru. O flynyddoedd canol y ganrif ymlaen, yr oedd hi hefyd yn wlad lle y bu datblygiadau diwydiannol ar raddfa fawr ond, yn wahanol i John a Charles Wesley yn Lloegr, gweithredai Methodistiaid Cymru'n bennaf o fewn cymunedau gwledig a phentrefol yn hytrach nag mewn trefi. Eto, oherwydd bod y rheini'n cynyddu a swyddogaethau masnachol a phroffesiynol yn datblygu gwelodd y diwygwyr eu cyfle i gyflwyno eu neges yn y canolfannau hynny. Cawsant y cyfle i gymdeithasu â chroestoriad eang o'r gymdeithas y llafuriwyd ynddi, o'r tlotaf hyd at yr uchaf eu parch. Manteisiwyd ar raddfeydd cymdeithasol i ymestyn y genhadaeth i gylch mor eang ag oedd bosibl. Yr hyn sy'n arwyddocaol yw bod Methodistiaeth wedi treiddio mor effeithiol a chydag eofndra'r arweinwyr, wedi llwyddo, i raddau pell, i gynyddu nifer eu hymlynwyr.

Beth yw nodweddion y geidwadaeth a'r ymlyniad wrth y drefn gydnabyddedig a gafwyd ymhlith y Methodistiaid yng Nghymru? Cyfyd paradocs diddorol yn y cyswllt hwn oherwydd, er bod yr hawl i wneud hynny yn yr eglwysi plwyf, ni cheid unrhyw arwydd o wrthwynebiad i'r wladwriaeth, ac amlygid hynny yn rhai o'u datganiadau mwyaf pendant. Daeth Methodistiaeth yn rym yng Nghymru a Lloegr mewn cyfnod o ferw deallusol yn yr Eglwys a thu allan iddi. Pwysleisiwyd grym rhesymoliaeth ac, yn rhan gyntaf y ganrif, rhoddwyd mwy o bwys ymhlith nifer yn yr Eglwys – gwŷr eglwysig a lleyg – ar grefydd naturiol. Ystyriwyd bod 'gweithred' yn fwy perthnasol na 'ffydd' a chredwyd mai'r ffurf uchaf ar Gristnogaeth oedd crefydd resymegol a olygai y gellid cysylltu â Duw'n gyfriniol. Nid oedd yr Eang-gredwyr (*Latitudinarians*) yn amau'r ffydd uniongred o gwbl ond pwysleisient rym rheswm a fu'n ddylanwad mawr ar ddisgyblion gwŷr eglwysig amlwg megis John Tillotson, archesgob Caer-gaint (1691–4) ac Edward Stillingfleet, esgob Caerwrangon (1689–99) am gyfnod hyd at tua chanol y ddeunawfed ganrif. Rheswm, meddid, a allai ddarparu'r hyn yr oedd angen amdano i brofi'r gwirionedd dwyfol. Rhoddwyd llai o le i athrawiaethau beiblaidd a mwy i wirioneddau crefydd naturiol ac i foeseg a amlygwyd mewn ufudd-dod i gydwybod. Yr oedd yr Eang-gredwyr yn adweithio'n erbyn Ymneilltuwyr a than ddylanwad y chwyldro gwyddonol, ac oblegid hynny gwrthwynebent emosiwn neu'r hyn a elwir yn 'benboethni' mewn addoliad crefyddol. Gellid deall nodweddion rhesymegol y Bod Dwyfol drwy rym cyfraith natur yn yr amgylchfyd. Am fod Duw yn Dad dynolryw prif ddyletswydd ei blant oedd ymddwyn yn frawdol y naill tuag at y llall. Ystyrid bod ffurf-lywodraeth yr Eglwys yn llai pwysig na gweithredu egwyddorion moesegol yn gyffredinol ymhlith pawb a gredai yng Nghrist. Mewn pregeth gerbron y brenin yn 1717 aeth Benjamin Hoadly, esgob Bangor, rhagddo i danseilio rhai o athrawiaethau'r Eglwys a chychwyn 'Dadl Bangor' a lesteiriodd ymhellach awdurdod athrawiaethol a disgyblaeth o fewn yr Eglwys. A chan na chyfarfu'r Confocasiwn dros gyfnod maith wedi'r flwyddyn honno nid oedd modd adfer rheolaeth yr Eglwys ar y sefyllfa.[9] Ni chredai'r Methodistiaid athrawiaethau o'r fath. Pregethent yr efengyl yn syml, ac edifeirwch a maddeuant pechodau'n ganolbwynt iddi. Anwybyddwyd athrawiaeth gyfoes ynghyd â rhesymoliaeth. Iddynt hwy yr ysgrythurau oedd unig arweiniad y Cristion ac ni chyfeirient at y grefydd naturiol. Gras, nid deallusrwydd, a gynigiai iachawdwriaeth i'r credadun. Pwysleisiwyd efengyleiddio ac ni chynhwyswyd yn eu llenyddiaeth yn y genhedlaeth gyntaf neges gymdeithasol na gwleidyddol gadarnhaol ac eithrio pan gyfeiriwyd at ddyletswydd yr unigolion i ymlynu'n ddiwyro wrth y drefn gydnabyddedig mewn byd ac eglwys am fod y rheini'n brif ganllawiau trefn a disgyblaeth. Pwysleisient yr angen i ymroi'n egnïol i wrthddweud y dybiaeth y gallai rheswm amlygu cariad Duw. Mewn cymdeithas a oedd mewn perygl o greu athroniaeth a hybai hunanoldeb materol rhoddodd y Methodistiaid bwyslais ar deimladrwydd gan bwysleisio pwysigrwydd yr unigolyn – tlawd a chyfoethog – yn y gymdeithas. Cyfeirient yn bennaf at ras Duw'n gweithredu drwy gyfrwng tröedigaeth yr enaid a'r gwirionedd datguddiedig yng Nghrist. Apeliasant at y teimlad yn hytrach na'r rheswm a'r deall. Yn eu barn hwy yr oedd yr Eglwys yn ddiffygiol a'i gwendidau – megis 'esgyb Eingl', amlblwyfaeth, amfeddu, tlodi clerigwyr lleol ac absenoledd – yn ei llesteirio rhag gweithredu'n effeithiol.

Nid gwrthryfelwyr yn erbyn yr Eglwys wladol oedd y Methodistiaid eithr carfan o'i mewn a fwriadai ei diwygio. Datganai Howel Harris a'i gyd-ddiwygwyr yng Nghymru a Lloegr yn awdurdodol ar yr egwyddor honno gan nad oedd yn fwriad ganddynt herio'r drefn gymdeithasol. Pwysleisiwyd ufudd-dod, disgyblaeth a threfn, a thyfodd yr ymdeimlad ymhlith y Methodistiaid eu bod yn stiwardiaid neu oruchwylwyr ac yn ymddiriedolwyr ar ran y ffydd Brotestannaidd a arferwyd. Credent na feddai'r unigolyn ddim ar ei fywyd ei hun am ei fod yn atebol i Dduw trwy'r ysgrythurau, a phwysleisiwyd ganddynt ddisgyblaeth mewn ymddygiad a threfn, nodwedd a adlewyrchwyd yng nghyfansoddiad eu sefydliadau crefyddol. Dangoswyd y ddisgyblaeth yn nhrefn a chyfansoddiad eu seiadau – y graddfeydd o ysbrydolrwydd y disgwylid i'r aelodau eu cyrraedd cyn dod yn gyflawn seiadwyr – ac yng ngwaith y stiwardiaid yn gofalu am fuddiannau'r sefydliad.[10]

Yn sgil eu safbwynt ar yr Eglwys datganwyd teyrngarwch hefyd i'r wladwriaeth ac ufudd-dod llwyr i gyfreithiau'r deyrnas. Defnyddiwyd yr Eglwys gan y llywodraethau Chwigaidd i greu undod a rheolaeth wleidyddol a chymdeithasol. Safai dros statws a pharchusrwydd sifil a threfn gymdeithasol draddodiadol gan wylio buddiannau'r uchaf a'r mwyaf breintiedig yn y gymdeithas *caste* honno. Edrychwyd arni fel cyfrwng i gynnal awdurdod y drefn wleidyddol oligarchaidd, cynnal delwedd yr olyniaeth Brotestannaidd a'r sefydliad eglwysig ac ymarfer goddefgarwch. Gwelai'r arweinwyr Methodistaidd hwy eu hunain yn gweithredu o fewn cyfundrefn o'r fath: 'we have all every where Great freedom in hear,' meddai Howel Harris wrth George Whitefield yn 1745, 'to wrestle for our Lawfull King George, & also for this poor sinfull nation, wch by all signs seems ripe for Destruction, notwithstanding there are many stir'd up to take up arms'.[11] Cyfeiriad at y gwrthryfel Iacobyddol yn y flwyddyn honno oedd hwn a'r angen i amddiffyn y deyrnas rhag bygythiad Pabyddiaeth Ffrainc. Yng Ngorffennaf glaniodd Charles Edward, yr Ymhonnwr Ifanc, ym Moidart yn ucheldir gorllewinol yr Alban, gan godi gobeithion cefnogwyr teulu brenhinol y Stiwartiaid y byddid yn adfeddiannu'r orsedd. Disgwyliai gymorth milwrol o Loegr a Chymru ac er nad oedd fawr o obaith i'r gwrthryfel lwyddo ofnwyd dylanwad Pabyddiaeth ac effaith bygythiad o'r fath ar sefydlogrwydd y deyrnas.

Er fod Harris yn dal ar y cyfle'n bur fynych i gyflwyno gwedd grefyddol ar ei ddatganiadau ni ellir bwrw amheuaeth o gwbl ar ei deyrngarwch, er ei fod yn ddigon parod ar brydiau i feirniadu'r llys brenhinol am lacrwydd y moesau yno. Wedi'r ymraniad â Daniel Rowland aeth Harris ati'n fwy pybyr yn 1751 i gyhoeddi'r angen am ddiwygio dulliau ymddygiad yn y llys hwnnw a'r sefydliadau a berthynai iddo.

> Thus to go in spirit to ye King's Court & see ye pride, atheism & immorality there & mourn over it & to cry for ye Court, ye both Houses of Parliament, ye Universities & all Schools, Courts of Justice & ye Bishops & Clergy . . . O believe & plead for Great Britain . . . You are ye salt & pillars of it . . .[12]

Yn 1760 cynorthwyodd Harris i drefnu ac arwain milisia sir Frycheiniog a ffurfiwyd ar gyfer amddiffyn y deyrnas rhag y bygythiad milwrol yn ystod y Rhyfel Saith Mlynedd rhwng Prydain a Ffrainc yng Ngogledd America, Canada a mannau eraill yn y byd newydd ac ar gyfandir Ewrop. Rhyfel ymerodraethol oedd hwn, i bob pwrpas, ac ynddo cafodd William Pitt yr Hynaf y cyfle i arddangos ei alluoedd fel prif weinidog dan amgylchiadau rhyfel. Yn sgil y gwrthdaro gwleidyddol ofnwyd goresgyniad Pabyddol unwaith eto, ac oherwydd hynny ni phetrusodd Howel Harris rhag ymuno â chatrawd ei sir. 'We are here', meddai wrth ei frawd Joseph pan yn trafod y manylion am drefniant y milisia, 'of no military Spirit but armed with a true Principle of Loyalty to our God, King [and] Love to our country.'[13] Cadarnhaodd hynny trwy gyfeirio at y 'Liberty & priviledge' a'r 'valuable Blessing of ye gospel' a fwynheid. Hynny a'i hysgogai ef ac eraill i wirfoddoli 'in defence of all these'. Nid oedd gelynion y Methodistiaid, wrth reswm, yn barod i gredu'r hyn y tybient eu bod yn ddatganiadau ffuantus. Fe'u beirniadwyd hefyd am weithredu yn erbyn gorchmynion yr Eglwys a'r wladwriaeth trwy gyfarfod yn anghyfreithlon mewn mannau nad oeddynt wedi eu trwyddedu. Fel y gellid disgwyl amheuwyd hwy o fod yn gefnogol i'r 'Ymhonnwr Ifanc' yn 1745 ac o gynnal seiadau dirgel i'r diben o gynllwynio yn erbyn y wlad. Bu cryn anniddigrwydd ar y pryd yn sir Amwythig a gorllewin swydd Efrog pan gyhuddwyd Methodistiaid y bröydd hynny, yn eu habsenoldeb, o wrthwynebu'r wladwriaeth. Meddai un gohebydd: 'Methodist innovation upon our religion, if permitted, may, in time, bring this one flourishing and happy nation to Ruin and destruction.'[14] Ni ellid eu goddef 'by any legal authority' oherwydd mai 'our religion . . . was the most substantial part of our constitution'. Ofnid y byddent yn creu anhrefn a dryswch 'which, in time, may prove a dangerous tendency even to the confusion of our established religion [and] threaten the overthrow of our good government both in Church and State'. Cyhuddiadau digon difrifol, y mae'n wir, ond fe'u dygwyd gan unigolion – gwreng a bonedd fel ei gilydd – a oedd yn rhagfarnllyd ac, yn fwy na hynny, heb ddeall cymhellion y genhadaeth Fethodistaidd yng Nghymru na Lloegr. Canlyniad hynny oedd fod y cyhuddiadau'n aml yn gwrthddweud ei gilydd ac ar brydiau'n ddryslyd ac arwynebol, a dangosai hynny'r pryder ymhlith y gelynion am fod y mudiad yn cynyddu ac yn denu unigolion a theuluoedd o bwys mewn cymdeithas leol. Pigai cynnwys y neges y gydwybod genedlaethol a dangosid gwendidau yn y drefn grefyddol wladwriaethol fel y gweithredid hi. Y mae gohebiaeth teulu Harris ei hun yn adlewyrchu'r ymlyniad wrth y sefydliad: 'a Prince of the most distinguished virtues' oedd olynydd Siôr II yng ngolwg Joseph Harris, a longyfarchodd ei frawd ar ei ddyrchafiad fel swyddog yn y milisia, 'and wish You long to live to be Serviceable to Your Countrey'.[15] Yr oedd ymateb Howel Harris yn nodweddiadol o wŷr cymharol sylweddol ei gyfnod.

> I most heartily joyn with you all & ye whole Nation in ye Sincere Joy of this Day that we have such a Prospect of ye Continuance of our Civil & Religious Priviledges securd to us in a King & Queen so promising & that so justly Reign in ye United Hearts of all their subjects . . .[16]

Pwysai Howel Harris yn gyson ar gyfraith a chyfreithlonrwydd. Ni fynnai er dim ymwrthod â'i ymlyniad wrth yr hyn a ystyrid ganddo'n gyfiawn yng ngolwg yr awdurdodau. Y mae'n sensitif i'r sefyllfa wleidyddol a allai aflonyddu ar sefydlogrwydd y drefn gyfansoddiadol a hefyd ddinistrio ei amcan i ddiwygio'r Eglwys, ac er ei fod yn dra beirniadol o swyddogion lleol y gyfraith y mae, yr un pryd, yn gofalu nad yw ei ddilynwyr yn tramgwyddo nac yn rhoi cyfle i'r awdurdodau eu hamau. Mewn llythyr yn 1742 at Thomas Price – y bonheddwr Methodistaidd o Blas Watfford, Caerffili – ynglŷn â thŷ cwrdd y Groeswen, dengys ei safbwynt ar faterion o'r fath. Y tebyg yw fod rhai bonheddwyr lleol wedi bygwth ymosod ar yr adeilad, ac yr oedd Harris yn awyddus i'w ddiogelu'n gyfreithlon:

> as is the Lord's no one can legally tear it down . . . as a dwelling house or as the property of any of you and then only converted to public use will . . . entitle it to be his Majesty's protection as if 'twere licensed . . . if it is unlawful, let it be drawn down in a legal manner in his Majesty's name . . .[17]

Wedi iddo aduno ag arweinwyr eraill y Methodistiaid, ymhlith pethau eraill cyfarwyddodd Daniel Rowland a William Williams, Pantycelyn, i beidio â meddwl am ymadael â'r Eglwys, a hefyd 'not to speak bitterly or evil of the Bishop' – sef Samuel Squire, esgob Tyddewi (1761–6), absenolwr ac esgob na thalai fawr o sylw i ddatblygiadau crefyddol yn ei dalaith, a gwrthwynebwr chwyrn i Fethodistiaeth – 'lest the seed of evil or rising againt the Government be found among us'. Nid oedd Harris, ar drothwy degawd olaf ei yrfa, am beryglu'r cyfreithlonrwydd yr ymlynai mor glòs wrtho.[18]

Er nad oedd gwerin Cymru yn orgrefyddol yn rhan gyntaf y ddeunawfed ganrif golygai eu dibyniaeth ar y meistri tir eu bod yn derbyn y drefn gyfansoddiadol ar ei heithaf. Wedi Chwyldro Gogoneddus

1689 rhoddwyd i'r Eglwys swyddogaeth newydd; parhaodd crefydd i fod yn rym gwleidyddol, sefydlwyd Mesur Iawnderau brenhiniaeth Brotestannaidd a gorfodwyd y Brenin William III i lywodraethu'n ôl statudau seneddol ac i gynnal yr Eglwys 'fel y sefydlwyd hi trwy gyfraith'. Yn 1701 cafwyd Deddf y Sefydliad yn gosod yr olyniaeth yn yr Etholwraig Sophia o Hanofer, wyres Iago I, a'i hetifeddion, a'i mab hi, Siôr I, a ddaeth i orsedd Lloegr yn 1714 – blwyddyn geni Howel Harris gyda llaw – fel y brenin Hanoferaidd cyntaf. Felly, sefydlogwyd Eglwys Brotestannaidd Elisabeth I ymhellach ar drothwy'r ddeunawfed ganrif, a daeth yn rhan annatod o'r cyfansoddiad gwleidyddol. Fe'i gwnaed yn 'llawforwyn yn hytrach na phartner uwch neu gyfartal ei safle.'[19] A ffordd o fyw oedd yr Eglwys i'r Methodistiaid hefyd ond bod angen ei glanhau o'i haflendid a'i hadfywio. Amlygwyd hynny yn eu safbwynt ar fater y sacramentau: 'societies, and particularly the exhorters,' meddai'r Parchedig Tom Beynon, 'were agitating for severance from the Established Church but Harris would not hear of it. His counsel was, to remain within the Church until they were turned out.'[20] Parhaodd i amddiffyn yr Eglwys a derbyniai ei sacramentau'n ddiamodol. Credai yn yr olyniaeth apostolaidd a'r angen am ordeiniad esgobol a chymundeb ffurfiol yn yr Eglwys. Yn ei farn ef cyfunwyd y swydd offeiriadol ag ordeiniad ac awdurdod sanctaidd. 'Since the Lord was pleased to work on my Soul . . .', meddai Harris mewn llythyr at Griffith Jones ym Mai 1742, 'I have been a constant Communicant in our Church, and thought it my Duty . . . to communicate in our own Parish Church.' Ac ychwanegodd yn ddi-flewyn ar dafod: 'We never incorporated to a Body as a sect but as reformers in a church.'[21]

Dengys ei ohebiaeth a'i ddyddiaduron yn amlwg ei ymlyniad wrth athrawiaeth y Drindod ac erthyglau'r Eglwys a'i gred yn effeithiolrwydd y sacrament. Nid cyflwr yr offeiriad a weinyddai'r ordinhad oedd bwysicaf yn ei olwg ef ond cyflwr ysbrydol yr unigolyn a gymunai. Deuai breintiau i'w ran yn yr act o gymuno gan nad ystyrid bod yr elfennau'n llygredig. 'Eilunaddoliaeth ynglŷn â'r cymun', meddai Gomer M. Roberts, 'oedd edrych ar y gweinidog yn hytrach nag ar Grist.'[22] Er mai Crist oedd pen ysbrydol yr Eglwys fewnol cydnabu Harris fod yr Eglwys allanol dan awdurdod y gyfraith ac, yn ôl trefn Duw, meddai'r Eglwys honno ar bennaeth seciwlar, sef y brenin. Rhoddai ei fryd ar barchu cyfreithiau Duw uwchlaw popeth arall: 'I must have a regard to His law, before any other law, & to observe other laws only in obedience to his.'[23] Amlygir y safiad hwn ymhellach yn ymateb ffyrnig James Erskine, aelod seneddol Dunfermline a bwrdeistrefi Stirling, mewn llythyr at Howel Harris yn 1745, i'r cymal yn y mesur milisia a orchmynnai fod milwyr i gael eu hyfforddi ('mwstro') wedi gwasanaeth eglwysig ar fore Sul:

> not only Dissenters but many worthy people of the Church of England . . . would not obey such a Law, and that the Penalty annexed to such Disobedience, were enacted against some of the best subjects in Brittain, and that none ought to obey such a Law, because the Parliament nor any Power on earth could abrogate the Law of God.[24]

A gofynnodd bron ar yr un gwynt: 'Should Rebellions & foreign Wars make us depart farther from the Lord?'[25] Yng ngoleuni ei ufudd-dod i Dduw plediodd Erskine ei deyrngarwch i bwerau llywodraeth seciwlar dan awdurdod y brenin a'r senedd. Yn y cyswllt hwnnw y dylid dehongli safbwynt Howel Harris yn ei berthynas â'r Ymneilltuwyr a'i benderfyniad i beidio ag ymuno â hwy. Yn sasiwn bwysig Watfford yn 1743 penderfynwyd peidio ag ymffurfio'n sect neu enwad, peidio â gwrthdaro â'r Eglwys sefydledig, peidio â galw pregethwyr yn gynghorwyr a'r cynulliadau'n eglwysi ond yn seiadau, annog aelodau i gymuno yn yr eglwys, ymwrthod ag ymrannu a pheidio ag annog cynghorwyr i fynnu cael eu hordeinio.[26] Yng Nghastellnewydd Emlyn yn 1742 cofnododd Harris y trafodaethau a gafwyd ar y pwnc llosg o ymadael â'r Eglwys a manteisio ar Ddeddf Goddefiad 1689 a roddodd ryddid i addoli i'r rhai hynny a dderbyniodd 34 o'r 39 erthygl, ymwrthod â Rhufain a chydnabod William III yn bennaeth ar yr Eglwys.

> [We] had a long discourse with some that were for dissenting from Church & Meeting for want of Powerfull Preaching . . . I told them I was persuaded that we were sent only to preach the word to all & not to set up any sect but to leave such as are in Church there & such as are in the meeting there. I cant separate from the Church.[27]

Bum mlynedd yn ddiweddarach, eto yng Nghastellnewydd Emlyn, aeth ati i amddiffyn ei safbwynt ymhellach gan ddweud mai ceisio cynnal ac nid diystyru sefydliad yr Eglwys ddiymadferth y dylid ei wneud. Ofnai, y mae'n debyg, pe gadewid hi y byddai undod y cyfangorff gwladwriaethol yn dymchwel ac y deuai anhrefn llwyr i ddifa'r deyrnas:

> [I] made an apology for staying in ye Established Church, shewing to Dissenters that she is their mother too & tho they call her names – whore etc yet she bears with you & gives you Liberty. Will you be angry because we stay to pump out ye Water, are determined to stay with our aged Mother whilst she has breath; she is blind, deaf, lame & allmost dead, but shall we give her up?[28]

Credai Harris mewn undod crefyddol dan warchodaeth y corff cyfreithlon, ac eto dengys ei ddatganiadau'n fynych pa mor oddefgar y gallai fod am iddo gredu yn undod yr Eglwys eang a gynhwysai bob sect ac enwad. 'I am persuaded for my self,' meddai yn 1742, mewn llythyr at Judith Godwin, gwraig Edward Godwin, gweinidog annibynnol amlwg yn Llundain, 'the Lord calls me as yet to abide in the Communion of the Establishd Church', ac meddai drachefn, y tro hwn wrth Edmund Jones yn yr un flwyddyn: 'As there seems to me but one Body,[29] one Church, one Spirit, one faith and commended to be one in all they may, and Consequently as fellow Members to bear ye Burdens as far as they may of ye whole Body'. Ac eto yn 1760 cafwyd datganiad fel a ganlyn: 'Declared my love to all Dissenters and that I am for toleration for all . . . in this a son to the Church of England in moderation.'[30] Ac meddai ymhellach: ''tis my opinion that the door should be open to receive all of all sects as seem to have the Spirit of Christ'.[31] Yr oedd yn feirniad llym ar yr Eglwys honno, nid i'w difrïo na'i darostwng ond i'w chodi i safle anrhydeddus. Datganodd yn huawdl am bechodau'r oes: 'What universal prophaning of Sabbaths, ignorance, open gaining, profaneness etc, and now what Inroads are made in Satan's kingdom' drwy'r weinidogaeth newydd a gyflwynwyd ganddo ef ac eraill o fewn y sefydliad.[32] Ar brydiau canfyddai fwy o oleuni nag o dywyllwch wrth barhau â'i genhadaeth, a deuai hynny'n bennaf o weld aelodau o'r teuluoedd mwy sylweddol eu byd, yn cynnwys bonedd llewyrchus ac ustusiaid heddwch, yn derbyn ei genadwri. Meddai yn Hydref 1746: 'How He has appeared in His sending mean Instruments, Cobblers etc making Hell to quake before them, and now stirring up some Magistrates and Ministers to be on His side, not being ashamed of Him.'[33] Fis yn ddiweddarach, o

Lanfair-ym-Muallt, hysbysodd gyda bodlonrwydd fod dau ustus ac un gweinidog yn bresennol yn y seiat breifat a gynhaliwyd yno.[34]

Beirniadodd Howel Harris yr Ymneilltuwyr yn hallt am iddynt fod mor hunangyfiawn a deddfol, ac nid oedd ganddo gydymdeimlad â'r gweinidogion yn eu plith a wrthodai roi cymun i Fethodistiaid os parhaent i gymuno yn yr Eglwys. Dim ond pan wrthodwyd y sacrament mewn rhai plwyfi y galwodd Harris ar offeiriaid a gefnogai Fethodistiaeth i'w weinyddu.

Daw cymhlethdodau yng nghymeriad Howel Harris i'r amlwg mewn sawl cyfeiriad. Gwrthodai sacrament y bedydd fel y gweinyddid hi gan y Bedyddwyr ac eto yr oedd yn ddigon parod i gydnabod yr enwad a llafur yr Ymneilltuwyr yn gyffredinol.[35] Teimlai nad oedd y sectau wedi medi'r cynhaeaf a ddisgwyliasant a bod angen eu hadnewyddu'n ysbrydol. Y mae bron popeth a wna Harris yn ei gysylltiadau â'i bobl eu hun a'r Ymneilltuwyr yn dangos ei ysbryd awdurdodol. Yr un pryd, yn y cyfnod cyn yr ymraniad yn 1750, amlygir hefyd ei unplygrwydd a'i arweiniad pendant i fudiad na fyddai byth wedi datblygu trefn oni bai am ei benderfyniadau ar faterion canolog. O gymhwyso ei ddatganiadau a'i dystiolaeth, y mae'n amlwg felly bod yr Eglwys yn rhan hanfodol o'r gyfundrefn lywodraethol yn ei olwg ef. Safai dros unffurfiaeth ac ymlynai'n glòs wrth ddisgyblaeth lem a weithredai ef ei hun ac y disgwyliai i'w ddilynwyr a'r arweinwyr eraill ymlynu wrthi. Ar achlysur yr aduno, pan ofnai Harris fod y mudiad yn colli ei undod, rhybuddiodd Daniel Rowland a'r cynghorwyr 'of the absolute necessity of discipline among them, else they would go to pieces and would never stand as all the sects about us stand'.[36] 'Now', meddai ymhellach, 'there is no order, all go where they will, and who wills goes.' Aeth rhagddo i'w hatgoffa ei fod yn barod i ailymuno â hwy 'to help to bring discipline, and call them to order', nid fel Eglwys ond fel diwygwyr yn yr Eglwys.[37] Golygai hynny fod gan yr Eglwys honno'r hawl i fynnu ufudd-dod a gweinyddu disgyblaeth. Gan mor llugoer ydoedd yn hanner cyntaf y ddeunawfed ganrif nid oedd na bonedd na gwerin, am wahanol resymau, yn ymwybodol o'i mawredd na'i safle pwysfawr o fewn y wladwriaeth. Ceisiodd diwygwyr yn Lloegr a Chymru greu realaeth ohoni, rhoi iddi ddiwyg newydd a'i gwneud yn fwy apelgar ac ystyrlon i drwch y boblogaeth. Ynghlwm wrth hynny oedd y pwyslais ar undod y cyfansoddiad gwladwriaethol, ac ni allai ac ni ddymunai'r arweinwyr Methodistaidd wadu hynny. Cymaint oedd awydd Harris i brofi dilysrwydd a chyfreithlonrwydd y drefn Fethodistaidd fel y gwadodd yn gyson mai cynlluniadau bradwrus a gynhaliwyd, yn arbennig pan erlidiwyd ei ddilynwyr. Er eu bod yn cwrdd yn y dirgel ar brydiau, meddai, ni welai pam y dylai swyddogion lleol y Goron ymyrryd yn eu gweithrediadau:

> & if we are rob'd of this Privilege of meetg privately to consult together abt ye affairs of our Souls while we give all proof of our being Truly Loyal & Peaceable Subjects we shall lose this, we are deprived of our Rights as Brittons & Subjects of this Realm & . . . we shall think it our Duty . . . to appeal to his Courts, it being the common Case of every Subject.[38]

Y mae'r geiriau hyn yn ddatganiad agored ac eofn o hawliau cyfansoddiadol yr unigolyn fel y dehonglid hwy yn y ddeunawfed ganrif.

Golygai'r ymlyniad wrth drefn a disgyblaeth ymwrthod â Phabyddiaeth, ac yn ddiau cytunodd Howel Harris â George Whitefield pan ysgrifennodd hwnnw ato yn 1748 a dweud: 'I hope we shall always adhere to the present Protestant Establishment. Popery and Irreligion always grow together'.[39] Adlewyrchwyd hynny yng nghyfraniad Howel Harris i filisia sir Frycheiniog yn ystod y rhyfel rhwng Lloegr a Ffrainc. Rhoddodd fynegiant i farn bendant ar yr achlysur hwnnw ym Mawrth 1743, ar drothwy'r Gwrthryfel Iacobyddol. Mewn llythyr at Mrs Catherine Pugh, gwraig fonheddig o'r Morfa-bach, Cydweli, dangosodd ei ochr heb ddim amheuaeth ac ni allai unrhyw swyddog llywodraeth amau dilysrwydd ei deyrngarwch:

> We have here been entertained with various news about the French attempting to invade the Christian nation to introduce popery here and get the Pretender's son on the throne. But I trust the Lord will defeat all their attempts and still protect us and keep his majesty on the throne. The nation has shown themselves very loyal to their king and our hearts are in a special manner strict to him, and we heartily preach loyalty to him whatever it may cost us.[40]

Pan oedd Richard Nugent o'r Trysorlys yn trafod y mater gydag ef, argyhoeddwyd Harris mai ei ddyletswydd oedd 'to go against

Popish Invasion in defence of the truth'.[41] Ac meddai Joseph Harris wrth ei frawd ar yr un pwnc gan ei gefnogi'n frwd i wasanaethu ei wlad:

> Your known zeal at all times for the service of your King and Countrey need no other incitement with You to do Your utmost at this time in the defence of both than the base consideration of the danger we are all exposed to at this Critical juncture.[42]

Yr oedd y gelyn yn disgwyl y cyfle i lanio ar arfordiroedd y deyrnas, a chan fod cyflwr ei hamddiffynfeydd yn wael, credai Joseph Harris y dylai ei frawd ymateb i'r alwad i wasanaethu. Yr oedd sicrhau parhad y 'presente happy Establishment', chwedl y Dr Josiah Tucker, deon Caerloyw, yn dibynnu ar wŷr tebyg iddo i gyflawni dyletswyddau milwrol.[43] Ni chredai fod buddugoliaeth Minden yn yr Almaen yn Awst 1759, pan drechodd byddinoedd Eingl-Hanoferaidd y Ffrancwyr ac arbed yr Etholaeth rhag cael ei goresgyn, yn frwydr derfynol oherwydd, fel y dywed Tucker, 'it will have a quite contrary Effect to what it ought to have, Viz. Lull us into Security, instead of making us ye more vigilant & active' mewn cyfnod pan oedd y Ffrancwyr yn pwyso ymlaen i ymosod.[44]

Er cymaint fu'r pwysau arno gan fonheddwyr sir Frycheiniog i ymuno â'r milwyr, o gofio am ei ddaliadau crefyddol, cyfyd y cwestiwn pam yr ymunodd 'gŵr yr Efengyl' fel swyddog yn y milisia? Erbyn hynny, wrth gwrs, yr oedd wedi hen ymadael â charfan ffurfiol y Methodistiaid dan arweiniad Daniel Rowland ac wedi sefydlu 'Cartref Trefeca'. Yr oedd yn annibynnol ei feddwl a'i weithrediadau ac yn sicr yn awyddus i ymddyrchafu'n gymdeithasol yn ei sir enedigol. Yn ôl ei ddatganiadau ef ei hun dymunai gyfuno ei sêl dros ei grefydd a'i wlad:

> [to] give an opportunity of shewing the real bottom that is in me in the People, and of the spirit that leads us indeed. How that God's glory and the love of the Gospel and of our King and country is dearer to me and the People than anything besides.[45]

Credai fod Duw yn ei atgyfnerthu ac yn rhoi iddo ffafr ymhlith y swyddogion ac yn cadw ei galon yn eiddo iddo Ef ei hun. Y mae'r ohebiaeth â'i swyddog ynglŷn â threfniadaeth y milisia yn egluro mai gwasanaethu Duw ar ran y wladwriaeth a wnâi. Yn un o lythyrau William Williams at Harris yn Rhagfyr 1745 amlygir yr elfen deyrngarol pan gyfeiria at 'the French and a Popish Pretender' ynghyd â'r rhyfeloedd ar y Cyfandir – dros Olyniaeth Awstria – a'r bygythiad i deyrnas 'King George and his peaceable government'.[46] Eto, er cymaint yr erlid ar y Methodistiaid, 'the poor Despised Methodist Pray for King George the Second and the Present Government'.[47] Y mae milisia sir Aberteifi, meddai, yn barod i weithredu pan fo galw:

> Certain this Disproves their illoyalty as was accused by some . . . I am apt to believe a popish pretender will not prevail long . . . many Prayers are gone up now of Late and formerly that the Idolatrous church of Rome sh'd be pulled Down . . .[48]

Cofnodir amryw o gyfeiriadau at y gweddïau a offrymwyd a'r dyddiau ympryd a gadwyd, er enghraifft, yn 1744 'on account of the war' a 'the seat of war & this nation . . . taking to consideration the state of ye nation & of ye Church'.[49] Yn sasiwn misol Caeo yn Hydref 1745 cytunwyd y dylai dydd cyntaf Tachwedd gael ei neilltuo ar gyfer gweddïo 'on ye present occasion against ye Enemies of our Religion ye Pretender . . . & to set forth before ye people ye knowledge of ye Popish Religion'.[50]

Agwedd bellach ar safbwynt Harris ar y gyfraith oedd ei gerydd i drigolion arfordir de-orllewin Cymru – yn arbennig ym Mhenbryn, Ceredigion a Chas-lai (Hayscastle), sir Benfro – am smyglo a rheibio llongddrylliadau, arfer digon cyffredin ymhlith trigolion glannau môr Cymru yn y dyddiau hynny. Credai fod difuddio'r llywodraeth o'i hawliau cyllidol yn bechod gerbron yr Hollalluog yn ogystal â bod yn anghyfreithlon. Nid rhyfedd felly iddo fygwth rhai aelodau o seiat Penbryn a Chas-lai y diarddelid hwy pe parhaent i weithredu i dwyllo'r llywodraeth.[51]

Y mae'r holl dystiolaeth yn arwydd o geidwadaeth a chydymffurfio ymhlith y Methodistiaid ar faterion canolog yn ymwneud â'r Eglwys a'r wladwriaeth, er nad oedd Anglicanwyr cyffredin yn cytuno â'r 'penboethni' a'r tanbeidrwydd a'u nodweddai hwy a'u cyd-Fethodistiaid yn Lloegr, ac a ddisgrifir gan Joseph Butler, esgob Durham, yn 'a very horrid thing'.[52] Pwysleisient gymedroldeb: eto, er bod Harris a'i gymheiriaid yn dysgu eu gwrandawyr am bwysigrwydd ymroddiad llwyr i Dduw ac ufudd-dod i'r drefn, nid oeddynt am weld unrhyw un o'u dilynwyr yn dioddef dan erledigaeth a rhagfarn, a byddai Harris yn ffromi pan glywai am swyddog y Goron yn camddefnyddio ei awdurdod ar achlysuron o'r fath.

Daw hyn â ni at yr ail thema sy'n ddilyniant naturiol o'r cyntaf, sef ymateb y Methodistiaid i'r erlid a fu arnynt. Y mae'r rhesymau am y gwrthwynebiad iddynt yn amlwg ddigon a'r pwysicaf, ond odid, oedd pryder y llywodraeth y byddai carfan grefyddol feirniadol o'r Eglwys, a bregethai'n afreolaidd ac a gynhaliai nifer o'i chynulliadau'n breifat, yn adfer sectyddiaeth lem yr ail ganrif ar bymtheg. Ofnid yr elfen 'ffanaticaidd' a chafwyd pwyslais oherwydd hynny ar gynnal undod a threfn gymdeithasol neu'r *status quo*. Cyfeiriodd y Parchedig Pryce Davies, ficer Talgarth, a'r un a fu ar y cychwyn yn gyfrifol am dröedigaeth Howel Harris, at y 'factious zeal and a puritanical sanctity' a nodweddai'r Howel Harris ieuanc yng nghyfnod ei dröedigaeth.[53] Yn Ebrill 1743, wrth gyfeirio at Whitefield yn pregethu yn Arberth, meddai Griffith Jones, Llanddowror:

> his Misconduct can't be approved by judicious Christians, nor sh'd they seem to approve of what they dislike, lest they stumble ye weak or give others a wrong sentiment of their judgem't & thereby render the good example & counsels they give in other Respects less esteem'd.[54]

Yn 1741 gwnaeth ddatganiad pendant yn gwrthod priodoleddau angerddol y Methodistiaid: 'I am in no Degree a favorer of their rude enthusiasm, wch is so void of common civilities & moral conversation,' ac atseinia'r geiriau hynny y pwyslais mawr a roddai ef ar drefniadaeth a disgyblaeth.[55] Eto, fel y sylwyd eisoes, nid oedd neb fwy pybyr dros drefn na Harris ei hun. Beth a olygai Harris yn Chwefror 1744, ar drothwy'r Gwrthryfel Iacobyddol, pan bwysleisiodd yr angen i wrthsefyll y Ffrancwyr os nad ei ddymuniad i gadw trefn? Trefnwyd dydd o ympryd a gweddi dros y brenin a'r wladwriaeth 'to preach Loyalty to the Kg & to stand by him with o'r Lives, Fortunes & Prayers'.[56] Duw, meddai, a'i gosododd yn ben ar ei bobl; Protestaniaeth oedd y wir ffydd ac fe'i hanfonwyd i amddiffyn honno, i hyrwyddo ei buddiannau ac i achub eneidiau ei gydwladwyr. Yr oedd yn hyddysg yng nghefndir y datblygiadau a sylweddolodd na fyddai terfysg a goresgyniad Pabyddol o unrhyw fantais i barhad y mudiad Methodistaidd ychwaith. Galwai ar ei bobl i gymuno yn yr Eglwys i'w harbed rhag cael eu cyhuddo o ffurfio sect. Edrychai arno'i hun, yn ôl tystiolaeth Whitefield amdano, 'not authoritatively as a minister, but as a private person, exhorting his Christian brethren'.[57]

Afraid yw croniclo enghreifftiau o'r ymosodiadau a wnaed ar gynghorwyr Methodistaidd ac ar arweinwyr cenhedlaeth gyntaf y mudiad. Ymosododd torfeydd terfysglyd arnynt, yn arbennig yng ngogledd Cymru, ac fe'u herlidiwyd gan ustusiaid heddwch a chwnstabliaid lleol. Yn ôl ei dystiolaeth ei hun fe gymerwyd Howel Harris i'r ddalfa yn sir Faesyfed yn 1746 a'i hebrwng i lys y Sesiwn Chwarter lle y dangoswyd iddo gopi o'r ddeddf yn erbyn Pabyddion (Statud 22 Carolus II c.1), sef y Ddeddf Gonfentigl (1670) – 'An act to present and suppress seditious Conventicles' – a weithredwyd mewn cyfnod o erlid llym, gyda'r bwriad o'i gyhuddo o deyrnfradwriaeth a'i gosbi am gynllwynio yn erbyn y brenin.[58] Fe'i hamddiffynnwyd gan gwnsler cyfreithiol, a chan na allai'r llys brofi bradwriaeth – 'sedition & illoyalty' – ni ellid ei gyhuddo o gyflawni trosedd. Gorchmynnwyd y llys 'to clear me from ye Charge of either because I was willing to subscribe ye 39 Articles of ye Church of England & take ye oath of allegiance to King George'. Cyfeiriodd at achos Lewis Evan, cynghorwr o sir Drefaldwyn a garcharwyd yn Nolgellau yn 1746, a theimlai y gallai yntau, fel hwnnw, hawlio ei ryddid dan yr un amodau: 'but as ye Gent[lemen] are so prejudic'd & will do what they will you are not like to have Justice done you there . . . there is no Law agt a Man of ye Church of England discoursing to ye People'.[59] A dyna'r broblem i raddau pell: yr awdurdodau'n ymyrryd yng ngweithrediadau'r Methodistiaid heb gyfiawnhad amdano er mwyn cynnal heddwch a threfn a blino carfan o grefyddwyr yn yr Eglwys a arferai addoli mewn dull cwbl afreolaidd yng ngolwg cynheiliaid y drefn lywodraethol.

Sut bynnag, y mae deddf Siarl II yn bwysig ac, i raddau, cyfiawnheir ynddi weithrediadau gwrth-Fethodistaidd yr ustusiaid. Ni chaniatawyd i unrhyw gynulliad gael ei gynnal mewn tai preifat neu mewn maes neu fan agored arall 'under colour or pretence or any exercise of religion in other manner than according to the liturgy and practice of the Church of England'. Gosodwyd dirwy o £20 ar nwyddau'r gweinidog a £10 ar y gwrandawyr neu'r ymlynwyr a gafwyd yn euog o'r drosedd. Caniatawyd hefyd i ustusiaid dorri i mewn i dai o'r fath i'w harestio.[60] Er bod y Methodistiaid yn mynnu eu bod yn parchu erthyglau'r Eglwys ystyrid bod rhai agweddau ar eu hymddygiad yn bwrw amheuaeth arnynt ymhlith swyddogion y Goron. Yn gyntaf, pregethwyd yn y 'priffyrdd a'r caeau' a chynhaliwyd nifer o'u seiadau yn y dirgel. Hefyd, nid oedd gan Howel Harris drwydded nac awdurdod i bregethu ac felly roedd yn torri'r rheolau. Yr unig ffordd i ddatrys y broblem honno fyddai iddo gael ei ordeinio, ond fe'i gwrthodwyd bedair gwaith oherwydd ei afreoleidd-dra. Symudai'r ymlynwyr i blwyfi eraill i dderbyn cymun pan wrthodwyd hwy gan eu hoffeiriaid lleol a chyfrifid hynny afreolus. Ar ben hynny, achosai dau beth arall bryder i Harris ei hun, sef nad oedd yn barod i dderbyn holl ganonau'r Eglwys ac amheuai a oedd angen ordeinio gŵr cyn y gallai bregethu: 'I was offered preferment 3 times in the Church, and I respected them and ordination because I could not then have the Liberty I have now.'[61] Ymhellach, cwestiynai safle ac awdurdod offeiriaid o safbwynt dwyfol ordeiniad. Beirniadwyd y Methodistiaid yn Lloegr yn llym am eu hafreoleidd-dra gan Edmund Gibson, esgob Llundain, yn 1744, a chan gyfeirio at eu symudiadau meddai:

> This is a practice which may justly be complained of by the Ministers of the Churches to which they resort in that irregular Manner as it puts such Ministers under the Difficulty, either of rejecting great Numbers as unknown to them, or administering the Sacrament to great Numbers, of whom they have no knowledge.[62]

Ar drywydd y Ddeddf Gonfentigl yr aeth rheithgor gwlad yn llys Sesiwn Fawr Cylchdaith Aberhonddu yn yr un flwyddyn. Cyflwynwyd ganddo gyhuddiad yn erbyn y Methodistiaid ar sawl mater, yn arbennig cynnal cyfarfodydd afreolaidd yng nghartrefi John Watkins, Pontiwal ym mhlwyf Bronllys, a phregethu Howel Harris yn Nhrefeca yn erbyn 'our Holy Religion . . . being the most valuable Part of our Constitution'. Yr oedd yn yr ardal, meddid, ormod o benboethni wrth bregethu'r Gair:

> Illegal Field and other meetings of Persons styl'd Methodist whose preachers pretend to expound the Holy Scripture by virtue of Inspiration, by which means they collect together great numbers of disorderly Persons very much endangering the Peace of our Sovereign Lord the King . . . by their enthusiastick Doctrines, do very much confound and disorder the Minds of great Numbers of his Majesty's good subjects . . . to the confusion of our establish'd Religion, and consequently the overthrowing our good Government, both in Church and State.[63]

Nid oedd y sefyllfa mor eglur ag y credai Howel Harris iddo fod. Nid oedd ef ei hun yn ddiwinydd mawr a gallai fod yn ddryslyd ei feddwl ar nifer o faterion athrawiaethol. Wedi dweud hynny, yr oedd yn ofalus ei gyngor i'r cynghorwyr yr ymosodwyd arnynt yn gyhoeddus. Os troseddwyd yn eu herbyn neu os ysbeiliwyd eu tai gan dyrfa derfysglyd, dylent gofnodi enwau'r drwgweithredwyr a sicrhau bod tystion i'r digwyddiad oherwydd byddai swyddogion y wladwriaeth, i osgoi unrhyw gynnwrf, yn chwilio am unrhyw gyfiawnhad dros eu cosbi. Un o'r gwrthwynebwyr mwyaf oedd Syr Watkin Williams Wynn, trydydd barwnig Wynnstay ger Wrecsam, un o'r bonheddwyr mwyaf ei rym a'i ddylanwad, a'i fwriad ef oedd cosbi terfysgwyr a chyrddau anghyfreithlon o bob math o fewn ei diriogaeth. Yn ei ddyddiau ef cyrhaeddodd teulu Wynnstay – ond odid ymhlith y cryfaf yng Nghymru'r dyddiau hynny – ei anterth. Yr oedd ganddo awdurdod a thiroedd eang a meddai ef a'i wraig Ann, etifeddes Edward Vaughan, Llwydiarth a Llangedwyn, ar gysylltiadau agos â hen deuluoedd uchelwrol Cymru.[64] Yr hyn sy'n ddiddorol ac yn hynod, fodd bynnag, yw ei fod hefyd yn gefnogwr brwd i'r Iacobyddion yn 1745. Yr oedd ganddo gysylltiad agos â Chylch y Rhosyn Gwyn (neu'r *Cycle Club*) a sefydlwyd yn 1710, y flwyddyn yr aeth Williams Wynn i'r Senedd am y tro cyntaf, a daeth Wynnstay yn ganolfan i weithrediadau'r Cylch hwnnw yng ngogledd-ddwyrain Cymru. Bron iddo gael ei gosbi am deyrnfradwriaeth ond ni ellid profi digon yn ei erbyn i'w erlyn. Sut bynnag, parhaodd yn bleidiol i'r Stiwartiaid hyd ei farwolaeth trwy ddamwain yn 1749. Yr hyn sy'n drawiadol ynglŷn â'r sefyllfa yw fod Williams Wynn, er gwaethaf yr amheuon a fwriwyd arno ef yn bersonol, wedi parhau i erlid y rhai a ystyriwyd yn annheyrngar. Efallai mai casineb tuag at sectyddiaeth a'i hysgogodd i weithredu fel y gwnaeth ond y tebyg yw ei fod, wedi methiant y gwrthryfel ac oherwydd y posibilrwydd y cosbid ef, yn awyddus i gynnal ei statws cyhoeddus ac mai hynny a'i gwnâi'n erlidiwr mor ddigyfaddawd. Pwysai ar ei rym a'i awdurdod lleol i geisio osgoi unrhyw ddial arno o du'r llywodraeth. Yn ôl geiriad statud Siarl II dadleuai'r Methodistiaid na ddeuent dan ei hawdurdod am eu bod yn barod i dyngu llw o ffyddlondeb i'r Eglwys 'as our Loyalty is so well known'.[65] Ofnai Howel Harris gymhellion cudd ustusiaid heddwch a geisiai ei brofi ef a'i gyd-grefyddwyr yn euog o dan y ddeddf, nid yn unig oherwydd y ddedfryd anghyfiawn ond hefyd oherwydd y carcharu a'r gosb ariannol drom:

> if it will be judg'd that we are undr ye Tenor of that act tis of such a severe Nature & empowers every Magistrate to raise 40£ on all our assemblies & many are ready to fall upon us every where only they wait to see ye Event of this & there is no appeal to any other Court if we are undr that Act but to ye next Quartr Sessions & if judgmt be given there agt ye Plaintiff he is lyable to pay treble Costs . . .[66]

Beth fyddai canlyniadau'r fath gost pe digwyddai hynny? Nid yn unig hwyluswyd ffordd yr erlidwyr ond hefyd gorfodwyd y Methodistiaid i wneud yr hyn na ddymunent – ac yr oedd Harris yn gryf iawn ar y pwynt hwn – sef cael eu gorfodi, fel yr Ymneilltuwyr, i'w diogelu eu hunain dan y Ddeddf Goddefiad 'which will much cramp ye Work & stop field Preachers'.[67] Oherwydd natur ddiwygiadol y mudiad byddai hynny'n anfantais fawr i'r Eglwys ei hun, a chredai y dylai'r swyddogion agosaf at y brenin ystyried pa mor angenrheidiol ydoedd iddo eu hamddiffyn a'u hatal rhag troi'n Ymneilltuwyr. Pan ymddangosodd Peter Williams, ac yntau'n offeiriad, gerbron Syr Watkin Williams Wynn yn 1747 fe'i holwyd yn fanwl. Ar y pryd pregethai ger Adwy'r-clawdd ac aflonyddwyd ar ei gynulleidfa gan gwnstabl lleol ac un o'r gwardeiniaid eglwys. Un o'r tystion o'i blaid oedd Humphrey Jones, 'substantial shopkeeper' o'r Bala ac, yn ôl yr hanes, cymerwyd £1 0s. 2c. o boced Williams drwy orfodaeth a gosod dirwy o £20 arno er iddo gynnig cymryd llw o deyrngarwch a datgan yn ffurfiol nad oedd dan unrhyw gerydd eglwysig.[68] Cofnodwyd enwau'r gwrandawyr a'u dirwyo hwythau goron yr un am beidio â chofrestru eu tai. Codai hynny nifer o gwestiynau a achosai gryn bryder a dryswch i Howel Harris ac fe'u trafodwyd mewn sawl sasiwn. A fyddai'n briodol i offeiriaid gael eu dirwyo o dan y ddeddf hon? A yw'n gyfreithlon cymryd arian o boced dyn dan orfodaeth ym mhresenoldeb ustus heddwch? Os felly, sut y gellir erlyn ac â pha ddull cyfreithiol? Yna, daw at ei bwynt sylfaenol:

> Wd it not be right if our being conformists & continuing membrs of ye Church & so being not makg any Seditious Conventicles seperate from or contrary or agt ye true Intrest of the Church . . . to draw up a petition

> to ye Governmt that are now all ready . . . to take this ready tool to Impoverish all ye poor Lambs, rather than go undr ye Protectn of Toleratn act.[69]

Gan ei fod yn bendant ei farn ynglŷn â pharhau'n annibynnol yn yr Eglwys a gwrthod derbyn diogelwch y Ddeddf Goddefiad rhoddodd ei hun a'i gyd-Fethodistiaid mewn sefyllfa anodd. Meddai'r Esgob Gibson:

> this new Sect of Methodists have broken-through all these provisions and restraints; neither regarding the Penalties of the Laws which stand in full Force against them, nor embracing the Protection which the Act of Toleration might give them . . . And if this be not open Defiance of Government, it is hard to say what is . . . they have had the Boldness to preach in the Fields and other open Places, and by publick Advertisements to invite the Rabble to be their hearers; notwithstanding an express Declaration in a Statute [22 Carolus II, c.1] against assembling in a field, by name.[70]

Ynglŷn â'r achos yng nghyffiniau Wrecsam y farn gyfreithiol a gawsai Harris oedd fod barwnig Wynnstay wedi gweithredu y tu hwnt i'w gomisiwn yn erbyn y Methodistiaid. Y canlyniad fu i'r prif gwnstabl a'i gynorthwywyr gael eu herlyn am gymryd arian o boced Peter Williams, ond gorchmynnwyd Harris i dalu'r dirwyon ac ymatebodd un o'r brodyr yn anobeithiol: 'Sr W[illiam] triumphed over ye Poor People & sd we have send for Law against Him but cd find none.'[71] Ac nid yr achos hwnnw oedd yr unig un i farwnig Wynnstay ymdrin ag ef. Dirwywyd Andrew Whittaker, cynghorwr o Lanwyddelan, sir Drefaldwyn, yn 1747 ac Arthur Lewis yn Hydref 1748, am gynghori yn ei gartref, ffermdy'r Fron, Brymbo, gan Williams Wynn a'i gyd-ustus Kendrick Eyton.[72] Oherwydd y cysylltiadau a fagodd Harris ymhlith pobl o ddylanwad, megis y cyfreithiwr Mr Glanville, cyfaill i'r Wesleaid, Mrs Edwin, sef y Fonesig Charlotte Hamilton gynt, gweinyddes i dywysoges Cymru a gwraig Charles Edwin, aelod seneddol Morgannwg, a Selina, Iarlles Huntingdon a briododd Iarll Huntingdon o Donnington Park, Stanton Harold, gorfodwyd Syr Watkin Williams Wynn i ildio'r dirwyon a osodwyd ar Arthur Lewis.[73] Nid rhyfedd i'r Methodistiaid gynnal cwrdd gweddi ar 26 Medi 1749 pan laddwyd y barwnig wrth hela ger Acton, Wrecsam, a ffurfio deiseb yr un pryd dan y teitl 'O Arglwydd cwympa Ddiawl Mawr y Wynnstay'! Yn eu barn hwy yr oedd y Bod Mawr o'r diwedd wedi gwneud iawn am ei gamweddau.[74]

Cyffelyb oedd y sefyllfa yn 1742 ynglŷn â'r achos yn esgobaeth Bangor pan ysgrifennodd Daniel Rowland at Howel Harris yn Llundain yn cwyno am yr erlid a fu ar Benjamin Cadman, cynghorwr yn sir Drefaldwyn, a 'ysgymunwyd' am gynnal 'conventicle' yn rhan o'r esgobaeth yn y sir honno.[75] Daeth Harris i gysylltiad â Whitefield ac ysgrifennodd hwnnw lythyr at Thomas Herring, yr esgob – a oedd yn decach ei farn na'i ganghellor, John Owen o Lannor – yn cyfeirio at yr hyn a allai ddigwydd ped erlidid Methodistiaid ymhellach. Tystiodd fod Cadman a'i gydaddolwyr yn mynychu'r Eglwys yn ffyddlon ac yn deyrngar i'r brenin a'u bod, yn ôl eu tystiolaeth eu hunain, yn gyndyn o ymadael â hi. Yna, daw at brif ran ei lythyr:

> and yet, if all those acts, which were made against persons meeting together to plot against Church and State, were put in execution against them, what must they do? They must be obliged to declare themselves Dissenters. I assure your Lordship, it is a critical time in Wales. Hundreds, if not thousands, will go in a body from the Church, if such proceedings are countenanced.[76]

Pwysleisia Whitefield effeithiau hynny ar yr eglwysi eu hunain. Nid argyfwng yn y mudiad Methodistaidd yn unig oedd hwn ond bygythiad pellach a llawer mwy difrifol i undod a chredinedd y sefydliad ar drothwy cyfnod o wrthryfel peryglus a allai danseilio'r cyfansoddiad Protestannaidd.

Yr oedd Howel Harris yn ymwybodol o'r gwrthwynebiad a'r casineb tuag ato ef yn bersonol, nid yn unig ymhlith carfan gynyddol o'r Methodistiaid wedi'r ymraniad ond hefyd y tu allan i'r mudiad. Pregethai'r offeiriaid mwyaf gelyniaethus yn ei erbyn, cafodd niwed corfforol difrifol – yn arbennig yn y gogledd – pan ymosodwyd arno gan dyrfaoedd anniddig, a theimlodd straen ei ymdrechion, pan oedd yn fwy amlwg yn y mudiad, i wylio buddiannau ei bobl a'u hamddiffyn rhag nerthoedd y llywodraeth.

Cynrychiolwyr y nerthoedd hynny'n lleol oedd y bonheddwyr a fwynhâi awdurdod fel siryfion sir ac ustusiaid heddwch ar fainc llys y Sesiwn Chwarter. Ganddynt hwy oedd yr awdurdod ers dros ddwy ganrif bellach i gynnal heddwch a threfn, ac ymddiriedwyd y gorchwyl yn bennaf i'r tirfeddianwyr, a amrywiai o ran eu hadnoddau materol, a chanddynt gysylltiadau uchelwrol yn ymestyn yn ôl dros ganrifoedd yng Nghymru. Yr oeddynt yn wŷr dylanwadol a phwerus ymhlith eu tenantiaid a'u cydnabod yn eu siroedd, ac er bod y gyfundrefn lywodraeth leol ar brydiau'n gallu bod yn aneffeithiol cynhaliwyd y peirianwaith gweinyddol a gofalwyd am fuddiannau'r dosbarth tiriog yr un pryd.

Ceir digon o dystiolaeth i ddangos bod cryn wrthwynebiad i'r Methodistiaid ymysg teuluoedd breintiedig o'r fath. Yn 1743, mewn copi o lythyr gan Howel Harris at Whitefield, cofnodir bod Williams Pantycelyn a Daniel Rowland wedi dioddef niwed corfforol wedi i ddihirod ymosod arnynt yng Ngheredigion – 'set on them', meddai, 'by a gentleman of the neighbourhood'.[77] Yr oedd Hugh Hughes, Coed-y-brain yn sir y Fflint, siryf y sir honno yn 1743, yn elyn anghymodlon i Fethodistiaeth y fro ac aeth rhagddo i ymosod ar 'the upstart sect of the Brain sick Methodist'.[78] Yn ei ddyddiadur cofnododd Richard Tibbott, y cynghorwr o Hafod-y-pant, Llanbrynmair, iddo gael ei daro ar ei ben â phastwn gan was gŵr bonheddig pan oedd yn pregethu yn sir Gaernarfon. Yn fwy arwyddocaol na hynny, dro arall, yn yr un sir cafodd ei ddwyn gerbron 'Heddynad', ei ddisgrifio fel crwydryn a'i anfon adref dan oruchwyliaeth ustus gan 'letya' y noson gyntaf yng nghastell Caernarfon a'r ail yng ngharchar Dolgellau.[79] Y mae achos Lewis Evan, Llanllugan, sir Drefaldwyn, y gwehydd a'r cynghorwr, hefyd yn ddiddorol. Fe'i cyhuddwyd o ddysgu a darllen yr ysgrythurau yn y Bala ar y Sul, 27 Gorffennaf 1746 'in great contempt of the laws of this Kingdom and contrary to the form of the Statute in that case made and provided and against the peace of our said Lord the King, his crown and dignity'. Sut bynnag, fe'i rhyddhawyd gan reithgor y sir gerbron yr ustusiaid William Price o Riwlas, Llanfor, a Robert Meyricke o Ucheldref, Corwen, y ddau ohonynt yn dirfeddianwyr eithaf cefnog yn sir Feirionnydd.[80] Aethpwyd i gyfraith yn erbyn yr ustusiaid hynny yn llysoedd Mainc y Brenin yn Llundain, ac er bod Harris yn falch o hynny pryderai beth fyddai'r ymateb iddo ar y teithiau a gynlluniwyd ganddo wedi hynny i ogledd Cymru. Ni chafodd drafferth y tro hwnnw yn nhref y Bala a theimlai'n hyderus fod yr achos yn Llundain wedi dangos beth y gallai tegwch cyfreithiol ei gyflawni: 'He [sef Duw] used means to quell their fury', meddai, 'by giveing us ye better of them in a Law Suit we had wth their Gentn in ye Kings Bench.'[81]

Rhaid peidio â gorliwio'r terfysgu a'r gwrthwynebiad i'r Methodistiaid ond cyfyd cwestiwn pellach, sef eu safbwynt ar fater cyfraith. Y mae'n wir, fel y dywedwyd eisoes, eu bod yn benderfynol o'u hamddiffyn eu hunain gan ddadlau nad oeddynt yn torri'r gyfraith. Yn sicr, nid oeddynt am ddioddef cael eu gwatwar a'u dirmygu am eu bod yn ymwybodol o'u hunanbarch, a theimlent y dylent gael eu hamddiffyn yn hytrach na'u herlid gan y gyfraith. Ar achlysur carcharu Morgan Hughes, cynghorwr Methodistaidd yn sir Aberteifi, am ei weithrediadau, rhoddodd Harris gyngor i Daniel Rowland yn 1743 y dylai ddarparu ei amddiffyniad trwy fynd i gyfraith mewn achos yn ei erbyn o achosi terfysg:

> as we ought to suffer as Sheep patiently yet that we shd not take a Proper Way of defending our Liberty is not made plain to me . . . you shd apply to some Magistrate immediately . . . or Attorney if you know of any one that wd honestly tell you wt to do . . .[82]

Gallai sicrhau cyngor sut i wysio tystion, talu i dwrnai, llunio achos yn ei amddiffyn ond hefyd dywedodd wrtho i ymgynghori â Morgan Hughes i ganfod ffordd i'w ryddhau ef o'r cyhuddiad o fod yn 'Vagrant & wanderer' ac o achosi terfysg, a phrofi bod ganddo 'a settled abode & a way of Life'. Y mae Harris yn amau a oedd gan yr awdurdodau'r hawl i alw cynulliadau'r Methodistiaid yn anghyfreithlon: 'before it be unlawfull ther must be a Proof', meddai, 'tis agt some Law – & ye Law or Statutes that they wd this under is an act made in ye 22d year of King Charles's'.[83] Yna, daw at ei ddadl sylfaenol:

> it is an Utter perverting of Justice to accuse & Punish us by an act that was never Intended agt an assembly where by our Subscribing the Articles & conform'g to ye Liturgy or Church Service (& Communion of ye Church) it will appear there is no sedition . . .[84]

Os ydynt yn dwyn cyhuddiadau am weithredu'n groes i ganonau'r Eglwys, meddai Harris ymhellach, yna dylent ateb am hynny yn y llysoedd eglwysig. Y mae arfer y Methodistiaid i dderbyn y Llyfr Gweddi Gyffredin fel sail i'w hathrawiaeth, tyngu llw o deyrngarwch a chyfrannu o'r sacramentau yn profi eu bod yn gydymffurfwyr. Os oeddynt yn cyhuddo lleygwyr ymhlith y Methodistiaid o bregethu ni chredai Harris mai hynny oedd asgwrn y gynnen eithr gweinyddu'r sacramentau, a thystiodd nad oedd hynny'n arferol yn eu plith. Gwahaniaethai hefyd rhwng pregethu a chynghori oherwydd bod cynghorwyr yn gofyn am fuddiannau ysbrydol yn breifat ac yn gymunwyr eglwysig yr un pryd. Yn wahanol i weinidog trwyddedig sy'n gweinyddu'r sacramentau a chyhoeddi'r Gair i gynulleidfa yn annibynnol ar yr Eglwys, parchent ei chanonau. Dadleuai Harris fod tyngu llw o deyrngarwch i'r sefydliadau cyfansoddiadol yn dirymuso cyhuddiad o fradwriaeth. Ni chredai ychwaith fod eu seiadau'n anghyfreithlon a bod unrhyw sail i'r sibrydion amdanynt. Cynulliadau oeddynt, meddai, 'to confer abt ye state of our souls to unburthen our minds to consult together abt our growth in Grace', ac er iddynt gael eu cynnal yn aml yn ddirgel – a ystyriwyd ganddo ef yn hawl gan bob dinesydd teyrngar (er bod hynny'n amheus) – eto yr oeddynt yn gorfod rhoi cyfrif amdanynt i'r awdurdodau.[85] Dadleuai Harris yn ffyrnig yn erbyn colli hawliau dynol, ac meddai: '. . . if we are rob'd of this Privilige of meetg privately . . . we are deprived of our rights as Brittons & Subjects of this realme . . . we shall think it our Duty if rob'd of these rights to appeal to his Courts . . . for if Magistrates have a Power to call every assembly of Christians . . . a Riot – or unlawfull & so read the proclamation agt Riots'.[86] Os cyhuddir y Methodistiaid o greu terfysg yna y mae'n rhaid profi hynny gerbron y rheithgor a dylai'r ustusiaid ddefnyddio'u synnwyr cyffredin mewn materion o'r fath: 'That ye Power of Magistrates in such cases is a Discretionary Power, and should be us'd with Discretion. For the Law is the limits of their Power.'[87] Sut bynnag, cymaint oedd cred y cynghorwr Morgan Hughes ei fod yn ddieuog fel nad ymddangosodd yr ustus heddwch a'i cyhuddodd yn y Brawdlys:

> acting agst Law & beyond ye limits of his power . . . & if our Lord did not teach us not to render evil for evil, but ye contrary it was ye opinion of such as understood ye Law he might have been prosecuted for false Imprisoning our Brother . . .[88]

Yn achos Morgan Hughes mynychodd Harris y Brawdlys yn Aberteifi a rhoi'r achos drosto gerbron y twrnai a'r cwnsler cyn i'r llys wrando'r dystiolaeth yn ei erbyn. Teimlai angerdd dwfn ynglŷn â chaethiwed y diffynnydd ar gyhuddiad yr oedd yn ddieuog ohono. Meddai yn ei ddyddiadur ar gyfer 29 Mawrth 1743:

> I saw ye Procession of ye Judge to Court where I stayed . . . I had my Soul influenced by Law & pity to their Souls for some time, and on reading ye King's Proclamation agt Prophaneness my Soul was earnest that God should touch the hearts of ye Grand Jury.[89]

Ymhellach yn yr un flwyddyn ysgrifennodd Howel Harris at Howel Davies, 'apostol sir Benfro' fel y gelwir ef, yn cyfeirio at achos yn ei erbyn yn Llys yr Eglwys. Ni chredai Harris fod gan y llys yr awdurdod i wrando'r achos hwnnw ychwaith a dywed wrth Davies fod ganddo'r hawl i apelio i'r gyfraith sifil a gwrthod dedfryd y llys hwnnw: 'this, I think', meddai, 'to be our Duty in ye Defensive but if we have our Liberty let us thankfully & humbly use it.'[90] Mewn llythyr oddi wrth Thomas Price, Plas y Watfford, at Harris rhoddodd yr ustus gyfarwyddyd iddo. Pe byddai'r achos yn erbyn Morgan Hughes yn cael ei wrthod yna dylai Harris lunio cyhuddiad ffurfiol yn erbyn y swyddogion am ymosod arno ar y briffordd, a than amgylchiadau o'r fath, ni fyddai angen tystion i'w gynorthwyo.[91] Mewn llythyr arall at Harris yn cyfeirio at ymosodiad arno yn 1747 manylodd William Jones, Trefollwyn, Môn, ar y cydymdeimlad a ddangosai William Bulkeley, y sgweiar rhadlon hwnnw o Fryn-du, tuag at y Methodistiaid, a rhoddodd gyngor y dylid cyhuddo'r erlidiwr yn y Brawdlys gan fod yr offeiriad yn eu herbyn a'r bonedd yn gwrthod derbyn fod gan y Methodistiaid rym cyfraith y tu ôl iddynt.[92] I osgoi rhagfarn a gwrthwynebiad yn y llys ac i sicrhau penodi rheithgor diduedd cynghorodd ef William Jones i fynd â'i achos i Frawdlys Amwythig lle y disgwylid y câi wrandawiad tecach. Beth a digwyddodd ni wyddys, ond y mae'n amlwg fod y drefn Fethodistaidd wedi ymestyn i gynllunio cyfreithiol – a hynny'n llwyddiannus – er mwyn trechu amcanion yr ustusiaid. Cafwyd helyntion yn Ninbych a arweiniodd at achos gerbron y Brawdlys yn 1752 ond methodd yr erlyniad ac aethpwyd â'r achos i lys Mainc y Brenin yn Llundain y flwyddyn ganlynol.[93] Yno, enillwyd dau brawf cyffelyb yn ymwneud â chynghorwyr ar 19 Mawrth ym Mrawdlys Tymor y Grawys yn Amwythig.

Er eu bod yn 'plygu' ac yn defnyddio'r drefn i'w dibenion hwy eu hunain a hefyd, yn ôl yr awdurdodau, yn ymddwyn yn afreolus, y mae'n amlwg nad oedd y Methodistiaid yn anghyfrifol fel y ceisiai swyddogion y wladwriaeth brofi eu bod: 'I said I broke no Law . . .', meddai Harris pan gyhuddwyd ef o dwyllo'r gwrandawyr yn Llangyndeyrn. 'I asked what law did I break. They said, here is a Riotous Assembly.'[94] Fe'u cyhuddwyd hefyd am gyfarfod yn ddirgel, am bregethu'n agored yn y priffyrdd a'r caeau, am ddylanwadu ar bobl syml, am fod yn annheyrngar i'r brenin ac am ymwrthod â'r Eglwys sefydledig. Aeth Harris i'r eithaf i wadu bob un o'r cyhuddiadau hynny. Dengys y dystiolaeth fod y Methodistiaid, yn ystod cyfnod eu cenhadaeth foreaf, yn ymwybodol o gyfreithlonrwydd eu safle, yn benderfynol o amddiffyn eu rhyddid dinesig o fewn y wladwriaeth, yn barod i chwilio am gyngor cyfreithiol a gweithredu arno, a defnyddio galluoedd cyfreithiol i ddwyn gwrth-achosion yn erbyn ustusiaid a swyddogion maleisus eraill. Hefyd, symudwyd achosion i gylchdeithiau y tu allan i Gymru os oedd hynny'n fanteisiol i osgoi rhagfarn a chamweithredu: 'I shewd how we sh'd know a little Law', meddai Harris yn ei ddyddiaduron, 'that we may be able to direct Christians in comon Things to keep them from blundering or going to Lawyers too.'[95] Ymdeimlad oedd hynny o fod yn annibynnol ac o'u gallu i'w hamddiffyn eu hunain trwy beidio â dibynnu'n ormodol ar brosesau cyfraith. Y mae'n wir i Harris fagu yn ei ddilynwyr yr hyn a eilw'n 'inflexible courage' ond rhoddai bwys mawr hefyd ar hawliau dinasyddiaeth. Yr oedd yn ddigon hy i gynghori ei bobl i sefyll yn eofn rhag ensyniadau offeiriaid fel John Owen, person Llannor yn Llŷn, er enghraifft, a gyhoeddodd mai dyletswydd ei blwyfolion, oherwydd eu teyrngarwch i'r Eglwys a'r Goron, oedd uno â'i gilydd yn erbyn Harris a ledaenai wenwyn a fyddai'n dinistrio eu heneidiau a pheryglu eu heiddo.[96] Ar bob achlysur amddiffynnodd Harris hawliau cyfreithiol ei ddilynwyr. Adlewyrchwyd yr ysbryd hwnnw yn ei ddyddiadur pan oedd yn Yarmouth yn 1760 yn gweithredu fel swyddog milwrol: 'How well have we behaved at home and abroad,' meddai, 'now in the face of all Europe to stand so gloriously in the defence of our liberties and holy religion.'[97] Golygai 'liberties' ddeupeth yn ei olwg ef, sef mwynhau rhyddfreiniau naturiol o fewn teyrnas unedig dan frenhiniaeth a llywodraeth Brotestannaidd, a'r hawliau cynhenid hynny a drysorai'r unigolyn edifeiriol trwy ei brofiad o ras ac awdurdod Duw.

Beth am y drydedd wedd, sef perthynas Howel Harris a'i bobl â'r drefn gymdeithasol? Pa wybodaeth a ddyry'r dystiolaeth am y dilyniad a fwynhâi ef a'r diwygwyr eraill, ac i ba raddau yr oedd hwnnw'n sefydlog? Yn y cyswllt hwn, y mae angen pori mwy ym maes Methodistiaeth a'r drefn gymdeithasol ac ystyried cwestiynau megis at bwy yr anelent eu pregethau a beth oedd natur a maint eu dylanwad, nid yn unig ar y bywyd gwledig ond hefyd ar y bywyd trefol yng Nghymru? Hefyd, dylid gofyn a yw haneswyr wedi rhoi gormod o bwyslais ar yr elfen wledig wrth astudio twf Methodistiaeth? Gwyddom i Fethodistiaeth ddylanwadu'n fawr ar y cymunedau amaethyddol, y crefftwyr a'r mân rydd-ddeiliaid ac ati. Un wedd hanfodol ar Fethodistiaeth yw fod ei gwreiddiau i'w gweld flynyddoedd cyn y dröedigaeth dyngedfennol a gafodd Howel Harris yn 1735. Blodeuodd 'dadeni' yn yr Eglwys sefydledig a bu'r cymdeithasau addysgol, er eu bod yn Seisnig eu naws, yn foddion i gyhoeddi llyfrau Cymraeg, llawer ohonynt yn gyfieithiadau o glasuron crefydd yn Saesneg, gyda'r bwriad o wella cyflwr ysbrydol y genedl. O'r pwys mwyaf yn y ddeunawfed ganrif oedd ysgolion cylchynol Griffith Jones, Llanddowror, a greodd werin lythrennog Gymraeg ei hiaith, yn hyddysg yn egwyddorion sylfaenol yr Eglwys Anglicanaidd ac, yr un pryd, a'i hanogodd i fod yn ddinasyddion teyrngar. Yn y cyd-destun hwnnw dylid pwysleisio dylanwad addysg ar yr haenau 'canolig' yn y gymdeithas. Ymatebwyd yn ffafriol i'r genhadaeth gan nifer o fân fonedd. Er bod gan Griffith Jones gysylltiadau bonheddig tra dylanwadol yn gymorth iddo, yn y bôn apelio at haenau isaf y gymdeithas a wnaeth yn ei ysgolion. Yr oeddynt yn llwyddiant ysgubol am fod ysgolion yr SPCK yn fwy trefol eu hapêl ac yn sicr yn fwy Seisnig eu gweithrediadau.[98]

Y farn gyffredinol yn y gorffennol oedd mai gwerin wledig a elwodd fwyaf ar dwf a datblygiad Methodistiaeth. Ond beth am ei pherthynas â'r rhai mwy breintiedig? Un o'r rhai amlycaf i ymlynu wrth Harris a'i ddilynwyr oedd Marmaduke Gwynne o'r Garth, Llanllywenfel, sir Frycheiniog, a roddodd gryn gymorth ariannol i'r mudiad.[99] Yr oedd yn dirfeddiannwr cefnog a hanai o deulu a oedd, erbyn ei ddyddiau ef, wedi ei gysylltu trwy briodas â Gwynniaid Glanbrân. Priododd â Sarah, merch Daniel Evans o Ffynnon Bedr ger Llanbedr Pont Steffan, a chanddi waddol sylweddol o £30,000. Trigent yn dra chyfforddus yn y Garth ac, yn ôl traddodiad, daeth at y Methodistiaid wedi iddo glywed Howel Harris yn pregethu. Yn ei swydd fel ustus heddwch ceisiodd gymorth Howel Harris yn 1755 i adeiladu pont Brynbuga.[100] Cyfarfu'r ustusiaid yn neuadd y sir yn Aberhonddu i drefnu'r gwaith. Gan eu bod yn ymddiriedolwyr cyllid y sir ac am gyflogi'r crefftwyr mwyaf rhesymol fe'u hysbyswyd gan Syr Edward Williams, ustus arall, a oedd yn gefnogol i 'Gartref Trefeca', fod seiri maen i'w cael yno a allai gyflawni'r gwaith, a gofynnwyd i Harris am ganiatâd i ddefnyddio'r gweithwyr hynny. Ni wyddys beth oedd ei ymateb ond, o gofio am y statws a honnai a'i ddymuniad i ddefnyddio pa ddulliau bynnag a oedd wrth law i hyrwyddo ei safle fel diwygiwr crefyddol ymhlith boneddigion ei sir, ni ddisgwylid iddo wrthod. Yr oedd 'yswain Harris' a 'chapten Harris', fel y gelwid ef, yn ŵr o gryn safle yn ei gymdeithas ac fe'i hanrhegwyd ar un achlysur â phistolau aur gan Marmaduke Gwynne.[101] Ymhellach, yn 1768, gofynnwyd am ei gymorth yn etholiad cyffredinol y flwyddyn honno trwy bwyso ar ei gyfeillion yn Llŷn i beidio â phleidleisio dros Syr John Wynne, barwnig, Glynllifon, na'i fab Thomas Wynn, ond yn hytrach dros William Wynn o'r Wern, Penmorfa a Pheniarth. Yr oedd y ddau, meddid, wedi cynrychioli sir Gaernarfon mewn sawl Senedd 'but [with] no service to nation or particular part of it'.[102] Yr oedd Howel Harris yn troi mewn cylchoedd parchus iawn. Syr Edward Williams a roddodd iddo'r gwahoddiad i sefydlu, ynghyd ag eraill, Gymdeithas Amaethyddol sir Frycheiniog yn 1755, ac fe'i dyrchafwyd yn aelod anrhydeddus ohoni. Ef hefyd a'i derbyniodd yn swyddog yn y milisia a rhoi iddo ei gomisiwn cyntaf, ac ymfalchïodd yn ei hunan-lwyddiant. 'How all were against me,' meddai Harris, gan gyfeirio'n benodol at y Methodistiaid a ddilynai Rowland ac at foneddion y sir, 'and how all were conquered so that the gents of my own country came to me to ask me to come to their society to take a commission in the militia.'[103] Cafodd Harris ddylanwad crefyddol ar Herbert Lloyd, Fochallt, Llanddewibrefi – 'a young Councillor' – mab Walter Lloyd o Ffynnon Bedr ger Llanbedr Pont Steffan, aelod seneddol sir Aberteifi rhwng 1734 a 1741.[104] Etifeddodd Herbert Lloyd ystadau ar farwolaeth ei frawd ond ni pharhaodd yn y cylch Methodistaidd am hir gan iddo gyflawni hunanladdiad yn Llundain yn 1769. Trwy ei frawd, Thomas, daeth Harris hefyd yn gyfeillgar â Syr Philip Boteler, Barham Court, swydd Caint, am fod ei wraig yn ferch i Thomas Williams, Caebalfa, Maesyfed.[105] Yr oedd yn awyddus i weld Harris yn cael ei ordeinio a chynigiodd roi cymorth addysgol iddo er mwyn ei hyfforddi ar gyfer y weinidogaeth. Deuai Anne Williams, Ynys-grin, plwyf Llansteffan, sir Faesyfed, gwraig Howel Harris, o deulu bonheddig. Yr oedd ei thad, John Williams, yn yswain ac yn ŵr o ddylanwad yn ei ardal a weithredodd yn 1736 fel siryf sir Faesyfed.[106] Yng Nghaerffili trigai Thomas Price o Blas y

Watfford, ustus heddwch a ymunodd â'r Methodistiaid ac a fu'n gymorth i sefydlu'r mudiad yn ne-ddwyrain Cymru a gŵr parod ei gyngor cyfreithiol.[107] Yr oedd ganddo gysylltiadau agos â thwf y diwydiant haearn yn ne Cymru a bu, ar y cyd â Thomas Lewis, New House, Llanisien, yn berchen ar waith haearn Caerffili. Adeiladwyd ffwrnais fechan gan y ddau ohonynt yn Nowlais yn 1758 a gwahoddwyd John Guest o Broseley, sir Amwythig, i'w harolygu.

Yr oedd yr arweinwyr eu hunain hefyd yn hanu o gyff digon parchus. Deuai Susannah Powell, mam Harris, o Drefeca Fach ac o deulu eithaf sylweddol. Rhoddodd ei brawd, Thomas Powell dir iddi hi a'i gŵr, Howel ap Howel, i adeiladu tŷ arno. Datblygodd Joseph, brawd hynaf Howel Harris, o fod yn of lleol i fod yn feistr prawf yn y Bathdy yn Llundain ac yn wyddonydd o fri.[108] Yr oedd hefyd yn un o hyrwyddwyr Cymdeithas Amaethyddol sir Frycheiniog. Priododd ag Anne, cyd-etifeddes Thomas Jones o Dredwstan ger Trefeca, gŵr bonheddig cefnog arall.[109] Brawd arall iddo oedd Thomas Harris a wnaeth ei ffortiwn yn Llundain wrth werthu dillad dan gytundeb ffurfiol i'r fyddin. Daeth yn berchen ystadau Trefeca a Thregwnter ac yn siryf sir Frycheiniog yn 1768, ac ef a ailadeiladodd blasty Tregwnter yn 1770.[110] Ef hefyd a osododd Trefeca Fach ar brydles i'r Iarlles Huntingdon ar gyfer addasu'r hen dŷ yn goleg. Cafodd Daniel Rowland addysg dda gan ei dad o'r un enw a oedd yn offeiriad Nancwnlle a Llangeitho. Yn 1759 fe'i gwnaed yn fwrdais yn nhref Llanbedr Pont Steffan.[111] Gan mai bwriad creu bwrdeiswyr y dyddiau hynny oedd sicrhau cefnogaeth i'r ymgeisydd seneddol mewn etholiad y mae'n ddigon posibl mai John Lloyd o Ffynnon Bedr, mab Walter Lloyd, cefnogwr Methodistiaeth a etholwyd i sedd sir Aberteifi'n ddiwrthwynebiad ar ôl ei dad yn 1754, oedd yn gyfrifol am hynny.[112] Yn 1774 dyrchafwyd ei feibion, Nathaniel ac Evan Rowland, yr un modd. Meddai Daniel Rowland ar gysylltiadau dylanwadol ond ni fanteisiodd arnynt oherwydd gwrthododd y cynnig o fywoliaeth Trefdraeth a roddwyd iddo gan John Thornton, masnachwr a dyngarwr amlwg o Clapham yn Llundain, a brynai adfowsynau a'u cynnig i glerigwyr na chawsent ddyrchafiad yn yr Eglwys.[113] 'I was born in the parish of Llansadwrnen of respectable parents,' meddai Peter Williams, 'my father and mother being of good report though not very opulent.'[114] Deuai ei fam, yn ôl pob sôn, o deulu Bayly, Meidrim, Caerfyrddin, disgynyddion Lewis Bayly, esgob Bangor gynt. Deuai William Williams, Pantycelyn, yntau o deulu blaenllaw o rydd-ddeiliaid Anghydffurfiol yng Nghefncoed, Llanymddyfri, a'i fwriad cynnar, wedi treulio cyfnod yn academi Llwyn-llwyd, oedd mynd yn feddyg gwlad, gyrfa a allai fod yn un lewyrchus iddo. Priododd â Mary Francis o Lansawel a buont yn byw dan amgylchiadau eithaf cyfforddus ym Mhantycelyn, cartref ei fam. Priododd Howell Davies â Chatherine Poyer, etifeddes gyfoethog, ac aeth i fyw i'r Parcau, Henllan Amgoed, ac wedi ei marwolaeth ailbriododd ag Elizabeth White o Prendergast, ger Hwlffordd, ac yno y trigai.[115] Daeth Howel Harris yn gyfeillgar â Robert Dyer, Aberglasne, ym mhlwyf Llangathen, ustus heddwch a chwnsler cyfreithiol a roddodd gymorth adeg achos Morgan Hughes ym Mrawdlys Aberteifi yn 1743. Yr oedd yn ŵr, meddai Harris 'who had heard me and loves much. Wondered how God led me here and now uses this Gent to glorify His name.'[116] Cwmnïai â Syr Edward Williams, Llangoed, Josiah Tucker, deon Caerloyw a Robert Nugent, arglwydd y Trysorlys yn y cyfnod pan arweiniodd ugain o blith sefydlwyr Trefeca i ymuno â'r milisia sirol. Ynglŷn â'r gorchwylion hynny cysylltodd â'r Capten Charles Powell o Gastell Marchog a John Hughes, Aberhonddu, dau arall o sefydlwyr Cymdeithas Amaethyddol sir Frycheiniog, ac fe'i dyrchafwyd yn llumanwr yn 1759 ac uwchgapten yn ddiweddarach yn yr un flwyddyn.[117] Cyfeillion eraill iddo oedd perchenogion plastai Taliaris a Rhydonnen, Talyllychau. Ar wahoddiad Syr Nicholas Williams, Rhydodyn, perthynas iddynt ac aelod seneddol sir Gaerfyrddin rhwng 1722 a 1745, pregethodd Harris yn Rhydonnen.[118] Daethai'n gyfeillgar hefyd â rhai ustusiaid a barnwyr y Brawdlys. 'I dined with the Justices here,' meddai ar ei ymweliad â Llanfair-ym-Muallt yn 1761, ac yno fe'i dyrchafwyd yn 'yswain' yn swyddogol yn y brydles ar yr ysgoldy.[119]

Meddai Howel Harris ar gysylltiadau agos hefyd â gwragedd bonheddig megis Mrs Elizabeth James o'r Fenni, aelod o deulu Pantycored, Garthbrengi, sir Frycheiniog, a briododd â George Whitefield, a Selina Hastings, Iarlles Huntingdon, 'a Lady of quality' fel y'i gelwid, a sefydlodd y coleg yn Nhrefeca ac a ddaeth i gysylltiad â'r Methodistiaid drwy gyfrwng chwiorydd ei gŵr.[120] Yr oedd cysylltiadau agos rhyngddi hi a Mrs Edwin, gwraig John Edwin yr aelod seneddol, a'r Fonesig Archibald Hamilton a'i merch. Am fod Erskine, Arglwydd Grange, yn ysgrifennydd i dywysog

Cymru datblygodd cyfeillgarwch mawr rhyngddynt a ffurfiwyd gwrthblaid ('Boy Patriots') yn y llys brenhinol dan arweiniad Henry St John, is-iarll cyntaf Bolingbroke, Frederick, tywysog Cymru ac eraill, yn erbyn Syr Robert Walpole i geisio ei ddisodli. Manteisiodd Howel Harris ar ei berthynas â'r Iarlles Huntingdon i gryfhau ei gysylltiadau â rhai o'r boneddigion dylanwadol yn Llundain. Nodwyd eisoes fel y bu i Mrs Edwin hysbysu'r tywysog am orthrwm Syr Watkin Williams Wynn ar y Methodistiaid – ac yn arbennig Lewis Evan – yn 1747 a chan fod diffygion yr esgobion yn galw am ddiwygio soniwyd am ddyrchafu George Whitefield i'r fainc esgobol. Ni ddaeth dim o hynny er y byddai'r penodiad yn fanteisiol i'r Methodistiaid yng Nghymru a Lloegr. Sut bynnag, yr oedd Harris mewn cylch a oedd yn rhan o gynllwynio mewnol yn y llys brenhinol a rhoddai bwys mawr ar gyfraniad yr iarlles Huntingdon fel y prif gyfrwng i ehangu ei gydnabod.[121]

Gwragedd dylanwadol eraill, ond mewn cylch gwahanol, oedd Sarah Bowen o'r Tyddyn, Llanidloes, goruchwylwraig gyntaf 'Cartref Trefeca' a briododd â Simon Llwyd, Plas-yn-dre, y Bala,[122] a'r enwog Sidney Griffith o Gefnamwlch yn Llŷn, merch Cadwaladr Wynn o'r Foelas, Ysbyty Ifan, a gwraig yr oferddyn a'r dyledwr William Griffith, a oedd yn aelod o deulu tra pharchus yn Llŷn yn ei ddydd. Yr oedd ganddi berthnasau yn y Garn, sir Ddinbych, a chafodd Harris groeso yno gan Robert Gruffydd, ewythr i Sidney Griffith, a oedd yn aldramon yn nhref Dinbych.[123]

Gellid amlhau enghreifftiau o'r cysylltiadau bonheddig a feddai'r arweinwyr Methodistaidd, a daethai pobl o blith rhydd-ddeiliaid a ffermwyr canolig eu safle yn gynghorwyr ac aelodau'r seiadau. Er bod y tadau wedi apelio, i raddau, at yr haenau isaf yn y gymdeithas, anwadal oedd eu hymlyniad hwy wrth Fethodistiaeth a chafwyd gwell ymateb ymhlith y crefftwyr, ffermwyr, rhydd-ddeiliaid a'r mân fonedd. Yn eu plith hwy y gwelwyd y cynnydd mwyaf arwyddocaol. O drafod y dystiolaeth gwelir mai o rengoedd canolig ac isaf y bonedd yn bennaf y deuai canran da o aelodau'r seiadau Methodistaidd. Ceir cyfeiriadau hefyd at uchelwyr yn rhoi clust i wrando ar Harris ac eraill. Wrth bwysleisio teyrngarwch cyfeiriwyd at yr angen i feithrin dinasyddiaeth dda, moesoldeb, cymedroldeb, duwioldeb a darbodusrwydd, rhinweddau a apeliai at y dosbarthiadau hynny.[124] 'The doors open now for the Gospel to many Towns and Places that were shut', meddai Harris yn 1742. 'They hear in many places by thousands, and many Societies are sweetly established in some places.'[125] Aethpwyd i'r trefi lle yr amrywiai'r torfeydd a'r ymateb i'r genadwri. Pregethodd Harris 'with great Power to several Thousands' ger Abertawe yn yr un flwyddyn[126] ond fe'i dirmygwyd a'i erlid yn nhref y Bala rai blynyddoedd yn ddiweddarach.[127] Er iddo ddatgan nad llafurio ymhlith y cyfoethog a'r bonheddig oedd ei fwriad eithr cenhadu i'r werin anwybodus, eto dibynnai lawer ar rai uwch eu safle am gynhaliaeth ysbrydol a materol. Cyn marw Robert Jones o Ffwl-y-mwn – 'Esquire Jones' fel y'i gelwid – ym Mro Morgannwg yn 1742, gŵr a oedd yn ddilynydd pybyr i John Wesley, cafodd Harris aros yno, 'where we had sweet fellowship',[128] cyn symud ymlaen i Lantrisant, Margam ac Abertawe – 'amongst ye thousands of ye meaner sort here were many of ye polite sort'.[129] Yn Llandrindod yn 1747 dywed iddo dreulio amser dedwydd ymhlith y bonedd: 'there I discoursed before a great company of Gents and Ladies . . . Family prayers before ye Gents & ladies . . . Ye gentry were very attentive.'[130]

Yn llythyrau a dyddiaduron Howel Harris ceir nifer helaeth o enghreifftiau o apêl ei neges at y mân fonedd. Yn Nhalacharn ac Arberth, er enghraifft, 'many of ye Gentry came to hear & they seem every where to receive the word in Love & Great is the Power that goes with it every where'.[131] Mewn llythyr at James Erskine, yr aelod seneddol o'r Alban, yn Chwefror 1745 cyhoeddodd fod 'sevl of ye Bettr sort are less Prejudic'd – some of them come to hear & some are awakend even among them'.[132] Siom iddo oedd methiant George Whitefield i ddod i Gymru ddiwedd Medi 1748: 'ye minds of ye Gentry', meddai mewn llythyr ato, 'had taken such a turn that you shd have had an opportunity of speaking of ye free salvation to ye greatest part of them every where'.[133] Bum mlynedd ynghynt, wedi iddo bregethu ddwywaith yng Nghaerfyrddin, mynegodd Whitefield ei lawenydd gyda'r ymateb yno: 'one of the greatest and most polite places in Wales', oedd ei ymateb.[134] Yr oedd y Sesiwn Fawr yn digwydd eistedd yno ar y pryd a'r barnwyr, yn ôl ei dystiolaeth ef, yn dymuno iddo aros yno nes iddynt orffen eu gorchwylion fel y gallent ddod i wrando arno. Felly y bu, a daeth miloedd eraill, meddai, llawer ohonynt yn bobl sylweddol.

Ymhlith y gynulleidfa a'r rhai a oedd yn gyfrifol am brynu tir i adeiladu capel arno yn Hwlffordd oedd Benjamin Jones, dilledydd, John Thomas, ffermwr, a James Morgan, gŵr bonheddig.[135] Yr oedd William Lloyd o Dugoedydd, Cil-y-cwm, yn aelod o'r seiat yno ac yn ŵr bonheddig. Yr oedd yn un o'r tri a arwyddodd y weithred gyntaf ar eglwys Cil-y-cwm yn 1746. Gydag ef yr oedd John Williams, Llwyn-y-berllan, Llandingad, aelod eto o'r un seiat, ac yn ei gartref ef y cynhaliwyd un o sasiynau 1742. Fe'i hystyrid yn 'ŵr cyfrifol', a mab iddo oedd David Williams o'r Henllys, yswain, ustus heddwch ac is-gyrnol catrawd milwrol sir Gaerfyrddin.[136] Yn Hafod, gerllaw Abertawe, ym Mai 1742 gwelodd Harris 'the greatest gentry in Town here Lawyers etc . . . & I believe [they] were so affected as to have their prejudices removed'.[137] Cafodd groeso yn sir Aberteifi, lle y bu dylanwad Daniel Rowland yn gryf: 'Yester Day,' meddai, 'I had many of the Better sort to hear me . . . a member of parliamt's son [Walter Lloyd o Foelallt a Ffynnon Bedr] & Daughter etc . . . and Thursday I discours'd in a Justice of the Peace's House,' sef John Morris o Garrog, Llanddeiniol.[138]

Ond nid llwyddiant fu'r cyfan, hyd yn oed ymhlith y breintiedig. Cafwyd cryn wrthwynebiad i'r Methodistiaid ymhlith ustusiaid heddwch a bonheddwyr lleol a gyffroai'r werin bobl i ymosod arnynt: 'there is a bloody opposition,' meddai Harris wrth gyfeirio at ei genhadaeth yn y gogledd. 'The poor Lambs in some places are in Danger of their Lives from the mob . . . as the Prejudice of the People is so great against us.'[139] Hysbysodd Whitefield yn Awst 1742 ei fod wedi ymweld â phob un o'r trefi sirol yn ne Cymru a dioddef gwrthwynebiad llym ynddynt oherwydd 'such is ye Power of the devil and ye Prejudice that tis few of the Better sort come to hear'.[140] Ymhlith yr ustusiaid casaf eu hymddygiad tuag at y Methodistiaid oedd Syr Watkin Williams Wynn, y cyfeiriwyd ato eisoes, Roderick Gwynne, Glanbrân, a rhyw Mr Price o Aberneidd-wr ger Llanfair-ym-Muallt, a'u cyhuddai o gynllwynio yn erbyn y brenin a'r wladwriaeth. Ymhlith y bonedd yn ardal Llanwrtyd caf-wyd 'many Gent scoffers',[141] cwnstabliaid yn barod i'w rhwystro rhag llefaru ac eraill a oedd, gydag anogaeth gwŷr y gyfraith, yn barod i'w herlid 'saying we have plots & schemes agt the Church & State'.[142] Diddorol yw achos brawd ym Maerun (Marshfield) yng Ngwent, 'who was grown Exceeding cold etc . . . ye means of his

Backsliding were mostly his serving ye office of Chief Constable'. Dylanwad swydd a'r rhai a gydweithredai ag ef, y mae'n debyg, a gyfrifai am hynny.[143]

Y mae'n ddiddorol sylwi ar y disgrifiadau sydd ar gof a chadw am y cynghorwyr a weithredai, er enghraifft, ym Môn lle y cafwyd cryn wrthwynebiad iddynt: 'idle vagabond persons', 'strolling preachers', 'vagrant field preachers from south Wales', 'strangers', 'peasants from neighbouring parishes' ac ati.[144] Mewn maes cenhadol o'r fath deuai cynghorwyr yn bennaf o ganolbarth a de Cymru i gyflawni'r gwaith, ac mewn cyfnod pan oedd dieithrwch yn achosi drwgdybiaeth ac amheuaeth nid yw'n rhyfedd fod pobl danbaid o'r fath yn annerbyniol. Yn nyddlyfr Richard Tibbott, sy'n frith o gyfeiriadau at hynt a helynt sefydlu trefniadaeth y Methodistiaid, cyfeirir ato'n mynd gyda dau gydymaith i sir Gaernarfon ac yno'n cael eu dal, ac meddai ymhellach:

> an danfon fel magabons adre, Jenking [sef Jenkin Morgan] a mine ni gowson yn danfon or naill Hows y Corexion ir llall yn Gynta i Garnarfon a 2 Dolgelle 3 Trefaldwyn, a jenking y Gadd fynd 4 i Lan andras a 5 i Aber honddi ag felli adre.[145]

Y mae cyfeiriadau o'r fath yn dangos pa mor bryderus oedd yr awdurdodau ynglŷn â rheoli'r tlawd a'r crwydriaid. Gofalu am anffodusion y gymdeithas oedd un o brif ddyletswyddau'r swyddogion lleol. Heb iddynt allu cynnal trefn ymhlith haenau isaf y gymdeithas honno ni ellid sicrhau sefydlogrwydd. Yr oedd difa unrhyw anniddigrwydd a gwastrodi'r tlawd yn swyddogaeth ganolog mewn llywodraeth leol. Gweithredwyd Deddfau'r Tlodion yn gyson yn llysoedd y sir, sesiynau chwarter a sesiynau bach y plwyf, gyda'r bwriad o gadw trefn a disgyblaeth. Oligarchiaeth o'r boneddigion a rannai'r cyfrifoldeb fel ustusiaid heddwch, ac ynghyd â'r cwnstabliaid lleol a gwardeiniaid yr eglwys, goruchwylwyr y tlawd a meistri'r tai cywiro, hwy oedd yn gyfrifol am sicrhau bod y system yn gweithio'n esmwyth. Yng ngolwg yr ustusiaid achosai Methodistiaeth ddwy broblem – un grefyddol, yng nghyd-destun deddf Siarl II, ac un gymdeithasol, sef atal crwydraeth a diogelu'r gymdeithas rhag terfysg a chynnwrf.[146]

Mewn cyfnod o ryfel disgwylid i wŷr ymuno â'r fyddin neu'r milisia lleol, a'r tebyg yw fod cynghorwyr Methodistaidd yn cael eu drwgdybio o geisio osgoi'r gwasanaeth hwnnw. Yr oedd hynny'n destun drwgdeimlad tuag at gynghorwyr ifanc, yn arbennig mewn cyfnod o ryfel, a dwysawyd y sefyllfa ymhlith y Methodistiaid pan ddiogelwyd offeiriaid a gweinidogion Ymneilltuol trwy rym deddf rhag cyflawni gwasanaeth am eu bod yn wŷr ordeiniedig. Efallai mai un o'r ystyriaethau a achosai'r anniddigrwydd cynyddol ymhlith cynghorwyr ynglŷn â mater ordeinio oedd y pryder y byddai Methodistiaeth yn colli ei dylanwad pe rhwystrid hwy rhag cael yr hawl i weinyddu'r sacrament yn gyfreithlon.

Nid gorchwyl hawdd yw ceisio dyfalu faint o'r gwrandawyr lluosog a ymlynodd wrth bregethwyr Methodistaidd y genhedlaeth gyntaf. Y mae'n amlwg fod ysgolion cylchynol Griffith Jones, Llanddowror, wedi bod yn gaffaeliad mawr i'r mudiad ond oherwydd diffyg ystadegau y mae'n debygol hefyd fod Harris a'i gyd-ddiwygwyr yn gorliwio'r sefyllfa. Lle y cafwyd llwyddiant mewn un ardal collwyd tir mewn ardal arall a chrynhowyd ffynonellau gwrthwynebiad yn un o ymatebion Harris i'r sefyllfa: 'too many Dissenters (ministers and people) Joyn ye Gentry & carnal clergy to speak evil & oppose the work'.[147]

Enghraifft unigol o'r gymuned yr apeliai cenhadaeth Howel Harris ati oedd 'Cartref Trefeca'. Er bod dylanwad Morafaidd arno a sefydliadau Herrnhut a Fulneck yn sail iddo, o gofio bod Harris wedi ymddieithrio erbyn hynny o'r ddiadell swyddogol, y mae natur a chyfansoddiad y gymdeithas yn debyg i'r math o bobl yr apeliai Methodistiaid atynt. Pwysleisient yr angen i fod yn ddarbodus ac i ofalu am fuddiannau ysbrydol a materol, a meithrinwyd aelodau'r 'Cartref' yn y rhinweddau bonheddig cynhenid. Deuai'r teuluoedd o bob rhan o Gymru, a 'theyrnasai' Harris arnynt. Sefydliad cymunedol, hunangynhaliol a disgybledig oedd 'Cartref Trefeca', ac ymhlith y crefftwyr a ymsefydlodd yno cafwyd gwehyddion, seiri coed a maen, cryddion, rhwymwyr llyfrau, dilledyddion a chlercod.[148] Adeiladwyd tŷ newydd – 'the castellated monastery for our community' fel y'i gelwid – wedi dymchwel Trefeca Fach. Canmolodd John Wesley'r lle fel 'one of the most elegant places' a welsai,[149] ac ategwyd hynny gan Henry Venn, pregethwr efengylaidd o fri a chyfaill George Whitefield a'r Iarlles Huntingdon, yn 1766 wrth edrych ymlaen at ymweld â'r lle a chyfeirio at y gymdeithas a sefydlwyd yno.[150] Tystiolaeth i awyrgylch foneddigaidd y fangre yn ddiau, ond fe'i nodweddid yn bennaf gan ddisgyblaeth a threfn dan oruchwyliaeth Harris, yr union briodoleddau a amlygwyd yn ei fywyd yntau wedi ei dröedigaeth. Ategir hynny ym marwnad Williams, Pantycelyn iddo: 'Ac ti wnest dy blant yn ufydd at eu galwad bob yr un, Byw i'th reol, byw i'th gyfraith.'[151]

Gellid cymhwyso llinellau o'r fath at yrfa Howel Harris yn y mudiad Methodistaidd yn gyffredinol, ond nid oherwydd ei osgo awdurdodol ymhlith ei ddilynwyr a'i gyd-ddiwygwyr yn unig ond hefyd oherwydd ei bwyslais ar le cyfraith gwlad ym mywyd yr unigolyn. Addasodd ei ddoniau trefniadol at bwrpas ymladd dros iawnderau crefyddol yn fwy o lawer nag y gwnaeth eraill ymhlith yr arweinwyr. Yr oedd yn fwy na threfnydd a gweinyddwr. Er cymaint y gwrthwynebiad iddo defnyddiodd ei adnoddau a'i gysylltiadau i osod Methodistiaeth – label ar y mudiad na hoffai o gwbl – ar sail gadarnach nag a fyddai erioed wedi bod yn bosibl hebddynt.[152] Gweithiodd ymwybyddiaeth o gyfreithlonrwydd i mewn i'r gyfundrefn, a safai'n gynheiliad hawliau crefyddol yr unigolyn o fewn sefydliad Eglwys Loegr yn y ddeunawfed ganrif.

* * *

Pa weddau ar hanes cymdeithasol y Methodistiaid a ddaw i'r amlwg yn y ffynonellau yn ystod y genhedlaeth gyntaf? Efallai y dylai haneswyr roi mwy o sylw i elfennau cymdeithasegol y ffenomen ryfedd hon a gydiodd yn enaid cenedl y Cymry ac a roddodd iddi sylfeini crefydd efengylaidd. Efallai y gellid dweud bod parhad y mudiad oddi mewn i'r Eglwys wedi bod yn fuddiol iddi yn ei degawdau cynnar oherwydd magodd hyder i gynnal athrawiaeth uniongred dan amgylchiadau dyrys, a manteisiodd ar y cyfle i strwythuro ei threfniadaeth. Y mae'n ddiau fod Methodistiaeth wedi herio'r sefydliad fwy nag unrhyw fudiad poblogaidd arall yn ei dydd oherwydd yr argyhoeddiad a fagasai, ac oherwydd nad oedd yr arweinwyr a'r cynghorwyr diwyd hynny a hyfforddai'r ymlynwyr yn euog o'r un beiau a nodweddai'r offeiriadaeth. Bid a fo am ei gwendidau, cynigiodd i'r Methodistiaid fframwaith y gallai ddatblygu'n bur hyderus o'i mewn heb orfod ymdrechu, fel y gwnâi'r Ymneilltuwyr, i gynnal eu hachosion dan warchodaeth gwladwriaeth a'u goddefodd yn hytrach na'u cydraddoli. Canolbwyntiodd

Howel Harris ei sylwadau, mewn llythyr, dyddiadur a dadl, ar gred y Methodistiaid mewn cydymffurfio â'r drefn gyfansoddiadol. I raddau helaeth fe'u harbedwyd rhag cael eu llesteirio'n ormodol gan nerthoedd y llywodraeth. Wedi'r cyfan, yn dilyn y sylfaen a osodwyd yn Chwyldro 1689, sefydlwyd egwyddor rheolaeth y gyfraith yn y ddeunawfed ganrif. Diffiniwyd natur yr iawnderau a feddai'r unigolyn ynghyd â hawliau'r wladwriaeth arno gan farnwyr mewn llysoedd barn, ac yn ystod y cyfnod hwn gwrandawyd llawer achos yn ymwneud â rhyddid personol.[153] O'r safbwynt hwnnw, am eu bod yn barod i gymuno a datgan eu teyrngarwch i'r sefydliad ac oherwydd, yn ffurfiol, eu bod yn parhau i fod yn aelodau o'r Eglwys sefydledig, fe'u cydnabuwyd yn ddinasyddion cydradd. Defnyddient gyfraith gwlad yn offeryn i hybu cyfraith a chyfiawnder Duw a gynigiai ras i'r pechadur edifeiriol. Cyfraith gwlad yn unig a allai sicrhau cyfiawnder yn y gymdeithas seciwlar. Nid rhyfedd felly i Harris ddadlau achos y Methodistiaid dan erledigaeth yn yr ymwybyddiaeth y byddai cyfreithlonrwydd yn gyfrwng i gynnal tystiolaeth ysbrydol. Yr oedd Methodistiaeth, yn ei degawdau cynharaf, wedi sylweddoli bod yn rhaid iddi ymgydnabod â'i hunaniaeth ysbrydol mewn perthynas â'r sefydliadau seciwlar a grëwyd gan Dduw ac a weithredai drwy gyfrwng Ei ysbryd. Golygai hynny arfer disgyblaeth foesol mewn ymddygiad yn y gymdeithas oedd ohoni ac mewn perthynas â chorff y cyfansoddiad.

Yr oedd yn berffaith amlwg y byddai cysylltiad agos rhwng ymroi i'r bywyd crefyddol a sefydlu hunaniaeth cymdeithasol ymhlith y Methodistiaid cynnar. Er ei bod efallai'n rhy gynnar, yn y cyfnod tua 1735–73, i sôn am 'Dorïaeth boblogaidd' a nodweddai'r mudiad yn yr ail a'r drydedd genhedlaeth, ni ellir gwadu bod ei hinsawdd yn y blynyddoedd arloesol yn gyfrwng i feithrin gweddau arbennig ar gyfansoddiad y gymdeithas. O ddarllen llenyddiaeth Fethodistaidd y cyfnod canfyddir ynddi gyfarwyddyd a chyngor sut i ymarweddu'n briodol fel dinasyddion teilwng. Yn y cyd-destun hwn y mae damcaniaeth fawr Elie Halévy'n bwysig, sef mai cyni economaidd a roddodd gychwyn i'r mudiad yn Lloegr yn y 1730au diweddar ac i'r mudiad hwnnw fod yn gyfrwng i rwystro chwyldro rhag llesteirio'r wlad ym mlynyddoedd olaf y ddeunawfed ganrif. Ni chafwyd yng ngohebiaeth yr arweinwyr yng Nghymru unrhyw gyfeiriad at syniadau radicalaidd fel y 'cytundeb cymdeithasol' na sofraniaeth boblogaidd. Yn hytrach, pwysleisiwyd sefydlogrwydd dan lywodraeth brenhiniaeth sofran gyfansoddiadol a'r hawl i fwynhau rhyddid crefyddol a sifil. Derbyniwyd hierarchaeth gymdeithasol, ond pregethwyd egwyddor 'egalitariaeth ysbrydol'. Dygwyd i gof yn barhaus y pwyslais ar barchusrwydd, teyrngarwch a'r angen i ymgyrraedd at rinweddau megis hunangymorth a hunanwellhad.[154] Tanlinellwyd cyfrifoldeb a hunanddisgyblaeth. Yn wir, po fwyaf poblogaidd yw mudiad o'r math hwn, mwyaf parod yw ei arweinwyr i hawlio awdurdod a disgyblaeth. Ni ellid gwireddu hynny heb warchod buddiannau'r wladwriaeth, yn bennaf am eu bod yn coleddu athrawiaethau uniongred am gyfreithlonrwydd y drefn sefydliadol wladwriaethol. Daeth hynny i fod yn fater mwy angenrheidiol yn yr ail a'r drydedd genhedlaeth pan gyfystyrwyd Methodistiaeth, mewn cyfnod o chwyldro, rhyfel ac anfodlonrwydd economaidd, ag anarchiaeth ac anghrediniaeth. Ym marn Thomas Jones o Ddinbych, yn *Gair yn ei Amser* (1797), er enghraifft, dylid ufuddhau i'r drefn mewn cyfnod o ryfel â Ffrainc gan fod y 'Llywodraeth . . . yn offerynol i ddwyn i ni gymmaint rhagorfreintiau', ac meddai ymhellach:

> Y mae'n amser heddyw i gyd-ymgynhyrfu mewn prysurdeb a ffyddlondeb eithaf, yn yr achos cyffredin. Os ydym yn caru Duw, carwn ein gwlad; ac os ydym yn caru ein gwlad, dyma'r amser i ddangos ein caredigrwydd atti . . . Bydded pob un yn barod yn ei le a'i sefyllfa, ac yn ol ei allu, i ufuddhâu i alwad y Llywodraeth, ac i gyflawni'r gwasanaeth a osodo hi iddo. Ymroddwn oll . . . i sefyll, neu syrthio, gyd â Chrefydd Crist, gyd a'n Brenin a'n Dau Dŷ o Barliament, gyd â'n cyfreithiau a'n Rhyddid, a chyd â Gwir Achos ein Gwlad a'n Teyrnas. [155]

Dyna paham y parchodd y Methodistiaid y *status quo*. Sylfaenwyd eu hathrawiaeth ar y gred fod llywodraeth yn hanfod o ordinhad ddwyfol.[156] Pwysleisiwyd cyfreithlonrwydd yn bennaf, nid am ei fod yn diogelu eiddo personol ond am fod cyfraith yn amddiffyn yr unigolyn dan fygythiad.

Amlygir nifer o nodweddion yn y ffynonellau sy'n clymu arweinwyr y Methodistiaid wrth y cyfansoddiad, megis yr angen i gynnal y drefn sy'n amddiffyn gwerthoedd Cristnogol ac sy'n dangos dawn ragluniaethol Duw, yr ymgyrch gwrth-Babyddol a'r ymdrech i wella amgylchiadau'r unigolyn yn ei gymdeithas. Efallai fod gormod wedi cael ei ysgrifennu ar effaith Methodistiaeth ar gymdeithas a dim digon o'r safbwynt arall ac ar athrawiaeth gymdeithasol. Yn sicr yr oedd Methodistiaeth yn fudiad cymdeithasol yn ogystal â bod yn fudiad crefyddol ac yn allwedd i ddeall yr ymwybyddiaeth o hunaniaeth gymdeithasol.

Wedi dweud hynny, pa faint bynnag o ddisgyblaeth a nodweddai'r Methodistiaid o safbwynt athrawiaeth gymdeithasol yr oedd yn amlwg fod eu dulliau o weithredu'n ddigon afreolus. Cynhalient eu seiadau'n aml yn y dirgel ac yr oedd hynny ynddo'i hun yn rheswm am yr amheuon a fwrid ymhlith swyddogion y Goron, yn arbennig mewn blynyddoedd o argyfwng. Aneglur ac amrywiol, a dweud y lleiaf, oedd eu perthynas â'r Ymneilltuwyr am iddynt wrthod ymuno â hwy, ac eto pregethai Harris am undod yr Eglwys. Ni chymerent gymun oddi wrth eu gweinidogion ond pan wrthodwyd hwy gyntaf gan offeiriad plwyf. Ymhellach, gan fod y Methodistiaid yn cyfarfod yn ddirgel pam na allent, er eu diogelwch eu hunain, ganiatáu i swyddogion y Goron eu harchwilio i fwrw ymaith unrhyw amheuaeth? Ai mater o ragfarn yn unig a gyfrifai am natur a pharhad yr erledigaeth neu gyndynrwydd y Methodistiaid i wynebu realiti'r sefyllfa a phrofi bod eu parodrwydd i dyngu llw o ffyddlondeb i Goron ac Eglwys yn sail i'w hygrededd? Gellid dadlau bod gelyniaeth wedi bod yn fanteisiol i'r mudiad. Y mae Harris a'i gyddiwygwyr yn ddigon parod i gyfaddef bod erledigaeth yn cryfhau eu tystiolaeth ac yn eu harfogi ar gyfer wynebu anawsterau. Fe'u hatgoffwyd hefyd nad proses esmwyth a dymunol yw diwygio ac argyhoeddi pobl mewn cyfnod o sefydlogrwydd cymdeithasol a llonyddwch gwleidyddol. Y profiadau annymunol hynny a fu'n gyfrwng i'w hatgyfnerthu a'u hybu i ddefnyddio pa adnoddau bynnag a oedd ganddynt i gyfreithloni eu sefyllfa. Ynghyd â'u 'penboethni' yr oedd ganddynt nodweddion cynhenid i bregethu, cynghori a threfnu; caent gefnogaeth gan eu cyfeillion yn Lloegr, yn arbennig George Whitefield, ac er bod y mudiad Wesleaidd yn annibynnol parhaodd cysylltiadau personol agos iawn rhyngddynt. Bu'r gyfathrach honno'n gymorth mawr iddynt i fagu hyder, ac y mae'r holl dystiolaeth yn dangos ehangder a chyfoeth y berthynas a fu rhwng y diwygwyr a'u hymlynwyr.

O safbwynt yr erlidwyr gellir eu dosbarthu'n fras yn dair rhan: yr esgobion a'r offeiriaid plwyf, y boneddigion a swyddogion y Goron, a charfanau o'r werin dlawd ymosodol a oedd, i bob pwrpas, dan fawd eu meistri. Teimlent fod Methodistiaeth yn bygwth awdurdod yr Eglwys sefydledig a threfn a chyfansoddiad y wladwriaeth, ac yn aflonyddu ar rediad hamddenol a chytbwys bywyd cefn gwlad. Fel y datblygai'r 'Lefiathan' fawr arswydus, 'y Chwyldro Diwydiannol', yn araf cafodd yr efengylwyr ddylanwad hynod yn y cymunedau trefol newydd. Y mae i'r tair ffynhonnell weddau sy'n gyffredin o gofio mai ymfalchïo yn sefydlogrwydd eu cyfnod a wnâi rheolwyr y gymdeithas ym mlynyddoedd canol y ddeunawfed ganrif. I gyfnod felly daeth Methodistiaeth â grym a greodd ymdeimlad o ddisgyblaeth yn yr Eglwys sefydledig a chanddi hawl i fynnu breintiau dinesig naturiol. Ac mewn cyfnodau prin o argyfwng – fel a gafwyd yn 1745 a 1760 – amlygwyd cydweithrediad rhwng y carfanau hyn oll, yn Anglicanwyr, Ymneilltuwyr a Methodistiaid, er budd y deyrnas. Goruwch-awdurdod Duw, fodd bynnag, a ystyrid bwysicaf. Gweithredid deddf gwlad yn unig drwy ganiatâd a thrwy gyfrwng hwnnw.

A'r trydydd pwynt: cysylltiad Methodistiaeth â'r drefn gymdeithasol. Y mae'n amlwg fod y mudiad yn apelio at amrywiaeth o bobl o bob gradd ac yr oedd hynny'n fodd iddo fwrw ei wreiddiau'n ddyfnach yng nghefn gwlad Cymru'n ogystal – ond i raddau llai efallai – â'r canolfannau trefol. Ac yn y mannau gwledig hynny bu'r mudiad yn her i'r sefydliad ddod i delerau â grym efengylaidd annibynnol a grëwyd yn enaid unigolion. Wedi'r cyfan, apêl at y pechadur unigol oedd gan Fethodistiaeth yn hytrach na darpariaeth ffurfiol ar gyfer cymdeithas ar ei heithaf, fel a gaed yn yr Eglwys sefydledig. Dibynnai lawer ar amgylchiadau personol ac ar gyflwr economaidd cymunedau rhanbarthol. Wedi'r cyfan, yn lleol ac yn ysbeidiol y torrodd y Diwygiad yng Nghymru'r cyfnod hwn. Sut bynnag, y mae'n rhaid ystyried maint a dylanwad y berw ysbrydol hwn hefyd ar unigolion a berthynai i'r dosbarth canolig – y mân fonheddwyr a'r rhydd-ddeiliaid – ac yn ôl Geraint H. Jenkins, pobl o'r math hwn – y 'middling sort' chwedl ef – a chwiliai am ffynhonnell cysur mewn byd gwleidyddol enbyd nad oedd ynddo le iddynt. Am nad oedd ganddynt yr adnoddau i gystadlu â'r bonedd mawr dalient ar eu cyfle i ddyfnhau eu profiadau ysbrydol a chynnal eu darbodusrwydd yng nghyd-destun seiat a sasiwn Fethodistaidd. Dehongliad tra diddorol a dichonadwy, ac y mae tystiolaeth gyffredinol yn tueddu i'w brofi'n derfynol. Yn wir â Derec Llwyd Morgan rhagddo i awgrymu, er bod cynnyrch yr argraffwasg wedi bod yn hynod ddefnyddiol yn y cyfnod hwnnw, y cawsai ymlynwyr Methodistaidd feddiant ar gyfoeth newydd a ddeilliai o'u profiadau ac o lenyddiaeth ysbrydoledig y mudiad. Nid llenyddiaeth ddefosiynol y gorffennol yn unig a apeliai atynt ond llenyddiaeth fywiol y Methodistiaid.[157]

Yr hyn sy'n amlwg yw fod y Diwygiad yng Nghymru wedi apelio, i raddau pell, at ddosbarth gweddol gefnog, y carfanau canolig yn y gymdeithas y cyfeiriwyd atynt uchod, megis ffermwyr, crefftwyr, artisaniaid a rhydd-ddeiliaid a phrydleswyr, llawer ohonynt yn wŷr a gwragedd diwylliedig a feddai ar y grasusau cydnabyddedig. Gellir casglu felly fod y mudiad Methodistaidd wedi edrych gymaint, os nad mwy, ar draws y spectrwm cymdeithasol ag a wnaeth ar i lawr.[158] Er cymaint yr ymosod corfforol a fu arnynt dengys eu hymddygiad eu bod yn ymgydnabod â safonau bywyd gwâr a diwylliedig yr oes yng Nghymru a Lloegr ac yn eu cynnal. Yr oedd Harris wrth ei fodd yn gallu dweud wrth George Whitefield yn 1742 am yr ymgyfeillachu a fu rhyngddo ag unigolion o safle yng nghymdeithas Ceredigion. Gan fod Daniel Rowland wedi braenaru'r tir yn helaeth yng Ngheredigion teimlai Harris ei fod ar sail ddigon cadarn i allu cenhadu yno, ac nid yw'n syndod iddo gael peth cefnogaeth o blith aelodau mwyaf sylweddol y gymdeithas fel y tystia yn ei lythyrau at Rowland ac eraill. Teithiai Howel Harris yn aml yn ei *chaise* o Drefeca yn ystod ei flynyddoedd olaf ac aeth Daniel Rowland mewn *carriage* a berthynai i 'Gartref Trefeca' i gysegru eglwys Brynengan yn Llŷn yn 1777.[159] Deuai'r arweinwyr, a Harris yn arbennig, i gysylltiad ag eraill – eglwysig a lleyg – ar eu teithiau mynych i bob rhan o Gymru a Lloegr, ac yr oedd dau amcan iddynt – i ymestyn y genhadaeth efengylaidd ac i greu rhwydwaith o gysylltiadau ymhlith gwreng a bonedd, ac yn aml iawn â phobl a feddai ar foddion byw eithaf sylweddol o fewn eu gradd gymdeithasol, pobl o ddylanwad a allai gynnal y mudiad, hyd yn oed yn ei awr gyfyngaf. Yn y Bala, meddai Harris yn Hydref 1748, 'such crowds I never saw . . . & ye Lord seems to turn His face towards ye Rich'.[160] Beth a ddenai pobl o'r fath, beth yr oeddynt yn awchu amdano ac, yn bwysicach, beth a ddisgwyliai 'sgweiar' Trefeca ei gael oddi wrthynt hwy?

Cynhaliai'r diwygwyr Methodistaidd y drefn gymdeithasol a phwysleisio gradd a safle'r unigolyn yn y drefn hierarchaidd honno a'i gydraddoldeb yng ngolwg Duw. O'r safbwynt Calfinaidd hwnnw nid oes dim sy'n syfrdanol o newydd yn y Diwygiad Methodistaidd: cynnal y *status quo* – ac eto mwynhaodd aelodau o'r dosbarthiadau rhydd-ddaliadol a'r crefftwyr a ymunodd â hwy fywyd eithaf llewyrchus. Yn wir, mewn cyfnodau o gydbwysedd economaidd, cadarnhawyd eu safle ffyniannus yn y raddfa gymdeithasol, nid am eu bod yn Fethodistiaid nac am fod amgylchiadau bywyd yn ffafriol iddynt, ond am fod y mudiad yn hybu'r bywyd cynnil, gofalus a darbodus. Nid mudiad oedd Methodistiaeth a oedd yn amddifad o gysylltiad â phethau'r byd hwn. Dioddef oherwydd eu gweithrediadau'n hytrach na thlodi a wnâi'r cynghorwyr fynychaf a phregethwyd teyrnas nefoedd a chynhaliaeth yr ysbryd drwy ras Duw fwy nag egwyddorion crefydd gymdeithasol. Er iddynt ganolbwyntio ar gyflwr ysbrydol y pechadur yn hytrach na'i amgylchiadau naturiol, ni ellir dehongli hanfod Methodistiaeth heb ddeall natur a strwythur y gymdeithas yng Nghymru. Cymdeithas wledig ydoedd i bob pwrpas, ac er bod llawer o bregethu yn y trefi hefyd ni chawsai'r diwygwyr cynharaf y cyfle i'r un graddau ag a gafodd y Wesleaid i genhadu ymhlith dosbarthiadau gweithiol a wynebu her poblogaethau ar eu cynnydd a thrueni bywyd diwydiannol. Byddai hynny wedi gofyn am adnoddau llawer mwy eang a phwerus. Yn y cyd-destun hwnnw, cynhaliodd Methodistiaeth y drefn draddodiadol a'i chymhwyso'n gyfoethog iawn i drefn iachawdwriaeth rad.

Nodiadau

1 Am y cefndir gw. G. H. Jenkins, *Hanes Cymru yn y Cyfnod Modern Cynnar* (Caerdydd, 1983); *idem*, *The Foundations of Modern Wales: Wales 1642–1780* (Oxford, 1993); E. D. Evans, *A History of Wales, 1660–1815* (Cardiff, 1972); R. T. Jenkins, *Hanes Cymru yn y Ddeunawfed Ganrif* (Caerdydd, 1945); D. Moore (gol.), *Wales in the Eighteenth Century* (Swansea, 1976).

2 Am drafodaethau penodol ar y Diwygiad a'i gefndir gw. J. Roberts, *Hanes Methodistiaeth Galfinaidd Cymru* (Llundain, 1931); *HMGC*; G. H. Jenkins, *Literature, Religion and Society in Wales, 1660–1730* (Cardiff, 1978); D. Ll. Morgan, *Y Diwygiad Mawr* (Llandysul, 1981); E. M. White, *'Praidd Bach y Bugail Mawr': Seiadau Methodistaidd De-Orllewin Cymru 1737–50* (Llandysul, 1995); G. Tudur, *Howell Harris: From Conversion to Separation 1735–1750* (Cardiff, 2000); M. H. Jones, 'Howell Harris, citizen and patriot', *Traf. Cymmr.*, 1908–9, 188–236. Am Harris, Rowland a Williams Pantycelyn

gw. *ODNB*, 25, tt. 428–30; 48, tt. 2–3; 59, tt. 322–5. Gw. hefyd draethawd ymchwil y Dr Medwin Hughes, 'Studies in Calvinistic Methodist Welsh Literature, 1790–1825' (Traethawd D.Phil. anghyhoeddedig, Prifysgol Rhydychen, 1987). Yr wyf yn ddiolchgar i'r Dr Hughes am roi ei ganiatâd parod imi ddefnyddio'r gwaith hwn. Am ddylanwad y mudiad Methodistaidd yng Nghymru ar y gymuned Brotestannaidd ar ei lletaf yn ei flynyddoedd cynnar gw. D. Ceri Jones, *'A Glorious Work in the World': Welsh Methodism and the International Evangelical Revival, 1735–1750* (Cardiff, 2004).

3 B. H. Malkin, *The Scenery, Antiquities and Biography of South Wales* (London, 1804; arg. 1970), t. 485.

4 R. Warner, *A Walk Through Wales in August 1797* (Bath, arg. 1801), tt. 27–8.

5 T. Pennant, *A Tour in Wales*, 2 gyfrol (Wrexham 1991), I, t. 311; A. H. Dodd, *A History of Wrexham, Denbighshire* (Wrexham, 1957), t. 84.

6 G. Thomas, *Y Bardd Cwsg a'i Gefndir* (Caerdydd, 1971), tt. 51–83.

7 G. H. Jenkins, *The Foundations of Modern Wales*, tt. 87–131.

8 F. Jones, 'The old families of Wales' yn Moore (gol.), *Wales in the Eighteenth Century*, tt. 27–46; E. D. Evans, *History of Wales*, tt. 57–68; R. T. Jenkins, *Hanes Cymru yn y Ddeunawfed Ganrif*, tt. 17–23; G. H. Jenkins, *Hanes Cymru yn y Cyfnod Modern Cynnar*, tt. 20–46, 212–24. Am y cefndir ehangach gw. L. Namier, *The Structure of Politics at the Accession of George III* (London, 1960), tt. 1–61.

9 Am y cefndir gw. B. N. Williams, *The Whig Supremacy 1714–1760* (Oxford, 1939), tt. 73–85; R. W. Harris, *Reason and Nature in Eighteenth-Century Thought* (London, 1968), tt. 187–94; R. Porter, *English Society in the Eighteenth-Century* (Harmondsworth, 1982), tt. 188–95; N. Sykes, *Church and State in England in the XVIIIth Century* (Cambridge, 1934); G. T. Roberts, *Dadleuon Methodistiaeth Gynnar* (Abertawe, 1970), tt. 21–44 ymlaen.

10 W. T. Morgan, 'Yr Eglwys sefydledig yng Nghymru, 1700–1735' yn *HMGC*, tt. 43–94; G. M. Roberts, *Portread o Ddiwygiwr* (Caernarfon, 1969), tt. 65–76; E. White, *'Praidd Bach y Bugail Mawr': Seiadau Methodistaidd De-Orllewin Cymru*, *idem*, 'Y byd, y cnawd a'r cythraul: disgyblaeth a threfn seiadau Methodistaidd de-orllewin Cymru 1737–1750' yn G. H. Jenkins (gol.), *Cof Cenedl: Ysgrifau ar Hanes Cymru*, VII (Llandysul, 1993), tt. 71–82. Gw. hefyd *idem*, 'Y modd i wneud Methodist', *CH*, XVIII (1994), 3–22; *idem*, 'The people called "Methodists": early Welsh Methodism and the question of identity', *Journal of Welsh Religious History* (Cyfres Newydd), I (2001), 1–14.

11 *STL I*, t. 179. Gw. *CTL*, t. 222 (rhif 1372), 8 Tachwedd 1745.

12 *CH*, XXX, rhif 1 (1945), 39.

13 *STL* II, t. 73; *CTL*, t. 382 (rhif 2262), 3 Ionawr 1760.

14 R. F. Wearmouth, *Methodism and the Common People of the Eighteenth Century* (Epworth, 1957), tt. 239–63.

15 *STL II*, t. 82; *CTL*, t. 389 (rhif 2309), 29 Hydref 1760.

16 Ibid., t. 85; *CTL*, t. 398 (rhif 2378), 22 Medi 1761.

[17] J. P. Williams, 'Plas y Watford a'i berchennog', *CH*, XXXIX, rhif 3 (1954), 58.
[18] *HHRS*, t. 196 (21 Medi 1763).
[19] D. Marshall, *Eighteenth-Century England* (London, 1962), t. 102.
[20] *HHRS*, t. 149; *CTL*, tt. 83–4 (rhif 555), 14 neu 24 Mai 1742.
[21] *STL I*, t. 24. (rhif 555), 14 Mai neu 24 Mai 1742.
[22] Roberts, *Portread o Ddiwygiwr*, t. 68.
[23] *STL* I, t. 155; *CTL*, t. 201 (rhif 1249), 20 Tachwedd 1744.
[24] Ibid., tt. 187–8; *CTL*, t. 239 (rhif 1474), 9 Mehefin 1746.
[25] *STL I*, t. 188.
[26] M. H. Jones, 'Y flwyddyn 1751 fel trobwynt yn hanes Methodistiaeth', *CH*, X, rhif 1 (1925), 5–9; J. Davies, 'Caerphilly and early Methodism', *CH*, XXI, rhif 4 (1936), 110; *HMGC*, tt. 181–3.
[27] T. Beynon, 'Howell Harris' visits to Cardiganshire, 1742', *CH*, XXX, rhif 2 (1945), 54.
[28] *Idem*, 'Howell Harris' visits to Cardiganshire, 1746 and 1747', *CH*, XXXI, rhif 2 (1946), 60.
[29] *The Trevecka MSS Supplement to the Journal of the Calvinistic Methodists Historical Society (Letters: Second Series)*, Mawrth 1918, tt. 275, 286.
[30] *HHRS*, tt. 98 (30 Tachwedd 1760).
[31] Ibid., t. 157 (16 Chwefror 1763).
[32] T. Beynon, 'Howell Harris' visits to Builth and district, 1746', *CH*, XXXVIII, rhif 1 (1953), 10.
[33] Ibid.
[34] Ibid., 13.
[35] Gw. R. Buick Knox, 'Howel Harris and his doctrine of the Church', *CH*, XLIX, rhif 3 (1964), 61–78; *idem*, 'A bicentenary survey: Howel Harris, 1714–1773', ibid., LVIII, rhif 1 (1973), 42–5.
[36] *HHRS*, t. 188 (3 Awst 1763).
[37] Ibid., t. 189.
[38] *STL I*, t. 86; *CTL*, t. 131 (rhif 816), 9 Mawrth 1743.
[39] J. T. A. Jones, 'Letters to Howell Harris', *CH*, IV, rhif 2 (1919), 39.
[40] *CH*, XVI, rhif 2 (1931), 103.
[41] *HHRS*, t. 74 (2 Awst 1760).
[42] *STL I*, t. 68; *CTL*, t. 381 (rhif 2257), 7 Awst 1759.
[43] *STL I*, t. 70; *CTL*, t. 381 (rhif 2258), 12 Awst 1759.
[44] Ibid.
[45] *HHRS*, t. 64 (16 Medi 1759).
[46] G. Tibbott, 'Un o lythyrau anghyhoeddedig Williams Pantycelyn', *CH*, XX, rhif 4 (1935), 132.
[47] Ibid., 133.
[48] Ibid., 133–4.
[49] *STL I*, t. 130; *CTL*, t. 176 (rhif 1118), 18 Chwefror 1744; 'Early Association records', *CH*, XLIX, rhif 3 (1964), 85–6, 90.
[50] 'Early Association records', *CH*, L, rhif 2 (1965), 45.

[51] Gw. White, 'Y byd, y cnawd a'r cythraul', t. 99.
[52] Gw. R. E. Davies, *Methodism* (London, 1964), t. 75.
[53] G. Tudur, 'Gwir ffrewyll y Methodistiaid', *Y Cofiadur*, XL (1981), 5, 10; *CTL*, t. 9 (rhif 65), 27 Chwefror 1736.
[54] G. M. Roberts, 'Griffith Jones's opinion of the Methodist', *CH*, XXXV, rhif 3 (1950), 53.
[55] Ibid., 55.
[56] *STL I*, t. 130; *CTL*, t. 176 (rhif 1118), 18 Chwefror 1744.
[57] *HMGC*, t. 110.
[58] *STL I*, tt. 198–9; *The Statutes of the Realm* (London, arg. 1963), V (1625–80), tt. 648–51; *CTL*, tt. 248–9 (rhif 1519), 2 Medi 1746.
[59] *STL I*, t. 199; *CTL*, tt. 248–9 (rhif 1519), 2 Medi 1746.
[60] *Statutes of the Realm*, tt. 648–9.
[61] *HHRS*, tt. 104–5 (1 Ebrill 1763); G. T. Roberts, 'Howel Harris: ymgeisydd am ordeiniad' yn J. E. W. Davies (gol.), *Gwanwyn Duw: Diwygwyr a Diwygiadau, Cyfrol Deyrnged i Gomer Morgan Roberts* (Caernarfon, 1982), tt. 122–42.
[62] E. N. Williams (gol.), *The Eighteenth-Century Constitution* (Cambridge, 1965), t. 376.
[63] *The Gentleman's Magazine*, XIV (Medi 1744), t. 504.
[64] T. W. Pritchard, 'Wynnstay: political influences, rise and decline', *TCHSDd*, XXX (1981), 29–34; J. E. Griffith (gol.), *Pedigrees of Anglesey and Caernarvonshire Families* (Horncastle, 1914), tt. 18–19: J. Askew Roberts, *Wynnstay and the Wynns* (Oswestry, 1876); *BC*, tt. 1033–4; R. Sedgwick (gol.), *The History of Parliament: The House of Commons*, 1715–1754, II (London, 1970), tt. 542–3.
[65] *STL II*, t. 15; *CTL*, t. 297 (rhif 1782), 18 Ebrill 1748.
[66] *STL II*, t. 15.
[67] Ibid.
[68] *STL II*, tt. 18–19; *CTL*, t. 302 (rhif 1802), 2 Gorffennaf 1748; G. M. Roberts, *Bywyd a Gwaith Peter Williams* (Caerdydd, 1943), tt. 34–5.
[69] *STL II*, t. 16; *CTL*, t. 297 (rhif 1782), 18 Ebrill 1748.
[70] E. N. Williams, *Eighteenth-Century Constitution*, t. 376.
[71] *STL II*, t. 21; *CTL*, t. 305 (rhif 1821), 20 Hydref 1748.
[72] *STL II*, tt. 35, 41; 'Briwsion hanes', *CH*, IV rhif 4 (1919), 132–4; J. D. J., 'Memorial about seditious conventicles in relation to Arthur Lewis and others', *CH*, V, rhif 3 (1920), 50–1; *CTL*, t. 315 (rhif 1872), 14 Mehefin 1749; t. 324 (rhif 1915), 1 Chwefror 1750.
[73] Roberts, *Bywyd a Gwaith Peter Williams*, tt. 34–5.
[74] Pritchard, 'Wynnstay political influences', 29–34.
[75] E. Evans, *Daniel Rowland and the Great Evangelical Awakening in Wales* (Edinburgh, 1985), tt. 209–10.
[76] Ibid., t. 210.
[77] M. H. Jones, 'Ffeithiau a dyddiadau ym mywyd Williams, Pantycelyn', *CH*, III, rhif 2 (1917), 46.

[78] 'Queries and replies', Ibid., II, rhif 3 (1916), 91.
[79] R. Bennett, 'Dyddlyfr Richard Tibbott', *CH*, IV, rhif 1 (1918), 15.
[80] *Idem*, 'Lewis Evan, Llanllugan', ibid., VI, rhif 3 (1921), 42–56 (55); B. Owen, 'Cofnodion Chwarter Sesiwn sir Feirionnydd am Lewis Evan, Llanllugan, 1746', *CH*, XLIII, rhif 2 (1958), 42–3. Gw. K. Williams-Jones (gol.), *A Calendar of the Merioneth Quarter Sessions Rolls*, 1733–65 (Dolgellau, 1965), tt. 46–8, 307–8;
[81] *STL II*, t. 10; *CTL*, t. 289 (rhif 1745), 17 Rhagfyr 1747.
[82] *STL I*, t. 84; *CTL*, t. 131 (rhif 816), 9 Mawrth 1743.
[83] *STL I*, t. 84–5.
[84] Ibid. t. 85.
[85] Ibid. t. 86.
[86] Ibid.
[87] Ibid.
[88] Ibid. t. 93; *CTL*, t. 136 (rhif 856), 18 Ebrill 1743.
[89] T. Beynon, 'Howell Harris' visits to Cardiganshire, 1743', *CH*, XXX, rhif 4 (1945), 101–2.
[90] *STL I*, t. 105; *CTL*, t. 154 (rhif 977), 13 Medi 1743.
[91] *STL I*, t. 87; *CTL*, t. 132 (rhif 824), 23 Mawrth 1743.
[92] T. Beynon, 'Cipolwg ar Fethodistiaeth fore rhai o siroedd y gogledd', *CH*, XI, rhif 2 (1926), 78.
[93] Ibid. t. 87.
[94] T. Beynon, 'Howell Harris's visits to Kidwelly and district (1743–46)', ibid., XXIV, rhif 1 (1939), 60.
[95] H. Hughes, 'Extracts from the diary of Howell Harris', *CH*, IV, rhif 4 (1919), 137.
[96] Tudur, 'Gwir ffrewyll y Methodistiaid', tt. 8, 10.
[97] *HHRS*, t. 89 (2 Hydref 1760).
[98] Gw. G. H. Jenkins, 'Hen filwr dros Grist: Griffith Jones Llanddowror' yn *idem*, *Cadw Tŷ mewn Cwmwl Tystion: Ysgrifau Hanesyddol ar Grefydd a Diwylliant* (Llandysul, 1990), 163–73; J. McLeish, *Evangelical Religion and Popular Education* (London, 1969), tt. 132–63; E. M. White, 'Addysg boblogaidd a'r iaith Gymraeg 1650–1800' yn G. H. Jenkins (gol.), *Y Gymraeg yn ei Disgleirdeb: Yr Iaith Gymraeg cyn y Chwyldro Diwydiannol* (Caerdydd, 1997), tt. 322–4.
[99] A. H. Williams, 'Marmaduke Gwynne a Howel Harris', *CH*, LV, rhif 4 (1970); 65–81; *idem*, 'The Gwynnes of Garth', *Brycheiniog*, XIV (1970), 81–2.
[100] F. Baker, 'Missing Trevecka letters', *CH*, XLV, rhif 1 (1960), 7–8.
[101] *HHRS*, t. 112 (22 Ebrill 1761).
[102] H. Edwards, 'Methodistiaeth fore yn y gogledd', *CH*, XXI, rhif 2 (1936), 49; W. R. Williams, *The Parliamentary History of the Principality of Wales, 1541–1895* (Brecknock, 1895), tt. 33, 162; Griffith, *Pedigrees*, t. 343.
[103] *HHRS*, t. 105 (11 Mawrth 1761).
[104] *STL I*, t. 163; *CTL*, t. 209 (rhif 1295), 19 Chwefror 1745.
[105] *STL II*, t. 63; *CTL*, t. 365 (rhif 2140), 19 Ionawr 1656.
[106] *HMGC*, I, tt. 103–4; *idem*, *Portread o Ddiwygiwr*, tt. 88–90.

[107] J. Davies, 'Caerphilly and early Methodism', *CH*, XXI, rhif 4 (1936), 110; Williams, 'Plas y Watford a'i berchennog', 58; D. E. Williams, 'Teulu Thomas Price, Plas y Watfford', ibid., LVI, rhif 1 (1971), 3–7.

[108] *BC*, t. 320–1; M. H. Jones, 'Joseph Harris, Trefeca', *CH*, XIII, rhif 3 (1928), 85.

[109] M. H. Jones, 'Joseph Harris, Trefeca', 85–97.

[110] *STL II*, tt. 69; *CTL*, t. 381 (rhif 2257), 7 Awst 1759; Morgan, *Y Diwygiad Mawr*, t. 81.

[111] 'Miscellanea', *CH*, XII, rhif 3 (1927), 112; Evans, *Daniel Rowland*, t. 297.

[112] Williams, *Parliamentary History*, t. 33.

[113] Evans, *Daniel Rowland*, tt. 326–7; G. M. Roberts, 'Daniel Rowland and the living of Trefdraeth', *CH*, XXIX, rhif 1 (1944), 33–4.

[114] J. H. Davies, 'Peter Williams', *CH*, VI, rhif 3 (1921), 35.

[115] *BC*, t. 116.

[116] T. Beynon, 'Howell Harris' visits to Cardiganshire, 1743', *CH*, XXX, rhif 4 (1945), 101–2; F. Jones, *Historic Carmarthenshire Houses and their Families* (Carmarthen, 1987), t. 3; *idem*, 'Aberglasney and its parks', *CLlGC*, XXI (1979–80), 12–13.

[117] *STL II*, tt. 70–2; *CTL*, t. 381 (rhif 2258), 12 Awst 1759; ibid., t. 382 (rhif 2262) 3 Ionawr 1760.

[118] T. Beynon, 'Cylch a chefndir Sasiwn Dugoedydd, 1742', *CH*, XXVII, rhif 3 (1942), 99; Sedgwick, *History of Parliament*, 1715–1754, II, t. 542.

[119] *HHRS*, tt. 165–6 (6 Ebrill 1763).

[120] Am gysylltiadau iarlles Huntingdon â Chymru gw. y cyfeiriadau yn B. S. Schlenther, *Queen of the Methodists: The Countess of Huntingdon and the Eighteenth-Century Crisis of Faith and Society* (Durham, 1997); E. Welch, *Spiritual Pilgrim: A Re-assessment of the Life of the Countess of Huntingdon* (Cardiff, 1995); F. Cook, *Selina Countess of Huntingdon* (Edinburgh, 2001); *ODNB*, 25, tt. 775–8.

[121] Ibid., t. 50. Gw. G. F. Nuttall, 'Howel Harris a "Bwrdd y Boneddigion"' yn E. S. John (gol.), *Y Gair a'r Genedl: Cyfrol Deyrnged i R. Tudur Jones* (Abertawe, 1986), tt. 156–71.

[122] *HMGC*, tt. 359–61 a Davies, 'Teulu Trefeca', tt. 356–77; T. Beynon (gol.), *Howell Harris's Visits to London* (Aberystwyth, 1960), tt. 266–89; A. W. Owen, 'Howell Harris and the Trevecka Family', *CH*, XLIV, rhif 1 (1959), 2–13.

[123] Roberts, *Portread o Ddiwygiwr*, tt. 112–28; Griffith, *Pedigrees*, tt. 169, 326. Am fwy o wybodaeth am berthynas Sidney Griffith â Harris gw. D. Ceri Jones, *'A Glorious Work in the World'*, tt. 335–6; G. Tudur, *Howell Harris: From Conversion to Separation*, tt. 187–9, 213–15; G. H. Jenkins, *Foundations of Modern Wales*, tt. 346, 363–4; *idem*, '"Peth erchyll iawn" oedd Methodistiaeth', *LlC*, XVII (1993), 199–201.

[124] R. Bennett, *Methodistiaeth Trefaldwyn Uchaf*, 1728–52 (Y Bala, 1929), tt. 153, 238; Jenkins, *Hanes Cymru yn y Cyfnod Modern Cynnar*, tt. 300–1.

[125] *STL I*, t. 14.; *CTL*, t. 82 (rhif 546), 30 Ebrill 1742.

[126] *STL I*, t. 17; *CTL*, t. 84 (rhif 556), 15 Mai 1742.

[127] *STL II*, tt. 10, 21; *CTL*, t. 289 (rhif 1745), 17 Rhagfyr 1747; *idem*, t. 305 (rhif 1821), 20 Hydref 1748; *HMGC*, tt. 113–14; E. G. Millward, 'Ymweliad Howel Harris â'r Bala, 1741', *CH*, LX, rhif 3 (1976), 82–6.

[128] *STL I*, t. 94; *CTL*, t. 136 (rhif 856), 18 Ebrill 1743.

[129] Ibid.

[130] T. Beynon, 'Howell Harris' visits to Builth and district, 1747', *CH*, XXXIX, rhif 1 (1954), 15.

[131] *STL I*, t. 95; *CTL*, t. 136 (rhif 856), 18 Ebrill 1743.

[132] Ibid., t. 163; *CTL*, tt. 209–10 (rhif 1295) 19 Chwefror 1745.

[133] *STL II*, t. 20; *CTL*, t. 304 (rhif 1817), 30 Medi 1748.

[134] T. Beynon, 'George Whitefield', *CH*, XVI, rhif 1 (1931), 42.

[135] J. Phillips, 'The Tabernacle church, Haverfordwest', ibid., VII, rhif 1 (1922), 41.

[136] *HMGC*, I, tt. 172–3.

[137] T. Beynon, 'Extracts from Howell Harris' diaries: visits to Llansamlet and district', *CH*, XXVIII, rhif 4 (1942), 168.

[138] *STL I*, t. 2; *CTL*, t. 73 (rhif 460), 14 Ionawr 1742.

[139] Ibid., t. 4; *CTL*, t. 75 (rhif 471), 4 Chwefror 1742.

[140] Ibid., t. 31; *CTL*, t. 89 (rhif 592), 9 Awst 1742.

[141] T. Beynon, 'Howell Harris' visits to Builth (1738–1741)', *CH*, XXXIV, rhif 2 (1949), 35.

[142] Ibid., 37.

[143] G. M. Roberts, 'Early Society reports', *CH*, LIV, rhif 2 (1969), 54.

[144] H. M. Jones, 'Methodism in Anglesey', *CH*, XV, rhif 3 (1930), 149–56.

[145] R. Bennett, 'Dyddlyfr Richard Tibbott', *CH*, IV, rhif 1 (1918), 13.

[146] Am y cefndir i Fethodistiaeth ymhlith y difreintiedig gw. D. W. Howell, *The Rural Poor in Eighteenth-Century Wales* (Cardiff, 2000), tt. 138, 153–4.

[147] *STL I*, t. 165; *CTL*, tt. 209–10 (rhif 1295), 19 Chwefror 1745.

[148] Davies, 'Teulu Trefeca', 356–77; Roberts, *Portread o Ddiwygiwr*, tt. 129–39; A. W. Owen, 'Howell Harris and the Trevecka Family', 2–13.

[149] A. H. Williams (gol.), *John Wesley in Wales*, 1739–1790 (Cardiff, 1971), tt. 63–4.

[150] *STL II*, t. 109; *CTL*, t. 431 (rhif 2620),1 Hydref 1766.

[151] G. M. Roberts, 'Gwerth hanesyddol rhai o farwnadau Williams Pantycelyn', *CH*, XVII, rhif 2 (1934), 14.

[152] *HHRS*, t. 156 (16 Chwefror 1763); tt. 189–90 (3 Awst 1763).

[153] E. N. Williams, *Eighteenth-Century Constitution*, tt. 383–4.

[154] Am fwy o wybodaeth ar y thema hon gw. E. Halévy, *The Birth of Methodism in England* (Chicago, 1971), tt. 1–19; B. Semmel, *The Methodist Revolution* (London, 1974), tt. 56–8; D. Hempton, *Methodism and Politics in British Society*, 1730–1850 (London, 1983); J. D. Walsh, 'Elie Halévy and the birth of Methodism', *Transactions of the Royal Historical Society*, XXV (1945), 1–20; *idem*, 'Origins of the French Revolution' yn G. V. Bennett a J. D. Walsh (gol.), *Essays in Modern English Church History* (London, 1986), tt. 138–48. Am farn negyddol ar ddylanwad Methodistiaeth yn Lloegr gw. E. P. Thompson, *The Making of the English Working Class* (New York, 1964), tt. 41–6, 375–82, 385–94.

155 Thomas Jones, *Gair yn ei Amser* (1798), gol. F. P. Jones, *TCHSDd*, V (1956), 58.

156 A. Ll. Williams ac E. ap Nefydd Roberts (gol.), *Radicaliaeth a'r Werin Gymreig yn y Bedwaredd Ganrif ar Bymtheg* (Caerdydd, 1975), t. 38; R. W. James, 'Ymateb y Methodistiaid Calfinaidd Cymraeg i'r Chwyldro Ffrengig', *CH*, XII/XIII, 12/13 (1988–9), 35–60.

157 Jenkins, *Foundations of Modern Wales*, t. 356, Morgan, *Y Diwygiad Mawr*, t. 113.

158 Howell, *Rural Poor in Eighteenth-Century Wales*, tt. 151–4; Jenkins, *Foundations of Modern Wales*, tt. 356–7.

159 Morgan, *Y Diwygiad Mawr*, t. 57.

160 *STL II*, t. 21; *CTL*, t. 305 (rhif 1821), 20 Hydref 1748.

LLYFRYDDIAETH

A. FFYNONELLAU GWREIDDIOL

(A) GWASANAETH ARCHIFAU GWYNEDD

Cofnodion llys sesiwn chwarter sir Gaernarfon (XQS), 1616–17, 1622, 1626, 1632, 1650, 1652, 1653, 1655, 1656, 1657, 1658, 1659, 1660.

(B) LLYFRGELL BODLEY, RHYDYCHEN

Llsgr. Jesus 18.

(C) LLYFRGELL BRYDEINIG

Llsgrau Harleian 280, 595, 2129, 7049.
Llsgrau Lansdowne 7, 8. 21. 109, 111.
Llsgrau 6967, 16129, 31056.

(CH) LLYFRGELL GENEDLAETHOL CYMRU

Llsgrau 5269B; 13068; 13181B; 14529E.
Llsgrau Brogyntyn 6, 530.
Llsgr. Chirk Castle, Denbighshire Order Book, 1655.
Llsgr. Cwrtmawr 21.
Llsgr Llanfair a Brynodol 94.
Llsgrau Llanstephan 30, 123, 124, 133, 159(b), 164.
Llsgr. Mostyn 131.
Llsgr. Panton 58.
Llsgr. Peniarth 60, 61, 88, 96, 197, 313.
Llsgr. Plas Power 1 (716B).
Llsgrau Wynn o Wedir: 9051E.7, 9–10 12, 72; 9052E 220, 226–7; 9053E.395, 414; 9056E.813; 9063E.1712, 1720, 1725; 9065E.2103; 9064E.1952, 1965, 2032; Add. MSS 464E.268; 465E.257, 268, 270, 276.
Llsgr.Ychwanegol 16129.

(D) LLYFRGELL SIR CAERDYDD

Llsgrau 2.277, 3.68, 4.57; 4.58; 4.101; 5.44, 63, 64.

(DD) SWYDDFA GOFNODION CYHOEDDUS

PRO SP 14 61/10; 14 45/2, 14 52/73, 14 76/3 E.147/126/9; 147/127/9.
PRO C. 193/12 (no.3), 193/13 (no.3).

B. FFYNONELLAU PRINTIEDIG

'A collection of original letters from the bishops to the Privy Council, 1564, with returns of the justices of the peace and others within their respective dioceses, classified according to their religious convictions', gol. M. Bateson, *Camden Miscellany*, LIII, cyfrol IX (*Camden Society*, 1895)

'A discoverie of the present estate of the bysshoppricke of St Asaphe', ed. D. R. Thomas, *AC*, 5ed gyfres, I (1884), 53–8

A Remonstrance humbly presented to the High and Hon. Court of Parliament touching the insupportable miseries of the poore of the land by Leonard Lee (1644), *Thomason Tracts* (1640–1661): (E. 273(8) (London, 1908)

'Articles for St David's Diocese 1583', yn W. P. M. Kennedy (gol.), *Elizabethan Episcopal Administration*, 3 cyfrol, III (Alcuin Club Collections, 1925)

'The will of John Wynn ap Meredydd', gol. T. W. H, *Bye-gones*, 1888

Acts and Ordinances of the Interregnum, 1642–1660, goln. C. H. Firth and R. S. Rait, 2 gyfrol (London, 1911)

Acts of the Privy Council (London, 1890–), cyfrolau VIII *(1571–5)*, XIII *(1581–2)*, XXV *(1595–6)*

Alumni Cantabrigienses, goln J. and J. A. Venn, 10 cyfrol (Cambridge, 1912–54)

Alumni Oxonienses . . . 1500–1714, gol. J. Foster, 6 cyfrol (Oxford, 1888–92)

Archbishop William Laud's Annual Accounts of his Province . . . (London, 1695; adargraffwyd yn *Library of Anglo–Catholic Theology: Laud's Works*, cyfrol V (Oxford, 1883)

Baker, F., 'Missing Trevecka letters', *CH*, XLV, rhif I (1960), 4–10

Barddoniaeth Wiliam Llŷn, gol. J. C. Morrice (Bangor, 1908)

Bayly, L., *Yr Ymarfer o Dduwioldeb*, gol. J. Ballinger (Caerdydd, adarg., 1930)

Bennett, R., 'Dyddlyfr Richard Tibbott', *CH*, IV, rhif 1 (1918), 12–16

Beynon, T., 'Cipolwg ar Fethodistiaeth fore rhai o siroedd y gogledd', *CH*, XI, rhif 2 (1926), 78–85

Beynon, T., 'Howell Harris's visits to Kidwelly and district (1743–46)', *CH*, XXIV, rhif 3 (1939), 49–61; XXIV, rhif 4 (1939), 107–20; XXV, rhif 2 (1940), 10–22

Beynon, T., 'Extracts from Howell Harris' diaries: visits to Llansamlet and district', *CH*, XXVII, rhif 4 (1942), 165–77

Beynon, T., 'Howell Harris' visits to Cardiganshire', *CH*, XXIX, rhif 3 (1944), 94–100

Beynon, T., 'Howell Harris' visits to Cardiganshire, 1740 and 1741', *CH*, XXX, rhif 4 (1945), 18–29

Beynon, T., 'Howell Harris' visits to Cardiganshire, 1742', *CH*, XXX, rhif 2 (1945), 49–62

Beynon, T., 'Howell Harris' visits to Cardiganshire, 1743', *CH*, XXX, rhif 4 (1945), 100–9

Beynon, T., 'Howell Harris' visits to Cardiganshire, 1744 and 1745' *CH*, XXXI, rhif 1 (1946), 18–29

Beynon, T., 'Howell Harris' visits to Cardiganshire, 1746 and 1747', *CH*, XXXI, rhif 2 (1945), 57–63

Beynon, T., 'Howell Harris' visits to Builth (1738–1741)', *CH*, XXXIV, rhif 2 (1949), 31–41

Beynon, T., 'Howell Harris' visits to Builth and district, 1746', *CH*, XXXVIII, rhif 1 (1953), 10–14.

Birch, W. de Gray, *Memorials of the See and Cathedral of Llandaff* (Neath, 1912)

Bodin, J., *Six Books of the Commonwealth*, gol. M. J. Tooley (Oxford, 1955)

Bowen, D. J., 'Detholion o englynion hiraeth am yr hen ffydd', *Efrydiau Catholig*, VI (1954), 5–12

Bradney, J. A., 'The speech of William Blethin, bishop of Llandaff, and the customs and ordinances of the church of Llandaff', *Y Cymmrodor*, XXXI (1921), 240–64

'Briwsion hanes', *CH*, IV(4) (1919), 23–30

Bunny, E., *A Booke of Christian Exercise, Appertaininge to Resolvtion . . .* (London, 1584)

Bunyan, J., *Grace Abounding to the Chief of Sinners and The Pilgrim's Progress from the World to that which is to come*, gol. R. Sharrock (London, 1960)

Calendar of Letters relating to North Wales, 1533–c.1700, from the Llanfair–Brynodol, Gloddaeth, Crosse of Shaw Hill and Rhual Collections in the National Library of Wales, gol. B. E. Howells (Cardiff, 1967)

Calendar of Salusbury Correspondence, 1553–c.1700, gol. W. J. Smith (Cardiff, 1954)

Calendar of State Papers Domestic (London, 1886–), *1547–1580; 1581–1590; 1595–1597; 1603–1610, 1611–1618, 1629–1631, 1649–1650, 1650, 1654, 1655, 1655–1656*

Calendar of State Papers Rome (London, 1916, 1926–), *1558–1571*

Calendar of State Papers Spanish (London, 1862–), *1558–1567*

Calendar of State Papers Venetian (London, 1864–), *1558–1580*

Calendar of the Merioneth Quarter Sessions Rolls, 1733–65, gol. K. Williams–Jones (Dolgellau, 1965)

Calendar of the Register of the Queen's Majesty's Council in the Dominion and Principality of Wales and the Marches of the same, 1569–91, gol. R. Flenley (London, 1916)

Calendar of the Trevecka Letters, goln B. S. Schlenther ac E. M. White (Aberystwyth, 2003)

Calendar of the Wynn of Gwydir Papers, 1515–1690, gol. J. Ballinger (Cardiff, 1926)

Calvin: Institutes of the Christian Religion, gol. J. T. McNeill, 2 gyfrol (Westminster Press, Philadelphia, 1960)

Canu Rhydd Cynnar, gol. T. H. Parry–Williams (Caerdydd, 1932)

Cardiff Records being Materials for a History of the County Borough from the Earliest Times, gol. J. H. Matthews, 6 cyfrol. (Cardiff, 1898–1911)

Catalogue of Star Chamber Proceedings Relating to Wales, gol. I. ab O. Edwards (Cardiff, 1929)

Catalogue of the Manuscripts Relating to Wales in the British Museum, gol. E. Owen, 4 cyfrol (London 1900–22)

Cefn Coch MSS, gol. J. Fisher (Liverpool, 1899)

Cerddi Rhydd Cynnar, gol. D. Ll. Jenkins (Llandysul, 1932)

Cerddi'r Ficer: Detholiad o Gerddi Rhys Prichard, gol. N. Lloyd (Cyhoeddiadau Barddas, 1994)

Clenennau Letters and Papers in the Brogyntyn Collection, gol. T. Jones Pierce (National Library of Wales Journal Supplement, 1947)

Collection of the State Papers of John Thurloe . . ., gol. T. Birch, 7 cyfrol (London, 1742)

Corbett, J., *A True and Impartial History of the Military Government of the City of Gloucester* (1647). Adargraffwyd yn *Bibliotheca Gloucestrensis*, gol. J. Washbourne (Gloucester, 1825)

Correspondence and Minutes of the SPCK relating to Wales, 1699–1740, gol. M. Clement (Cardiff, 1952)

Correspondence and Records of the SPG relating to Wales, 1701–1750, gol. M. Clement (Cardiff, 1973)

Correspondence of Matthew Parker, gol. J. Bruce a T. T. Perowne (Parker Society, Cambridge, 1853)

Cynfeirdd Lleyn, 1500–1800, gol. J. Jones (Pwllheli, 1905)

Dad–seiniad meibion y daran, Sef ail–printiad o lyfr Escob Juel a elwir Deffyniad ffydd Eglwys Loegr ac o Epistol yr Escob Dafies at y Cembru, gol. Charles Edwards (Rhydychen,. 1671)

Davies, J. (Iaco ab Dewi), *Llythyr at y cyfryw o'r byd* (Amwythig, 1716)

Davies, J., *Antiquae Linguae Britannicae . . . Rudimenta* (London, 1621)

Davies, J., *Llyfr y resolusion . . .* (Caernarfon, 1885)

Davies, R., *A Funerall Sermon Preached the XXVI day of November . . . md lxxvi in the parishe Church of Caermerthyn by...[the] Bishoppe of Saint Davys at the burial of . . . [the Earle of Essex]* (1577)

Davies, W. Ll., *Phylipiaid Ardudwy: A Survey and a Summary* (adargraffwyd o *Y Cymmrodor*, XLII (1931)

Dent, A., *The Plaine Mans Path–way to Heauen* (1601, adarg. Pittsburgh, 1994)

Detholiad o Waith Gruffudd ab Ieuan ab Llewelyn Vychan, gol. J. C. Morrice (The Welsh Manuscripts Society, Bangor, 1910)
Dulliau'r Canu Rhydd, 1500–1650, gol. B. Rees (Caerdydd, 1952)
Dwnn, L., *Heraldic Visitations of Wales*, gol. S. R. Meyricke, 2 gyfrol, (Llandovery, 1846)
'Early Association records', *CH*, XLIX, rhif 3 (1964), 84–90; L, rhif 2 (1965), 45–55
Edwards, J., *Madruddyn y difinyddiaeth diweddaraf* (1651)
Eighteenth–Century Constitution, The, gol. E. N. Williams (Cambridge, 1965)
Erbery, W., *The testimony of William Erbery left upon record . . .* (London, 1658)
Erbery, *W., Apocrypha, The second Epistle of Paul to the Church of Laodicea, that is, to the Church of England* (London, 1653)
E. W., *The Life and Death of Mr Henry Jessey* (London, 1671)
Exchequer Proceedings concerning Wales in tempore James I, gol. T. I. Jeffreys Jones (Cardiff, 1955)
Fasti Ecclesiae Anglicanae, gol. J. le Neve, 3 cyfrol (Oxford, 1854)
Fletcher, J. K., *The Gwentian Poems of Dafydd Benwyn* (Cardiff, 1909)
Francke, A. H., *Pietas Hallensis* (London, 1705)
Furnivall, F. J., *Ballads from MSS on the condition of England in Henry VIII's and Edward VI's Reigns* (Hertford, 1868)
Gentleman's Magazine, XIV (September 1744)
Godwin, A. *A Catalogue of the Bishops of Welsh Sees, Hereford and Chester . . .* (London, 1615)
Griffith, R., 'Caniadau'r gwrthryfel mawr', *Cymru*, XXI (1901), 213–19
Gruffydd, R. G., *'Yny lhyvyr hwnn* (1546): the earliest Welsh printed book', *BBGC*, XXIII (1969), 105–16
Gruffydd, R. G., *'Y Beibl a droes i'w bobl draw': William Morgan yn 1588* (Llundain, 1988)
Gruffydd, R. G., 'Y print yn dwyn ffrwyth i'r Cymro: *Yny lhyvyr hwnn* 1546', *Y Llyfr yng Nghymru*, I (1998), 1–20
Gwaith Gruffudd Hiraethog, gol. D. J. Bowen (Caerdydd, 1990)
Gwaith Siôn Tudur, gol. E. Roberts, 2 gyfrol (Caerdydd, 1978)
Gweithiau Morgan Llwyd o Wynedd, gol. T. E. Ellis (Bangor, 1894)
Gweithiau Morgan Llwyd, gol. J. H. Davies, 2 gyfrol, (Bangor, 1908)
Gweithiau Oliver Thomas ac Evan Roberts: Dau Biwritan Cynnar, gol. M. Morgan (Caerdydd, 1981)
Gweithiau William Williams, Pantycelyn, II *Rhyddiaith*, gol. G. H. Hughes (Caerdydd, 1967)
Handlist of Manuscripts in the National Library of Wales, 2 gyfrol, I (Aberystwyth, 1943)
Hemp, W. J. (ed.), 'Commonwealth marriages', *TCHSG*, XI (1950), 103

Hen Gerddi Gwleidyddol, 1588–1660, gol. J. H. Davies (Cymdeithas Llên Cymru, Caerdydd, 1901)
Hen Gwndidau, Carolau a Chywyddau, goln L. J. Hopkin James a T. C. Evans (Bangor, 1910)
Hen Gyflwyniadau, gol. H. Lewis (Caerdydd, 1948)
History of the Princes, the Lords Marcher and the Ancient Nobility of Powys Fadog, gol. J. Y. W. Lloyd, 6 chyfrol (London, 1881–7)
HMC Salisbury Manuscripts (Hatfield Collection) (London, 1883–), cyfrolau V, X, XI, XII, XIII, XIV, XVI, XVIII
Hooker, R., *Of the Laws of Ecclesiastical Polity*, gol. R. Bayne (London, 1907)
Howell Harris, Reformer and Soldier (1714–1773), gol. T. Beynon (Caernarfon, 1958)
Howell Harris's Visits to London, gol. T. Beynon (Aberystwyth, 1960)
Hughes, H., 'Extracts from the diary of Howel Harris', *CH*, IV, rhif 4 (1919), 136–9
James, E., *Pregethau a osodwyd allan . . . i'w darllein ymhob Eglwys blwyf . . .* (Llundain, 1606) [*Llyfr yr Homilïau*]
Jewel, J., *Apologia Ecclesiae Anglicanae* (London, 1562)
John Wesley in Wales, 1739–1790, gol. A. H. Williams (Cardiff, 1971)
J. D. J., 'Memorial about seditious conventicles in relation to Arthur Lewis and others', *CH*, V, rhif 3 (1920), 50–1
Jones, D., *Cydymaith Diddan* (Caerlleon, 1766)
Jones, E. D. (gol.), 'Maurice Kyffin's account of Lord Buckhurst's embassy to the Netherlands, 1587', *CLlGC*, XIII, rhif 1 (1963), 1–16
Jones, G., *A Letter to a Clergyman: Evincing the Necessity and Vindicating the method of instructing poor and ignorant people to Read the Holy Scriptures in their Native Language . . .* (1745)
Jones, G., *Drych difinyddiaeth:neu hyfforddiad i wybodaeth iachusol o egwyddorion a dyledswyddau crefydd . . .* (Llundain, 1748)
Jones, G., *Hyfforddiad i wybodaeth iachusol o egwyddorion a dyledswyddau crefydd* (Llundain, 1749)
Jones, G., *Selections from the Welch Piety*, gol. W. M. Williams (Cardiff, 1938)
Jones, J. T. A., 'Letters to Howel Harris', *CH*, IV, rhif 2 (1919), 33–40.
Jones, M. H., 'Ffeithiau a dyddiadau ym mywyd Williams, Pantycelyn', *CH*, III, rhif 2 (1917), 40–59
Jones, O. G., *Gweithiau Gethin*, goln W. J. Roberts a T. Roberts (Llanrwst, 1884)
Jones, R., *Drych yr Amserau*, gol. G. M. Ashton (Caerdydd, 1958)
Jones, T., (gol.), 'Rhagymadrodd i 'Llefr o'r Eglwys Christnogedd' (1583)' yn *idem*, *Rhyddiaith Gymraeg: Detholion o Lawysgrifau a Llyfrau Printiedig*, II *1547–1618* (Caerdydd, 1950)
Jones, T., 'Gair yn ei Amser' (1798), gol. F. P. Jones, *TCHSDd*, V (1956), 35–59
Journals of the House of Commons (London, 1742 ymlaen)

Journals of the House of Lords (London, 1846 ymlaen)
Justices of the Peace in Wales and Monmouthshire, 1541 to 1689, gol. J. R. S. Phillips (Cardiff, 1975)
Kalendars of Gwynedd, gol. E. Breese (London, 1873)
Kennett, W., *The Charity Schools for Poor Children Recommended in a Sermon* (16 May 1706)
Kyffin, E., *Rhann o Psalmae Dafydd brophwyd*, gol. J. Ballinger (Caerdydd, 1930)
Kyffin, M., *'The Blessednes of Brytaine': or, A celebration of the Queenes holyday* (London, 1587)
Kyffin, M., *Deffynniad Ffydd Eglwys Loegr*, gol. W. P. Williams (Bangor, 1908)
Laud, W., *The Works of . . . William Laud*, gol. J. Bliss, 9 cyfrol, IV (Oxford, 1859)
Letters and Papers, Foreign and Domestic, goln J. S. Brewer, J. Gairdner and R. H. Brodie (London, 1864–1932), XI, 1536
Letters of the Lady Brilliana Harley, gol. T. T. Lewis (Camden Society, London, 1854)
Letters of the Rev. Griffith Jones . . . to Mrs Bevan, gol. E. Morgan (London, 1832)
Lewys, H., *Perl mewn Adfyd*, gol. W. J. Gruffydd (Caerdydd, 1929)
Llwyd, R., *Llwybr Hyffordd yn Cyfarwyddo yr Anghyfarwydd i'r Nefoedd* (Llundain, 1930)
Locke, J., *An Essay Concerning Human Understanding*, gol. P. H. Nidditch (Oxford, 1979)
Malkin, B. H., *The Scenery, Antiquities and Biography of South Wales* (London, 1804; arg. 1970)
Marprelate Tracts, [1588–1589], *The* (Scolar Press, Menston, adarg. 1970)
Mathew, D., 'Some Elizabethan documents', *BBGC*, VI, rhan 1 (1931), 70–8
Mathew, D., 'Further Elizabethan documents', *BBGC*, VI, rhan 2 (1932), 159–71
Maurice, H., *Account of the Number of Churches in Wales* (1675)
Meurig (Merrick), Rh. ap, *Morganiae Archaiographia: A Book of the Antiquities of Glamorganshire*, gol. B. Ll. James (South Wales Record Society, Barry, 1983)
'Miscellanea', *CH*, VIII, rhif 3 (1927), 111–16
Monmouthshire Wills proved in the Prerogative Court of Canterbury, 1560–1601, gol. J. Jones (Cardiff, 1997)
Morris, E., *Y Rhybuddiwr Christnogawl* (Llundain, 1699)
Notebook of John Penry, 1593, gol. A. Peel (Camden Miscellany, 3rd series, London, 1944)
Original Letters Illustrative of English History, gol. H. Ellis, 2il gyfres, 4 cyfrol (London, 1827)

'Original letters from the bishops to the Privy Council 1564', gol. M. Bateman, *Camden Miscellany*, IX (Camden Society, 1895), tt.1–84

Owen, B., 'Cofnodion Chwarter Sesiwn sir Feirionnydd am Lewis Evan, Llanllugan, 1746', *CH*, XLIII, rhif 2 (1958), 42–3

Owen, George, 'The dialogue of the government of Wales', yn H. Owen (gol.), *The Description of Penbrokshire*, 3 cyfrol, III (Cymmrodorion Record Series, London, 1906)

Owens, B. G., 'Un o lawysgrifau Cymraeg y Diwygiad Catholig', *CLlGC*, I (1939–40), 139–41

Parliamentary History of the Principality of Wales, 1541–1895, gol. W. R. Williams (Brecknock, 1895)

Pedigrees of Anglesey and Caernarvonshire Families, gol. J. E. Griffith (Horncastle, 1914)

Pennant, T., *A Tour in Wales*, 2 gyfrol (adarg. Wrexham, 1991)

Pennington, D. H. and I. A. Roots (goln), *The Committee at Stafford, 1643–1645: The Order Book of the Staffordshire County Committee* (Manchester, 1957)

Penry, J., *Three Treatises Concerning Wales*, gol. D. Williams (Cardiff, 1960)

Penry, J., *A defence of that which hath bin written in the questions of the ignorant ministerie and the communicating with them* (London, 1588)

Penry, J., *A Treatise Wherein is Manifestlie Proved, That Reformation And Those that sincerely fauor the same, are vnjustly charged to be enemies, vnto hir Maiestie, and the state* (London, 1590)

Price, J., *Yny lhyvyr hwnn*, gol. J. H. Davies (Bangor, 1902)

Prichard, R., *Y Seren foreu neu Ganwyll y Cymry . . .* , gol. R. Rees (Wrecsam, arg. 1887)

PRO Lists & Indexes, No IX: *List of Sheriffs for England and Wales* (London, arg. 1963)

Protestant Dissenters in Wales, 1639–1689, gol. G. H. Jenkins (Cardiff, 1992)

Puleston, R., *Llefr o'r Eglwys Christnogedd* (1583)

Records of a Church of Christ, Meeting in Broadmead, Bristol, 1640–1687, gol. E. B. Underhill (Hanserd Knollys Society, 1847)

Records of the Borough of Northampton, gol. J. C. Cox (Northampton, 1898)

Registers of Conway, 1541–1793, gol. S. A. Hadley (London, 1900)

Registrum vulgariter nuncupatum (Record of Caernarvon), gol. H. Ellis (London, 1838)

Religious Societies: Dr Woodward's 'Account', gol. D. E. Jenkins (Liverpool, 1935)

Rhagymadroddion a Chyflwyniadau Lladin, gol. C. Davies (Caerdydd, 1980)

Rhagymadroddion, 1547–1659, gol. G. H. Hughes (Caerdydd, 1951)
Rhyddiaith Gymraeg: Detholion o Lawysgrifau a Llyfrau Printiedig, goln T. H. Parry–Williams a T. Jones ac eraill, II *1547–1618* (Caerdydd, 1956)
Roberts, G. M., 'Early Society reports', *CH*, LIV, rhif 2 (1969), 52–62
Roberts, P., *Y Cwtta Cyfarwydd* (Llundain, 1883)
Rogers, N., *Memoirs of Monmouth–shire*, 1708 (Cas–gwent, adarg. 1978)
Rowlands, W *Llyfryddiaeth y Cymry*, gol. D. Silvan Evans (Llanidloes, 1869)
Rowlands, W., *Cambrian Bibliography* (Llanidloes, 1869)
Saunders, E., *A View of the State of Religion in the Diocese of St David's* (London, 1721, adarg. Cardiff, 1949)
Selected Trevecka Letters, gol. G. M. Roberts, 2 gyfrol, I *(1742–1747)*, II *(1747–1794)* (Caernarfon, 1956/1962)
Shiels, W. J. *The Puritans in the Diocese of Peterborough*, 1588–1610 (Northamptonshire Record Office, 1979)
Statutes of the Realm, The (London, arg. 1963)
Statutes of Wales, The gol. I. Bowen (London, 1908)
Stradling Correspondence, gol. J. M.Traherne (London, 1840)
Strype, J. *The Life and Acts of Matthew Parker* (London, 1711)
Strype, J., *Annals of the Reformation and Establishment of Religion in the Church of England*, 3 cyfrol (London, 1725–8)
Strype, J., *The Life and Acts of John Whitgift* (London, 1718)
Taylor, J., *The Rule and Exercises of Holy Living* (1650). [Cyfieithiad Ellis Wynne, *Rheol Buchedd Sanctaidd* (1701, adarg. Caerdydd, 1928)]
The Releife of the Poor. A Remonstrance humbly preached to Parliament touching the insupportible miseries of the poore of the Land, by Leonard Lee. Catalogue of the Pamphlets, Books, Newspapers, and Manuscripts relating to the Civil War, the Commonwealth, and Restoration, collected by George Thomason, 1640–1661, 2 gyfrol, I (London, 1908) *[Thomason Tracts]*
Three Chapters of Letters relating to the Suppression of the Monasteries, gol. T. Wright (Camden Society, London, 1843)
Trevecka MSS Supplement to the Journal of the Calvinistic Methodist Historical Society (Letters: Second Series), Mawrth 1918
Valor Ecclesiasticus Temp. Hen. VIII, gol. J. Caley, 6 cyfrol, VI (Record Commission, London, 1810–34)
Visitation Articles and Injunctions of the Early Stuart Church, gol. K. Fincham, II (Woodbridge/Rochester, 1998)
Waldron, C., 'Some old wills of local interest ['William Wroth's will']', *Transactions of the Cardiff Naturalists' Society*, XXV, rhan 2 (1892–3), 1–12
Warner, R., *A Walk Through Wales, in August 1797* (Bath, arg. 1801)

Welsh Elizabethan Catholic Martyrs: The Trial Documents of Saint Richard Gwyn and of the Venerable William Davies, gol. D. A. Thomas (Cardiff, 1971)

White, R., *Carolau Richard White*, gol. T. H. Parry–Williams (Caerdydd, 1931)

William Lambarde and Local Government, gol. Conyers Read (New York, 1962)

Williams, G., *Delights of the saints: a most comfortable treatise, of grace and peace, and many other excellent points . . .* (1622)

Willsford, T., *The Scales of Commerce and Trade* (London, 1659)

Wood, A., *Athenae Oxonienses*, gol. P. Bliss, 4 cyfrol (Oxford, 1813–20)

Wynn, John, *The History of the Gwydir Family and Memoirs*, gol. J. G. Jones (Llandysul, 1990)

Ymryson Edmwnd Prys a Wiliam Cynwal, gol. G. A. Williams (Caerdydd, 1986)

C. CYFROLAU

Ashley, M., *Cromwell's Generals* (London, 1954)

Ashton, C., *Bywyd ac Amserau yr Esgob Morgan, Cyfieithydd Cyntaf y Beibl Cymraeg* (Treherbert, 1891)

Ashton, R., *Reformation and Revolution, 1558–1660* (London, 1985)

Aylmer, G. E. (gol.), *The Interregnum: The Quest for Settlement, 1646–1660* (1972)

Babbage, S. B., *Puritanism and Richard Bancroft* (London, 1962)

Bahman, D. W. R., *The Moral Revolution of 1688* (Newhaven, 1957)

Baker, T., *History of St John's College, Cambridge*, gol. J. E. B. Mayor, 2 gyfrol (Cambridge, 1869)

Bebb, W. A., *Cyfnod y Tuduriaid* (Wrecsam, 1939)

Bennett, R., *Methodistiaeth Trefaldwyn Uchaf, 1728–52* (Y Bala, 1929)

Berry J. and S. G. Lee, *A Cromwellian Major–General: The Career of Colonel James Berry* (Oxford, 1938)

Bowen, D. J., *Gruffudd Hiraethog a'i Oes* (Caerdydd, 1958)

Bowen, G., *Welsh Recusant Writings* (Cardiff, 1999)

Bradney, J. A., *A History of Monmouthshire*, cyfrol IV, rhan II (Cardiff, arg. 1994)

Bywgraffiadur Cymreig hyd 1940, Y, goln J. E. Lloyd a R. T. Jenkins (Llundain, 1953)

Bywgraffiadur Cymreig 1941–1950, Y, gol. E. D. Jones (Llundain, 1978)

Bywgraffiadur Cymreig 1951–19, Y, 70, gol. E. D. Jones a B. F. Roberts (Llundain,1997)

Burgess, W. H., *John Robinson* (London, 1920)

Caspari, F., *Humanism and the Social Order in Tudor England* (Chicago, 1956)

Cavenagh, F. A., *Griffith Jones* (Cardiff, 1930)

Charlton, K., *Education in Renaissance England* (Oxford, 1965)
Clement, M., *The SPCK and Wales, 1699–1740* (London, 1954)
Collinson, P., *Archbishop Grindal, 1519–1583: The Struggle for a Reformed Church* (London, 1979)
Collinson, T., *The Elizabethan Puritan Movement* (London, 1967)
Cook, F., *Selina Countess of Huntingdon* (Edinburgh, 2001)
Cornwall, J., *Revolt of the Peasantry, 1549* (London, 1977)
Coward, B., *The Stuart Age* (London, 1980)
Cressy, D., *Literacy and the Social Order: Reading and Writing in Tudor and Stuart England* (Cambridge, 1980)
Cross, C., *The Royal Supremacy in the Elizabethan Church* (London, 1969)
Cross, C., *Church and People, 1450–1660: The Triumph of the Laity in the English Church* (London, 1976)
Cross, F. L. and E. A. Livingstone (gol.), *The Oxford Dictionary of the Christian Literature* (London, 1900)
Cydymaith i Lenyddiaeth Cymru, gol. M. Stephens (Caerdydd, arg. 1997)
Davies, C. S. L., *Peace, Print and Protestantism, 1450–1558* (London, 1977)
Davies, C., *Latin Writers of the Renaissance* (Cardiff, 1981)
Davies, C., *Welsh Literature and the Classical Tradition* (Cardiff, 1995)
Davies, C., *John Davies o Fallwyd* (Caernarfon, 2001)
Davies, C. (gol.), *Dr John Davies of Mallwyd: Welsh Renaissance Scholar* (Cardiff, 2004)
Davies, E. T., *A History of the Parish of Mathern* (Chepstow, 1950)
Davies, G., *Noddwyr Beirdd ym Meirion* (Dolgellau, 1974)
Davies, H., *Worship and Theology in England from Andrewes to Baxter and Fox, 1603–1690* (Princeton, 1975)
Davies, R. E., *Methodism* (Harmondsworth, 1964)
Davies, R. R., ac eraill (goln), *Welsh Society and Nationhood: Historical Essays Presented to Glanmor Williams* (Cardiff, 1984)
Davies, R. R. a G. H. Jenkins (goln), *From Medieval to Modern Wales: Historical Essays in Honour of Kenneth O. Morgan and Ralph A. Griffiths* (Cardiff, 2004)
Davies, R. T., *The Golden Age of Spain, 1501–1621* (London, adarg. 1956)
Dawley, P. M., *John Whitgift and the English Reformation* (New York, 1954)
Dickens, A. G., *Thomas Cromwell and the English Reformation* (London, 1959)
Dickens, A. G., *The English Reformation* (London, 1964)
Dodd, A. H., *Studies in Stuart Wales* (Cardiff, 1952)
Dodd, A. H., *History of Wrexham, Denbighshire* (Wrexham, 1957)
Dodd, A. H., *A History of Caernarvonshire, 1284–1900* (Caernarfon, 1968)
Doran, S., *Elizabeth I and Religion*, 1558–1603 (London, 1994)

Doran, S. a C. Durston, *Princes, Pastors and People: The Church and Religion in England 1529–1689* (London, 1991)
Ellis, T. P., *The Catholic Martyrs of Wales* (Cardiff, 1933)
Elton, G. R., *England under the Tudors* (London, arg. 1974)
Elton, G. R., *Reform and Reformation, 1509–58* (London, 1977)
Evans, E. D., *A History of Wales 1660–1815* (Cardiff, 1976)
Evans, E., *Daniel Rowland and the Great Evangelical Awakening in Wales* (Edinburgh, 1985)
Everitt, A. M., *Change in the Provinces: The Seventeenth Century* (Leicester, 1969)
Fincham, K., *Prelate as Pastor: The Episcopate of James I* (Oxford, 1990)
Fincham, K. (gol.), *The Early Stuart Church, 1603–1642* (Basingstoke, 1993)
Gibbard, N., *Walter Cradock: 'A New Testament Saint'* (Bridgend, 1977)
Greenleaf, W. H., *Order, Empiricism and Politics: Two Traditions of English Political Thought, 1500–1700* (Oxford, 1964)
Griffith, W. P., *Civility and Reputation: Ideas and Images of the 'Tudor Man' in Wales* (Bangor, 1985)
Griffith, W. P., *Learning, Law and Religion: Higher Education and Welsh Society c.1540–1640* (Cardiff, 1996)
Griffith, W. P. (gol.), *'Ysbryd Dealltwrus ac Enaid Anfarwol': Ysgrifau ar Hanes Crefydd yng Ngwynedd* (Bangor, 1999)
Gruffydd, R. G., *Argraffwyr Cyntaf Cymru: Gwasg Ddirgel y Catholigion adeg Elisabeth* (Caerdydd, 1962)
Gruffydd, R. G. (gol.), *Meistri'r Canrifoedd: Ysgrifau ar Hanes Llenyddiaeth Cymru gan Saunders Lewis* (Caerdydd, 1973)
Gruffydd, R. G., *'In that Gentile Country . . .': The Beginnings of Puritan Nonconformity in Wales* (Bridgend, 1975)
Gruffydd, R. G. (gol.), *Y Gair ar Waith: Ysgrifau ar yr Etifeddiaeth Feiblaidd yng Nghymru* (Caerdydd, 1988)
Gruffydd, R. G. (gol.), *A Guide to Welsh Literature*, III, *c.1530–1700* (Cardiff, 1997)
Gruffydd, W. J., *Llenyddiaeth Cymru: Rhyddiaith o 1540 hyd 1660* (Caerdydd, 1926)
Haigh, C. (gol.), *The English Reformation Revised* (Cambridge, 1987)
Halévy, E., *The Birth of Methodism in England* (Chicago, 1971)
Haller, W., *The Rise of Puritanism* (Columbia, 1938)
Harris, R. W., *Reason and Nature in the Eighteenth Century, 1714–1780* (London, 1968)
Hart, A. Tindal, *The Country Clergy in Elizabethan and Stuart Times, 1558–1660* (London, 1958)
Hart, A. Tindal., *The Man in the Pew, 1558–1660* (London, 1966)
Hasler, P. W. (gol.), *The History of Parliament: The House of Commons, 1558–1603* (London, 1981)

Hays, R. W., *The History of the Abbey of Aberconway, 1186–1537* (Cardiff, 1963)

Heal, F. and R. O'Day (gol.), *Church and Society in England: Henry VIII to James I* (London, 1977)

Heath, P., *The English Parish Clergy on the Eve of the Reformation* (London, 1969)

Hector, L. C., *The Handwriting of English Documents* (London, 1966)

Hempton, D., *Methodism and Politics in British Society, 1730–1850* (London, 1983)

Hill, J. E. C., *Society and Puritans in Pre–Revolutionary England* (London, 1964)

Howell, D. W., *The Rural Poor in Eighteenth–Century Wales* (Cardiff, 2000)

Hurstfield, J., *The Elizabethan Nation* (London, 1964)

Inderwick, F. A., *The Interregnum* (London, 1891)

J. E. C. Hill, *Economic Problems of the Church from Archbishop Whitgift to the Long Parliament* (Oxford,1956)

James, M., *Social Problems during the Puritan Revolution, 1640–1660* (London, 1930)

Jenkins, G. H., *Literature, Religion and Society in Wales, 1660–1730* (Cardiff, 1978)

Jenkins, G. H., *Hanes Cymru yn y Cyfnod Modern Cynnar, 1530–1760* (Caerdydd, 1983)

Jenkins, G. H., *Cadw Tŷ mewn Cwmwl Tystion: Ysgrifau Hanesyddol ar Grefydd a Diwylliant* (Llandysul, 1990)

Jenkins, G. H., *Protestant Dissenters in Wales*, 1639–1689 (Cardiff, 1992)

Jenkins, G. H., *The Foundations of Modern Wales: Wales 1642–1780* (Oxford, 1993)

Jenkins, G. H. (gol.), *Y Gymraeg yn ei Disgleirdeb: Yr Iaith Gymraeg cyn y Chwyldro Diwydiannol* (Caerdydd, 1997)

Jenkins, R. T., *Cymru yn y Ddeunawfed Ganrif* (Caerdydd, 1931)

Jenkins, R. T., *Hanes Cymru yn y Bedwaredd Ganrif ar Bymtheg*, I, *1789–1843* (Caerdydd, 1933)

John, E. S. (gol.), *Y Gair a'r Genedl: Cyfrol Deyrnged i R. Tudur Jones* (Abertawe, 1986)

Jones, D. C., *'A Glorious Work in the World': Welsh Methodism and the International Evangelical Revival, 1735–50* (Cardiff, 2004)

Jones, D. G., *Y Ficer Prichard a 'Canwyll y Cymry'* (Caernarfon, 1948)

Jones, E. G., *Cymru a'r Hen Ffydd* (Caerdydd, 1951)

Jones, F., *Historic Carmarthenshire Houses and their Families* (Carmarthen, 1987)

Jones, F. P., *Radicaliaeth a'r Werin Gymreig yn y Bedwaredd Ganrif ar Bymtheg*, goln Williams, A. Ll. ac E. ap Nefydd Roberts, (Caerdydd, 1975)

Jones, G. E., *The Gentry and the Elizabethan State* (Llandybïe, 1977)
Jones, J. G. (gol.), *Agweddau ar Dwf Piwritaniaeth yng Nghymru yn yr Ail Ganrif ar Bymtheg* (Lewiston/Llanbedr Pont Steffan, 1992)
Jones, J. G., *The Wynn Family of Gwydir: Origins, Growth and Development c.1490–1674* (Aberystwyth, 1995)
Jones, J. G., *Law, Order and Government in Caernarfonshire 1558–1640: Justices of the Peace and the Gentry* (Cardiff, 1996)
Jones, J. G., *Aspects of Religious Life in Wales c.1536–1660: Leadership, Opinion and the Local Community* (Aberystwyth, 2003)
Jones, M. G., *The Charity School Movement* (Cambridge, 1937)
Jones, N. L., *Faith by Statute: Parliament and the Settlement of Religion, 1559* (London, 1982)
Jones, R. B., *'A Lantern to their Feete': Remembering Rhys Prichard 1579–1644, Vicar of Llandovery* (Porth–y–rhyd, 1994)
Jones, R. Tudur, *Hanes Annibynwyr Cymru* (Abertawe, 1966)
Jones, R. Tudur, *Vavasor Powell* (Abertawe, 1971)
Jones, T., *A History of the County of Brecknock*, 3 cyfrol (Brecknock, 1909–11)
Jordan, W. K., *Philanthropy in England, 1480–1660: A Study of the Changing Pattern of English Social Aspirations* (London, 1964)
Jordan, W. K., *Edward VI: The Young King* (London, 1968)
Jordan, W. K., *Edward VI: The Threshold of Power* (London, 1970)
Kelly, T., *Griffith Jones, Llanddowror: Pioneer in Adult Education* (Cardiff,1950)
Kelso, R., *The Doctrine of the English Gentleman in the Sixteenth Century* (Gloucester, Massachusetts, 1964)
Knight, L. S., *Welsh Independent Grammar Schools to 1600* (Newtown, 1926)
Lewis, S., *Meistri'r Canrifoedd: Ysgrifau ar Hanes Llenyddiaeth Gymraeg gan Saunders Lewis*, gol. R. G. Gruffydd (Caerdydd, 1973)
Loach, J. and R. Tittler, *The Mid–Tudor Polity*, 1540–1560 (London, 1980)
Loades, D. M., *The Reign of Mary Tudor* (London, 1979)
Maltby, W. S., *The Black Legend in England: The Development of Anti–Spanish Sentiment, 1558–1669* (Durham, N.C.: Duke University Press, 1971)
Marshall, D., *Eighteenth–Century England* (London, 1962)
McConica, J. K., *English Humanists and Reformation Politics* (Oxford, 1965)
McGinn, D. J., *John Penry and the Marprelate Controversy* (Rutgers University Press, 1966)
McLeish, J., *Evangelical Religion and Popular Culture: A Modern Interpretation* (London, 1969)
Moore, D. (gol.), *Wales in the Eighteenth Century* (Swansea, 1976)

Morgan, D. Ll., *Y Diwygiad Mawr* (Llandysul, 1981)
Morgan, J., *Godly Learning: Puritan Attitudes towards Reason, Learning and Education, 1560–1640* (Cambridge, 1986)
Morgan, P., *The Eighteenth–Century Renaissance* (Llandybïe, 1980)
Morgan, P., *Beibl i Gymru* (Aberystwyth, 1988)
Morrill, J. S., *Cheshire, 1630–1660: County Government and Society during the English Revolution* (1974)
Namier, L., *The Structure of Politics at the Accession of George III* (London, 1960)
Neale, J., *The Elizabethan House of Commons* (London, 1949)
Neale, J., *Elizabeth I and her Parliaments, 1584–1601* (London, 1957)
Nuttall, G. F., *Visible Saints* (Oxford, 1957)
O'Sullivan, J. F., *Cistercian Settlements in Wales and Monmouthshire 1140–1540* (New York, 1947)
Ogg, D., *England in the Reigns of James II and William III* (Oxford, 1969)
Owen, G. D., *Wales in the Reign of James I* (London, 1988)
Oxford Dictionary of National Biography, goln H. C. G. Matthew a Brian Harrison (Oxford, 2004)
Parry, T., *Hanes Llenyddiaeth Gymraeg hyd 1940* (Caerdydd, 1953)
Pearson, A. F. Scott, *Thomas Cartwright and Elizabethan Puritanism, 1535–1603* (Cambridge, 1925)
Peter, J. a T. J. Pryse (goln), *Enwogion y Ffydd*, 4 cyfrol (Llundain, 1880)
Pierce, T. Jones., *Medieval Welsh Society*, gol. J. B. Smith (Cardiff, 1972)
Pierce, W., *An Historical Introduction to the Marprelate Tracts* (London, 1908)
Pierce, W., *John Penry: His Life, Times and Writings* (London, 1923)
Porter, R., *English Society in the Eighteenth Century* (Harmondsworth, 1982)
Price, A., *Gwrthgilwyr Cymreig yr Eidal* (Caernarfon, 2005)
Pryce, A. I., *The Diocese of Bangor in the Sixteenth Century* (Bangor, 1923)
Rees, T., *A History of Protestant Nonconformity in Wales from its Rise to the Present Time* (London, 1861)
Rees, W. J. (gol.), *Y Meddwl Cymreig* (Caerdydd, 1995)
Richards, T., *A History of the Puritan Movement in Wales, 1633–54* (Cardiff, 1920)
Richards, T., *Religious Developments in Wales (1654–1662)* (London, 1923)
Richards, T., *Cymru a'r Uchel Gomisiwn, 1633–1640* (Lerpwl, 1930)
Ridley, J., *Thomas Cranmer* (Oxford, 1962)
Roberts, G. J., *Yr Esgob William Morgan* (Dinbych, 1955)
Roberts, G. M., *Bywyd a Gwaith Peter Williams* (Caerdydd, 1943)
Roberts, G. M., *Portread o Ddiwygiwr* (Caernarfon, 1969)
Roberts, G. M. (gol.), *Hanes Methodistiaeth Galfinaidd Cymru*, 2 gyfrol, I, *Y Deffroad Mawr* (Caernarfon, 1973)

Roberts, G. T., *Dadleuon Methodistiaeth Gynnar* (Abertawe, 1970)
Roberts, J. A., *Wynnstay and the Wynns* (Oswestry, 1876)
Roberts, J., *Methodistiaeth Galfinaidd Cymru* (Llundain, 1931)
Roper, H. R. Trevor, *Archbishop Laud, 1573–1645* (London, 1962)
Rupp, E. G., *Studies in the Making of the English Protestant Tradition* (Cambridge, 1966)
Scarisbrick, J. J., *The Reformation and the English People* (London, 1984)
Schlenther, B. S., *Queen of the Methodists: The Countess of Huntingdon and the Eighteenth–Century Crisis of Faith and Society* (Durham, 1997)
Seaver, P. J., *The Puritan Lectureships* (Stanford, 1970)
Sedgwick, R. (gol.), *The History of Parliament: The House of Commons, 1715–1754*, II (London, 1970)
Semmel, B., *The Methodist Revolution* (London, 1974)
Serjeanton, R. M., *History of the Church of St Peter, Northampton* (Northampton, 1904)
Simon, J., *Education and Society in Tudor England* (Cambridge, 1967)
Smith, A. G. R., *The Government of Elizabethan England* (London, 1978)
Stone, L., *The Family, Sex and Marriage in England, 1500–1800* (Oxford, 1977)
Sykes, N. B., *Church and State in England in the XVIIIth Century* (Cambridge, 1934)
Tawney, R. H., *Religion and the Rise of Capitalism* (1944)
Thirsk, J. (gol.), *The Agrarian History of England and Wales*, IV, *1500–1640* (Cambridge, 1967)
Thomas, D. R., *History of the Diocese of St Asaph*, 3 cyfrol (Oswestry, 1908)
Thomas, D. R., *The Life and Work of Bishop Davies & William Salesbury* (Oswestry, 1902)
Thomas, G., *Y Bardd Cwsg a'i Gefndir* (Caerdydd, 1971)
Thomas, I., *William Morgan a'i Feibl* (Caerdydd, 1988)
Thomas, J., *Hanes y Bedyddwyr yn mhlith y Cymry* (Pontypridd, 1885)
Thomas, K., *Religion and the Decline of Magic* (Harmondsworth, 1971)
Thomas, L., *The Reformation in the Old Diocese of Llandaff* (Cardiff, 1930)
Thompson, E. P., *The Making of the English Working Class* (New York, 1964)
Trotter, E., *XVIIth Century Life in the Country Parish* (London, 1919)
Tucker, N., *Denbighshire Officers in the Civil War* (Denbigh, 1964)
Tudur, G., *Howell Harris: From Conversion to Separation, 1735–1750* (Cardiff, 2002)
Underdown, D., *Pride's Purge: Politics in the Puritan Revolution* (Oxford, 1971)
Waddington, J., *John Penry: The Pilgrim Martyr* (London, 1854)

Ward, W. R., *The Protestant Evangelical Awakening* (Cambridge, 1992)
Wearmouth, R. F., *Methodism and the Common People of the Eighteenth Century* (Epworth, 1957)
Welch, E., *Spiritual Pilgrim: A Reassessment of the Life of the Countess of Huntingdon* (Cardiff, 1995)
White, E. M., *'Praidd bach y Bugail Mawr': Seiadau Methodistaidd De–orllewin Cymru, 1737–50* (Llandysul, 1995)
White, F. O., *Lives of the Elizabethan Bishops* (London, 1898)
Williams, B., *The Welsh Clergy 1558–1642*, 2 gyfrol (Open University, 1999)
Williams, B. N., *The Whig Supremacy, 1714–1760* (Oxford, 1939)
Williams, G. A., *Madoc: The Making of a Myth* (Oxford, 1987)
Williams, G. J., *Traddodiad Llenyddol Morgannwg* (Caerdydd, 1948)
Williams, Glanmor, *Bywyd ac Amserau'r Esgob Richard Davies* (Caerdydd, 1953)
Williams, Glanmor, *The Welsh Church from Conquest to Reformation* (Cardiff, 1962)
Williams, Glanmor, *Dadeni, Diwygiad a Diwylliant Cymru* (Caerdydd, 1964)
Williams, Glanmor, *Welsh Reformation Essays* (Cardiff, 1967)
Williams, Glanmor, *Reformation Views of Church History* (London, 1970)
Williams, Glanmor (gol.), *Glamorgan County History*, IV, *Early Modern Glamorgan* (Cardiff, 1974)
Williams, Glanmor, *Grym Tafodau Tân: Ysgrifau Hanesyddol ar Grefydd a Diwylliant* (Llandysul, 1984)
Williams, Glanmor, *Recovery, Reorientation and Reformation: Wales c.1415–1642* (Oxford, 1987):
Williams, Glanmor, *The Welsh and their Religion* (Cardiff, 1991)
Williams, Glanmor, *Renewal and Reformation: Wales c.1415–1642* (Oxford, 1993)
Williams, Glanmor, *Wales and the Reformation* (Cardiff, 1997)
Williams, Glanmor, *Cymru a'r Gorffennol: Côr o Leisiau* (Llandysul, 2000)
Williams, P., *The Council in the Marches of Wales under Elizabeth I* (Cardiff, 1958)
Williams, P., *The Tudor Regime* (Oxford, 1981)
Williams, W. G., *Arfon y Dyddiau Gynt* (Caernarfon, 1916)
Williams, W. O., *Tudor Gwynedd* (Caernarfon, 1958)
Williams, W. R., *The Parliamentary History of Wales, 1541–1898* (Brecknock, 1895)
Willis, Browne, *A Survey of the Cathedral Church of Llandaff* (London, 1719)
Willis, Browne, *A Survey of the Cathedral Church of Bangor* (London, 1721)

Willis, Browne., *A Survey of the Cathedral Church of St Asaph* (Wrexham, 1801)
Yorke, P., *The Royal Tribes of Wales* (Liverpool, 1887)

CH. ERTHYGLAU A PHENODAU

Bailey, J. E., 'Bishop Bayly and his *Practice of Piety', Manchester Quarterly*, II (1883), 9
Barnard, E. A. B., 'Lewis Bayly, bishop of Bangor (d.1631) and Thomas Bayly (d.1657) his son', *Traf. Cymmr.*, 1928–9, 99–132
Bennett, R., 'Lewis Evan, Llanllugan', *CH*, VI, rhif 3 (1921), 42–56
Beynon, T., 'George Whitefield', *CH*, XVI, rhif 1 (1931), 40–6
Beynon, T.,'Cylch a chefndir Sasiwn Dugoedydd, 1742', *CH*, XXVII, rhif 3 (1942), 93–103
Bowen, G., 'Gwilym Pue, "Bardd Mair", a theulu'r Penrhyn', *Efrydiau Catholig*, II (1947), 11–35
Bowen, D. J., 'Gruffydd Hiraethog ac argyfwng cerdd dafod', *LlC*, II (1953), 147–60
Bowen, D. J., 'Ail eisteddfod Caerwys a chais 1594', *LlC*, III (1955), 139–61
Bowen, D. J., 'Y cywyddwyr a'r dirywiad', *BBGC*, XXIX (1981), 453–96
Bowen, D. J., 'Canrif olaf y cywyddwyr', *LlC*, XIV (1981–2), 3–51
Bowen, Ll., 'Representations of Wales and the Welsh during the civil wars and Interregnum', *Historical Research*, 77, rhif 197 (2004), 358–76.
Brauer, J. C., 'Types of Puritan piety', *Church History*, 56 (1987), 39–58
Brennan, G. E., 'Papists and patriotism in Elizabethan England', *Recusant History*, XIX, I (1988), 1–15
Charles–Edwards, T. a G. J. Williams, 'Pen–rhys: y cefndir hanesyddol, 1179–1538', *Efrydiau Catholig*, V (1951), 24–45
Clement, M., 'John Vaughan, Cwrt Derllys, a'i waith (1663–1722), *Traf. Cymmr.,* 1942, 73–107
Collinson, P., 'John Field and Elizabethan Puritanism', yn S. T. Bindoff, J. Hurstfield and C. H. Williams (goln), *Elizabethan Government and Society: Essays Presented to Sir John Neale* (London, 1961), tt.127–62
Consiglio, M. (R. M. Kerr), 'Siôn Brwynog, un o feirdd cyfnod y Diwygiad Protestannaidd', *Ysgrifau Catholig*, II (1963), 28–30
Curtis, M. H., 'Hampton Court Conference and its aftermath', *History*, XLVI (1961), 1–16
Davies, C., 'Syr John Prise ac amddiffyn Hanes Prydain', *Y Traethodydd*, CLVIII (2003), 164–85
Davies, C. T. B., 'Y cerddi i'r tai crefydd fel ffynhonnell hanesyddol', *CLlGC*, XVIII, (1973–4), 268–86, 345–73
Davies, J., 'Caerphilly and early Methodism', *CH*, XXI, rhif 4 (1936), 103–13

Davies, J. D. G., 'Protestant Nonconformity in Monmouthshire before 1715', *The Monmouthshire Review*, I (1933), 359–85
Davies, J. E. W. , 'Methodistiaeth' *CH*, IX–X, (1985–6), 5–22
Davies, K. M., 'Teulu Trefeca', yn *HMGC*, 356–77
Davies, W. Ll., 'Welsh metrical versions of the psalms', *Journal of the Welsh Bibliographical Society*, II (1923), 276–301
Davies, W. T. P, 'Baledi gwleidyddol yng nghyfnod y chwyldro Piwritanaidd', *Y Cofiadur*, XXV (1955), 3–22
Dodd, A. H., 'Wales and the Scottish succession, 1570–1605', *Traf. Cymmr.,* 1937, 201–25
Dodd, A. H., 'North Wales in the Essex revolt of 1601', *English Historical Review*, LIX (1944), 348–70
Dodd, A. H., 'The pattern of politics in Stuart Wales', *Traf. Cymmr.*, 1948, 8–91
Dodd, A. H., 'Bishop Lewes Bayly c.1575–1631', *TCHSG*, XXVIII (1967), 13–36
Eames, A., 'Sea power and Caernarvonshire, 1642–1660', *TCHSG*, XVI (1955), 29–51
Edwards, H., 'Methodistiaeth fore yn y gogledd', *CH*, XXI, rhif 2 (1936), 45–91
Edwards, I. ab O., 'William Morgan's quarrel with his parishioners at Llanrhaeadr–ym–Mochnant', *BBGC*, III (1927), 298–339
Elton, G. R., 'Wales in Parliament, 1542–1581', in R. R. Davies and others (goln), *Welsh Society and Nationhood: Historical Essays Presented to Glanmor Williams* (Cardiff, 1984), tt. 108–21
Evans, A. O., 'Edmund Prys, archdeacon of Merioneth, priest, preacher, poet', *Traf. Cymmr.,* 1922–3, 112–68
Evans, D. S., 'Dylanwad y Beibl ar yr iaith Gymraeg', yn R. G. Gruffydd (gol.), *Y Gair ar Waith: Ysgrifau ar yr Etifeddiaeth Feiblaidd yng Nghymru* (Caerdydd, 1988), tt.67–86
Evans, E., 'Pietism and Welsh Calvinistic Methodism', XXV (2001), 7–17
Evans, E. D., 'John Evans, Bishop of Bangor, 1702–16', *Traf. Cymmr.,* 2000, 44–65
Evans, E. D., 'Arolwg ar ganrif gyntaf Methodistiaeth', *Y Traethodydd*, CLIX (2004), 156–71
Evans, J. D., 'Kitchin's return (1563)', *Gwent Local History*, LXVII (1985), 11–18
Evans, J. W., 'The Reformation and St David's cathedral', *Journal of Welsh Ecclesiastical History*, VII (1990), 1–16
Evans, R. P., 'Mythology and tradition', yn T. Herbert a G. E. Jones (goln), *The Remaking of Wales in the Eighteenth Century* (Cardiff, 1988), tt. 149–73
Flower, R., 'William Salesbury, Richard Davies and Archbishop Parker', *CLlGC*, II (1941–2), 7–13

Fychan, C., 'Y canu i wŷr eglwysig gorllewin sir Ddinbych', *TCHSDd*, XXVIII (1979), 115–82
Gray, M., 'The Church in Gwent in 1603', *Journal of Welsh Ecclesiastical History*, II (1985), 7–26
Gray, M., 'The diocese of Bangor in the late sixteenth century', *Journal of Welsh Ecclesiastical History*, V (1988), 31–72
Gray, M., 'The diocese of Llandaff in 1563', *Journal of Welsh Religious History*, II (1994), 14–95
Gray, M., 'The cloister and the hearth: Anthony Kitchin and Hugh Jones, two Reformation bishops of Llandaff', *Journal of Welsh Religious History*, III (1995), 15–34
Griffith, W P., 'William Hughes and the *Descensus* controversy of 1567', BBGC, XXXIV (1987), 185–99
Griffith, W. P., 'Schooling and society', yn J. G. Jones (gol.), *Class, Community and Culture in Tudor Wales* (Cardiff, 1989), tt. 79–119
Griffith, W. P., 'Addysg brifysgol i'r Cymry yn y cyfnod modern cynnar', yn G. H. Jenkins (gol.), *Cof Cenedl: Ysgrifau ar Hanes Cymru*, VI (Llandysul, 1991), tt. 35–65
Griffith, W. P., 'Arolwg cyffredinol ar hynt crefydd yng Ngwynedd o ddiwedd teyrnasiad Elisabeth hyd at ddechrau teyrnasiad Anne', yn *'Ysbryd Dealltwrus ac Enaid Anfarwol': Ysgrifau ar Hanes Crefydd yng Ngwynedd* (Bangor, 1999), tt. 96–121
Griffiths, R. A., 'The Stradlings of St Donat's', *Morgannwg*, VII (1963), 34–7
Gruffydd, R. G., 'Bishop Francis Godwin's injunctions for the diocese of Llandaff, 1603', *THSChW*, IV (1954), 14–22
Gruffydd, R. G., 'Gwasg ddirgel yr ogof yn Rhiwledyn', *Journal of the Welsh Bibliographical Society*, IX, rhif 1 (1958), 1–23
Gruffydd, R. G., '*Yny lhyvyr hwnn* (1546): the earliest Welsh printed book', *BBGC*, XXIII, rhif 2 (1969), 105–16
Gruffydd, R. G., 'William Morgan', yn G. Bowen (gol.), *Y Traddodiad Rhyddiaith* (Llandysul, 1970), tt. 149–74
Gruffydd, R. G., 'Richard Parry a John Davies', yn G. Bowen (gol.), *Y Traddodiad Rhyddiaith* (Llandysul, 1970), tt. 175–93
Gruffydd, R. G., 'Michael Roberts o Fôn a Beibl Bach 1630', *TCHNM* (1989), 25–42
Gruffydd, R. G., 'Y print yn dwyn ffrwyth i'r Cymro: *Yny Lhyvyr Hwnn, 1546', Y Llyfr yng Nghymru: Welsh Book Studies*, I (1998), tt. 1–20
Guy, J., 'The Tudor Age, 1485–1603' yn K. O. Morgan (gol.), *Illustrated History of Britain, 1485–1789* (London, 1985), tt.1–70
Hill, J. E. C., 'Propagating the Gospel', yn H. E. Bell ac R. L. Ollard (goln), *Historical Essays 1600–1750: Presented to David Ogg* (London, 1963), tt. 35–59

Hill, J. E. C., 'Puritans and "the dark corners of the land"', *Transactions of the Royal Historical Society*, XIII (1963), 77–102
Hill, J. E. C., 'The spiritualization of the household', yn *idem*, *Society and Puritanism in Pre-Revolutionary England* (London, 1964), tt. 443–81
Hughes, A. Ll., 'Rhai o noddwyr y beirdd yn sir Feirionnydd', *LlC*, X (1968–9), 137–205
Hughes, G. H., 'Y Dwniaid', *Traf. Cymmr.*, 1941, 115–49
Hurstfield, J., 'County government, 1530–1660', yn *The Victoria Histories of the Counties of England: A History of Wiltshire*, V, goln R. B. Pugh ac E. Crittall (London, 1957), 80–110
James, R. W., 'Ymateb y Methodistiaid Calfinaidd Cymraeg i'r Chwyldro Ffrengig', *CH*, XII/XIII (1988–9), 35–60
Jenkins, G. H., 'Llenyddiaeth, crefydd a'r gymdeithas yng Nghymru, 1660–1730', yn W. J. Rees (gol.), *Y Meddwl Cymreig* (Caerdydd, 1995), tt. 128–41; gw. hefyd *Efrydiau Athronyddol*, XLI (1978), 36–52
Jenkins, G. H., 'Apostol Sir Gaerfyrddin: Stephen Hughes, *c.*1622–1688', yn *Cadw Tŷ mewn Cwmwl Tystion: Ysgrifau Hanesyddol ar Grefydd a Diwylliant* (Llandysul, 1990), tt. 1–28
Jenkins, G. H., '"Hen Filwr dros Grist": Griffith Jones Llanddowror', yn *Cadw Tŷ mewn Cwmwl Tystion: Ysgrifau Hanesyddol ar Grefydd a Diwylliant* (Llandysul, 1990), tt. 153–74
Jenkins, G. H., '"A lleufer dyn yw llyfr da": Stephen Hughes a'i hoff awduron', yn J. G. Jones (gol.), *Agweddau ar Dwf Piwritaniaeth yng Nghymru yn yr Ail Ganrif ar Bymtheg* (Lewiston/Llanbedr Pont Steffan, 1992), tt. 203–27
Jenkins, G. H., '"Peth erchyll iawn" oedd Methodistiaeth', *LlC*, XVII (1993), 195–204
Johnson, A. M., 'Politics and religion in Glamorgan during the Interregnum, 1649–1660', yn G. Williams (gol.), *Glamorgan County History,* IV, *Early Modern Glamorgan from the Act of Union to the Industrial Revolution* (Cardiff, 1974), tt. 279–309
Johnson, A. M., 'Wales during the Commonwealth and Protectorate', in D. H. Pennington a K. Thomas (goln), *Puritans and Revolutionaries: Essays in Seventeenth–Century History presented to Christopher Hill* (Oxford, 1978), tt. 233–56
Jones, B., 'Beirdd yr uchelwyr a'r byd', yn J. E. Caerwyn Williams (gol.), *Ysgrifau Beirniadol*, VIII (Dinbych, 1974), tt. 29–42
Jones, E. D., 'The Brogyntyn Welsh manuscripts', *CLlGC*, VI (1949–50), 1–42
Jones, E. D., 'Maurice Kyffin's account of Lord Buckhurt's embassy to the Netherlands, 1587', *CLlGC*, XIII (1963), 70–85
Jones, E. G., 'Hugh Owen of Gwenynog', *TCHNM* (1938), 42–9
Jones, E. G., 'Catholic recusancy in the counties of Denbigh, Flint and

Montgomery, 1581–1625', *Traf. Cymmr.*, 1945, 114–33
Jones, E. G., 'Robert Pugh of Penrhyn Creuddyn', *TCHSG*, VII (1946), 10–19
Jones, E. G., 'Sir John Wynn of Gwydir', *The Welsh Review*, V, rhif 3 (1946), 187–91
Jones, F., 'The old families of Wales', yn D. Moore (gol.), *Wales in the Eighteenth Century* (Swansea, 1976), tt. 27–46
Jones, F., 'Aberglasney and its families', *CLlGC*, XXI (1979), 1–26
Jones, H. M., 'Methodism in Anglesey', *CH*, XV, rhif 4 (1930), 149–56
Jones, J. G., 'Caernarvonshire administration: the activities of the justices of the peace, 1603–1660', *CHC*, V (1970), 130–63
Jones, J. G., 'Bishop William Morgan's dispute with John Wynn of Gwydir in 1603–4', *JHSChW*, XXII (1972), 49–78
Jones, J. G., 'Bishop Lewis Bayly and the Wynns of Gwydir, 1616–27', *CHC*, VI (1973), 404–23
Jones, J. G., 'Yr Esgob Richard Parry', *TCHSDd*, XXIII (1974), 26–46
Jones, J. G., 'Richard Parry, bishop of St Asaph: some aspects of his career', *BBGC*, XXVI (1975), 175–90
Jones, J. G., 'Priodoleddau bonheddig yn nheulu'r Wynniaid o Wedir: tystiolaeth y beirdd', *Traf. Cymmr.*, 1978, 78–149
Jones, J. G., 'The Welsh poets and their patrons, c.1550–1640', *CHC*, IX (1979), 245–77
Jones, J. G., 'Henry Rowlands, bishop of Bangor 1598–1616', *JHSChW*, XXVI (1979), 34–53
Jones, J. G., 'The Wynn estate of Gwydir: aspects of its growth and development c.1500–1580', *CLlGC*, XXII (1981), 141–69
Jones, J. G., 'Educational activities among the Wynns of Gwydir', *TCHSG*, XLII (1981), 7–48
Jones, J. G., 'Thomas Davies and William Hughes: two Reformation bishops of St Asaph', *BBGC*, XXIX, rhan 2 (1981), 320–35
Jones, J. G., 'Rhai agweddau ar y consept o uchelwriaeth yn nheuluoedd bonheddig Cymru yn yr unfed a'r ail ganrif ar bymtheg', yn J. E. Caerwyn Williams (gol.), *Ysgrifau Beirniadol*, XII (Dinbych, 1982), tt. 201–49
Jones, J. G., 'Sir John Wynn of Gwydir and his tenants: the Dolwyddelan and Llysfaen disputes', *CHC*, II (1982–83), 1–30
Jones, J. G., 'Hanfodion undod gwladwriaethol, cyfraith a threfn yng Nghymru cyfnod y Tuduriaid: tystiolaeth Beirdd yr Uchelwyr', *LlC*, XV (1984–5), 34–105
Jones, J. G., 'Cyfraith a threfn yn sir Gaernarfon c.1600–1640', *TCHSG*, XLVII (1986), 27–70
Jones, J. G., 'Yr Eglwys Anglicanaidd yng Nghymru yn oes Elisabeth I: ei phwrpas, ei phryderon a'i pharhad', *Cristion* (Medi/Hydref, 1988), 4–8
Jones, J. G., 'Campwaith Lewis Bayly, esgob Bangor', *Cristion* (Mai/Mehefin, 1989), 5–10

Jones, J. G., 'William Morgan, translator of the Bible and bishop of Llandaff', *Gwent Local History*, LXVI (1989), 37–48

Jones, J. G., 'The Reformation bishops of St Asaph', *Journal of Welsh Ecclesiastical History*, VII (1990), 17–40

Jones, J. G.,'Y Ficer Prichard (1579–1644): ei gefndir a'i gyfraniad i'w gymdeithas', *Y Traethodydd*, CXLIX (1994), 235–52

Jones, J. G., 'Maurice Kyffin a Huw Lewys: dau amddiffynnydd y ffydd Brotestannaidd yng Nghymru yn 1595', yn J. E. Caerwyn Williams (gol.), *Ysgrifau Beirniadol*, XXI, (Dinbych, 1996), tt. 51–72

Jones, J. G., 'Robert Holland a "Basilikon Doron" y brenin Iago', yn J. E. Caerwyn Williams (gol.), *Ysgrifau Beirniadol*, XXII (Dinbych, 1997), tt. 161–88

Jones, J. G., 'Welsh gentlewomen; piety and Christian conduct c.1560–1730', in J. R. Guy, K. Jenkins and F. Knight (goln), *Wales, Women and Religion in Historical Perspective, Journal of Welsh Religious History*, VII (1999), 1–37

Jones, J. G., 'Dau arloeswr ym myd addysg, y Deon John Jones a John Vaughan, Cwrt Derllys', *Y Goleuad*, cyfrol 128 (28), 5–6; 128 (29), 2000, 5–6

Jones, J. G., 'Wales and Hamburg: the problems of a younger son', yn R. R. Davies a G. H. Jenkins (goln), *From Medieval to Modern Wales: Historical Essays in Honour of Kenneth O. Morgan and Ralph A. Griffiths* (Cardiff, 2004), tt. 104–22

Jones, J. G., '"Porth a phen puriaith y ffydd": William Morgan, esgob Llanelwy', *Y Traethodydd*, CLIX (Hydref 2004), 203–21

Jones, J. G., 'John Penry: the early Brecknockshire Puritan firebrand', *Brycheiniog*, XXXVII (2005), 23–44

Jones, J. M., 'Walter Cradock a'i gyfoeswyr', *Y Cofiadur*, XV (1938), 3–44

Jones, M. H., 'Howel Harris, citizen and patriot', *Traf. Cymmr.,* 1908–9, 188–236

Jones, M. H., 'Y flwyddyn 1751 fel trobwynt yn hanes Methodistiaeth', *CH*, X, rhif 1 (1925), 5–9

Jones, M. H., 'Joseph Harris, Trefeca', *CH*, XIII, rhif 3 (1928), 85–97

Jones, R. Tudur a B. G. Owens, 'Anghydffurfwyr Cymru, 1660–1662', *Y Cofiadur*, XXXII (1962), 3–93

Jones, R. Tudur, 'Yr hen Ymneilltuwyr, 1700–1740', yn *HMGC*, 13–42

Jones, R. Tudur, 'Relations between Anglicans and Dissenters: the promotion of piety, 1670–1730', yn D. Walker (gol.), *A History of the Church in Wales* (Penarth, 1976), tt. 79–102

Jones, R. Tudur, 'The healing herb and the rose of love: the piety of two Welsh Puritans', yn R. Buick Knox (gol.), *Reformation, Conformity and Dissent: Essays in Honour of Geoffrey Nuttall* (London, 1977), tt. 154–79

Jones, R. Tudur, 'Dylanwad y Beibl ar feddwl Cymru', yn R. G. Gruffydd (gol.), *Y Gair ar Waith: Ysgrifau ar yr Etifeddiaeth Feiblaidd yng Nghymru* (Caerdydd, 1988), tt. 112–34

Jones, R. Tudur, 'John Penri, 1563–1593', yn G. H. Jenkins (gol.), *Cof Cenedl: Ysgrifau ar Hanes Cymru*, VIII (Llandysul, 1993), tt. 39–68

Jones, R. Tudur, 'Mantoli cyfraniad John Penri', *Y Cofiadur*, LVIII (1993), 4–41

Jones, T. H. (Clwydydd), '*Yr Ymarfer o Dduwioldeb*', *CH*, XVI, rhif 1 (1931), 33–9

Ker, N. R., 'Sir John Prise', *The Library*, 5ed gyfres, X (1955), 1–24

Knight, L. S., 'Welsh schools from A.D. 1000 to A.D. 1600', *AC*, 6ed gyfres, XIX (1919), 1–18, 276–91, 515–25

Knox, R. Buick 'Howel Harris and his doctrine of the church', *CH*, XLIX, rhif 3 (1964), 61–78; L, rhif 2 (1965), 33–44

Knox, R. Buick 'A bicentenary survey: Howel Harris, 1714–1773', *CH*, LVIII, rhif 1 (1973), 38–56

Lehmberg, S. E., 'Supremacy and vicegerency: a re–examination', *English Historical Review*, LXXXI (1966), 225–35

Lewis, A., 'Llyfrau Cymraeg a'u darllenwyr, 1696–1740', *Efrydiau Athronyddol*, XXXIV (1971), 46–73

Lewis, C. W., 'The literary tradition of Glamorgan down to the middle of the sixteenth century', yn T. B. Pugh (gol.), *Glamorgan County History*, III, *The Middle Ages* (Cardiff, 1971), tt. 449–554

Lewis, C. W., 'The literary history of Glamorgan from 1550 to 1770', yn G. Williams (gol.), *Glamorgan County History, IV, Early Modern Glamorgan from the Act of Union to the Industrial Revolution* (Cardiff, 1974), tt. 535–639

Lewis, C. W., 'Syr Edward Stradling (1529–1609), y "marchog disgleirlathr" o Sain Dunwyd', yn J. E. Caerwyn Williams (gol.), *Ysgrifau Beirniadol*, XIX (Dinbych, 1993), tt. 139–207

Lewis, Saunders, 'Llyfr y Resolution', yn R. G. Gruffydd (gol.), *Meistri'r Canrifoedd: Ysgrifau ar Hanes Llenyddiaeth Gymraeg gan Saunders Lewis* (Caerdydd, 1973), tt. 147–52

Lewis, Saunders, 'Damcaniaeth eglwysig Brotestannaidd', yn R. G. Gruffydd (gol.), *Meistri'r Canrifoedd: Ysgrifau ar Hanes Llenyddiaeth Gymraeg gan Saunders Lewis* (Caerdydd, 1973), tt. 116–39

Lloyd, J. Y. W. , 'History of the lordship of Maelor Gymraeg or Bromfield . . .', *AC*, 4ydd cyfres, VI (1875), 238–9; VIII (1877), 36–7

Lloyd, N., '*Yr Ymarfer o Dduwioldeb* a rhai o gerddi Rhys Prichard', *Y Traethodydd*, CL (1995), 94–106

Lloyd, N., 'Rhys Prichard 1579–1644/5', *The Carmarthenshire Antiquary*, XXXIV (1998), 25–37

Manning, R. B., 'The crisis of episcopal authority during the reign of Elizabeth I', *Journal of British Studies*, XI (1971), 1–25

Matthews, E. Gwynn, 'William Morgan in his own words: the preface to the 1588 Welsh Bible', *TCHSDd*, LIII (2004), 79–107

Mitchell, J., 'Nathan Rogers and the Wentwood case', *CHC*, XIV (1988), 23–53

Millward, E. G., 'Ymweliad Howel Harris â'r Bala, 1741', *CH*, LX, rhif 3 (1976), 82–6

Morgan, W. T., 'Yr eglwys sefydledig yng Nghymru, 1700–1735', yn *HMGC*, tt. 43–80

Nuttall, G. F., 'Howel Harris a "Bwrdd y Byddigion"', yn E. S. John (gol.), *Y Gair a'r Genedl: Cyfrol Deyrnged i R. Tudur Jones* (Abertawe, 1986), tt. 156–71

Owen, A. W., 'Howel Harris and the Trevecka family', *CH*, XLIV, rhif 1 (1959), 2–13

Owen, B., 'Some details about the Independents in Caernarvonshire', *TCHSG*, VI (1945), 32–45

Owen, B.,'Rhai agweddau ar hanes Annibynwyr sir Gaernarfon o'r dechrau hyd y flwyddyn 1776', *Y Cofiadur*, XX (1950), 3–71

Phillips, J., 'The Tabernacle church, Haverfordwest', *CH*, VII, rhif 2 (1922), 37–50

Powell, N. M. W., 'Agweddau ar fywyd William Morgan a'i gyfnod', *Y Traethodydd*, CXLIII (1988), 118–34

Powell, N. M. W., 'Arthur Bulkeley, Reformation bishop of Bangor, 1541–1552/3', *Journal of Welsh Religious History* (cyfres newydd), III (2003), 23–52

Price, A., 'Ar drywydd y "bigel phyrnig"–golwg ar fywyd a gwaith Morys Clynnog', *TCHSG*, LXIV (2003), 15–32

Prichard, T. J., 'The Reformation in the deanery of Llandaff: a study of changes in its clerical personnel, 1534–1609', *Morgannwg*, XIII (1969), 5–46

Prichard, T. W., 'Wynnstay: political influences, rise and decline', *TCHSDd*, XXX (1981), 23–43

Pugh, F. H., 'Glamorgan Recusants 1577–1611', *South Wales and Monmouth Record Society Publications*, III (1954), 49–67

Pugh, F. H., 'Monmouthshire recusants in the reigns of Elizabeth I and James I', *South Wales and Monmouth Record Society Publications*, IV (1957), 59–110

Rannie, D. W., 'Cromwell's Major–Generals', *English Historical Review*, X (1895), 471–506

Richards, T., 'Henry Maurice: Piwritan ac Annibynnwr', *Y Cofiadur*, V/VI (1928), 15–67

Richards, T., 'Eglwys Llanfaches', *Traf. Cymmr.*, 1941, 150–84

Richards, T., 'Richard Edwards of Nanhoron: a Restoration study', *TCHSG*, VIII (1947), 27–34

Roberts, E., 'Teulu Plas Iolyn', *TCHSDd*, XIII (1964), 38–110
Roberts, E., 'Canu Wiliam Cynwal i glerigwyr', *TCHSDd*, XIV (1965), 120–40
Roberts, E., 'Ymryson y Salsbrïaid, 1593', *TCHSDd*, XVII (1968), 108–46
Roberts, E., 'Croeso esgob Llanelwy', *TCHSDd*, XX (1971), 254–5
Roberts, E., 'Gabriel Goodman and his native homeland', *Traf. Cymmr.*, 1989, 77–104
Roberts, E., 'Cyfnod y Tuduriaid: sylwadau ar fywyd crefyddol y bobl gyffredin', yn *'Ysbryd Dealltwrus ac Enaid Anfarwol': Ysgrifau ar Hanes Crefydd yng Ngwynedd* (Bangor, 1999), tt. 73–95
Roberts, G. M., 'Gwerth hanesyddol rhai o farwnadau Williams Pantycelyn', *CH*, XIX, rhif 1 (1934), 12–18
Roberts, G. M., 'Daniel Rowland and the living of Trefdraeth', *CH*, XXIX, rhif 1 (1944), 33–4
Roberts, G. M., 'Griffith Jones's opinion of the Methodists', *CH*, XXXV, rhif 3 (1950), 53–6
Roberts, G. T., 'Howel Harris: ymgeisydd am ordeiniad', yn J. E. W. Davies (gol.), *Gwanwyn Duw: Diwygwyr a Diwygiadau: Cyfrol Deyrnged i Gomer Morgan Roberts* (Caernarfon, 1982), tt. 122–42
Roberts, G., 'The Glynnes and Wynns of Glynllifon', *TCHSG*, IX (1948), 25–40
Roberts, P. R., 'The union with England and the identity of "Anglican" Wales', *Transactions of the Royal Historical Society*, XXII (1972), 49–70
Roberts, P. R., 'The Welsh language, English law and Tudor legislation', *Traf. Cymmr.*, 1989, 19–75
Roberts, P. R., 'Deddfwriaeth y Tuduriaid a statws gwleidyddol "yr iaith Frytanaidd"', yn G. H. Jenkins (gol.), *Y Gymraeg yn ei Disgleirdeb: Yr Iaith Gymraeg cyn y Chwyldro Diwydiannol* (Caerdydd, 1997), tt. 121–50
Roberts, R. F., 'Y Dr John Davies o Fallwyd', *LlC*, II (1952), 19–35, 97–110
Roberts, S., 'Godliness and government in Glamorgan, 1647–1660', yn C. Jones, M. Newitt a S. Roberts (goln), *Politics and People in Revolutionary England* (London, 1986), tt. 225–51
Roberts, S., 'Welsh Puritanism in the Interregnum', *History Today*, 41 (1991), 36–41
Roberts, S., 'Deddf Taenu'r Efengyl yng Nghymru (1650) a diwylliant Cymru', yn J. G. Jones (gol.), *Agweddau ar Dwf Piwritaniaeth yng Nghymru yn yr Ail Ganrif ar Bymtheg* (Lewiston/Llanbedr Pont Steffan, 1992), tt. 93–110
Roberts, S. K., 'Propagating the gospel in Wales: the making of the 1650 act', *Traf. Cymmr.*, 2003, 57–75.

Roots, I. A., 'Swordsmen and decimators: Cromwell's Major–Generals', yn R. H. Parry (gol.), *The English Civil War and After, 1642–1658* (London, 1970), 78–92

Shankland, T., 'Sir John Philipps; the Society for Promoting Christian Knowledge; and the Charity–School Movement in Wales, 1699–1737', *Traf. Cymmr.,* 1904–5, 74–216

Smith, J. B., 'Crown and community in the principality of north Wales in the reign of Henry Tudor', *CHC*, III (1966–7), 145–71

Smith, W. J., 'The Salusburies as maintainers of murderers – a Chirk Castle view 1599', *CLlGC*, VII (1951–2), 235–8

Sommerville, M. R., 'Richard Hooker and his contemporaries on episcopacy; a Elizabethan consensus', *Journal of Ecclesiastical History*, XXXV (1984), 177–87

Thickens, J., 'Howell Harris' last journey in north Wales, 1751', *CH*, XXX, rhif 2 (1945), 33–41

Thomas, G., 'Rowland Vaughan', yn G. Bowen (gol.), *Y Traddodiad Rhyddiaith* (Llandysul, 1970), tt. 231–46

Thomas, G., 'John Griffith, Llanddyfnan, bardd o'r ail ganrif ar bymtheg', *Traf. Cymmr.*, 1999, 14–37

Thomson, G. Scott, 'The origins and growth of the office of deputy–lieutenant', *Transactions of the Royal Historical Society*, 4edd gyfres, V (1922), 150–66

Tibbott, G., 'Un o lythyrau anghyhoeddedig Williams Pantycelyn', *CH*, XX, rhif 4 (1935), 131–7

Tucker, N., 'Civil War colonel: Sir John Carter', *TCHSG*, XIII (1952), 1–8

Tucker, N., 'The Royalist Hookes of Conway', *TCHSG*, XXV (1964), 5–12

Tucker, N., 'Wartime brawl in Llannor churchyard', *TCHSG*, XXVI (1965), 50–2

Tudur, G., 'Gwir ffrewyll y Methodistiaid', *Y Cofiadur*, XVI (1981), 3–22

Tyacke, N., 'Puritanism, Arminianism and Counter–Revolution', yn C. Russell (gol.), *The Origins of the English Civil War* (London, 1973), tt. 119–43

Vaughan, H. F. J., 'The Wynne of Leeswood family Bible', *AC*, 5ed gyfres, III (1886), 75–9

Walker, D., 'The medieval bishops of Llandaff', *Morgannwg*, VI (1962), 5–32

Walsh, J. D., 'Origins of the evangelical revival', yn G. V. Bennett and J. D. Walsh (goln.), *Essays in Modern English Church History: in Memory of Norman Sykes* (London 1966), tt. 132–62

Walsh, J. D., 'Elie Halévy and the birth of Methodism', *Transactions of the Royal Historical Society*, 5ed gyfres, XXV (1975), 1–20

Ward, W. R., 'Power and piety: the origins of the religious revival in the early eighteenth century', *Bulletin of the John Rylands Library*, LXIII (1980), 231–52

White, B. R., 'Henry Jessey in the Great Rebellion', yn R. Buick Knox (gol.), *Reformation, Conformity and Dissent: Essays in Honour of Geoffrey Nuttall* (London, 1977), tt. 132–53

White, E. M., 'Y byd, y cnawd a'r cythraul: disgyblaeth a threfn seiadau Methodistaidd de–orllewin Cymru, 1737–1750', yn G. H. Jenkins (gol.), *Cof Cenedl: Ysgrifau ar Hanes Cymru*, VIII (Llandysul, 1993), tt. 69–102

White, E. M., 'Y modd i wneud Methodist', *CH*, XVIII (1994), 3–22

White, E. M., 'Addysg boblogaidd a'r iaith Gymraeg 1650–1800', yn G. H. Jenkins (gol.), *Y Gymraeg yn ei Disgleirdeb: Yr Iaith Gymraeg cyn y Chwyldro Diwydiannol* (Caerdydd, 1997), 315–38

White, E. M., 'The people called "Methodists": early Welsh Methodism and the question of identity', *Journal of Welsh Religious History* (Cyfres Newydd), I (2001), 1–14

White, E. M., 'A "poor benighted church"? Church and society in mid–eighteenth–century Wales', yn R. R. Davies a G. H. Jenkins (goln.), *From Medieval to Modern Wales: Historical Essays in Honour of Kenneth O. Morgan and Ralph A. Griffiths* (Cardiff, 2004), tt.123–41

White, P., 'The rise of Arminianism reconsidered', *Past and Present*, CI (1983), 34–54

White, P., 'The *via media* in the early Stuart Church' yn K. Fincham (gol.), *The Early Stuart Church* 1603–1642 (London, 1993),

Williams, A. H., 'The origins of the old endowed grammar schools of Denbighshire', *TCHSDd*, II (1953), 17–69

Williams, A. H., 'Marmaduke Gwynne a Howel Harris', *CH*, LV, rhif 4 (1970), 65–81

Williams, A. H., 'The Gwynnes of Garth', *Brycheiniog*, XIV, (1970), 79–94

Williams, D., 'The miracle at St Donat's', *The Welsh Review*, VI rhif 1 (1947), 33–8

Williams, D. E., 'Teulu Thomas Price, Plas y Watfford', *CH*, LVI, rhif 1 (1971), 3–7

Williams, D. G., 'Syr Owain ap Gwilym', *LlC*, VI (1960–1), 179–93

Williams, G. A., 'Edmwnd Prys, un arall o enwogion Llanrwst', *TCHSDd*, XXIII (1974), 294–7

Williams, G. A., 'Mydryddu'r Salmau yn Gymraeg', *LlC*, XVI (1989–91), 114–32

Williams, G. J., 'Traddodiad llenyddol Dyffryn Clwyd a'r cyffiniau', *TCHSDd*, I (1952), 20–32

Williams, Glanmor, 'Injunctions of the royal visitation of 1559 for the diocese of Llandaff', *CLlGC*, IV (1945–6), 189–97

Williams, Glanmor, 'Bishop Sulien, Bishop Richard Davies and Archbishop Parker', *CLLGC*, V (1947–8), 215–19

Williams, Glanmor, 'Cipdrem arall ar y "ddamcaniaeth eglwysig Brotestannaidd"' *Y Traethodydd*, 3edd gyfres, XVII (1948), 49–57

Williams, Glanmor, 'Landlords in Wales: the Church', yn J. Thirsk (gol.), *Agrarian History of England and Wales*, IV *1500–1640* (Cambridge, 1967), 381–95

Williams, Glanmor,'John Penry: Marprelate and patriot?', *CHC*, III (1967), 361–80

Williams, Glanmor, 'Bishop William Morgan (1545–1604) and the first Welsh Bible', *TCHChSF*, VII (1973–6), 347–72

Williams, Glanmor, 'Education and culture down to the sixteenth century', yn J. L. Williams a G. R. Hughes (goln), *The History of Education in Wales*, I (Swansea, 1978), 9–27

Williams, Glanmor, 'Wales and the reign of Queen Mary I', *CHC*, X (1980–1), 335–58

Williams, Glanmor, 'The Stradling family, yn R. Denning (gol.), *St Donat's Castle and Atlantic College* (Cowbridge, 1983), 23–9

Williams, Glanmor, 'Crefydd a llenyddiaeth Gymraeg yn oes y Diwygiad Protestannaidd', yn G. H. Jenkins (gol.), *Cof Cenedl: Ysgrifau ar Hanes Cymru*, I (Llandysul, 1986), tt. 37–63

Williams, Glanmor, 'Cefndir Ewropeaidd y cyfieithiadau Beiblaidd', yn R. G. Gruffydd (gol.), *Y Gair ar Waith: Ysgrifau ar yr Etifeddiaeth Feiblaidd yng Nghymru* (Caerdydd, 1988), tt. 1–26

Williams, Glanmor, 'William Morgan's Bible and the Cambridge connection', *CHC*, XIV (1988–9), 363–77

Williams, Glanmor, 'John Penry a Phiwritaniaeth gynnar', yn J. G. Jones (gol.), *Agweddau ar Dwf Piwritaniaeth yng Nghymru yn yr Ail Ganrif ar Bymtheg* (Efrog Newydd/Llanbedr Pont Steffan, 1992), 1–15

Williams, Glanmor, 'Unoliaeth crefydd neu unoliaeth iaith? Protestaniaid a Phabyddion a'r iaith Gymraeg', yn G. H. Jenkins (gol.), *Y Gymraeg yn ei Disgleirdeb: Hanes Cymdeithasol yr Iaith Gymraeg: Yr Iaith Gymraeg cyn y Chwyldro Diwydiannol* (Caerdydd, 1997), tt. 207–32

Williams, Glanmor, 'Sir John Pryse of Brecon', *Brycheiniog*, XXXI (1998–9), 49–63

Williams, J. E. Caerwyn, 'Y Beibl a'r ymwybod cenedlaethol', yn R. G. Gruffydd (gol.), *Y Gair ar Waith: Ysgrifau ar yr Etifeddiaeth Feiblaidd yng Nghymru* (Caerdydd, 1988), tt. 135–62

Williams, J. G., 'Rhai agweddau ar y gymdeithas Gymreig yn yr ail ganrif ar bymtheg', *Efrydiau Athronyddol*, XXX1 (1968), 42–55

Williams, J. G., 'Y gŵr cyffredin yng Nghymru'r ail ganrif ar bymtheg', yn G. H. Jenkins (gol.), *Cof Cenedl: Ysgrifau ar Hanes Cymru*, II (Llandysul, 1987), tt. 61–87

Williams, J. P., 'Plas y Watford a'i berchennog', *CH*, XXXIX, rhif 3 (1954), 55–62
Williams, Rh., 'Wiliam Cynwal', *LlC*, VIII (1964–5), 197–213
Williams, W. G., *Y Genedl Gymreig*, 29 Mai–26 Mehefin 1923
Williams, W. G., 'Dau gywydd o waith John Gruffydd, Llanddyfnan', *TCHNM* (1938), 50–6
Williams, W. G., 'Hen deuluoedd Llanwnda: II, Lewisiaid Plas–yn–bont', *TCHSG*, V (1944), 41–8
Williams, W. G., 'Hen deuluoedd Llanwnda: IV Teulu'r Gadlys', *TCHSG*, VII (1946), 20–3
Williams, W. O., 'The county records', *TCHSG*, X (1949), 79–103
Williams, W. O., 'The social order in Tudor Wales', *Traf. Cymmr.,* 1967, rhan 2, 167–78
Wilson, J. D., 'The Marprelate controversy', yn A. W. Ward ac A. R. Waller (goln), *Cambridge History of English Literature*, III (Cambridge, 1909), tt. 374–98
Wright, E. G., 'Humphrey Humphreys, bishop of Bangor and Hereford', *JHSChW*, II (1950), 72–86
Wright, E. G., 'Dean John Jones (1650–1727)', *TCHNM* (1952), 34–43

D. TRAETHODAU YMCHWIL ANGHYHOEDDEDIG

Bassett, T. M., 'A Study of Local Government in Wales under the Commonwealth with Especial Reference to its Relation with Central Authority' (traethawd MA, Prifysgol Cymru, 1944)
Bowen, Ll., 'Wales in British Politics c.1603–1642' (traethawd Ph.D., Prifysgol Cymru, 1999)
Evans, D. H., 'The Life and Work of Dafydd Benwyn' (traethawd D.Phil., Prifysgol Rhydychen, 1982)
Hughes, M., 'Studies in Calvinistic Methodist Welsh Literature, 1790–1825' (traethawd D.Phil., Prifysgol Rhydychen, 1987)
Isaac, H. M., 'The Ecclesiastical and Religious Position in the Diocese of Llandaff in the Reign of Elizabeth' (traethawd MA, Prifysgol Cymru, 1928)
Kerr, R. M., 'Cywyddau Siôn Brwynog' (traethawd MA, Prifysgol Cymru, 1960)
Lewis, G., 'Astudiaeth ar Ysgolion Griffith Jones yng nghyd–destun addysg Gymreig oddi ar y Diwygiad Protestannaidd' (traethawd M. Phil., Prifysgol Cymru, 2005)
Owens, O., 'Gweithiau Barddonol Morus Dwyfech' (traethawd MA, Prifysgol Cymru, 1944)
Phillips, E. M., 'Noddwyr y Beirdd yn Llŷn', (traethawd MA, Prifysgol Cymru, 1973)
Phillips, T. O., 'Bywyd a Gwaith Meurig Dafydd a Llywelyn Siôn' (traethawd MA, Prifysgol Cymru, 1937)

Rowlands, J., 'A Critical Edition and Study of the Welsh Poems Written in Praise of the Salisburies of Llyweni' (traethawd D.Phil., Prifysgol Rhydychen, 1967)
Sanders, V. V., 'Elizabethan Archbishoprics of Canterbury and Public Opinion' (traethawd MA, Prifysgol Cymru, 1979)
Saunders, E. J., 'Gweithiau Lewys Morgannwg' (traethawd MA, Prifysgol Cymru, 1922)
Stephens, S., 'Gwaith Wiliam Llŷn' (traethawd Ph.D., Prifysgol Cymru, 1983)
Thomas, G. R., 'Sir Thomas Myddelton II, 1586–1666' (traethawd MA, Prifysgol Cymru, 1967)

MYNEGAI